RAG 마스터: 랭체인으로 완성하는 LLM 서비스

멀티모달·그래프 RAG·에이전트·파인튜닝까지

RAG 마스터: 랭체인으로 완성하는 LLM 서비스

멀티모달·그래프 RAG·에이전트·파인튜닝까지

초판 1쇄 2025년 4월 28일

지은이 브라이스 유, 조경아, 박수진, 김재웅
발행인 최홍석

발행처 (주)프리렉
출판신고 2000년 3월 7일 제 13-634호
주소 경기도 부천시 길주로 77번길 19 세진프라자 201호
전화 032-326-7282(代) **팩스** 032-326-5866
URL www.freelec.co.kr

편 집 강신원
표지디자인 황인옥
본문디자인 김미선

ISBN 978-89-6540-410-1

책값은 표지 뒷면에 있습니다.

잘못된 책은 구입하신 곳에서 바꾸어 드립니다.

이 책에 대한 의견이나 오탈자, 잘못된 내용의 수정 정보 등은 프리렉 홈페이지(freelec.co.kr)
또는 이메일(webmaster@freelec.co.kr)로 연락 바랍니다.

멀티모달·그래프 RAG·에이전트·파인튜닝까지

랭체인으로 완성하는 LLM 서비스

브라이스 유, 조경아,
박수진, 김재웅
공저

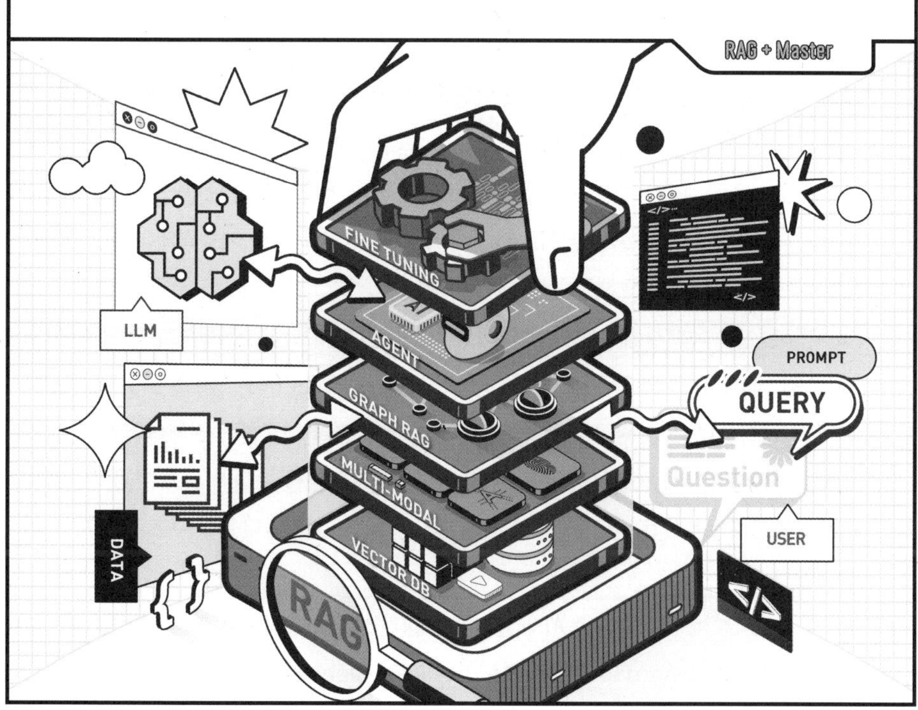

프리렉

추천사

김수종 AWS 컨설턴트

시중의 RAG 관련 도서를 모두 섭렵했지만, 대부분 튜토리얼 수준에 그쳐 LLM 개발에 염증을 느끼고 있던 참이었습니다. 이 책은 고급 RAG, Graph RAG, 에이전트, LangGraph, LLM 파인튜닝 등 LLM 기반 서비스 개발에 필요한 폭넓은 지식과 프로젝트 코드를 망라하고 있습니다. 단언컨대, 지금까지 나온 그 어떤 Langchain과 RAG 책 중 최고의 책이라 말할 수 있습니다.

김현우

Upstage AI 리서치 엔지니어

과거의 인공지능 개발은 주로 이론을 학습하고, 모델을 단순히 호출하여 추론하는 데 그쳤습니다. 하지만 LLM의 급격한 발전으로 AI는 연구실을 넘어 실제 서비스로 구현되며 우리의 일상 속으로 깊숙이 들어오고 있습니다. 이에 따라 개발자에게 요구되는 역량도 달라졌습니다. 단순한 모델 호출을 넘어, AI 시스템을 설계하고 다양한 애플리케이션을 효과적으로 구축하는 능력이 중요해졌습니다.

하지만 현실은 녹록지 않습니다. 데이터 처리, 모델 호출, 프롬프트 최적화, 메모리 관리, 검색 증강 생성(RAG), 에이전트 시스템 등 고려해야 할 요소가 너무 많고, 이를 직접 구현하려면 상당한 시간과 자원이 필요합니다. 이러한 복잡성을 해결하기 위해 등장한 것이 바로 LangChain입니다. LangChain은 LLM 기반 애플리케이션을 보다 빠르고 효율적으로 구축할 수 있도록 돕는 강력한 프레임워크로, 복잡한 AI 시스템을 모듈형 구조로 설계할 수 있게 해줍니다.

이 책은 LangChain을 활용한 AI 애플리케이션 개발을 체계적으로 설명하며, 단순한 RAG 구축을 넘어 Advanced RAG, MultiModal RAG, Graph RAG 등 고급 기법까지 깊이 있게 다룹니다. 또한, 최근 LangChain과 비교되며 주목받고 있는 LangGraph에 대한 설명과 차별점도 포함되어 있어, 보다 폭넓은 시각을 제공하는 것이 특징입니다.

무엇보다도, 이 책은 단순한 이론서가 아닙니다. RAG를 서비스에 적용한 사람들의 경험이 녹아 있으며, 실전 프로젝트에서 활용할 수 있는 다양한 실용적 예제와 인사이트를 제공합니다. LLM을 활용한 AI 서비스 개발을 고민하는 개발자들에게, 이 책은 RAG의 모든 것을 배울 수 있는 최고의 길잡이가 될 것입니다.

장다예 Microsoft 엔지니어

이 책은 복잡한 개념도 명확하고 체계적으로 설명해, RAG를 처음 접하는 사람도 쉽게 이해할 수 있도록 구성되어 있습니다. LangChain과 LangGraph를 활용한 실습 중심의 설명은 실제 개발 흐름을 따라가기 좋고, 각 장의 프로젝트는 실력을 자연스럽게 끌어올려 줍니다.

이론과 예제를 균형 있게 다루고 있어, 실무에 바로 적용할 수 있는 내용을 배우기에 적합합니다. 실습을 통해 RAG 기반 LLM 서비스 개발을 구체적으로 익히고자 하는 분들에게 특히 유용한 책입니다.

지승훈 NHN Cloud 개발자

2000년대의 혁명이 인터넷이었다면, 2020년대의 혁명은 단연 LLM이라고 생각합니다. 이 책은 LangChain, RAG, 멀티모달 등 기초적이면서도 실용적인 LLM 활용 예제로 가득 차 있습니다. 앞으로 무궁무진한 가능성을 지닌 LLM 시대에 이 책이 훌륭한 나침반이 되어줄 것이라 믿습니다.

목차

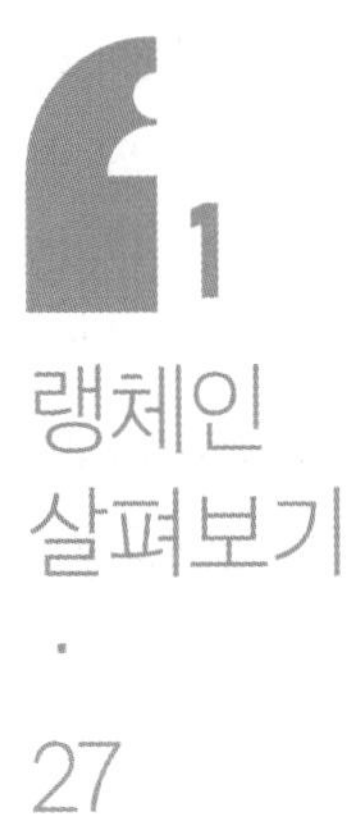

3 멀티모달 RAG를 활용한 복합 데이터 처리 · 171

4 검색과 응답을 최적화하는 RAG 고도화 전략 · 207

5 지식 그래프를 활용한 그래프 RAG

·

299

6 랭그래프로 설계하는 RAG 파이프라인

·

367

9 임베딩 모델 파인튜닝 · 525

들어가며

최근 인공지능 기술은 눈에 띄게 발전하며, 우리가 정보를 얻고 소통하는 방식을 근본적으로 바꾸고 있습니다. 특히 챗GPT로 대표되는 대규모 언어 모델(LLM)은 인간과 컴퓨터 간 상호작용의 중심에 자리 잡았습니다. 하지만 실제 현업의 과제를 해결하려면 이들 모델의 강력한 성능을 데이터와 결합하여 현실적인 문제를 해결할 수 있는 접근법이 필요합니다.

이 책은 특히 검색 증강 생성(RAG, Retrieval-Augmented Generation) 기술에 중점을 두고 있습니다. RAG는 대규모 언어 모델과 외부 데이터베이스의 정보를 결합해 보다 정확하고 신뢰성 높은 결과를 제공하는 최신 기술입니다. 텍스트 임베딩, 의미 기반 텍스트 분할, 벡터 데이터베이스 활용 등 RAG 구현에 필수적인 기술을 체계적으로 다루며, 독자가 이론과 실습을 통해 RAG의 핵심 개념을 명확히 이해하고 실무에 적용할 수 있도록 돕습니다.

또한 이 책에서는 멀티모달 RAG, 그래프 기반 RAG, 고급 검색 알고리즘과 리랭킹 전략, 랭그래프와 에이전트 기반의 고급 활용법 등 한층 발전된 형태의 기술들을 폭넓게 소개하고 있습니다. 나아가 대규모 언어 모델과 임베딩 모델을 파인튜닝하여 RAG 성능을 더욱 향상시키는 방법까지 함께 다루어 독자 여러분이 더욱 정교하고 전문적인 RAG 시스템을 구축할 수 있도록 안내합니다.

각 장의 내용은 이론 설명과 함께 구체적인 실습 예제를 통해 체계적으로 구성되어 있어, 독자 여러분이 기술의 잠재력을 깊이 이해하고 현업에 바로 활용할 수 있도록 돕습니다. 이 책이 인공지능 기술을 실제 비즈니스 성과로 연결하는 여정에서 든든한 동반자가 되기를 바랍니다.

이 책의 구성

이 책은 총 9장으로 구성되어 있으며, RAG 기술의 핵심 원리부터 실무에 적용 가능한 다양한 방법까지 단계적으로 다룹니다.

1장에서는 랭체인의 주요 개념과 기능들을 자세히 설명합니다. 랭체인에서 활용하는 언어 모델의 이해부터 프롬프트 작성법, 출력 파서 활용, 메모리 관리 기법 등 RAG 구현의 바탕이 되는 개념을 꼼꼼히 다룹니다.

2장에서는 본격적으로 RAG의 기본 원리를 배우고 실습합니다. 텍스트 임베딩과 코사인 유사도 개념, 문서 로딩 및 분할 방법, 그리고 벡터 데이터베이스를 이용한 기본적인 챗봇 구현 과정을 따라가면서 기초를 튼튼하게 다집니다.

3장에서는 텍스트를 넘어 이미지 등 다양한 데이터 타입을 함께 활용할 수 있는 멀티모달 RAG를 살펴봅니다. 멀티모달 RAG의 필요성부터 구현 방식과 실제 실습까지 진행하며 실무에 가까운 활용법을 익힙니다.

4장에서는 RAG의 성능을 높이기 위한 고급 전략을 구체적으로 학습합니다. 효과적인 문서 분할(청킹) 전략과 질의 변형 방법, 검색 알고리즘과 문서 리랭킹, 그리고 이를 더욱 발전시킨 Self-RAG 기법까지 다룹니다.

5장에서는 지식 그래프를 활용하여 RAG의 한계를 극복하는 그래프 RAG를 소개합니다. Neo4j를 활용하여 그래프 데이터베이스를 구축하고 이를 실제 질의에 활용하는 방법을 실습합니다.

6장에서는 랭그래프를 활용하여 RAG 시스템을 더 유연하고 정교하게 만드는 방법을 다룹니다. 랭그래프의 개념과 핵심 구성 요소를 이해하고, 이를 활용한 조건문과 루프 구조 등 복잡한 RAG 구현을 실습을 통해 익힙니다.

7장에서는 리액트 에이전트를 활용하여 더욱 지능적이고 자동화된 RAG 시스템을 구현하는 방법을 설명합니다. 에이전트의 동작 원리를 이해하고, 에이전트 도구 제작 및 실제 RAG 실습을 진행합니다.

8장에서는 RAG의 성능을 더욱 높이기 위한 언어 모델의 파인튜닝을 다룹니다. 파인튜닝의 필요성과 데이터 준비 방법, 학습 환경 구축 및 실제 로컬 LLM 모델(Qwen)을 파인튜닝하는 과정까지 상세하게 설명하여 실무에 직접 적용 가능한 수준까지 안내합니다.

마지막으로, 9장에서는 RAG의 핵심인 검색 성능을 극대화하기 위해 임베딩 모델을 직접 파인튜닝하는 방법을 심층적으로 다룹니다. 효과적인 임베딩 학습 방법의 원리와 활용법을 배우고, 실제 데이터를 이용한 학습 데이터 구축부터 모델 훈련, 검색 성능 평가, 성능 최적화 팁까지 실전적인 지식을 습득합니다.

실습 환경 설정

이 책에서는 실습 위주로 학습합니다. 이 책의 모든 실습 코드는 다음 깃허브 주소에서 확인할 수 있습니다. 깃허브에 공개된 예제 파일을 내려받아 학습에 참고하거나 직접 실습에 활용하기 바랍니다.

URL- https://github.com/langchain-kr/langchain-tutorial

대부분의 실습은 구글 코랩Google Colab에서 진행합니다. 구글 코랩은 별도의 환경 설정 없이도 파이썬 프로그래밍을 바로 시작할 수 있는 클라우드 기반 플랫폼입니다. 실습을 진행하려면 먼저 몇 가지 준비 단계를 거쳐야 합니다.

구글 코랩 설정하기

1. 구글 코랩을 사용하려면 구글 계정이 필요합니다. 구글 계정이 없다면 새로 생성합니다. 구글 웹사이트(https://www.google.co.kr)에 접속하고 오른쪽 위에 있는 **[로그인]** 버튼을 클릭합니다. 로그인 버튼을 클릭한 뒤, 아래쪽에 있는 **[계정 만들기]**를 선택하고 **[개인용]**을 선택하면 구글 계정을 생성할 수 있습니다.

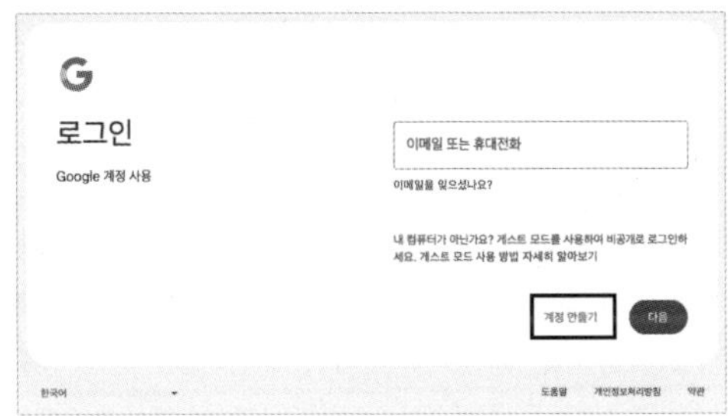

[2] 계정이 준비되면 구글 코랩 웹사이트(https://colab.research.google.com)에 접속합니다. 생성된 계정으로 로그인한 후, **[Google Drive]** 버튼을 클릭하고 원하는 경로에서 **[새 노트]** 버튼을 클릭하여 구글 코랩 노트를 생성합니다. 생성된 노트에서 **[Untitled0.ipynb]**를 클릭하여 노트 이름을 변경할 수 있습니다. 코드를 실행하려면, 코드를 작성한 뒤 화살표 **[▷]** 버튼을 클릭하거나 **[Shift + Enter]** 키를 누르면 됩니다.

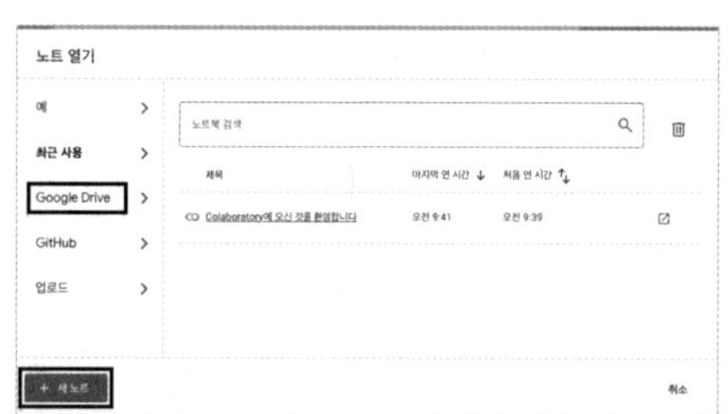

[3] 구글 코랩에서 구글 드라이브 파일에 접근하려면, 먼저 코랩 노트북에 구글 드라이브를 마운트해야 합니다. 구글 코랩 노트에서 다음 코드를 실행하면 팝업창이 열립니다. **[Google Drive에 연결]**을 클릭합니다.

```
from google.colab import drive
drive.mount('/content/drive')
```

이어서 원하는 구글 계정을 선택하고 **[Continue]** 버튼을 눌러 진행하다가 다음과 같은 창이 나타나면 **[Select all]** 옆의 체크박스를 선택한 뒤 **[Continue]** 버튼을 클릭합니다.

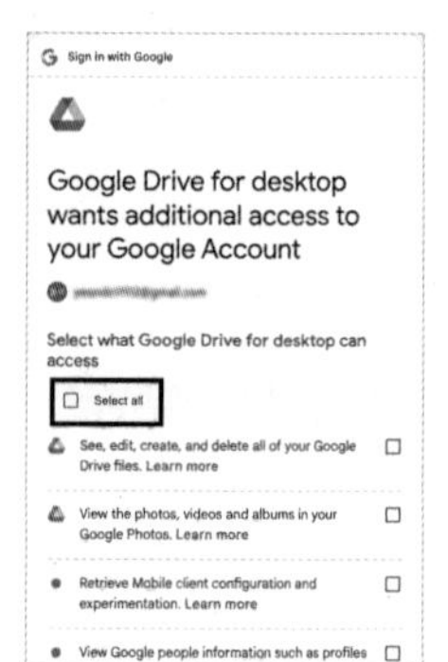

④ 다음과 같이 "Mounted at /content/drive" 메시지가 표시되면, 구글 드라이브가 성공적으로 마운트된 것입니다. 왼쪽의 폴더 아이콘을 클릭하면 구글 드라이브 내부를 확인할 수 있습니다. 드라이브 내에 있는 CSV, PDF 등 필요한 파일을 경로를 설정해 불러올 수 있습니다.

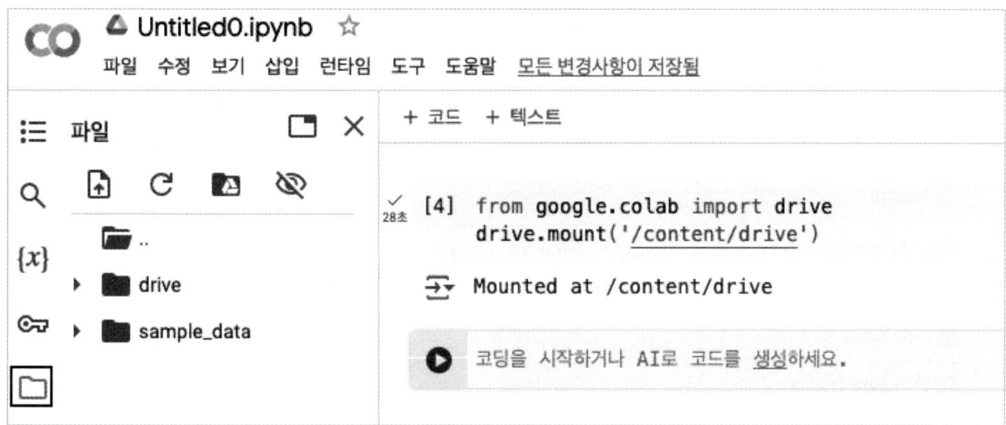

⑤ CSV 파일을 불러오는 방법을 알아보겠습니다. Colab Notebooks 폴더에 '서울시_부동산_실거래가_정보.csv' 파일이 있다면, 다음과 같은 코드로 파일을 불러올 수 있습니다.

```
import pandas as pd
pd.read_csv("/content/drive/MyDrive/Colab Notebooks/서울시_부동산_실거래가_정보.csv")
```

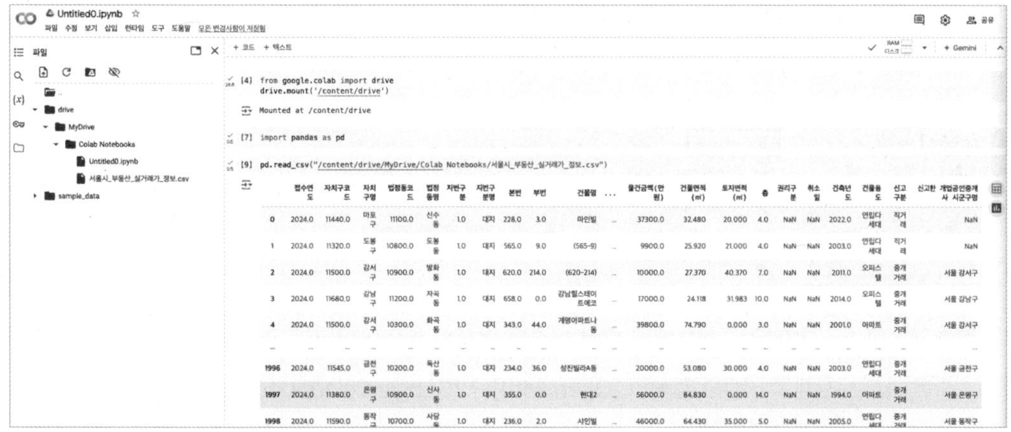

❯ 실습 코드 다운로드 및 구글 드라이브 업로드

1 실습 코드가 모여 있는 깃허브 주소(https://github.com/langchain-kr/langchain-tutorial)에 접속합니다. [Code] 버튼을 클릭하고 [Download ZIP]을 선택하여 파일을 다운로드합니다.

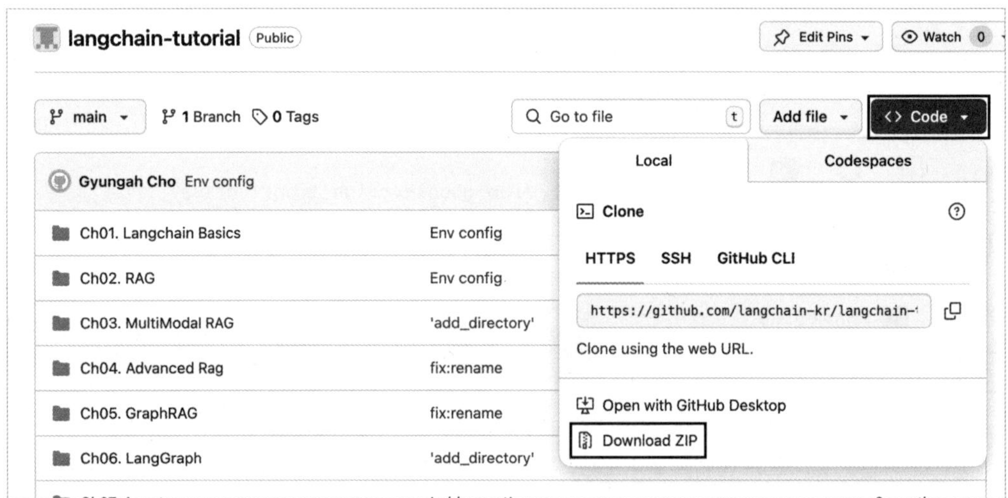

2 다운로드한 파일을 구글 드라이브에 업로드하면 해당 파일을 열어볼 수 있습니다. 구글에 로그인한 상태에서 화면 오른쪽 위의 메뉴 아이콘을 클릭하고 [Drive]를 선택해 자신의 구글 드라이브에 접속합니다. 이후 구글 드라이브에서 [My Drive]를 클릭한 뒤 원하는 경로로 이동합니다.

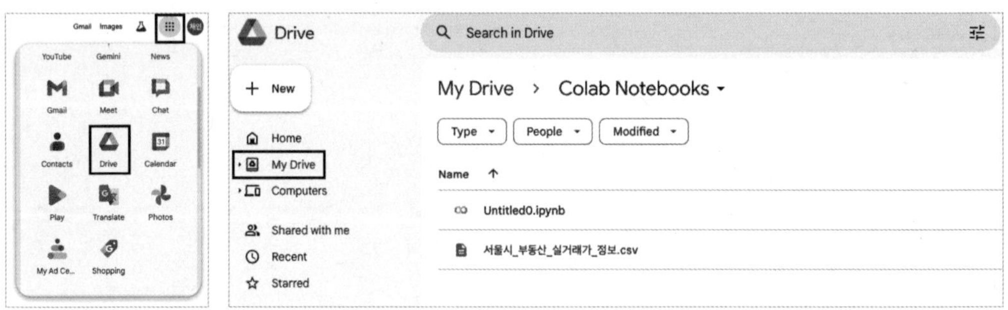

3 업로드하려는 파일을 드래그해서 붙여 넣으면 업로드가 완료됩니다. 파일이 업로드되면, 해당 파일을 마우스 오른쪽 버튼으로 눌러 [Open with] → [Google Colaboratory]를 선택하여 구글 코랩에서 실습 코드를 확인할 수 있습니다. 이 책에서는 /content/drive/My Drive/ 경로에 'langchain_tutorial' 파일을 저장했습니다. 이후, 이 파일을 기반으로 실습을 진행합니다.

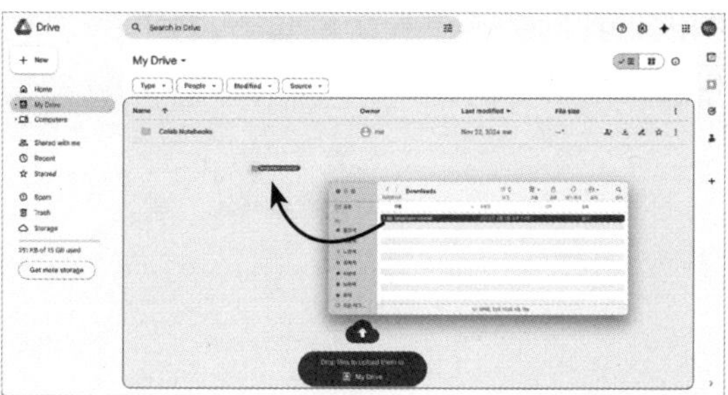

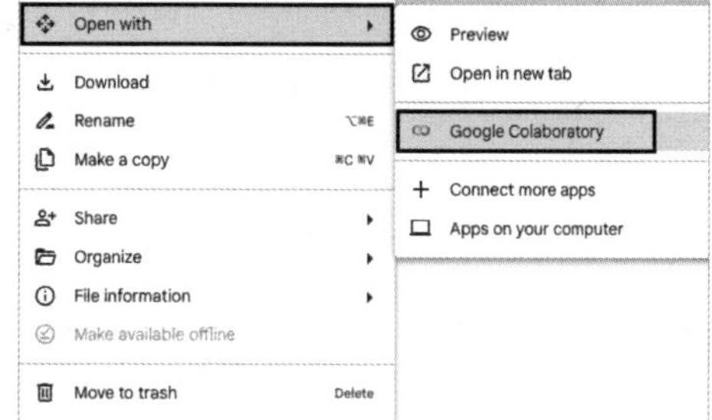

오픈AI API 키 발급받기

1. 구글 코랩 설정을 완료하고 나면, 오픈AI API 키를 발급받아야 합니다. 이 책에서는 오픈AI 모델을 기본으로 사용합니다. 먼저 오픈AI API 웹사이트에 접속합니다.

   URL - https://platform.openai.com/docs/overview

   오른쪽 위의 가입(Sign up) 버튼을 클릭하여 회원 가입을 진행할 수 있습니다. 이미 회원 가입이 되어 있다면, 로그인(Log in) 버튼을 눌러 로그인합니다. 로그인한 후, 톱니바퀴 아이콘을 클릭하여 설정 메뉴로 이동합니다.

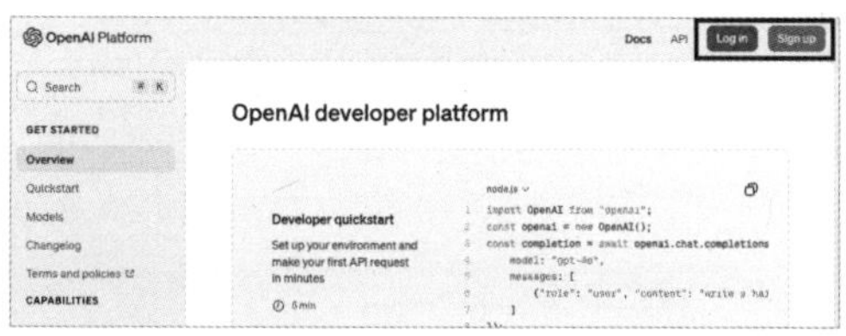

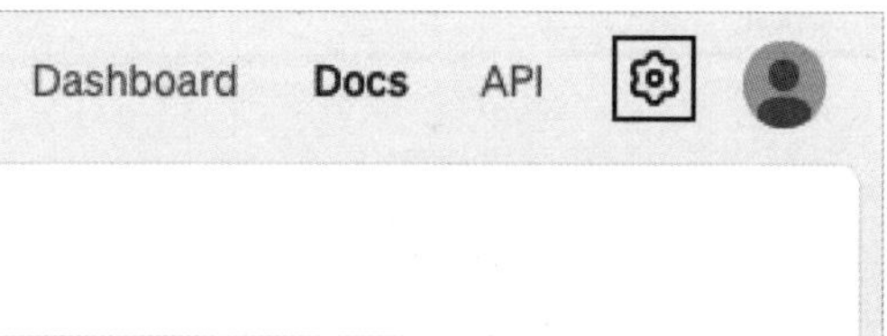

2. 왼쪽에 있는 청구(Billing) 메뉴로 이동한 후, 신용카드 등록(Add payment details) 버튼을 클릭합니다. 이어서 개인(Individual) 버튼을 누르고, 신용카드 정보를 입력하면 됩니다.

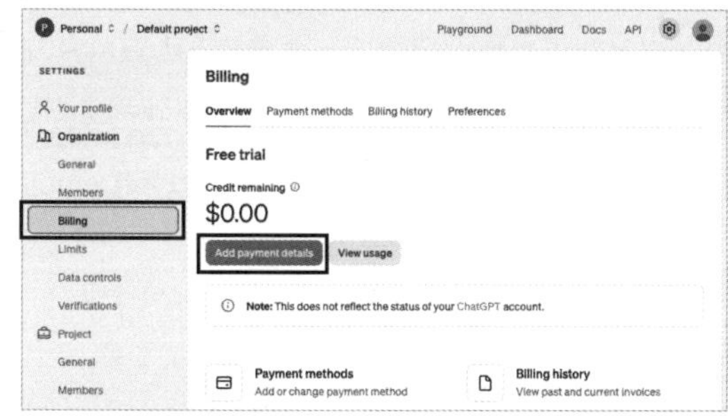

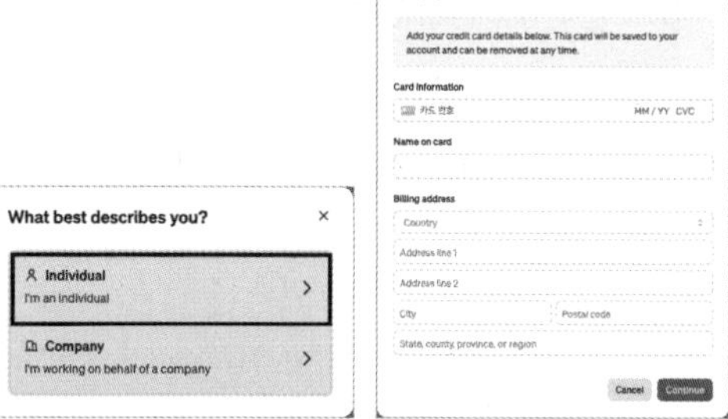

③ 다시 청구(Billing) 화면에서 크레딧 추가(Add to credit balance) 버튼을 클릭한 후, 충전할 금액($5에서 $75 사이)을 입력하고 계속(Continue) 버튼을 눌러 충전합니다.

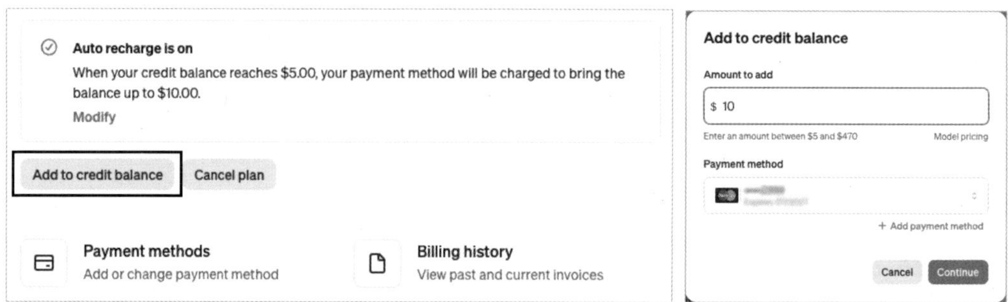

④ 왼쪽 제한(Limits) 메뉴로 들어가서 월간 사용 한도를 설정합니다. 월간 한도 설정(Set a monthly budget)에 한도를 지정하면, 해당 금액에 도달했을 때 더 이상 과금되지 않고 API 사용이 중지됩니다. 이메일 알림 발송 한계점 설정(Set an email notification threshold)으로는 설정한 금액에 도달하면 이메일로 알림을 받을 수 있습니다.

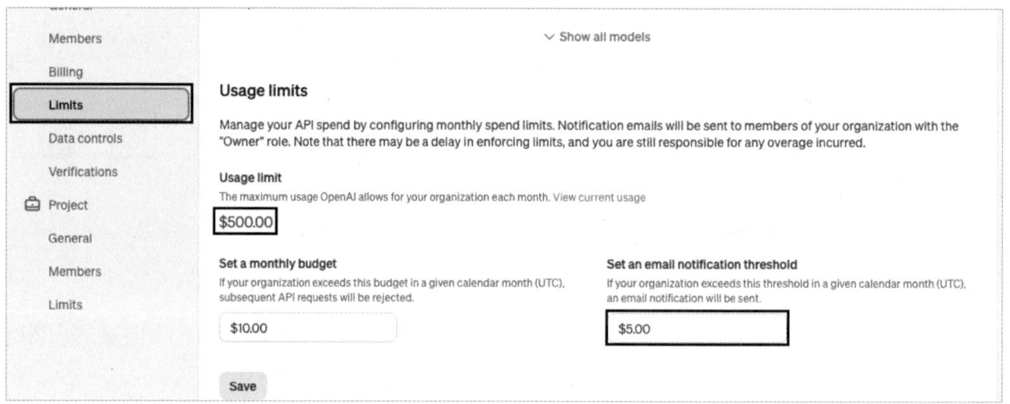

⑤ 오른쪽 위에 대시보드(Dashboard)를 누르고, API 키(API keys)를 선택합니다. 초록색으로 표시된 새로운 비밀키 생성(Create new Sercret key) 버튼을 누릅니다. 생성할 API 키의 이름과 프로젝트를 선택한 후, 새로운 비밀 키를 생성합니다. 별도로 생성한 프로젝트가 없다면 기본 프로젝트(Default Project)를 선택하면 됩니다.

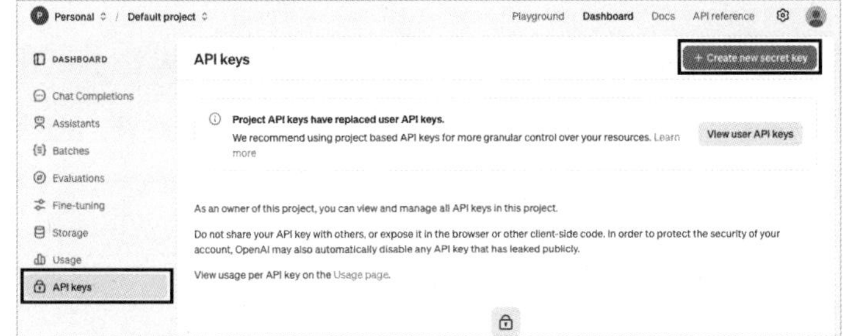

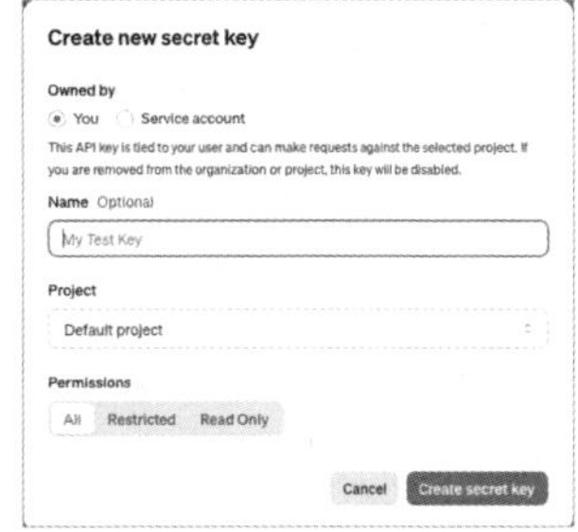

6 이제 이렇게 만든 API 키의 오른쪽에 있는 복사(Copy) 버튼을 눌러 API 키를 복사합니다.

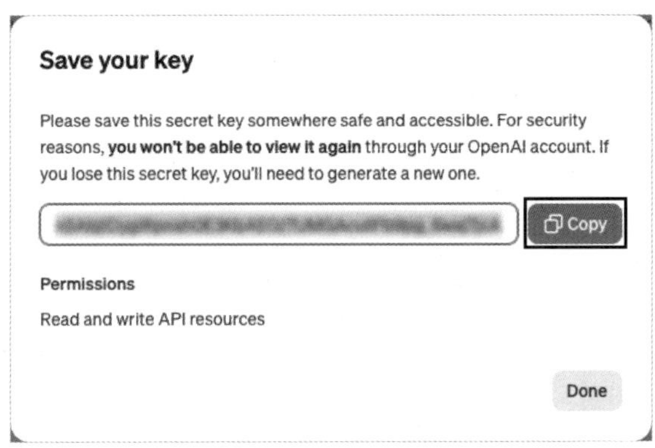

API 키가 유출되면 다른 사람이 이를 통해 해당 계정의 GPT 서비스를 이용할 수 있으며, 그로 인한 사용 비용을 부담하게 됩니다. 절대로 키를 타인과 공유하지 말고, 안전하게 보관하세요.
또한 이때 복사하지 않으면 해당 키를 다시는 확인할 수 없으므로 주의합시다. 만약 API 키를 미처 확인하지 못하고 창을 닫았다면 새로운 키를 발급받아 사용하면 됩니다.

코드에서 API 키 사용하기

이제 파이썬에서 API 키를 사용해 오픈AI에 접근하는 방법을 알아보겠습니다. 오픈AI API 키는 네 가지 방식으로 파이썬에 적용할 수 있습니다. 다만, 구글 코랩에서는 터미널에서 환경 변수를 직접 설정하기는 어려우므로 2번~4번 방법을 사용하기 바랍니다. 참고로 이 책에서는 4번 .env 파일을 이용한 환경 변수 설정을 통해 오픈AI API를 사용합니다.

1 터미널에서 환경 변수 설정

만약 주피터 노트북Jupyter Notebook을 이용한다면 터미널을 열고 다음 명령어를 입력합니다. 이 명령은 현재 터미널 세션에 환경 변수를 설정하므로, 이 세션에서 실행되는 파이썬 스크립트는 해당 API 키를 사용할 수 있습니다.

```
# Unix, Linux, macOS에서 명령어
export OPENAI_API_KEY="여러분의 API 키"
# Windows에서 명령어
set OPENAI_API_KEY="여러분의 API 키"
```

이렇게 터미널에서 설정하면 코드에서 별도의 API 키를 입력하지 않아도 os 모듈을 사용하여 환경 변수 값을 가져올 수 있습니다.

```
import os
api_key = os.getenv('OPENAI_API_KEY')
```

이 방식은 현재 터미널 세션에서만 유지되며 터미널을 종료하면 설정이 사라지므로, 새로운 세션을 열 때마다 다시 설정해야 합니다. 또한 주피터 노트북을 실행할 때 동일한 터미널 세션에서 실행해야 환경 변수가 유지됩니다. 환경 변수를 영구적으로 저장하려면 Linux/macOS에서는 ~/.bashrc 또는 ~/.zshrc에, Windows Git Bash에서는 C:\Users\사용자명\.bash_profile에 추가해야 합니다.

2 파이썬 코드 내에서 직접 설정

가장 간단한 방법으로 파이썬 코드 내에 직접 API 키를 입력하여 오픈AI에 접근할 수 있습니다.

```
from langchain_openai import OpenAI
OpenAI(api_key="여러분의 API 키")
```

3 구글 코랩 비밀 관리 기능을 통한 변수 설정

구글 코랩에서는 `userdata.get( )`을 사용하여 보안 저장소에서 API 키를 안전하게 불러올 수 있습니다. 먼저 구글 드라이브에서 원하는 경로의 폴더를 선택한 후, 구글 코랩 파일을 생성합니다. 해당 폴더 내에서 마우스 오른쪽 클릭하면 **[더보기]** 메뉴에 **[Google Colaboratory]** 옵션이 나타납니다. 이 옵션을 선택하여 코랩 노트북을 생성할 수 있습니다.

특정 폴더에 구글 코랩 파일을 생성하고 왼쪽 메뉴의 열쇠 아이콘을 선택하면 **[+ 새 보안 비밀 추가]**를 클릭하여 원하는 키를 등록할 수 있습니다.

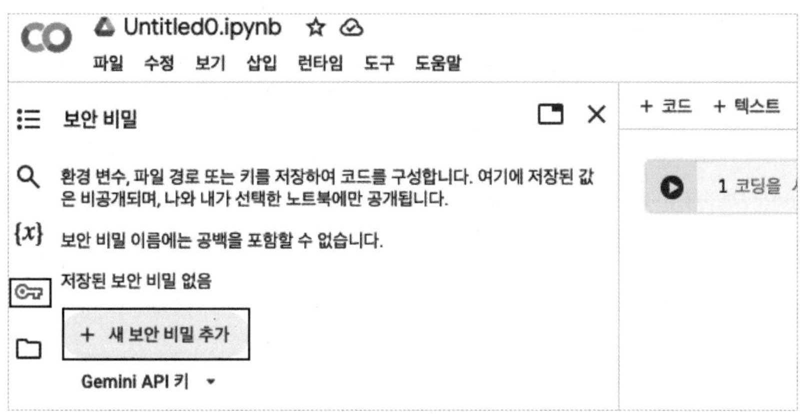

OPENAI_API_KEY와 API 키 값을 적고 노트북 액세스를 클릭해 설정하면 다음 코드를 통해 해당 보안 키 값을 가져올 수 있습니다.

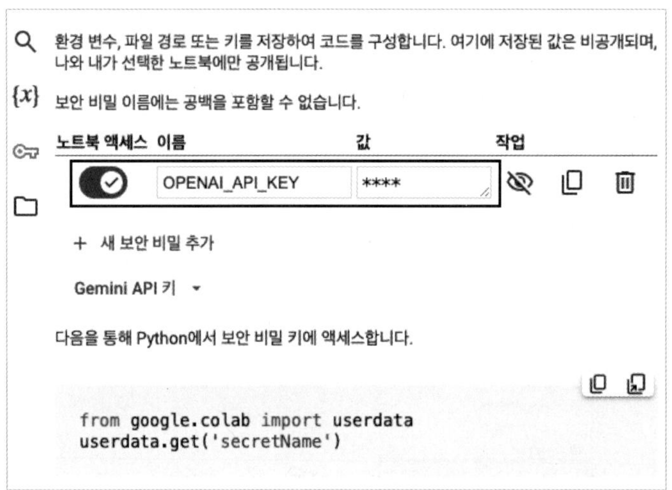


```
From google.colab import userdata
api_key = Userdata.get('OPENAI_API_KEY')
```

4 .env 파일을 사용한 환경 변수 설정

.env 파일을 사용하면 환경 변수를 코드에 직접 작성하지 않고, 별도의 파일에 보관할 수 있어 보안과 관리 측면에서 유리합니다.

.env 파일 생성

프로젝트의 루트 디렉터리에 .env 파일을 생성합니다. 먼저 구글 코랩 환경에서 왼쪽 메뉴의 폴더 모양을 클릭하고 원하는 경로에 마우스 클릭을 통해 새 파일을 생성합니다. 이 책에서는 환경 파일의 경로를 /content/.env로 설정했습니다. 다만, /content/.env에 설정해두면 코랩을 종료하고 다시 실행할 때 초기화되므로, 초기화를 원하지 않는 독자분은 마운트하는 위치인 /content/drive/MyDrive에 저장하기 바랍니다.

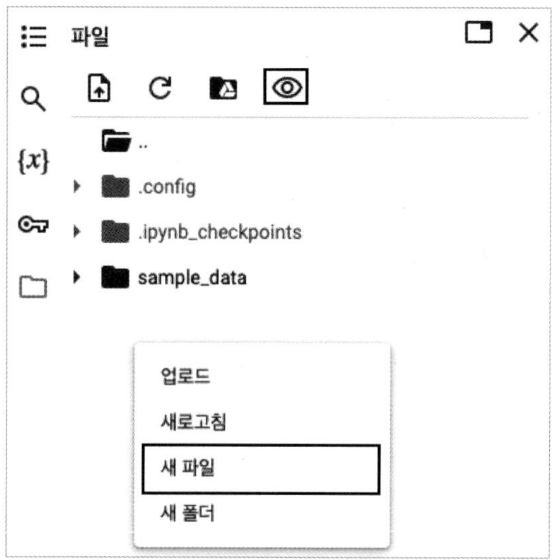

생성한 파일 이름을 .env로 바꾸고 파일을 더블클릭하여 파일 안에 오픈AI API 키를 작성합니다. 이렇게 .env 파일에 API 키와 같은 중요한 정보를 저장할 수 있습니다.

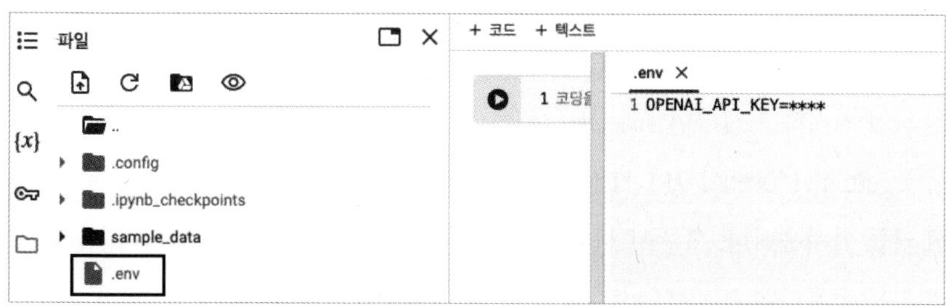


```
OPENAI_API_KEY=여러분의 API 키
```

파이썬 코드에서 .env 파일 읽기

파이썬 코드에서 .env 파일을 읽어 환경 변수를 설정하는 데 python-dotenv 패키지를 사용할 수 있습니다. 먼저 다음 코드로 패키지를 설치합니다.

```
!pip install python-dotenv langchain-openai
```

다음으로, .env 파일을 읽는 데 필요한 라이브러리를 불러옵니다.

```
# 라이브러리 불러오기
from dotenv import load_dotenv
import os
from langchain_openai import OpenAI
```

이어서 다음 코드는 .env 파일에서 환경 변수를 로드하고, 해당 변수를 사용하여 오픈AI API 키를 가져와 이를 이용해 오픈AI의 대규모 언어 모델을 초기화하는 과정입니다.

```
# .env 파일에서 환경 변수 로드(.env 파일 경로)
load_dotenv("/content/.env")
# 환경 변수에서 API 키 가져오기
api_key = os.getenv("OPENAI_API_KEY")
# 오픈AI 대규모 언어 모델 초기화
llm = OpenAI(api_key=api_key)
```

먼저, load_dotenv( ) 함수는 .env 파일에 저장된 환경 변수를 프로그램에 불러와 사용할 수 있도록 로드합니다. load_dotenv( )를 인자 없이 호출하면 현재 디렉터리에서 .env를 찾습니다. 경로를 직접 지정하고 싶다면 load_dotenv("/path/to/your/.env")로 설정하면 됩니다.

이어서 os.getenv("OPENAI_API_KEY")를 사용해 로드된 환경 변수 중 OPENAI_API_KEY라는 이름의 API 키를 가져옵니다. 오픈AI 서비스를 이용하려면 API 키가 필수입니다. 마지막으로, 가져온 API 키를 활용하여 OpenAI(api_key=api_key)를 통해 오픈AI의 언어 모델을 초기화하여, 프로그램이 오픈AI의 언어 모델과 상호작용할 수 있도록 설정합니다.

load_dotenv( )로 .env 파일을 로드하면 OPENAI_API_KEY는 OpenAI 라이브러리가 자동 탐지해 별도 설정 없이 초기화할 수 있습니다. 하지만 환경 변수 이름이 다르거나 다중 환경에서 키를 관리할 경우, os.getenv( )로 API 키를 명시적으로 지정해야 합니다.

이로써 실습 준비를 마쳤습니다.

1

랭체인 살펴보기

- 랭체인의 개념과 주요 패키지에 대한 이해
- 랭체인 버전별 주요 개선 사항과 향후 전망
- 랭체인의 구성요소와 핵심 기능

챗GPT의 등장 이후 인공지능[AI]에 대한 관심이 급격히 높아지면서 본격적인 AI 시대가 열렸습니다. 챗GPT와 같은 대규모 언어 모델[Large Language Model, LLM]은 방대한 텍스트 데이터를 학습해 자연어를 이해하고 생성할 수 있는 인공지능 기술입니다. 대표적인 LLM으로는 오픈AI[OpenAI]의 GPT 시리즈, 앤트로픽[Anthropic]의 Claude, 구글[Google]의 Gemini, 메타[Meta]의 LLaMA가 있으며, 이들은 질의응답, 문서 요약, 코드 생성 등 다양한 자연어 처리[NLP] 작업에 활용되고 있습니다.

그러나 LLM은 학습된 데이터에 기반해 답변을 생성하기 때문에 최신 정보 반영이나 특정 도메인 지식 제공에 한계가 있습니다. 이를 보완하기 위해 등장한 기술이 바로 검색 증강 생성[Retrieval-Augmented Generation, RAG]입니다.

검색 증강 생성은 LLM의 언어 생성 능력에 검색 기능을 결합하여, 모델이 실시간으로 외부 정보를 검색하고 이를 반영해 보다 정확하고 신뢰성 높은 답변을 생성하는 방식입니다. 예를 들어, 기업 내부 데이터나 최신 논문 자료를 기반으로 AI 챗봇을 구축할 때, RAG를 활용하면 모델이 최신 데이터를 검색하고 이를 답변에 반영할 수 있습니다. 이로 인해 RAG는 AI 애플리케이션의 신뢰성과 활용도를 높이는 핵심 기술로 주목받고 있습니다.

이제 LLM과 RAG 기반 AI 애플리케이션을 보다 쉽게 구축할 수 있도록 돕는 프레임워크, 랭체인[LangChain]을 소개하겠습니다.

랭체인은 대규모 언어 모델LLM을 활용한 애플리케이션 개발을 위한 오픈소스 프레임워크입니다. 챗GPT나 Claude와 같은 LLM을 쉽게 연결하고 활용할 수 있도록 다양한 구성요소components와 타사 통합integrations 기능을 제공합니다. 이러한 구성요소들은 LLM과의 상호작용, 메모리 관리, 체인 실행, 데이터 처리 등 핵심적인 기능들을 담당하며, 개발자는 이를 활용해 복잡한 AI 애플리케이션을 효율적으로 구축할 수 있습니다.

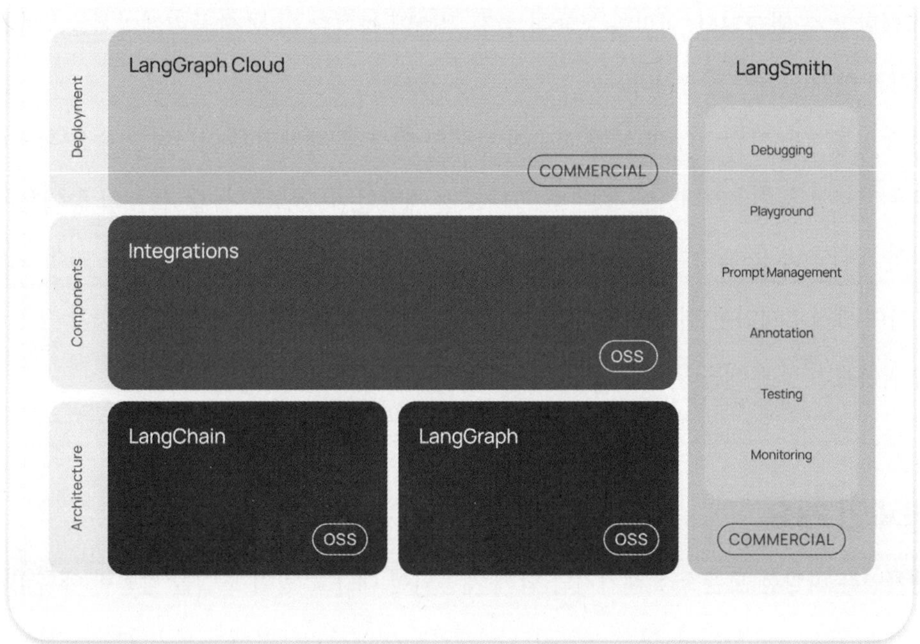

그림 1-1 랭체인 프레임워크 구성[1]

LLM 애플리케이션의 개발 생태계가 성장하면서, 랭체인과 함께 사용할 수 있는 특화된 도구들도 등장했습니다. 그림 1-1은 이러한 랭체인 프레임워크의 전체 구조를 나타냅니다. 여기에는 랭체인을 중심으로 복잡한 작업을 시각화하고 API로 전환해주는 랭그래프LangGraph, 체인의

1 출처: https://python.langchain.com/docs/introduction/

성능을 모니터링하고 최적화하는 랭스미스[LangSmith], 그리고 다양한 구성요소와 타사 통합 기능이 포함되어 있습니다.

랭체인의 가장 큰 특징은 체인[chain]이라는 이름이 의미하듯이, 각 기능을 유연하게 연결할 수 있다는 점입니다. 예를 들어, 개발자는 문서 검색, 데이터 처리, 요약, 번역과 같은 여러 작업을 마치 레고 블록처럼 조립하여 원하는 기능을 구현할 수 있습니다. 이렇게 특정 작업을 수행할 때 원하는 기능을 손쉽게 갈아끼우듯이 사용할 수 있어 프로젝트의 복잡성을 줄이고 개발 효율을 극대화할 수 있습니다. 이러한 모듈식 설계 덕분에 복잡한 LLM 애플리케이션을 단순하고 관리하기 쉽게 만들수 있습니다.

현재 인공지능 기술은 우리 삶에 깊숙이 들어와 있으며, 랭체인은 이러한 기술을 활용하여 새로운 프로그램이나 서비스를 보다 쉽고 빠르게 개발할 수 있도록 돕습니다. 이 장에서는 랭체인의 개념과 주요 패키지를 살펴보며, 랭체인 플랫폼이 어떻게 다양한 대규모 언어 모델을 활용하여 애플리케이션 개발을 지원하는지 알아봅니다. 또한 랭체인의 핵심 기능과 구성요소들을 알아보며 실제 애플리케이션을 개발할 때 어떤 이점이 있는지 살펴봅니다.

1 랭체인 개요

랭체인은 다양한 오픈소스 패키지와 함께 제공되어 대규모 언어 모델을 활용한 애플리케이션 개발을 용이하게 합니다. 이 프레임워크는 개발자가 애플리케이션을 신속하게 구축하고, 외부 통합을 효율적으로 관리할 수 있도록 돕습니다.

이번 절에서는 랭체인에서 제공하는 다양한 패키지들을 살펴보고, 각 패키지가 제공하는 기능을 간단하게 알아봅니다. 또한 랭체인 0.3 버전의 안정성과 사용성의 변화를 분석하며, 왜 랭체인을 선택해야 하는지 그 이유를 고찰하고, 실제 활용 사례들을 확인해 보겠습니다. 랭체인에 대해 더 자세한 정보가 필요하다면, 다음 공식 웹사이트에서 확인할 수 있습니다.

URL - https://www.langchain.com/

1.1 랭체인 주요 패키지

랭체인 생태계는 여러 패키지로 구성되어 있으며, 각 패키지는 특정한 역할을 수행합니다. 개발자는 이러한 패키지들을 조합하여 애플리케이션을 쉽게 개발하고 배포할 수 있습니다.

랭체인 패키지 설치

각 패키지는 `pip install <패키지명>` 명령으로 쉽게 설치할 수 있습니다. 예를 들어, 주요 랭체인 패키지를 설치하려면 `pip install langchain`을 실행합니다.

패키지 관계도

패키지 간의 관계는 방향 화살표로 표현할 수 있습니다. 그림 1-2와 같이 화살표는 소스 패키지가 대상 패키지에 종속됨을 나타냅니다. 패키지 간 의존성의 몇 가지 예를 살펴보면 다음과 같습니다.

langchain-core는 랭체인 생태계의 기본이 되는 패키지로, 다른 많은 패키지들이 이에 의존합니다. langchain을 설치하면 langchain-core가 자동으로 함께 설치됩니다. 이는 langchain이 langchain-core에 직접 의존성^direct dependency^을 가지고 있기 때문입니다. 그림 1-2에서도 langchain이 langchain-core를 화살표로 가리키고 있음을 알 수 있습니다.

langgraph는 langchain-core를 선택적으로 사용할 수 있습니다. 이는 langgraph가 langchain-core를 피어 의존성^peer dependency^으로 취급한다는 의미입니다.

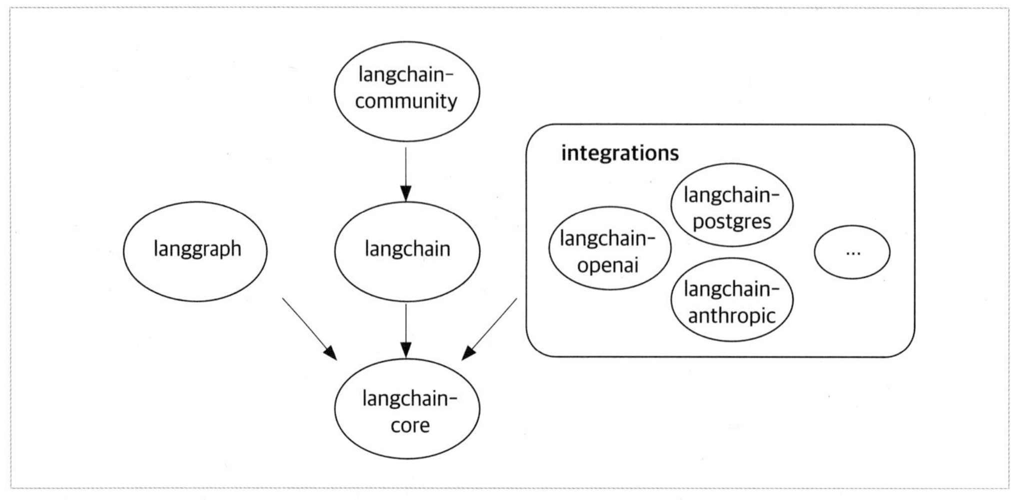

그림 1-2 랭체인 주요 패키지[2]

그림 1-2는 각 패키지들이 서로 어떻게 연결되어 있는지를 보여주며, 화살표는 한 패키지가 다른 패키지에 의존한다는 의미를 나타냅니다. 패키지를 설치할 때, `langchain-core`와 같은 필수 종속 패키지를 따로 설치할 필요는 없습니다. 하지만 특정 버전에서만 지원되는 기능을 사용하려면 필요한 추가 패키지를 직접 설치해야 할 때가 있습니다. 이때 설치한 프로그램이 다른 패키지들과 잘 호환되는지 확인해야 합니다.

랭체인 패키지

다음으로 랭체인 생태계의 주요 패키지들에 대해 간단히 살펴보겠습니다.

1 langchain-core

랭체인의 중심 역할을 하는 패키지로, 다양한 기본 기능들이 포함되어 있습니다. 이 패키지에는 대규모 언어 모델, 데이터 벡터 저장소[Vector Store], 검색기[Retriever]와 같은 중요한 기능들을 정의하는 기본 구조가 포함되어 있습니다. 여기서 벡터 저장소란 데이터를 숫자 형태(벡터)

2 출처: https://python.langchain.com/docs/how_to/installation/

로 저장하는 방식이며, 데이터 검색기는 필요한 정보를 찾아주는 시스템입니다.

이러한 여러 기능을 체인으로 연결할 수 있도록 langchain-core에서 랭체인 표현 언어 LangChain Expression Language, LCEL를 제공합니다. 핵심 기능들만 담겨 있어 가볍고 효율적으로 사용할 수 있습니다.

```
import langchain_core
```

2 langchain

랭체인 패키지는 애플리케이션의 구조를 만드는 체인chain, 대규모 언어 모델을 사용해 작업을 처리하는 지능형 시스템인 에이전트agent, 그리고 정보를 검색하는 검색기retriever 전략 등을 포함합니다. 랭체인 패키지는 특정 서비스에 국한되지 않고, 다양한 환경에서 재사용할 수 있도록 설계되었습니다. 이를 통해 복잡한 애플리케이션을 쉽게 만들고, 다양한 작업을 자동화할 수 있습니다. langchain을 설치하면 langchian-core 패키지가 자동으로 설치됩니다.

```
import langchain
```

3 langchain-community

langchain-community 패키지는 랭체인 커뮤니티에서 유지 관리하는 다양한 타사 서비스 통합을 포함하고 있습니다. 이 패키지에는 대규모 언어 모델, 벡터 저장소, 검색기 등의 통합이 포함되어 있으며, 이를 선택적으로 사용할 수 있습니다. 이 패키지는 가능한 한 가볍게 설계되어, 필요한 기능만 추가할 수 있습니다.

```
import langchain_community
```

4 파트너 패키지

인기 있는 타사 서비스 통합 지원 패키지로, 그림 1-2에서 타사 서비스 통합integrations 부분에 해당합니다. 랭체인은 다양한 외부 서비스와 통합할 수 있는데, 이 중에서 자주 사용하는 통합은 별도의 패키지로 분리되었고, 각 패키지는 `langchain-[partner]`로 불러올 수 있습니다. 예를 들어, 오픈AI나 앤트로픽과 같은 통합 지원 패키지는 각각 `langchain-openai`, `langchain-anthropic` 패키지로 제공됩니다. 각 파트너 패키지는 특정 서비스나 플랫폼과의 통합을 전문적으로 다루며, 이를 통해 더 안정적이고 효율적으로 지원받을 수 있습니다.

```
import langchain_openai langchain_anthropic
```

5 랭그래프

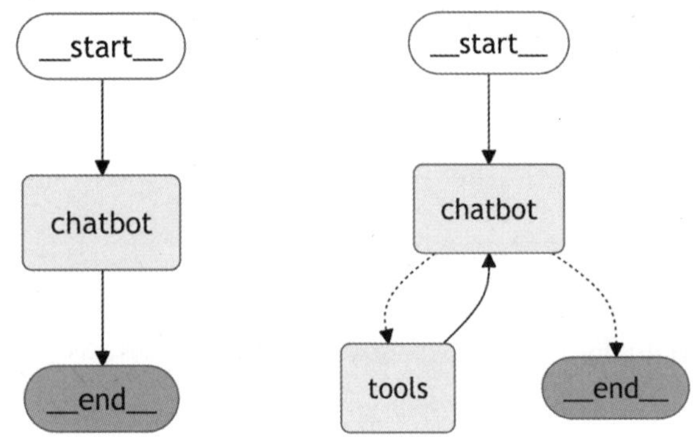

그림 1-3 랭그래프 예시[3]

랭그래프LangGraph는 그래프 기반 모델링을 도와주는 패키지로, 여러 작업을 동시에 처리하거나 특정 조건에 따라 작업을 분기하는 복잡한 애플리케이션을 설계할 수 있습니다. 마치 지도를 그리듯이 작업의 흐름을 그래프로 표현해 더 복잡한 기능을 구현할 수 있습니다. 랭그래프는 고수준의 인터페이스를 제공하여 일반적인 에이전트를 쉽게 생성할 수 있습니다.

3 출처: https://langchain-ai.github.io/langgraph/tutorials/introduction/#part-1-build-a-basic-chatbot

6 랭서브

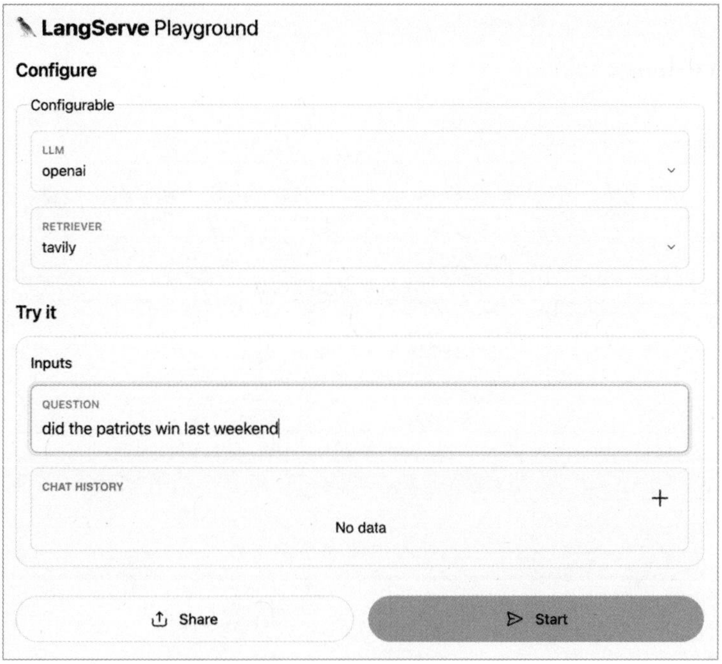

그림 1-4 랭서브를 이용해 매개변수를 조정할 수 있는 간단한 UI 예[4]

랭서브[LangServe]는 REST API 배포를 도와주는 패키지로, 이를 활용하면 랭체인의 체인을 REST API로 간편하게 배포할 수 있습니다. REST API는 웹상에서 애플리케이션들이 서로 데이터를 주고받을 수 있도록 하는 시스템입니다. 이를 통해 개발자는 애플리케이션을 프로덕션 환경에 배포하고 다른 시스템이나 사용자에게 쉽게 제공할 수 있습니다. 랭서브를 사용하면 프로덕션에 적합한 API를 간단하게 설정하고 운영할 수 있습니다.

4 출처: https://blog.langchain.dev/langserve-playground-and-configurability/

7 랭스미스

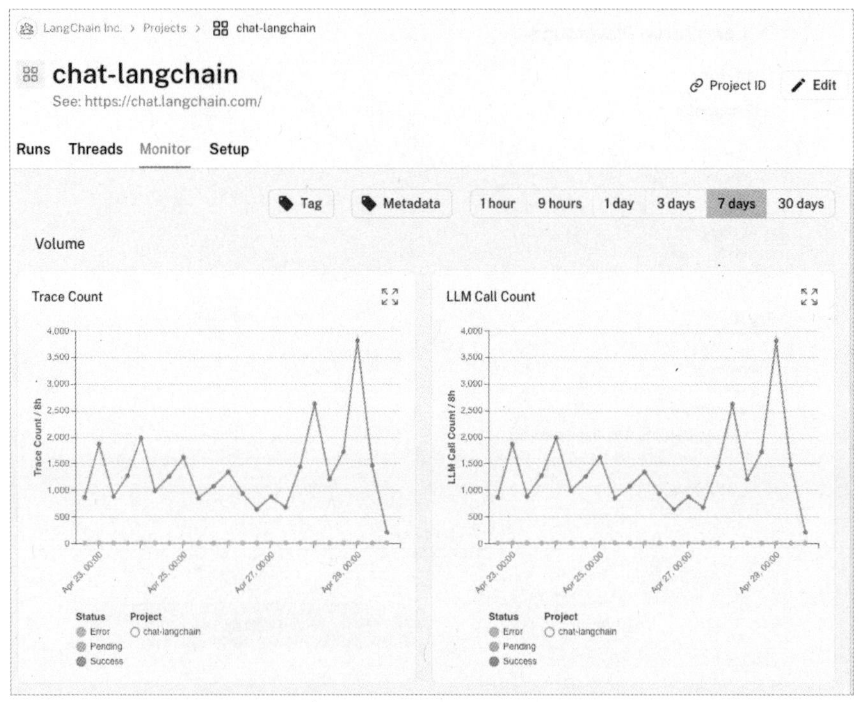

그림 1-5 랭스미스를 이용한 대규모 언어 모델 애플리케이션의 모니터링 차트 예[5]

랭스미스LangSmith는 대규모 언어 모델 애플리케이션을 디버깅, 테스트, 평가, 모니터링할 수 있는 개발자 플랫폼입니다. 이를 통해 애플리케이션의 품질을 높이고, 잠재적인 문제를 빠르게 발견하여 수정할 수 있습니다. 랭스미스는 개발자가 만든 애플리케이션이 안정적이고 신뢰성 있게 작동하는지 확인할 수 있는 중요한 도구입니다.

그림 1-5는 하나의 대규모 언어 모델 애플리케이션에서 사용량과 성능을 모니터링하는 그림입니다. 왼쪽 그래프는 애플리케이션의 실행 흐름을 나타내는 추적 횟수(Trace Count)에 대한 꺾은선 그래프이고, 오른쪽은 대규모 언어 모델 호출 횟수(LLM Call Count)로 실제로 대규모 언어 모델에 요청을 보낸 횟수를 나타냅니다. 두 지표의 관계를 통해 애플리케이션

5 출처: https://docs.smith.langchain.com/observability/tutorials/observability/

에서 대규모 언어 모델의 사용 효율성을 파악할 수 있습니다. 예를 들어, 추적 횟수가 대규모 언어 모델 호출 횟수보다 훨씬 높다면, 많은 처리가 대규모 언어 모델 없이 이루어지고 있음을 의미합니다.

랭체인은 이와 같이 다양한 패키지를 제공하여 개발자가 원하는 AI 작업을 효율적으로 수행할 수 있도록 지원합니다.

1.2 랭체인 버전별 기능 업데이트

2024년 9월 16일, 랭체인의 0.3 버전이 새롭게 발표되었습니다. 새로운 버전은 안정성과 여러 가지 기능 향상과 함께 커뮤니티 피드백을 반영한 변화를 담고 있습니다. 0.1 버전부터 변화된 내용을 정리해 보면 다음과 같습니다.

표 1-1 랭체인 버전에 따른 변화 내용

버전	변화 내용	설명
0.1.0	패키지 분리	• langchain-core, langchain, langchain-community, 파트너 패키지로 분리 • 패키지 구조의 분리로 생산 환경에서 사용성 개선
0.1.x	새로운 기능 추가	• 이벤트 스트리밍 API를 통한 향상된 스트리밍 지원 • 표준화된 도구 호출 지원 • 출력을 구조화하기 위한 표준화된 인터페이스 • @chain 데코레이터 추가 등
0.2.0	langchain-community에 대한 의존성 제거 및 통합 독립성 강화	• langchain에서 langchain-community에 대한 의존성을 제거하여 패키지가 더 가벼워짐 • 통합 파트너 패키지 및 생태계 확장 • 특정 통합에 문제가 발생해도 코드 유지보수가 용이함
0.3.0	Pydantic 2로의 전환 및 Python 3.8 지원 종료	• 내부적으로 Pydantic 1에서 Pydantic 2로 전환됨 • Python 3.8 지원 종료 • 호환성 문제 방지를 위해 특정 버전 설치 시 주의 필요

랭체인의 향후 발전 계획

- **랭그래프 기능 확장**: 에이전트 아키텍처를 위한 주요 프레임워크로 발전시키기 위해 랭그래프에 더 많은 기능을 추가할 예정입니다.
- **벡터 스토어 업그레이드**: 벡터 저장소의 추상화 기능을 개선하여 사용성과 신뢰성을 높이는 업그레이드를 개발 중입니다.
- **문서화 개선**: 더 나은 문서화와 버전 관리된 문서를 제공할 계획입니다.

지금까지 랭체인의 주요 변화를 살펴보았습니다. 패키지 구조가 더 체계적으로 분리되고, 새로운 기능이 추가되었으며, Pydantic 2로의 전환과 Python 3.8 지원 종료와 같은 중요한 업데이트가 있었습니다.

앞으로는 랭그래프 기능이 확장되고, 벡터 스토어가 업그레이드되며, 문서화가 더욱 개선될 예정입니다. 버전이 자주 업데이트되지만, 전체적인 구조는 크게 변하지 않습니다. 따라서 새로운 버전이 나오면 변경 사항을 빠르게 파악하고 적용하기 바랍니다.

1.3 왜 랭체인을 사용해야 하는가?

OpenAI API로도 AI 애플리케이션을 충분히 개발할 수 있지만, 랭체인을 사용하면 더 편리한 점이 많습니다. 랭체인은 모든 기능을 모듈 단위로 나눠 제공하기 때문에, 개발자가 원하는 기능을 필요할 때 쉽게 추가하거나 교체할 수 있습니다. 예를 들어, 데이터베이스 연결, 외부 API 호출, 데이터 처리 등의 기능을 각각 독립적인 모듈로 만들어 두고 이를 조합해서 사용할 수 있습니다. 따라서 나중에 특정 기능만 수정하거나 확장하기가 쉽습니다.

또한 랭체인은 다양한 외부 시스템과 연동할 수 있는 표준 인터페이스를 제공합니다. 챗GPT에서 다른 AI 모델로 바꾸거나, 새로운 데이터베이스를 연결하거나, 다른 회사의 API를 사용해야 할 때도 기존 코드를 크게 수정할 필요 없이 간단히 설정만 변경하면 됩니다.

랭체인의 주요 장점

랭체인의 장점을 정리하면 다음과 같습니다.

- **모듈성**(Modularity): 랭체인은 모든 기능을 독립적인 모듈로 제공합니다. 각 모듈은 단독으로도 사용할 수 있고 다른 모듈과 조합할 수도 있어서 애플리케이션 구조를 효율적으로 설계할 수 있습니다.
- **통합의 용이성**(Ease of Integration): 다양한 외부 시스템과 쉽게 연동할 수 있습니다. OpenAI API를 MistralAI나 Gemini로 교체하거나 새로운 데이터베이스나 API를 연결할 때도 설정만 변경하면 됩니다.
- **확장된 기능**(Enhanced Capabilities): 랭체인은 최신 버전에서 강력한 기능을 제공합니다. 예를 들어, 랭체인 표현 언어(LangChain Expression Language)와 실행 가능한 인터페이스(Runnable Interface)를 사용하면 복잡한 워크플로우를 손쉽게 작성하고 효율적으로 실행할 수 있습니다.
- **커뮤니티와 지원**(Community and Support): 활성화된 커뮤니티에서 다양한 예제와 문서를 제공하며 지속적인 업데이트로 새로운 기능이 추가되고 있습니다.

1.4 랭체인의 주요 활용 사례

랭체인은 대규모 언어 모델[LLM]을 활용한 응용 프로그램 개발 프레임워크입니다. 데이터 검색, 분석, 처리 작업에서 특히 유용하며, 다양한 수준의 개발자들이 실무에 바로 적용할 수 있습니다. 랭체인의 주요 활용 사례는 다음과 같습니다.

1 검색 증강 생성과 질의응답 시스템 [2장]

검색 증강 생성[RAG]은 외부 데이터베이스나 문서에서 정보를 검색하여 응답을 생성하는 방식입니다. 랭체인으로 이러한 시스템을 구축하면 방대한 문서에서 필요한 정보를 찾아 정확한 답변을 제공할 수 있습니다.

2 구조화된 출력 추출 [1, 2, 4장]

데이터를 단순히 텍스트로 받는 것보다 구조화된 형식(예: JSON, XML)으로 추출하면 더 효율적입니다. 랭체인은 구조화된 데이터를 효율적으로 추출하고, 다양한 형식으로 변환하는 기능을 제공합니다. 이를 활용하면 데이터를 자동으로 정리할 수 있어 대규모 데이터 처리와 분석 작업에 유용합니다.

3 챗봇 구축 [2, 5장]

랭체인으로 쉽게 구축할 수 있는 대표적인 응용 프로그램으로 챗봇이 있습니다. 챗봇은 사용자와 상호작용할 수 있는 대화형 AI로, 고객 지원과 정보 제공, 간단한 업무 자동화 등 다양한 용도로 활용할 수 있습니다. 랭체인을 사용하면 챗봇 개발의 복잡한 부분을 단순화하여 쉽고 빠르게 개발할 수 있습니다.

4 도구 사용 및 에이전트 [6, 7장]

랭체인을 사용하면 외부 도구와 API를 연동하여 기능을 확장할 수 있습니다. 특히, 대규모 언어 모델이 스스로 판단하여 데이터를 처리하고 도구를 사용하는 개념인 에이전트를 랭체인으로 구현할 수 있습니다. 예를 들어, 날씨 API를 호출해 실시간 데이터를 가져오거나 데이터베이스에서 정보를 조회하는 등의 작업을 자동화할 수 있습니다. 에이전트를 통해 복잡한 작업을 효율적으로 관리하고, 자동화된 워크플로우를 구축할 수 있습니다.

이 책에서는 이 외에도 각 장에서 다양한 활용 사례를 단계별로 정리해 실무에 쉽게 적용할 수 있도록 안내합니다. 따라서 직접 실습해 보면서 자연스럽게 익힐 수 있습니다.

이제 다음 절부터 랭체인의 주요 구성요소를 살펴보겠습니다. 랭체인은 다양한 구성요소를 통해 대규모 언어 모델 기반 애플리케이션을 구축하고 관리하는 데 필요한 폭넓은 기능을 제공합니다. 랭체인의 핵심 구성요소인 대규모 언어 모델^LLM^, 체인^Chains^, 프롬프트^Prompts^, 파서^Parsers^ 그리고 메모리^Memory^ 기능에 대해 차근차근 알아보겠습니다. 각 구성요소는 애플리케이션 개발 과정에서 중요한 역할을 하며, 이들의 조합을 통해 강력한 AI 시스템을 구현할 수 있습니다.

2 대규모 언어 모델

대규모 언어 모델은 랭체인에서 매우 중요한 역할을 하는 구성요소로, 사용자가 입력한 텍스트(문자열)를 바탕으로 새로운 텍스트를 생성해주는 인공지능 모델입니다. 랭체인은 자체적으로 대규모 언어 모델을 제공하지는 않지만, 오픈AI나 코히어Cohere, 허깅페이스Hugging Face와 같은 여러 대규모 언어 모델 제공자들과 쉽게 상호작용할 수 있는 표준화된 인터페이스를 제공합니다.

2.1 랭체인 vs 오픈AI API

대규모 언어 모델을 활용하는 방법은 크게 두 가지가 있습니다. 모델 제공자의 API를 직접 사용하는 방법과 랭체인을 통해 사용하는 방법입니다.

랭체인을 활용하면 프롬프트 템플릿, 메모리 관리, 도구 호출 등 다양한 기능을 이용하여 복잡한 애플리케이션을 효율적으로 구축할 수 있습니다. 특히, 모델 간 전환이 용이하여 코드 수정 없이 다양한 모델을 활용할 수 있다는 장점이 있습니다.

반면, 오픈AI API는 대규모 언어 모델의 기능을 직접 사용할 수 있는 간단한 인터페이스를 제공합니다. 그러나 랭체인에 비해 모듈화나 유연성이 부족하여, 각 API에 맞는 코드를 별도로 작성해야 합니다. 게다가 여러 모델을 사용할 때는 각 모델의 특성에 맞게 따로 코드를 작성해야 하는 불편함이 있습니다.

결론적으로, 랭체인은 복잡한 애플리케이션 개발과 다양한 모델 통합에 적합하며, 오픈AI API는 간단한 모델 활용에 적합한 도구입니다.

랭체인 vs 오픈AI API 코드 비교

랭체인과 오픈AI API를 실습을 통해 비교해 봅시다. 다음은 사용자가 묻는 특정 주제에 대해 모델이 간단한 설명을 제공하는 예제입니다.

오픈AI API 키 설정

이 책에서 실습은 구글 코랩 환경에서 진행합니다. 구글 코랩 및 환경 설정에 대한 자세한 내용은 앞의 '실습 환경 설정'을 참고하기 바랍니다. 여기서는 이 책에서 사용하는 오픈AI API 키 설정 방법을 다시 한 번 살펴보겠습니다.

먼저 프로젝트의 루트 디렉터리에 .env 파일을 생성합니다. 그리고 .env 파일 내용을 다음과 같이 작성합니다.

```
OPENAI_API_KEY=여러분의 API 키
```

이어서 다음과 같이 python-dotenv 패키지를 설치하고 필요한 라이브러리를 불러옵니다.

```
!pip install python-dotenv langchain_openai
# 라이브러리 불러오기
from dotenv import load_dotenv
import os
from langchain_openai import OpenAI
```

마지막으로 .env 파일에서 환경 변수를 로드하고, 오픈AI API 키를 가져와 오픈AI의 대규모 언어 모델을 초기화합니다.

```
# .env 파일에서 환경 변수 로드
load_dotenv("/content/.env")
# 환경 변수에서 API 키 가져오기
api_key = os.getenv("OPENAI_API_KEY")
# 오픈AI 대규모 언어 모델 초기화
llm = OpenAI(api_key=api_key)
```

이렇게 오픈AI API 키를 설정하고 실습을 진행하면 됩니다.

1 오픈AI API

먼저 오픈AI의 API를 직접 활용하여 응답 생성 파이프라인을 구축해 보겠습니다. 프롬프트 템플릿을 사용해 사용자로부터 주제를 입력받고, 이를 오픈AI API를 통해 대화 형식으로 응답을 생성하는 구조로 작성했습니다. 실습 코드는 이 책의 깃허브 주소에서 내려받을 수 있습니다. 1장 폴더의 ch01_LLM.ipynb 파일입니다.

```
# 라이브러리 설치
!pip install langchain_core langchain_openai
# 라이브러리 불러오기
import openai
from typing import List
```

오픈AI를 사용하는 데 필요한 라이브러리를 불러옵니다. List 모듈은 타입 힌트를 제공하는 기능을 하며, 파이썬 코드에서 변수나 함수의 입력값과 반환값에 대해 자료형을 명확하게 지정할 수 있게 합니다.

```
# 기본 오픈AI 클라이언트 사용
client = openai.OpenAI()
```

이어서 openai 라이브러리를 사용해 오픈AI 클라이언트를 초기화합니다. client 객체는 오픈AI API에 요청을 보내고 응답받는 기능을 제공합니다. 이 클라이언트는 GPT 모델과 상호작용하여 대화형 응답을 생성하는 데 사용됩니다. 먼저 간단한 대화를 나눠보겠습니다.

```
# "안녕하세요!" 메시지를 보내고 응답을 받음
response = client.chat.completions.create(
    model="gpt-4o-mini",
    messages=[{"role": "user", "content": "안녕하세요!"}]
)
response.choices[0].message.content
```

오픈 API에 gpt-4o-mini 모델을 사용하여 "안녕하세요!"라는 메시지를 보내고, 그에 대한 모델의 응답을 받습니다. client.chat.completions.create( )는 오픈AI의 챗 API를 사용하여 대화를 생성합니다. 입력값은 다음과 같습니다.

- **model:** gpt-4o-mini 모델을 지정합니다.
- **messages:** 역할(role)과 메시지 내용(content)으로 구성된 메시지 리스트입니다. 여기서 사용자가 보낸 메시지는 역할이 "user"로, 내용은 "안녕하세요!"로 설정됩니다.

응답은 response 객체로 저장되며, 첫 번째 응답의 메시지 내용은 response.choices[0].message.content로 접근할 수 있습니다.

이제 사용자가 설정한 주제, 예를 들어 '더블딥'에 대해 설명을 요청하는 프롬프트를 작성해 보겠습니다.

```
# 요청에 사용할 프롬프트 템플릿 정의
prompt_template = "주제 {topic}에 대해 짧은 설명을 해주세요."
```

prompt_template은 주어진 주제에 대해 설명을 요청할 때 사용할 문자열 템플릿입니다. {topic}은 사용자가 지정한 주제를 동적으로 입력받을 자리입니다. 이 템플릿을 사용하여 특정 주제에 대해 GPT 모델에게 설명을 요청할 수 있습니다. 이어서 메시지를 보내고 모델 응답을 받는 함수를 정의합니다.

```
# 메시지를 보내고 모델의 응답을 받는 함수
def call_chat_model(messages: List[dict]):
    response = client.chat.completions.create(
        model="gpt-4o-mini",
        messages=messages,
    )
    return response.choices[0].message.content
```

이 함수는 주어진 messages 리스트를 gpt-4o-mini 모델에 전달하고 응답을 반환하는 역할을 합니다. messages는 사용자가 전달할 메시지를 담은 리스트로, 역할(role)과 메시지 내용(content)이 포함됩니다. 이 함수는 GPT 모델과의 대화 결과를 response.choices[0].message.content에서 추출해 반환합니다. 마지막으로 주제에 따라 설명을 요청하는 함수를 작성합니다.

```
# 주어진 주제에 따라 설명을 요청하는 함수
def invoke_chain(topic: str):
    prompt_value = prompt_template.format(topic=topic)
    messages = [{"role": "user", "content": prompt_value}]
    return call_chat_model(messages)
# "더블딥" 주제로 설명 요청
invoke_chain("더블딥")
```

invoke_chain( ) 함수는 사용자가 제공한 주제에 대해 설명을 요청하는 기능을 합니다. topic은 주제를 나타내는 문자열입니다. 이 값은 prompt_template에서 {topic} 자리에 삽입됩니다.

prompt_value는 prompt_template.format(topic=topic)을 통해 사용자에게 보여줄 완성된 프롬프트입니다. 예를 들어, 사용자가 '더블딥'이라는 주제를 입력하면, 이 프롬프트는 "주제 더블딥에 대해 짧은 설명을 해주세요."로 변환됩니다. messages는 완성된 프롬프트(prompt_value)를 담은 리스트이며, GPT 모델에게 전달될 데이터입니다.

마지막으로, 이 함수는 call_chat_model( )을 호출하여 해당 메시지에 대한 모델의 응답을 반환합니다.

```
"더블딥"은 경제학에서 사용하는 용어로, 경제가 두 번의 침체를 겪고 나서 회복하는 현상을 의
미합니다. 첫 번째 침체 후에 일시적인 회복이 나타나지만, 이후에 다시 경제가 하락하는 경우
를 말합니다. 이 현상은 일반적으로 경기 순환의 긴축적인 패턴을 나타내며, 경제 정책이나 시
장의 신뢰도 등에 따라 발생할 수 있습니다. 더블딥은 투자자와 정책 입안자들에게 중요한 신호
로 작용하며, 경제의 전반적인 건강 상태를 평가하는 데 도움을 줍니다.
```

앞선 코드에서는 오픈AI 클라이언트를 생성한 후, 사용자가 입력한 주제를 기반으로 프롬프트를 구성하여 모델에 전달합니다. 이어서 모델로부터 생성된 설명을 반환받는 흐름으

로 구성되어 있습니다. 이 방식은 API를 직접 호출하는 단순한 구조로, 코드가 직관적이고 사용이 간편하다는 장점이 있습니다.

그러나 특정 모델인 GPT 모델에 종속적이라는 한계가 있으며, 다른 모델로 전환하거나 새로운 기능을 추가하려면 코드의 여러 부분을 수정해야 하는 불편함이 있습니다. 따라서 이 방식은 간단한 작업이나 특정 모델을 활용한 간단한 애플리케이션에 적합합니다.

2 랭체인

이번에는 랭체인 프레임워크를 활용하여 GPT-4o 모델로 응답을 생성하는 방법을 살펴봅시다. 랭체인은 대규모 언어 모델 기반 애플리케이션 개발에 모듈화된 접근 방식을 제공하여, 다양한 구성요소를 손쉽게 조합할 수 있습니다.

```
# 라이브러리 불러오기
from langchain_openai import ChatOpenAI
from langchain_core.prompts import ChatPromptTemplate
from langchain_core.output_parsers import StrOutputParser
from langchain_core.runnables import RunnablePassthrough
from dotenv import load_dotenv
# 미스트랄AI 모델을 사용할 경우 주석 해제
# from langchain_mistralai.chat_models import ChatMistralAI
```

필요한 여러 가지 라이브러리를 불러옵니다. ChatOpenAI는 랭체인에서 오픈AI의 GPT 모델을 사용하는 클래스이고, ChatPromptTemplate은 프롬프트 템플릿을 만들어주는 클래스입니다. StrOutputParser는 GPT 모델이 반환한 응답을 문자열로 변환하는 역할을 하고, RunnablePassthrough는 입력 데이터를 그대로 통과시키는 역할을 합니다. 마지막으로 dotenv는 .env 파일에서 환경 변수를 불러오는 데 사용합니다.

이렇게 불러온 라이브러리들은 랭체인을 구성하고 API와 상호작용하는 데 중요한 역할을 합니다. 마지막 부분 ChatMistralAI는 미스트랄 모델을 사용할 경우에 주석을 해제하면 됩니다.

```
# 주어진 주제에 대해 짧은 설명을 요청하는 프롬프트 템플릿 정의
prompt = ChatPromptTemplate.from_template(
    "주제 {topic}에 대해 짧은 설명을 해주세요."
)
```

ChatPromptTemplate.from_template( )을 사용하여 주어진 주제에 대한 설명을 요청하는 프롬프트 템플릿을 정의합니다. {topic} 부분은 나중에 사용자가 입력한 주제로 대체하여 프롬프트를 완성합니다. 예를 들어, 사용자가 '더블딥'이라는 주제를 입력하면 최종 프롬프트는 "주제 더블딥에 대해 짧은 설명을 해주세요."가 됩니다. 이런 식으로 템플릿을 사용하면 코드의 유연성을 높여 다양한 주제에 대해 동일한 방식으로 모델에게 요청할 수 있습니다.

```
# 출력 파서를 문자열로 설정
output_parser = StrOutputParser()
# 오픈AI의 gpt-4o 모델을 사용하여 채팅 모델 설정
model = ChatOpenAI(model="gpt-4o")
# 미스트랄AI 모델을 사용할 경우 주석 해제
# model = ChatMistralAI(api_key=MISTRAL_API_KEY)
```

StrOutputParser( )를 사용하여 모델이 반환하는 응답을 문자열로 처리할 수 있도록 설정합니다. 일반적으로 모델의 응답은 다양한 형태로 반환될 수 있는데, 이 파서는 그중에서 문자열 응답만 추출하여 반환합니다. 이렇게 하면 결과를 간결하게 처리하여 나중에 사용자가 쉽게 사용할 수 있습니다.

ChatOpenAI(model="gpt-4o")를 통해 대화형 응답 생성에 특화된 GPT-4o 모델을 불러옵니다. 이 코드는 오픈AI의 GPT 모델을 활용하여 주어진 프롬프트에 따라 응답을 생성하도록 설정합니다. 만약 다른 모델, 예를 들어 미스트랄AI와 같은 모델을 사용하고자 한다면, 주석 처리된 코드를 활성화하여 사용할 수 있습니다. 이렇게 모델을 쉽게 전환할 수 있는 점이 랭체인의 큰 장점입니다. 미스트랄AI의 API 키(MISTRAL_API_KEY)는 오픈AI와 유사한 방식으로 결제를 통해 발급받을 수 있습니다.

```
# 파이프라인 설정: 주제를 받아 프롬프트를 생성하고, 모델로 응답을 생성한 후 문자열로 파싱
chain = (
    {"topic": RunnablePassthrough()}  # 입력받은 주제를 그대로 통과시킴
    | prompt                          # 프롬프트 템플릿 적용
    | model                           # 모델을 사용해 응답 생성
    | output_parser                   # 응답을 문자열로 파싱
)
# "더블딥" 주제로 설명 요청
chain.invoke("더블딥")
```

파이프라인은 여러 단계로 구성됩니다. 첫 번째 단계에서는 사용자가 입력한 주제를 그대로 통과시키고, 두 번째 단계에서는 주제를 프롬프트 템플릿에 적용합니다. 이후 GPT 모델을 사용하여 응답을 생성한 뒤, 마지막으로 응답을 문자열로 파싱합니다. 이렇게 단계별로 구성된 파이프라인은 입력을 받아 최종 결과까지 효율적으로 처리하는 구조로 되어 있습니다.

마지막으로, `chain.invoke("더블딥")`을 통해 "더블딥"이라는 주제로 설명을 요청합니다. 이때 사용자가 입력한 주제가 파이프라인을 통해 처리되며, 최종적으로 GPT 모델이 생성한 응답을 반환합니다.

```
"더블딥(Double Dip)"은 경제 분야에서 주로 사용되는 용어로, 경기 침체가 일단 끝난 뒤 경제
가 다시 회복되는 듯하다가 또 다시 침체로 접어드는 현상을 말합니다. 즉, 경제 성장률이 음수
로 돌아섰다가 잠시 플러스로 전환된 이후 다시 음수로 떨어지는 두 번의 침체가 연속적으로 발
생하는 것을 지칭합니다. 이는 소비 감소, 투자 부진, 외부 충격 등 여러 요인에 의해 발생할
수 있으며, 정책 결정자들에게 도전 과제가 될 수 있습니다.
```

예제 코드에서는 프롬프트 템플릿, 모델 설정, 출력 파서 등을 체인 형태로 연결하여 복잡한 작업을 간단하게 처리할 수 있는 파이프라인을 구성합니다. 이러한 모듈화된 구조 덕분에 다른 모델(예: `ChatMistralAI`)로 손쉽게 전환할 수 있으며, 프롬프트 템플릿을 변경하거나 새로운 기능을 추가하는 과정도 간편합니다. 랭체인은 코드의 유연성과 확장성을 극대화할 수 있도록 설계되어 있어, 복잡한 애플리케이션을 개발하는 데 유용합니다.

오픈AI API와 랭체인을 비교하여 정리하면 다음과 같습니다.

표 1-2 오픈AI API와 랭체인 비교

항목	오픈AI API	랭체인
구조	단순한 호출 방식	모듈화된 체인 구조
유연성	낮음: 특정 모델 종속	높음: 다양한 모델 전환 및 기능 확장 가능
코드 복잡도	간단함: 코드 길이 짧음	체계적이지만 다소 길어질 수 있음
재사용성	낮음: 코드 일부를 수정해야 재사용 가능	높음: 모듈화된 구성으로 손쉽게 재사용 가능
사용 사례	간단한 작업	복잡하고 확장 가능한 작업
모델 전환 용이성	제한적: 코드 수정 필요	매우 용이: 모델 클래스를 바꾸는 것만으로 전환 가능

2.2 대규모 언어 모델 파라미터 설정

대규모 언어 모델에는 조정할 수 있는 기본 하이퍼파라미터(속성값)가 있습니다. 대규모 언어 모델의 하이퍼파라미터는 모델이 생성하는 텍스트의 스타일, 길이, 정확도 등에 영향을 주며, 이를 통해 출력을 조정하고 최적화할 수 있습니다. 사용하는 모델이나 플랫폼에 따라 세부 사항은 다를 수 있지만, 일반적으로 적용되는 주요 하이퍼파라미터는 다음과 같습니다.

- **온도**(Temperature): 생성하는 텍스트의 다양성을 조정합니다. 온도 설정값은 0~1 사이의 값으로 값이 작을수록 예측 가능하고 일관된 출력을 생성하며, 값이 클수록 다양하고 창의적인 출력을 생성합니다.
- **최대 토큰 수**(Max Tokens): 생성할 최대 토큰 수를 지정하여 생성할 텍스트의 길이를 제한합니다.
- **최상위 P**(Top P): 생성 과정에서 특정 확률 분포 내에서 상위 P%의 토큰만을 고려하는 방식입니다. 출력의 다양성을 조정하는 데 도움이 됩니다.
- **빈도 패널티**(Frequency Penalty): 0~1 사이의 값으로 값이 클수록 이미 등장한 단어나 구절이 다시 등장할 확률을 감소시킵니다. 이를 통해 반복을 줄이고 텍스트의 다양성을 증가시킬 수 있습니다.
- **존재 패널티**(Presence Penalty): 텍스트 내에서 단어의 존재 유무에 따라 해당 단어의 선택 확률을 조정합니다. 0~1 사이의 값으로 값이 클수록 아직 텍스트에 등장하지 않은 새로운 단어 사용이 장려됩니다.
- **정지 시퀀스**(Stop Sequences): 특정 단어나 구절이 등장할 경우 생성을 멈추도록 설정합니다. 출력을 특

정 포인트에서 종료하고자 할 때 사용합니다.

이중에서 temperature와 max_tokens 파라미터를 설정한 대규모 언어 모델 코드 예는 다음과 같습니다.

```
from langchain_openai import OpenAI
# LLM 모델 초기화(파라미터 설정)
llm = OpenAI(
    temperature=0.7,  # 온도 설정(0에서 1 사이의 값)
    max_tokens=100,   # 최대 토큰 수 설정
    model_name="text-davinci-002"  # 사용할 모델 지정
)
```

2.3 랭체인에서 사용할 수 있는 주요 대규모 언어 모델

다음 표 1-3은 랭체인에서 사용할 수 있는 주요 대규모 언어 모델을 공급자별로 정리한 것입니다. 표에는 각 모델의 문맥 크기와 백만 토큰당 입력 비용, 출력 비용, 그리고 한국어 성능 순위가 포함되어 있습니다. 이러한 정보를 통해 각 모델의 비용 대비 성능을 비교하고, 자신에게 적합한 모델을 선택할 수 있습니다.

한국어 성능 순위는 한국어로 작성된 텍스트를 처리할 때 모델의 성능을 기준으로 평가한 대략적인 순위로, 한국어 대규모 언어 모델에 특화된 대시보드에서 제공하는 데이터를 기반으로 합니다. 대시보드는 LogicKor(https://lk.instruct.kr/)에서 확인할 수 있으며, 여러 모델의 한국어 처리 능력을 종합적으로 평가해 순위를 매깁니다. 특히, 딥시크DeepSeek 모델은 중국에서 개발된 모델로, 모델 크기에 비해 비용이 저렴해 테스트 용도로 사용하기에 괜찮습니다.

표 1-3 랭체인 내 대규모 언어 모델의 문맥 크기, 비용 정보 및 한국어 순위(2025-03-23 기준)

공급자 (Provider)	모델 (Model)	문맥 크기 (Context)	입력 / 백만 토큰 (Input / 1M Tokens)	출력 / 백만 토큰 (Output / 1M Tokens)	한국어 순위
오픈AI	GPT-4.5-preview-2025-02-27	128k	$75.00 (Cached: $37.50)	$150.00	1
오픈AI	GPT-4o-2024-08-06	128k	$2.50 (Cached: $1.25)	$10.00	
오픈AI	GPT-4o-mini-2024-07-18	128k	$0.15 (Cached: $0.075)	$0.60	
오픈AI	o1-2024-12-17	200k	$15.00 (Cached: $7.50)	$60.00	
오픈AI	o1-mini-2024-09-12	200k	$1.10 (Cached: $0.55)	$4.40	
앤트로픽	Claude 3.5 Sonnet	200k	$3.00 (Cached: $4.05)	$15.00	2
앤트로픽	Claude 3 Opus	200k	$15.00 (Cached: $20.25)	$75.00	
앤트로픽	Claude 3.5 Haiku	200k	$0.8 (Cached: $1.08)	$4.00	
구글	Gemini 1.5 Pro	128k	$1.25 (Cached: $ 0.3125)	$5.00	3
구글	Gemini 2.0 Flash	1M	$0.10 (Cached: $1.00)	$0.40	
구글	Gemini 2.0 Flash-Lite	1M	$0.075 (Cached: $0.01875)	$0.30	
미스트랄AI	mistral-large	128k	$2.00	$6.00	4
딥시크	deepseek-chat	64k	$0.07 (Cached: $0.27)	$1.10	-
딥시크	deepseek-reasoner	64k	$0.14 (Cached: $0.55)	$2.19	

3 랭체인 표현 언어

랭체인 표현 언어[LangChain Expression Language, LCEL]는 랭체인의 여러 구성요소를 체인 형태로 연결할 수 있게 하는 선언적 방식의 언어입니다. 선언적 방식이란 '어떻게'가 아닌 '무엇을' 할지를 명확하게 기술하는 방식으로, 복잡한 과정을 간단하게 표현할 수 있습니다.

랭체인 표현 언어는 프로토타입에서 실제 운영 단계까지 코드의 수정 없이 일관되게 사용할 수 있도록 설계되었습니다. 덕분에 간단한 '프롬프트 + 대규모 언어 모델' 체인부터 수백 단계로 이루어진 복잡한 작업 흐름까지 모두 안정적으로 실행할 수 있습니다.

랭체인의 구성요소는 러너블[runnable]이라는 개념으로 추상화되며, 러너블은 체인의 각 단계에서 실행 가능한 작업을 수행하는 핵심 요소입니다. 각 단계에서는 러너블을 통해 구체적인 작업을 실행하게 됩니다.

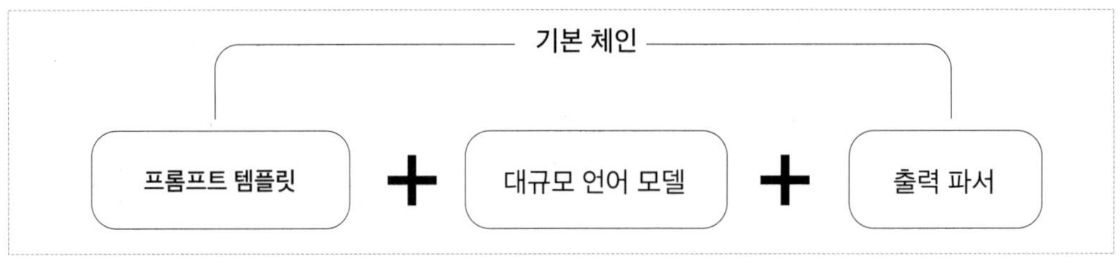

그림 1-6 랭체인 표현 언어에서 기본 체인의 예

러너블은 랭체인에서 작업을 실행할 수 있는 단위로, 이들을 서로 연결하여 연속적인 작업을 처리할 수 있습니다. 예를 들어, 어떤 주제에 대한 설명을 생성하는 작업을 체인으로 연결한다고 합시다. 먼저 주제를 입력받아 모델이 처리할 수 있는 형태의 텍스트로 프롬프트를 구성합니다. 이어서 프롬프트를 모델에 전달하여 응답을 결과로 받습니다. 마지막으로 출력 파서를 통해 필요한 정보를 추출합니다. 이러한 과정을 러너블과 체인 연결을 통해 하나의 흐름으로 처리할 수 있습니다. 작업의 연결은 파이프 연산자(|)나 `.pipe( )` 메서드를 사용하여 쉽게 구현할 수 있습니다.

랭체인 표현 언어에는 여러 유용한 기능이 있습니다. 예를 들어, 대규모 언어 모델의 출력을 실시간으로 스트리밍하여 바로 처리할 수 있습니다. 또한 동기식과 비동기식 API를 모두 지원하여 동일한 코드를 사용해 프로토타입과 실제 운영 환경에서 일관된 성능을 유지할 수 있습니다. 여러 작업을 병렬로 처리할 수 있어 작업 속도가 빠르고, 실패한 작업은 자동으로 재시도하거나 대체 경로를 선택할 수 있습니다.

또한 중간 단계에서 발생하는 결과를 실시간으로 확인할 수 있기 때문에, 복잡한 작업 흐름을 추적하거나 문제를 디버깅하는 데 유용합니다. 모든 입력과 출력은 Pydantic과 JSONSchema를 사용해 자동으로 스키마가 생성되어, 데이터를 안전하게 검사할 수 있습니다.

그리고 랭스미스LangSmith와 통합을 통해 모든 작업 단계가 자동으로 기록되므로, 체인의 동작을 쉽게 모니터링하고 분석할 수 있습니다.

3.1 러너블 표준 인터페이스

러너블은 여러 공통 메서드를 제공하는 표준 인터페이스를 사용합니다. 덕분에 모든 러너블을 동일한 방식으로 호출하고 결과를 처리할 수 있습니다. 예를 들어, 대규모 언어 모델, 출력 파서, 프롬프트 템플릿과 같은 서로 다른 기능을 가진 컴포넌트들을 동일한 방식으로 사용할 수 있습니다. 러너블에서 사용할 수 있는 공통 메서드는 다음과 같습니다.

- **invoke( ):** 단일 입력을 처리하여 결과를 반환하는 동기 메서드
- **batch( ):** 여러 입력을 동시에 처리하는 동기 메서드
- **stream( ):** 결과를 스트리밍 방식으로 반환하는 동기 메서드
- **ainvoke( ):** invoke()의 비동기 버전
- **abatch( ):** batch()의 비동기 버전
- **astream( ):** stream()의 비동기 버전
- **astream_log( ):** 중간 단계와 최종 결과를 비동기적으로 스트리밍
- **astream_events( ):** 체인에서 발생하는 이벤트를 비동기적으로 스트리밍

공통 메서드들을 통해 다양한 작업을 효율적으로 처리할 수 있으며, 동기식과 비동기식으로 작업을 선택적으로 실행할 수 있어 유연하게 시스템을 구성할 수 있습니다. 다음 예제는 주어진 주제에 대해 GPT 모델을 사용하여 짧은 설명을 요청하는 간단한 호출 과정입니다. 실습 코드는 1장 폴더의 ch01_LCEL.ipynb 파일입니다.

```
# 라이브러리 설치
!pip install langchain_core langchain_openai
# 라이브러리 불러오기
from langchain_openai import ChatOpenAI
from langchain_core.prompts import ChatPromptTemplate
```

```
from langchain_core.output_parsers import StrOutputParser
# 오픈AI의 대규모 언어 모델 설정
model = ChatOpenAI(model="gpt-4o-mini")
```

먼저, 오픈AI의 GPT-4 모델을 호출하기 위해 ChatOpenAI를 사용하여 모델을 설정합니다. 여기서는 gpt-4o-mini 모델을 사용하고 있습니다.

```
# 프롬프트 템플릿 정의: 주어진 주제에 대한 설명 요청
prompt = ChatPromptTemplate.from_template("주제 {topic}에 대해 짧은 설명을 해주세요.")
# 출력 파서 정의: AI 메시지의 출력 내용을 추출
parser = StrOutputParser()
# 프롬프트, 모델, 출력 파서를 체인으로 연결
chain = prompt | model | parser
```

프롬프트 템플릿을 정의하여 주어진 주제에 대한 설명을 요청하고 출력 파서를 정의합니다. chain 부분에서는 프롬프트, 모델, 출력 파서를 하나의 연속적인 작업 흐름(체인)으로 연결합니다. 이를 통해 주제를 입력하면 모델이 응답을 생성하고 결과를 파싱하여 사용자에게 반환할 수 있습니다. 체인으로 연결하는 방법은 뒤에서 자세히 살펴보겠습니다.

```
# 응답 호출
chain.invoke({"topic":"더블딥"})
```

invoke( ) 메서드를 사용하여 "더블딥"이라는 주제를 모델에 전달하고, 해당 주제에 대한 설명을 생성하도록 요청합니다. 이 메서드는 하나의 주제에 대해 동기식으로 모델의 응답을 처리합니다.

```
'더블딥(Double Dip)은 경제학에서 사용되는 용어로, 경기 침체가 한 차례 발생한 후 잠시 회
복되다가 다시 또 침체에 빠지는 현상을 의미합니다. 즉, 경제가 V자 형태로 회복되지 않고, W
자 형태로 두 번의 하락과 상승을 겪는 것을 나타냅니다. 이러한 현상은 소비자 신뢰도 저하,
투자 감소, 고용 불안정 등의 요인으로 인해 발생할 수 있습니다. 더블딥은 경제 정책의 효과가
제한적일 때 종종 나타나며, 경제 회복에 대한 불확실성을 증가시킬 수 있습니다.'
```

다음은 여러 개의 주제를 동시에 처리하는 배치 작업 예제입니다.

```
# 주어진 주제 리스트에 대한 응답을 배치로 출력
chain.batch([{"topic": "더블딥"}, {"topic": "인플레이션"}])
```

batch( ) 메서드를 사용하여 "더블딥"과 "인플레이션"이라는 두 개의 주제를 한 번에 처리합니다. 배치 작업은 다수의 입력을 한꺼번에 처리하는 방식으로, 성능을 최적화하거나 여러 개의 작업을 동시에 처리해야 할 때 유용합니다. 각 주제에 대한 설명이 모델을 통해 동시에 생성되고 결과가 반환됩니다.

```
['"더블딥"은 경제학에서 사용되는 용어로, 경기 침체가 두 번 발생하는 현상을 의미합니다. 일반적으로 첫 번째 침체가 끝난 후 경제가 일시적으로 회복세를 보이다가 다시 침체에 빠지는 경우를 가리킵니다. 이는 고용, 소비, 투자 등의 지표가 회복되기 전에 다시 악화되는 상황을 나타내며, 경제의 불안정성을 강조하는 개념으로 사용됩니다. 더블딥은 특히 금융위기 이후의 경제 회복 과정에서 주목받곤 합니다.',
 '인플레이션은 경제에서 일반적인 가격 수준이 지속적으로 상승하는 현상을 말합니다. 이는 화폐의 구매력이 감소함을 의미하며, 소비자들이 같은 양의 상품이나 서비스를 구매하기 위해 더 많은 돈을 지불해야 함을 나타냅니다. 인플레이션은 여러 요인에 의해 발생할 수 있으며, 공급과 수요의 변화, 생산 비용의 증가, 통화 공급의 증가 등이 주요 원인으로 작용합니다. 적정 수준의 인플레이션은 경제 성장에 긍정적인 영향을 줄 수 있지만, 지나치게 높은 인플레이션은 경제 불안정을 초래할 수 있습니다.']
```

다음은 주제에 대한 응답을 스트리밍 방식으로 실시간 처리하는 예제입니다.

```
# 응답을 토큰 단위로 스트리밍하여 출력
for token in chain.stream({"topic":"더블딥"}):
# 스트리밍된 내용을 출력, 각 내용을 붙여서 출력하며 버퍼를 즉시 플러시하여 실시간으로 보여줌
print(token, end="", flush=True)
```

stream( ) 메서드는 모델의 응답을 토큰 단위로 스트리밍하여 반환합니다. 즉, 모델이 응답을 완전히 생성하기 전에, 생성된 각 토큰을 실시간으로 받아볼 수 있습니다. 여기서는 주제 "더블딥"에 대한 설명을 요청하고, 생성된 텍스트를 한 번에 출력하는 대신 생성된 토큰을 하나씩 출력합니다.

flush=True는 출력 버퍼를 즉시 플러시하여 결과를 지연 없이 실시간으로 화면에 보여줍니다. 이 방법은 대기 시간이 중요한 작업이나 실시간 피드백이 필요한 응용 프로그램에서 유용하게 사용할 수 있습니다.

3.2 러너블을 체인으로 연결하는 방법

파이프 연산자

랭체인에서는 프롬프트와 모델이 모두 러너블로 작동하며, 프롬프트 호출의 출력 타입은 채팅 모델의 입력 타입과 동일합니다. 이러한 특성 덕분에 두 요소를 체인으로 연결할 수 있습니다. 예를 들어, 앞선 예에서처럼 chain = prompt ¦ model ¦ StrOutputParser( ) 형식으로 프롬프트, 모델, 출력 파서를 체인으로 연결할 수 있습니다.

더 나아가, 체인을 복잡하게 구성해 다른 러너블과 결합할 수도 있습니다. 예를 들어, 생성된 설명을 영어로 번역하는 체인을 추가로 연결할 수 있습니다. 이때 체인 간 데이터 형식에 유의해야 합니다. 다음 예제에서는 체인에서 생성된 dict가 자동으로 파싱되어 병렬로 실행되며, 최종 결과는 dict 형식으로 반환됩니다.

```
# 라이브러리 불러오기
from langchain_core.prompts import ChatPromptTemplate
from langchain_core.output_parsers import StrOutputParser
# "이 대답을 영어로 번역해 주세요"라는 질문을 생성하는 프롬프트 템플릿 정의
analysis_prompt = ChatPromptTemplate.from_template("이 대답을 영어로 번역해 주세요:
{answer}")
```

라이브러리를 불러오고 새로운 프롬프트 템플릿을 정의합니다. 이 프롬프트 템플릿은 생성된 응답을 영어로 번역하는 작업을 수행하도록 구성되어 있습니다. {answer}는 이전에 생성된 응답이 들어갈 자리입니다. 즉, "이 대답을 영어로 번역해 주세요: {이전에 생성된 응답}"이라는 질문이 만들어집니다.

```
# 이전에 정의된 체인(chain)과 새로운 작업을 연결하는 체인 구성
composed_chain = {"answer": chain} | analysis_prompt | model | StrOutputParser()
# "더블딥"이라는 주제로 응답을 생성하고 체인 실행
composed_chain.invoke({"topic": "더블딥"})
```

이 부분은 이전에 생성된 체인과 새로운 프롬프트 템플릿, 모델, 출력 파서를 하나로 결합하는 작업을 수행합니다. 먼저 "answer"라는 키에 앞서 정의된 체인에서 생성된 응답이 들어가고, 이 응답을 영어로 번역하는 프롬프트로 전달합니다. 그 후, 오픈AI 모델을 실행하여 번역된 응답을 생성하고, 이어서 결과를 StrOutputParser를 통해 문자열로 변환합니다. 이렇게 결합된 체인은 연속적인 작업을 자동으로 처리합니다.

마지막으로, "더블딥"이라는 주제를 입력받아 체인을 실행합니다. 이 과정에서 주제에 대한 설명이 먼저 생성되고, 해당 설명을 영어로 번역한 최종 결과가 반환됩니다. 각 단계는 자동으로 연결되어 순차적으로 실행되며, 결과가 최종적으로 문자열 형식으로 출력됩니다. 이렇게 생성된 체인은 영어로 답변을 반환합니다.

```
'"Double Dip" refers to a phenomenon in economics where a recession occurs,
followed by a recovery, and then another recession takes place. In other words, it
describes a situation where the economy seems to recover at first but then returns
to a downward trend. This can happen due to factors such as low consumer confidence
or a lack of improvement in employment conditions. The double dip phenomenon can
increase uncertainty in the economy and complicate the recovery process.'
```

또한 랭체인에서는 함수도 러너블로 강제 변환할coerce 수 있어, 체인에 사용자 정의 로직을 추가할 수 있습니다. 예를 들어, 다음과 같이 람다lambda 함수를 사용하여 입력 데이터를 다른 형식으로 변환한 후 체인에 연결할 수 있습니다.

```
# 이전에 정의된 값들
model = ChatOpenAI(model="gpt-4o-mini")
prompt = ChatPromptTemplate.from_template("{topic}에 대해 짧은 설명을 해주세요.")
chain = prompt | model | StrOutputParser()
analysis_prompt = ChatPromptTemplate.from_template("이 대답을 영어로 번역해 주세요:
{answer}")
# 람다 함수를 사용한 체인 구성
composed_chain_with_lambda = (
    # 이전에 정의된 체인(chain)을 사용하여 입력된 데이터를 받아옵니다.
    chain
    # 입력된 데이터를 "answer" 키로 변환하는 람다 함수를 적용합니다.
    | (lambda input: {"answer": input})
    # "answer" 키를 가진 데이터를 영어로 번역하도록 프롬프트에 전달합니다.
    | analysis_prompt
    # 프롬프트에서 생성된 요청을 모델에 전달하여 결과를 생성합니다.
    | model
    # 모델에서 반환된 결과를 문자열로 파싱합니다.
    | StrOutputParser()
)
# "더블딥"이라는 주제로 답변을 생성하고, 답변을 영어로 번역합니다.
composed_chain_with_lambda.invoke({"topic": "더블딥"})
```

예제에서 체인을 구성하는 각 단계를 살펴보면 다음과 같습니다.

1. 기존 체인인 chain을 사용해 주제를 입력받아 설명을 생성합니다.
2. 람다 함수를 통해 생성된 설명을 {"answer": ["더블딥에 대한 설명"]} 형태로 변환합니다.
3. analysis_prompt는 생성된 설명을 입력받아 "이 대답을 영어로 번역해 주세요 : [더블딥에 대한 설명]" 형태의 프롬프트를 생성합니다.
4. 모델 model을 사용해 프롬프트에 대한 응답(즉, 번역된 대답)을 생성합니다.
5. 출력 파서 StrOutputParser()는 결과를 문자열로 변환하여 최종 출력을 제공합니다.

마지막으로 invoke( ) 메서드로 전체 체인을 실행하고 결과를 출력합니다. 결과는 "더블딥"에 대한 설명을 영어로 번역한 내용입니다.

```
'The term "Double Dip" is used in economics to refer to a situation where the
economy enters a recession again after having recovered. It generally describes
cases where the economy seems to have recovered only to deteriorate once more. This
phenomenon can be triggered by a sharp decline in consumer confidence, reductions
in employment, or external factors. A Double Dip poses a significant challenge for
policymakers and can make it difficult to maintain sustained economic growth and
stability.'
```

다만, 이렇게 람다 함수를 사용하여 입력을 변환하는 방식은 스트리밍 작업과 호환되지 않을 수 있으므로 주의해야 합니다.

참고 파이썬에서 파이프 연산자를 오버로딩하는 방법

랭체인에서는 파이프 연산자(|)를 사용하여 여러 작업을 연결하는 체인을 구성할 수 있습니다. 파이썬에서는 기본적으로 랭체인과 같은 기능의 파이프 연산자를 제공하지 않지만, 특별한 메서드(__or__)를 사용하여 오버로딩할 수 있습니다. 오버로딩이란, 특정 연산자나 메서드의 기본 동작을 사용자 정의로 변경하여, 우리가 원하는 방식으로 동작하게 만드는 것을 의미합니다.

예를 들어, 파이썬에서도 직접 | 연산자를 오버로딩하여 여러 작업을 순차적으로 처리하는 체인을 만들 수 있습니다. 이렇게 하면 각 작업의 결과를 다음 작업의 입력으로 자동으로 전달할 수 있습니다. 이는 복잡한 작업을 더 쉽게 관리할 수 있게 해주며, 특히 여러 단계를 거쳐야 하는 작업에서 유용합니다. 다음은 문자열에 느낌표를 추가한 후, 문자열을 뒤집는 과정을 보여주는 간단한 예제입니다.

```
class CustomLCEL:
    def __init__(self, value):
        self.value = value  # 객체 생성 시 값을 초기화합니다.

    def __or__(self, other):
        if callable(other):
            # other가 함수일 경우, 함수를 호출하고 그 결과를 새로운 객체로 반환합니다.
            return CustomLCEL(other(self.value))
        else:
            # other가 함수가 아니면 오류를 발생시킵니다.
            raise ValueError("Right operand must be callable")
```

```python
    def result(self):
        return self.value  # 현재 값을 반환합니다.

# 문자열 끝에 느낌표를 추가하는 함수
def add_exclamation(s):
    return s + "!"

# 문자열을 뒤집는 함수
def reverse_string(s):
    return s[::-1]

# 파이프라인을 생성하여 순차적으로 문자열 변환 작업을 수행합니다.
custom_chain = (
    CustomLCEL("랭체인 공부하기")  # "랭체인 공부하기"로 초기화된 객체 생성
    | add_exclamation  # 느낌표 추가
    | reverse_string   # 문자열 뒤집기
)

# 최종 결과를 출력합니다.
result = custom_chain.result()
print(result)

# 출력: !기하부공 인체랭
```

이 코드는 CustomLCEL 클래스를 활용해 문자열 변환 작업을 체인처럼 연결하여 처리하는 예제입니다. 처음에 "랭체인 공부하기"라는 문자열을 입력으로 받아, add_exclamation 함수로 문자열 끝에 느낌표를 추가하고, 이어서 reverse_string 함수로 문자열을 뒤집습니다. 각 함수는 | 연산자를 사용해 순차적으로 연결되며, 최종 결과로 뒤집힌 문자열 "!기하부공 인체랭"이 출력됩니다.

파이프 메서드

파이프 연산자 | 외에도 .pipe( ) 메서드로 각 작업(러너블 객체)을 순차적으로 연결하여 복잡한 워크플로우를 간결한 체인으로 구성할 수 있습니다. 다음은 앞선 파이프 연산자 예제를 .pipe( ) 메서드로 구성한 예입니다.

```python
# (방법1) 여러 작업을 순차적으로 .pipe를 통해 연결하여 체인 구성하기
composed_chain_with_pipe = (
# 이전에 정의된 체인(chain)으로 입력된 데이터를 받아옴
    chain
# 입력된 데이터를 "answer" 키로 변환하는 람다 함수 적용
    .pipe(lambda input: {"answer": input})
    # analysis_prompt를 체인에 연결하여 설명을 영어로 번역하는 작업 추가
    .pipe(analysis_prompt)
    # 모델을 사용해 응답 생성
    .pipe(model)
    # 생성된 응답을 문자열로 파싱
    .pipe(StrOutputParser())
)
# "더블딥"이라는 주제로 체인을 실행하여 답변 생성
composed_chain_with_pipe.invoke({"topic": "더블딥"})
```

또한 .pipe( ) 메서드를 사용하여 여러 모듈을 한 번에 연결할 수도 있습니다. 예를 들어, analysis_prompt, model, StrOutputParser( )를 .pipe( )에 한꺼번에 넣어 체인을 간단하게 구성할 수 있습니다.

```python
# (방법2) 좀 더 간단하게 연결하기
composed_chain_with_pipe = chain.pipe(lambda input:{"answer":input}, analysis_prompt,
model, StrOutputParser())
# "더블딥"이라는 주제로 체인을 실행하여 답변 생성
composed_chain_with_pipe.invoke({"topic": "더블딥"})
```

RunnableParallel을 이용한 체인 구성

RunnableParallel은 여러 개의 체인을 병렬로 실행하여 효율성을 높이는 데 유용합니다. 다음 예제에서는 동일한 주제에 대해 한국어와 영어로 설명을 생성하는 두 개의 체인을 병렬로 실행합니다.

```
from langchain_core.runnables import RunnableParallel
# OpenAI 모델 초기화
model = ChatOpenAI()
# 한국어 설명 생성 프롬프트 체인
kor_chain = (
    ChatPromptTemplate.from_template("{topic}에 대해 짧은 설명을 해주세요.")
    | model
    | StrOutputParser()
)
# 영어 설명 생성 프롬프트 체인
eng_chain = (
    ChatPromptTemplate.from_template("{topic}에 대해 짧게 영어로 설명을 해주세요.")
    | model
    | StrOutputParser()
)
# 병렬 실행을 위한 RunnableParallel 설정
parallel_chain = RunnableParallel(kor=kor_chain, eng=eng_chain)
# 주제에 대한 한국어와 영어 설명 생성
result = parallel_chain.invoke({"topic": "더블딥"})
# 결과 출력
print("한글 설명:", result['kor'])
print("영어 설명:", result['eng'])
```

먼저 오픈AI의 챗 모델을 초기화하고, ChatPromptTemplate을 활용해 한국어와 영어 설명을 생성할 두 개의 체인을 각각 정의합니다. 한국어 체인은 "주제에 대해 짧은 설명을 해주세요."라는 프롬프트를, 영어 체인은 "주제에 대해 짧게 영어로 설명을 해주세요."라는 프롬프트를 사용해 구성합니다.

두 체인은 RunnableParallel 클래스를 통해 병렬로 실행되도록 설정됩니다. 마지막으로 invoke( ) 메서드를 사용해 "더블딥"이라는 주제를 입력으로 전달하여, 한국어와 영어 설명을 동시에 생성합니다. 결과는 각각 'kor'과 'eng' 키에 저장되며, 이를 출력해 확인할 수 있습니다.

```
한글 설명: 더블딥(Double Dip)은 경기가 침체에서 잠시 회복한 후 다시 침체에 빠지는 현상을
말합니다. 즉, 두 번 연속으로 불황이 오는 이중 침체를 의미합니다.
영어 설명: A double dip refers to a recession followed by a short recovery, then
another recession. It's when the economy falls into a second downturn before fully
recovering from the first one.
```

이번 절에서는 랭체인 표현 언어[LCEL]를 사용하여 다양한 구성요소를 체인으로 연결하는 방법을 알아봤습니다. 러너블을 활용해 체인을 구성하면 복잡한 작업을 간단하고 효율적으로 처리할 수 있습니다. 또한 람다 함수나 .pipe() 메서드를 활용하면 체인을 더 유연하게 구성할 수 있습니다.

4 프롬프트

프롬프트 템플릿은 사용자의 입력과 매개변수를 언어 모델에 대한 지침으로 변환하는 역할을 합니다. 이를 통해 모델이 상황을 효과적으로 파악하고 관련성 높은 일관된 텍스트 출력을 생성할 수 있도록 유도할 수 있습니다.

프롬프트 템플릿에서 입력은 딕셔너리 형태로 받습니다. 딕셔너리에서 각 키는 프롬프트 내의 변수를 나타내며, 이들 변수는 나중에 실제 값으로 채워집니다. 랭체인 내 프롬프트 템플릿에는 다음과 같은 몇 가지 유형이 있습니다.

1 문자열 프롬프트 템플릿

문자열 프롬프트 템플릿[String PromptTemplates]은 단일 문자열 형태의 프롬프트를 생성하는 데 사용하며, 일반적으로 간단한 입력에 사용합니다. 예를 들어, PromptTemplate을 생성하고 사용하는 일반적인 방법은 다음과 같습니다. 실습 코드는 1장 폴더의 ch01_PROMPTS.ipynb 파일입니다.

```
# 라이브러리 설치
!pip install langchain-core langchain-openai langhain-chroma
# 라이브러리 불러오기
from langchain_core.prompts import PromptTemplate
# 주어진 주제에 대한 조언을 요청하는 프롬프트 템플릿 정의
prompt_template = PromptTemplate.from_template("주제 {topic}에 대해 금융 관련 짧은 조언
을 해주세요")
# '투자' 주제로 프롬프트 템플릿 호출
prompt_template.invoke({"topic": "투자"})
```

이 예제에서는 문자열 프롬프트 템플릿을 활용하여 특정 주제에 대해 금융 조언을 요청합니다. 코드에서 PromptTemplate 클래스를 사용하여 동적으로 주제를 입력받을 수 있는 템플릿을 정의합니다. from_template( ) 메서드를 통해 템플릿을 생성하고, {topic}이라는 변수를 포함시켜 주제를 동적으로 설정할 수 있도록 했습니다.

이후, invoke( ) 메서드를 호출하여 실제 주제인 '투자'를 전달하면, 템플릿이 이에 맞춰 "주제 투자에 대해 금융 관련 짧은 조언을 해주세요"라는 결과를 생성합니다. 이 예제를 통해 간단한 문자열 기반 템플릿 생성과 활용 방법을 알 수 있습니다.

```
StringPromptValue(text='주제 투자에 대해 금융 관련 짧은 조언을 해주세요')
```

2 챗 프롬프트 템플릿

ChatPromptTemplate은 대화형 AI 모델과 상호작용하는 데 필요한 메시지 시퀀스를 생성하는 구조입니다. 메시지 시퀀스란 대화의 흐름을 구성하는 메시지들의 연속된 집합입니다. 각 메시지는 시스템 또는 사용자, AI의 역할로 구성할 수 있습니다.

다음 예제에서 ChatPromptTemplate은 두 개의 메시지를 생성합니다. 첫 번째는 변수를 포함하지 않는 시스템 메시지이며, 두 번째는 사용자가 제공한 {topic} 변수를 사용한 형식화된 메시지입니다.

```python
# 라이브러리 불러오기
from langchain_core.prompts import ChatPromptTemplate
# 챗 프롬프트 템플릿 정의: 사용자와 시스템 간의 메시지 포함
prompt_template = ChatPromptTemplate.from_messages([
    ("system", "당신은 유능한 금융 조언가입니다."),
    ("user", "주제 {topic}에 대해 금융 관련 조언을 해주세요")
])
# '주식' 주제로 챗 프롬프트 템플릿 호출
prompt_template.invoke({"topic": "주식"})
```

예제 코드에서 생성된 메시지 시퀀스는 다음과 같은 두 개의 주요 구성요소로 이루어져 있습니다.

- **시스템 메시지(system)**: AI의 역할을 정의하여, AI가 어떤 종류의 응답을 제공해야 하는지를 명확히 합니다.
- **사용자 메시지(user)**: 사용자가 요청하는 내용을 포함하여, AI에게 특정 정보를 요청합니다.

먼저 시스템 메시지에는 "당신은 유능한 금융 조언가입니다."라는 고정된 문장이 포함됩니다. 다음으로 사용자 메시지는 주제를 기반으로 "주제 {topic}에 대해 금융 관련 조언을 해주세요"라는 형식의 메시지를 생성합니다. 예를 들어, 주제에 '주식'을 전달하여 invoke( )를 호출하면, 시스템 메시지와 함께 주제를 반영한 사용자 메시지가 반환됩니다.

```
ChatPromptValue(messages=[SystemMessage(content='당신은 유능한 금융 조언가입니다.'),
                HumanMessage(content='주제 주식에 대해 금융 관련 조언을 해주세요')])
```

3 메시지 자리 표시자

메시지 자리 표시자는 템플릿 내에서 동적으로 메시지를 삽입하는 역할을 합니다. 앞의 ChatPromptTemplate 예제에서는 두 개의 메시지를 형식화했지만, 만약 사용자가 전달한 메시지 목록을 특정 위치에 삽입하고자 한다면 MessagesPlaceholder를 사용할 수 있습니다.

```
# 라이브러리 불러오기
from langchain_core.prompts import ChatPromptTemplate, MessagesPlaceholder
from langchain_core.messages import HumanMessage
# (방법1) 메시지 자리 표시자를 포함한 챗 프롬프트 템플릿 정의
prompt_template = ChatPromptTemplate.from_messages([
    ("system", "당신은 유능한 금융 조언가입니다."),
    MessagesPlaceholder("msgs")
])
# 메시지 리스트를 'msgs' 자리 표시자에 전달하여 호출
prompt_template.invoke({"msgs": [HumanMessage(content="안녕하세요!")]})
```

예제에서는 메시지 자리 표시자를 활용하여 프롬프트 템플릿을 구성합니다. 방법1에서는 MessagesPlaceholder 클래스를 사용하여 챗 프롬프트 템플릿을 정의합니다. ChatPromptTemplate.from_messages( ) 메서드를 이용해 시스템 메시지와 자리 표시자를 포함한 메시지 템플릿을 정의하고 있습니다.

시스템 메시지로 "당신은 유능한 금융 조언가입니다."라는 고정된 텍스트가 설정되며, 이어서 MessagesPlaceholder("msgs")를 사용해 동적으로 추가될 메시지 자리를 미리 예약합니다. 이 자리 표시자는 템플릿을 호출할 때 실제 메시지 리스트로 대체됩니다. 예제 코드에서는 마지막 부분에서 "msgs"에 해당하는 HumanMessage(content="안녕하세요!")가 전달되어 자리 표시자에 삽입됩니다. 이 방법은 자리 표시자를 명시적으로 사용해 템플릿에서 동적으로 처리할 메시지를 지정하는 방식입니다.

```
# (방법2) MessagesPlaceholder 클래스를 사용하지 않고 비슷한 작업 수행
prompt_template = ChatPromptTemplate.from_messages([
    ("system", "당신은 유능한 금융 조언가입니다."),
    ("placeholder", "{msgs}") # <- 여기서 'msgs'가 자리 표시자로 사용됩니다.
])
# 메시지 리스트를 'msgs' 자리 표시자에 전달하여 호출
prompt_template.invoke({"msgs": [HumanMessage(content="안녕하세요!")]})
```

방법2에서는 MessagesPlaceholder 클래스를 명시적으로 사용하지 않고, 단순하게

"placeholder"라는 문자열과 {msgs}라는 변수를 사용하여 자리 표시자를 구현합니다. 여기서도 첫 번째 메시지로는 "당신은 유능한 금융 조언가입니다."라는 시스템 메시지가 고정되어 있으며, 두 번째 자리에는 {msgs}라는 변수를 이용해 나중에 동적으로 메시지를 삽입할 자리를 설정합니다. 이 방식은 코드가 더 간결하고 직관적이지만, 기본적으로 MessagesPlaceholder와 동일한 역할을 수행합니다.

이후, invoke( ) 메서드를 통해 "msgs"에 해당하는 메시지 리스트가 전달되면, 해당 리스트가 자리 표시자에 삽입되어 템플릿이 완성됩니다. 이처럼 메시지 자리 표시자는 동적으로 추가될 메시지를 삽입할 공간을 설정하는 도구로, 나중에 여러 메시지를 삽입할 수 있도록 유연성을 제공합니다.

```
ChatPromptValue(messages=[SystemMessage(content='당신은 유능한 금융 조언가입니다.'),
               HumanMessage(content='안녕하세요!')])
```

4.1 퓨샷 프롬프트

퓨샷 프롬프트few-shot prompt는 대규모 언어 모델이 더 나은 성능을 발휘하도록 몇 가지 예제 입력과 출력을 제공하는 방식입니다. 퓨샷 기술은 모델에 몇 가지 예제를 제시하여, 모델이 더욱 정확하고 일관된 결과를 생성하도록 유도합니다. 예제가 전혀 없으면 제로샷(Zero-shot), 한 개 있으면 원샷(One-shot), n개 있으면 n샷(N-shot 또는 Few-shot)이라고 합니다. 이때, PromptTemplate 같은 기본 객체를 사용하여 프롬프트를 생성할 수 있으며, 필요에 따라 다른 프롬프트 템플릿을 활용할 수도 있습니다.

퓨샷 예제 프롬프트 생성

퓨샷 예제를 문자열로 포맷하기 위해 PromptTemplate 객체를 사용합니다. 이 프롬프트는 모델에게 제공할 예제를 정의하는 데 사용합니다.

```
# 라이브러리 불러오기
from langchain_core.prompts import PromptTemplate
# 질문과 답변을 포맷하는 프롬프트 템플릿 정의
example_prompt = PromptTemplate.from_template("질문: {question}\n답변: {answer}")
```

질문과 답변 같은 데이터를 포맷하여 대화형 프롬프트를 만드는 데 PromptTemplate 클래스를 사용할 수 있습니다. PromptTemplate.from_template( ) 메서드를 사용하여 프롬프트 템플릿을 정의합니다. 템플릿에는 {question}과 {answer}라는 변수가 있는데, 이들 변수는 나중에 우리가 입력한 예제 목록의 질문과 답변으로 채워집니다.

퓨샷 예제의 목록 예는 다음과 같습니다. 각 예제는 질문과 답변의 딕셔너리 형식이며, 답변은 단계별로 구성되어 후속 질문과 답변까지 포함됩니다.

```
# 퓨샷 예제 목록 생성
examples = [
    {
        "question": "주식 투자와 예금 중 어느 것이 더 수익률이 높은가?",
        "answer": """
후속 질문이 필요한가요: 네.
후속 질문: 주식 투자의 평균 수익률은 얼마인가요?
중간 답변: 주식 투자의 평균 수익률은 연 7%입니다.
후속 질문: 예금의 평균 이자율은 얼마인가요?
중간 답변: 예금의 평균 이자율은 연 1%입니다.
따라서 최종 답변은: 주식 투자
""",
    },
    {
        "question": "부동산과 채권 중 어느 것이 더 안정적인 투자처인가?",
        "answer": """
후속 질문이 필요한가요: 네.
후속 질문: 부동산 투자의 위험도는 어느 정도인가요?
중간 답변: 부동산 투자의 위험도는 중간 수준입니다.
후속 질문: 채권의 위험도는 어느 정도인가요?
중간 답변: 채권의 위험도는 낮은 편입니다.
```

```
따라서 최종 답변은: 채권
""",
    },
]
```

앞의 코드에서는 모델이 참고할 수 있는 두 가지 예제를 만들었습니다. 이 예제 중 하나를 사용하여 프롬프트 형식을 확인해 보겠습니다.

```
print(example_prompt.invoke(examples[0]).to_string())
```

정의한 example_prompt를 호출하여 첫 번째 예제 examples[0]을 입력으로 전달합니다. invoke( ) 메서드는 입력된 예제 데이터를 기반으로 포맷된 텍스트를 반환합니다.

```
질문: 주식 투자와 예금 중 어느 것이 더 수익률이 높은가?
답변:
후속 질문이 필요한가요: 네.
후속 질문: 주식 투자의 평균 수익률은 얼마인가요?
중간 답변: 주식 투자의 평균 수익률은 연 7%입니다.
후속 질문: 예금의 평균 이자율은 얼마인가요?
중간 답변: 예금의 평균 이자율은 연 1%입니다.
따라서 최종 답변은: 주식 투자
```

결과를 보면 첫 번째 예제가 프롬프트에 맞게 텍스트 형태로 변환되어 출력됩니다. 이 방식으로 모델이 참고할 예제를 제공할 수 있습니다.

FewShotPromptTemplate을 이용한 프롬프트 생성

이번에는 FewShotPromptTemplate 객체를 사용해 여러 예제를 한꺼번에 프롬프트에 넣어봅시다. 이를 통해 새로운 질문을 던졌을 때 예제를 참고하게 만들 수 있습니다.

```
# 라이브러리 불러오기
from langchain_core.prompts import FewShotPromptTemplate
# FewShotPromptTemplate 생성
prompt = FewShotPromptTemplate(
```

```
    examples=examples,
    example_prompt=example_prompt,
    suffix="질문: {input}",
    input_variables=["input"],
)

# '부동산 투자' 주제로 프롬프트 호출 및 출력
print(
    prompt.invoke({"input": "부동산 투자의 장점은 무엇인가?"}).to_string()
)
```

이 코드는 우리가 만든 예제들을 템플릿에 넣고, {input}이라는 변수를 사용해 새로운 질문을 받을 준비를 합니다. 이 변수 자리에 나중에 새로운 질문이 들어가게 됩니다.

따라서 이 코드는 "부동산 투자의 장점은 무엇인가?"라는 질문을 입력하면, 이전에 제공한 예제와 함께 새로운 프롬프트를 생성하는 과정을 보여줍니다.

```
질문: 주식 투자와 예금 중 어느 것이 더 수익률이 높은가?
답변:
후속 질문이 필요한가요: 네.
후속 질문: 주식 투자의 평균 수익률은 얼마인가요?
중간 답변: 주식 투자의 평균 수익률은 연 7%입니다.
후속 질문: 예금의 평균 이자율은 얼마인가요?
중간 답변: 예금의 평균 이자율은 연 1%입니다.
따라서 최종 답변은: 주식 투자

질문: 부동산과 채권 중 어느 것이 더 안정적인 투자처인가?
답변:
후속 질문이 필요한가요: 네.
후속 질문: 부동산 투자의 위험도는 어느 정도인가요?
중간 답변: 부동산 투자의 위험도는 중간 수준입니다.
후속 질문: 채권의 위험도는 어느 정도인가요?
중간 답변: 채권의 위험도는 낮은 편입니다.
따라서 최종 답변은: 채권

질문: 부동산 투자의 장점은 무엇인가?
```

예제 선택기 사용

모든 예제를 한꺼번에 사용하지 않고, 입력된 질문과 가장 유사한 예제만 선택할 수도 있습니다. 이때 예제 선택기를 사용합니다. 예제 선택기 중에 SemanticSimilarityExampleSelector는 입력된 질문과 예제 사이의 유사도를 계산하여 가장 비슷한 예제를 찾아줍니다.

이 외에도 BaseExampleSelector, LengthBasedExampleSelector 등 다양한 예제 선택기가 있습니다. 이 책에서는 SemanticSimilarityExampleSelector만 다룹니다. 다른 예제 선택기와 관련된 내용은 다음 링크를 참고하기 바랍니다.

URL - https://python.langchain.com/docs/how_to/example_selectors/

```
# 라이브러리 불러오기
from langchain_chroma import Chroma
from langchain_core.example_selectors import SemanticSimilarityExampleSelector
from langchain_openai import OpenAIEmbeddings

# 예제 선택기 초기화
example_selector = SemanticSimilarityExampleSelector.from_examples(
    examples,  # 사용할 예제 목록
    OpenAIEmbeddings(api_key=api_key),  # 임베딩 생성에 사용하는 클래스
    Chroma,  # 임베딩을 저장하고 유사도 검색을 수행하는 벡터 저장소 클래스
    k=1,     # 선택할 예제의 수
)
```

langchain_chroma는 랭체인 프레임워크와 크로마[Chroma] 벡터 저장소를 연결하는 통합 패키지입니다. Chroma 클래스를 통해 벡터 저장소를 생성하고 관리할 수 있습니다.

from_examples는 예제 선택기를 설정하는 부분입니다. examples라는 예제 목록과 함께 사용할 임베딩 모델, 벡터 저장소, 그리고 몇 개의 예제를 선택할 것인지를 설정합니다. k=1은 입력된 질문과 가장 유사한 하나의 예제만 선택하겠다는 의미입니다. k 값은 선택할 예제 개수를 지정하며, 예를 들어 k=3이면 유사한 예제 3개를 선택하게 됩니다.

```
# 입력과 가장 유사한 예제 선택
question = "부동산 투자의 장점은 무엇인가?"
selected_examples = example_selector.select_examples({"question": question})
```

여기서는 "부동산 투자의 장점은 무엇인가?"라는 질문을 입력했을 때, 가장 유사한 예제를 선택합니다.

```
# 선택된 예제 출력
print(f"입력 질문: {question}")
for example in selected_examples:
    print("\n")
    print("# 입력과 가장 유사한 예제:")
    for k, v in reversed(example.items()):
        print(f"{k}: {v}")
```

```
입력 질문: 부동산 투자의 장점은 무엇인가?

# 입력과 가장 유사한 예제:
question: 부동산과 채권 중 어느 것이 더 안정적인 투자처인가?
answer:
후속 질문이 필요한가요: 네.
후속 질문: 부동산 투자의 위험도는 어느 정도인가요?
중간 답변: 부동산 투자의 위험도는 중간 수준입니다.
후속 질문: 채권의 위험도는 어느 정도인가요?
중간 답변: 채권의 위험도는 낮은 편입니다.
따라서 최종 답변은: 채권
```

앞의 코드는 입력된 질문과 가장 유사한 예제를 선택하고 출력합니다. 이를 통해 모델이 새로운 질문에 대한 답변을 생성할 때, 가장 적합한 예제를 참고하여 응답의 품질을 향상시킬 수 있습니다.

퓨샷 프롬프트는 대규모 언어 모델이 더 나은 답변을 할 수 있도록 예제를 제공하는 방식입니다. 다양한 질문과 답변 예제를 만들어둔 후, 새로운 질문을 던지면 모델이 예제를 참고해 답변합니다. 다음은 퓨샷 프롬프팅을 실제 AI 모델과 함께 사용하는 코드 예입니다.

```
# 라이브러리 불러오기
from langchain_core.prompts import FewShotPromptTemplate, PromptTemplate
from langchain_openai import ChatOpenAI
# 예제 프롬프트 템플릿 생성
example_prompt = PromptTemplate(
    input_variables=["question", "answer"],
    template="질문: {question}\n답변: {answer}"
)
```

우선 필요한 라이브러리들을 불러옵니다. 그리고 질문과 답변 예제를 정의하는 프롬프트 템플릿을 만듭니다.

- **input_variables=["question", "answer"]**: 이 템플릿은 두 개의 입력 변수를 사용합니다. 하나는 question이고, 다른 하나는 answer입니다.
- **template="질문: {question}₩n답변: {answer}"**: 실제로 질문과 답변을 표시하는 형식입니다. 질문과 답변이 "질문: ~", "답변: ~" 형식으로 나타나게 됩니다.

이 템플릿을 통해 예제로 제공할 질문과 답변 형식을 통일할 수 있습니다.

```
# 퓨샷 프롬프트 템플릿 설정
prompt = FewShotPromptTemplate(
    example_selector=example_selector,
    example_prompt=example_prompt,
    prefix="다음은 금융 관련 질문과 답변의 예입니다:",
    suffix="질문: {input}\n답변:",
    input_variables=["input"]
)
```

여기서는 퓨샷 프롬프팅을 사용하기 위한 프롬프트 템플릿을 설정합니다.

- **example_selector=example_selector**: 입력된 질문과 가장 관련 있는 예제를 선택하는 예제 선택기를 지정합니다.
- **example_prompt=example_prompt**: 앞서 정의한 질문과 답변 형식의 프롬프트 템플릿을 사용하여 예

제를 제공할 수 있도록 합니다.

- **prefix="다음은 금융 관련 질문과 답변의 예입니다:"**: 프롬프트의 앞부분에 붙는 텍스트로, AI에게 금융 관련 예제가 있음을 알립니다.
- **suffix="질문: {input}\n답변:"**: 질문 후 AI가 답변을 생성해야 할 부분을 나타냅니다.
- **input_variables=["input"]**: 실제로 사용자가 입력한 질문이 들어갈 자리입니다.

이 설정을 통해 AI는 금융 관련 예제를 바탕으로 새로운 질문에 대해 답변할 수 있습니다.

```
# AI 모델 설정
model = ChatOpenAI(model_name="gpt-4o")
# 체인 구성 및 실행
chain = prompt | model  # RunnableSequence를 사용하여 체인 연결
response = chain.invoke({"input": "부동산 투자의 장점은 무엇인가?"})  # invoke 메서드 사용
print(response.content)
```

```
부동산 투자의 장점에는 여러 가지가 있습니다. 우선, 부동산은 실물 자산으로서 가치를 유지할
가능성이 높으며, 인플레이션에 대한 보호 수단이 될 수 있습니다. 또한, 부동산은 장기적으로
가격이 상승하는 경향이 있어 자산 가치를 증대시킬 수 있습니다. 임대 수익을 통해 정기적인
현금 흐름을 창출할 수도 있습니다. 마지막으로, 부동산 투자는 세금 혜택을 받을 수 있는 다양
한 방법이 존재하며, 포트폴리오 다각화의 수단이 될 수 있습니다.
```

출력 결과 GPT-4o 모델이 예제를 참고하여 '부동산 투자의 장점'에 대해 적절한 답변을 생성했습니다. 이 방식은 AI 모델이 특정 도메인이나 스타일의 답변을 생성하는 데 도움을 줍니다.

4.2 프롬프트 허브

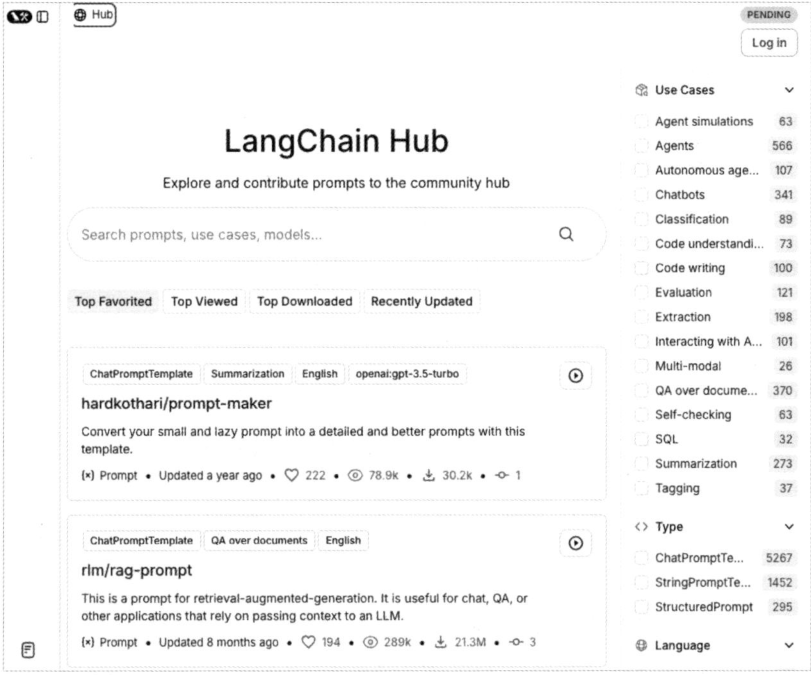

그림 1-7 랭체인 허브 사이트[6]

프롬프트 허브Prompt Hub 또는 랭체인 허브LangChain Hub는 랭체인 생태계에서 프롬프트를 쉽게 공유하고 재사용할 수 있도록 지원하는 중앙 저장소입니다. 이를 통해 사용자들은 자신이 만든 프롬프트를 다른 개발자와 공유하거나, 커뮤니티에서 제공하는 다양한 프롬프트를 검색하여 자신의 프로젝트에 쉽게 적용할 수 있습니다.

또한 프롬프트 허브는 프롬프트의 여러 버전을 관리하는 기능도 제공하여, 특정 버전의 프롬프트를 선택하여 사용할 수 있습니다. 이 기능을 활용하면 프롬프트의 최신 버전을 사용하는 것뿐만 아니라, 필요에 따라 과거의 특정 버전을 선택하여 활용할 수 있습니다.

6 https://smith.langchain.com/hub/

```
from langchain import hub
# 최신 버전의 프롬프트 불러오기
prompt = hub.pull("hardkothari/prompt-maker")
# 특정 버전의 프롬프트 불러오기
hub.pull("hardkothari/prompt-maker:c5db8eee")
```

코드에서 hub.pull("hardkothari/prompt-maker")는 허브 모듈을 통해 프롬프트 허브에서 "hardkothari/prompt-maker"라는 고유 식별자의 프롬프트를 가져옵니다. hardkothari는 프롬프트 작성자의 사용자 이름이고, prompt-maker는 프롬프트의 이름입니다. 해당 프롬프트는 허브 사이트에서 검색을 통해 프롬프트의 주소를 확인할 수 있습니다.

이렇게 가져온 프롬프트는 prompt 변수에 저장하여 이후 애플리케이션에서 해당 프롬프트를 활용할 수 있습니다. 또한, 특정 버전의 프롬프트를 가져오고 싶을 때는 c5db8eee와 같이 버전을 명시할 수 있습니다. 버전 정보는 해당 허브 사이트 내 커밋(Commits) 페이지를 보면 알 수 있습니다.

프롬프트 허브를 활용하면 LLM 애플리케이션 개발자들이 프롬프트를 효율적으로 관리하고, 다른 개발자들과 협력할 수 있습니다.

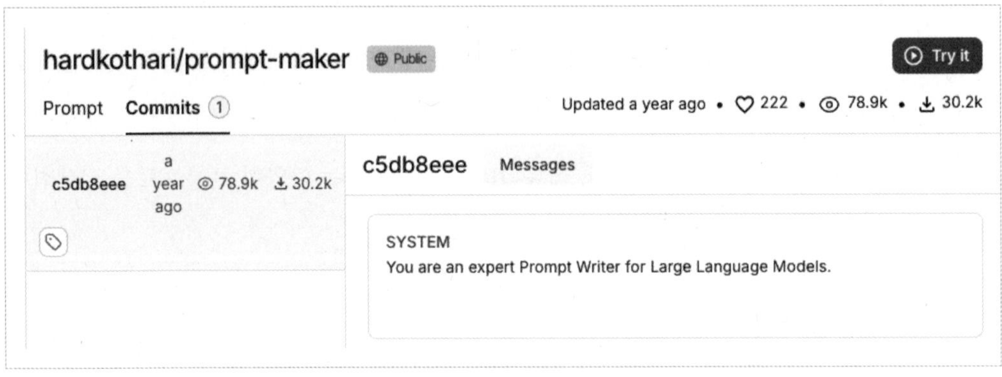

그림 1-8 랭체인 허브 사이트 내에서 버전을 확인할 수 있는 Commits 부분

이번 절에서는 프롬프트에 대해 자세히 살펴봤습니다. 프롬프트는 모델에게 상황을 이해시

키고 일관된 출력을 생성하도록 돕는 중요한 도구입니다. 문자열 프롬프트와 챗 프롬프트, 그리고 메시지 자리 표시자 등 다양한 유형의 프롬프트를 통해 입력을 효과적으로 처리하는 방법을 살펴보았습니다. 또한 퓨샷 프롬프트를 이용해 모델의 성능을 향상시키는 방법과 프롬프트 허브에서 프롬프트를 공유하고 재사용하는 방법도 알아봤습니다.

5 출력 파서

출력 파서[Output Parsers]는 모델이 생성한 텍스트를 구조화된 형식으로 변환하는 도구입니다. 이를 통해 단순한 텍스트 출력이 아니라, 보다 체계적인 데이터로 변환할 수 있습니다. 랭체인은 다양한 출력 파서를 제공하며, 각 파서는 특정한 용도에 맞게 데이터를 처리합니다. 출력 파서의 종류로는 JSON, XML, CSV, Pydantic 등이 있으며, 각 파서가 처리하는 입력과 반환하는 출력 유형이 다릅니다.

예를 들어, JSON 파서는 문자열이나 메시지를 받아 JSON 객체로 반환하며, CSV 파서는 쉼표로 구분된 값 목록을 반환합니다. 이러한 파서들은 LLM에서 반환되는 응답을 처리하고 활용하는 데 매우 유용한 도구입니다. 다음 표 1-4는 랭체인에서 지원하는 출력 파서의 주요 정보를 정리한 것입니다.

하지만 최근에는 모델들이 함수[function] 또는 도구 호출[tool calling]을 지원하기 시작하면서 이러한 작업을 자동으로 처리하는 경우가 늘고 있으므로, 가능하다면 출력 파서 대신 함수/도구 호출을 사용하기를 권장합니다.

표 1-4 랭체인의 주요 출력 파서

이름	입력 유형[7]	출력 유형	설명
JSON	문자열 | 메시지	JSON 객체	지정된 JSON 객체 반환. Pydantic 모델 지원
XML	문자열 | 메시지	딕셔너리(dict)	XML 태그의 딕셔너리 반환. XML 출력 필요 시 사용
CSV	문자열 | 메시지	문자열 목록(List[str])	쉼표로 구분된 값 목록 반환
OutputFixing	문자열 | 메시지	-	다른 출력 파서의 오류 수정
RetryWithError	문자열 | 메시지	-	출력 파서의 오류 수정 및 원본 지시 사항 전송
Pydantic	문자열 | 메시지	Pydantic BaseModel	사용자 정의 Pydantic 모델 반환
YAML	문자열 | 메시지	Pydantic BaseModel	YAML로 인코딩된 Pydantic 모델 반환
PandasDataFrame	문자열 | 메시지	딕셔너리(dict)	Pandas DataFrame 작업 시 유용
Enum	문자열 | 메시지	Enum	제공된 Enum 값 중 하나로 응답 구문 분석
Datetime	문자열 | 메시지	datetime.datetime	응답을 datetime 형식으로 구문 분석
Structured	문자열 | 메시지	딕셔너리(Dict[str, str])	문자열 필드만 포함된 구조화된 정보 반환

5.1 출력 파서의 세 가지 주요 메서드

1 포맷 지침 가져오기

출력 파서는 언어 모델에게 응답을 어떤 형식으로 출력해야 하는지 알려주는 지침을 제공합니다. 언어 모델은 주어진 지침에 따라 JSON, 표, 혹은 다른 형식으로 답변을 반환합니다. 출력 파서의 포맷 지침은 `get_format_instructions( )` 메서드로 확인할 수 있습니다.

다음 예제 코드는 JSON 출력 파서에 대한 포맷 지침을 출력합니다. 결과를 보면 JSON 형식의 출력을 요구하는 지침을 확인할 수 있습니다. 이를 활용하면 개발자는 언어 모델에게 일관된 형식의 응답을 요청할 수 있으며, 이를 통해 응답을 쉽게 파싱하고 처리할 수 있습니다. 실습 코드는 1장 폴더의 ch01_OUTPUT_PARSERS.ipynb 파일입니다.

7 출력 파서가 예상하는 입력 유형입니다. 대부분의 출력 파서는 문자열과 메시지를 처리할 수 있지만, 일부 출력 파서(예: 오픈AI 함수)에는 특정 키워드 인수를 가진 메시지가 필요합니다.

```
# 라이브러리 설치
!pip install langchain-core langchain langchain-openai langchain-chroma
# 라이브러리 불러오기
from langchain_core.output_parsers import JsonOutputParser
# Json 출력 파서 불러오기
parser = JsonOutputParser()
instructions = parser.get_format_instructions()
print(instructions)  # JSON 형식의 지침 출력
```

```
Return a JSON object.
```

2 파싱

출력 파서의 parse( ) 메서드는 언어 모델의 응답을 받아 프로그래밍에서 사용하기 쉬운 형태(파이썬 딕셔너리)로 변환합니다. 예를 들어, JSON 문자열을 파이썬 딕셔너리로 변환하는 과정은 다음과 같습니다.

```
ai_response = '{"이름": "김철수", "나이": 30}'
parsed_response = parser.parse(ai_response)
print(parsed_response)
```

```
{'이름': '김철수', '나이': 30}
```

이렇게 변환된 데이터는 파이썬 프로그램에서 쉽게 활용할 수 있습니다. 예를 들어, parsed_response['이름']으로 이름을 가져올 수 있습니다. 이렇게 하면 언어 모델의 응답을 프로그램 내에서 쉽게 처리하고 활용할 수 있게 됩니다.

3 프롬프트와 함께 파싱

출력 파서의 parse_with_prompt( ) 메서드를 활용하면, 언어 모델의 응답과 함께 해당 질문(프롬프트)까지 받아서 데이터를 분석할 수 있습니다. 주로 AI 응답에 오류가 발생했을 때, 문제를 수정하거나 다시 시도할 때 유용합니다.

다음 예제 코드에서는 RetryWithErrorOutputParser를 사용하여 출력 파싱 과정에서 발생하는 오류를 관리합니다. 이 파서는 원래의 프롬프트와 AI의 응답, 발생한 오류 메시지를 함께 전달하여 AI가 더 나은 수정 제안을 할 수 있도록 유도합니다.

parse_with_prompt( ) 메서드를 사용할 때 파서를 반드시 RetryWithErrorOutputParser로 설정해야 하는 것은 아니지만, 이 파서를 사용하면 오류 처리와 재시도 과정에서 더 많은 유연성과 효율성을 제공할 수 있습니다. 만약 단순히 응답을 파싱하고자 한다면 다른 출력 파서를 사용할 수도 있습니다.

```
# 라이브러리 불러오기
from langchain.output_parsers import RetryWithErrorOutputParser
from langchain_core.output_parsers import JsonOutputParser
from langchain_openai import ChatOpenAI
# 파서 설정
parser = RetryWithErrorOutputParser.from_llm(parser=JsonOutputParser(),
llm=ChatOpenAI())
```

먼저 세 가지 주요 컴포넌트를 임포트합니다. RetryWithErrorOutputParser는 오류 발생 시 재시도 기능을 제공하고 JsonOutputParser를 내부 파서로 사용하여 JSON 형식으로 파싱을 담당합니다. 또한 ChatOpenAI를 LLM 모델로 활용하여 오류 수정을 요청할 수 있도록 합니다.

```
question = "가장 큰 대륙은?"
ai_response = "아시아입니다."  # JSON 형식이 아닌 잘못된 응답

try:
    result = parser.parse_with_prompt(ai_response, question)
    print(result)
except Exception as e:
    print(f"오류 발생: {e}")
    # 여기서 AI에게 다시 질문할 수 있습니다.
```

그다음, 테스트를 위한 질문과 응답을 설정합니다. 여기서는 AI에게 할 질문과 AI가 반환할 가상의 응답을 정의합니다. 이 응답은 의도적으로 JSON 형식이 아닌 잘못된 형식으로 설정되어 있습니다.

마지막으로, parse_with_prompt( ) 메서드를 통해 파싱을 시도하고 결과를 처리합니다. 이때 만약 파싱에 실패하면(예를 들어, 응답이 예상된 JSON 형식이 아닌 경우), 예외가 발생하고 오류 메시지가 출력됩니다. 이 시점에서 개발자는 AI에게 다시 질문하거나 다른 방식으로 오류를 처리할 수 있습니다.

```
오류 발생: 'str' object has no attribute 'to_string'
```

앞의 예제에서 오류가 발생하지 않도록 수정하려면 ai_response = '{"answer": "아시아"}'로 바꾸면 됩니다. 이렇게 하면 AI 응답이 올바른 JSON 형식으로 되어, 파서가 문제 없이 응답을 처리할 수 있습니다.

지금까지 출력 파서의 개념과 종류 그리고 세 가지 주요 메서드에 대해 살펴봤습니다. 이제 다양한 출력 파서의 예를 통해 실제 사용법을 자세히 알아보겠습니다.

5.2 PydanticOutputParser

PydanticOutputParser는 랭체인에서 제공하는 도구로, 대규모 언어 모델이 생성한 텍스트를 구조화된 데이터로 변환하는 데 사용됩니다. Pydantic과 함께 사용하여 AI가 생성한 자유 형식의 텍스트를 개발자가 설정한 데이터 구조에 맞춰 자동으로 변환하며, 그 과정에서 데이터 유효성을 확인합니다. 이 기능을 활용하면 AI의 출력을 프로그래밍에서 다루기 쉽도록 변환할 수 있습니다.

주요 장점은 AI의 응답을 쉽게 구조화된 형태로 변환할 수 있고, Pydantic의 데이터 검증 기능을 통해 응답의 정확성과 일관성을 유지할 수 있다는 점입니다. 그러나 AI가 지정된 형식을 따르지 않을 경우 오류가 발생할 수 있으므로 프롬프트 설계가 중요합니다. 다음은

PydanticOutputParser를 사용하여 AI 모델의 출력을 검증하고 처리하는 예제입니다.

```
from langchain_core.output_parsers import PydanticOutputParser
from langchain_core.prompts import PromptTemplate
from langchain_openai import ChatOpenAI
from pydantic import BaseModel, Field, model_validator
```

먼저 AI 모델의 출력을 파싱하는 데 필요한 라이브러리와 모듈을 불러옵니다. 각 구성요소의 역할을 정리하면 다음과 같습니다.

- **PydanticOutputParser**: AI의 출력을 Pydantic 모델에 맞게 구조화된 데이터로 변환하며, 일관된 형식과 데이터 검증을 제공합니다.
- **PromptTemplate**: 프롬프트를 동적으로 생성하여 AI에게 전달할 질문과 출력 형식 지침을 설정합니다. 변수를 포함하여 다양한 입력을 처리할 수 있습니다.
- **ChatOpenAI**: 오픈AI의 GPT-4o 모델을 랭체인을 통해 사용할 수 있도록 지원하며, AI 모델에 질문을 던지고 응답을 얻는 역할을 합니다.
- **Pydantic**: Python에서 데이터 검증과 모델링을 위한 라이브러리로, BaseModel과 Field를 사용하여 데이터 구조를 정의하고, model_validator를 통해 입력 데이터를 검증할 수 있습니다.

이러한 구성요소들을 함께 사용하여 AI 모델의 출력을 신뢰성 있고 구조화된 데이터로 변환할 수 있습니다.

```
# OpenAI 모델 설정
model = ChatOpenAI(model_name="gpt-4o", temperature=0.0)
```

이어서 오픈AI의 GPT-4o 모델을 설정합니다. temperature=0.0으로 설정하여 AI가 더욱 일관된 답변을 생성하도록 만듭니다.

```python
# 원하는 데이터 구조 정의
class FinancialAdvice(BaseModel):
    setup: str = Field(description="금융 조언 상황을 설정하기 위한 질문")
    advice: str = Field(description="질문을 해결하기 위한 금융 답변")
    # Pydantic을 사용한 사용자 정의 검증 로직
    @model_validator(mode="before")
    @classmethod
    def question_ends_with_question_mark(cls, values: dict) -> dict:
        setup = values.get("setup", "")
        if not setup.endswith("?"):
            raise ValueError("잘못된 질문 형식입니다! 질문은 '?'로 끝나야 합니다.")
        return values
```

Pydantic을 사용하여 FinancialAdvice라는 클래스를 정의합니다. 이 클래스는 AI 모델이 제공하는 데이터를 구조화된 형태로 저장하기 위한 데이터 모델을 만듭니다. BaseModel은 Pydantic의 기본 모델 클래스로 데이터를 구조화하고 검증하는 데 사용되며, Field는 각 필드에 대한 설명과 유효성 검증 정보를 추가하는 데 사용됩니다. setup 필드는 금융 조언 상황을 나타내는 질문을, advice 필드는 해당 질문에 대한 구체적인 금융 조언 답변을 저장하는 역할을 합니다.

또한 model_validator 데코레이터를 사용해 질문 형식이 올바른지 검증하는 로직을 추가했습니다. 이 로직은 question_ends_with_question_mark( )라는 클래스 메서드에서 처리됩니다. AI가 생성한 질문이 물음표(?)로 끝나는지 확인하며, 그렇지 않을 경우 ValueError를 발생시켜 "잘못된 질문 형식입니다! 질문은 '?'로 끝나야 합니다."라는 오류 메시지를 반환합니다.

이를 통해 AI의 출력을 구조화된 형태로 받아 일정한 품질을 유지할 수 있도록 검증할 수 있습니다. 결과적으로, FinancialAdvice 모델을 사용하면 질문과 답변을 명확하게 구분할 수 있으며, AI 응답의 형식적 오류를 방지할 수 있습니다.

```python
# 파서 설정 및 프롬프트 템플릿에 지침 삽입
parser = PydanticOutputParser(pydantic_object=FinancialAdvice)
prompt = PromptTemplate(
```

```
    template="다음 금융 관련 질문에 답변해 주세요.\n{format_instructions}\n질문:
    {query}\n",
    input_variables=["query"],
    partial_variables={"format_instructions": parser.get_format_instructions()},
)
# 언어 모델을 사용해 데이터 구조를 채우도록 프롬프트와 모델 설정
chain = prompt | model | parser
```

앞의 코드에서는 PydanticOutputParser와 PromptTemplate을 사용하여 유연하게 AI의 출력을 처리하고 있습니다. 먼저 PydanticOutputParser를 통해 AI 모델이 생성한 출력을 FinancialAdvice라는 Pydantic 모델에 맞춰 자동으로 구조화된 데이터로 변환하도록 설정합니다.

그런 다음, PromptTemplate을 사용해 AI에게 전달할 질문과 출력 형식을 동적으로 생성합니다. 이 과정에서 format_instructions는 AI에게 답변 형식을 지정하는 지침을 제공하여, AI가 지정된 형식에 맞는 답변을 생성할 수 있게 도와줍니다. 이후 프롬프트, AI 모델, 파서를 연결하여 하나의 체인으로 구성하며, 이를 통해 여러 작업을 일관되게 처리할 수 있습니다.

```
# 체인 실행 및 결과 출력
try:
    result = chain.invoke({"query": "부동산에 관련하여 금융 조언을 받을 수 있게
    질문하라."})
    print(result)
except Exception as e:
    print(f"오류 발생: {e}")
```

마지막으로 try-except 구문으로 오류 발생을 대비해 프로그램의 안정성을 유지하고, 발생한 오류를 쉽게 디버깅할 수 있도록 처리합니다. 이처럼 랭체인과 Pydantic을 활용하여 AI 응답 처리 파이프라인을 간결하고 유연하게 구축할 수 있습니다. 다음은 예제의 출력 결과입니다.

```
setup='부동산 투자를 고려하고 있습니다. 현재 시장 상황에서 부동산에 투자하는 것이 좋은
결정일까요?' advice='부동산 투자는 장기적인 관점에서 안정적인 수익을 제공할 수 있지만,
```

```
시장의 변동성과 지역별 특성을 고려해야 합니다. 현재 시장 상황, 금리, 지역 개발 계획 등을
분석하여 투자 결정을 내리는 것이 중요합니다. 전문가와 상담하여 구체적인 전략을 세우는 것
도 좋은 방법입니다.'
```

출력 결과를 보면 PydanticOutputParser가 AI 모델의 응답을 FinancialAdvice 형식으로 성공적으로 구조화했음을 알 수 있습니다. setup에는 AI가 생성한 금융 질문이 포함되었으며, 물음표로 끝나 검증을 통과했습니다. advice에는 해당 질문에 대한 AI의 금융 조언이 담겨 있습니다.

이를 통해 AI의 자유 형식 텍스트를 구조화된 데이터로 변환할 수 있음을 확인할 수 있으며, 후속 작업이나 데이터 분석에서 쉽게 활용할 수 있습니다. 또한 AI가 지시를 정확히 이해하고 적절한 질문과 답변을 생성했음을 알 수 있습니다.

5.3 SimpleJsonOutputParser

SimpleJsonOutputParser는 랭체인 라이브러리에서 제공하는 출력 파서 중 하나로, 언어 모델의 출력을 JSON 형식으로 파싱하는 데 사용됩니다. SimpleJsonOutputParser는 JSON 형식의 출력이 필요하지만, Pydantic 모델과 같은 복잡한 구조가 필요하지 않을 때 특히 유용합니다.

또한 실시간 처리와 스트리밍 기능을 지원하여 대규모 언어 모델의 출력을 효율적으로 처리할 수 있습니다. 다만, 언어 모델이 항상 완벽한 JSON 형식을 생성하는 것은 아니므로, 오류 처리가 중요합니다.

다음은 SimpleJsonOutputParser를 활용하여 언어 모델의 출력을 JSON 형식으로 변환하는 예제입니다.

```
from langchain.output_parsers.json import SimpleJsonOutputParser
# JSON 형식의 응답을 생성하는 프롬프트 템플릿 설정
json_prompt = PromptTemplate.from_template(
    "다음 질문에 대한 답변이 포함된 JSON 객체를 반환하십시오: {question}"
)
json_parser = SimpleJsonOutputParser()
json_chain = json_prompt | model | json_parser
```

json_prompt에서 사용자가 입력한 질문을 받아 JSON 객체로 반환해 달라고 AI에게 요청하는 프롬프트를 생성합니다. 여기서 {question}은 사용자가 입력할 질문을 나타냅니다. SimpleJsonOutputParser( )로 객체를 인스턴스화합니다. 이렇게 AI가 생성한 JSON 응답을 처리할 준비를 마칩니다.

이어서 프롬프트, AI 모델, JSON 파서를 연결하여 하나의 체인으로 구성합니다. 이 체인은 모델이 질문을 받아 답변을 생성하고, 해당 답변을 JSON 형식으로 변환하는 작업을 수행합니다.

```
# 스트리밍 예시: 질문에 대한 답변이 점진적으로 구문 분석됨
list(json_chain.stream({"question": "비트코인에 대한 짧은 한 문장 설명."}))
```

앞의 코드에서는 스트리밍 방식을 사용해 사용자가 요청한 질문(여기서는 비트코인에 대한 간단한 설명)에 대한 AI의 응답을 점진적으로 받아옵니다.

SimpleJsonOutputParser의 가장 큰 장점은 스트리밍 방식으로 JSON 출력을 처리할 수 있다는 점입니다. 이는 대규모 데이터를 실시간으로 처리할 때 유용하며, 긴 응답을 기다리지 않고 점진적으로 결과를 확인할 수 있어 대화형 응답이나 대량의 데이터 처리를 요구하는 애플리케이션에서 매우 유용합니다.

```
[{},
 {'answer': ''},
 {'answer': '비'},
 {'answer': '비트'},
 {'answer': '비트코'},
 {'answer': '비트코인'},
 {'answer': '비트코인은'},
 {'answer': '비트코인은 분'},
 {'answer': '비트코인은 분산'},
 {'answer': '비트코인은 분산된'},
 {'answer': '비트코인은 분산된 디'},
```

```
{'answer': '비트코인은 분산된 디지'},
{'answer': '비트코인은 분산된 디지털'},
{'answer': '비트코인은 분산된 디지털 화'},
{'answer': '비트코인은 분산된 디지털 화폐'},
...
```

출력 결과를 보면 SimpleJsonOutputParser를 사용한 스트리밍 처리 과정을 확인할 수 있습니다. 언어 모델이 "비트코인에 대한 짧은 한 문장 설명"이라는 질문에 대한 답변을 생성하는 과정을 실시간으로 보여주고 있습니다. 출력은 빈 JSON 객체 {}로 시작하여, 점진적으로 'answer' 키에 대한 값이 한 글자씩 추가되는 과정을 보여줍니다. 이는 언어 모델이 응답을 어떻게 구성해 나가는지, 그리고 SimpleJsonOutputParser가 이를 어떻게 실시간으로 파싱하는지를 시각적으로 보여주는 예입니다.

5.4 JsonOutputParser

JsonOutputParser는 랭체인에서 제공하는 또 다른 유용한 출력 파서로, JSON 형식의 출력을 요청하고 파싱하는 데 사용됩니다. Pydantic과 함께 사용하여 구조화된 데이터를 처리할 수 있습니다. JsonOutputParser의 주요 장점은 AI 모델이 생성한 자유 형식의 텍스트를 JSON 구조로 명확히 변환할 수 있다는 점입니다. 이를 통해 복잡한 데이터 구조를 쉽게 정의하고 다룰 수 있습니다.

다른 출력 파서와 차이점은 JsonOutputParser가 JSON 형식에 특화되어 있다는 점입니다. 예를 들어, PydanticOutputParser는 데이터를 Pydantic 모델로 직접 검증하고 구조화하는 데 적합하며, CommaSeparatedListOutputParser는 단순한 리스트 출력을 처리하는 데 사용됩니다. JsonOutputParser는 이와 달리 JSON 데이터 처리에 중점을 두고 있으며, 필요한 경우 부분적으로 생성된 JSON 데이터를 스트리밍 방식으로 처리할 수 있는 유연성도 제공합니다.

따라서 JsonOutputParser는 데이터 구조가 명확한 JSON 형식의 출력이 필요한 상황에 특히 유용하며, 복잡한 데이터 구조를 정의하고 이를 AI 모델의 출력과 통합할 때 효과적으로 활용할 수 있습니다. 다음은 Pydantic과 함께 사용하여 예상되는 스키마를 간편하게 선언하는 예제입니다.

```
from langchain_core.output_parsers import JsonOutputParser
from langchain_core.prompts import PromptTemplate
from langchain_openai import ChatOpenAI
from pydantic import BaseModel, Field
# 오픈AI 모델 설정
model = ChatOpenAI(temperature=0)
```

먼저 AI 모델의 출력을 파싱하기 위해 JsonOutputParser, PromptTemplate, ChatOpenAI, 그리고 Pydantic 라이브러리에서 BaseModel과 Field를 불러옵니다.

이어서 ChatOpenAI를 사용하여 GPT 대규모 언어 모델을 생성하며, temperature=0으로 설정하여 모델이 보다 예측 가능한 응답을 생성하도록 합니다.

```
# 원하는 데이터 구조 정의
class FinancialAdvice(BaseModel):
    setup: str = Field(description="금융 조언 상황을 설정하기 위한 질문")
    advice: str = Field(description="질문을 해결하기 위한 금융 답변")
```

Pydantic을 사용하여 FinancialAdvice라는 클래스를 정의합니다. 이 클래스는 AI 모델이 제공하는 데이터를 구조화된 형태로 저장하는 데이터 모델을 만듭니다. setup 필드는 금융 조언 상황을 나타내는 질문을, advice 필드는 해당 질문에 대한 구체적인 금융 조언 답변을 저장하는 역할을 합니다.

```
# JSON 출력 파서 설정 및 프롬프트 템플릿에 지침 삽입
parser = JsonOutputParser(pydantic_object=FinancialAdvice)
prompt = PromptTemplate(
    template="다음 금융 관련 질문에 답변해 주세요.\n{format_instructions}\n{query}\n",
    input_variables=["query"],
    partial_variables={"format_instructions": parser.get_format_instructions()},
)
```

JsonOutputParser를 통해 Pydantic 모델에 맞는 출력 형식을 설정합니다. 이 파서는 AI가 제공한 응답을 FinancialAdvice 클래스에 맞게 JSON 형식으로 변환합니다. PromptTemplate은 AI에게 전달할 프롬프트를 설정하는 역할을 합니다. format_instructions는 AI에게 출력 형식 지침을 제공하여 출력이 미리 정의된 형식에 맞도록 유도합니다.

```
# 체인 구성: 프롬프트 -> 모델 -> 파서
chain = prompt | model | parser
# 체인 실행
chain.invoke({"query": "부동산에 관련하여 금융 조언을 받을 수 있게 질문하라."})
```

이어서 프롬프트, 모델, 파서를 하나의 체인으로 연결하여, AI에게 질문을 보내고 응답을 받아 파서를 통해 구조화된 JSON 데이터로 변환합니다. 이를 통해 여러 작업을 하나의 프로세스로 처리할 수 있으며, 코드의 가독성과 재사용성을 높일 수 있습니다.

마지막으로 체인을 실행하여 사용자가 입력한 질문을 AI에게 전달하고, 그에 따른 금융 조언을 JSON 형식으로 출력합니다.

```
{'setup': '부동산 투자 시 어떤 금융 상품을 활용하는 것이 좋을까요?',
 'advice': '부동산 투자 시에는 주택담보대출, 주택청약종합저축, 부동산투자신탁 등 다양한 금융 상품을 활용할 수 있습니다. 각 상품의 장단점을 고려하여 자신의 상황에 맞는 금융 상품을 선택하는 것이 중요합니다.'}
```

랭체인에서 제공하는 다양한 출력 파서에 대한 더 많은 정보와 예제는 공식 홈페이지에서 확인할 수 있습니다. 출력 파서는 AI 모델의 응답을 구조화된 데이터로 변환하는 데 중요한 역할을 하며, 이를 통해 더욱 정교한 AI 애플리케이션을 구축할 수 있습니다. 이 책에서 소개한 출력 파서 외에도 여러 유용한 파서들이 있으니, 필요에 따라 공식 문서를 참고해 보길 권장합니다.

URL - https://python.langchain.com/docs/how_to/#output-parsers

6 메모리 관리: 대화 기록 유지

챗봇을 개발할 때 대화의 흐름을 유지하는 기능은 사용자 경험을 크게 향상시킬 수 있습니다. 대화 이력을 관리하면 사용자가 이전에 어떤 질문을 했는지 기억하고, 연관된 답변을 제공할 수 있습니다. 이렇게 하면 보다 자연스럽고 맥락을 반영한 대화를 이어갈 수 있습니다.

대화 상태 관리는 다양한 방식으로 구현할 수 있습니다. 지금부터 몇 가지 주요 기법을 살펴보겠습니다.

6.1 기본적인 대화 이력 전달

챗봇에 메모리를 추가하는 가장 간단한 방법은 이전 대화를 그대로 프롬프트에 전달하는 것입니다. 이렇게 하면 챗봇이 이전 대화를 바탕으로 답변을 생성할 수 있습니다. 다음 예제에서는 사용자가 "저축을 늘리기 위해 무엇을 할 수 있나요?"라고 질문하고, 챗봇은 이에 대한 답변을 제공합니다. 이후 사용자가 "방금 뭐라고 했죠?"라고 다시 질문할 때, 챗봇은 이전 답변을 기억하여 적절한 응답을 제공합니다. 실습 코드는 1장 폴더의 ch01_MEMORY.ipynb 파일입니다.

```
# 라이브러리 설치
!pip install langchain-community langchain-core langchain langchain-openai langchain-
chroma
# 라이브러리 불러오기
from langchain_core.prompts import ChatPromptTemplate
from langchain_openai import ChatOpenAI
# AI 모델 설정하기
chat = ChatOpenAI(model="gpt-4o-mini")
# 프롬프트 템플릿 정의: 금융 상담 역할
prompt = ChatPromptTemplate.from_messages(
    [
        ("system", "당신은 금융 상담사입니다. 사용자에게 최선의 금융 조언을 제공합니다."),
        ("placeholder", "{messages}"),  # 대화 이력 추가
    ]
)
```

우선 필요한 라이브러리를 불러오고, 사용하는 대규모 언어 모델을 불러옵니다. 다음으로 ChatPromptTemplate을 사용하여, 시스템 메시지를 포함한 프롬프트를 정의합니다. system 메시지로 AI가 금융 상담사 역할을 할 수 있도록 설정하고, placeholder로 프롬프트에서 대화 이력이 추가될 위치를 설정합니다.

```
# 프롬프트와 모델을 연결하여 체인 생성
chain = prompt | chat
```

prompt와 chat 모델을 연결해 하나의 체인을 구성합니다. 이 체인은 사용자가 프롬프트로 입력한 메시지와 대화 이력을 AI에게 전달하는 역할을 합니다.

```
# 이전 대화를 포함한 메시지 전달
ai_msg = chain.invoke(
    {
        "messages": [
            ("human", "저축을 늘리기 위해 무엇을 할 수 있나요?"),  # 사용자의 첫 질문
            ("ai", "저축 목표를 설정하고, 매달 자동 이체로 일정 금액을 저축하세요."),  # 챗
            봇의 답변
            ("human", "방금 뭐라고 했나요?"),  # 사용자의 재확인 질문
        ],
    }
)
print(ai_msg.content)  # 챗봇의 응답 출력
```

이 코드에서는 첫 번째 질문에 대한 챗봇의 응답이 포함된 대화 이력을 프롬프트에 전달합니다. 그런 다음, 사용자가 재확인 질문을 던졌을 때, AI는 이전 대화 내용을 기억하여 적절한 응답을 제공합니다.

```
저축을 늘리기 위해, 저축 목표를 설정하고 매달 자동 이체로 일정 금액을 저축하는 것이 좋다
고 말씀드렸습니다. 이렇게 하면 저축이 더 체계적으로 이루어질 수 있습니다. 추가로, 불필요
한 지출을 줄이고, 예산을 세워 관리하는 것도 도움이 됩니다.
```

6.2 대화 이력 관리 및 처리

ChatMessageHistory 클래스를 사용하면 대화 내용을 저장하고 재사용하는 등, 대화 이력을 더 체계적으로 관리할수 있습니다.

```
from langchain_community.chat_message_histories import ChatMessageHistory
# 대화 이력 저장을 위한 클래스 초기화
chat_history = ChatMessageHistory()
# 사용자 메시지 추가
chat_history.add_user_message("저축을 늘리기 위해 무엇을 할 수 있나요?")
chat_history.add_ai_message("저축 목표를 설정하고, 매달 자동 이체로 일정 금액을 저축하세요.")
```

먼저, 대화 이력을 저장하기 위해 ChatMessageHistory 클래스를 초기화합니다. 이어서 사용자와 AI의 대화 메시지를 add_user_message( )와 add_ai_message( ) 메서드를 사용해 대화 이력에 추가합니다. 이렇게 대화 이력을 저장하여 추후 활용할 수 있습니다.

```
# 새로운 질문 추가 후 다시 체인 실행
chat_history.add_user_message("방금 뭐라고 했나요?")
ai_response = chain.invoke({"messages": chat_history.messages})
print(ai_response.content)  # 챗봇은 이전 메시지를 기억하여 답변합니다.
```

추가 질문을 대화 이력에 기록한 후, 이를 포함하여 체인을 실행합니다. 챗봇은 이전 대화를 기억하고, 그에 맞는 답변을 제공합니다.

```
저축을 늘리기 위해 목표를 설정하고, 매달 자동 이체로 일정 금액을 저축하는 방법을 제안했습니다. 이렇게 하면 저축을 보다 효과적으로 관리할 수 있습니다. 추가로, 불필요한 지출을 줄이고, 예산을 세워 소비를 계획하는 것도 좋은 방법입니다. 더 궁금한 점이 있으면 말씀해 주세요!
```

6.3 자동 대화 이력 관리

이전 예제에서는 대화 이력을 수동으로 관리해야 했습니다. 그러나 RunnableWithMessageHistory 클래스를 사용하면 대화 이력을 자동으로 관리할 수 있습니다. 이 클래스는 대화 이력을 자동으로 저장하고 불러오며, 이를 통해 이전 대화를 AI에게 전달하여 자연스러운 대화를 이어 나가게 합니다.

```
from langchain_core.prompts import ChatPromptTemplate
from langchain_core.runnables.history import RunnableWithMessageHistory
from langchain_community.chat_message_histories import ChatMessageHistory

# 시스템 메시지와 대화 이력을 사용하는 프롬프트 템플릿 정의
prompt = ChatPromptTemplate.from_messages(
    [
        ("system", "당신은 금융 상담사입니다. 모든 질문에 최선을 다해 답변하십시오."),
        ("placeholder", "{chat_history}"),  # 이전 대화 이력
        ("human", "{input}"),  # 사용자의 새로운 질문
    ]
)
```

먼저, 필요한 라이브러리를 불러오고, ChatPromptTemplate을 사용하여 대화 프롬프트를 설정합니다. 이 프롬프트는 AI 모델이 대화를 시작할 때 어떻게 응답해야 하는지 규칙을 제공합니다. 시스템 메시지로 AI에게 '당신은 금융 상담사'라는 역할을 부여하여, 사용자가 입력한 질문에 대해 금융 상담사로서 응답하도록 설정합니다. 또한 "{chat_history}"를 사용하여 이전 대화 이력을 포함시킵니다. 이를 통해 AI가 대화를 유지하면서 사용자의 과거 질문을 기억하고 그에 따라 답변할 수 있습니다.

```
# 대화 이력을 관리할 체인 설정
chat_history = ChatMessageHistory()
chain = prompt | chat
```

ChatMessageHistory 객체는 대화 이력을 저장하고 관리하는 역할을 합니다. 이 객체는 사용자

의 이전 질문과 AI의 답변을 체계적으로 기록합니다. 이어서 프롬프트와 AI 모델(chat)을 하나의 체인으로 연결하여, 사용자가 질문을 입력하면 AI가 그에 대해 응답하도록 설정합니다. 이 과정에서 프롬프트는 AI에게 질문을 처리할 때 과거 대화를 참조할 수 있도록 대화 이력을 전달합니다.

```
# RunnableWithMessageHistory 클래스를 사용해 체인을 감쌉니다.
chain_with_message_history = RunnableWithMessageHistory(
    chain,
    lambda session_id: chat_history,  # 세션 ID에 따라 대화 이력을 불러오는 함수
    input_messages_key="input",       # 입력 메시지의 키 설정
    history_messages_key="chat_history",  # 대화 이력의 키 설정
)
```

여기서는 RunnableWithMessageHistory 클래스를 사용하여 대화 이력을 자동으로 관리하는 체인을 설정합니다. 이 클래스를 사용하면 대화 이력을 저장하고 필요할 때 불러올 수 있습니다. 예를 들어, 사용자가 다시 질문을 할 때, AI가 이전에 했던 대화를 기억하고 그에 맞게 답변하도록 설정합니다.

session_id를 통해 특정 세션의 대화 이력을 추적하고, input_messages_key와 history_messages_key는 입력된 질문과 대화 이력을 처리하는 데 사용되는 키를 정의합니다.

```
# 질문 메시지 체인 실행
chain_with_message_history.invoke(
    {"input": "저축을 늘리기 위해 무엇을 할 수 있나요?"},
    {"configurable": {"session_id": "unused"}},
).content
```

이제 사용자가 첫 번째 질문을 입력합니다. 여기서는 "저축을 늘리기 위해 무엇을 할 수 있나요?"라는 질문을 입력으로 전달합니다. AI는 이전 대화 이력을 참조하여 사용자가 던진 질문에 맞는 금융 조언을 제공합니다. 사용자가 이전에 했던 질문과 AI의 응답이 체인에 자동으로 기

록되어, 다음 질문에 활용될 수 있도록 설정됩니다.

```
1. 예산 세우기: 수입과 지출을 정리하여 어디서 절약할 수 있는지 파악하세요.
2. 자동이체 설정: 월급 날에 저축 계좌로 자동 이체를 설정하세요.
3. 불필요한 지출 줄이기: 구독 서비스, 외식 등을 줄여 보세요.
4. 목표 설정: 단기 및 장기 저축 목표를 세워 동기부여를 유지하세요.
5. 할인 및 프로모션 이용: 쇼핑할 때 할인 쿠폰이나 프로모션을 활용하세요.
```

다음으로, 사용자가 AI의 이전 응답을 확인하는 두 번째 질문을 전달합니다. "내가 방금 뭐라고 했나요?"라는 질문을 통해 AI가 이전 대화 내용을 잘 기억하고 있는지 확인합니다.

```
# 새로운 입력 메시지를 추가하고 체인 실행
chain_with_message_history.invoke(
    {"input": "내가 방금 뭐라고 했나요?"},          # 사용자의 질문
    {"configurable": {"session_id": "unused"}}  # 세션 ID 설정
).content
```

```
"저축을 늘리기 위해 무엇을 할 수 있는지 질문하셨습니다."
```

두 번째 질문에 AI는 이전에 주고받은 대화를 기억하고, 적절한 응답을 제공합니다. AI가 사용자의 질문을 단순히 처리하는 것이 아니라, 연속적인 대화 맥락을 유지하면서 자연스럽게 응답하는 것을 확인할 수 있습니다.

6.4 대화 이력 요약 및 트리밍

챗봇이 긴 대화를 처리할 때, 이전 메시지를 모두 기억하는 것은 비효율적일 수 있습니다. 시간이 지날수록 대화 이력이 길어져 모델이 처리해야 할 정보량이 증가하면서 응답 속도가 느려지고 불필요한 리소스가 사용될 수 있습니다. 이를 개선하기 위해 오래된 메시지를 요약하거나 삭제하여 모델이 처리할 메시지 수를 줄일 수 있습니다.

메시지 트리밍

메시지 트리밍Message Trimming이란 AI 모델이 대화를 처리할 때, 처리해야 할 정보의 양을 줄여 더 빠르게 효율적으로 응답할 수 있도록 하는 방법입니다. 트리밍은 일반적으로 긴 대화 기록 중에서 가장 최근의 몇 개 메시지만 남기고 오래된 메시지는 삭제하는 방식으로 이뤄집니다.

다음 예제에서는 대화 이력에서 가장 최근의 두 개 메시지만 남기고 나머지는 제거하여 모델에 전달합니다.

```
# 라이브러리 불러오기
from langchain_core.messages import trim_messages
from langchain_core.runnables import RunnablePassthrough
from operator import itemgetter
# 메시지 트리밍 유틸리티 설정
trimmer = trim_messages(strategy="last", max_tokens=2, token_counter=len)
```

필요한 라이브러리를 불러오고, trim_messages( ) 함수를 사용하여 메시지 트리밍을 설정합니다. 이 함수는 컨텍스트 윈도우 내에서 처리할 수 있는 토큰 수를 기반으로 메시지를 트리밍합니다. strategy="last"는 가장 최근 메시지를 기준으로, max_tokens=2는 메시지를 2개만 남깁니다. 이를 통해 모델이 처리해야 할 메시지 수를 줄이면서도 대화의 맥락을 유지할 수 있습니다.

```
# 트리밍된 대화 이력과 함께 체인 실행
chain_with_trimming = (
    RunnablePassthrough.assign(chat_history=itemgetter("chat_history") | trimmer)
    | prompt
    | chat
)
```

이어서 트리밍된 대화 이력을 사용하여 체인을 설정합니다. itemgetter를 통해 이전에 저장된 대화 이력을 불러오고, 이를 트리밍하여 prompt와 chat 모델에 전달합니다.

```
# 트리밍된 대화 이력을 사용하는 체인 설정
chain_with_trimmed_history = RunnableWithMessageHistory(
    chain_with_trimming,
    lambda session_id: chat_history,
    input_messages_key="input",
    history_messages_key="chat_history",
)
```

여기서는 RunnableWithMessageHistory 클래스를 사용하여 트리밍된 대화 이력을 관리하는 체인을 설정합니다. 이 클래스는 대화 이력을 자동으로 관리하며, 지정된 세션 ID에 따라 데이터를 불러오는 역할을 합니다. 이를 통해 사용자는 이전 대화를 직접 관리할 필요 없이 대화의 흐름을 유지할 수 있습니다.

```
# 새로운 대화 내용을 추가하고 체인 실행
chain_with_trimmed_history.invoke(
    {"input": "저는 5년 내에 집을 사기 위해 어떤 재정 계획을 세워야 하나요?"}, # 사용자의 질문
    {"configurable": {"session_id": "finance_session_1"}} # 세션 ID 설정
)
```

이제 사용자가 새로운 질문을 던질 때 트리밍된 대화 이력과 함께 실행합니다. 사용자가 '5년 내에 집을 사기 위한 재정 계획'에 대해 질문할 때, 트리밍된 대화 이력을 기반으로 AI가 적절한 응답을 생성합니다. 이를 통해 AI는 이전 대화의 중요한 내용만 참조하고, 새로운 대화에 더 집중할 수 있습니다.

```
# 새로운 입력 메시지를 추가하고 체인 실행
chain_with_trimmed_history.invoke(
    {"input": "내가 방금 뭐라고 했나요?"}, # 사용자의 질문
    {"configurable": {"session_id": "finance_session_1"}} # 세션 ID 설정
).content
```

```
'당신은 "저는 5년 내에 집을 사기 위해 어떤 재정 계획을 세워야 하나요?"라고 질문하셨습니
다. 그에 대한 답변으로 5년 내 집 구매를 위한 재정 계획의 여러 단계를 제안드렸습니다. 추가
로 궁금한 점이 있으시면 말씀해 주세요!'
```

"내가 방금 뭐라고 했나요?"라는 사용자 질문을 통해 AI가 이전 대화 내용을 기억하고 있는지 확인합니다. chain_with_trimmed_history.invoke( ) 메서드는 입력된 세션 ID와 함께 사용자의 질문을 AI에게 전달하며, AI는 이전 대화를 참조하여 적절한 응답을 제공합니다.

session_id는 동일한 대화 흐름을 유지하는 데 사용되며, 이를 통해 AI가 대화의 맥락을 잃지 않고 정확하게 응답할 수 있습니다. 출력 결과를 보면 AI가 이전 대화 내용을 잘 기억하고 있다는 것을 확인할 수 있습니다.

대화 요약 활용

대화가 길어지면 모든 대화 기록을 기억하는 것은 비효율적일 수 있습니다. 메모리 사용량이 커지고, 모델이 불필요한 정보까지 참조하여 처리 시간이 증가할 수 있기 때문입니다. 이때 대화 요약을 사용하면, 이전 대화를 압축하여 중요한 정보만 남기고 AI가 새로운 질문에 대해 응답할 때 요약된 대화만 참조하도록 할 수 있습니다. 이렇게 하면 AI 모델은 더 적은 데이터를 기반으로도 대화 맥락을 유지하면서 효율적으로 응답할 수 있습니다.

다음은 이전에 질문하고 답변했던 대화를 요약한 후, 새로운 질문에 대한 응답을 생성하는 예제입니다.

```
def summarize_messages(chain_input):
    stored_messages = chat_history.messages
    if len(stored_messages) == 0:
        return False

    # 대화를 요약하기 위한 프롬프트 템플릿 설정
    summarization_prompt = ChatPromptTemplate.from_messages(
        [
            ("placeholder", "{chat_history}"),  # 이전 대화 이력
```

```
            (
                "user",
                "이전 대화를 요약해 주세요. 가능한 한 많은 세부 정보를 포함하십시오.",  #
                요약 요청 메시지
            ),
        ]
    )

    # 요약 체인 생성 및 실행
    summarization_chain = summarization_prompt | chat
    summary_message = summarization_chain.invoke({"chat_history": stored_messages})

    chat_history.clear()  # 요약 후 이전 대화 삭제
    chat_history.add_message(summary_message)  # 요약된 메시지를 대화 이력에 추가

    return True
```

코드에서 summarize_messages( ) 함수는 현재 저장된 대화 기록을 요약하는 작업을 수행합니다. 먼저 chat_history.messages를 통해 저장된 대화 메시지를 불러옵니다. 이때 저장된 대화 기록이 없으면 False를 반환하여 불필요한 요약 처리를 진행하지 않습니다.

이어서 ChatPromptTemplate을 사용하여 요약 프롬프트를 정의합니다. 여기서 "이전 대화를 요약해 주세요"라는 요청을 AI에게 전달하고, "{chat_history}"는 요약할 대화 이력을 프롬프트에 포함시킵니다. 이 과정은 요약 작업의 지침을 AI에게 전달하는 중요한 단계로, 이렇게 함으로써 AI가 과거 대화를 요약할 수 있게 됩니다.

프롬프트 템플릿 설정 후, 요약 프롬프트와 chat 모델을 체인으로 연결하여 요약된 대화를 생성합니다. summarization_chain.invoke( )는 AI가 요약된 대화를 생성하는 과정이며, 요약이 완료되면 이전 대화는 삭제하고 요약된 메시지만 대화 이력에 추가합니다. 이로써 대화 이력을 압축하여 메모리를 최적화할 수 있습니다.

```
# 대화 요약을 처리하는 체인 설정
chain_with_summarization = (
    RunnablePassthrough.assign(messages_summarized=summarize_messages)
    | chain_with_message_history
)
```

RunnablePassthrough를 사용하여 대화 요약이 완료된 후, 이를 대화 이력과 연결하는 체인을 설정합니다. 여기서 messages_summarized로 요약된 메시지를 대화 이력에 적용하도록 설정합니다. 이후 AI가 이렇게 요약된 대화 이력을 대화에 사용할 수 있습니다.

```
# 요약된 대화를 기반으로 새로운 질문에 응답
print(chain_with_summarization.invoke(
    {"input": "저에게 어떤 재정적 조언을 해주셨나요?"},  # 사용자의 질문
    {"configurable": {"session_id": "unused"}}        # 세션 ID 설정
).content)
```

```
저축을 늘리기 위한 몇 가지 재정적 조언을 드렸습니다. 아래는 그 요약입니다:
1. 예산 세우기: 수입과 지출을 정리하여 어디서 절약할 수 있는지 파악하세요.
2. 자동이체 설정: 월급 날에 저축 계좌로 자동 이체를 설정하세요.
3. 불필요한 지출 줄이기: 구독 서비스, 외식 등을 줄여 보세요.
4. 목표 설정: 단기 및 장기 저축 목표를 세워 동기부여를 유지하세요.
5. 할인 및 프로모션 이용: 쇼핑할 때 할인 쿠폰이나 프로모션을 활용하세요.
```

마지막으로, 요약된 대화를 기반으로 AI가 새로운 질문에 응답하도록 합니다. 사용자가 "저에게 어떤 재정적 조언을 해주셨나요?"라는 질문을 던지면, AI는 요약된 대화 기록을 참조하여 응답을 생성합니다. 이는 AI가 이전의 긴 대화 기록을 모두 기억할 필요 없이, 핵심 정보만을 기반으로 정확한 응답을 제공할 수 있게 해줍니다.

출력 결과를 보면 AI가 이전 대화를 요약한 후, 해당 요약을 바탕으로 새로운 질문에 대해 적절한 응답을 생성했음을 확인할 수 있습니다. 이 방식은 긴 대화에서도 중요한 정보만 유지하면서 대화 흐름을 이어가는 데 효과적입니다. 다만, 요약 과정에서 중요한 정보가 손실될 위험이 있으며, 요약의 정확도가 떨어질 경우 대화 맥락이 왜곡될 수 있다는 점에 주의해야 합니다.

이번 절에서는 랭체인의 기본 구성요소, 특히 메모리 관리와 대화 기록 유지에 대해 알아보았습니다. 챗봇이 사용자와의 대화를 기억하고 적절하게 반응하는 메모리 기능은 사용자 경험을 개선하는 중요한 요소입니다. 메모리를 통해 사용자가 이전에 무엇을 물어봤고, 챗봇이 어떻게 답변했는지를 기억하는 기능은 효율적이고 사용자 친화적인 AI 시스템을 구축하는 데 필수입니다.

2

검색 증강 생성 기초와 실습

- 검색 증강 생성의 기술적 구성
- 문서 처리와 텍스트 분할 최적화
- 벡터 데이터베이스 활용

랭체인은 다양한 인공지능 애플리케이션 개발에 사용되지만, 그중에서도 가장 널리 활용되는 사용처 중 하나는 검색 증강 생성Retrieval-Augmented Generation, RAG입니다. 검색 증강 생성은 사용자가 질문을 입력하면 연관된 문서를 검색한 후, 검색 결과를 바탕으로 응답을 생성하는 방식입니다.

대형 데이터셋으로 학습된 언어 모델들은 고정된 정보만을 다루기 때문에 최신 정보나 특정 개인 데이터를 반영하는 데 한계가 있습니다. 검색 증강 생성은 데이터 내 검색기retriever를 활용하여 최신 정보나 특정 문서를 모델에 제공함으로써, 더욱 정확하고 유용한 답변을 생성하도록 지원합니다.

그림 2-1에서 볼 수 있듯이, 검색 증강 생성은 크게 인덱싱 과정과 쿼리 과정으로 나뉩니다. 인덱싱 과정은 문서를 불러온 후, 텍스트를 적절히 분할하고 임베딩하여 벡터 DB에 저장하는 단계입니다. 그리고 쿼리 과정에서 사용자의 질문query이 입력되면, 검색기를 통해 관련 정보를 찾아 이를 바탕으로 응답을 생성합니다. 다른 문헌에서는 쿼리 과정을 검색과 생성으로 표현하기도 합니다. 이 두 가지 단계를 통해 보다 풍부하고 맥락에 맞는 응답을 제공할 수 있습니다.

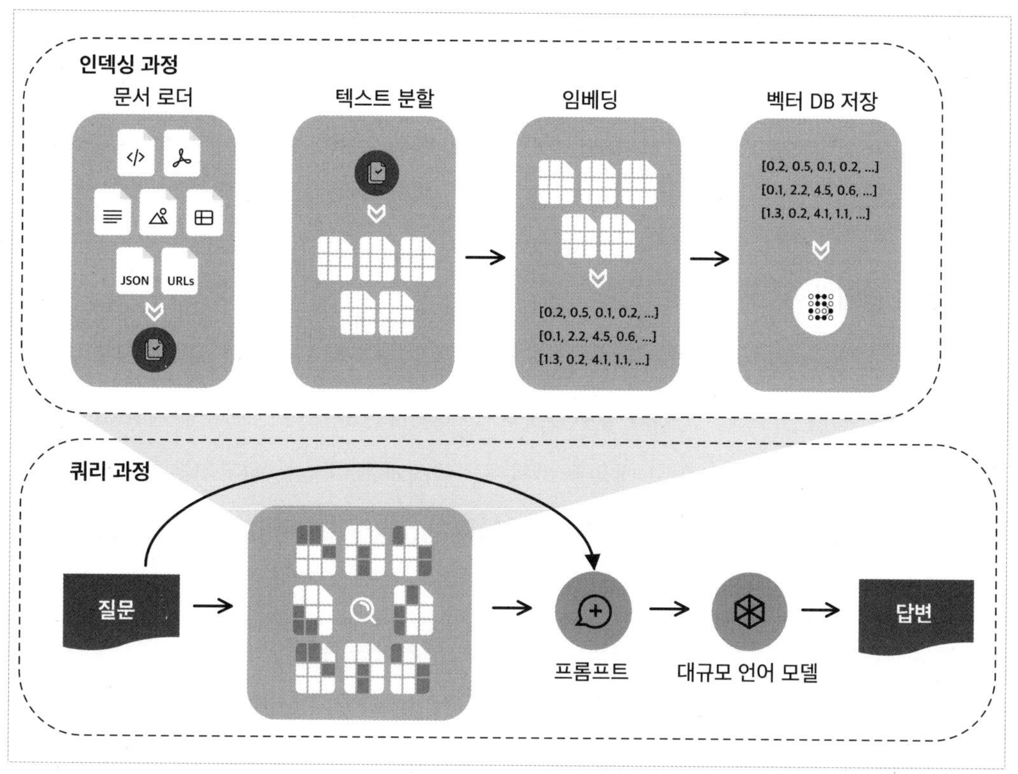

그림 2-1 검색 증강 생성 시스템

일반적으로 대규모 언어 모델을 특정 도메인에 맞춰 미세 조정하는[fine-tuning] 방법도 있지만, 이 과정은 비용이 많이 들고 정보의 신뢰성을 보장하기 어려운 한계가 있습니다.

반면, 검색 증강 생성은 검색된 정보를 실시간으로 모델에 제공하여, 모델이 이를 바탕으로 최종 응답을 생성하게 합니다. 덕분에 정보의 정확성과 관련성이 높아져, 더욱 신뢰할 수 있는 결과를 얻을 수 있습니다. 이번 장에서는 검색 증강 생성을 구현하기 위한 필수 개념과 함께 랭체인의 다양한 도구를 살펴보겠습니다. 더불어 검색 증강 생성의 작동 방식과 활용 방법을 간단한 챗봇을 개발해보며 자세히 알아보겠습니다.

1 검색 증강 생성 개요

랭체인은 인공지능 애플리케이션 개발에 다양하게 활용되며, 그 중에서도 검색 증강 생성 기술이 특히 주목받고 있습니다. 먼저, 검색 증강 생성의 핵심 원리와 필수 요소에 대해 알아보겠습니다.

1.1 텍스트 임베딩

인공지능 모델은 수많은 숫자로 이루어진 벡터[vector]를 사용하여 데이터를 처리하고 학습합니다. 예를 들어, 벡터 [1, 0.3, 0.5, 2]와 같이 4개의 숫자를 지닌 벡터는 정보를 수치로 표현한 형태입니다. 사람들이 텍스트를 읽고 내용을 이해하는 방식과는 다르게, 인공지능 모델은 텍스트를 직접 처리하지 않습니다. 대신, 텍스트를 수치화된 벡터로 변환하여 이를 분석합니다. 이러한 변환 과정을 '임베딩[embedding]'이라고 부릅니다.

임베딩에는 여러 형태가 있습니다. 단어를 벡터로 변환하는 '워드 임베딩[word embedding]'과 문장이나 문서를 벡터로 변환하는 '문장 임베딩[sentence embedding]' 또는 '문서 임베딩[document embedding]'이 대표적입니다. 예를 들어, 특정 단어나 문장, 문서는 [1, 0.3, 0.5]와 같은 실수 벡터로 인코딩됩니다. 모델은 이렇게 변환된 벡터를 통해 텍스트의 의미를 분석하고 활용합니다.

이번 절에서는 텍스트를 입력받아 이를 벡터로 변환하는 과정을 살펴봅니다. 텍스트를 벡터로 변환하면, 챗봇과 같은 시스템은 사용자의 질문에 대해 관련성 높은 답변을 빠르고 정확하게 검색하고 제공할 수 있습니다. 이러한 기술은 AI 시스템의 효율성과 정확성을 크게 향상시킵니다.

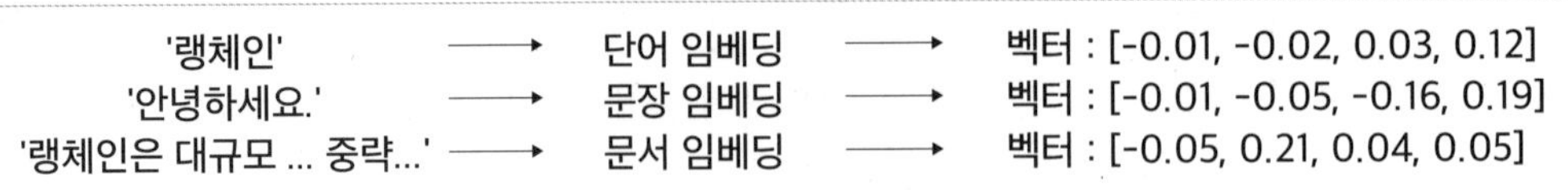

그림 2-2 텍스트를 벡터로 변환하는 과정

텍스트를 벡터로 변환하는 과정은 다양한 인공지능 모델을 활용하여 수행할 수 있습니다. 이번 실습에서는 랭체인이 제공하는 임베딩 API를 사용하여 텍스트를 수치화된 벡터로 변환합니다. 임베딩 API로 텍스트를 숫자 벡터로 변환하면, 데이터를 수치화하여 처리할 수 있으며 벡터 간 유사도 계산을 통해 텍스트의 의미적 연관성을 파악할 수 있습니다.

그림 2-2처럼 변환된 벡터는 모델이 단순한 텍스트 문자열을 넘어 심층적인 의미를 이해하고, 이를 기반으로 학습과 예측을 수행할 수 있도록 돕습니다.

1.2 코사인 유사도

코사인 유사도cosine similarity는 두 벡터 간의 각도를 통해 유사성을 측정하는 방법입니다. 코사인 유사도는 벡터의 크기가 아니라 방향성에 초점을 맞추며 -1에서 1 사이의 값을 가집니다.

- 1: 두 벡터가 동일한 방향을 향함
- 0: 두 벡터가 서로 직각을 이룸
- -1: 두 벡터가 정반대 방향을 향함

두 벡터 A와 B의 코사인 유사도는 다음 공식으로 계산합니다.

$$\text{similarity} = \cos(\theta) = \frac{A \cdot B}{\|A\|\|B\|} = \frac{\sum_{i=1}^{n} A_i \times B_i}{\sqrt{\sum_{i=1}^{n} (A_i)^2} \times \sqrt{\sum_{i=1}^{n} (B_i)^2}}$$

여기서 $A \cdot B$는 두 벡터의 내적을 나타내고, $\| A \|$와 $\| B \|$는 각각 벡터 A와 B의 크기(놈norm)입니다. 코사인 유사도에서는 두 벡터의 방향성을 기반으로 유사성을 평가하므로, 데이터 크기와 무관하게 텍스트나 문서의 의미적 유사성을 측정할 수 있습니다. 따라서 텍스트 분석, 문서 비교, 추천 시스템 등 다양한 분야에서 활용됩니다.

코사인 유사도를 계산할 때 복잡한 수학 공식으로 직접 계산할 필요는 없습니다. 이미 개발된 코드나 라이브러리를 사용하면 간편하게 구할 수 있습니다. 이제 구글 코랩에서 실습을 진행해 봅시다. 실습 코드는 깃허브 주소에서 내려받은 2장 폴더의 ch02_VECTOR_SIMILARITY.

ipynb 파일입니다.

```
# 라이브러리 불러오기
import numpy as np
from numpy import dot
from numpy.linalg import norm

# 코사인 유사도를 계산하는 함수 정의
def cos_sim(A, B):
    return dot(A, B)/(norm(A)*norm(B))

# 벡터들 간의 코사인 유사도 출력
vec1 = np.array([0,1,1,1])
vec2 = np.array([1,0,2,1])
vec3 = np.array([2,0,4,2])
print('벡터1과 벡터2의 유사도:',cos_sim(vec1, vec2))
print('벡터1과 벡터3의 유사도:',cos_sim(vec1, vec3))
print('벡터2와 벡터3의 유사도:',cos_sim(vec2, vec3))
```

```
벡터1과 벡터2의 유사도: 0.7071067811865476
벡터1과 벡터3의 유사도: 0.7071067811865476
벡터2과 벡터3의 유사도: 1.0000000000000002
```

Numpy 라이브러리를 사용하여 벡터 간의 코사인 유사도를 계산하는 cos_sim 함수를 정의하고, 이를 사용하여 세 벡터 간의 유사도를 평가해 보았습니다. 이 함수는 벡터 간의 각도를 이용하여 유사도를 수치화합니다. 예를 들어, 벡터2와 벡터3은 매우 유사하여 유사도 값이 최대인 1.0을 나타냅니다. 반면, 벡터1은 벡터2, 벡터3과 유사도가 낮은 것을 확인할 수 있습니다.

이런 유사도 계산은 텍스트 임베딩과 벡터화를 통해 얻은 데이터를 기반으로, 챗봇 개발에서 사용자 질문에 가장 관련성 높은 문서를 식별하는 검색 메커니즘에 핵심적으로 활용됩니다. 즉, 벡터 간 유사도를 통해 사용자의 질문과 가장 일치하는 정보를 빠르고 정확하게 찾는 데 결정적인 역할을 합니다.

1.3 랭체인 임베딩 API 활용

이제 랭체인을 사용하여 간단한 검색 시스템을 구축하는 과정을 소개하겠습니다. 랭체인의 다양한 임베딩 API를 통해 텍스트를 벡터로 변환하고, 코사인 유사도를 활용해 관련 문서를 검색하는 방법을 알아봅니다. 랭체인에서 사용 가능한 임베딩 API는 크게 두 가지 유형으로 나눌 수 있습니다.

첫 번째 유형은 LLM 제공사의 임베딩 모델로, 오픈AI의 임베딩 제품군에는 text-embedding-ada-002, text-embedding-3-small, text-embedding-3-large 등이 포함되어 다양한 언어 처리 작업에 효과적으로 사용할 수 있습니다. 오픈AI 외에도 코히어, 미스트랄AI 등 여러 LLM 제공사에서 임베딩 모델을 제공하고 있습니다.

두 번째 유형은 허깅페이스에서 제공하는 임베딩 모델입니다. BAAI/bge-m3 모델은 BGE[BAAI General Embedding] 임베딩 모델 중 하나로, 중국어를 주로 다루지만 한국어에도 좋은 성능을 보입니다. 또한 nlpai-lab/KoE5 모델은 한국어 텍스트 검색에 최적화되어 있으며, 다국어 모델인 Multilingual-e5-large를 기반으로 조정된 모델입니다.

개발자들은 이러한 임베딩 모델 중에서 자신의 프로젝트에 적합한 솔루션을 선택하여 챗봇 개발에 효과적으로 활용할 수 있습니다. 이제 실습을 진행해 봅시다. 실습 코드는 2장 폴더의 ch02_LANGCHAIN_EMBEDDING.ipynb 파일입니다.

LLM 제공사의 임베딩 모델

LLM 제공사의 임베딩 모델은 오픈AI를 포함한 다양한 업체에서 제공합니다. 이 책에서는 랭체인에서 접근 가능한 다양한 임베딩 모델과의 통합 방법에 초점을 맞추며, 특히 오픈AI의 임베딩 모델을 활용한 실습을 통해 임베딩 과정을 자세히 살펴봅니다. 오픈AI의 임베딩 모델 외에 다른 LLM 제공사의 임베딩 모델에 관심이 있다면 다음 링크를 참고하여 필요한 모델을 적용할 수 있습니다.

URL - https://python.langchain.com/docs/integrations/text_embedding/

이제 오픈AI의 임베딩 모델을 이용하여 벡터들 사이에 코사인 유사도를 계산하는 방법을 알아보겠습니다.

```
# 라이브러리 불러오기
import os
from dotenv import load_dotenv
import numpy as np
from numpy import dot
from numpy.linalg import norm
import pandas as pd
from langchain.embeddings import OpenAIEmbeddings
from langchain_openai import OpenAI

# .env 파일에서 환경 변수 로드
load_dotenv("/content/.env")
# 환경 변수에서 API 키 가져오기
api_key = os.getenv("OPENAI_API_KEY")
```

먼저 텍스트를 벡터로 변환하는 데 필요한 라이브러리를 불러옵니다. 그리고 dotenv 라이브러리를 사용하여 환경 설정을 불러와 오픈AI API 키를 로드합니다.

OpenAIEmbeddings 클래스는 오픈AI의 임베딩 API를 활용하여 주어진 텍스트를 벡터로 변환하는 기능을 제공합니다.[1] 이번 실습에서는 text-embedding-ada-002 모델을 사용하여 "저는 배가 고파요"라는 문장을 벡터로 변환해 봅니다. OpenAIEmbeddings( )로 임베딩 모델 객체인 embeddings를 선언하고, 이후 embed_query( )를 사용하여 입력된 문장을 벡터로 변환할 수 있습니다. 이렇게 텍스트를 수치화된 벡터로 변환하면, 이를 다양한 자연어 처리 작업에 활용할 수 있습니다.

```
embeddings = OpenAIEmbeddings(model="text-embedding-ada-002")
query_result = embeddings.embed_query('저는 배가 고파요')
print(query_result)
```

1 더 자세한 내용은 오픈AI 공식 문서에서 확인할 수 있습니다. https://platform.openai.com/docs/guides/embeddings/use-cases

```
[-0.016639344283517023, -0.021817782168952537, 0.015167301584591451, ... (중간 생략) ..., 0.01335353432182433]
```

실행 결과를 보면 "저는 배가 고파요"라는 문장이 text-embedding-ada-002 모델을 사용하여 1,536개의 실수로 구성된 벡터로 성공적으로 변환되었음을 알 수 있습니다. 이렇게 문장의 의미적 특성을 수치로 변환한 벡터들을 사용하면, 코사인 유사도 계산을 통해 다른 텍스트와 유사성을 평가할 수 있습니다. 이러한 과정은 검색 시스템이나 추천 시스템 개발에 필수입니다.

이번 실습에서는 유사도 평가를 위해 임의의 문장 데이터를 포함하는 데이터프레임을 생성합니다. 판다스pandas 라이브러리를 활용하여 여섯 개의 문장을 하나의 열에 할당하여 6행 1열 구조의 데이터프레임 df를 생성합니다. 데이터프레임은 엑셀과 유사한 구조여서 데이터를 쉽게 조작하고 분석할 수 있습니다.

생성한 데이터프레임을 활용해 각 텍스트 데이터를 벡터로 변환하여 문장 간 유사도를 계산하고 결과를 분석하여 인사이트를 도출할 수 있습니다. 이 과정을 통해 텍스트 데이터를 기계학습 모델이 이해할 수 있는 형태로 변환하는 과정과 그 중요성을 이해할 수 있습니다.

```
data = [
    '주식 시장이 급등했어요',
    '시장 물가가 올랐어요',
    '전통 시장에는 다양한 물품들을 팔아요',
    '부동산 시장이 점점 더 복잡해지고 있어요'
    '저는 빠른 비트를 좋아해요',
    '최근 비트코인 가격이 많이 변동했어요',
]
df = pd.DataFrame(data, columns=['text'])
df
```

	text
0	주식 시장이 급등했어요
1	시장 물가가 올랐어요
2	전통 시장에는 다양한 물품들을 팔아요
3	부동산 시장이 점점 더 복잡해지고 있어요
4	저는 빠른 비트를 좋아해요
5	최근 비트코인 가격이 많이 변동했어요

먼저 파이썬의 판다스 라이브러리를 사용하여 여러 종류의 시장 및 금융 관련 텍스트 데이터를 포함하는 데이터프레임을 생성합니다. 이 데이터프레임은 'text'라는 이름의 열 하나를 포함하며, 각 행에는 시장 동향, 부동산 시장의 복잡성, 음악의 비트, 그리고 암호화폐 변동 등 다양한 주제에 관한 문장이 담겨 있습니다. 이 데이터를 이용하여 다음 단계에서 텍스트를 벡터 형태로 변환하는 임베딩 과정을 수행합니다.

```
# 텍스트를 임베딩 벡터로 변환하는 함수 정의
def get_embedding(text):
    return embeddings.embed_query(text)

# DataFrame의 각 행에 대해 'text' 열의 내용을 임베딩 벡터로 변환
df['embedding'] = df.apply(
    lambda row: get_embedding(row.text),
    axis=1
)

# 변환된 DataFrame 출력
df
```

	text	embedding
0	주식 시장이 급등했어요	[-0.013049525952933459, -0.03346164849092503, ...
1	시장 물가가 올랐어요	[-0.00011368328302991353, -0.03533018255334717...
2	전통 시장에는 다양한 물품들을 팔아요	[-0.009272350082520624, -0.014589923032291684,...
3	부동산 시장이 점점 더 복잡해지고 있어요	[-0.01742896989806365, -0.003127270133441 7465,...
4	저는 빠른 비트를 좋아해요	[-0.03798272782653637, -0.013369607561132537, ...
5	최근 비트코인 가격이 많이 변동했어요	[-0.01744061314815701, -0.021532895219966937, ...

데이터프레임 df의 'text' 열에 있는 각 텍스트 데이터를 get_embedding( ) 함수를 이용해 벡터로 변환합니다. 변환된 벡터들은 데이터프레임의 새로운 'embedding' 열에 저장됩니다. 이제 임의의 검색어가 입력되면, 데이터프레임 df에 있는 텍스트 중 가장 의미가 유사한 문장들을 반환하는 검색 시스템을 구현해 보겠습니다.

```
# 코사인 유사도 계산 함수
def cos_sim(A, B):
    return dot(A, B)/(norm(A)*norm(B))

# 주어진 쿼리와 가장 유사한 상위 3개의 문서를 반환하는 함수
def return_answer_candidate(df, query):
    # 쿼리 텍스트를 임베딩 벡터로 변환
    query_embedding = get_embedding(query)

    # DataFrame의 각 문서 임베딩과 쿼리 임베딩 간의 유사도 계산
    df["similarity"] = df.embedding.apply(lambda x: cos_sim(np.array(x),
    np.array(query_embedding)))

    # 유사도가 높은 순으로 정렬하고 상위 3개 문서 선택
    top_three_doc = df.sort_values("similarity", ascending=False).head(3)

    return top_three_doc

# 예시 쿼리로 유사한 문서 검색
sim_result = return_answer_candidate(df, '과일 값이 비싸다')
sim_result
```

	text	embedding	similarity
2	전통 시장에는 다양한 물품들을 팔아요	[-0.009272350082520624, -0.014589923032291684,...	0.824431
1	시장 물가가 올랐어요	[-0.00011368328302991353, -0.03533018255334717...	0.814509
0	주식 시장이 급등했어요	[-0.013049525952933459, -0.03346164849092503, ...	0.806843

return_answer_candidate( ) 함수는 사용자의 검색어를 입력받아, 이를 get_embedding( ) 함수를 통해 벡터로 변환하고 query_embedding 변수에 저장합니다. 이 벡터와 데이터프레임 df의 embedding 열에 저장된 벡터들 간의 코사인 유사도를 계산하여, 의미적 유사성이 가장 높은 상위 세 개의 텍스트를 추출합니다. 이 과정은 벡터 간의 각도를 활용해 유사도를 측정하는 것으로, 값이 높을수록 두 텍스트의 의미적 유사성이 크다는 것을 나타냅니다.

예를 들어, "과일 값이 비싸다"라는 검색어에 대해 이 함수를 실행하면, 관련성이 높은 문장, 예컨대 '시장'이나 '오르다'와 관련된 문장이 포함된 데이터가 반환될 수 있습니다. 이는 임베딩과 유사도 계산만으로도 의미적 연결성이 높은 결과를 효과적으로 찾아낼 수 있음을 보여줍니다.

예제에서는 판다스 라이브러리를 사용하여 텍스트 데이터를 테이블 형태로 관리했지만, 실제 환경에서는 판다스 외에도 벡터 데이터를 효율적으로 관리할 수 있는 벡터 데이터베이스, 예를 들어 Faiss나 Chroma 같은 도구를 사용합니다. 벡터 데이터베이스에 대한 자세한 내용은 이번 장 4절에서 다룹니다.

허깅페이스에서 제공하는 임베딩 모델

허깅페이스에서는 다양한 임베딩 모델을 제공합니다. 이 중 bge-m3 모델을 사용하여 앞서 오픈AI 임베딩을 활용한 예제와 유사한 방식으로 문장 간 유사도를 계산하는 코드를 작성하고 결과를 확인해 보겠습니다. bge-m3 모델은 특히 다양한 언어를 지원하며, 한국어 처리에도 우수한 성능을 보입니다.

```
# 라이브러리 불러오기
from langchain.embeddings import HuggingFaceBgeEmbeddings

# BGE-M3 모델 초기화
embeddings = HuggingFaceBgeEmbeddings(model_name='BAAI/bge-m3')

# 데이터셋 생성
data = [
    '주식 시장이 급등했어요',
    '시장 물가가 올랐어요',
    '전통 시장에는 다양한 물품들을 팔아요',
    '부동산 시장이 점점 더 복잡해지고 있어요',
    '저는 빠른 비트를 좋아해요',
    '최근 비트코인 가격이 많이 변동했어요',
]
df = pd.DataFrame(data, columns=['text'])

# DataFrame의 각 행을 벡터로 변환
df['embedding'] = df['text'].apply(get_embedding)
df
```

	text	embedding
0	주식 시장이 급등했어요	[-0.015141432173550129, 0.027917448431253433, ...
1	시장 물가가 올랐어요	[0.013636063784360886, 0.05754707381129265, -0...
2	전통 시장에는 다양한 물품들을 팔아요	[0.017030559480190277, 0.04437505826354027, -0...
3	부동산 시장이 점점 더 복잡해지고 있어요	[0.0001659866829868406, 0.06238185241818428, 0...
4	저는 빠른 비트를 좋아해요	[0.006794504821300507, 0.04784494638442993, -0...
5	최근 비트코인 가격이 많이 변동했어요	[-0.0011448436416685581, 0.02486421726644039, ...

앞의 코드에서는 각 텍스트 데이터를 bge-m3 모델을 이용하여 벡터로 변환하고, 이를 데이터프레임에 저장합니다. 이를 통해 각 텍스트의 의미적 내용을 벡터화하여 분석할 수 있습니다.

```
# 쿼리 예시로 유사 문서 검색
sim_result = return_answer_candidate(df, '과일 값이 비싸다')
sim_result
```

	text	embedding	similarity
0	주식 시장이 급등했어요	[-0.015141432173550129, 0.027917448431253433, ...	1.0
5	최근 비트코인 가격이 많이 변동했어요	[-0.0011448436416685581, 0.02486421726644039, ...	1.0
1	시장 물가가 올랐어요	[0.013636063784360886, 0.05754707381129265, -0...	-1.0

이 함수는 입력된 쿼리 '과일 값이 비싸다'와 데이터셋 내 문장들 간의 의미적 유사도를 계산하여, 가장 유사한 상위 세 문장을 추출합니다. 이 과정을 통해 입력 쿼리와 의미적으로 가장 근접한 문장들을 식별할 수 있습니다.

분석 결과, bge-m3 모델은 '급등'과 '가격'과 같은 키워드에 높은 유사도를 보였으나, '시장 물가'처럼 더 넓은 맥락에서 연관성이 있는 표현에는 상대적으로 낮은 유사도를 나타냈습니다. 이러한 결과는 bge-m3 모델이 키워드 기반의 유사성 탐지에는 강점을 보이지만, 복잡한 맥락을 포함한 의미 유사성을 파악하는 데는 한계가 있어 개선의 여지가 있음을 시사합니다.

따라서 이 모델을 사용할 때는 이러한 특성을 고려하여 필요에 따라 추가적인 처리나 다른 모델과의 조합을 고려해볼 수 있습니다. 다만, 비용적인 측면에서는 오픈 모델이기에 무료라는 장점이 있습니다.

다음으로, 임베딩 모델을 활용하여 문서를 효과적으로 처리하고 저장하는 문서 로더의 개념과 활용 방법을 자세히 알아보도록 하겠습니다.

2 문서 로더

랭체인의 문서 로더Document Loader는 다양한 데이터 소스와 형식을 랭체인 프레임워크에서 사용할 수 있도록 표준화된 문서 형식으로 변환하는 도구입니다. 80개 이상의 다양한 유형을 지원하여 텍스트, PDF와 웹 페이지, CSV 등 다양한 형식의 데이터를 처리할 수 있습니다. 모든 로더는 데이터를 content와 metadata를 포함하는 표준 문서 객체로 변환하여 랭체인의 다른 컴포넌트와 쉽게 통합할 수 있습니다. 주요 문서 로더는 다음과 같습니다.

- **WebBaseLoader:** 웹 페이지의 내용을 로드하는 기능을 제공합니다.
- **PyPDFLoader:** PDF 파일을 로드하고 필요에 따라 페이지 단위로 분할하는 기능을 제공합니다.
- **CSVLoader:** CSV 파일을 로드하는 기능을 제공합니다.
- **DirectoryLoader:** 지정된 디렉터리 내의 모든 파일을 로드하는 기능을 제공합니다.
- **UnstructuredLoader:** 다양한 형식의 파일을 로드하는 기능을 제공합니다.

이 외에도 다양한 문서 로더가 존재하며, 자세한 내용은 다음 랭체인 문서 로더 페이지에서 확인할 수 있습니다. 이 책에서는 WebBaseLoader와 PyPDFLoader, CSVLoader를 중점적으로 다룹니다.

URL - https://python.langchain.com/docs/integrations/document_loaders/

2.1 웹 페이지 로더

랭체인은 웹 페이지의 HTML 콘텐츠를 로드하고 파싱하여 문서 형식으로 변환하는 다양한 도구를 제공합니다. 이번 절에서는 WebBaseLoader를 활용한 웹 페이지 로드 과정을 살펴보겠습니다.

WebBaseLoader

WebBaseLoader는 단일 또는 여러 웹 페이지에서 텍스트를 로드할 수 있으며, Beautiful Soup을 활용해 HTML을 세부적으로 파싱할 수 있습니다. 또한 비동기 로딩(여러 페이지를 동시에 빠르게 처리)과 지연 로딩(Lazy Loading, 필요한 페이지만 순차적으로 처리)으로 성능을 높일 수 있습니다. 다음은 WebBaseLoader를 사용해 여러 웹 페이지에서 텍스트를 로드하는 예제입니다. 실습 코드는 2장 폴더의 ch02_DOCUMENT_LOADER.ipynb 파일입니다.

```
# 라이브러리 설치
!pip install langchain_community beautifulsoup4
import os
# 사용자 에이전트 설정
os.environ["USER_AGENT"] = "MyApp/1.0 (Custom LangChain Application)"
# 라이브러리 불러오기
from langchain_community.document_loaders import WebBaseLoader
# 단일 URL 초기화
loader = WebBaseLoader("https://docs.smith.langchain.com/")
# 다중 URL 초기화
loader_multiple_pages = WebBaseLoader(
    ["https://python.langchain.com/docs/introduction/",
     "https://langchain-ai.github.io/langgraph/"]
)
```

우선 라이브러리를 설치하고 불러온 다음, 사용자 에이전트를 설정합니다. USER_AGENT 환경 변수를 설정하는 이유는 서버가 클라이언트 요청을 더 쉽게 식별하고 추적하기 위함입니다. 설정하지 않으면 경고 메시지를 표시합니다.

환경 변수 설정 후 객체를 인스턴스화하여 웹 페이지를 로드할 수 있습니다. 단일 웹 페이지를 불러올 때는 String 타입으로 불러올 수 있고, 다중 웹 페이지는 리스트 형식으로 전달하여 처리할 수 있습니다. 데이터를 로드한 결과는 리스트로 변환되며, 각 웹 페이지의 메타데이터(출처, 제목, 언어 등)와 내용을 확인할 수 있습니다. 앞의 코드에서 단일 웹 페이지는 랭스미스를 불러오고, 다중 웹 페이지로는 랭체인과 랭그래프 웹 페이지를 불러옵니다.

```
# 단일 문서 로드
single_doc = loader.load()
# 문서의 메타데이터 확인
print(single_doc[0].metadata)
```

```
{'source': 'https://docs.smith.langchain.com/', 'title': 'Get started with LangSmith
¦ \uf8 LangSmith', 'description': 'LangSmith is a platform for building production-
grade LLM applications.', 'language': 'en'}
```

단일 문서를 로드한 후 metadata에 대해서 확인해 보았습니다. 이번에는 다중 문서 로드 후 각 웹 페이지의 내용을 확인해 보겠습니다. 다음은 첫 번째 문서의 내용을 출력하는 예제입니다.

```
# 다중 문서 로드
docs = loader_multiple_pages.load()
# 첫 번째 문서의 페이지 콘텐츠 확인
print(docs[0].page_content)
```

```
Introduction ¦ LangChain
Skip to main contentIntegrationsAPI ReferenceMoreContributingPeopleError referenceL
angSmithLangGraphLangChain HubLangChain
Skip to main contentIntegrationsAPI ReferenceMoreContributingPeopleError ref
erenceLangSmithLangGraphLangChain HubLangChain JS/TSv0.3v0.3v0.2v0.1□üí¨Sea
rchIntroductionTutorialsBuild a Question Answering application over a Graph
DatabaseTutorialsBuild a simple LLM application with chat models and prompt
templatesBuild a ChatbotBuild a Retrieval Augmented Generation (RAG) App: Part
2Build an Extraction ChainBuild an AgentTaggingBuild a Retrieval Augmented
Generation (RAG) App: ... (이하 생략) ...
```

결과를 보면 page_content를 통해 페이지의 텍스트 데이터를 확인할 수 있습니다. 이처럼 WebBaseLoader는 페이지에 있는 글과 정보를 추출해 활용할 수 있는 형태로 제공합니다.

2.2 PDF 로더

랭체인은 PDF 파일을 읽고 처리하는 데 사용할 수 있는 다양한 PDF 로더를 제공합니다. 이번 절에서는 사용 빈도가 높은 세 가지, PyPDFLoader와 PyMuPDFLoader, PDFPlumberLoader에 대해 알아보겠습니다.

PyPDFLoader

PyPDFLoader는 PDF 문서를 페이지 단위로 로드하는 데 자주 사용하는 도구입니다. 예를 들어, 30페이지로 구성된 PDF는 원칙적으로 30개의 청크로 나누어 로드됩니다. 하지만 모든 페이지가 청크로 변환되는 것은 아닙니다. 일부 페이지가 텍스트 없이 이미지만 포함되어 있거나 완전히 빈 페이지인 경우, 해당 페이지는 로드 과정에서 제외될 수 있습니다. 따라서 실제 로드된 청크 수는 PDF 페이지 수보다 적을 수 있습니다.

이번에는 통일부에서 발간한 '2024_KB_부동산_보고서_최종.pdf'를 사용하여 PDF 로드 과정을 실습해 보겠습니다. 실습 코드는 2장 폴더의 ch02_DOCUMENT_LOADER.ipynb이며, 실습에 사용할 '2024_KB_부동산_보고서_최종.pdf' 파일도 함께 있습니다. 해당 PDF 파일은 구글에서 '2024 KB 부동산 보고서'를 검색하여 내려받을 수도 있습니다.

```
# 라이브러리 불러오기
from langchain_community.document_loaders import PyPDFLoader
from langchain_community.document_loaders import PyMuPDFLoader
from langchain_community.document_loaders import PDFPlumberLoader
```

먼저 PDF를 처리하기 위해 다양한 PDF 로더 라이브러리를 불러옵니다. 각 라이브러리의 특징은 다음과 같습니다.

- **PyPDFLoader**: 간단하고 사용하기 쉬우나 복잡한 레이아웃의 PDF에서는 정확도가 떨어질 수 있습니다.
- **PyMuPDFLoader**: PyPDFLoader보다 빠르고 정확한 텍스트 추출이 가능하며, 이미지나 표, 레이아웃 정보 등도 추출할 수 있습니다.
- **PDFPlumberLoader**: 표와 같은 구조화된 데이터 추출에 특화되어 있습니다.

이 중에서 사용 목적과 PDF 파일의 특성에 따라 적절한 로더를 선택하면 됩니다. 여기서는 '2024_KB_부동산_보고서_최종.pdf' 파일을 PyPDFLoader( )를 사용해 불러오겠습니다. 그리고 여러 PDF 로더의 속도를 비교해 보겠습니다. 실행 속도는 주피터 노트북에서 %%time 명령을 사용해 측정할 수 있습니다.

```
%%time
# PDF 파일 로더 초기화
loader = PyPDFLoader("/content/drive/MyDrive/langchain-tutorial/Ch02. RAG/Data/2024_
KB_부동산_보고서_최종.pdf")
# PDF 파일 로드 및 페이지 분할
pages = loader.load_and_split()
print('청크의 수:', len(pages))
```

```
청크의 수: 83
CPU times: user 17.7 s, sys: 86.6 ms, total: 17.7 s
Wall time: 23.9 s
```

예제에서는 PyPDFLoader( )로 loader 객체를 생성하고, 이 객체의 load_and_split( )을 실행하여 PDF 파일을 여러 텍스트 청크로 나뉜 리스트 형태로 반환합니다. load_and_split( ) 메서드는 먼저 각 행을 Document로 로드한 후, 지정된 텍스트 분할기(기본값은 RecursiveCharacterTextSplitter)를 사용하여 각 Document를 더 작은 청크로 나눕니다.

출력 결과를 보면, 이 PDF는 83개의 청크로 분할되었습니다. 원래 PDF의 페이지 수는 84페이지지만, 텍스트가 없거나 그림만 있는 페이지, 빈 페이지는 제외되어 실제 청크 수는 83개가 되었습니다.

결과에는 실행 속도를 측정한 CPU 시간과 Wall 시간 정보도 포함되어 있습니다. CPU 시간은 사용자(user) 시간과 시스템(sys) 시간으로 나뉘며, 각각 CPU가 사용자 작업과 시스템 작업에 소요한 시간을 의미합니다.

- **사용자 시간(User Time)**: 컴퓨터가 사용자의 코드 실행에 집중한 시간으로, 총 17.7초가 걸렸습니다. 이

는 코드가 실제로 계산이나 작업을 수행하는 데 사용한 시간입니다.

- **시스템 시간(System Time)**: 시스템 작업에 소요된 시간으로, 여기서는 86.6밀리초(ms)가 걸렸습니다. 이는 파일 열기나 네트워크 작업 등 코드 외적인 처리에 사용한 시간입니다.
- **벽시계 시간(Wall Time)**: 프로그램의 시작부터 끝까지 실제 걸린 시간으로, 여기서는 23.9초입니다. 이 시간은 사용자가 체감한 전체 실행 시간으로, 대부분의 시간이 코드 실행에 사용되었음을 알 수 있습니다.

이제, 분할이 제대로 이루어졌는지 확인하기 위해 10번 페이지를 임의로 출력해 보겠습니다.

```
pages[10]
```

```
Document(metadata={'source': '/content/drive/MyDrive/langchain-tutorial/Ch02. RAG/
Data/2024_KB_부동산_보고서_최종.pdf', 'page': 11}, page_content='5 \n2024 KB 부동산
보고서: 2024년 주택시장 진단과 전망 \n \n표 I -1. 공급 확대 정책 주요 내용 \n날짜 주요 내
용 \n2023년 9월 \n공공 부문 공급물량 확대: 3기 신도시를 포함한 공급물량 확대 및 조기 공
급 방안 마련 \n사업 여건 개선: 전매 제한 완화 및 규제 정상화, 조기 인허가 인센티브 및 절
차 개선, 공사비 증액 \n기준 마련 및 인력 확충, 분양 사업의 임대 사업 전환 촉진 \n원활한
자금 지원: PF대출 보증 확대, 중도금 대출 지원 \n비아파트 자금 조달 지원 및 규제 개선 \n
도심 공급 기반 확충: 정비사업 절차 및 소규모 사업 사업성 개선 \n2024년 1월 \n도심 공급
확대: 재건축·재개발 패스트트랙 도입 및 재건축 ... (이하 생략) ...
```

PyPDFLoader를 사용하면 page_content에 분할된 텍스트 본문이 저장되고, metadata의 source에는 해당 본문의 원본 파일명이 저장됩니다. 기본적으로 load_and_split( )을 실행하면 다음과 같은 형식의 결과가 반환됩니다.

```
Document(metadata={'source': 파일명, 'page': PDF 파일의 페이지 번호},
         page_content='본문 내용')
```

본문 내용에만 접근하려면 각 청크에서 .page_content를 호출하면 됩니다. 참고로 PyPDFLoader의 load_and_split( ) 메서드는 기본적으로 RecursiveCharacterTextSplitter를 사용하여 PDF를 청크로 분할합니다. 청크 크기(chunk_size), 중복 범위(chunk_overlap), 분할 우선순위 문자(separators)를 조정하면 더 세밀한 분할이 가능합니다.

PyMuPDFLoader

PyMuPDFLoader는 빠른 속도와 다양한 메타데이터 추출 기능을 제공하여, 다수의 PDF 파일이나 대용량 PDF를 처리할 때 효율적입니다. PyPDFLoader에 비해 더 다양한 메타데이터를 추출할 수 있는 특징이 있습니다. 또한 청크 분할 방식이 다른 PDF로더와 다를 수 있으므로 결과를 비교한 후 적합한 로더를 선택하는 것이 좋습니다.

이제 랭체인에서 PyMuPDFLoader를 사용해 PDF 파일을 로드해 보겠습니다. PyMuPDFLoader( )로 객체를 생성한 후, load_and_split( )을 실행하면 PDF를 여러 개의 문서 청크로 분할한 문자열 리스트를 반환합니다.

```
%%time
loader = PyMuPDFLoader("/content/drive/MyDrive/langchain-tutorial/Ch02. RAG/Data/2024_
KB_부동산_보고서_최종.pdf")
pages = loader.load_and_split()
print('청크의 수:', len(pages))
```

```
청크의 수: 83
CPU times: user 1.52 s, sys: 56.2 ms, total: 1.58 s
Wall time: 2.58 s
```

결과를 보면 청크의 수는 83개로 나타났고, 실행 시간은 벽시계 시간 기준 2.58초가 소요되었습니다. 이는 동일한 문서를 벽시계 기준 23.9초에 처리했던 PyPDFLoader보다 훨씬 빠른 속도입니다. 분리가 정확하게 이루어졌는지 확인하기 위해 임의로 10번 청크를 출력해 보겠습니다.

```
pages[10]
```

```
Document(metadata={'source': '/content/drive/MyDrive/langchain-tutorial/Ch02.
RAG/Data/2024_KB_부동산_보고서_최종.pdf', 'file_path': '/content/drive/MyDrive/
langchain-tutorial/Ch02. RAG/Data/2024_KB_부동산_보고서_최종.pdf', 'page': 11,
'total_pages': 84, 'format': 'PDF 1.5', 'title': 'Morning Meeting', 'author': '손은
경', 'subject': '', 'keywords': '', 'creator': 'Microsoft® Word 2016', 'producer':
```

```
'Microsoft® Word 2016', 'creationDate': "D:20240304153001+09'00'", 'modDate':
"D:20240304153001+09'00'", 'trapped': ''}, page_content='5 \n2024 KB 부동산 보고서:
2024년 주택시장 진단과 전망 \n \n표 I -1. 공급 확대 정책 주요 내용 \n날짜 \n주요 내용
\n2023년 9월 \n공공 부문 공급물량 확대: 3기 신도시를 포함한 공급물량 확대 및 조기 공급
방안 마련 \n사업 여건 개선: 전매 제한 완화 및 규제 정상화, 조기 ... (이하 생략) ...
```

PyPDFLoader로 수행했을 때와 비교해 보면, page_content 값이 거의 유사하지만 줄바꿈 등에서 일부 차이가 있습니다. 또한 metadata에 파일 경로, 키워드, 제목, 문서 포맷 등 더 다양한 정보가 포함되어 있습니다.

PDFPlumberLoader

PDFPlumberLoader는 PyMuPDFLoader와 마찬가지로 더 다양하고 상세한 메타데이터를 제공하여 PDF 문서의 구조와 내용을 깊이 이해하는 데 유리합니다. 다만, 상세한 분석을 수행하기 때문에 PyMuPDFLoader에 비해 처리 속도가 다소 느린 편입니다.

앞서와 같은 방법으로 랭체인에서 PDFPlumberLoader( )를 사용해 PDF 파일을 로드해 보겠습니다.

```
%%time
loader = PDFPlumberLoader("/content/drive/MyDrive/langchain-tutorial/Ch02. RAG/
Data/2024_KB_부동산_보고서_최종.pdf")
pages = loader.load_and_split()
print('청크의 수:', len(pages))
```

```
청크의 수: 83
CPU times: user 32.1 s, sys: 117 ms, total: 32.3 s
Wall time: 39.1 s
```

실행 결과를 보면 청크의 수는 83개로, PyPDFLoader와 동일하게 나타났습니다. 하지만 실행 시간은 벽시계 시간 기준으로 39.1초가 소요되어, 지금까지 사용한 로더 중 가장 오랜 시간이 걸렸습니다. 각 청크가 정확하게 분리되었는지 확인하기 위해 임의로 10번 청크를 출력해

보겠습니다.

```
pages[10]
```

```
Document(metadata={'source': '/content/drive/MyDrive/langchain-tutorial/Ch02.
RAG/Data/2024_KB_부동산_보고서_최종.pdf', 'file_path': '/content/drive/MyDrive/
langchain-tutorial/Ch02. RAG/Data/2024_KB_부동산_보고서_최종.pdf', 'page': 11,
'total_pages': 84, 'Title': 'Morning Meeting', 'Author': '손은경', 'Creator':
'Microsoft® Word 2016', 'CreationDate': "D:20240304153001+09'00'", 'ModDate':
"D:20240304153001+09'00'", 'Producer': 'Microsoft® Word 2016'}, page_content='2024
KB 부동산 보고서: 2024년 주택시장 진단과 전망\n표 I -1. 공급 확대 정책 주요 내용\n날짜 주
요 내용\n공공 부문 공급물량 확대: 3기 신도시를 포함한 공급물량 ... (이하 생략) ...
```

PDFPlumberLoader는 PyPDFLoader와 마찬가지로 텍스트 추출 시 줄바꿈 등에서 약간의 차이를 보이며, 메타데이터 부분에서 훨씬 더 다양한 정보를 포함한다는 점에서 큰 차이가 있습니다. 또한 PDFPlumberLoader는 텍스트뿐만 아니라 PDF 내 이미지도 추출할 수 있는 기능을 제공하여 이미지 정보가 필요한 경우에도 유용하게 사용할 수 있습니다.

2.3 CSV 로더

CSV(Comma-Separated Values) 파일은 데이터를 행과 열로 구성하여 저장하는 텍스트 파일 형식으로, 다양한 데이터 분석과 처리 작업에서 널리 사용됩니다. 랭체인은 이러한 CSV 파일을 효율적으로 로드하고 처리할 수 있는 다양한 로더를 제공합니다. 랭체인에서 제공하는 주요 CSV 로더에는 기본적인 CSVLoader와 CSV 파일을 좀 더 유연하게 처리할 수 있는 UnstructuredCSVLoader가 있습니다. 이들 CSV 로더와 활용 방법에 대해 알아보겠습니다.

CSVLoader

CSVLoader는 CSV 파일을 행 단위로 로드하여 각 행을 독립적인 문서로 변환합니다. 이때 CSV 파일에 빈 행이 포함되어 있더라도 해당 빈 행은 하나의 청크로 처리됩니다. 예를 들어, 1000개의 행으로 구성된 CSV 파일에 빈 행이 포함되어 있다면, 빈 행을 포함한 총 1000개의

청크로 나뉘게 됩니다.

이번 예제에서는 열린데이터광장에서 제공하는 서울시 부동산 실거래가 정보 데이터를 사용합니다. 데이터가 방대하므로 실거래가 접수 연도가 2024년인 항목으로 데이터를 필터링하고 약 2000개 정도만 추출하여 사용했습니다. 또한 테스트 목적으로 중간에 빈 값을 추가하여 진행했습니다. 실습 데이터는 깃허브에서 내려받은 '서울시_부동산_실거래가_정보.csv' 파일입니다.

```
# 라이브러리 불러오기
from langchain_community.document_loaders import CSVLoader
from langchain_community.document_loaders import UnstructuredCSVLoader
```

먼저 CSV 파일을 처리하기 위해 CSV 로더 라이브러리를 불러옵니다. 이어서 '서울시_부동산_실거래가_정보.csv' 파일을 `CSVLoader( )`를 사용해 불러오겠습니다. 여기서도 CSV 로더의 속도를 비교하기 위해 `%%time` 명령을 사용하여 코드 실행 속도를 측정했습니다.

```
%%time
# CSV 파일 로더 초기화
loader = CSVLoader("/content/drive/MyDrive/langchain-tutorial/Ch02. RAG/Data/서울시_부
동산_실거래가_정보.csv")
# CSV 파일 로드 및 행 분할
documents = loader.load()
print('청크의 수:', len(documents))
```

```
청크의 수: 2001
CPU times: user 146 ms, sys: 831 µs, total: 146 ms
Wall time: 151 ms
```

예제에서는 `CSVLoader( )`로 `loader` 객체를 생성하고, 이 객체의 `load( )`를 실행하여 CSV 파일을 각 행으로 나뉜 리스트 형태로 반환합니다.

출력 결과를 보면, 벽시계 기준으로 151ms가 소요되었으며, 이 CSV 파일은 빈 값을 포함해

총 2001개의 청크로 분할되었습니다. 이제 분할이 제대로 이루어졌는지 확인하기 위해 임의로 5번 행을 출력해 보겠습니다.

```
documents[5]
```

```
Document(metadata={'source': '/content/drive/MyDrive/langchain-tutorial/Ch02.
RAG/Data/서울시_부동산_실거래가_정보.csv', 'row': 5}, page_content='\ufeff접수연도:
2024\n자치구코드: 11410\n자치구명: 서대문구\n법정동코드: 11600\n법정동명: 창천동\n지
번구분: \n지번구분명: \n본번: \n부번: \n건물명: \n계약일: 20241031\n물건금액(만원):
340000\n건물면적(㎡): 421.83\n토지면적(㎡): 284\n층: \n권리구분: \n취소일: \n건축년도:
2014\n건물용도: 단독다가구\n신고구분: 직거래\n신고한 개업공인중개사 시군구명:')
```

CSVLoader를 사용하면 page_content에 각 행의 데이터가 저장되고, metadata의 source에는 원본 파일명, row에는 해당 행 번호가 저장됩니다. 기본적으로 load( )를 실행하면 다음과 같은 형식의 결과가 반환됩니다.

```
Document(metadata={'source': 파일명, 'row': 행 번호}, page_content='행 데이터')
```

본문 내용에만 접근하려면 각 청크에서 .page_content를 호출하면 됩니다. 더 작은 단위로 데이터를 분할해야 한다면, 뒤에서 살펴볼 RecursiveCharacterTextSplitter의 파라미터를 조정하여 세밀하게 나눌 수 있습니다.

UnstructuredCSVLoader

UnstructuredCSVLoader는 CSV 파일을 유연하게 처리할 수 있는 도구로, 'single' 모드와 'elements' 모드를 통해 다양한 방식으로 CSV 데이터를 로드할 수 있습니다. UnstructuredCSVLoader는 CSVLoader와 달리 unstructured 라이브러리를 사용하여 CSV 파일 전체를 하나의 문서로 로드하거나, 요소별로 분리할 수 있는 유연한 기능을 제공합니다. CSV 파일의 구조가 일정하지 않거나 특수한 처리가 필요한 경우 특히 유용합니다.

UnstructuredCSVLoader를 사용하여 CSV 파일을 로드하는 과정은 간단합니다. 로더 객

체를 초기화할 때, mode 매개변수를 'single' 또는 'elements' 모드로 선택할 수 있습니다. 'single' 모드는 파일 전체를 하나의 문서로 취급하는 반면, 'elements' 모드는 각 CSV 행을 독립적인 요소로 분리하여 처리합니다. 'elements' 모드를 사용할 경우, 테이블의 HTML 표현이 text_as_html 키에 저장되어 HTML 데이터를 활용할 수도 있습니다.

이제 UnstructuredCSVLoader를 사용하여 서울시 부동산 실거래가 데이터를 로드해 보겠습니다. 'elements' 모드로 UnstructuredCSVLoader( )를 실행하여 객체를 생성한 후, load( )를 실행하면 CSV의 각 행이 독립적인 문서 청크로 반환됩니다.

```
%%time
# CSV 파일 로더 초기화
loader = UnstructuredCSVLoader ("/content/drive/MyDrive/langchain-tutorial/Ch02. RAG/
Data/서울시_부동산_실거래가_정보.csv", mode='elements')
# CSV 파일 로드
documents = loader.load()
print('청크의 수:', len(documents))
```

```
청크의 수: 1
CPU times: user 1.33 s, sys: 10.1 ms, total: 1.34 s
Wall time: 1.44 s
```

결과를 보면 청크의 수는 1개로 나타나 전체 CSV 파일이 단일 문서로 처리되었음을 알 수 있습니다. 실행 시간은 벽시계 시간 기준 1.44초가 소요되었습니다. 이는 동일한 파일을 벽시계 기준 151ms에 처리했던 CSVLoader보다는 느린 속도입니다.

여기서 모드는 'elements'를 사용하고 있습니다. 'elements' 모드는 CSV 파일을 단일의 비구조화된 텍스트 문서로 로드합니다. 동시에 CSV 파일 내용을 HTML 형식으로 구조화한 테이블 표현도 문서 메타데이터의 text_as_html 키에 포함되어 있어, 파일의 원래 구조를 유지하면서 시각화하기에 유용합니다.

documents의 메타데이터를 확인해 보겠습니다. 청크 개수가 1개로 데이터가 너무 크다 보니, 문자열 형태로 변환한 뒤 처음 500자를 출력해 보겠습니다.

```
str(documents[0].metadata)[:500]
```

```
'{\'source\': \'/content/drive/MyDrive/langchain-tutorial/Ch02. RAG/Data/서울시_부동산_실거래가_정보.csv', 'file_directory': '/content/drive/MyDrive/langchain-tutorial/Ch02. RAG/Data', 'filename': '서울시_부동산_실거래가_정보.csv', \'last_modified\': \'2024-11-02T10:14:24\', \'text_as_html\': "<table><tr><td>접수연도</td><td>자치구코드</td><td>자치구명</td><td>법정동코드</td><td>법정동명</td><td>지번구분</td><td>지번구분명</td><td>본번</td><td>부번</td><td>건물명</td><td>계약일</td><td>물건금액(만원)</td><td>건물면적(㎡)</td><td>토지면적(㎡)</td><td>층</td><td>권'
```

CSVLoader로 수행했을 때와 비교하여 metadata에 파일 경로, 마지막 수정 날짜, text_as_html 등 더 다양한 정보가 포함되어 있습니다. 그중 text_as_html에는 CSV 데이터를 HTML 테이블 형식으로 구조화한 내용이 포함되어 있습니다. 각 열이 <td> 태그로 둘러싸여 있으며, 전체 데이터가 <table> 태그 내에 포함되어 있습니다. 이번에는 .page_content 부분도 확인해 보겠습니다.

```
str(documents[0].page_content)[:500]
```

```
접수연도 자치구코드 자치구명 법정동코드 법정동명 지번구분 지번구분명 본번 부번 건물명 계약일 물건금액(만원) 건물면적(㎡) 토지면적(㎡) 층 권리구분 취소일 건축년도 건물용도 신고구분 신고한 개업공인중개사 시군구명 2024 11440 마포구 11100 신수동 1 대지 228 3 마인빌 20241031 37300 32.48 20 4 2022 연립다세대 직거래 2024 11320 도봉구 10800 도봉동 1 대지 565 9 (565-9) 20241031 9900 25.92 21 4 2003 연립다세대 직거래 2024 11500 강서구 10900 방화동 1 대지 620 214 (620-214) 20241031 10000 27.37 40.37 7 2011 오피스텔 중개거래 서울 강서구 2024 11680 강남구 11200 자곡동 1 대지 658 0 강남힐스테이트에코 20241031 17000 24.118 31.983 10 2014 오피스텔 중개거래 서울 강남구 2024 11500 강서구 1
```

청크가 1개여서 데이터가 크기 때문에, 문자열 타입으로 변환한 뒤 처음 500자를 출력했습니다. 이처럼 .page_content에는 실제 문서의 내용이 저장되어 있습니다. 이제 다음 절에서는 이렇게 로드한 문서들을 더 세분화할 수 있는 텍스트 분할 방법에 대해 알아보겠습니다.

3 텍스트 분할

언어 모델은 입력 길이에 제한이 있기 때문에, 긴 문서를 적절한 크기로 분할하는 것이 중요합니다. 이러한 목적으로 랭체인에서는 다양한 텍스트 분할 도구를 제공합니다. 텍스트 분할기 Text Splitter를 사용하면 모델의 입력 제한을 준수할 수 있으며, 긴 문서로 인해 발생할 수 있는 처리 효율 저하를 방지할 수 있습니다.

랭체인에서 제공하는 분할기 중 가장 널리 사용되는 것은 재귀적 문자 텍스트 분할기인 RecursiveCharacterTextSplitter로, 문자 수나 특정 구분자를 기준으로 텍스트를 체계적으로 분할합니다. 반면, 텍스트의 의미적 유사성을 고려하여 분할하는 SemanticChunker도 있으며, 이외에도 다양한 텍스트 분할기가 있습니다. 다양한 텍스트 분할 도구에 대한 정보는 다음 링크에서 확인할 수 있습니다. 이 책에서는 RecursiveCharacterTextSplitter와 SemanticChunker를 위주로 다룹니다.

URL - https://python.langchain.com/docs/concepts/text_splitters/

3.1 길이와 구분자로 분할하는 재귀적 문자 텍스트 분할

RecursiveCharacterTextSplitter는 긴 텍스트를 사용자가 지정한 최대 길이를 초과하지 않는 짧은 청크로 반복적으로 분할하는 도구입니다. 예를 들어, 길이가 10,000자인 텍스트에 대해 각 청크의 최대 길이를 500자로 설정하면, 텍스트가 길이 500자를 넘지 않는 여러 청크로 나누어집니다.

분할 작업은 내부적으로 지정된 구분자를 사용하여 이루어지며, 기본 구분자는 ["\n\n", "\n", " ", ""] 순서로 적용됩니다. 먼저 가장 큰 구분자 "\n\n"으로 텍스트를 나누고, 분할된 청크가 여전히 길다면 다음 구분자인 "\n"을 적용하여 점진적으로 더 작은 청크로 나누어 나갑니다. 이 과정을 반복하여 최종적으로 원하는 크기의 청크가 되거나 마지막 구분자 ""에 도달할 때까지 분할을 이어갑니다. 이때 구분자 목록은 사용자가 지정할 수도 있습니다.

실습을 통해 RecursiveCharacterTextSplitter를 사용해 봅시다. 실습 코드는 2장 폴더의 ch02_TEXT_SPLITTER.ipynb 파일입니다.

```
# 라이브러리 불러오기
from langchain.text_splitter import RecursiveCharacterTextSplitter
from langchain_community.document_loaders import PyPDFLoader
```

먼저 텍스트 분할기 라이브러리를 불러오고, 실습에 사용할할 매우 긴 텍스트를 불러옵니다. 여기서는 이전에 불러왔던 84페이지 분량의 '2024_KB_부동산_보고서_최종.pdf' 파일을 다시 불러오기 위해 PyPDFLoader도 함께 불러옵니다.

```
# PyPDFLoader를 사용하여 PDF 파일 로드
loader = PyPDFLoader("/content/drive/MyDrive/langchain-tutorial/Ch02. RAG/Data/2024_
KB_부동산_보고서_최종.pdf")
pages = loader.load()

# PDF 파일의 모든 페이지에서 텍스트를 추출하여 총 글자 수 계산
print('총 글자 수:', len(''.join([i.page_content for i in pages])))
```

```
총 글자 수: 90699
```

KB 부동산 보고서 파일을 로드하고 PDF 파일의 텍스트를 추출하여 총 글자 수를 계산했습니다. 그 결과 텍스트 길이는 총 90,699자로, 이는 일반적인 챗GPT와 같은 언어 모델이 한 번에 처리하기에는 너무 긴 길이입니다. 따라서 이 텍스트를 챗GPT가 처리할 수 있는 적절한 길이로 분할해 보겠습니다.

RecursiveCharacterTextSplitter( )를 사용하여 텍스트를 분할하는 text_splitter 객체를 만듭니다. 파라미터로는 chunk_size와 chunk_overlap이 있습니다.

- **chunk_size:** 각 분할 문서의 최대 문자 수를 지정합니다.
- **chunk_overlap:** 연속된 분할 문서 간에 중복되는 문자 수를 지정합니다. 0으로 설정한다면 분할 문서 간 중복이 없습니다.

따라서 chunk_size를 500으로 지정하면, text_splitter로 텍스트를 분할할 때 각 청크의 길이가 500자를 넘지 않게 됩니다. 이때 문맥의 연속성을 유지하려면 일반적으로 약간의 overlap(예: 50-100자)을 두는 것이 좋습니다. 여기서는 chunk_overlap을 50으로 지정했습니다.

```
# RecursiveCharacterTextSplitter 초기화
text_splitter = RecursiveCharacterTextSplitter(chunk_size=500, chunk_overlap=50)
# 문서 분할
texts = text_splitter.split_documents(pages)
print('분할된 청크의 수:', len(texts))
```

```
분할된 청크의 수: 242
```

이렇게 선언된 text_splitter로 PDF를 분할할 때는 split_documents( ) 메서드를 사용할 수 있습니다. 이 메서드는 Document 객체의 리스트를 입력으로 받아 각 문서의 내용을 설정된 청크 크기로 분할합니다. 이때 파일 종류에 따라 적합한 메서드를 선택할 수 있습니다. 텍스트 파일의 경우, 단순히 긴 문자열을 분할할 때는 .split_text( )를 사용할 수 있습니다.

분할된 문서의 청크 수는 총 242개입니다. 1번 청크를 출력하여 결과를 확인해 봅시다.

```
# 1 번째 청크 출력
texts[1]
```

```
Document(metadata={'source': '/content/drive/MyDrive/langchain-tutorial/Ch02. RAG/
Data/2024_KB_부동산_보고서_최종.pdf', 'page': 1}, page_content='부담은 주택 수요를 크
게 위축시킬 수밖에 없기 때문이다. 다만 주택시장의 주요 변수들의 상황에 따라 \n소폭 반등
혹은 하락폭 확대 등의 방향이 정해질 것으로 보인다. \n2024년 주택시장의 주요 변수는 공급
과 금리다. 급격하게 위축된 주택 공급이 단기간에 증가하기는 \n쉽지 않으나 정부의 공급 시그
널이 지속된다면 일정 부분 해소가 될 가능성이 있다. 무엇보다 금리가 주요 \n변수가 될 것이
다. 기준금리 인하 시기와 인하 폭에 따라 주택 수요는 영향을 받을 수밖에 없기 때문이다. \n
한편, 수요 위축으로 거래가 급감한 상황에서 실수요자 금융 지원, 관련 규제 완화 등 수요 회
복을 위한 \n정부 정책도 중요한 변수가 될 전망이다. \n \n\uf06e 7대 이슈를 통해 바라보는
2024년 주택시장 \n1 역대 최저 수준이 지속되고 있는 주택 거래 \n \n주택 매매 거래는 2022
년에 이어 2년 연속 침체. 총선 이후 정책 불확실성 해소와 금리 인하로 인한 회')
```

출력 결과는 다음과 같은 구조로 되어 있습니다. 랭체인을 사용해 텍스트를 여러 청크로 분할할 때 자주 볼 수 있는 구조이므로 기억해두면 좋습니다.

```
Document(metadata={'source': '파일 경로', 'page': 현재 페이지},
         page_content="본문 내용")
```

본문에 접근하려면 각 청크에 .page_content를 붙여 출력하면 됩니다.

```
texts[1].page_content
```

```
'부담은 주택 수요를 크게 위축시킬 수밖에 없기 때문이다. 다만 주택시장의 주요 변수들의 상황에 따라 \n소폭 반등 혹은 하락폭 확대 등의 방향이 정해질 것으로 보인다. \n2024년 주택시장의 주요 변수는 공급과 금리다. 급격하게 위축된 주택 공급이 단기간에 증가하기는 \n쉽지 않으나 정부의 공급 시그널이 지속된다면 일정 부분 해소가 될 가능성이 있다. 무엇보다 금리가 주요 \n변수가 될 것이다. 기준금리 인하 시기와 인하 폭에 따라 주택 수요는 영향을 받을 수밖에 없기 때문이다. \n한편, 수요 위축으로 거래가 급감한 상황에서 실수요자 금융 지원, 관련 규제 완화 등 수요 회복을 위한 \n정부 정책도 중요한 변수가 될 전망이다. \n \n\uf06e 7대 이슈를 통해 바라보는 2024년 주택시장 \n1 역대 최저 수준이 지속되고 있는 주택 거래 \n \n주택 매매 거래는 2022년에 이어 2년 연속 침체. 총선 이후 정책 불확실성 해소와 금리 인하로 인한 회'
```

이번에는 2번 청크를 출력해 보겠습니다.

```
texts[2].page_content
```

```
'1 역대 최저 수준이 지속되고 있는 주택 거래 \n \n주택 매매 거래는 2022년에 이어 2년 연속 침체. 총선 이후 정책 불확실성 해소와 금리 인하로 인한 회\n복 가능성이 있으나 일부 지역 수요 쏠림 현상과 금리 인하 속도가 더딜 경우 회복세는 제한적일 전망 \n2 주택공급 급격한 감소로 인한 공급 부족 가능성 \n \n분양물량과 함께 장기적인 주택 공급 기반인 인허가물량까지 급감. 청약 수요 위축으로 분양 지연이 장기\n화될 가능성이 높은 가운데 정부의 공급 정책 구체화가 매우 중요 \n3 노후계획도시 특별법과 재건축 시장 영향 \n \n2023년 말 국회를 통과한 「노후계획도시 특별법」 시행을 앞두고 당초 51곳이었던 대상 지역이 108곳으\n로 확대. 단기적 효과는 제한적이나 사업진행이 구체화되면 시장 영향도 커질 것 \n4 전세 수요 아파트 집중, 입주물량 부족으로 가격 상승 가능성 확대'
```

chunk_overlap 값이 50으로 설정되어 있어, 일부 텍스트 내용이 겹쳐 1번 청크의 마지막 부분이 2번 청크의 시작 부분과 연결됩니다. 이제 1번 청크와 2번 청크의 길이를 각각 출력해 보겠습니다.

```
print('1번 청크의 길이:', len(texts[1].page_content))
print('2번 청크의 길이:', len(texts[2].page_content))
```

```
1번 청크의 길이: 471
2번 청크의 길이: 442
```

chunk_size 값이 500으로 설정되어 있어, 각 청크의 길이가 500자를 넘지 않습니다. 또한 chunk_overlap 값을 0으로 설정하면 청크 사이에 겹치는 내용이 없게 됩니다.

지금까지 RecursiveCharacterTextSplitter( )로 분할한 청크들을 보면, 텍스트의 문맥을 고려하지 않고 단순히 길이에 맞춰 잘라내기 때문에 내용이 중간에 끊어지는 느낌을 받을 수 있습니다. 이런 방식은 빠르게 결과를 얻을 수 있다는 장점이 있지만, 문맥이 이어지지 않는 불완전한 청크가 생겨 RAG 챗봇을 개발할 때 성능 저하의 원인이 될 수 있습니다. 문맥이 끊긴 청크들이 챗봇에 입력되면, 챗봇이 내용을 완전히 이해하지 못해 답변의 정확도가 떨어질 수 있기 때문입니다.

이 문제를 해결하기 위해, 많은 AI 기업들은 청크 분할 시 의미를 고려해 문맥에 맞게 나누려는 노력을 하고 있으며, 랭체인에서도 이러한 기능을 지원합니다. 이제 재귀적 문자 텍스트 분할과 달리, 텍스트의 의미를 반영해 문맥 단위로 분할하는 SemanticChunker에 대해 알아보겠습니다.

3.2 의미 기반으로 분할하는 시맨틱 청킹

SemanticChunker는 텍스트를 단순히 길이에 따라 나누는 것이 아닌, 의미적으로 유사한 내용을 가진 청크로 분할하는 도구입니다. 텍스트를 문장 단위로 분할한 후, 서로 유사한 의미를 가진 문장들을 그룹화하여 하나의 청크로 구성합니다. 이를 통해 청크 내에서 문맥이 잘 연결된 상태로 분할되어, 텍스트의 의미를 보존하면서도 적절한 크기의 청크를 생성할 수 있습니다.

의미 분할 방식은 단순한 길이 분할과 달리, 청크가 문맥적으로 일관성을 갖도록 하여 이후의 자연어 처리나 정보 검색에서 더욱 정확한 결과를 얻을 수 있습니다. 특히, RAG와 같은 작업에서 문맥이 잘 연결된 청크들이 입력되면, 모델의 응답 정확도가 크게 향상될 수 있습니다. 이제 실습을 통해 SemanticChunker를 사용해 봅시다.

```
# 필요한 라이브러리 설치
!pip install langchain langchain_experimental langchain_openai
# 라이브러리 불러오기
from langchain_experimental.text_splitter import SemanticChunker
from langchain_openai.embeddings import OpenAIEmbeddings
from langchain_community.document_loaders import PyPDFLoader
```

내부적으로 오픈AI Embedding API를 사용하므로, OpenAIEmbeddings와 SemanticChunker를 불러옵니다. 이제 SemanticChunker를 사용하여 텍스트를 분할해 보겠습니다. 객체 생성과 분할 방법은 RecursiveCharacterTextSplitter와 비슷하지만, SemanticChunker는 텍스트의 의미를 고려하여 분할합니다.

SemanticChunker 객체를 생성할 때 OpenAIEmbeddings( )를 전달하여 오픈AI의 Embedding API를 사용하도록 설정합니다. SemanticChunker의 기본 파라미터는 breakpoint_threshold_type='percentile'과 breakpoint_threshold_amount=95로 설정되어 있습니다. 이는 의미적 차이의 분포에서 95번째 백분위수를 초과하는 지점, 즉 상위 5%에 해당하는 큰 차이가 발생하는 지점을 분할 기준으로 선택합니다. 이를 통해 의미적으로 큰 전환이 일어나는 곳에서 자연스럽게 텍스트를 나눌 수 있습니다.

```
# PyPDFLoader를 사용하여 PDF 파일 로드
loader = PyPDFLoader("/content/drive/MyDrive/langchain-tutorial/Ch02. RAG/Data/2024_
KB_부동산_보고서_최종.pdf")
pages = loader.load()
```

```
# SemanticChunker 초기화
text_splitter = SemanticChunker(embeddings=OpenAIEmbeddings())

# 텍스트를 의미 단위로 분할
chunks = text_splitter.split_documents(pages)

# 분할된 청크 수
print('분할된 청크의 수:', len(chunks))
```

```
분할된 청크의 수: 165
```

먼저 PyPDFLoader를 사용하여 지정된 경로의 PDF 파일을 로드한 후, load( ) 메서드를 통해 각 페이지를 Document 객체로 변환하여 리스트 형태로 반환합니다. 그런 다음 SemanticChunker 객체를 생성하고, OpenAIEmbeddings를 임베딩 모델로 지정하여 의미 기반 분할을 수행하도록 설정합니다.

이제 split_documents( ) 메서드를 사용하여 로드된 페이지들을 의미 단위로 분할합니다. 이 메서드는 Document 객체의 리스트를 입력으로 받아 의미적으로 연관된 청크들로 나눕니다. 결과를 보면 분할된 청크는 총 165개입니다. 임의로 3번, 4번, 5번 청크를 차례로 출력하여 문맥이 바뀌는 구간을 정확히 포착하여 분할이 이루어졌는지 확인해 보겠습니다.

```
chunks[3]
```

```
Document(metadata={'source': '/content/drive/MyDrive/langchain-tutorial/
Ch02. RAG/Data/2024_KB_부동산_보고서_최종.pdf', 'page': 2}, page_content=' \n \n
2 \n2024 KB 부동산 보고서: 2024년 주택시장 진단과 전망 \n \n \n \nExecutive Summary 2
\n\uf06e 주택 매매시장 하락 전망 우세, 부동산 투자 선호도 하락 \n• 2024년 주택 매매가
격 지난해에 이어 올해도 하락 전망 우세, 높은 금리가 가장 큰 부담 \n부동산시장 전문가와 공
인중개사, 자산관리전문가(PB)를 대상으로 한 설문 조사 결과, 2024년 전국 주택 \n매매가격은
하락세가 이어질 것이라는 전망이 우세하였다. 다만 시장 급락에 대한 우려는 다소 완화된 \n것
으로 보인다.')
```

출력 결과를 보면 3번 청크에서는 주택 매매시장과 전세시장에 대한 전망을 다룹니다. 4번

청크에서는 매매가격 하락 요인으로 높은 금리에 따른 이자 부담을 언급하며, 투자 유망 부동산과 고자산가들의 투자 성향에 대해 설명하고 있습니다.

chunks[4]

```
Document(metadata={'source': '/content/drive/MyDrive/langchain-tutorial/Ch02. RAG/
Data/2024_KB_부동산_보고서_최종.pdf', 'page': 2}, page_content='상승에 대한 전망이
2023년 대비 크게 증가했기 때문이다(전문가 21%p, 공인중개사 \n17%p, PB 13%p  증가). 매매
가격 하락요인으로는 높은 금리에 따른 이자부담이 가장 중요한 이유로 \n조사되었다. • 2024
년 주택 전세가격, 비수도권은 하락 전망이 우세하나 수도권 전망은 엇갈려  \n2024년 전국 주
택 전세가격에 대해 전문가의 53%, 공인중개사의 61%가 하락을 전망하였다. 하락폭에 \n대해서
는 3% 이하가 될 것이라는 의견이 많았다.
... (중간 생략) ...
전문가는 아파트 분양(28%), 공인중개사는 신축 \n아파트(23%), PB는 재건축(27%)을 1순위 투
자유망 부동산으로 꼽았다. • 고자산가는 투자 자산으로 예금과 채권을 선호, 부동산 경기 위
축 및 고금리로 부동산 선호도는 하락  \nPB 대상 설문조사에서 고자산가가 선호하는 투자 자
산은 예금(29%), 채권(24%), 부동산(23%) 순으로 \n나타났다. 부동산은 2017년 조사 이래 고
자산가들이 가장 선호하는 투자 자산 부동의 1위 자리를 지켜 \n왔으나 부동산시장이 위축되고
고금리 상황이 지속되면서 순위가 하락하였다. • 부동산 세무에 대한 상담 수요가 가장 높으
며, 보유 부동산 처분에 대한 관심도 증가 \n고자산가의 2023년 부동산 관련 상담 및 자문 1위
는 지난해에 이어 부동산 세무(40%)가 차지했는데, \n이는 여전히 높은 부동산 세금 부담 때문
으로 판단된다. 이어서 수익형 부동산 구입(23%)과 보유 부동산 \n처분(22%)에 관한 상담이 주
를 이루었다. ')
```

그 후 5번 청크에서는 수도권 주택 시장의 침체 상황을 다룹니다. 이처럼 각 Document가 서로 다른 내용을 담고 있는 지점에서 분리되었음을 알 수 있습니다. SemanticChunker가 텍스트의 주제와 문맥이 바뀌는 지점에서 청크를 나누어, 각 청크가 고유의 주제에 집중하도록 적절히 분할된 것으로 보입니다.

chunks[5]

```
Document(metadata={'source': '/content/drive/MyDrive/langchain-tutorial/
Ch02. RAG/Data/2024_KB_부동산_보고서_최종.pdf', 'page': 3}, page_content=' \n \n
3 \n2024 KB 부동산 보고서: 2024년 주택시장 진단과 전망 \n \n  \n \n \nExecutive
```

```
Summary 3 \n\uf06e 수도권 주택시장 전반적 침체, 강남권 등 선호 지역 상대적 강세 \n과거
와는 달리 높은 기준금리와 주택 매매가격, DSR 규제 등으로 매수자들의 구매 여력은 회복되지
\n못하고 있으나, 2023년 이후 정부의 다양한 규제 완화로 매도자들의 기대 심리는 높아지고
있다. 재건축 \n규제 완화, 광역급행철도(GTX, Great Train Express) 개통 등에
... (중간 생략) ...
주택시장 및 금리 영향이 클 전망 \n \n\uf06e 상업용 부동산시장  \n고금리와 경기 불확실성
확대 영향으로 2023년 상업용 부동산시장은 거래량이 크게 감소하고 평균 \n매매가격 역시 하락
하였다. 거래량 감소와 함께 매매가격이 하락하면서 2023년 상업용 부동산 거래총액은 \n2022
년 대비 34.8% 감소했다.')
```

SemanticChunker에서는 문서를 의미 단위로 분할하는 세 가지 주요 방식을 제공합니다.

- 백분위수 방식(기본값)
- 표준편차 방식
- 사분위수 방식

이 방식들은 모두 코사인 거리를 사용하여 문장 간 의미적 차이를 측정합니다. 코사인 거리는 두 문장이 얼마나 다른지를 나타내며, 0에 가까울수록 매우 유사하고 1에 가까울수록 매우 다릅니다.

참고 코사인 거리와 코사인 유사도

코사인 거리와 코사인 유사도는 모두 벡터 간의 각도를 기반으로 유사성을 측정하는 방법입니다. 앞서 살펴봤듯이 코사인 유사도는 두 벡터 사이의 코사인 값을 계산하여 유사성을 측정합니다. 코사인 유사도는 수학적으로 -1~1 범위지만, 문장 임베딩 모델은 양수 값만 생성하기 때문에 0에서 1 사이의 값만 생성됩니다.

코사인 거리는 코사인 유사도를 거리 개념으로 변환한 것으로, 작을수록 가깝다고 볼 수 있습니다. 코사인 거리는 보통 다음과 같이 계산합니다.

코사인 거리 = 1- 코사인 유사도

의미 단위로 분할 과정

SemanticChunker가 문서를 의미 단위로 분할하는 과정은 다음과 같습니다.

1. 문장을 임베딩 벡터로 변환하여 각 문장의 의미를 숫자로 표현합니다.
2. 인접한 문장 쌍 사이의 코사인 거리를 계산하여, 문장 간의 의미적 차이가 어느 정도인지 파악합니다. 코사인 거리는 두 문장이 얼마나 비슷하거나 다른지를 수치로 나타내는데, 0에 가까울수록 문장들이 비슷하고 1에 가까울수록 서로 다르다는 뜻입니다.
3. 다음 중 선택한 방식에 따라 분할 지점을 결정합니다.
   - **백분위수 방식**: 코사인 거리 값이 설정한 백분위수를 초과하는 지점을 분할 지점으로 선택합니다.
   - **표준편차 방식**: 코사인 거리가 평균보다 특정 표준편차 이상 크게 떨어진 지점을 분할 지점으로 선택합니다.
   - **사분위수 방식**: 코사인 거리의 사분위 범위에 따라 분할 지점을 결정합니다.

이러한 방식을 통해 SemanticChunker는 단순히 텍스트 길이에 따라 나누지 않고, 문장 간 의미적 변화가 크게 나타나는 지점에서 텍스트를 분할합니다.

각 방식의 주요 차이점에 대해 짧게 설명하자면 다음과 같습니다. 백분위수 방식은 의미의 극단적인 변화에 초점을 맞추고, 표준편차 방식은 전체 데이터의 분포를 고려합니다. 반면, 사분위수 방식은 중간 50% 데이터의 분포를 중심으로 분할 지점을 판단합니다. 이 중에서 원하는 분할 정도와 텍스트의 특성에 따라 적합한 방식을 선택할 수 있습니다.

백분위수 방식

백분위수[percentile] 방식은 SemanticChunker가 기본으로 사용하는 분할 방식입니다. 앞선 실습에서는 이 방식을 통해 텍스트를 청크로 나눴습니다.

백분위수 방식의 기본 설정인 breakpoint_threshold_amount=95를 살펴봅시다. 이 값이 95로 설정되어 있다는 것은 문장 간 의미적 차이가 가장 큰 상위 5% 지점에서 텍스트를 분할한다는 의미입니다. 즉, 텍스트 내에서 문맥이 크게 달라지는 지점만 선택하여 청크를 나누게 됩니다.

예를 들어, 특정 부분에서 새로운 주제나 큰 의미 변화가 시작된다면, 그 지점에서 분할이 이루어집니다. 이렇게 하면 각 청크가 서로 다른 중요한 주제를 담고 있어, 문맥을 잘 유지하면서도 의미가 통일된 덩어리로 나눌 수 있습니다.

만약 breakpoint_threshold_amount 값을 80으로 낮추면, 문장 간 의미 차이가 있는 지점을 더 많이 찾아내므로 짧은 청크들이 많이 생성됩니다. 반대로 값을 99로 높이면, 문맥 변화가 극단적으로 큰 지점에서만 나뉘어 긴 청크들이 만들어집니다.

이 방식은 단순히 길이로 텍스트를 나누는 것이 아니라, 의미 변화가 큰 지점을 기준으로 나눔으로써 각 청크가 논리적으로 완결된 정보를 담을 수 있게 합니다.

```
# 백분위수 방식
text_splitter = SemanticChunker(
    OpenAIEmbeddings(),
    breakpoint_threshold_type="percentile",
    breakpoint_threshold_amount=95,
)
chunks = text_splitter.split_documents(pages)
print('분할된 청크의 수:', len(chunks))
```

```
분할된 청크의 수: 165
```

breakpoint_threshold_type을 "percentile"로, breakpoint_threshold_amount를 95로 설정합니다. 이는 기본값으로서 앞서 진행한 실습과 마찬가지로 청크의 수가 165개로 분할된 것을 확인할 수 있습니다.

백분위수 방식의 장점은 의미적 차이가 극단적으로 큰 지점에서만 텍스트를 분할하므로, 주요 주제가 바뀌는 부분을 효과적으로 찾아낼 수 있다는 점입니다.

표준편차 방식

표준편차[standard deviation] 방식은 SemanticChunker가 제공하는 분할 방식 중 하나로, 텍스트 내에서 문장 간의 의미적 차이가 표준편차 범위를 초과하는 지점을 기준으로 텍스트를 나눕니다. 앞서 언급한 백분위수 방식과 달리, 표준편차 방식은 문장 간의 의미 변화가 평균에서 얼마나 벗어나는지에 따라 분할 지점을 설정합니다.

표준편차 방식을 사용할 때는 breakpoint_threshold_type을 "standard_deviation"으로 설정하고, breakpoint_threshold_amount 값을 지정합니다. 예를 들어, breakpoint_threshold_amount=3으로 설정하면, 기준값은 '평균 코사인 거리 + (3 × 표준편차)'가 됩니다. 이 기준값을 초과하는 코사인 거리를 가진 지점에서 텍스트가 분할됩니다.

이 방식은 평균 코사인 거리에서 기준값만큼 차이가 나는 지점에서 의미적 변화가 일어났다고 간주하여, 텍스트를 독립적이고 논리적인 단위로 나눌 수 있습니다.

breakpoint_threshold_amount 값을 낮추면 분할 지점이 많아져 더 짧은 청크들이 생성되고, 값을 높이면 분할 지점이 줄어들어 더 큰 청크들이 만들어집니다.

```
text_splitter = SemanticChunker(
    OpenAIEmbeddings(),
    breakpoint_threshold_type="standard_deviation",
    breakpoint_threshold_amount=3,
)
chunks = text_splitter.split_documents(pages)
print('분할된 청크의 수:', len(chunks))
```

```
분할된 청크의 수: 84
```

백분위수 방식을 사용한 결과, 청크 수가 84개로 줄어들었습니다. 이 방식을 사용하면 텍스트 전체의 의미적 흐름을 파악하면서, 문장 간 차이가 평균보다 훨씬 큰 지점에서 분할이 이루어집니다. 이를 통해 새로운 주제가 시작되거나 논점이 바뀌거나 이야기의 주요 전환점이 나타나는 부분을 효과적으로 감지할 수 있게 됩니다.

사분위수 방식

사분위수[interquartile] 방식은 SemanticChunker에서 사용하는 또 다른 분할 방식으로, 텍스트 내에서 중간 정도의 의미적 변화를 감지하여 분할 지점을 설정합니다. 이 방식은 중간 50%의 데이터 분포를 분석하고, 이 범위에서 벗어나는 지점을 기준으로 텍스트를 분할합니다.

사분위수 방식을 사용하기 위해 breakpoint_threshold_type을 "interquartile"로 설정하고, breakpoint_threshold_amount 값을 지정합니다. 예를 들어, breakpoint_threshold_amount=1.5로 설정하면 기준값은 'Q3(3사분위) + 1.5 × IQR(사분위 범위)'이 됩니다. 이 기준값을 초과하는 코사인 거리를 가진 지점에서 텍스트를 분할하여, 문장 간 의미적 차이가 중간 범위에서 크게 벗어나는 지점에서 청크를 나누게 됩니다.

이 방식은 텍스트의 문맥 변화가 발생하는 지점을 세밀하게 반영하여, 주요 주제가 전환되거나 새로운 주제가 시작되는 부분에서 분할이 이루어집니다. 따라서 각 청크가 논리적으로 완결된 정보를 담아 문맥이 자연스럽게 연결될 수 있습니다.

역시 breakpoint_threshold_amount 값을 낮추면 의미 변화가 조금만 생겨도 분할이 이루어져 짧은 청크가 생성됩니다. 반대로 값을 높이면 문맥 변화가 더욱 극단적인 지점에서만 분할이 이루어져 더 긴 청크가 만들어집니다.

```
text_splitter = SemanticChunker(
    OpenAIEmbeddings(),
    breakpoint_threshold_type="interquartile",
    breakpoint_threshold_amount=1.5,
)
chunks = text_splitter.split_documents(pages)
print('분할된 청크의 수:', len(chunks))
```

```
분할된 청크의 수: 145
```

사분위수 방식을 사용한 결과, 청크의 수가 145개로 줄었습니다. 이 방식은 텍스트의 전체 구조를 고려하면서도 지나치게 예민하게 반응하지 않도록 분할 지점을 찾는 데 유리합니다. 특히 긴 문서에서 주요 섹션의 경계를 효과적으로 식별할 수 있으며, 이상치(극단적으로 다른 부분)에 덜 민감하기 때문에 텍스트의 흐름을 유지하면서도 중요한 주제 전환을 자연스럽게 포착할 수 있습니다.

지금까지 SemanticChunker를 활용하여 입력 문서를 문맥에 맞게 청크로 나누는 과정을 살펴봤습니다. 문서를 어떻게 분할하느냐는 RAG 챗봇의 성능에 중요한 영향을 미치는 요소입니다. 다양한 텍스트 분할기를 테스트해 보며 최적의 성능을 찾는 데 활용해 보기 바랍니다. 이어서 임베딩한 값을 저장하는 벡터 데이터베이스에 대해 알아보겠습니다.

4 벡터 데이터베이스

앞서 1.3절의 랭체인 임베딩 API에서는 판다스pandas와 넘파이numpy를 사용하여 텍스트 임베딩을 저장하고, 코사인 유사도를 계산하는 과정을 살펴보았습니다. 하지만 실제 업무에서는 임베딩 데이터를 보다 효율적으로 저장하고 빠르게 검색하기 위해 벡터 데이터베이스를 사용하는 경우가 많습니다.

벡터 데이터베이스는 임베딩 저장과 검색을 목적으로 특별히 설계된 도구로, 많은 양의 임베딩을 효과적으로 관리하고 검색 속도를 크게 향상시킬 수 있습니다. 대표적인 벡터 데이터베이스로는 밀버스, 파이스, 크로마 등이 있으며, 이 책에서는 사용이 간편한 크로마와 파이스를 살펴보겠습니다. 다음은 다양한 벡터 데이터베이스의 특징을 정리한 표입니다.

표 2-1 벡터 데이터베이스별 특징

벡터 데이터베이스	벡터 메트릭	로컬 배포	클라우드 배포	인증 및 암호화	데이터 백업
밀버스(Milvus)	유클리드, 코사인, IP, L2, 해밍, 자카드	✔	✔(자체 호스팅)	✔	✔
파이스(Faiss)	L2, 코사인, IP, L1, Linf	✔	✖	✖	✖
크로마(Chroma)	코사인, 유클리드, 내적	✔	✔(자체 호스팅)	✖	✔
파인콘(Pinecone)	코사인, 유클리드, 내적	✖	✔(관리형)	✔	✔
쿼드런트(Qdrant)	코사인, 내적, L2	✔	✔(자체 호스팅)	✔	✔
엘라스틱서치(Elasticsearch)	코사인, 내적, L1, L2	✔	✔(자체 호스팅)	✔	✔
위비에이트(Weaviate)	코사인	✔	✔(자체 호스팅)	✔	✔

다양한 벡터 데이터베이스에 대한 자세한 정보는 다음 링크에서 확인할 수 있습니다.

URL - https://python.langchain.com/docs/integrations/vectorstores/

실습 코드는 2장 폴더의 ch02_VECTOR_DATABASE.ipynb입니다. 이번 실습에서는 다음과 같은 도구를 사용합니다.

- **PyPDFLoader**: PDF 파일을 로드하는 데 사용합니다.
- **RecursiveCharacterTextSplitter**: 문서를 여러 청크로 분할합니다.
- **OpenAIEmbeddings**: 오픈AI의 임베딩 API를 활용하여 청크를 임베딩 벡터로 변환합니다.
- **크로마와 파이스**: 임베딩 벡터를 저장하고 검색하는 벡터 데이터베이스로 사용합니다.

4.1 크로마

크로마Chroma는 AI 애플리케이션을 위한 오픈소스 벡터 데이터베이스로, 고차원 벡터 데이터를 빠르고 효율적으로 저장하고 검색하는 기능을 제공합니다. 실시간 검색과 낮은 지연 시간으로 유사도 검색을 지원하여, 추천 시스템과 자연어 처리, 이미지 및 비디오 검색 등 다양한 AI 응용 프로그램에 적용할 수 있습니다.

크로마는 간단하고 직관적인 인터페이스를 제공하므로, 사용자들이 쉽게 설정하고 사용할 수 있어 빠른 프로토타이핑에 적합합니다. 또한 다양한 데이터 타입을 지원해 데이터 확장성이 뛰어납니다. 하지만 주로 단일 노드 환경에서 사용하기 때문에 대규모 데이터셋을 다룰 때는 성능에 한계가 있을 수 있습니다.

```
# 라이브러리 불러오기
from langchain_community.document_loaders import PyPDFLoader
from langchain_text_splitters import RecursiveCharacterTextSplitter
from langchain_openai import OpenAIEmbeddings
from langchain_chroma import Chroma
```

먼저 실습에 필요한 라이브러리를 불러옵니다. PDF 파일 로드를 위해 PDF 로더, 텍스트 분할용 RecursiveCharacterTextSplitter, 임베딩 모델로 오픈AI, 벡터 저장소로 크로마를 사용합니다. 이어서 PDF 파일을 불러오고 청크의 수를 확인합니다.

```
# PDF 파일 로드
loader = PyPDFLoader("/content/drive/MyDrive/langchain-tutorial/Ch02. RAG/Data/2024_
KB_부동산_보고서_최종.pdf")
pages = loader.load()
print("청크의 수:", len(pages))
```

```
청크의 수: 84
```

언어 모델이 처리하기 적합한 길이로 텍스트를 분할하기 위해 RecursiveCharacterTextSplitter를 사용해 text_splitter 객체를 만듭니다. chunk_size=1000으로 설정하면 각 청크는 최대 1000자로 분할되며, chunk_overlap=200으로 설정해 청크 간 200자씩 겹치도록 합니다. 여기에서도 분할된 청크의 수를 확인합니다.

```
# 텍스트 분할
text_splitter = RecursiveCharacterTextSplitter(chunk_size=1000, chunk_overlap=200)
splits = text_splitter.split_documents(pages)
print("분할된 청크의 수:", len(splits))
```

```
분할된 청크의 수: 138
```

청크의 수가 84개에서 138개로 증가했습니다. 이제 138개의 청크 중 가장 긴 청크의 길이와 가장 짧은 청크의 길이, 청크들의 평균 길이를 계산해 보겠습니다.

```
# 각 청크의 길이(문자 수)를 저장한 리스트 생성
chunk_lengths = [len(chunk.page_content) for chunk in splits]
max_length = max(chunk_lengths)
min_length = min(chunk_lengths)
avg_length = sum(chunk_lengths) / len(chunk_lengths)

print('청크의 최대 길이:', max_length)
print('청크의 최소 길이:', min_length)
print('청크의 평균 길이:', avg_length)
```

```
청크의 최대 길이: 966
청크의 최소 길이: 56
청크의 평균 길이: 664.1739130434783
```

결과를 보면 각 청크의 길이가 1000을 넘지 않음을 확인할 수 있습니다. 이제 138개의 청크를 오픈AI의 임베딩 API로 임베딩하고, 크로마 데이터베이스에 저장해 보겠습니다. 각 청크를 임베딩하여 크로마 데이터베이스에 바로 저장할 때는 다음과 같은 형식을 사용합니다.

```
Chroma.from_documents(documents=청크 리스트, embedding=사용하는 임베딩,
                      persist_directory='파일 저장 경로')
```

이후 다룰 파이스 벡터 데이터베이스에서도 이와 유사한 코드 형식을 사용하니 기억해두기 바랍니다.

참고 크로마 데이터베이스 저장

persist_directory의 기본값은 'None'이며, 이 경우 크로마는 데이터를 메모리에만 저장하므로 프로그램이 실행되는 동안에만 데이터가 유지됩니다. persist_directory에 경로를 설정하면 크로마가 해당 디렉터리에서 데이터를 읽거나 쓸 수 있으며, 이를 통해 데이터베이스를 디스크에 저장하여 코드 실행이 종료되어도 데이터를 유지할 수 있습니다. 이 설정이 없으면 데이터는 메모리에만 남아 세션 종료 시 삭제되므로, 데이터를 장기적으로 보존하고 지속적으로 사용하려면 persist_directory 경로를 설정해야 합니다.

```
# 임베딩 모델 초기화
embedding_function = OpenAIEmbeddings()

# Chroma DB 생성 및 데이터 저장
persist_directory = "/content/drive/MyDrive/langchain_tutorial/Ch02. RAG/directory"
vectordb = Chroma.from_documents(
    documents=splits,
    embedding=embedding_function,
```

```
    persist_directory=persist_directory
)
print('문서의 수:', vectordb._collection.count())
```

```
문서의 수: 138
```

persist_directory 경로를 설정하면 해당 경로에 'chroma.sqlite3' 파일이 생성되어 크로마 데이터베이스의 영구 저장소 역할을 합니다.

또한 크로마 데이터베이스에 적재된 문서 수는 _collection.count( ) 메서드를 통해 확인할 수 있습니다. 예를 들어, text_splitter로 분할된 청크가 138개라면, 크로마에도 동일하게 138개의 문서가 적재된 것을 확인할 수 있습니다. 이는 모든 청크가 정상적으로 임베딩되어 데이터베이스에 저장되었음을 의미합니다. 하지만 Chroma.from_documents( ) 메서드를 반복해서 호출할 경우, 메모리가 중복으로 쌓일 수 있으므로 주의해야 합니다.

저장한 데이터베이스 파일을 로드해 사용해 보겠습니다. 로드할 때는 다음과 같은 형식을 사용합니다.

```
Chroma(persist_directory='파일 저장 경로', embedding_function=사용 중인 임베딩)
```

```
# 임베딩 모델 초기화
embedding_function = OpenAIEmbeddings()
# Chroma DB 불러오기
vectordb = Chroma(
    embedding_function=embedding_function,
    persist_directory=persist_directory
)
print('문서의 수:', vectordb._collection.count())
```

```
문서의 수: 138
```

ChromaDB를 불러와 문서 수를 확인해 보니 이전과 동일한 문서 수가 유지되고 있음을 알 수 있습니다. 데이터베이스 객체를 생성한 후, 사용자 입력과 유사한 문서를 찾으려면

similarity_search( )를 사용합니다. 예를 들어, 'KB 부동산 보고서' PDF 파일에서 '수도권 주택 매매 전망'이라는 질의를 입력해 관련된 청크들을 검색해 봅시다.

```
# similarity_search 메서드 사용
question = "수도권 주택 매매 전망"
top_three_docs = vectordb.similarity_search(question, k=2)
for i, doc in enumerate(top_three_docs, 1):
    print(f"문서 {i}:")
    print(f"내용: {doc.page_content[:150]}...") # 텍스트의 처음 150자만 출력
    print(f"메타데이터: {doc.metadata}")
    print('--' * 20)
```

```
문서 1:
내용: 8
2024 KB 부동산 보고서: 2024년 주택시장 진단과 전망

실 등에 따른 주택 경기 불안을 이유로 매매를 망설이며 시세 대비 저렴한 매물에만 관심을 보
였다. 결국 매도자와 매수자 간 희망가격 차이로 인한 매매 거래 위축 현상은 2023년 거래 침
체의 가…
메타데이터: {'page': 14, 'source': '/content/drive/MyDrive/langchain-tutorial/Ch02.
RAG/Data/2024_KB_부동산_보고서_최종.pdf'}
----------------------------------------
문서 2:
내용: 그림 Ⅰ-14. 매수우위지수 및 매매가격전망지수 추이  그림 Ⅰ-15. 전국 및 서울 주택 매
매 거래회전율 추이

주: 갭=매매가격전망지수-매수우위지수
자료: KB국민은행
자료: 부동산114

■ 하반기 이후 거래 침체 현상이 다소 완화될 수 있으나…
메타데이터: {'page': 14, 'source': '/content/drive/MyDrive/langchain-tutorial/Ch02.
RAG/Data/2024_KB_부동산_보고서_최종.pdf'}
----------------------------------------
```

similarity_search( )를 사용하면 기본값으로 유사한 청크 4개가 반환됩니다. 이는 내부적으

로 유사도를 계산하여 상위 4개의 청크를 선택한 결과입니다. 여기서 예제 코드와 같이 k=2 옵션을 설정하면, 유사한 청크 중 상위 2개만 검색하여 출력하게 됩니다. 출력 결과를 확인해 보면 주택 매매 전망과 관련된 문서가 2개 출력된 것을 확인할 수 있습니다.

이번에는 상위 3개의 유사한 청크만을 찾아 유사도 점수와 함께 출력해 보겠습니다. 이때 similarity_search_with_relevance_scores( )를 사용하며, k=3으로 설정해 상위 3개의 청크만 검색하도록 지정했습니다. 이렇게 하면 유사도 점수가 높은 상위 3개의 청크와 점수를 함께 확인할 수 있습니다.

```
# similarity_search_with_relevance_scores 메서드 사용
question = "수도권 주택 매매 전망"
top_three_docs = vectordb.similarity_search_with_relevance_scores(question, k=3)
for i, doc in enumerate(top_three_docs, 1):
    print(f"문서 {i}:")
    print(f"유사 점수 {doc[1]}:")
    print(f"내용: {doc[0].page_content[:150]}...")
    print(f"메타데이터: {doc[0].metadata}")
    print('--' * 20)
```

```
문서 1:
유사 점수 0.8500619542197668:
내용: 8
2024 KB 부동산 보고서: 2024년 주택시장 진단과 전망

실 등에 따른 주택 경기 불안을 이유로 매매를 망설이며 시세 대비 저렴한 매물에만 관심을 보
였다. 결
국 매도자와 매수자 간 희망가격 차이로 인한 매매 거래 위축 현상은 2023년 거래 침체의
가...
메타데이터: {'page': 14, 'source': '/content/drive/MyDrive/langchain-tutorial/Ch02.
RAG/Data/2024_KB_부동산_보고서_최종.pdf'}
----------------------------------------
문서 2:
유사 점수 0.8384201095772392:
내용: 그림Ⅰ-14. 매수우위지수 및 매매가격전망지수 추이  그림Ⅰ-15. 전국 및 서울 주택 매
매 거래회전율 추이
```

```
주: 갭=매매가격전망지수-매수우위지수
자료: KB국민은행
자료: 부동산114

■ 하반기 이후 거래 침체 현상이 다소 완화될 수 있으나...
메타데이터: {'page': 14, 'source': '/content/drive/MyDrive/langchain-tutorial/Ch02.
RAG/Data/2024_KB_부동산_보고서_최종.pdf'}
----------------------------------------
문서 3:
유사 점수 0.8338714530985494:
내용: 3
2024 KB 부동산 보고서: 2024년 주택시장 진단과 전망

Executive Summary 3
∨ 수도권 주택시장 전반적 침체, 강남권 등 선호 지역 상대적 강세
과거와는 달리 높은 기준금리와 주택 매매가격, DSR 규제 등으로 매수자들의...
메타데이터: {'page': 3, 'source': '/content/drive/MyDrive/langchain-tutorial/Ch02.
RAG/Data/2024_KB_부동산_보고서_최종.pdf'}
----------------------------------------
```

유사도 점수가 높은 상위 3개의 청크와 함께 각 유사도 점수도 출력된 것을 확인할 수 있습니다. 예를 들어, 두 번째 청크의 유사도 점수는 0.8384201095772392로 표시됩니다.

4.2 파이스

이번 절에서는 또 다른 벡터 데이터베이스인 파이스[Facebook AI Similarity Search, FAISS]를 랭체인에서 사용해 보겠습니다. 파이스는 페이스북 AI 리서치 팀이 개발한 고성능 벡터 검색 라이브러리로, 특히 대규모 데이터셋에서 유사성 검색과 클러스터링 작업을 효율적으로 수행할 수 있도록 설계되었습니다. 파이스는 GPU 가속을 통해 수백만 개 이상의 고차원 벡터를 처리하여 매우 빠른 검색 속도를 제공합니다. 또한 다양한 인덱싱과 검색 알고리즘을 지원해 데이터 특성에 맞게 최적화할 수 있다는 장점이 있습니다.

이러한 기능 덕분에 이미지 검색, 추천 시스템, 문서 검색과 같은 대규모 데이터 처리 환경에

서 널리 사용됩니다. 이처럼 파이스는 대규모 데이터셋에서 고속 검색이 필요할 때 특히 유용합니다. 단, 고급 기능을 활용하려면 설정이 복잡하고, 분산 시스템에서는 제약이 있을 수 있다는 단점이 있습니다.

다음은 파이스를 활용해 PDF 문서를 불러와 텍스트 청크를 분할하고 임베딩한 뒤, 유사한 문서를 검색하는 예제입니다. 먼저 필요한 라이브러리를 설치하고 불러옵니다. FAISS 라이브러리는 GPU 사용이 가능한 환경이라면 faiss-gpu를, 그렇지 않다면 faiss-cpu를 설치합니다.

```
# 라이브러리 설치
!pip install langchain langchain_openai langchain_community pypdf faiss-cpu
# 라이브러리 불러오기
from langchain_community.vectorstores import FAISS
```

138개의 '2024_KB_부동산_보고서_최종.pdf' 파일 청크를 오픈AI 임베딩 API를 사용하여 파이스 데이터베이스에 저장해 봅시다. 각 청크를 임베딩한 후 다음 형식으로 파이스 데이터베이스 객체인 faiss_db를 생성합니다.

```
FAISS.from_documents(documents=청크 리스트, embedding=사용하는 임베딩)
```

이 과정은 크로마 데이터베이스와 유사하지만, 파이스에서는 몇 가지 다른 점에 주의해야 합니다. 예를 들어, 파이스에서 저장된 문서 수를 확인할 때는 faiss_db.index.ntotal을 사용합니다. 또한 데이터베이스를 저장하거나 로드할 때도 크로마와는 방법이 다르므로, 각 함수의 사용법에 유의해야 합니다.

```
# 파이스 DB 생성
faiss_db = FAISS.from_documents(documents=splits,
    embedding=embedding_function
)
print('문서의 수:', faiss_db.index.ntotal)
```

```
문서의 수: 138
```

faiss_db.save_local('파일 경로 및 파일명')을 사용하면 파이스 벡터 데이터베이스를 파일로 저장할 수 있습니다. 이 코드를 실행하면 '파일명'이라는 경로가 실제로 생성됩니다. 반대로 FAISS.load_local('파일 경로 및 파일명')을 사용하면 저장한 벡터 데이터베이스를 다시 로드할 수 있습니다. 이때, 사용했던 임베딩 모델을 알려줘야 하므로 OpenAIEmbeddings( )를 함께 전달합니다.

allow_dangerous_deserialization=True 옵션은 파일을 읽을 때 보안 경고를 무시하고 객체를 복원하도록 설정하는 옵션입니다. 파이썬에서는 파일을 객체로 변환하는 과정에서 보안 위험이 있을 경우 파일 읽기를 거부할 수 있습니다. 하지만 방금 저장한 파일이라면 신뢰할 수 있으므로 이 옵션을 True로 설정하여 경고를 무시하고 파일을 로드하도록 합니다. 이렇게 하면 파일을 읽어 new_db_faiss라는 벡터 데이터베이스 객체로 복원할 수 있습니다.

```
# 파이스 DB 저장하기
faiss_directory = '/content/drive/MyDrive/langchain-tutorial/Ch02. RAG/directory/
faiss_index'
faiss_db.save_local(faiss_directory)

# 파이스 DB 불러오기
new_db_faiss = FAISS.load_local(faiss_directory,
        OpenAIEmbeddings(),
        allow_dangerous_deserialization=True)
```

크로마와 마찬가지로 파이스 벡터 데이터베이스에서도 '수도권 주택 매매 전망'으로 검색하여 연관된 문서를 확인해 봅시다.

```
# 검색할 질문 정의
question = "수도권 주택 매매 전망"
# similarity_search 메서드 사용
docs = new_db_faiss.similarity_search(question)
for i, doc in enumerate(docs, 1):
    print(f"문서 {i}:")
```

```
    print(f"내용: {doc.page_content[:150]}...")
    print(f"메타데이터: {doc.metadata}")
    print('--' * 20)
```

```
문서 1:
내용: 8
2024 KB 부동산 보고서: 2024년 주택시장 진단과 전망

실 등에 따른 주택 경기 불안을 이유로 매매를 망설이며 시세 대비 저렴한 매물에만 관심을 보
였다. 결국 매도자와 매수자 간 희망가격 차이로 인한 매매 거래 위축 현상은 2023년 거래 침
체의 가...
메타데이터: {'source': '/content/drive/MyDrive/langchain-tutorial/Ch02. RAG/
Data/2024_KB_부동산_보고서_최종.pdf', 'page': 14}
----------------------------------------
문서 2:
내용: 그림Ⅰ-14. 매수우위지수 및 매매가격전망지수 추이  그림Ⅰ-15. 전국 및 서울 주택 매
매 거래회전율 추이 ... (중간 생략) ...
----------------------------------------
문서 4:
내용: 18
2024 KB 부동산 보고서: 2024년 주택시장 진단과 전망

그림Ⅰ-30. 수도권 입주물량과 전세가격 변동률 추이  그림Ⅰ-31. 기타지방 입주물량과 전세가
격 변동률 추이

자료: KB국민은행, 부동산114  자료: KB국민은행, 부동산114...
메타데이터: {'source': '/content/drive/MyDrive/langchain-tutorial/Ch02. RAG/
Data/2024_KB_부동산_보고서_최종.pdf', 'page': 24}
----------------------------------------
```

보다시피 크로마와 동일한 결과를 얻을 수 있습니다. 최종적으로 챗봇에서 벡터 DB를 사용할 때는 as_retriever( ) 메서드를 호출하여 검색기[Retriever]로 활용할 수 있습니다. 이렇게 검색기를 생성하면 질문과 연관된 문서를 찾아낼 수 있습니다. 자세한 내용은 다음 절에서 실습과 함께 살펴보겠습니다.

지금까지 랭체인의 기초 개념부터 시작해, 텍스트를 청크로 분할하고 임베딩 벡터로 변환하

여 벡터 데이터베이스에 저장하는 방법, 그리고 이를 통해 사용자 입력과 유사한 청크를 검색하는 과정을 다뤘습니다.

이제 다음 절에서는 RAG의 전체적인 흐름을 다시 정리하고, RAG를 활용한 챗봇을 만들어 보도록 하겠습니다.

5 RAG 챗봇 실습

RAG 챗봇은 외부 데이터베이스에서 관련 정보를 검색하고 이를 기반으로 답변을 생성하여 사용자에게 보다 정확하고 신뢰성 있는 응답을 제공합니다. RAG 프로세스는 인덱싱 과정과 쿼리 과정, 두 가지로 나눌 수 있습니다(그림 2-3 참고).

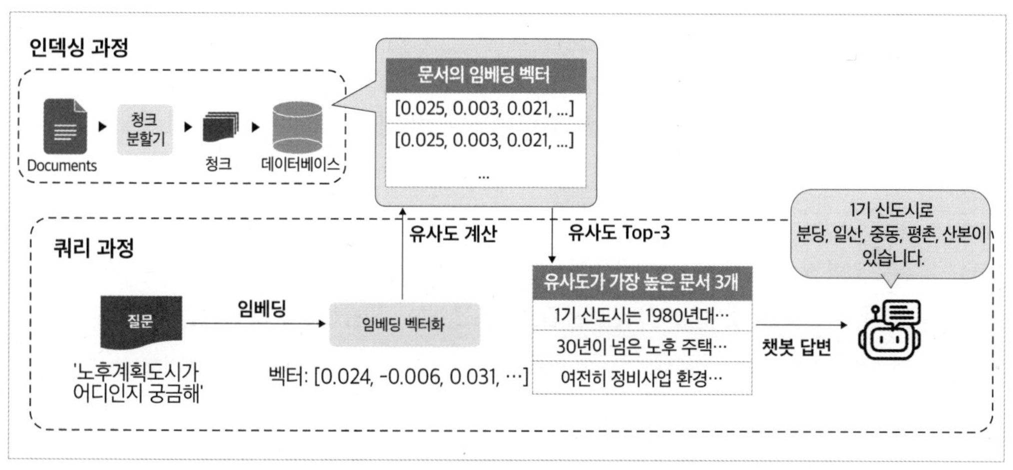

그림 2-3 RAG 챗봇의 구조

인덱싱 과정

인덱싱 과정Index Process에서는 문서를 수집하고, 검색이 용이하도록 데이터베이스에 적재합니다.

1. **문서 준비 및 분할**: 먼저 다양한 문서를 수집하고 이를 작은 조각Chunks으로 나눕니다. 이 청크들은 의미 단위로 나누어지며, 이때 적절한 크기로 설정하는 것이 중요합니다. 너무 작으면 정보가 부족하고, 너무 크면 검색 시 정확도가 떨어질 수 있습니다.
2. **임베딩 생성 및 저장**: 청크로 나뉜 각 문서를 임베딩 모델을 사용해 벡터 형태로 변환합니다. 임베딩은 청크의 의미를 숫자로 표현한 벡터로, 벡터 데이터베이스에 저장되어 나중에 관련 정보를 빠르게 찾는 데 사용됩니다.
3. **데이터베이스 적재 및 관리**: 변환된 임베딩 벡터는 벡터 데이터베이스에 저장되며, 이를 통해 검색의 효율성을 높입니다.

문서 유형에 따라 분할과 처리 방법이 달라질 수 있습니다. 예를 들어 비디오 콘텐츠는 텍스트 전사 과정을 거쳐야 할 수 있습니다. 또한 임베딩 전략을 변경할 때는 모든 청크를 다시 인덱싱해야 합니다.

쿼리 과정

쿼리 과정Query Process은 사용자가 질문을 입력하면 관련 정보를 실시간으로 검색하고 답변을 생성하는 단계입니다.

1. **질문 입력 및 변환**: 사용자가 질문을 입력하면, 시스템은 해당 질문을 데이터베이스 검색에 사용할 수 있도록 벡터로 변환합니다. 이 과정에서 질문은 이전 대화 맥락을 반영해 재작성될 수 있습니다.
2. **검색 및 재정렬**: 변환된 질문 벡터는 데이터베이스에서 관련성 높은 문서 청크들을 검색하는 데 사용됩니다. 검색된 청크들은 유사도 점수에 따라 상위 k개의 청크가 선택됩니다. 원한다면 대규모 언어 모델을 이용하여 재정렬 과정을 거쳐 가장 관련성이 높은 청크로 다시 추출할 수 있습니다.
3. **프롬프트 템플릿 설정**: 사용자 질문에 적절히 답변을 생성하도록 프롬프트 템플릿을 설정합니다. 프롬프트 템플릿은 답변 생성 과정에서 입력된 질문과 검색된 문서 청크를 결합해 대화형 응답을 만듭니다.
4. **문맥 구성**: 검색된 청크들을 조합해 질문에 맞는 문맥을 형성합니다. 이때, 생성 모델이 가진 토큰 수 제한을 고려하여 필요한 부분만 포함하여 최적의 답변을 생성하도록 조정합니다.
5. **답변 생성 및 응답 제공**: 최종적으로 구성된 문맥과 질문을 함께 대규모 언어 모델에 입력해 답변을 생성합니다. 생성된 답변은 필요한 형식과 스타일로 정제하여 사용자에게 최종 응답으로 제공됩니다.

이와 같은 구조적 프로세스를 통해 RAG 챗봇은 대규모 언어 모델의 언어 생성 능력과 외부 데이터의 정확성을 결합하여 사용자 질문에 대해 풍부하고 신뢰성 있는 답변을 제공합니다.

5.1 RAG 챗봇 구현

2024 KB 부동산 보고서를 기반으로 답변하는 RAG 챗봇을 구현해 보겠습니다. 먼저 다양한 부동산 관련 문서를 각각 임베딩 벡터로 변환하여 저장하는 인덱싱 과정을 수행합니다. 이 단계는 각 문서의 임베딩 벡터를 데이터베이스에 미리 준비해 놓는 작업이며 챗봇 실행 전에 완료해야 합니다.

챗봇이 실행되고 사용자가 질의를 입력하면, 질의를 임베딩하여 벡터로 변환한 후 미리 저장된 '2024 KB 부동산 보고서'의 임베딩 벡터들과 유사도를 계산합니다. 이 과정을 쿼리 과정이라고 합니다. 예를 들어, 그림 2-3처럼 '노후계획도시가 어디인지 궁금해'라는 질문이 들어온 경우, 이 문장을 벡터로 변환하여 기존 '2024 KB 부동산 보고서' 벡터들과 비교해 유사도를 계산합니다.

유사도가 높을수록 사용자 질문과 관련된 문서일 가능성이 크다는 의미입니다. 유사도 점수를 바탕으로 가장 관련성이 높은 상위 3개의 문서를 선택하여 응답을 구성합니다.

이후, 선택된 3개의 문서를 사용자의 질문과 함께 오픈AI API의 프롬프트로 전달하여 최종 답변을 생성합니다. 언어 모델은 이 문서들을 바탕으로 질문에 가장 적합한 답변을 작성하여 사용자에게 제공합니다.

이제 랭체인 도구들을 활용하여 RAG 챗봇 구현을 실습해 보겠습니다. 실습 코드는 2장 폴더의 ch02_RAG_CHATBOT.ipynb 파일입니다. 우선 필요한 라이브러리들을 모두 불러옵니다. 여기서는 크로마 벡터 데이터베이스를 이용하도록 하겠습니다.

```
# 라이브러리 불러오기
from langchain_community.document_loaders import PyPDFLoader
from langchain.text_splitter import RecursiveCharacterTextSplitter
from langchain_openai import OpenAIEmbeddings, ChatOpenAI
```

```python
from langchain_chroma import Chroma
from langchain_core.prompts import ChatPromptTemplate
from langchain.schema.output_parser import StrOutputParser
from langchain_core.runnables import RunnablePassthrough, RunnableWithMessageHistory
from langchain.memory import ChatMessageHistory
```

PDF 파일을 청킹하여 크로마 벡터 데이터베이스에 저장하고, 이를 통해 '2024 KB 부동산 보고서'에 관한 질문에 답하는 챗봇을 만드는 데 필요한 라이브러리들을 불러옵니다. 모두 앞서 배운 라이브러리들입니다.

앞서 말했듯이 RAG 챗봇을 구현할 때는 인덱싱 과정에서 문서를 수집하고 벡터 데이터베이스에 저장하며, 쿼리 과정에서 사용자의 질문을 처리해 답변을 생성합니다. 각 과정을 코드와 함께 살펴보겠습니다.

인덱싱 과정

인덱싱 과정에서는 문서를 수집하고, 이를 검색할 수 있도록 벡터 데이터베이스에 저장합니다.

문서 준비 및 분할

문서를 청크로 분할하여 벡터 데이터베이스에 저장합니다. 청크는 의미 단위로 나누되, 크기가 너무 작거나 크지 않도록 적절히 설정해 검색 성능과 정보 보존을 최적화해야 합니다.

```python
# PDF 문서 로드 및 텍스트 분할
loader = PyPDFLoader("/content/drive/MyDrive/langchain-tutorial/Ch02. RAG/Data/2024_
KB_부동산_보고서_최종.pdf")
documents = loader.load()  # PDF 파일에서 문서 로드
# 텍스트 분할 설정: 청크 크기와 겹침 설정
text_splitter = RecursiveCharacterTextSplitter(chunk_size=1000, chunk_overlap=200)
chunks = text_splitter.split_documents(documents)  # 문서를 작은 청크로 분할
# 분할된 청크 수 확인
print('분할된 청크의 수:', len(chunks))
```

```
분할된 청크의 수: 138
```

앞의 코드에서는 PyPDFLoader로 PDF 텍스트를 추출하여, RecursiveCharacterTextSplitter로 1000자 크기의 청크로 분할하고 200자씩 겹치게 설정했습니다. 이로써 효율적인 검색과 정보 연속성을 모두 고려합니다.

임베딩 생성과 데이터베이스 적재, 관리

청크로 분할된 문서를 임베딩 모델을 통해 벡터화하여 벡터 데이터베이스에 저장합니다.

```
# 임베딩 생성 및 Chroma 데이터베이스에 저장
embedding_function = OpenAIEmbeddings()  # OpenAI의 임베딩 모델 설정
persist_directory = "/content/drive/MyDrive/langchain-tutorial/Ch02. RAG/directory/
chroma"
vectorstore = Chroma.from_documents(
    documents=chunks,
    embedding=embedding_function,
    persist_directory=persist_directory  # 데이터베이스의 저장 경로
)
print('문서의 수:', vectorstore._collection.count())
```

```
문서의 수: 138
```

텍스트 청크를 OpenAIEmbeddings로 벡터화해 크로마 데이터베이스에 저장하며, persist_directory를 통해 데이터의 영구 저장과 재사용을 지원합니다.

쿼리 과정

쿼리 과정에서는 사용자의 질문을 입력받아 관련 정보를 검색하고 답변을 생성합니다.

검색 및 재정렬

사용자가 입력한 텍스트를 벡터로 변환한 후, 데이터베이스 검색에 활용할 수 있도록 처리합니다. 리트리버는 챗봇 실행 시 내부적으로 호출되어 동작하는 검색 도구로, 사용자의 텍

스트 입력을 기반으로 검색 기능을 수행합니다.

```
# 리트리버 생성
retriever = vectorstore.as_retriever(search_kwargs={"k": 3})  # 상위 3개의 관련 문서 검
색 설정
```

as_retriever( ) 메서드는 벡터 저장소Vector Store에서 문서를 검색하는 검색기Retriever를 생성하는 데 사용됩니다. 이렇게 생성한 retriever가 질문과 연관된 문서를 찾아냅니다. as_retriever( ) 메서드는 파이스에서도 동일하게 적용됩니다. 여기서는 search_kwargs 인자로 k=3을 지정하여 유사도 점수가 가장 높은 상위 3개의 문서를 검색하도록 설정합니다.

프롬프트 템플릿 설정

검색된 청크들을 조합하여 질문에 적합한 프롬프트를 구성합니다.

```
# 프롬프트 템플릿 설정: 사용자 질문에 대한 답변을 생성하기 위한 템플릿
template = """당신은 KB 부동산 보고서 전문가입니다. 다음 정보를 바탕으로 사용자의 질문에 답
변해주세요.
컨텍스트: {context}
"""
prompt = ChatPromptTemplate.from_messages(  # 프롬프트 템플릿 생성
    [
        ("system", template),
        ("placeholder", "{chat_history}"),
        ("human", "{question}")
    ]
)
model = ChatOpenAI(model_name="gpt-4o-mini", temperature=0)  # AI 모델 설정
```

이 코드에서는 사용자의 질문에 답변을 생성하기 위한 프롬프트 템플릿을 정의합니다. template 변수에는 전문가로서 사용자 질문에 답변하는 형식의 메시지가 작성되며, ChatPromptTemplate.from_messages를 사용하여 템플릿을 설정합니다. 프롬프트는 system, placeholder, human 순서로 설정되어, 모델이 기존 대화 맥락과 현재 질문을 기반으로 답

변을 생성할 수 있게 합니다. system에는 모델의 전반적인 역할과 행동 지침을 설정하고, placeholder는 대화 기록용으로 이전 대화 내용을 삽입할 수 있으며, human은 사용자의 질문이나 입력을 나타냅니다.

model에는 gpt-4o-mini가 설정되어 있으며, 이를 통해 사용자 질문에 최적화된 답변을 생성하게 됩니다. 이렇게 생성된 템플릿 구조를 prompt.format을 사용해 확인해 보겠습니다.

```
print(prompt.format(context="컨텍스트 예시", chat_history=["대화 기록 예시1", "대화 기록 예시2"], question="질문 예시"))
```

```
System: 당신은 KB 부동산 보고서 전문가입니다. 다음 정보를 바탕으로 사용자의 질문에 답변
해주세요.

컨텍스트: 컨텍스트 예시

Human: 대화 기록 예시1
Human: 대화 기록 예시2
Human: 질문 예시
```

문맥 구성 및 챗봇 체인 구성

검색한 문서 내용을 format_docs로 정리하여 프롬프트에 전달하고, 모델이 이를 바탕으로 답변을 생성합니다.

```
# 문서 형식 변환 함수 정의
def format_docs(docs):
    return "\n\n".join(doc.page_content for doc in docs)  # 문서를 줄바꿈으로 연결
# 체인 구성: 검색한 문서를 프롬프트에 연결하고 모델을 통해 응답 생성
chain = (
    RunnablePassthrough.assign(
        context=lambda x: format_docs(retriever.invoke(x["question"]))
    )  # 검색된 문서를 연결하여 전달
    | prompt
    | model
```

```
    | StrOutputParser()  # 결과를 문자열로 변환
)
```

이 코드에서는 검색된 문서 청크를 하나의 텍스트로 조합하고 이를 프롬프트에 전달하여 답변을 생성합니다. format_docs는 문서 청크를 연결하고, RunnablePassthrough는 이를 프롬프트에 전달하며, StrOutputParser는 모델 출력을 문자열로 반환합니다.

메모리 설정 및 챗봇 실행

챗봇을 구현할 때, 대화 기록을 유지하고 세션별로 관리하여 사용자와 연속적인 대화를 지원하도록 설정할 수 있습니다.

대화 기록 및 메모리 설정

```
# 대화 기록을 유지하기 위한 메모리 설정
chat_history = ChatMessageHistory()
chain_with_memory = RunnableWithMessageHistory(
    chain,
    lambda session_id: chat_history,  # 세션 ID별 대화 기록 생성
    input_messages_key="question",
    history_messages_key="chat_history",
)
```

이 코드에서는 보다 일관성 있는 대화를 유지하기 위해 이전 대화 내용을 기억하는 메모리를 설정합니다. ChatMessageHistory 객체는 세션별 대화 기록을 유지하고, 이를 통해 챗봇이 대화의 연속성을 갖출 수 있게 합니다. RunnableWithMessageHistory는 대화 기록을 통해 이전 메시지를 history_messages_key로 전달하여, 사용자가 이전에 했던 질문의 맥락을 챗봇이 기억하도록 돕습니다.

챗봇 실행 함수

```
# 챗봇 실행 함수 정의
def chat_with_bot():
    session_id = "user_session"
    print("KB 부동산 보고서 챗봇입니다. 질문해 주세요. (종료하려면 'quit' 입력)")
    while True:
        user_input = input("사용자: ")
        if user_input.lower() == 'quit':
            break

        # 사용자의 질문에 따라 chain_with_memory를 통해 응답 생성
        response = chain_with_memory.invoke(
            {"question": user_input},
            {"configurable": {"session_id": session_id}}
        )

        print("챗봇:", response)
```

이 함수는 실제로 챗봇을 실행하여 사용자와 상호작용하는 역할을 합니다. session_id는 대화 세션을 식별하는 데 사용되며, 사용자가 입력하는 질문을 chain_with_memory에 전달하여 이전 대화 내역을 바탕으로 답변을 생성하게 합니다. 사용자가 'quit'을 입력하기 전까지 대화가 지속되며, 사용자가 챗봇에게 입력한 질문을 기반으로 적절한 답변을 반환합니다.

다음 실행 결과에서 사용자 부분이 직접 질문한 부분이고, 이어지는 부분은 챗봇의 답변입니다.

```
KB 부동산 보고서 챗봇입니다. 질문해 주세요. (종료하려면 'quit' 입력)
사용자: 랭체인 챗봇 만들기에 대해 실습중입니다.
챗봇: 랭체인 챗봇 만들기는 흥미로운 주제입니다! 챗봇을 만들 때 어떤 언어나 플랫폼을 사용
하고 계신가요? 어떤 종류의 챗봇을 만들고 계신지 궁금합니다. 도움이 필요하시면 언제든지 물
어보세요. 함께 응원하겠습니다!
사용자: 방금 제가 뭐라고 이야기했나요?
```

```
챗봇: 귀하가 방금 말씀하신 내용은 "랭체인 챗봇 만들기에 대해 실습중입니다." 였습니다. 다
른 질문이 있으시면 도와드릴 수 있습니다.
사용자: 수도권 주택 매매 전망
챗봇: 2024년 KB 부동산 보고서에 따르면, 수도권 주택시장은 전반적인 침체 상황이 지속되고
있습니다. 과거와는 다르게 높은 기준금리와 주택 매매가격, DSR 규제 등으로 매수자들의 구매
여력이 회복되지 못하고 있습니다. 그러나 2023년 이후 정부의 다양한 규제 완화로 매도자들의
기대 심리는 높아지고 있습니다. ... (중간 생략) ...
사용자: 노후계획도시가 어디인지 궁금해
챗봇: 노후계획도시는 1기 신도시로 불리는 지역들을 가리키는 용어입니다. 1기 신도시는 1980
년대 말에 '주택 200만 호 건설' 계획에 따라 성남시 분당, 고양시 일산, 부천시 중동, 안양시
평촌, 군포시 산본의 5개 지역에 대규모로 건설된 지역들을 말합니다. 이러한 지역들은 20년 이
상 경과한 100만㎡ 이상 택지에 대한 정비사업이 필요한 지역으로 분류됩니다.
따라서, 노후계획도시로 불리는 지역은 성남시 분당, 고양시 일산, 부천시 중동, 안양시 평촌,
군포시 산본입니다. 이러한 지역들은 오랜 기간에 걸쳐 건설되어 왔으며, 재건축과 정비사업이
필요한 지역으로 주목받고 있습니다.
사용자: quit
```

이 챗봇 대화는 사용자와 KB 부동산 보고서 RAG 챗봇 사이의 질문-응답 흐름을 보여줍니다. 사용자는 '랭체인 챗봇 만들기'에 대해 실습 중이라고 언급하고, 이후 챗봇에게 수도권 주택 매매 전망과 노후계획도시에 대해 구체적으로 질문합니다.

챗봇은 사용자 발언을 정확히 기억해 답변을 제공하며, KB 부동산 보고서에 기반한 정보를 상세하게 안내하고 있습니다. 수도권 주택 매매 전망에 대해 시장 상황과 관련 요인들을 설명하며, 노후계획도시에 대해선 신도시 건설 배경과 대상 지역을 구체적으로 알려주고 있습니다. 이로써 간단한 RAG 챗봇을 완성했습니다.

5.2 챗봇에 스트림릿 UI 적용

완성한 챗봇에 직관적인 UI를 적용하면 사용자가 더욱 편리하게 정보를 검색하고 응답받을 수 있습니다. 챗봇에 손쉽게 사용자 인터페이스(UI)를 적용할 수 있는 파이썬 라이브러리로 스트림릿[Streamlit]이 있습니다. 스트림릿을 활용하면 간단한 코드만으로 대화형 UI를 만들 수 있습니다. 앞서 만든 챗봇에 간단한 스트림릿 UI를 적용해 보겠습니다.

```
# 라이브러리 설치
!pip install streamlit pyngrok
```

먼저 스트림릿을 구글 코랩에서 사용하려면 streamlit, pyngrok 두 패키지를 설치해야 합니다.

① Streamlit 설치

스트림릿을 사용하면 웹 대시보드를 쉽게 만들 수 있습니다. HTML이나 CSS 같은 웹 개발 지식이 없어도 순수 파이썬 코드만으로 데이터 분석 결과를 웹에서 즉시 시각화할 수 있습니다.

② Pyngrok 설치

Pyngrok은 로컬에서 실행 중인 서버를 외부 인터넷에서도 접근할 수 있도록 해주는 터널링 도구입니다. 구글 코랩이나 로컬 환경에서 개발한 웹 애플리케이션을 다른 사람들과 공유할 때 유용합니다. Pyngrok은 내부적으로 'http://localhost:8501'과 같은 로컬 주소를 'https://[무작위주소].ngrok-free.app'으로 변환하여 외부에서도 접근할 수 있도록 합니다.

참고 ngrok 인증키 발급

ngrok을 사용하려면 먼저 다음과 같은 단계에 따라 인증키(Authtoken)를 발급받아야 합니다.

① ngrok 회원 가입

ngrok 공식 웹사이트(https://ngrok.com/)에 접속하여 회원 가입을 진행합니다. 이메일을 사용하거나 GitHub 계정을 연동할 수도 있습니다.

② 대시보드에서 인증키 확인

로그인한 후 ngrok 대시보드로 이동합니다. 왼쪽 메뉴에서 **[Your Authtoken]** 항목을 클릭하면 본인의 인증키를 확인할 수 있습니다.

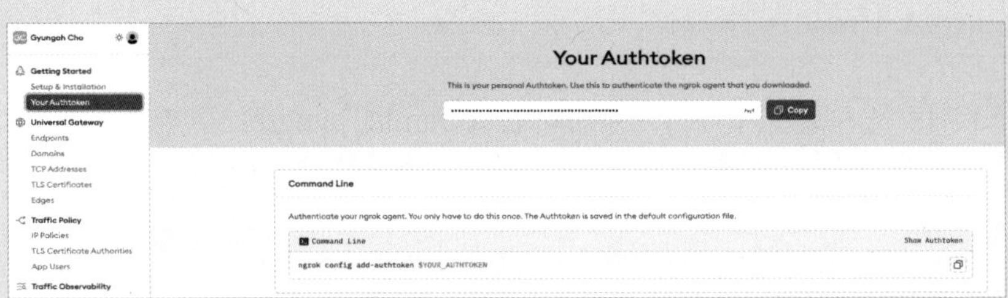

그림 2-4 ngrok 인증키

그림 2-4의 [Your Authtoken] 화면에서 [Copy] 버튼을 클릭하여 인증키를 복사합니다. 그리고 다음 코드를 입력하여 인증키를 등록합니다.

```
# ngrok 인증키 설정
!ngrok config add-authtoken <본인 인증키>
```

이제 발급받은 인증키를 사용하여 Pyngrok을 설정하고 나면, 로컬 환경에서 개발한 웹 애플리케이션을 쉽게 공유할 수 있습니다.

구글 코랩에서 원하는 경로에 app.py라는 파일을 만듭니다. 그런 다음 app.py 파일을 열고 다음과 같은 코드를 작성합니다. 이 코드는 기존 KB 부동산 관련 챗봇 코드에 스트림릿을 적용하여 대화형 웹 인터페이스를 추가한 것입니다.

```
# app.py
import os
import streamlit as st
from dotenv import load_dotenv
from langchain_community.document_loaders import PyPDFLoader
from langchain.text_splitter import RecursiveCharacterTextSplitter
from langchain_openai import OpenAIEmbeddings, ChatOpenAI
from langchain_chroma import Chroma
from langchain_core.prompts import ChatPromptTemplate
from langchain.schema.output_parser import StrOutputParser
```

```
from langchain_core.runnables import RunnablePassthrough, RunnableWithMessageHistory
from langchain.memory import ChatMessageHistory

# 환경 변수 로드
load_dotenv("/content/.env")
api_key = os.getenv("OPENAI_API_KEY")

# PDF 처리 함수
@st.cache_resource
def process_pdf():
    loader = PyPDFLoader("/content/drive/MyDrive/langchain-tutorial/Ch02. RAG/
    Data/2024_KB_부동산_보고서_최종.pdf")
    documents = loader.load()
    text_splitter = RecursiveCharacterTextSplitter(chunk_size=1000, chunk_overlap=200)
    return text_splitter.split_documents(documents)

# 벡터 저장소 초기화
@st.cache_resource
def initialize_vectorstore():
    chunks = process_pdf()
    embeddings = OpenAIEmbeddings(openai_api_key=api_key)
    return Chroma.from_documents(chunks, embeddings)

# 체인 초기화
@st.cache_resource
def initialize_chain():
    vectorstore = initialize_vectorstore()
    retriever = vectorstore.as_retriever(search_kwargs={"k": 3})

    template = """당신은 KB 부동산 보고서 전문가입니다. 다음 정보를 바탕으로 사용자의 질문
    에 답변해주세요.

    컨텍스트: {context}
    """
    prompt = ChatPromptTemplate.from_messages([
        ("system", template),
        ("placeholder", "{chat_history}"),
        ("human", "{question}")
    ])
```

```python
    model = ChatOpenAI(model_name="gpt-4o-mini", temperature=0,
         openai_api_key=api_key)

    def format_docs(docs):
        return "\n\n".join(doc.page_content for doc in docs)

    base_chain = (
        RunnablePassthrough.assign(
            context=lambda x: format_docs(retriever.invoke(x["question"]))
        )
        | prompt
        | model
        | StrOutputParser()
    )

    return RunnableWithMessageHistory(
        base_chain,
        lambda session_id: ChatMessageHistory(),
        input_messages_key="question",
        history_messages_key="chat_history",
    )

# Streamlit UI
def main():
    st.set_page_config(page_title="KB 부동산 보고서 챗봇", page_icon="🏠")
    st.title("🏠 KB 부동산 보고서 AI 어드바이저")
    st.caption("2024 KB 부동산 보고서 기반 질의응답 시스템")

    # 세션 상태 초기화
    if "messages" not in st.session_state:
        st.session_state.messages = []

    # 채팅 기록 표시
    for message in st.session_state.messages:
        with st.chat_message(message["role"]):
            st.markdown(message["content"])

    # 사용자 입력 처리
    if prompt := st.chat_input("부동산 관련 질문을 입력하세요"):
```

```
        # 사용자 메시지 표시
        with st.chat_message("user"):
            st.markdown(prompt)
        st.session_state.messages.append({"role": "user", "content": prompt})

        # 체인 초기화
        chain = initialize_chain()

        # AI 응답 생성
        with st.chat_message("assistant"):
            with st.spinner("답변 생성 중..."):
                response = chain.invoke(
                    {"question": prompt},
                    {"configurable": {"session_id": "streamlit_session"}}
                )
                st.markdown(response)

        st.session_state.messages.append({"role": "assistant", "content": response})

if __name__ == "__main__":
    main()
```

@st.cache_resource 코드는 특정 연산의 결과를 캐싱하여 실행 속도를 최적화하는 역할을 합니다. 이를 통해 동일한 데이터나 모델을 여러 번 불러올 때 불필요한 연산을 줄이고 성능을 향상시킬 수 있습니다. 이 외에 전체적인 흐름은 앞서 설명한 KB 부동산 RAG 챗봇 코드와 거의 유사합니다. 기존 코드에 스트림릿을 적용하는 과정을 다음과 같이 정리할 수 있습니다.

1. process_pdf 함수로 PDF 문서를 로드하고 텍스트를 분할합니다.
2. initialize_vectorstore 함수에서는 오픈AI 임베딩 모델을 사용하여 PDF 내용을 크로마 벡터 데이터베이스에 저장합니다.
3. initialize_chain 함수는 크로마 벡터 데이터베이스를 검색기로 활용하고, 적절한 프롬프트 엔지니어링을 통해 모델 체인을 생성합니다.
4. main 함수에서는 스트림릿 UI를 구성하고 사용자와의 대화 내용을 관리하며 RAG 챗봇을 통해 답변을 생성합니다.

main 함수에 작성한 스트림릿 코드에 대해 좀 더 자세히 살펴보겠습니다. 먼저 set_page_config 함수를 사용하여 웹 페이지의 제목과 아이콘을 설정합니다. st.title과 st.caption으로는 페이지의 제목과 부제목을 표시합니다.

이어서 session_state를 사용하여 대화 기록을 저장합니다. 이를 통해 페이지가 새로고침되어도 대화 내용이 유지됩니다.

st.chat_message를 사용하여 각 메시지를 역할(사용자 또는 어시스턴트)에 따라 구분하여 표시합니다. st.chat_input을 사용하여 사용자로부터 입력을 받고, st.spinner를 사용하여 응답 생성 중임을 표시하며, 생성된 응답을 st.markdown으로 표시합니다.

마지막으로 st.session_state.messages.append({"role": "assistant", "content": response}) 코드를 통해 생성된 응답을 세션 상태에 저장하여 대화 기록을 유지합니다.

이제 app.py에 코드를 작성했다면 구글 코랩에서 다음 코드를 실행시켜 외부에서 접근 가능한 URL을 생성할 수 있습니다.

```
# 터널링 및 실행
from pyngrok import ngrok

public_url = ngrok.connect(8501)  # Streamlit 기본 포트
print("앱 접속 URL:", public_url)
!streamlit run /content/app.py
```

pyngrok 라이브러리를 사용하여 스트림릿의 기본 포트인 8501에 대한 ngrok 터널을 생성합니다. 이를 통해 외부에서 접근 가능한 공개 URL이 생성됩니다.

```
# 터널링 및 실행
from pyngrok import ngrok

public_url = ngrok.connect(8501)  # Streamlit 기본 포트
print("앱 접속 URL:", public_url)
!streamlit run /content/app.py

```

```
앱 접속 URL: NgrokTunnel: "https://d628-34-23-186-167.ngrok-free.app" -> "http://localhost:8501"

Collecting usage statistics. To deactivate, set browser.gatherUsageStats to false.

  You can now view your Streamlit app in your browser.

  Local URL: http://localhost:8501
  Network URL: http://172.28.0.12:8501
  External URL: http://34.23.186.167:8501
```

그림 2-5 pyngrok url 생성

앞의 코드를 실행하면 ngrok을 통해 생성된 공개 URL이 출력됩니다. URL은 일반적으로 'https://[무작위주소].ngrok-free.app' 형식입니다. 이 링크를 클릭하면 작성한 스트림릿 앱에 접근할 수 있습니다.

URL에 접속하면 ngrok 보안 페이지가 먼저 표시됩니다. 보안 페이지에서 [Visit Site] 버튼을 클릭하면 스트림릿 앱이 로드됩니다.

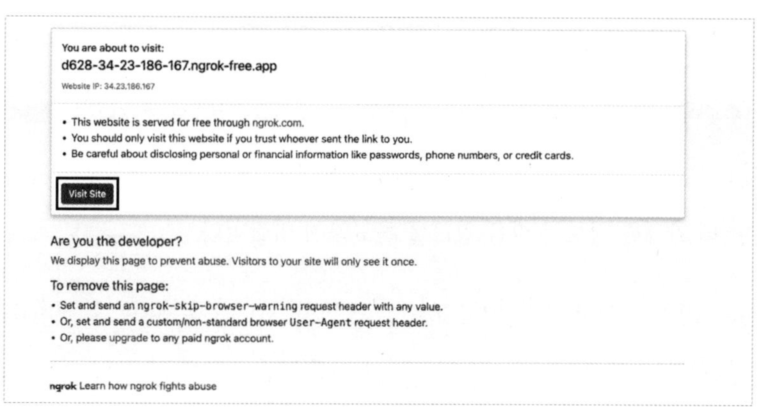

그림 2-6 ngrok 보안 페이지

스트림릿 앱이 실행되면 다음과 같은 화면이 표시됩니다. 페이지 상단에 '🏠 KB 부동산 보고

서 AI 어드바이저'라는 제목이 나타납니다. 그 아래에 '2024 KB 부동산 보고서 기반 질의응답 시스템'이라는 부제가 표시됩니다. 사용자는 "부동산 관련 질문을 입력하세요"라는 안내 메시지가 있는 입력창에 질문을 입력할 수 있습니다.

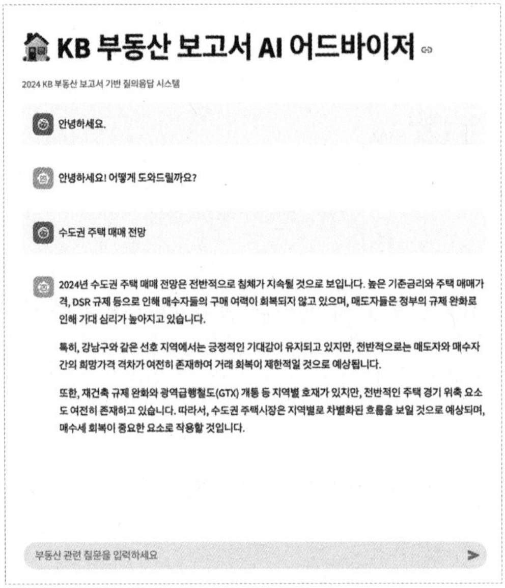

그림 2-7 스트림릿 UI를 적용한 챗봇

지금까지 챗봇에 간단한 스트림릿 UI를 적용하는 과정을 알아보았습니다. 스트림릿의 직관적인 UI 구성요소를 활용하면, 사용자가 쉽게 질문을 입력하고 응답을 확인할 수 있습니다. 스트림릿에 대한 더 자세한 정보는 다음 링크를 참고하기 바랍니다.

URL - https://docs.streamlit.io/deploy/streamlit-community-cloud/get-started/quickstart

3

멀티모달 RAG를 활용한 복합 데이터 처리

- 멀티모달 RAG의 개념과 필요성
- 다양한 모달리티 데이터를 통합하고 처리하는 방법
- 멀티모달 RAG 시스템 구현과 활용

지금까지는 텍스트 데이터만을 활용하여 정보를 검색하는 방법을 다뤘습니다. 그러나 현실 세계에는 텍스트뿐만 아니라 이미지, 음성 등 다양한 형태와 차원의 데이터가 존재합니다. 이번 장에서는 이러한 여러 유형의 입력 데이터를 통합적으로 다룰 수 있는 멀티모달 RAG[Multimodal RAG]에 대해 살펴보겠습니다.

1 멀티모달 RAG 개요

모달리티[modality]는 이미지, 텍스트, 음성 등 입력받거나 처리하는 데이터의 형태를 의미하며, 멀티모달[multimodal]은 이러한 서로 다른 유형의 데이터를 동시에 사용하는 방식을 뜻합니다. 지금부터 텍스트뿐 아니라 이미지, 차트, 테이블 등 다양한 형태의 데이터를 결합하여 정보 검색과 생성을 수행하는 멀티모달 RAG의 개념과 구현 방법을 알아보겠습니다.

1.1 멀티모달 RAG란?

멀티모달 RAG는 단순 텍스트 정보에 의존하는 것이 아니라, 이미지나 차트, 테이블 등의 시각적, 구조적 데이터까지 포함하여 정보를 검색하고 생성하는 기법입니다.

RAG에 왜 이렇게 다양한 데이터를 활용해야 할까요? 온라인 쇼핑몰에서 상품을 검색하는 상황을 상상해 봅시다. 텍스트 데이터인 상품 설명뿐 아니라 상품 사진 같은 시각적 정보를 함께 사용하여 검색할 수 있다면, 내가 원하는 상품을 더 정확하게 찾을 수 있을 것입니다.

마찬가지로 LLM에 텍스트 데이터뿐 아니라 이미지, 차트, 테이블 등 풍부한 정보를 제공한다면, 관련 문서를 검색할 때 더욱 정확한 맥락을 파악할 수 있습니다. 이를 통해 보다 일치하는 데이터를 효과적으로 찾아낼 수 있을 뿐 아니라, 사용자에게 답변을 생성할 때도 단순 텍스트를 넘어 다차원적인 정보를 활용할 수 있습니다. 따라서 사용자에게 더욱 정확하고 풍부한 답변을 제공할 수 있습니다.

1.2 멀티모달 RAG가 어려운 이유

멀티모달 RAG는 텍스트 데이터만 활용하는 일반적인 RAG 방식보다 더 많은 난관이 존재합니다. 일반적인 비즈니스 도메인에서 다루는 비정형 데이터는 고해상도 이미지가 담긴 슬라이드 또는 텍스트, 표, 차트, 다이어그램 등이 섞인 형태로 존재하며, PDF 등 다양한 형식으로 분산되어 있는 경우가 많습니다.

이렇게 서로 다른 여러 형식의 데이터를 다룰 때, 각 형식마다 해결해야 할 문제가 다르며 형식 간의 정보를 효과적으로 관리하는 방법도 고민해야 합니다. 따라서 단순히 텍스트만 다루는 일반적인 RAG보다 멀티모달 RAG가 더 복잡한 요소를 고려해야 합니다.

❯ 유형별 상이한 요구사항

그림 3-1 데이터를 포함하지 않은 일반적인 이미지

이미지를 예로 들면 그림 3-1과 같은 이미지에서는 세부적인 디테일보다는 전반적인 이미지에 중점을 두고 분석하게 됩니다. 따라서 연못, 바다, 나무, 모래와 같은 주요 요소만 강조됩니다.

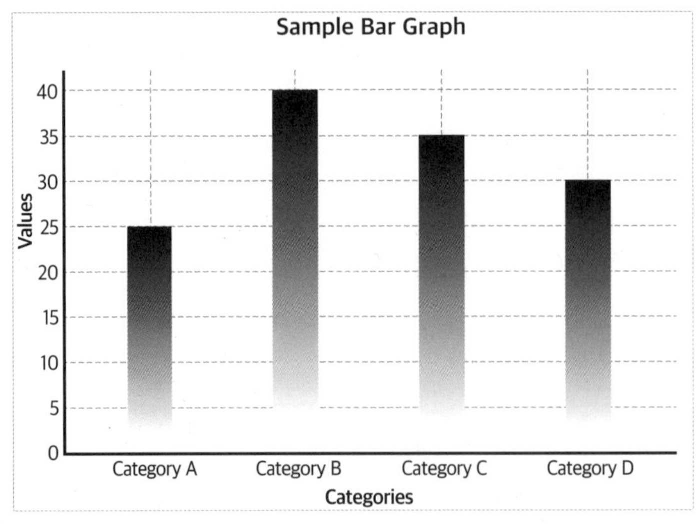

그림 3-2 데이터를 포함하고 있는 그래프 이미지

반면, 보고서나 문서에서는 그림 3-2와 같은 차트나 다이어그램처럼 정보가 밀집된 이미지가 포함될 수 있습니다. 이때는 각 수치가 의미하는 바를 해석하는 세부적인 분석뿐만 아니라, 해당 분석이 이루어진 환경과 같은 추가적인 맥락도 고려해야 합니다. 따라서 파이프라인을 설계할 때 각 양식의 특성과 요구사항을 인식하고 이에 맞춰 적절히 처리해야 정보를 효율적으로 담을 수 있습니다.

데이터의 일관성

멀티모달 RAG에서 또 다른 중요한 과제는 서로 다른 형식의 데이터를 일관성 있게 관리하는 방법입니다. 예를 들어, 문서 내에서 차트를 설명하는 텍스트와 차트 자체의 의미가 일치하는지 확인하는 것이 필수입니다.

만약 LLM에게 전달되는 두 가지 유형의 정보(텍스트와 차트)가 서로 상반된다면, 결국 사용자에게 전달되는 답변 역시 정확도가 떨어질 수 있습니다. 따라서 다양한 데이터 형식 간에 일관성을 유지하고, 이를 효과적으로 검증하는 과정이 필요합니다.

2 멀티모달 RAG 구현 방법

멀티모달 RAG 파이프라인을 구축하는 데는 서로 다른 모달리티를 어떻게 LLM에게 인지시킬지에 따라 다음과 같은 몇 가지 주요 접근 방식이 있습니다.

- 모든 모달리티를 동일한 벡터 공간에 포함하기
- 모든 모달리티를 하나의 기본 모달리티로 묶기
- 서로 다른 모달리티를 별도의 저장소에서 다루기

이번 절에서는 이들 각 접근 방식을 구현하는 방법과 장단점을 살펴보겠습니다.

2.1 모든 모달리티를 동일한 벡터 공간에 포함하기

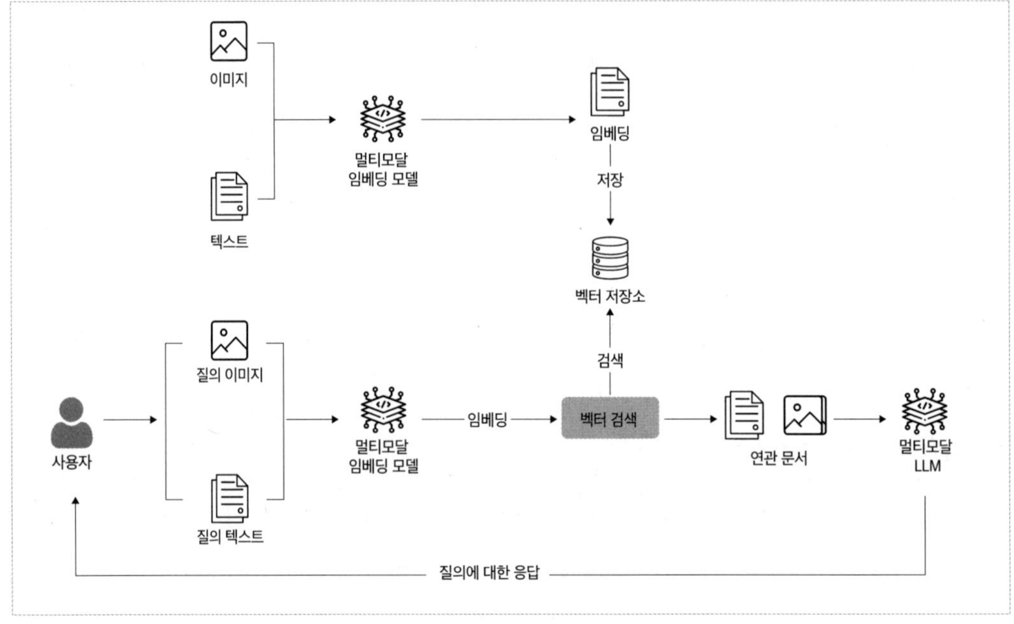

그림 3-3 모든 모달리티를 동일한 벡터 공간에 포함하는 RAG 파이프라인

이미지와 텍스트를 모두 효과적으로 처리하기 위해 CLIP^Contrastive Language-Image Pretraining[1]과 같은 멀티모달 모델을 사용하면, 두 모달리티를 동일한 벡터 공간에 인코딩할 수 있습니다. 이를 통해 이미지와 텍스트 모두 동일한 방식으로 임베딩할 수 있으며, 기존 텍스트 기반의 RAG 인프라를 그대로 유지하면서 임베딩 모델만 교체하여 다양한 모달리티를 수용할 수 있습니다.

이렇게 통합된 벡터 공간을 활용하면 유사도 검색을 통해 이미지와 텍스트를 모두 검색할 수 있고, 생성 단계에서는 멀티모달 LLM^MLLM을 사용하여 이미지와 텍스트 모두를 활용해 답변을 생성할 수 있습니다. 이 방식은 이전 장에서 구현했던 RAG 파이프라인에서 임베딩 모델을 교체하는 것 외에 별다른 변화를 요구하지 않으므로, 구현하기 쉽다는 장점이 있습니다. 하지만 이미지, 텍스트, 복잡한 표 등 다양한 콘텐츠를 정확하게 임베딩할 수 있는 모델을 확보하는 것

1 https://github.com/openai/CLIP

이 필수입니다.

참고 CLIP

CLIP(Contrastive Language-Image Pretraining) 모델은 오픈AI에서 개발한 인공지능 모델로, 텍스트와 이미지를 동시에 처리할 수 있는 멀티모달 모델입니다. CLIP은 대규모 텍스트-이미지 데이터셋을 통해 학습되었으며, 이를 통해 주어진 이미지에 맞는 텍스트를 예측하거나 텍스트에 맞는 이미지를 찾아낼 수 있습니다.

CLIP의 구조는 크게 이미지와 텍스트를 처리하는 두 가지 인코더로 구성되며, 이 두 인코더에서 생성된 벡터를 비교하는 방식으로 동작합니다. 이를 통해 이미지와 텍스트 간의 의미적 관계를 효과적으로 학습할 수 있습니다.

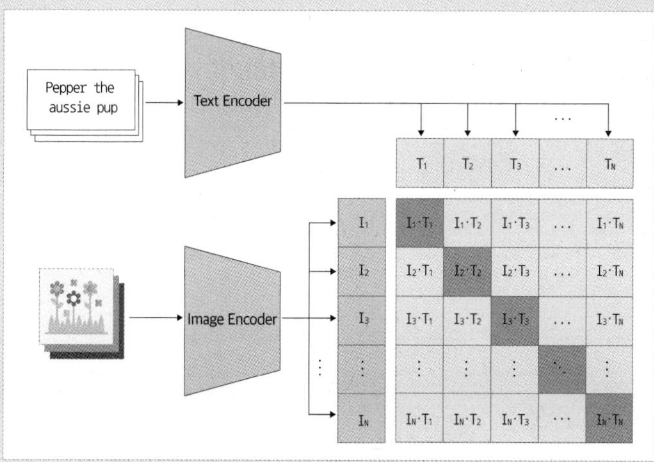

그림 3-4 CLIP의 텍스트-이미지 매칭

- **이미지 인코더:** 이미지를 입력으로 받아 해당 이미지를 벡터로 변환합니다. 주로 ResNet이나 Vision Transformer(ViT) 같은 비전 모델이 이미지 인코더로 사용됩니다.
- **텍스트 인코더:** 텍스트를 입력으로 받아 해당 텍스트를 벡터로 변환합니다. 일반적으로 Transformer 기반의 언어 모델이 텍스트 인코더로 사용됩니다.
- **대조 학습:** 이미지와 텍스트를 각각 인코더를 통해 벡터로 변환한 후, 이 벡터들을 비교하여 학습합니다. 이미지-텍스트 쌍이 맞으면 유사하게, 그렇지 않으면 다르게 나타나도록 조정합니다.

CLIP의 특징은 다음과 같습니다. CLIP은 이미지와 텍스트를 동시에 처리할 수 있도록 설계되어, 다양한 작업과 환경에서 우수한 성능을 보입니다.

- **일반화 능력:** CLIP은 특정 작업에 대해 훈련되지 않았음에도 불구하고 다양한 이미지-텍스트 관련 작업에서 강력한 성능을 발휘합니다. 예를 들어, 텍스트 설명에 맞는 이미지를 찾는 작업이나 이미지를 보고 적절한 설명을 생성하는 작업에서 뛰어난 성능을 보입니다.
- **Zero-shot 학습:** CLIP은 특정 작업에 대해 별도의 추가 훈련 없이도 기존에 학습된 지식을 사용해 새로운 작업을 수행할 수 있습니다. 예를 들어, CLIP은 새로운 카테고리의 이미지를 보고도 적절하게 텍스트로 설명할 수 있습니다.
- **멀티모달 학습:** CLIP은 이미지와 텍스트를 동시에 처리할 수 있는 모델이므로 다양한 응용 프로그램에서 활용할 수 있습니다. 예를 들어, 이미지 검색, 이미지 설명 생성, 멀티모달 챗봇 등에 적용할 수 있습니다.

2.2 모든 모달리티를 하나의 기본 모달리티로 표현하기

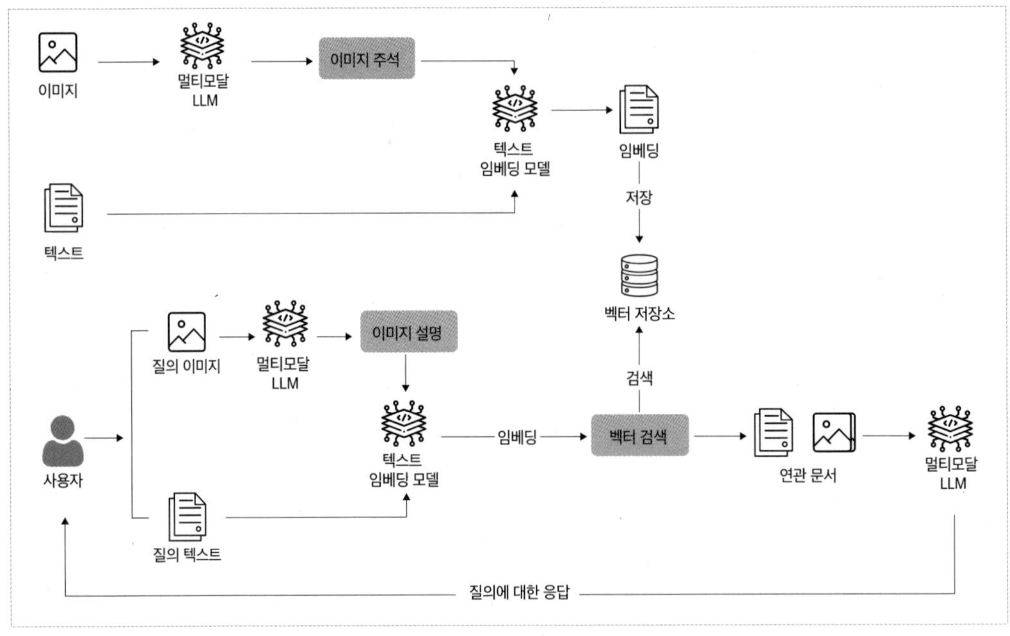

그림 3-5 모든 모달리티를 하나의 기본 모달리티로 표현하는 RAG 파이프라인

이 방식을 간단하게 말하자면, 모든 데이터를 한 가지 유형의 데이터로 표현하는것입니다. 가령 이미지와 텍스트 데이터를 함께 처리할 때, 멀티모달 LLM을 사용하면 이미지를 설명하는 텍스트 요약을 생성할 수 있습니다. 이렇게 생성된 텍스트를 임베딩하여 검색할 수 있으며, 이후 LLM에서 이미지를 포함한 검색 결과를 기반으로 답변을 생성할 수 있습니다. 요약하자면 주된 모달리티 하나를 기본으로 선택하고, 다른 모든 모달리티를 기본 모달리티로 표현하는 전략입니다.

이 방식의 장점은 이미지로부터 생성된 메타데이터가 명확하고 객관적인 질문에 효과적으로 대응할 수 있다는 점입니다. 또한 이미지 임베딩을 위한 새로운 모델을 따로 조정하거나, 다양한 검색 결과의 순위를 조정하기 위한 추가 작업이 필요하지 않다는 이점이 있습니다. 그러나 전처리 과정에서 비용이 발생하고, 이미지의 세부적인 뉘앙스나 정보가 손실될 수 있다는 한계도 있습니다.

2.3 서로 다른 모달리티를 별도의 저장소에서 다루기

마지막으로 서로 다른 모달리티를 별도의 저장소에 저장하는 방법은 앞선 '모든 모달리티를 동일한 벡터 공간에 포함하는 방법'과 '모든 모달리티를 하나의 기본 모달리티로 표현하는 방법'을 결합한 형태라고 할 수 있습니다.

이미지와 텍스트를 모두 다루는 멀티모달 임베딩 모델의 임베딩 결과는 벡터 저장소 1에, 이미지를 텍스트로 묘사하는 텍스트 임베딩 모델의 임베딩 결과는 벡터 저장소 2에 저장합니다.

이후 사용자가 이미지와 텍스트로 구성된 질문을 입력하면 두 가지 임베딩 벡터를 각각 얻어야 합니다. 첫 번째 임베딩 벡터는 벡터 저장소 1에 저장할 때 사용했던 멀티모달 임베딩 모델로 변환한 결과로, 이를 활용해 벡터 저장소 1에서 유사한 문서를 검색하는 데 활용합니다. 두 번째 임베딩 벡터는 벡터 저장소 2에 저장할 때 사용했던 텍스트 임베딩 모델로 변환한 결과로, 이를 활용해 벡터 저장소 2에서 유사한 문서를 검색하는 데 활용합니다.

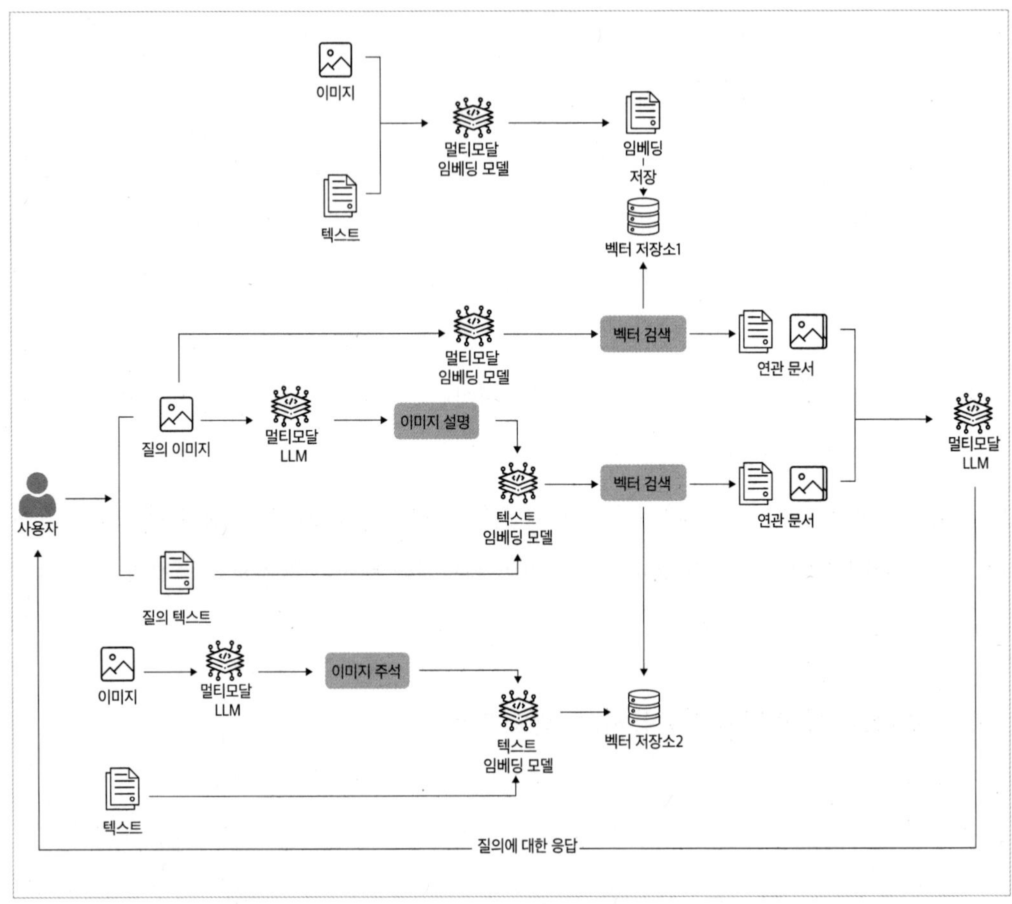

그림 3-6 서로 다른 모달리티를 별도의 저장소에서 다루는 RAG 파이프라인

이렇게 얻어낸 검색 결과들을 모두 사용하거나 또는 이들 사이에서 리랭킹ReRanking을 거쳐 상위 n개의 가장 유사한 문서를 가려낸 뒤, 최종적으로 LLM 모델에게 답변을 생성할 맥락으로 제공합니다.

이 방식은 앞선 방식들보다 전처리에 시간이 많이 걸리고 인프라 비용도 배로 들지만, 각 방식의 장점을 결합하여 가장 유사한 문서만 가려내어 사용하므로 사용자에게 가장 질적으로 우수한 답변을 제공할 수 있습니다.

3 멀티모달 RAG 실습

이제 실제로 PDF 파일에서 데이터를 추출하고 저장한 뒤, 이를 활용하여 PDF 본문에 대한 질문과 응답이 가능한 검색기를 구현해 보겠습니다. 이번 실습에서는 오픈AI의 MLLM을 이용하여 쉽게 구현할 수 있는 '모든 모달리티를 하나의 기본 모달리티로 표현하는 방식'을 사용하겠습니다.

3.1 환경 설정

먼저 코드를 작성할 파일을 구글 코랩에 생성합니다. 이 책의 깃허브 주소에서 내려받은 실습 코드는 3장 폴더의 ch03_MULTI_MODAL_RAG.ipynb 파일입니다.

라이브러리 설치

필요한 라이브러리를 설치합니다.

```
%%capture --no-stderr
! pip install -U langchain openai chromadb langchain-experimental pillow pydantic lxml
pillow matplotlib chromadb tiktoken
```

tesseract 설치

tesseract는 PDF 파일에서 문자열을 추출하는 데 필요한 광학 문자 인식[OCR] 라이브러리입니다. 컴퓨터 운영체제별로 설치 방법이 다르므로 각자 운영체제에 맞는 방식으로 설치하여 준비합니다.

Window

Tesseract 3.05, Tesseract 4, Tesseract 5의 Windows 설치 프로그램은 tesseract github[2]에서 내려받을 수 있습니다. 여기에는 학습 도구가 포함되어 있으며, 32비트 및 64비트 설

2 https://github.com/UB-Mannheim/tesseract/wiki

치 프로그램 모두 제공됩니다.

OSX (Mac)

다음 명령어로 설치합니다.

```
brew install tesseract
```

Linux

다음 명령어로 설치합니다.

```
sudo apt install tesseract-ocr
sudo apt install libtesseract-dev
```

poppler 설치

poppler는 PDF 렌더링과 처리에 필요한 라이브러리입니다. 역시 컴퓨터 운영체제별로 설치 방법이 다르므로 각자에게 맞는 방식으로 설치하여 준비합니다.

Window

최신 poppler의 Windows 설치 프로그램은 poppler github[3]에서 내려받을 수 있습니다. 내려받은 설치 파일을 원하는 폴더 경로에 압축을 풉니다. 이어서 다음과 같이 '폴더 경로\bin'을 환경 변수에 추가합니다.

1. 시작 메뉴에서 '환경 변수'를 검색하고, [시스템 환경 변수 편집]을 선택합니다.
2. [환경 변수…] 버튼을 클릭합니다.
3. [시스템 변수] 섹션에서 [Path]를 찾아 [편집]을 클릭합니다.

3 https://github.com/oschwartz10612/poppler-windows/releases

4. [새로 만들기]를 클릭하고 추가할 경로를 입력한 후 [확인]을 누릅니다.
5. 프로그램 또는 컴퓨터를 다시 시작하여 변경 사항을 적용합니다.

[윈도우 키] + [R]을 눌러 실행창을 열고 텍스트 상자에 powershell을 입력한 후 엔터 키를 눌러 파워셸을 실행합니다. pdftoppm -h 명령어가 올바르게 동작한다면 성공적으로 설치된 것입니다.

OSX (Mac)

다음 명령어로 설치합니다.

```
brew install poppler
```

Linux

다음 명령어로 설치합니다.

```
sudo apt-get install poppler-utils
```

unstructured 설치

이제 tesseract와 poppler를 이용하여 PDF의 전체적인 처리를 수행하는 라이브러리인 unstructured를 설치합니다. 해당 라이브러리는 tesseract와 poppler에 의존성을 가지므로, 반드시 이들 두 라이브러리를 설치한 이후에 설치해야 합니다.

```
%%capture --no-stderr
! pip install -U "unstructured[all-docs]"
```

참고 구글 코랩에서 unstructured 라이브러리 설치

이 책의 모든 실습은 구글 코랩 기준이므로, 독자 여러분이 좀 더 편리하게 진행할 수 있도록 코랩에서 설치하는 방법을 한번 더 소개하겠습니다.

구글 코랩에서 파이썬 코드를 실행하는 데 사용하는 커널(Kernal)은 리눅스 우분투(Linux Ubuntu) 운영체제 위에서 동작하도록 구성되어 있습니다. 따라서 앞의 설명 중, Linux 가이드를 따라하면 성공적으로 unstructured 라이브러리를 설치할 수 있습니다.

코랩에서는 명령어 앞에 !(느낌표)를 입력하면 리눅스 명령어를 코드 셀에서 실행할 수 있습니다. 따라서 다음 명령어를 차례로 입력하면 tesseract, poppler 라이브러리를 성공적으로 설치하고, 최종적으로 unstructured 라이브러리까지 설치할 수 있습니다.

```
!sudo apt install tesseract-ocr
!sudo apt install libtesseract-dev
!sudo apt-get install poppler-utils
!pip install -U "unstructured[all-docs]"
```

오픈AI 키 설정

답변을 생성하는 데 LLM을 사용합니다. 이번 실습에서는 ChatGPT API를 사용하므로, OPEN AI API KEY를 준비하여 .env 파일에 추가하고 로드합니다.

```
from google.colab import drive
drive.mount('/content/drive')
from dotenv import load_dotenv

# .env 파일에서 환경 변수 로드
load_dotenv("/content/.env")
```

3.2 데이터 전처리

먼저, 검색에 활용할 PDF 파일의 전처리를 진행하여 벡터 저장소에 저장하는 작업을 진행합니다. PDF 내에는 텍스트와 이미지, 테이블 데이터 등 다양한 유형의 데이터가 존재합니다. 이를 모두 한번에 추출한 뒤, 분류하여 저장하는 작업을 진행해 보겠습니다.

이번 예제에서는 질병관리청[4]에서 주마다 발간하는 말라리아 주간소식지[5] PDF 파일을 사용하겠습니다. 해당 PDF는 말라리아 발생 현황에 대한 텍스트와 이를 보기 쉽게 도식화한 테이블 데이터, 발생 분포를 표현한 이미지 데이터를 포함하고 있습니다. PDF 파일은 인터넷에서 내려받거나 이 책의 깃허브 주소에서 내려받은 파일 중 3장 폴더의 sample.pdf를 사용하면 됩니다.

먼저 다음과 같이 파일 경로를 설정합니다.

```
# 파일 경로
fpath = '/content/drive/MyDrive/langchain-tutorial/Ch03. MultiModal RAG'
fname = "sample.pdf"
```

이제 PDF에서 각 요소들을 모두 추출해보겠습니다. 이때 앞에서 설치한 unstructured 라이브러리를 사용합니다. unstructured 라이브러리에서는 텍스트 전처리 작업에 nltk를 사용하므로, 이에 필요한 데이터를 다음과 같이 다운로드합니다.

```
import nltk

# nltk 필요 데이터 다운로드
nltk.download('punkt_tab')
nltk.download('averaged_perceptron_tagger_eng')
```

이어서 partition_pdf 함수를 사용하여 요소 추출을 진행합니다.

```
from unstructured.partition.pdf import partition_pdf
import os
```

4 https://dportal.kdca.go.kr

5 https://dportal.kdca.go.kr/pot/bbs/BD_selectBbs.do?q_bbsSn=1010&q_bbsDocNo=20241024160712807&q_clsfNo=2

```
# PDF에서 요소 추출
raw_pdf_elements = partition_pdf(
    filename=os.path.join(fpath, fname),
    extract_images_in_pdf=True,
    infer_table_structure=True,
    chunking_strategy="by_title",
    extract_image_block_output_dir=fpath,
)
```

partition_pdf 함수에 다음과 같은 인자들을 설정하면, 원하는 만큼 텍스트 데이터를 조각낼 수 있고 이미지와 테이블 구조를 추출할 수 있습니다.

- **filename:** 분석하고자 하는 PDF 파일 경로를 지정합니다.
- **extract_iamges_in_pdf:** PDF 안에 이미지가 있다면 이미지를 추출합니다.
- **infer_table_structure:** PDF 안에 테이블이 있다면 테이블을 추출합니다.
- **chunking_strategy:** 텍스트를 조각낼 전략[6]을 선택합니다. basic은 섹션 구분 없이 글자 수에 따라 조각내고, by_title은 페이지 또는 섹션 경계에 따라 조각냅니다.
- **extract_image_block_output_dir:** 추출한 이미지를 저장할 경로를 설정합니다.

다음은 이렇게 추출한 요소들 중, 테이블과 텍스트를 분리하여 저장하는 코드입니다. unstructured 라이브러리에서 추출된 데이터의 유형을 검사해 이미지와 테이블 구조를 추출할 수 있습니다.

추출된 element의 type 문자열을 검사했을 때 unstructured.documents.elements.Table이 포함되어 있으면 테이블, unstructured.documents.elements.CompositeElement가 포함되어 있으면 텍스트입니다.

```
# 텍스트, 테이블 추출
tables = []
```

6 https://docs.unstructured.io/open-source/core-functionality/chunking#chunking-strategies

```
texts = []
for element in raw_pdf_elements:
    if "unstructured.documents.elements.Table" in str(type(element)):
        tables.append(str(element))  # 테이블 요소 추가
    elif "unstructured.documents.elements.CompositeElement" in str(type(element)):
        texts.append(str(element))   # 텍스트 요소 추가
```

추출한 테이블 데이터와 텍스트 데이터를 각각 확인해 보겠습니다. 먼저 테이블 데이터를 확인합니다.

```
tables[0]
```

```
'2023년 2022년 2024년 42주 2021년 2020년 747 294 420 전체 385 665 356 274 630 382
673 국내발생 74 20 35 29 38 해외유입'
```

이어서 텍스트 데이터를 확인합니다.

```
texts[0]
```

```
'42주차 (10.13.~10.19.) \n\n¦ Suyztay ¦ aygises zt ¦ Hail\n\n1주~42주 665명  630명
35명  말라리아  환자  발생  현황  '24년  1주부터  42주까지  말라리아  환자는  총  665
명(인구  10만  명당  발생률  1.3명)이며,  42주에   10명  신규  발생함  전체  665명  중
국내발생  630명(94.7%),  해외유입  35명(5.3%)으로  해외유입  국가는  주로   아프리카
대륙에  속함  전년  726명  대비  61명(8.4%)  감소  국내  발생  현황  (국내  총  630명)
(성별)  남자  526명(83.5%),  여자  104명(16.5%)  (연령) 전체 평균 연령 40.7세(범위
2~97세)이며, 20대 209명(33.2%)으로 가장 많았고, 50대   99명(15.7%), 40대 96명(15.2%),
30대 90명(14.3%), 60대 73명(11.6%) 순으로 발생 ... (이하 생략) ...
```

3.3 멀티-벡터 검색기

이제 추출한 요소들을 벡터화하여 저장하고, 이를 통해 멀티모달 데이터를 검색할 수 있는 멀티-벡터 검색기를 구성해 보겠습니다.

텍스트 및 테이블 요약

추출한 요소들은 복잡한 테이블과 텍스트를 그대로 읽은 데이터이기 때문에 복잡하고 가시성이 떨어지는 모양을 띠고 있습니다. 따라서 이를 LLM에 제공하여 텍스트와 테이블에 대한 요약문을 생성하겠습니다.

```
from langchain_core.output_parsers import StrOutputParser
from langchain_core.prompts import ChatPromptTemplate
from langchain_openai import ChatOpenAI

# 프롬프트 설정
prompt_text = """당신은 표와 텍스트를 요약하여 검색할 수 있도록 돕는 역할을 맡은 어시스턴트
입니다.
이 요약은 임베딩되어 원본 텍스트나 표 요소를 검색하는 데 사용될 것입니다.
표 또는 텍스트에 대한 간결한 요약을 제공하여 검색에 최적화된 형태로 만들어 주세요. 표 또는
텍스트: {element} """
prompt = ChatPromptTemplate.from_template(prompt_text)

# 텍스트 요약 체인
model = ChatOpenAI(temperature=0, model="gpt-4")
summarize_chain = {"element": lambda x: x} | prompt | model | StrOutputParser()

# 제공된 텍스트에 대해 요약을 할 경우
text_summaries = summarize_chain.batch(texts, {"max_concurrency": 5})
# 요약을 원치 않을 경우
# text_summaries = texts

# 제공된 테이블에 적용
table_summaries = summarize_chain.batch(tables, {"max_concurrency": 5})
```

예제에서는 `summarize_chain = {"element": lambda x: x} | prompt | model | StrOutputParser( )`와 같이 요약 체인을 생성합니다. 이는 element라는 key에 저장된 리스트 형식의 데이터를 입력받아 모델에 넣어 문자열 형태의 출력을 반환받는 체인입니다.

앞에서 추출한 테이블과 텍스트를 summarize_chain.batch 함수를 호출하여 실행합니다. summarize_chain.batch 함수는 입력받은 다량의 데이터를 한번에 처리할 수 있는 함수입니다.

챗GPT는 프롬프트에 따라 각 텍스트와 테이블에 대한 요약문을 응답으로 제공하는데, 이를 text_summaries, table_summaries에 따로 저장해 둡니다.

요약한 내용을 확인해 보겠습니다. 먼저 테이블 요약을 확인합니다.

```
table_summaries[0]
```

```
'이 텍스트는 특정 연도별 주차에 따른 국내발생 및 해외유입 코로나19 확진자 수를 나타내는 통계 데이터로 보입니다. 2020년부터 2024년까지의 연도별, 주차별 총 확진자 수, 국내발생 확진자 수, 해외유입 확진자 수에 대한 정보가 포함되어 있습니다.'
```

이어서 텍스트 요약을 확인합니다.

```
text_summaries[0]
```

```
'42주차 말라리아 환자 발생 현황 보고서에 따르면, 2024년 1주부터 42주까지 총 665명의 말라리아 환자가 발생했으며, 이 중 630명이 국내에서 발생하고 35명이 해외에서 유입된 것으로 확인되었습니다. 이는 전년도 726명에 비해 61명 감소한 수치입니다. 환자들의 성별 분포는 남성이 526명으로 여성 104명보다 많았으며, 연령대는 20대가 가장 많았습니다. 지역별로는 경기도에서 가장 많은 환자가 발생했으며, 그 뒤를 인천, 서울이 이었습니다. 말라리아 매개모기 감시현황은 평균 0.1개체로, 평년 대비 감소하였습니다.'
```

결과를 보면, 요약을 통해 훨씬 압축적이고 명확한 텍스트 데이터가 생성된 것을 확인할 수 있습니다.

이미지 요약

PDF에서 추출한 세 가지 모달리티 중 텍스트와 테이블에 대한 요약문 생성을 마쳤습니다. 이제 마지막 모달리티인 이미지에 대한 요약을 생성해 보겠습니다.

오픈AI에서 지원하는 많은 모델 중 비전vison, 즉 이미지를 다룰 수 있는 모델인 gpt-4o 모델을 사용하겠습니다.

오픈AI의 MLLM(Multi-Modal LLM)

오픈 AI의 모든 LLM이 이미지 데이터를 처리할 수 있는 것은 아닙니다. 오픈AI의 모델 소개 페이지[7]에서 비전을 지원한다고 소개된 모델만 이미지를 입력으로 받아 이를 인식하고 출력할 수 있습니다.

이미지는 텍스트보다 더 많은 정보를 포함한 복잡한 모달리티입니다. 이미지는 AI 모델이 인지할 수 있는 정형화된 모양으로 변환해서 전달해야 하는데, 오픈AI에서는 다음과 같이 이미지를 전달하는 여러 옵션을 제공하고 있습니다. 이를 참고하여 적합한 방법을 선택해 활용하기 바랍니다.

이미지 URL을 통해 모델에게 이미지 전달하기

```
response = client.chat.completions.create(
  model="gpt-4o-mini",
  messages=[
    {
      "role": "user",
      "content": [
        {"type": "text", "text": "What's in this image?"},
        {
          "type": "image_url",
          "image_url": {
            "url": "https://upload.wikimedia.org/wikipedia/commons/thumb/d/dd/Gfp-
            wisconsin-madison-the-nature-boardwalk.jpg/2560px-Gfp-wisconsin-madison-
            the-nature-boardwalk.jpg",
          },
        },
      ],
    }
  ],
  max_tokens=300,
)
```

7 https://platform.openai.com/docs/models

챗GPT에게 전달하는 메시지에 image_url 타입의 콘텐츠를 추가하고, url 데이터를 전송하는 방식으로 이미지를 전달할 수 있습니다.

이미지를 base64 인코딩하여 모델에게 전달하기

```
payload = {
  "model": "gpt-4o-mini",
  "messages": [
    {
      "role": "user",
      "content": [
        {
          "type": "text",
          "text": "What's in this image?"
        },
        {
          "type": "image_url",
          "image_url": {
            "url": f"data:image/jpeg;base64,{base64_image}"
          }
        }
      ]
    }
  ],
  "max_tokens": 300
}
response = requests.post("https://api.openai.com/v1/chat/completions", headers=headers,
json=payload)
```

챗GPT에게 전달하는 메시지에 image_url 타입의 콘텐츠를 추가하고, base64로 인코딩된 이미지를 전송하는 방식으로 이미지를 전달할 수 있습니다. Base64 인코딩에 대한 자세한 내용은 뒤에서 다룹니다.

모델에게 여러 장의 이미지 전달하기

```
response = client.chat.completions.create(
  model="gpt-4o-mini",
  messages=[
    {
      "role": "user",
      "content": [
        {
          "type": "text",
          "text": "What are in these images? Is there any difference between them?",
        },
        {
          "type": "image_url",
          "image_url": {
            "url": "https://upload.wikimedia.org/wikipedia/commons/thumb/d/dd/Gfp-
            wisconsin-madison-the-nature-boardwalk.jpg/2560px-Gfp-wisconsin-madison-
            the-nature-boardwalk.jpg",
          },
        },
        {
          "type": "image_url",
          "image_url": {
            "url": "https://upload.wikimedia.org/wikipedia/commons/thumb/d/dd/Gfp-
            wisconsin-madison-the-nature-boardwalk.jpg/2560px-Gfp-wisconsin-madison-
            the-nature-boardwalk.jpg",
          },
        },
      ],
    }
  ],
  max_tokens=300,
)
```

챗GPT에게 전달하는 메시지에 image_url 타입의 콘텐츠를 여러 개 추가하여 여러 이미지를 전달할 수 있습니다.

모델에게 이미지 퀄리티 지시하기

```
response = client.chat.completions.create(
  model="gpt-4o-mini",
  messages=[
    {
      "role": "user",
      "content": [
        {"type": "text", "text": "What's in this image?"},
        {
          "type": "image_url",
          "image_url": {
            "url": "https://upload.wikimedia.org/wikipedia/commons/thumb/d/dd/Gfp-
            wisconsin-madison-the-nature-boardwalk.jpg/2560px-Gfp-wisconsin-madison-
            the-nature-boardwalk.jpg",
            "detail": "high"
          },
        },
      ],
    }
  ],
  max_tokens=300,
)
```

챗GPT에게 전달하는 메시지에 image_url 타입의 콘텐츠를 추가할 때, detail 파라미터를 명시하여 이미지의 퀄리티를 지시할 수 있습니다.

참고 저해상도 또는 고해상도 이미지

detail 파라미터를 조정하여 모델이 이미지를 처리하고 텍스트로 이해하는 방식을 제어할 수 있습니다. 이 파라미터에는 low(저해상도), high(고해상도), auto(자동) 세 가지 옵션이 있습니다. 기본적으로 모델은 auto 설정을 사용하여 입력 이미지 크기를 확인한 후, low 또는 high 모드를 자동으로 선택합니다.

- **low**: "저해상도" 모드를 활성화합니다. 이 모드에서는 모델이 512px×512px 크기의 저해상도 이미지를 받고, 이미지에 대해 85토큰의 예산을 사용하여 표현합니다. 이 모드는 빠른 응답을 원하거나 높은 세부 사항이 필요하지 않은 경우에 유용하며, 입력 토큰 수를 절약할 수 있습니다.
- **high**: "고해상도" 모드를 활성화하며, 먼저 85토큰으로 저해상도 이미지를 확인한 후, 512px×512px 타일당 170토큰을 사용하여 상세한 크롭을 생성합니다.
- **auto**: "자동" 모드에서는 입력 이미지 크기에 따라 low 또는 high 설정을 자동으로 선택하여 처리 속도와 이미지 세부 사항을 균형 있게 관리합니다.

오픈AI 모델에게 이미지를 보내는 다양한 방법이 있지만 이번 실습에서는 PDF에서 추출한 이미지를 사용하는 만큼 모델에게 base64로 인코딩된 이미지를 직접 보내는 방법을 사용하겠습니다.

```
import base64

def encode_image(image_path) -> str:
    # 이미지 base64 인코딩
    with open(image_path, "rb") as image_file:
        return base64.b64encode(image_file.read()).decode('utf-8')

# 이미지의 base64 인코딩을 저장하는 리스트
img_base64_list = []

# 이미지를 읽어 base64 인코딩 후 저장
for img_file in sorted(os.listdir(fpath)):
    if img_file.endswith('.jpg'):
        img_path = os.path.join(fpath, img_file)
        base64_image = encode_image(img_path)
        img_base64_list.append(base64_image)
```

이처럼 base64.b64encode 함수를 통해 이미지를 모델이 인지할 수 있는 base64 형태로 인코딩할 수 있습니다.

참고 Base64 인코딩

Base64 인코딩은 이진 데이터를 텍스트 형식으로 변환하는 방법입니다. 주로 바이너리 데이터를 네트워크로 전송하거나 텍스트로 저장할 때 사용합니다. Base64는 64개의 ASCII 문자로 데이터를 인코딩하며, 인코딩된 결과가 텍스트로만 구성되기 때문에 전송 과정에서의 오류나 데이터 손실을 방지할 수 있습니다.

Base64 인코딩 동작 원리

일반적으로 컴퓨터의 데이터는 8비트로 표현되지만, Base64 인코딩에서는 6비트 단위로 데이터를 분할합니다. 8비트를 6비트로 나누면 데이터가 압축되기 때문에, 데이터를 쉽게 전송할 수 있습니다. 이때 64개의 문자 집합을 사용합니다. Base64에서 사용하는 64개의 문자 집합은 다음과 같습니다.

- **대문자 알파벳:** A-Z (26개)
- **소문자 알파벳:** a-z (26개)
- **숫자:** 0-9 (10개)
- **추가 문자:** +, /

또한 데이터가 3바이트로 나누어지지 않으면, = 문자를 패딩으로 추가해 데이터의 길이를 맞춥니다. 패딩은 데이터를 원래 상태로 복원할 때 도움이 됩니다.

이미지 데이터 역시 이진 데이터입니다. base64 인코딩을 통해 텍스트 데이터로 변경한 뒤 모델에게 전송하게 됩니다.

이미지를 모두 인코딩했다면 이제 LLM모델에게 이를 전달하여 텍스트 형식의 요약문을 생성해달라고 요청하겠습니다. 이 요약문은 차후 원본 이미지를 검색하는 데 활용됩니다. 따라서 프롬프트에 이를 상세히 지시하여 우리가 원하는 형태의 요약문을 얻어보겠습니다.

```
from langchain_core.messages import HumanMessage
from langchain_openai import ChatOpenAI
```

```
def image_summarize(img_base64: str) -> str:
    # 이미지 요약
    chat = ChatOpenAI(model="gpt-4o", max_tokens=1024)
    prompt = """
    당신은 이미지를 요약하여 검색을 위해 사용할 수 있도록 돕는 어시스턴트입니다.
    이 요약은 임베딩되어 원본 이미지를 검색하는 데 사용됩니다.
    이미지 검색에 최적화된 간결한 요약을 작성하세요.
    """
    msg = chat.invoke(
        [
            HumanMessage(
                content=[
                    {"type": "text", "text": prompt},
                    {
                        "type": "image_url",
                        "image_url": {
                            "url": f"data:image/jpeg;base64,{img_base64}"
                        },
                    },
                ]
            )
        ]
    )
    return msg.content

# 이미지 요약을 저장하는 리스트
image_summaries = []

for img_base64 in img_base64_list:
    image_summary = image_summarize(img_base64)
```

결과를 확인해 보면 이미지 요약이 제대로 되었음을 알 수 있습니다.

```
image_summaries[0]
```

```
'2024년 말라리아 주간 소식지, 42주차(10.13~10.19), 질병관리청 KDCA, 말라리아 감시 보고서.'
```

벡터 저장소에 추가

이제 원본 문서와 생성한 요약본들을 벡터 저장소에 저장하겠습니다. 다양한 벡터 저장소가 있지만, 이번 실습에서는 크로마Chroma를 사용하겠습니다. 벡터 저장소에는 변환된 각종 테이블 요약이 임베딩 벡터 형태로 변환되어 저장되며, 이를 통해 의미 기반 검색semantic retrieval을 수행하게 됩니다.

텍스트를 임베딩 벡터로 변환할 때는 오픈AI의 임베딩 API를 이용하겠습니다. 크로마 DB를 선언할때 embedding_function에 OpenAIEmbeddings( ) 클라이언트를 지정하면 자동으로 벡터 저장소에 오픈AI 임베딩 API를 사용하여 저장하게 됩니다.

원본 데이터는 docstore에 저장하겠습니다. 저장 위치는 메모리이므로 InMemoryStore( )를 선언합니다. 선언한 저장소들을 사용하여 멀티모달 데이터를 검색할 수 있는 멀티벡터 검색기 MultiVectorRetriever를 선언합니다.

```
from langchain.retrievers import MultiVectorRetriever
from langchain_core.stores import InMemoryStore
from langchain_openai import OpenAIEmbeddings
from langchain_community.vectorstores import Chroma

# 분할한 텍스트들을 색인할 벡터 저장소
vectorstore = Chroma(collection_name="multi_modal_rag",
                     embedding_function=OpenAIEmbeddings())

# 원본 문서 저장을 위한 저장소 선언
docstore = InMemoryStore()
id_key = "doc_id"

# 검색기
retriever = MultiVectorRetriever(
    vectorstore=vectorstore,
    docstore=docstore,
    id_key=id_key,
)
```

이제 우리가 PDF로부터 추출한 각종 데이터와 요약본들을 저장소에 저장해 보겠습니다. docstore에는 원본 텍스트, 테이블, base64 인코딩된 원본 이미지를 저장합니다.

각 원본 데이터를 식별할 수 있는 중복되지 않는 id가 필요한데, uuid.uuid4( ) 함수로 중복되지 않는 id 값을 생성하여 사용하도록 하겠습니다. zip 함수를 사용하면 생성된 id와 원본 데이터 쌍을 만들어 저장할 수 있습니다.

```
import uuid

# 원본 텍스트 데이터 저장
doc_ids = [str(uuid.uuid4()) for _ in texts]
retriever.docstore.mset(list(zip(doc_ids, texts)))

# 원본 테이블 데이터 저장
table_ids = [str(uuid.uuid4()) for _ in tables]
retriever.docstore.mset(list(zip(table_ids, tables)))

# 원본 이미지(base64) 데이터 저장
img_ids = [str(uuid.uuid4()) for _ in img_base64_list]
retriever.docstore.mset(list(zip(img_ids, img_base64_list)))
```

vectorstore에는 텍스트와 테이블의 요약본을 저장합니다. 저장할 때 앞에서 지정한 OpenAIEmbeddings로 요약 텍스트를 벡터화한 데이터를 함께 저장하게 됩니다. 이러한 데이터는 이후 사용자의 질문이 입력되면 유사한 의미의 텍스트를 찾는 의미 기반 검색에 활용됩니다.

```
from langchain.schema.document import Document

# 텍스트 요약 벡터 저장
summary_texts = [
    Document(page_content=s, metadata={id_key: doc_ids[i]})
    for i, s in enumerate(text_summaries)
]
retriever.vectorstore.add_documents(summary_texts)
```

```
# 테이블 요약 벡터 저장
summary_tables = [
    Document(page_content=s, metadata={id_key: table_ids[i]})
    for i, s in enumerate(table_summaries)
]
retriever.vectorstore.add_documents(summary_tables)

# 이미지 요약 벡터 저장
summary_img = [
    Document(page_content=s, metadata={id_key: img_ids[i]})
    for i, s in enumerate(image_summaries)
]
retriever.vectorstore.add_documents(summary_img)
```

```
['e05355d4-2782-4378-8693-df7113b1734a',
 '25563971-05f0-4413-891d-58d753441b1c',
 '779d61f9-6d82-4672-a5d4-aa0e2a3ce1e0',
 'a06f4653-eb63-42d7-bb17-50e556d2d298',
 '4db8a454-4b93-47f5-8d0b-3bcb2eb5fd96',
... (중간 생략) ...
 '4d5840af-3525-4831-9d99-7c44a944a441']
```

문서가 벡터 저장소에 저장되면서 생성된 id_key 값이 이와 같이 출력되면 성공적으로 벡터 저장소에 요약 벡터가 저장된 것입니다.

3.4 멀티모달 RAG 구현

멀티모달 데이터를 검색할 수 있는 검색기까지 준비되었으므로, 이제 이를 기반으로 사용자에게 보다 정확하고 풍부한 답변을 생성할 수 있는 RAG 파이프라인을 완성해 보겠습니다.

❯ 검색 확인

이제 검색기가 우리가 입력한 질문에 유사한 이미지 혹은 텍스트나 테이블을 잘 검색하고, 올바른 결과를 되돌려주는지 확인해 보겠습니다.

```
docs = retriever.invoke(
    "말라리아 군집 사례는 어떤가요? "
)

len(docs)
```

```
4
```

말라리아 군집 사례를 검색해 보면 총 4개의 검색 결과가 있는것을 확인할 수 있습니다. 이미지, 텍스트 결과가 섞여 있으므로 이를 구분하여 확인해 보겠습니다.

```
from base64 import b64decode

def split_image_text_types(docs):
    # 이미지와 텍스트 데이터를 분리
    b64 = []
    text = []
    for doc in docs:
        try:
            b64decode(doc)
            b64.append(doc)
        except Exception as e:
            text.append(doc)
    return {
        "images": b64,
        "texts": text
    }

docs_by_type = split_image_text_types(docs)
```

먼저 이미지 결과를 확인해 봅니다.

```
len(docs_by_type["images"])
```

```
3
```

이어서 텍스트 결과를 확인해 봅니다.

```
len(docs_by_type["texts"])
```

```
1
```

이미지는 총 3개, 텍스트는 총 1개 있는것을 확인할 수 있습니다.

```
from IPython.display import display, HTML

def plt_img_base64(img_base64):
    # base64 이미지로 html 태그를 작성
    image_html = f'<img src="data:image/jpeg;base64,{img_base64}" />'

    # html 태그를 기반으로 이미지를 표기
    display(HTML(image_html))

plt_img_base64(docs_by_type["images"][0])
```

이미지를 확인할 수 있는 함수 plt_img_base64를 작성하고, 이를 통해 첫 번째 이미지를 확인해 봅니다.

3 말라리아 군집사례 현황

말라이아 군집 사례 현황에 사용된 소제목 이미지가 검색 결과로 나온 것을 확인할 수 있습니다. 질문에 대한 답변을 작성하기에 유의미한 이미지는 아니지만, 질문과 연관된 이미지가 제대로 검색되었음을 확인할 수 있습니다.

첫 번째 문서를 확인해 봅니다.

```
docs_by_type["texts"][0]
```

```
'인천\n\n서울\n\n1\n\n(0.00)\n\n1\n\n(10개)\n\n5\n\n42주차 (10.13.~10.19.) 3 말라
리아 군집사례 현황        - (누적) 4개 시도(경기, 서울, 인천, 강원), 총 46
건의 군집사례* 확인             * 군집사례 : 위험지역 내에서 2명 이상의 환
자가 증상 발생 간격이 14일 이내, 환자 거주지 거리가  1Km 이내인 경우    표
6 군집사례 발생 현황  시군구 발생(군집사례건수) 시·도 사례건수(환자수) 4개 시도
46건(114명) 합계 ▸5명 군집(1) : 양천구, 강서구(1)  서울 1건(5명) ▸2명 군집
(5) : 서구(2), 강화군(1), 연수구(1), 중구(1) 5건(10명) 인천 ▸6명 군집(1) :
파주시(1) ▸4명 군집(3) : 파주시(2), 김포시(1),  ▸3명 군집(6) : 파주시(4),
김포시(1), 일산서구(1)  39건(94명) 경기 ▸2명 군집(29) : 파주시(15), 김포시
(10), 일산동구(2), 일산서구(1),  연천군(1)  ▸5명 군집(1) : 철원군(1) 1건(5명)
강원 그림 6. 군집사례 6 \n\n3 말라리아 군집사례 현황 '
```

말라리아 군집 사례에 대한 테이블 데이터가 검색 결과로 나온것을 확인할 수 있습니다.

답변 생성

검색기가 올바른 검색 결과를 반환하는 것을 확인했으므로, 이를 기반으로 올바른 답변을 생성하는 과정을 진행해 보겠습니다.

```python
from operator import itemgetter
from langchain.schema.runnable import RunnablePassthrough, RunnableLambda

def prompt_func(dict):
    format_texts = "\n".join(dict["context"]["texts"])
    text = f"""
    다음 문맥에만 기반하여 질문에 답하세요. 문맥에는 텍스트, 표, 그리고 아래 이미지가 포함될
    수 있습니다:
    질문: {dict["question"]}

    텍스트와 표:
    {format_texts}
    """

    prompt = [
        HumanMessage(
            content=[
                {"type": "text", "text": text},
```

```
                {"type": "image_url", "image_url": {"url": f"data:image/
                jpeg;base64,{dict['context']['images'][0]}"}},
            ]
        )
    ]

    return prompt

model = ChatOpenAI(temperature=0, model="gpt-4o", max_tokens=1024)

# RAG 파이프라인
chain = (
        {"context": retriever | RunnableLambda(split_image_text_types), "question":
        RunnablePassthrough()}
        | RunnableLambda(prompt_func)
        | model
        | StrOutputParser()
)
```

사용자에게 질문을 입력받으면 해당 질문을 기반으로 검색기에서 관련 텍스트, 테이블, 이미지 데이터를 검색한 뒤 이를 활용하여 답변 생성을 요청하는 RAG 파이프라인을 구성했습니다.

랭체인의 러너블 객체

랭체인에서는 다양한 실행 논리를 정의하고 사용할 수 있는 여러 러너블(Runnable) 객체를 제공합니다. 그중에서도 RunnableLambda와 RunnablePassthrough는 사용자 정의 로직을 실행할 때 유용합니다.

RunnableLambda[8]

RunnableLambda는 간단한 람다 함수(익명 함수)를 실행할 수 있는 러너블입니다. 주로 빠르고 간결한 작업을 처리하기 위해 사용합니다. 파이썬의 람다(lambda) 함수를 감싸서 랭체인의 실행 체인 내에서 동작하게 할 수 있습니다. RunnableLambda의 특징과 간단한 사용 예를 살펴보면 다음과 같습니다.

- 사용자가 원하는 임의의 함수를 정의하여 실행 가능
- 체인 내의 특정 단계에서 필요한 사용자 정의 로직을 추가하는 데 유용
- 데이터를 변형하거나 특정 로직을 적용하는 작업에 적합

8 https://api.python.langchain.com/en/latest/runnables/langchain_core.runnables.base.RunnableLambda.html

```
from langchain.schema.runnable import RunnableLambda

# 간단한 함수 정의
my_lambda = RunnableLambda(lambda x: x.upper())

# 입력 처리
result = my_lambda.invoke("hello world")
print(result)  # "HELLO WORLD"
```

RunnablePassthrough[9]

RunnablePassthrough는 입력을 그대로 출력하는 러너블입니다. 즉, 별도의 처리를 하지 않고 입력을 통과시키는 역할을 합니다. 보통 특정 단계에서 입력을 그대로 넘기고 싶을 때 유용합니다. RunnablePassthrough의 특징과 간단한 사용 예를 살펴보면 다음과 같습니다.

- 입력을 가공하지 않고 그대로 전달
- 디버깅하거나 체인 내에서 특정 단계의 출력을 확인하고자 할 때 유용
- 기본적으로 아무 동작도 하지 않으므로 효율적

```
from langchain.schema.runnable import RunnablePassthrough
# 입력을 그대로 통과시키는 passthrough 실행
passthrough = RunnablePassthrough()

# 입력 처리
result = passthrough.invoke("no change needed")
print(result)  # "no change needed"
```

체인을 구성하였으므로, 이제 chain.invoke 함수를 사용해 구성한 파이프라인을 실행할 수 있습니다. 이제 LLM이 생성한 결과를 확인해 보겠습니다.

```
chain.invoke(
    "말라리아 군집 사례는 어떤가요?"
)
```

9 https://api.python.langchain.com/en/latest/runnables/langchain_core.runnables.passthrough.RunnablePassthrough.html

'말라리아 군집 사례는 총 4개 시도(경기, 서울, 인천, 강원)에서 46건이 확인되었습니다. 인천에서는 5건의 군집 사례가 발생하여 총 10명의 환자가 보고되었습니다. 인천의 군집 사례는 서구(2건), 강화군(1건), 연수구(1건), 중구(1건)에서 발생했습니다.'

저장해둔 이미지와 텍스트 데이터에 기반하여, 말라리아 군집 사례에 대해 구체적인 답변을 생성하여 사용자에게 응답을 제공하는 모습을 확인할 수 있습니다.

지금까지 실습을 진행하며 멀티모달 RAG가 무엇인지, 그리고 이를 어떻게 활용할 수 있는지 알아보았습니다.

멀티모달 RAG는 텍스트뿐만 아니라 이미지, 표, 차트 등 다양한 데이터 유형을 결합하여 사용자에게 더 유용하고 정확한 답변을 제공하는 방식으로, 특히 복잡한 질문에 대한 답변이 요구되는 상황에서 정보의 정확성과 신뢰성을 높이는 데 효과적입니다.

멀티모달 RAG에 대한 이해를 바탕으로, 다양한 데이터가 제공되거나 복잡한 답변이 필요한 상황에 이를 적용해 보기 바랍니다. 이를 통해 답변의 질을 높이고, 다양한 데이터 소스로부터 새로운 인사이트를 발견할 수 있을 것입니다.

4

검색과 응답을 최적화하는 RAG 고도화 전략

- 검색 정확도와 응답 품질을 높이기 위한 RAG 최적화 기법 이해
- 청킹, 질의 변형, 검색 알고리즘 등 고도화 전략 학습
- 리랭킹과 Self-RAG 등 고급 기법을 통한 성능 개선 방법

이 장에서는 RAG 시스템의 각 구성요소를 심층적으로 살펴보고, 최신 연구를 포함한 다양한 기법을 통해 각 요소들을 어떻게 개선할 수 있을지 알아봅니다. 이를 통해 RAG 시스템을 어떻게 고도화할 수 있는지 그리고 이러한 개선이 실제 응용 분야에 어떤 영향을 미칠 수 있는지를 분석합니다.

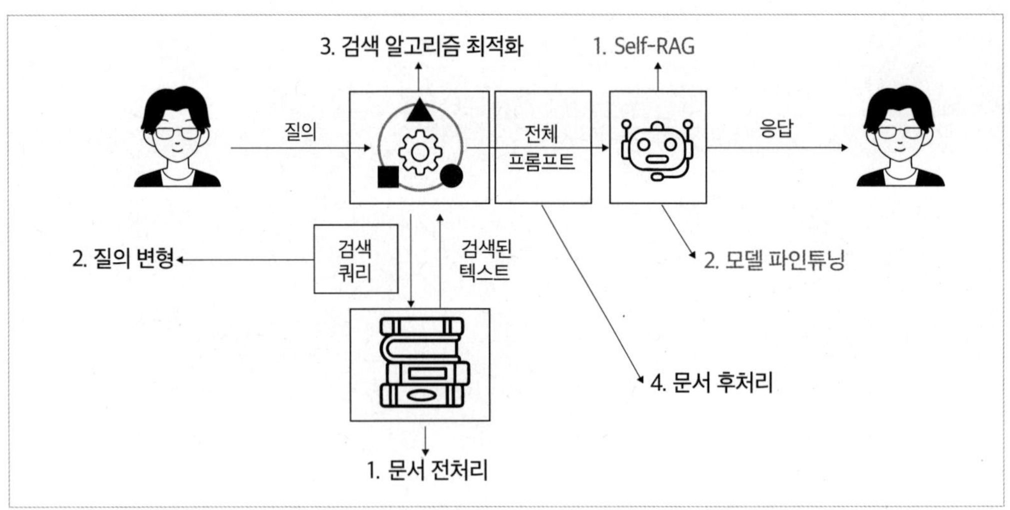

그림 4-1 RAG 고도화 워크플로우

RAG 고도화는 관련 문서를 가져오는 Retrieval 파트와 응답을 생성하는 Generation 파트 모두에서 달성할 수 있습니다. 각 파트에서 개선할 수 있는 주요 구성요소와 고도화 방안을 정리하면 다음과 같습니다.

표 4-1 RAG 고도화 방안

구분	주요 개선 요소	개략적 개선 방향
Retrieval (문서 검색)	청킹 전략 (전처리)	문서를 효과적으로 분할하는 다양한 기법을 활용하여 검색에 최적화된 형태로 변환함으로써 검색 품질과 처리 속도 향상
	질의 변형 (쿼리 재작성)	질문의 구체화, 가상의 답변 활용 등의 기법을 통해 사용자의 원래 질문을 검색에 효율적인 형태로 재구성
	검색 알고리즘 최적화	의미 기반의 벡터 검색과 키워드 기반 검색, 하이브리드 검색 등의 방식을 활용하여 관련성 높은 문서를 더 효율적으로 검색
	문서 후처리 (리랭킹)	1차 검색 결과와 질문의 연관성을 재평가하여 질문과 관련없는 문서 제거. 이를 통해 검색된 정보의 품질을 높이고 궁극적으로 더 신뢰할 수 있는 최종 프롬프트 제공
Generation (답변 생성)	Self-RAG	모델이 스스로 추가 검색 필요성을 판단하고 부족한 정보를 찾아 보완. 이를 바탕으로 더 깊이 있고 정확한 응답을 제공하여 사용자 경험 개선
	모델 파인튜닝[1]	모델을 학습시켜 다양한 상황에 대한 대응 능력 강화. 이를 통해 검색된 정보를 더욱 효율적으로 활용하여 맥락에 맞는 적절한 응답 생성 가능

그럼 지금부터 각 고도화 방안을 자세히 살펴보겠습니다.

1 청킹 전략

문서 전처리 단계는 RAG 시스템에서 실제 검색에 사용될 문서들을 가공하여, 검색과 생성에 최적화된 형태로 변환하는 과정입니다. 효과적인 전처리는 검색 정확도를 높이고, 관련성 있는 정보를 더 잘 추출할 수 있게 도우며, 궁극적으로 생성 모델의 응답 품질을 향상시킵니다.

문서 전처리 과정은 여러 단계로 구성되는데, 그중 핵심적인 단계가 청킹chunking, 즉 문서 분할 단계입니다. 문서 분할은 긴 문서를 더 작고 관리하기 쉬운 단위로 나누는 과정입니다. 효과적

1 모델 파인튜닝과 관련한 자세한 내용은 8장에서 다룹니다.

인 분할 방식은 관련 정보의 검색 정확도를 높이고, 문맥의 일관성을 유지하는 데 도움을 줍니다. 또한 생성 모델이 처리해야 할 컨텍스트의 양을 적절히 조절하여 응답 생성의 품질을 향상시킬 수 있습니다.

가장 기본적인 문서 분할 방식은 문자 수 기반 분할character splitting입니다. 이는 문서를 단순히 일정 길이의 문자 단위로 나누는 방식으로, 구현이 간단하고 빠르다는 장점이 있습니다. 하지만 문장이나 단락의 의미적 구조를 고려하지 않기 때문에, 중요한 정보가 분할되어 검색 시 누락되거나 문맥이 왜곡될 수 있다는 단점이 있습니다. 또한 고정된 길이로 분할하기 때문에 문서의 내용과 구조에 따른 최적화가 어려울 수 있습니다.

1.1 부모-자식 분할

2장 3절에서 다룬 재귀적 문자 텍스트 분할 방식은 문서의 구조를 고려하여 분할하지만, 의미를 고려하지 않고 기계적인 규칙에 따라 텍스트를 분할하기 때문에 연관된 내용이 분리되어 문맥이 끊길 수 있는 문제가 있습니다. 또한 의미 기반 분할은 텍스트의 의미적 연관성을 고려하여 일관된 청크를 생성하는 데 효과적이지만, 긴 문서나 복잡한 주제를 다룰 때 문서의 전체적인 구조와 계층적 관계를 완벽하게 포착하기에는 한계가 있습니다.

이러한 한계를 보완하고 문서의 구조적 정보를 더 잘 활용하기 위한 방법으로 부모-자식 분할parent–child chunking이 있습니다. 이 방법은 가족 관계에서 부모와 자식이 연결되어 있듯이, 문서의 계층 구조를 유지하면서도 세부적인 내용까지 보존하는 접근 방식입니다.

부모-자식 분할은 다음과 같은 핵심 개념을 바탕으로 합니다. 먼저, 문서를 계층적으로 분할하여 원본 문서를 큰 단위의 '부모 문서'로 나누고, 이를 다시 작은 단위의 '자식 문서'로 세분화합니다. 이렇게 원본 문서 → 부모 문서 → 자식 문서의 3단계 구조를 형성하는데, 이는 마치 가계도에서 조부모, 부모, 자식으로 이어지는 세대 구조와 유사합니다.

부모-자식 분할 방식은 문서의 저장과 검색에서 이원화된 접근법을 채택합니다. 문서의 계층 구조를 유지하면서도 효율적인 검색을 위해 자식 문서는 벡터 데이터베이스에 임베딩하여 저장하고, 부모 문서는 별도의 저장소에 원본 형태로 보관합니다. 실제 검색 시에는 자식 문서를 기반으로 유사성 검색을 수행하지만, 최종적으로 반환되는 문서는 해당 자식 문서가 속한 부모 문서입니다.

이 방식에는 두 가지 주요 장점이 있습니다. 첫 번째는 정확한 정보 검색입니다. 정보를 검색할 때는 자식 청크를 사용하기 때문에 질문과 관련성 높은 정보를 정확히 찾아낼 수 있습니다. 자식 청크는 특정 주제에 집중된 정보를 담고 있어, 질문과 정확한 매칭이 가능합니다. 따라서 대량의 텍스트에서 특정 정보를 빠르고 정확하게 식별하는 데 효과적입니다.

두 번째는 넓은 맥락을 제공한다는 점입니다. 검색 결과로 부모 문서를 반환함으로써, 특정 정보뿐만 아니라 그 정보가 포함된 전체적인 맥락까지 함께 파악할 수 있습니다. 부모-자식 분할이 동작하는 자세한 과정은 다음과 같습니다.

1. **문서 분할**

   먼저 원본 문서를 비교적 큰 크기의 '부모 문서'로 나눕니다. 이때 문서의 구조적 특성(예: 장, 절, 단락)을 고려할 수 있습니다. 이후, 각 부모 문서를 더 작은 '자식 문서'로 나눕니다. 이 과정에서 의미 기반 분할 같은 다른 기술을 활용할 수도 있습니다.

2. **메타데이터 할당**

   각 자식 문서에 해당 부모 문서의 식별자를 메타데이터로 할당합니다. 이를 통해 자식 문서와 부모 문서 간의 관계를 추적할 수 있습니다.

3. **임베딩 저장**

   자식 문서는 벡터 데이터베이스에 저장됩니다. 이때 각 청크의 텍스트 내용은 임베딩되어 벡터 형태로 저장됩니다. 부모 문서는 별도의 문서 저장소에 저장됩니다.

이후 부모-자식 청킹 처리된 문서의 검색 과정은 다음과 같습니다.

1. 사용자 쿼리가 입력되면, 먼저 벡터 데이터베이스에서 쿼리와 가장 유사한 자식 문서를 검색합니다.
2. 검색된 자식 문서의 메타데이터를 확인하여 해당하는 부모 문서의 식별자를 찾습니다.
3. 찾은 식별자를 이용해 문서 저장소에서 관련된 부모 문서를 반환합니다.

이러한 방식을 통해 부모-자식 분할은 문서의 구조적 정보를 유지하면서도 효율적인 검색과 정보 추출을 가능하게 합니다. 중요한 점은 부모-자식 분할이 의미 기반 분할을 대체하는 것이 아니라, 두 기술을 상호 보완적으로 사용할 수 있다는 것입니다. 예를 들어, 부모 문서를 자식 문서로 나눌 때 의미 기반 분할을 적용하여 의미적으로 더 일관된 청크를 만들 수도 있습니다.

다음은 부모-자식 분할을 랭체인으로 구현한 코드입니다. 실습 코드는 4장 폴더의 ch04_PARENT_CHILD_CHUNKING.ipynb 파일입니다. 먼저 필요한 라이브러리를 설치하고 오픈AI API 키를 설정합니다.

```
!pip install langchain langchain_chroma langchain_openai langchain_community

from google.colab import drive
import os
from dotenv import load_dotenv

# 구글 드라이브 마운트
drive.mount('/content/drive')

# .env 파일에서 환경 변수 로드
load_dotenv("/content/.env")

# 환경 변수에서 API 키 가져오기
os.environ["OPENAI_API_KEY"] = os.getenv("OPENAI_API_KEY")
```

이어서 분할에 사용할 문서를 로드합니다. 문서는 이 책의 깃허브 주소에서 내려받은 파일 중 4장 Data 폴더에 있는 How_to_invest_money.txt 파일을 사용합니다. 앞서 설명한 대로, 파일을 구글 드라이브에 다운로드하고 연동하여 사용할 수 있습니다. 또는 다운로드한 파일을 구글 코랩에 직접 업로드해서 사용할 수도 있습니다.

텍스트 파일을 사용하므로 랭체인의 TextLoader 클래스를 사용합니다. TextLoader는 텍스트 파일을 읽어 랭체인의 Document 객체로 변환하는 클래스입니다.

```
from langchain_community.document_loaders import TextLoader

# 문서 로더 설정
loaders = [
    TextLoader("/content/drive/MyDrive/langchain-tutorial/Ch04. Advanced Rag/Data/
    How_to_invest_money.txt")
]
docs = []
for loader in loaders:
    docs.extend(loader.load())
```

이제 부모-자식 분할에 필요한 설정을 진행합니다. 재귀적 문자 텍스트 분할 방식을 활용하여 부모 문서와 자식 문서를 생성합니다. 이때 부모 문서의 크기[chunk size]는 1000으로, 자식 문서의 크기는 200으로 설정함으로써 부모-자식 계층 구조를 만듭니다.

```
from langchain.retrievers import ParentDocumentRetriever
from langchain.storage import InMemoryStore
from langchain_community.vectorstores import Chroma
from langchain_openai import OpenAIEmbeddings
from langchain_text_splitters import RecursiveCharacterTextSplitter

# 부모 문서 생성을 위한 텍스트 분할기
parent_splitter = RecursiveCharacterTextSplitter(chunk_size=1000)
# 자식 문서 생성을 위한 텍스트 분할기(부모보다 작은 크기로 설정)
child_splitter = RecursiveCharacterTextSplitter(chunk_size=200)

# 자식 문서 인덱싱을 위한 벡터 저장소
vectorstore = Chroma(
    collection_name="split_parents", embedding_function=OpenAIEmbeddings()
)
# 부모 문서 저장을 위한 저장소
store = InMemoryStore()
```

자식 문서 저장소는 Chroma 벡터 데이터베이스를 사용합니다. Chroma 인스턴스의 collection_name 파라미터를 "split_parents"로 지정하여 부모 문서와 연관성을 유지합니다.

부모 문서 저장소는 InMemoryStore를 사용합니다. 이는 RAM에 데이터를 저장하는 방식으로, 빠른 읽기와 쓰기가 가능하지만 프로그램 종료 시 데이터가 손실되는 특징이 있습니다.

이제 ParentDocumentRetriever 인스턴스를 생성한 후, 실제 문서를 추가하여 문서가 성공적으로 분할되었는지 확인해 보겠습니다.

```
# ParentDocumentRetriever 설정
retriever = ParentDocumentRetriever(
    vectorstore=vectorstore,
    docstore=store,
    child_splitter=child_splitter,
    parent_splitter=parent_splitter,
)

# 문서 추가
retriever.add_documents(docs)

# 부모 문서 수 확인
print(f"Number of parent documents: {len(list(store.yield_keys()))}")
```

```
Number of parent documents: 219
```

먼저, 자식 문서 저장소(vectorstore), 부모 문서 저장소(store), 자식 문서 텍스트 분할기(child_splitter), 부모 문서 텍스트 분할기(parent_splitter)를 인자로 받는 ParentDocumentRetriever 인스턴스를 생성합니다. 이를 통해 부모-자식 구조의 계층적 문서 검색을 수행할 수 있습니다.

다음으로 retriever.add_documents(docs) 메서드를 사용하여 문서를 추가합니다. 이 과정에서 문서들이 자동으로 부모와 자식 문서로 분할되어 각각의 저장소에 저장됩니다. 이후 store.yield_keys( )를 사용하여 저장된 모든 부모 문서의 키를 가져온 뒤, 해당 키의 개수를 세어 총 부모 문서의 수를 확인하고 문서 분할과 저장이 제대로 이루어졌는지 검증합니다.

코드 실행 결과, 문서가 성공적으로 로드되고 분할되었음을 알 수 있습니다. 결과로 총 219개의 부모 문서가 InMemoryStore에 저장되었습니다. 이는 원본 문서가 1000자 단위로 분할되어 219개의 부모 문서로 나뉘었다는 뜻입니다. 각 부모 문서는 다시 200자 단위의 자식 문서로 분할되어 Chroma 벡터 저장소에 저장되었습니다.

이제 실제로 검색을 수행해 보겠습니다. "What are the types of investments?"라고 질의해 보겠습니다. 이 질문이 ParentDocumentRetriever를 거치면 관련된 부모 문서가 검색됩니다. 여기서는 첫 번째 연관 문서만 출력해서 확인해 보겠습니다.

```
# 질문 정의
query = "What are the types of investments?"

# 연관 문서 수집
retrieved_docs = retriever.get_relevant_documents(query)

# 첫 번째 연관 문서 출력
print(f"Parent Document: {retrieved_docs[0].page_content}")
```

```
Parent Document: There are five chief points to be considered in the selection of
all
forms of investment. These are: (1) safety of principal and interest;
(2) rate of income; (3) convertibility into cash; (4) prospect of
appreciation in intrinsic value; (5) stability of market price.

Keeping these five general factors in mind, the present chapter will
discuss real-estate mortgages as a form of investment, both as adapted
to the requirements of private funds and of a business surplus.
```

이제, 부모-자식 분할의 작동 방식을 이해하기 위해 벡터 저장소에서 직접 자식 문서를 검색해서 첫 번째 자식 문서를 출력해 보겠습니다.

```
# 자식 문서 검색
query = "What are the types of investments?"
sub_docs = vectorstore.similarity_search(query)
print(f"Child Document: {sub_docs[0].page_content}")
```

```
Child Document: forms of investment. These are: (1) safety of principal and
interest;
(2) rate of income; (3) convertibility into cash; (4) prospect of
appreciation in intrinsic value; (5) stability of market price.
```

결과를 보면 자식 문서와 부모 문서의 차이점과 각각의 역할을 명확히 확인할 수 있습니다. 자식 문서는 "투자의 다섯 가지 주요 고려사항"이라는 질문에 직접적으로 관련된 핵심 정보를 간결하게 제공합니다. 반면 부모 문서는 이 정보를 포함하면서도, 해당 장에서 부동산 담보 대출에 대해 논의할 것이라는 추가적인 맥락을 제공합니다.

이 예제를 통해 부모-자식 분할의 장점을 알 수 있습니다. 자식 문서를 통해 질문과 가장 관련성 높은 정보를 정확히 찾아내고(정확한 검색), 부모 문서를 통해 해당 정보의 더 넓은 맥락을 제공합니다(폭넓은 컨텍스트). 이로써 사용자는 구체적인 정보와 함께 정보가 속한 전체적인 맥락을 파악할 수 있게 됩니다.

2 질의 변형

질의 변형[query reformation]은 사용자의 원래 질문을 보다 효과적인 검색 쿼리로 변환하는 과정을 말합니다. 기본적인 RAG 검색 시스템에서는 사용자 질문을 그대로 사용하여 관련 문서를 검색합니다. 하지만 사용자의 질문이 모호하거나 검색에 최적화되지 않은 형태인 경우, 연관 문서를 제대로 검색할 수 없어 RAG 시스템의 정확도가 떨어지게 된다는 단점이 있습니다.

질의 변형은 원래의 질문을 분석하고 재구성하여 이러한 문제를 해결합니다. 이 과정에서 질문을 더 구체적이고 검색에 최적화된 형태로 재작성하거나, 복잡한 질문을 여러 개의 하위 질문으로 분해하는 등의 기법을 활용합니다. 또한 질문의 의도를 파악하여 더 일반화된 쿼리로 확장하거나, 가상의 문서를 생성하여 검색 성능을 개선하는 방법도 포함됩니다.

이러한 질의 변형 기법은 검색의 정확성과 포괄성을 크게 높여, 결과적으로 RAG 시스템의 전반적인 성능 향상으로 이어집니다. 이제 주요 질의 변형 기법들을 구체적으로 살펴보겠습니다.

2.1 다중 질의 생성

다중 질의 생성multiquery generation은 질의 변형의 한 기법으로, 사용자의 원래 질문을 바탕으로 여러 개의 다양한 쿼리를 생성하는 방법입니다. 이 기법의 동작 과정은 다음과 같습니다.

1. **다중 질의 생성**
   LLM을 사용하여 원래 질문을 다양한 관점으로 변형시킨 여러 개의 질문을 생성합니다. 이 과정에서 동의어 사용, 질문 구조 변경, 특정 측면 강조 등 다양한 기법을 적용할 수 있습니다.

2. **병렬 검색**
   생성된 각 쿼리를 사용하여 독립적으로 문서를 검색합니다.

3. **결과 통합**
   각 쿼리로부터 얻은 검색 결과를 종합하여 중복을 제거하고 가장 관련성 높은 문서들을 선별합니다.

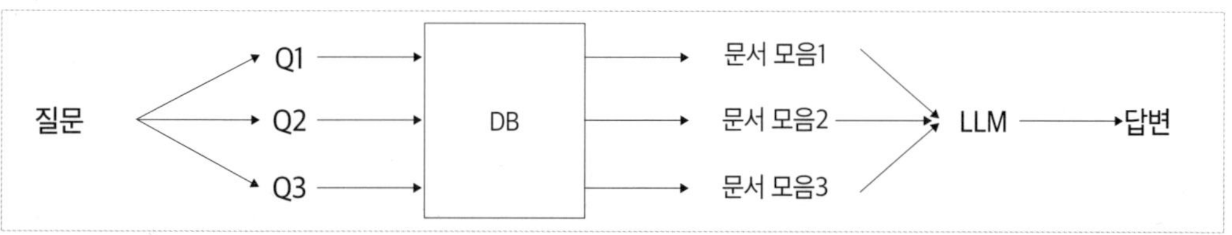

그림 4-2 다중 질의 생성 동작 과정

예를 들어, 사용자가 "주식 투자를 처음 시작하려면 어떻게 해야 하나요?"라고 질문했다면, 이를 다양한 관점으로 변화시킨 다음 쿼리들을 생성할 수 있습니다.

- "초보 투자자를 위한 주식 투자 기초 지식은 무엇인가?"
- "주식 시장 분석을 위한 기본적인 재무제표 읽는 법은?"
- "주식 투자 시작 전 필요한 자금 관리 전략은?"

이들 각각의 쿼리는 독립적인 문서 검색에 사용되어 보다 다양한 문서를 수집하게 합니다. 즉, 기존의 단순한 주식 투자 시작 방법에 대한 정보뿐만 아니라, 투자 지식, 재무 분석, 자금 관리 방법 등 초보 투자자에게 필요한 다양한 측면의 정보를 포괄적으로 검색할 수 있게 되는 것입니다. 이는 사용자가 명시적으로 언급하지 않았지만 주식 투자를 시작하는 데 중요한 관련 주제들까지 탐색할 수 있어, 더 풍부하고 실용적인 정보를 제공할 수 있습니다.

다중 질의 생성 기법에는 여러 가지 이점이 있습니다. 먼저, 다양한 쿼리를 생성함으로써 검색 범위를 넓혀 더 많은 관련 정보를 찾아낼 수 있습니다. 이는 단일 쿼리로는 놓칠 수 있는 중요한 정보를 포착하는 데 도움이 됩니다. 또한 모호한 질문을 다룰 때 특히 유용합니다. 하나의 질문을 여러 가지 방식으로 해석하고 쿼리를 생성함으로써, 사용자의 의도를 더 정확히 파악하고 그에 맞는 결과를 제공할 수 있기 때문입니다. 즉, 사용자가 정확히 무엇을 원하는지 명확하지 않은 상황에서도 적절한 답변을 찾는 데 도움을 줄 수 있습니다.

다중 질의 생성을 랭체인으로 구현한 코드는 다음과 같습니다. 실습 코드는 4장 폴더의 ch04_MULTIQUERY_GENERATION.ipynb 파일입니다. 여기서 다중 질의 생성에는 오픈AI의 gpt-4o 모델을 사용했습니다.

```
!pip install langchain langchain_openai langchain_community chromadb
```

먼저, 앞선 실습과 마찬가지로 필요한 라이브러리를 설치하고 오픈AI API 키를 설정합니다. 이어서 다중 질의 생성 과정을 모니터링하기 위한 로깅을 설정합니다. 이를 활용하면 생성된 질의들을 콘솔에서 확인할 수 있습니다.

```
# 쿼리를 위한 로그 설정
import logging

logging.basicConfig()
logging.getLogger("langchain.retrievers.multi_query").setLevel(logging.INFO)
```

이제 벡터 데이터베이스와 문서 로더를 설정한 뒤, 문서를 불러옵니다. 먼저 TextLoader를 사용하여 앞선 예제에서도 사용한 How_to_invest_money.txt 파일을 로드한 뒤, 문서 데이터를 가져옵니다.

```
from langchain_community.vectorstores import Chroma
from langchain_openai import OpenAIEmbeddings
from langchain_community.document_loaders import TextLoader
from langchain_text_splitters import RecursiveCharacterTextSplitter

# 문서 로더 설정
loaders = [TextLoader("/content/drive/MyDrive/langchain-tutorial/Ch04. Advanced Rag/
Data/How_to_invest_money.txt")]

docs = []
for loader in loaders:
    docs.extend(loader.load())
```

loaders 리스트에 하나의 TextLoader 인스턴스를 추가하고, docs라는 빈 리스트를 생성합니다. 다음으로 for 문에서 loaders 리스트에 있는 로더의 load( ) 메서드를 호출하여 각 로더로부터 로드된 문서 데이터를 docs 리스트에 추가합니다.

이제 문서를 분할하기 위한 텍스트 분할기와 벡터 저장소의 인스턴스를 생성합니다. 먼저 RecursiveCharacterTextSplitter(재귀적 문서 분할기)를 사용해 문서를 1000자 단위로 나누고 200자의 중복을 유지합니다.

```
# 문서 생성을 위한 텍스트 분할기 정의
recursive_splitter = RecursiveCharacterTextSplitter(chunk_size=1000, chunk_
overlap=200)

# 문서 분할
split_docs = recursive_splitter.split_documents(docs)

# OpenAIEmbeddings 인스턴스 생성
embeddings = OpenAIEmbeddings()
```

```
# Chroma vectorstore 생성
vectorstore = Chroma.from_documents(documents=split_docs, embedding=embeddings)
```

문서를 분할한 후에는 OpenAIEmbeddings로 문서 데이터를 임베딩하여 Chroma 벡터 저장소에 저장하고 문서 검색과 유사도 계산에 활용합니다.

이제 다중 질의 생성을 위한 리트리버를 설정합니다. 이 과정에서는 랭체인의 MultiQueryRetriever를 활용하여 사용자가 입력한 질의를 다양한 방식으로 변형하고, 더 정교한 검색 결과를 얻을 수 있도록 합니다.

```
from langchain.retrievers import MultiQueryRetriever
from langchain_openai import ChatOpenAI

# LLM 모델 설정(여기서는 ChatOpenAI 사용)
llm = ChatOpenAI(model = "gpt-4o",temperature=0.2)

# MultiQueryRetriever 실행
retriever = MultiQueryRetriever.from_llm(
    retriever=vectorstore.as_retriever(), # 기본 검색기(벡터 데이터베이스)
    llm=llm, # 앞서 정의한 llm(gpt-4o)
)
```

먼저, 대규모 언어 모델을 설정합니다. 여기서는 오픈AI의 GPT-4o 모델을 사용하는 ChatOpenAI를 사용합니다. 모델 설정 시 temperature 값을 0.2로 지정하여, 모델이 비교적 일관되고 신뢰성 있는 응답을 생성하도록 조정합니다.

다음으로 MultiQueryRetriever를 생성합니다. 이 리트리버는 앞서 생성한 Chroma 벡터 저장소의 검색기를 기본 검색기로 사용하고, 질의 변형을 위한 언어 모델로 앞서 정의한 대규모 언어 모델(GPT-4o)을 사용합니다.

이제, 실제 질문을 통해 다중 질의 시스템이 어떻게 작동하는지 살펴보도록 하겠습니다. "주식 투자를 처음 시작하려면 어떻게 해야 하나요?"라는 질문을 예시로 진행해 보겠습니다. 해당 질문은 invoke( ) 메서드를 통해 retriever 객체에 전달되어 세 가지 다른 질문으로 변형된 뒤 벡터 데이터베이스에 전달됩니다.

```
# 예시 질문
question = "주식 투자를 처음 시작하려면 어떻게 해야 하나요?"

# 결과 검색
unique_docs = retriever.invoke(question)
print(f"\n결과: {len(unique_docs)}개의 문서가 검색되었습니다.")
```

```
INFO:langchain.retrievers.multi_query:Generated queries: ['1. 주식 투자 초보자가 알아야 할 기본 단계는 무엇인가요?', '2. 주식 투자를 처음 시작할 때 필요한 준비 사항은 무엇인가요?', '3. 주식 투자 입문자를 위한 가이드라인이나 조언이 있나요?']
```

```
결과: 6개의 문서가 검색되었습니다.
```

코드 실행 결과, "주식 투자를 처음 시작하려면 어떻게 해야 하나요?"라는 기존 질문이 다음과 같은 세 가지 다른 관점의 질문들로 변환되어 검색에 활용됨을 알 수 있습니다.

- 주식 투자 초보자가 알아야 할 기본 단계는 무엇인가요?
- 주식 투자를 처음 시작할 때 필요한 준비 사항은 무엇인가요?
- 주식 투자 입문자를 위한 가이드라인이나 조언이 있나요?

이러한 각기 다른 세 가지 관점의 질문은 원본 질문보다 주식 투자 시작에 대한 더 폭넓은 정보를 검색할 수 있도록 합니다. 이를 통해 사용자에게 더욱 풍부하고 다양한 관점의 답변을 제공할 수 있습니다.

이제 검색된 문서들을 활용하여 최종 답변을 생성하는 RetrievalQA 체인을 설정해 보겠습니다. 이 체인은 앞서 생성한 다중 질의 리트리버를 사용하여 문서를 검색하고, 검색된 문서들의 내용을 바탕으로 사용자의 질문에 대한 종합적인 답변을 생성합니다.

```
from langchain.chains import RetrievalQA

# RetrievalQA 체인 설정
qa_chain = RetrievalQA.from_chain_type(
    llm=llm,
    chain_type="stuff",
    retriever=retriever,
    return_source_documents=True
)

# 질문에 대한 답변 생성
result = qa_chain.invoke({"query": question})

# 결과 출력
print("답변:", result["result"])
print("\n사용된 문서:")
for doc in result["source_documents"]:
    print(doc.page_content)
```

```
답변: 주식 투자를 처음 시작하려면 다음과 같은 몇 가지 기본 단계를 따르는 것이 좋습니다:

1. 교육 및 연구: 주식 시장의 기본 개념과 작동 방식을 이해하는 것이 중요합니다. 주식과 채권의 차이점, 주식의 가치 평가 방법 등을 학습하세요.

2. 목표 설정: ... (이하 생략) ...
```

최종적으로 생성된 답변은 주식 투자를 시작하는 사람들이 알아야 할 기본 단계, 그리고 투자 전략에 대한 종합적인 정보를 제공함으로써 사용자의 질문에 더 충실하게 응답할 수 있게 됩니다. 이는 RAG 시스템에서 다중 질의 전략이 검색과 응답 품질을 크게 향상시킬 수 있음을 보여줍니다.

2.2 가상 문서 임베딩

가상 문서 임베딩Hypothetical Document Embeddings, Hyde은 기존 쿼리에 대해 가상의 문서를 만들어서 이를 기존 쿼리 대신 활용하는 방법입니다. 즉, '질문'을 이용하는 것이 아닌, 질문에 대한 '답변'을 기반으로 문서를 찾는 방식입니다. 이는 검색 대상 문서가 질문보다 답변과 더 높은 의미적 연관성을 가지는 경우가 많다는 점을 활용한 접근입니다.

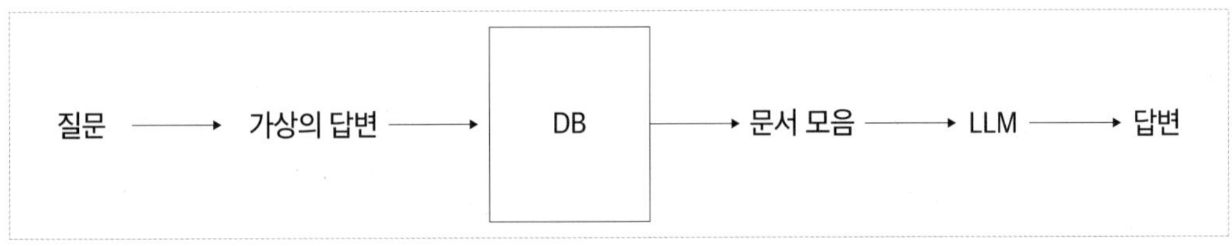

그림 4-3 가상 문서 임베딩 동작 과정

실제 금융 서적을 대상으로 한 RAG 시스템을 예로 생각해 봅시다. 편의상 이 시스템의 유사도 검색은 키워드를 활용한 bm25 방식을 활용한다고 가정합니다. BM25는 뒤에서 자세히 설명합니다.

먼저, "주식시장의 변동성이 높을 때 투자 전략은 무엇인가요?"와 같은 질문을 그대로 검색에 활용한다고 가정할 때 사용할 수 있는 키워드는 다음과 같습니다.

"주식 시장", "변동성", "투자 전략"

이 키워드들은 일반적이고 광범위해서, 관련성이 낮은 많은 문서들과도 매칭될 수 있습니다. 반면, 이 질문에 대한 답변인 "주식 시장의 변동성이 높을 때는 분산 투자, 달러 코스트 애버리징, 안전 자산 비중 확대 등의 전략을 고려할 수 있습니다."에는 다음과 같은 구체적이고 전문적인 키워드들이 포함되어 있습니다.

"분산 투자", "달러 코스트 애버리징", "안전 자산", "비중 확대"

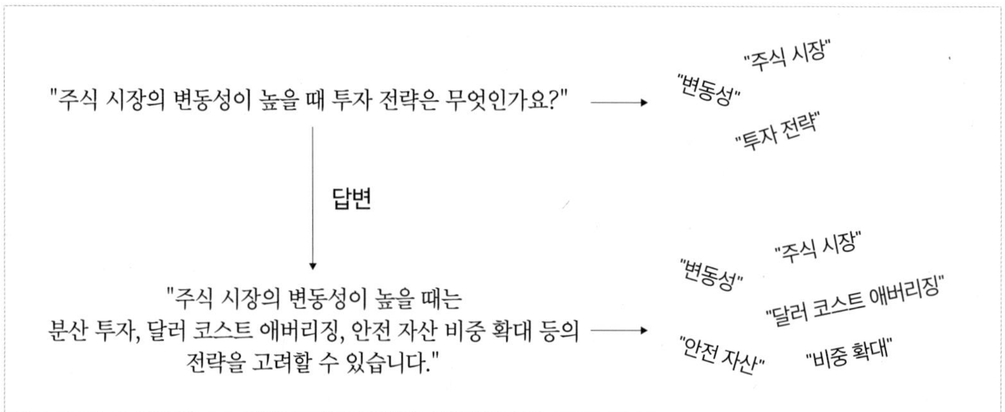

그림 4-4 질문, 답변의 키워드 비교 예

이러한 키워드들은 실제 금융 서적이나 투자 가이드에서 자주 등장하는 전문 용어입니다. 질문을 활용할 때와는 달리, 이제는 질문과 연관된 구체적인 기법들인 "달러 코스트 애버리징", "리스크 관리", "장기적 수익" 등의 내용과 연관된 문서들을 참조할 확률이 높아집니다.

이러한 원리로 가상 답변을 활용하는 방식은 문서 검색 시 더 정확하고 관련성 높은 문서를 찾을 가능성을 크게 높입니다. HyDE 방식이 처음 소개된 논문[2]에 따르면, 이 접근법은 기존 방식에 비해 웹 검색, 질문 답변, 사실 검증 등 11개의 다양한 쿼리 세트에서 우수한 성능을 보였다고 합니다. 또한 구현이 쉬워서 기존의 RAG 시스템과 쉽게 통합할 수 있어 실용성이 높다는 장점도 있습니다.

하지만 단점도 있습니다. 가상의 답변hypothetical document을 생성하기 위해 대규모 언어 모델을 사용하기 때문에 추가적인 계산 비용이 발생합니다. 이는 특히 실시간 검색 시스템에서 중요한 문제가 될 수 있습니다. 또한 대규모 언어 모델의 추론 시간으로 인해 검색 지연 시간latency이 증가할 수 있어, 빠른 응답이 요구되는 애플리케이션에서는 제약이 될 수 있습니다.

이제 랭체인을 활용하여HyDE 방식을 코드로 구현해 보겠습니다. 실습 코드는 4장 폴더의

2 Gao, Luyu, et al. "Precise zero-shot dense retrieval without relevance labels." arXiv preprint arXiv:2212.10496 (2022).

ch04_HYDE.ipynb 파일입니다.

먼저, 앞선 실습과 마찬가지로 필요한 라이브러리를 설치하고 오픈AI API 키를 설정합니다. 이어서 벡터 데이터베이스와 문서 로더를 설정한 뒤, 문서를 불러옵니다.

```
from langchain_community.vectorstores import Chroma
from langchain_openai import OpenAIEmbeddings
from langchain_community.document_loaders import TextLoader
from langchain_text_splitters import RecursiveCharacterTextSplitter

# 문서 로더 설정
loaders = [TextLoader("/content/drive/MyDrive/langchain-tutorial/Ch04. Advanced Rag/
Data/How_to_invest_money.txt")]

docs = []
for loader in loaders:
    docs.extend(loader.load())
```

이어서 문서를 분할하기 위한 텍스트 분할기와 벡터 저장소의 인스턴스를 생성합니다.

```
# 문서 생성을 위한 텍스트 분할기 정의
recursive_splitter = RecursiveCharacterTextSplitter(chunk_size=1000, chunk_
overlap=200)

# 문서 분할
split_docs = recursive_splitter.split_documents(docs)

# OpenAIEmbeddings 인스턴스 생성
embeddings = OpenAIEmbeddings()

# Chroma vectorstore 생성
vectorstore = Chroma.from_documents(documents=split_docs, embedding=embeddings)

# Chroma vectorstore 기반 리트리버 생성
retriever = vectorstore.as_retriever()
```

이제, HyDE 방식을 구현하는 코드를 살펴보겠습니다. 이 코드에는 랭체인의 체인 개념이 사용됩니다. 랭체인의 체인 방식은 각각의 기능을 수행하는 여러 체인을 만들어서, 이들을 순차적으로 또는 병렬로 연결하는 방식입니다. 이렇게 하면 각 체인은 자신의 역할에 집중하면서도 전체 파이프라인에서는 유기적으로 결합되어 효율적으로 작업을 처리할 수 있습니다. 따라서 HyDE 방식의 순서에 따라 다음과 같은 여러 체인을 만든 후, 이들을 결합하는 방식을 사용하겠습니다.

- 가상 문서 생성 체인
- 문서 검색 체인
- 최종 응답 생성 체인

먼저, 가상 문서 생성 체인을 만들어 보겠습니다. 가상 문서 생성 체인은 프롬프트 생성부터 결과 파싱까지의 과정을 연결합니다. 각 단계는 다음과 같이 구성됩니다.

1. **프롬프트**: 시스템 메시지(system 변수)와 사용자 메시지(user 변수)를 정의한 뒤, 이들을 ChatPromptTemplate에 넣어 대규모 언어 모델에 전달할 프롬프트를 생성합니다. 여기서 시스템 메시지는 AI의 역할을 정의하는 부분이고, 사용자 메시지는 실제 사용자의 요청을 정의합니다.
2. **대규모 언어 모델**: ChatOpenAI를 통해 GPT-4o 모델을 호출하여 입력된 프롬프트에 기반해 가상의 문서를 생성합니다. 이때 temperature=0.2로 설정하여 모델의 응답이 일관되고 구체적으로 생성되도록 조정합니다.
3. **파서**: 대규모 언어 모델의 출력을 문자열 형태로 변환하기 위해 랭체인의 StrOutputParser를 사용합니다. StrOutputParser는 대규모 언어 모델의 출력을 그대로 문자열로 반환하며, 이를 통해 개발자는 후속 처리 단계에서 원본 텍스트를 직접 활용할 수 있습니다.

```
from langchain_core.output_parsers import StrOutputParser
from langchain_core.prompts import ChatPromptTemplate
from langchain_openai import ChatOpenAI
from langchain_core.runnables import RunnablePassthrough, RunnableLambda
from langchain_text_splitters import CharacterTextSplitter

# 1. 가상 문서 생성 체인
def create_virtual_doc_chain():
```

```python
    system = "당신은 고도로 숙련된 AI입니다."
    user = """
    주어진 질문 '{query}'에 대해 직접적으로 답변하는 가상의 문서를 생성하세요.
    문서의 크기는 {chunk_size} 글자 언저리여야 합니다.
    """
    prompt = ChatPromptTemplate.from_messages([
        ("system", system),
        ("human", user)
    ])
    llm = ChatOpenAI(model="gpt-4o", temperature=0.2)
    return prompt | llm | StrOutputParser()
```

다음으로, 문서 검색 체인을 생성합니다. 이 체인에서는 가상의 답변을 기반으로, 벡터 DB에서 가장 유사한 문서를 찾아서 반환하는 역할을 수행합니다.

추가로, 반환한 문서에서 메타데이터는 제외하고 순수한 문서 내용만 추출하는 유틸리티 함수도 정의합니다.

```python
# 2. 문서 검색 체인
def create_retrieval_chain():
    return RunnableLambda(lambda x: retriever.get_relevant_documents(x['virtual_
doc']))

# 유틸리티 함수
def format_docs(docs):
    return "\n\n".join(doc.page_content for doc in docs)
```

마지막으로, 최종 응답을 생성하는 체인을 생성합니다. 이 체인은 앞선 문서 검색 체인에서 반환한 유사 문서를 기반으로, 원본 질문에 대한 답변을 생성하는 역할을 합니다. 답변 생성 모델 역시 gpt-4o를 사용합니다.

```python
# 3. 최종 응답 생성 체인
def create_final_response_chain():
    final_prompt = ChatPromptTemplate.from_template("""
    다음 정보와 질문을 바탕으로 답변해주세요:
```

```
    컨텍스트: {context}

    질문: {question}

    답변:
    """)
    final_llm = ChatOpenAI(model="gpt-4o", temperature=0.2)
    return final_prompt | final_llm
```

이제 앞서 정의한 3개의 체인과 1개의 유틸리티 함수를 묶어서 전체 파이프라인을 생성하는 함수를 만들어 보겠습니다.

참고 RunnableLambda 메서드

여기 파이프라인에는 랭체인의 RunnableLambda 메서드가 등장합니다. 앞에서도 간단히 살펴봤지만, 여기서 다시 한번 짚고 넘어가겠습니다. RunnableLambda는 사용자 정의 함수를 랭체인의 실행 가능한 (runnable) 객체로 변환하는 데 사용됩니다. 이를 통해 복잡한 로직을 포함하는 사용자 정의 함수를 파이프라인의 다른 구성요소와 쉽게 통합할 수 있습니다.

예를 들어 다음 코드를 살펴보겠습니다.

```
from langchain_core.runnables import RunnableLambda

# 나이를 받아 성인 여부를 판단하는 함수
def check_adult(input_dict):
    return {"adult_status": "성인" if input_dict["age"] >= 20 else "미성년자"}

# RunnableLambda를 사용한 체인 구성
chain = RunnableLambda(check_adult)

# 체인 실행
result = chain.invoke({"name": "홍길동", "age": 25})
print(result)
{'adult_status': '성인'}
```

앞의 코드에서 check_adult 함수는 RunnableLambda를 통해 랭체인의 실행 가능한 객체로 변환됩니다. 이 함수는 입력 딕셔너리를 받아 나이를 확인하고, 성인 여부를 나타내는 새로운 딕셔너리를 반환합니다.

이처럼 RunnableLambda는 사용자 정의 함수를 랭체인 파이프라인에 쉽게 통합할 수 있게 해주며, 각 단계에서 데이터를 변환하거나 새로운 정보를 추가하는 등의 작업을 수행할 수 있게 해줍니다. RunnableLambda는 복잡한 로직을 포함하는 맞춤형 파이프라인을 구축할 때 특히 유용합니다.

먼저, RunnableLambda 클래스를 임포트한 뒤, 로깅을 위한 유틸리티 함수를 생성합니다. 이 함수는 각 단계에서 입력과 출력을 프린트하는 함수로, 이를 통해 코드의 동작을 이해할 수 있습니다.

```
from langchain_core.runnables import RunnableLambda
def print_input_output(input_data, output_data, step_name):
    print(f"\n--- {step_name} ---")
    print(f"Input: {input_data}")
    print(f"Output: {output_data}")
    print("-" * 50)
```

이제 HyDE 방식을 구현하는 전체 파이프라인을 생성하는 메인 함수를 만들어 보겠습니다. 이 함수는 앞서 정의한 각 체인을 순서대로 연결하여 하나의 실행 흐름을 구성합니다. 또한 각 단계에서 입력과 출력을 로깅하여 파이프라인의 동작을 추적하고 디버깅을 쉽게 할 수 있도록 했습니다.

이 함수는 다소 복잡하므로 전체 함수의 구조를 먼저 살펴본 후, 각 컴포넌트에 대해 자세히 알아보겠습니다.

```
def create_pipeline_with_logging():
    virtual_doc_chain = create_virtual_doc_chain()
    retrieval_chain = create_retrieval_chain()
    final_response_chain = create_final_response_chain()
```

```
    # 가상 문서 생성 단계 ◀─── ❶
    def virtual_doc_step(x):
        result = {"virtual_doc": virtual_doc_chain.invoke({
            "query": x["question"],
            "chunk_size": 200
        })}
        print_input_output(x, result, "Virtual Doc Generation")
        return {**x, **result}

    # 문서 검색 단계 ◀─── ❷
    def retrieval_step(x):
        result = {"retrieved_docs": retrieval_chain.invoke(x)}
        print_input_output(x, result, "Document Retrieval")
        return {**x, **result}

    # 컨텍스트 포매팅 단계 ◀─── ❸
    def context_formatting_step(x):
        result = {"context": format_docs(x["retrieved_docs"])}
        print_input_output(x, result, "Context Formatting")
        return {**x, **result}

    # 최종 응답 생성 단계 ◀─── ❹
    def final_response_step(x):
        result = final_response_chain.invoke(x)
        print_input_output(x, result, "Final Response Generation")
        return result

    # 전체 파이프라인 구성 ◀─── ❺
    pipeline = (
        RunnableLambda(virtual_doc_step)
        | RunnableLambda(retrieval_step)
        | RunnableLambda(context_formatting_step)
        | RunnableLambda(final_response_step)
    )

    return pipeline

# 파이프라인 객체 생성
pipeline = create_pipeline_with_logging()
```

이제 파이프라인을 구성하는 각 컴포넌트를 단계별로 살펴보겠습니다.

❶ **가상 문서 생성 단계**: virtual_doc_step 함수

가상 문서 생성 단계에서는 사용자의 질문을 바탕으로 가상의 문서를 생성합니다. 이 단계는 HyDE 방식 파이프라인의 첫 번째 과정으로, 이후 검색과 응답 생성의 토대가 됩니다. 입력값은 사용자의 질문을 포함하는 딕셔너리입니다. 예를 들어, {"question": "주식 시장의 변동성이 높을 때 투자 전략은 무엇인가요?"}와 같은 형태입니다.

처리 과정에서는 virtual_doc_chain.invoke() 메서드를 호출하여 가상 문서를 생성합니다. 이때 query에는 사용자의 질문이, chunk_size에는 생성할 문서의 길이를 지정하는 값(여기서는 200)이 전달됩니다. 가상 문서가 생성되면 기존 입력값과 병합하여 반환합니다. 이렇게 반환된 결과는 다음 단계인 문서 검색 과정으로 넘어가게 됩니다.

```
# 가상 문서 생성 단계
def virtual_doc_step(x):
    result = {"virtual_doc": virtual_doc_chain.invoke({
        "query": x["question"],
        "chunk_size": 200
    })}
    print_input_output(x, result, "Virtual Doc Generation")
    return {**x, **result}
```

❷ **문서 검색 단계**: retrieval_step 함수

문서 검색 단계에서는 앞서 생성한 가상 문서를 기반으로 벡터 데이터베이스에서 관련 문서를 검색합니다. 입력값은 이전 단계에서 생성된 가상 문서와 원본 질문이 포함된 딕셔너리 x입니다.

처리는 retrieval_chain.invoke(x)를 호출하여 수행됩니다. 이 과정에서는 내부적으로 retriever.get_relevant_documents(x['virtual_doc'])으로 가상 문서를 활용한 관련 문서 검색이 이루어집니다. 검색이 완료되면 생성되는 retrieved_docs를 기존 입력값 x와 병합하여 다음 단계로 전달합니다.

```
# 문서 검색 단계
def retrieval_step(x):
```

```
    result = {"retrieved_docs": retrieval_chain.invoke(x)}
    print_input_output(x, result, "Document Retrieval")
    return {**x, **result}
```

❸ 컨텍스트 포매팅 단계: context_formatting_step 함수

이 단계에서는 검색된 문서들을 하나의 문자열로 포매팅하여 최종 답변 생성에 사용할 컨텍스트를 만듭니다. 입력값은 앞 단계에서 검색된 문서들이 포함된 딕셔너리 x입니다.

처리 과정은 format_docs(x["retrieved_docs"]) 함수를 호출하여 진행됩니다. 이 함수는 검색된 문서들을 하나의 문자열로 결합하여 컨텍스트를 생성합니다. 생성된 컨텍스트는 기존 입력값과 병합하여 반환되며, 최종 응답 생성을 위한 다음 단계로 전달됩니다.

```
# 컨텍스트 포매팅 단계
def context_formatting_step(x):
    result = {"context": format_docs(x["retrieved_docs"])}
    print_input_output(x, result, "Context Formatting")
    return {**x, **result}
```

❹ 최종 응답 생성 단계: final_response_step 함수

최종 응답 생성 단계에서는 앞서 생성된 컨텍스트와 원본 질문을 바탕으로 최종 답변을 생성합니다. 입력값은 컨텍스트와 원본 질문을 포함한 딕셔너리 x입니다.

처리 과정에서는 final_response_chain.invoke(x)가 호출되며, 이때 대규모 언어 모델이 동작하여 입력된 컨텍스트와 질문을 기반으로 최종 답변 result를 생성하여 반환합니다..

```
# 최종 응답 생성 단계
def final_response_step(x):
    result = final_response_chain.invoke(x)
    print_input_output(x, result, "Final Response Generation")
    return result
```

❺ 전체 파이프라인 구성

앞서 정의한 모든 단계를 순차적으로 연결하여 전체 파이프라인을 완성하는 단계입니다. 각 단계의 함

수를 RunnableLambda로 감싸 실행 가능한 객체로 만들고, virtual_doc_step → retrieval_step → context_formatting_step → final_response_step 순으로 연결합니다.

이렇게 연결된 파이프라인은 pipeline 객체로 완성되며, 이후 사용자의 질문에 대해 답변을 생성하는 데 사용합니다.

이제 앞에서 만든 체인을 기반으로 실제 예시 질문을 입력하여 결과를 확인해 보겠습니다. 앞서 생성한 파이프라인 객체의 invoke( ) 메서드를 호출하여 답변을 생성합니다. 예시로 사용할 질문은 "주식 시장의 변동성이 높을 때 투자 전략은 무엇인가요?"입니다.

이때 pipeline.invoke( )에 전달하는 입력값은 반드시 {"question": question} 형태의 딕셔너리여야 합니다. 이는 파이프라인의 첫 단계인 virtual_doc_step 함수가 question 키를 기준으로 동작하기 때문입니다.

```
# 질문과 답변 예
question = "주식 시장의 변동성이 높을 때 투자 전략은 무엇인가요?"
response = pipeline.invoke({"question": question})
print(f"최종 답변: {response.content}")
```

```
--- Virtual Doc Generation ---
Input: {'question': '주식 시장의 변동성이 높을 때 투자 전략은 무엇인가요?'}
Output: {'virtual_doc': '주식 시장의 변동성이 높을 때, 투자 전략은 주로 보수적이거나…
'}
---------------------------------------------------

--- Document Retrieval ---
Input: {'question': '주식 시장의 변동성이 높을 때 투자 전략은 무엇인가요?',
'virtual_doc': '주식 시장의 변동성이 높을 때, 투자 전략은 주로 보수적이거나 …'}
Output: {'retrieved_docs': [Document(…), Document(…), Document(…)]}
---------------------------------------------------

--- Context Formatting ---
Input: {'question': '주식 시장의 변동성이 높을 때 투자 전략은 무엇인가요?',
'virtual_doc': '주식 시장의 변동성이 높을 때, 투자 전략은 주로 보수적이거나…',
'retrieved_docs': [Document(…), Document(…), Document(…)],
```

```
Output: {'context': 'After learning how to judge the value of every form of 
investment…'}
--------------------------------------------------

--- Final Response Generation ---
Input: {'question': '주식 시장의 변동성이 높을 때 투자 전략은 무엇인가요?',
'virtual_doc': '주식 시장의 변동성이 높을 때, 투자 전략은 주로 보수적이거나…',
'retrieved_docs': [Document(…), Document(…), Document(…)],
'context': 'After learning how to judge the value of every form of investment…'}
Output: {content='주식 시장의 변동성이 높을 때, 투자자는 큰 가격 변동을 이용하여 자신의 
수익을 증가시키는 방법을 알아야 합니다. 투자자가…}
--------------------------------------------------

최종 답변: 주식 시장의 변동성이 높을 때, 투자자는 큰 가격 변동을 이용하여 자신의 수익을 
증가시키는 방법을 알아야 합니다. 투자자가…
```

코드 실행 결과를 보면 HyDE 시스템이 단계별로 어떻게 작동하는지 명확히 알 수 있습니다. "주식 시장의 변동성이 높을 때 투자 전략은 무엇인가요?"라는 예시 질문에 대해 먼저 가상 답변인 '주식 시장의 변동성이 높을 때, 투자 전략은 주로 보수적이거나…'가 생성됨을 알 수 있습니다. 그리고 이를 기반으로 관련 문서들이 검색되었습니다.

이후 검색된 문서들이 포매팅되어 컨텍스트로 사용되며, 마지막으로 이 모든 정보를 종합하여 최종 응답인 '주식 시장의 변동성이 높을 때, 투자자는 큰 가격 변동을 이용하여 자신의 수익을 증가시키는 방법을 알아야 합니다. 투자자가…' 부분이 생성됨을 알 수 있습니다.

3 검색 알고리즘

검색 알고리즘search algorithm은 사용자가 작성한 쿼리(질문)와 참조 문서 간의 관련성을 평가하고 가장 적합한 문서를 선별하는 로직을 뜻합니다. 최적화된 검색 알고리즘은 RAG 시스템의 성능과 정확도를 크게 높일 수 있으며, 최종적으로 생성되는 응답 품질에도 큰 영향을 미칩니다.

검색 알고리즘은 크게 두 가지로 분류할 수 있습니다. 첫 번째는 희소 검색sparse retrieval 알고리

즘이고, 두 번째는 밀집 검색dense retrieval 알고리즘입니다.

희소 검색은 전통적인 키워드 기반 방식으로, 대표적인 예로 BM25 알고리즘이 있습니다. 이 방식은 문서와 쿼리 간에 일치하는 키워드를 중심으로 관련성을 평가합니다. 이 방법은 구현이 간단하고 계산 효율성이 높지만, 의미적 유사성을 포착하는 데 한계가 있을 수 있습니다.

반면, 밀집 검색은 쿼리와 문서를 고차원의 벡터 공간에 임베딩하여 비교하는 방식입니다. 이 과정은 2장 1절에서 소개한 텍스트 임베딩 방식과 밀접하게 관련되어 있습니다. 밀집 검색에서는 단어의 의미와 문맥을 포착할 수 있는 신경망 기반 임베딩 모델을 사용하여 쿼리와 문서를 벡터화하고, 이들 간의 유사도를 계산하여 관련성을 판단합니다. 덕분에 키워드가 정확히 일치하지 않더라도 의미적으로 연관된 문서를 효과적으로 포착할 수 있습니다. 다만, 이러한 방식은 계산 비용이 크고, 대규모 데이터셋을 학습하는 과정이 필요하기 때문에 리소스 측면에서 부담이 될 수 있습니다.

이번 절에서는 이러한 검색 방식의 작동 원리와 장단점, 그리고 실제 적용 사례를 자세히 살펴보겠습니다.

3.1 희소 검색

희소 검색sparse retrieval은 문서와 쿼리를 희소 벡터 형태로 표현하여 검색을 수행하는 방법입니다. 희소 벡터는 전체 어휘 사전의 크기에 해당하는 차원을 가진 벡터로, 해당 문서나 쿼리에 등장하는 단어에 해당하는 위치만 1(또는 다른 가중치 값)이고 나머지는 모두 0인 형태를 갖습니다.

참고 희소 벡터의 예

금융 뉴스 검색 시스템의 어휘 사전이 500,000개의 단어로 구성되어 있다고 가정해 보겠습니다. 이때 다음과 같은 주식 관련 뉴스 헤드라인이 있다고 합시다.

"Tesla stock surges as electric vehicle demand rises"

이 헤드라인의 희소 벡터 표현을 다음과 같이 표현할 수 있습니다.

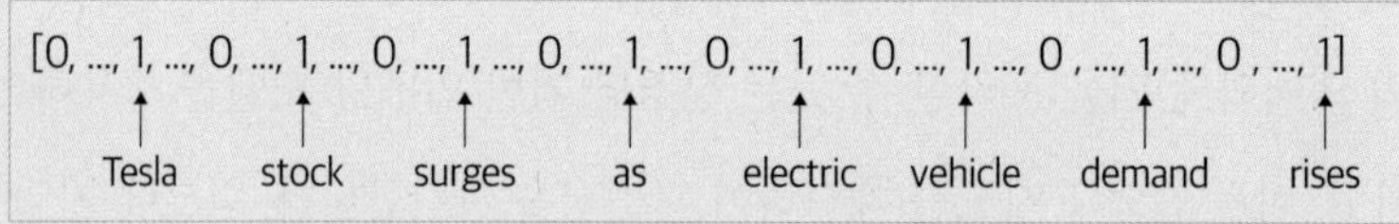

이 벡터는 500,000개의 요소를 가지며, 그중 8개의 요소만 1이고 나머지 499,992개의 요소는 0입니다. 이처럼 벡터의 대부분이 0으로 채워져 있어 '듬성듬성'하다는 의미로 희소 벡터라고 부릅니다.

이러한 희소 벡터를 기반으로 한 검색법은 본질적으로 키워드 기반 검색 방식입니다. 문서나 쿼리에 특정 단어가 존재하는지 여부를 중심으로 관련성을 판단하며, 단어의 출현 빈도나 분포를 고려하여 문서의 관련성을 평가합니다.

구현이 비교적 간단하고 계산 효율성이 높아 대규모 문서 컬렉션에서도 빠른 검색이 가능하지만, 단어의 의미적 관계나 문맥을 고려하지 못하는 한계도 존재합니다. 희소 검색의 단계별 동작 과정은 다음과 같습니다.

1. **문서 변환**: 각 단어의 출현 정보를 저장하는 방식으로 모든 문서를 희소 벡터 기반으로 변환합니다. 한국어의 경우, 이 과정에서 불용어 제거, 어간 추출 등의 전처리가 수행될 수 있습니다.
2. **질문 처리**: 사용자의 질문을 동일한 방식으로 벡터화합니다.
3. **유사도 계산**: 질문 벡터와 문서 벡터 간의 유사도를 계산합니다. 흔히 사용하는 방법으로는 코사인 유사도가 있습니다.
4. **랭킹**: 계산된 유사도를 기반으로 문서들의 순위를 매깁니다.
5. **결과 반환**: 가장 유사도가 높은 상위 N개의 문서를 결과로 반환합니다.

희소 검색의 대표적인 방식을 살펴보면 다음과 같습니다.

TF-IDF(Term Frequency-Inverse Document Frequency)

TF-IDF는 단어의 중요도를 문서 내 빈도와 전체 문서에서 희소성을 고려하여 관련성을 계산하는 방식입니다. 이 방법은 다음 두 요소를 곱하여 각 단어의 최종 TF-IDF 점수를 계산합니다.

1 TF (Term Frequency)

특정 단어가 한 문서에서 얼마나 자주 등장하는지를 나타냅니다. 빈도가 높을수록 해당 문서의 주제와 관련이 깊다고 판단합니다.

- **계산 방법:** TF(t, d) = (단어 t의 문서 d 내 등장 횟수) / (문서 d의 총 단어 수)

2 IDF (Inverse Document Frequency)

특정 단어가 전체 문서 집합에서 얼마나 희귀한지를 나타냅니다. 많은 문서에 공통적으로 나타나는 단어(예: 그리고, 그러나)는 덜 중요하다고 판단하여 가중치를 낮춥니다. 반면, 소수의 문서에만 나타나는 희귀한 단어일수록 높은 가중치를 받습니다.

- **계산 방법:** IDF(t, D) = log(전체 문서 수 / 단어 t가 등장하는 문서 수)

3 TF-IDF 계산식

$$TF\text{-}IDF(t,d,D) = TF(t,d) \times IDF(t,D)$$

여기서 t는 단어, d는 개별 문서, D는 전체 문서 집합을 나타냅니다.

결론적으로, TF-IDF는 문서 내에서 자주 등장하면서도 전체 문서 집합에서는 비교적 드물게 나타나는 단어에 높은 점수를 부여합니다. 이를 통해 개별 문서의 특징을 잘 나타내는 핵심 단어를 식별할 수 있으며, 불용어stopwords와 같이 빈번하지만 의미적으로 중요하지 않은 단어들의 영향을 줄일 수 있다는 장점이 있습니다.

하지만 TF-IDF에는 다음과 같은 몇 가지 한계가 있습니다.

- **문서 길이 고려 부족**: 긴 문서에서는 단어 빈도가 자연스럽게 높아질 수 있어, 문서 길이에 따른 편향이 발생할 수 있는 문제점이 있습니다.
- **단어 빈도의 선형적 증가**: 단어 빈도가 증가함에 따라 TF 값이 계속 선형적으로 증가하여, 과도하게 반복되는 단어에 지나치게 높은 가중치를 매기는 일이 발생합니다.

BM25(Best Matching 25)

이러한 TF-IDF의 한계점을 개선하기 위해 개발된 것이 BM25 알고리즘입니다. BM25는 TF-IDF의 기본 아이디어를 유지하면서 문서 길이와 단어 빈도의 영향을 보다 정교하게 조정하여 검색 정확도를 높였습니다.

- **문서 길이 정규화**: 문서의 길이를 고려하여 긴 문서에서 단어 빈도를 적절히 조정합니다.
- **단어 빈도의 포화 처리**: 단어 빈도가 증가함에 따라 점수 증가율이 감소하도록 설계되어 과도한 반복이 결과에 미치는 영향을 제한합니다.

BM25의 유사도 계산식은 다음과 같습니다.

$$\text{Score}(\text{D}, \text{Q}) = \sum_{q_i \in Q} IDF(q_i) \times \frac{f(q_i, D) \times (k_1 + 1)}{f(q_i, D) + k_1 \times \left(1 - b + b \times \frac{|D|}{avgdl}\right)}$$

- D: 문서
- Q: 쿼리(여기서 쿼리는 사용자가 정보 검색 시스템에 전달하는 하나 이상의 키워드, 검색어 또는 문구를 말함)
- $f(q_i, D)$: 문서 D에서 쿼리 단어 q_i의 빈도 수
- |D|: 문서의 길이
- avgdl: 전체 문서 집합의 평균 문서 길이
- k_1, b: 알고리즘의 조정 매개변수(일반적으로 k_1은 1.2~2.0, b는 0.75)

TF-IDF와 마찬가지로, BM25에도 IDF가 계산식에 포함되어 있습니다. 하지만 이전과는 달리, 계산식의 마지막 부분에 $(1 - b + b * |D| / avgdl)$을 추가하여 문서 길이에 따른 편향을 줄이도록 만들었습니다. 또한 계산식의 $(f(q_i, D) * (k_1 + 1)) / (f(q_i, D) + k_1 * (...))$ 부분은 $f(q_i, D)$가 증가함에 따라 점수 증가율이 감소하는 형태가 되도록 합니다. 이를 통해 단어 빈도가 높아졌을 때에도 점수가 지나치게 높아지지 않도록 조절합니다.

결과적으로 BM25는 TF-IDF의 기본 아이디어를 유지하면서도 문서 길이와 단어 빈도의 영향을 더 정교하게 조절하는 알고리즘입니다. 이를 통해 더 균형 잡힌 검색 결과를 제공하며, 특히 다양한 길이의 문서가 포함된 콘텐츠에서 우수한 성능을 보입니다. 이러한 특징 덕분에 BM25는 희소 벡터 기반 검색 시스템에서 기본 랭킹 알고리즘으로 널리 사용되고 있습니다.

참고 형태소 전처리를 통한 BM25 성능 향상

한국어와 같은 교착어에서는 영어와 달리 동일한 의미의 단어도 매우 다양한 형태로 활용됩니다. 따라서 키워드 추출에 앞서 형태소 분석을 통해 전처리를 수행하는 것이 검색 성능 향상에 큰 영향을 미칩니다. BM25 알고리즘의 성능을 향상시키는 형태소 전처리 기법은 다음과 같습니다.

1. 기본적인 형태소 분석

기본적인 형태소 분석은 문장을 최소 의미 단위인 형태소로 분리하고, 각 형태소에 품사 태그를 부여하는 과정입니다. 예를 들어, 다음과 같이 진행됩니다.

입력: "먹었다"
분석 결과: "먹/VV + 었/EP + 다/EF"

이를 통해 동사 '먹다'(VV)의 기본형, 과거 시제 선어말어미 '었'(EP), 종결어미 '다'(EF)를 파악할 수 있습니다. 이렇게 문장의 구조와 각 요소의 문법적 기능을 정확히 이해할 수 있으며, 핵심 의미를 가진 형태소를 효과적으로 추출할 수 있습니다.

2. 주요 품사 추출

형태소 분석 후 명사(NNG, NNP), 동사(VV), 형용사(VA) 등 핵심 의미를 전달하는 품사만을 선택적으로 추출합니다.

입력: "아름다운 꽃이 피었습니다"

추출 결과: "아름답/VA", "꽃/NNG", "피/VV"

이를 통해 조사나 어미 등 검색에 큰 영향을 미치지 않는 요소를 제거하여 노이즈를 줄일 수 있습니다. 이렇게 핵심 키워드에 집중함으로써 검색 쿼리와 문서 간의 매칭 정확도를 높일 수 있습니다.

3. 복합명사 처리

한국어에서는 여러 명사가 결합하여 복합명사를 이루는 경우가 많습니다. 이러한 복합명사를 구성요소로 분리하여 처리하면 검색 성능을 향상시킬 수 있습니다.

입력: "정보검색시스템"

분리 결과: "정보/NNG + 검색/NNG + 시스템/NNG"

복합명사를 분리함으로써 각 구성요소에 대한 개별 검색이 가능해지며, 부분 일치 검색의 정확도를 높일 수 있습니다. 이렇게 하면 사용자 쿼리가 복합명사의 일부만 포함하더라도 관련 문서를 효과적으로 찾아낼 수 있습니다.

4. 어근 추출 및 표제어 처리

동사와 형용사의 다양한 활용 형태를 기본형(표제어)으로 통일하여 처리합니다.

"먹었습니다" → "먹다"

"먹고 있다" → "먹다"

"먹을 것이다" → "먹다"

이렇게 어근을 추출하면 단어의 일관성이 유지되어 검색 쿼리와 문서 내 단어의 매칭 확률이 높아집니다. 이는 형태가 다른 동일한 의미의 단어들을 효과적으로 연결해 줍니다.

이러한 전처리 과정을 거치면 문서와 쿼리에서 실질적인 의미를 가진 키워드만을 추출할 수 있고, 단어 형태가 달라도 동일한 의미로 처리할 수 있어 검색 성능이 향상됩니다.

특히 한국어와 같이 교착어 특성이 뚜렷한 언어에서는 이러한 전처리 과정을 거치는 것이 검색 정확도를 높이는 효과적인 방법입니다. 그 결과 BM25 알고리즘에서도 키워드 매칭의 품질이 크게 개선되어, 사용자에게 더 관련도 높은 검색 결과를 제공할 수 있게 됩니다.

이제 랭체인을 활용해 희소 검색을 구현해 보겠습니다. bm25를 활용하고 키워드 추출에 앞서 형태소 분석 단계를 추가함으로써 정확도를 높였습니다. 실습 코드는 ch04_BM25.ipynb 파일입니다.

```
!pip install langchain langchain_openai langchain_community kiwipiepy rank_bm25
```

먼저, 앞선 실습과 마찬가지로 필요한 라이브러리를 설치하고 오픈AI API 키를 설정합니다. 이어서 문서를 불러온 뒤 적절한 크기로 분할합니다. 이번 예제에서는 한 기업의 투자설명서를 사용합니다. 문서는 이 책의 깃허브 주소에서 내려받은 파일 중 4장 Data 폴더에 있는 '투자설명서.pdf' 파일을 사용합니다.

```
from langchain_community.document_loaders import PyPDFLoader
from langchain_text_splitters import RecursiveCharacterTextSplitter

file_path = (
    "/content/drive/MyDrive/langchain-tutorial/Ch04. Advanced Rag/Data/투자설명서.pdf"
)
loader = PyPDFLoader(file_path)

doc_splitter = RecursiveCharacterTextSplitter(chunk_size=2000, chunk_overlap = 200)

docs = loader.load_and_split(doc_splitter)
```

file_path 변수에 PDF 파일의 경로를 지정한 후, 이를 이용해 PyPDFLoader 인스턴스인 loader를 생성해 지정된 PDF 파일을 읽어들일 준비를 합니다. 다음으로 RecursiveCharacterTextSplitter 인스턴스인 doc_splitter를 생성합니다. 이때 chunk_size를 2000으로, chunk_overlap을 200으로 설정합니다.

마지막으로 loader의 load_and_split( ) 메서드를 호출하여 PDF를 읽어 doc_splitter를 이용해 텍스트를 나눕니다.

이어서 BM25 알고리즘을 이용한 문서 검색기를 설정합니다.

```
from langchain_community.retrievers import BM25Retriever
from kiwipiepy import Kiwi
```

```
kiwi_tokenizer = Kiwi()

def kiwi_tokenize(text):
    return [token.form for token in kiwi_tokenizer.tokenize(text)]
```

먼저 BM25 알고리즘을 구현한 BM25Retriever를 langchain_community.retrievers에서 임포트합니다. 또한 한국어 처리를 위해 Kiwi라는 한국어 형태소 분석기를 kiwipiepy 라이브러리에서 임포트합니다.

이어서 kiwi_tokenizer라는 이름으로 Kiwi 인스턴스를 생성하고, kiwi_tokenize라는 함수를 정의합니다. 이 함수는 입력된 텍스트를 Kiwi를 이용해 토큰화하고, 각 토큰의 기본형(form)만을 리스트로 반환합니다. 이 과정을 통해 텍스트를 형태소 단위로 분리할 수 있습니다.

```
bm25_retriever = BM25Retriever.from_documents (docs, preprocess_func=kiwi_tokenize)
bm25_retriever.k = 2
```

이제 BM25Retriever.from_document( ) 메서드를 사용하여 bm25_retriever 인스턴스를 생성합니다. 이 메서드의 인자로는 이전에 생성한 docs(분할된 문서 리스트)와 preprocess_func=kiwi_tokenize를 전달합니다. 이는 각 문서를 인덱싱할 때 kiwi_tokenize 함수를 사용하여 전처리하라는 의미입니다.

다음으로 retriever의 k 값을 2로 설정합니다. 이는 검색 시 쿼리와 가장 관련성 높은 상위 2개의 문서만을 반환하도록 지정하는 옵션입니다. 이렇게 설정한 bm25_retriever는 이후 사용자의 질의가 들어오면, 해당 질의와 가장 밀접한 관련이 있는 두 개의 문서 조각을 효율적으로 검색해 제공합니다.

이제 bm25 리트리버로 관련 문서를 얻은 뒤, 이를 바탕으로 최종 답변을 생성하는 단계로 넘어갑니다. 이 과정에서 랭체인의 RetrievalQA 체인을 활용합니다.

```python
from langchain.chains import RetrievalQA, ConversationalRetrievalChain
from langchain_openai import ChatOpenAI

# 관련 있는 문서 수집 후, 챗GPT로 최종 답변까지 수행하는 체인을 생성
qa_chain = RetrievalQA.from_chain_type(
    llm=ChatOpenAI(temperature=0.2, model="gpt-4o"),
    chain_type="stuff",
    retriever=bm25_retriever,
    return_source_documents=True # 답변에 사용된 source document도 보여주도록 설정
)
```

먼저 필요한 컴포넌트들을 랭체인 라이브러리에서 임포트합니다. RetrievalQA와 ConversationalRetrievalChain은 검색과 질문-답변 기능을 제공하는 체인 클래스이고, ChatOpenAI는 오픈AI의 챗GPT 모델을 사용하기 위한 클래스입니다.

qa_chain 변수에 RetrievalQA.from_chain_type( ) 메서드를 사용하여 체인을 생성합니다. 이 메서드의 주요 파라미터는 다음과 같습니다.

- **llm**: ChatOpenAI 인스턴스를 생성하여 사용합니다. temperature를 0.2로 설정하여 비교적 일관된 출력을 얻도록 하고, 모델은 "gpt-4o"를 사용합니다.
- **chain_type**: "stuff"로 설정합니다. 이는 모든 관련 문서를 하나의 컨텍스트로 결합하여 LLM에 전달하는 방식입니다.
- **retriever**: 이전에 생성한 bm25_retriever를 사용하여 질문과 관련된 문서를 검색합니다.
- **return_source_documents**: True로 설정하여 답변에 사용된 원본 문서의 정보도 함께 반환하도록 합니다.

마지막으로, qa_chain.invoke( ) 메서드를 호출하여 실제로 질문을 처리합니다. "이 회사가 발행한 주식의 총 발행량이 어느 정도야?"라는 질문을 입력으로 제공합니다.

```python
qa_chain.invoke("이 회사가 발행한 주식의 총 발행량이 어느 정도야?")
```

```
{'query': '이 회사가 발행한 주식의 총 발행량이 어느 정도야?',
 'result': '이 회사가 발행한 주식의 총 발행량은 13,602,977주입니다.',
```

```
'source_documents': [Document(metadata={'source': '/content/투자설명서.pdf',
'page': 341}, page_content='당사는 투기적 목적으로 파생금융상품을 포함한 금융상품계약
을 체결하거나…
```

코드 실행 결과를 보면, “이 회사가 발행한 주식의 총 발행량이 어느 정도야?”라는 질문에 대해 적절한 연관 문서를 찾은 뒤, “이 회사가 발행한 주식의 총 발행량은 13,602,977주입니다.”라는 정확한 답변을 제공함을 알 수 있습니다.

3.2 밀집 검색

밀집 검색dense retrieval은 문서와 쿼리를 고차원의 밀집 벡터 형태로 표현하여 검색을 수행하는 방법입니다. 이 방식은 희소 검색과 달리, 단어의 존재 여부나 빈도만이 아닌 단어의 의미와 문맥을 고려하여 검색을 수행합니다.

이 방식의 핵심은 트랜스포머 기반의 임베딩 모델을 사용하여 텍스트를 의미 공간semantic space에 매핑하는 것입니다. 즉, 텍스트의 의미라는 정성적 지표를 수치화된 벡터로 변환하여 정량적으로 표현하고 계산할 수 있게 만드는 것입니다. 이를 통해 텍스트 간의 의미적 유사성을 수학적으로 측정할 수 있게 되어 더 정확하고 맥락을 고려한 검색을 수행할 수 있습니다. 따라서 단순한 키워드 매칭을 넘어 더 복잡한 의미적 관계까지 포착할 수 있어 더욱 고도화된 자연어 처리 작업에 활용할 수 있습니다.

참고 밀집 벡터의 예

금융 뉴스 검색 시스템에서 다음과 같은 주식 관련 뉴스 헤드라인이 있다고 가정해 봅시다.

“테슬라 주가, 전기차 수요 증가로 급등”

이 헤드라인의 밀집 벡터 표현은 다음과 같을 수 있습니다(300차원의 벡터를 가정).

[0.25, -0.10, 0.45, ..., 0.05]

이 벡터는 헤드라인의 의미를 정량적으로 표현한 수치 데이터입니다. 각 차원은 개별적으로 특정 의미를 갖지 않지만, 모든 차원이 함께 결합되어 텍스트의 전체적인 의미를 고차원 공간에 나타냅니다. 이를 통해 정성적이었던 텍스트의 의미를 정량적으로 활용할 수 있게 됩니다. 즉, 다음과 같은 계산을 수행할 수 있습니다.

1. **의미적 유사성 계산:** 다른 뉴스 헤드라인과의 벡터 거리를 계산하여, 얼마나 비슷한 내용을 담고 있는지 수치적으로 평가할 수 있습니다.
2. **데이터 분석 및 시각화:** 텍스트 데이터를 수치화함으로써 클러스터링이나 분류와 같은 기계학습 알고리즘에 적용할 수 있으며, 이를 통해 패턴이나 트렌드를 발견할 수 있습니다.

이처럼 밀집 벡터는 텍스트의 복잡한 의미를 수학적으로 수치화하여 정량적 분석과 처리를 가능하게 합니다.

밀집 벡터를 기반으로 한 검색법은 본질적으로 의미 기반의 검색 방식이므로 맥락을 고려하여 보다 정확한 검색을 가능하게 합니다. 하지만 동시에 높은 계산 복잡도를 요구한다는 단점이 있습니다. 또한 새로운 도메인에 적용할 때 임베딩 모델의 파인튜닝이 필요한 경우도 있습니다.

밀집 검색의 작동 과정은 다음과 같습니다.

1. **문서 변환:** 모든 문서를 사전 학습된 트랜스포머 기반 임베딩 모델을 사용하여 고차원의 밀집 벡터로 변환하고 저장합니다.
2. **질문 처리:** 사용자의 질문 역시 동일한 임베딩 모델을 사용하여 밀집 벡터로 변환합니다.
3. **유사도 계산:** 질문 벡터와 문서 벡터 간의 유사도를 계산합니다. 주로 코사인 유사도가 사용됩니다.
4. **랭킹:** 계산된 유사도를 기반으로 문서들의 순위를 매깁니다.
5. **결과 반환:** 가장 유사도가 높은 상위 N개의 문서를 결과로 반환합니다.

이러한 과정을 통해 밀집 검색은 단순한 키워드 매칭을 넘어 의미적으로 관련성 높은 문서를 효과적으로 검색할 수 있습니다.

밀집 검색은 희소 검색에 비해 계산 복잡도가 높기 때문에, 실제 대규모 시스템에 적용할 때는 계산 시간이 중요한 문제가 됩니다. 예를 들어, 수백만 개의 문서를 다루는 검색 엔진을 생각해 봅시다. 각 문서가 300차원의 벡터로 표현된다고 할 때, 새로운 검색 쿼리가 들어올 때마다 이를 수백만 개의 벡터와 일일이 비교하면 막대한 시간과 자원이 소모됩니다. 이러한 문제를 해결하기 위해 여러 유사도 검색 방식이 등장했습니다. 그중 가장 많이 쓰이는 방법이 다음에 소개할 FAISS[Facebook AI Similarity Search]입니다.

FAISS: 밀집 검색의 효과적인 구현을 위한 라이브러리

FAISS는 대규모 데이터셋에서 고차원 벡터의 유사도 검색을 빠르게 수행할 수 있도록 설계된 라이브러리입니다. FAISS의 작동 방식을 이해하기 위해 도서관에서 책을 찾는 과정을 생각해 봅시다. 모든 책을 한 줄로 쭉 늘어놓고 처음부터 끝까지 일일이 확인하는 것은 비효율적일 것입니다. 대신 도서관에서는 책을 주제별로 분류하고, 각 주제 안에서 다시 세부 카테고리로 나누어 체계적으로 관리합니다.

FAISS도 이와 유사한 방식으로 작동합니다. 가장 기본적인 형태의 FAISS 인덱스(Flat 인덱스)는 모든 벡터를 있는 그대로 저장하고 전체 검색을 수행합니다. 이는 마치 모든 책을 한 줄로 늘어놓은 것과 같습니다. 작은 데이터셋에서는 이 방법이 정확하고 충분히 빠를 수 있지만, 데이터가 많아지면 검색 속도가 급격히 느려집니다.

이를 개선하기 위해 FAISS에서는 더 발전된 인덱싱 방법을 제공합니다. 그중 하나가 IVF(Inverted File) 인덱스를 활용하는 방식입니다. IVF 인덱스는 벡터 공간을 여러 개의 클러스터로 나눕니다. 이는 마치 도서관에서 책을 주제별로 분류하는 것과 비슷합니다. 검색 시에는 질문 벡터와 가장 가까운 주제를 먼저 파악한 다음, 해당 주제의 책만을 살펴봄으로써 검색 속도를 크게 향상시킵니다.

예를 들어, 100만 개의 문서 벡터가 있고 이를 1,000개의 클러스터로 나눴다고 가정해 봅시다. 새로운 검색 쿼리가 들어오면, FAISS는 먼저 이 쿼리와 가장 가까운 클러스터를 찾습니다. 그리고 그 클러스터 내의 벡터들(약 1,000개)과만 유사도를 계산합니다. 이렇게 하면 100만 개의 벡터 모두와 비교하는 것보다 훨씬 빠르게 검색을 수행할 수 있습니다. 이러한 효율적인 인덱싱과 검색 기능 덕분에, FAISS 라이브러리는 대규모 밀집 검색 시스템에서 널리 사용되고 있습니다.

이제 랭체인을 이용해 밀집 검색 코드를 구현해 봅시다. 앞선 희소 검색 구현 코드와 동일한 데이터셋과 문서 로딩 방식을 사용했으며, 희소 검색 방식인 BM25Retriever를 밀집 검색 방식의 FAISSRetriever로 변경하여 구현했습니다. 실습 코드는 4장 폴더의 ch04_DENSE_RETRIEVAL.ipynb 파일입니다.

```
!pip install langchain langchain_openai langchain_community pypdf faiss-cpu
```

먼저 필요한 라이브러리를 설치하고 오픈AI API 키를 설정합니다. FAISS는 GPU 환경이면 faiss-gpu를, 아니라면 faiss-cpu를 설치합니다.

다음으로, 문서를 불러온 뒤 적절한 크기로 분할합니다. 이 과정은 앞선 희소 검색 예제와 동일한 코드를 사용합니다.

```
from langchain_community.document_loaders import PyPDFLoader
from langchain_text_splitters import RecursiveCharacterTextSplitter

file_path = (
    "/content/drive/MyDrive/langchain-tutorial/Ch04. Advanced Rag/Data/투자설명서.pdf"
)
loader = PyPDFLoader(file_path)

doc_splitter = RecursiveCharacterTextSplitter(chunk_size=2000, chunk_overlap = 200)

docs = loader.load_and_split(doc_splitter)
```

이제 FAISS DB와 리트리버를 구축하는 단계로 넘어갑니다. 이 과정은 문서의 벡터화, 데이터베이스 생성 및 저장, 리트리버 생성의 세 부분으로 나눌 수 있습니다.

우선 오픈AI의 임베딩 모델을 사용하여 문서들을 벡터화합니다. OpenAIEmbeddings 클래스의 인스턴스를 생성하고, model 매개변수로 text-embedding-3-large를 지정합니다.

```
# OpenAI의 임베딩 모델 사용
from langchain_openai.embeddings import OpenAIEmbeddings
embedding = OpenAIEmbeddings(model="text-embedding-3-large")
```

다음으로 FAISS 데이터베이스를 생성하고 저장합니다.

```
# FAISS 라이브러리 임포트
from langchain_community.vectorstores import FAISS

# FAISS DB 생성 후 저장
faiss_store = FAISS.from_documents(docs, embedding)
faiss_store.save_local("/content/DB")
```

이제, 저장된 FAISS DB를 다시 로드합니다. persist_directory 변수에 저장된 DB의 경로를 지정한 후, FAISS.load_local( ) 메서드를 사용하여 저장된 데이터베이스를 불러옵니다.

```
# 저장된 DB 경로 지정 후, DB 로드
persist_directory = "/content/DB"
vectordb = FAISS.load_local(persist_directory, embeddings=embedding, allow_dangerous_
deserialization=True)
```

마지막으로 vectordb 객체의 as_retriever( ) 메서드를 호출하여 faiss_retriever를 생성합니다. 이때 search_kwargs 매개변수를 통해 검색 시 반환할 문서의 개수를 2개(k=2)로 지정합니다.

```
# FAISS 리트리버 생성
faiss_retriever = vectordb.as_retriever(search_kwargs={"k": 2})
```

이제 FAISS 리트리버로 관련 문서를 얻은 뒤, 이를 바탕으로 최종 답변을 생성하는 단계입니다. 앞선 희소 검색 예제와 동일한 코드를 사용하며, retriever 파라미터에 이전의 bm25_retriever 대신 faiss_retriever를 사용한다는 점만 차이가 있습니다.

```
from langchain.chains import RetrievalQA, ConversationalRetrievalChain
from langchain_openai import ChatOpenAI

# 관련 있는 문서 수집 후, 챗GPT로 최종 답변까지 수행
qa_chain = RetrievalQA.from_chain_type(
    llm=ChatOpenAI(temperature=0.2, model="gpt-4o"),
    chain_type="stuff",
    retriever=faiss_retriever,
    return_source_documents=True # 답변에 사용된 source document도 보여주도록 설정
)
```

마지막으로, invoke( ) 메서드를 사용하여 실제 질문을 해보겠습니다. 앞선 희소 검색 예제와 마찬가지로 "이 회사가 발행한 주식의 총 발행량이 어느 정도야?"라는 질문을 qa_chain에 전달합니다.

```
qa_chain.invoke("이 회사가 발행한 주식의 총 발행량이 어느 정도야?")
```

```
{'query': '이 회사가 발행한 주식의 총 발행량이 어느 정도야?',
 'result': '이 회사가 발행한 주식의 총 발행량은 보통주 13,602,977주입니다.',
 'source_documents': [Document(metadata={'source': '/content/투자설명서.pdf',
'page': 327}, page_content="(*1) 정부R&D예산 축소로 인한 사업비 규모가 변경되었습니
다…
```

실행 결과, 앞선 희소 검색 때와 마찬가지로 관련 문서를 잘 찾아서 답변함을 알 수 있습니다.

3.3 앙상블 검색

앙상블 검색ensemble retrieval은 앞서 살펴본 희소 검색과 밀집 검색을 함께 쓰는 접근 방식입니다. 앞서 살펴본 바와 같이, 희소 검색은 키워드 기반의 빠르고 직관적인 검색이 가능하지만, 문맥과 의미를 온전히 파악하는 데는 한계가 있습니다. 반면, 밀집 검색은 텍스트의 의미를 깊이 있게 이해하고 관련성을 판단할 수 있지만, 계산 비용이 높고 새로운 키워드나 특정 표현을 정확히 포착하는 데 어려움을 겪을 수 있습니다.

앙상블 검색은 이러한 두 방식을 결합함으로써 각 방식의 단점을 보완하고 더 균형 잡힌 검

색 결과를 제공합니다. 예를 들어, "주식 시장의 변동성 분석"이라는 쿼리에 대해 희소 검색은 "주식", "시장", "변동성", "분석"과 같은 키워드가 정확히 포함된 문서를 빠르게 찾아낼 수 있습니다. 동시에 밀집 검색은 "증권 시장의 불안정성 연구" 또는 "금융 시장의 리스크 평가"와 같이 직접적인 키워드 매칭은 없지만 의미적으로 관련 있는 문서들을 발견할 수 있습니다. 앙상블 검색은 이 두 결과를 결합하여 포괄적인 검색 결과를 제공할 수 있게 합니다.

이때 중요한 점은 희소 검색과 밀집 검색의 비중을 상황에 따라 조절할 수 있다는 것입니다. 예를 들어, 기술 문서나 법률 문서와 같이 정확한 용어 매칭이 중요한 도메인에서는 희소 검색에 더 높은 가중치를 부여할 수 있습니다. 반면, 일반적인 질문-답변 시스템이나 의미 기반 추천 시스템에서는 밀집 검색에 더 높은 비중을 둘 수 있습니다. 이러한 유연성을 통해 앙상블 검색은 다양한 검색 환경과 요구사항에 효과적으로 대응할 수 있습니다.

랭체인을 이용해 앙상블 검색 코드를 구현해 보겠습니다. 실습 코드는 4장 폴더의 ch04_ENSEMBLE_RETRIEVAL.ipynb 파일입니다.

먼저, 앞선 실습과 마찬가지로 필요한 라이브러리를 설치하고 오픈AI API 키를 설정합니다. 이어서 사용할 문서를 불러온 뒤 적절한 크기로 분할합니다. 앞선 희소 검색 및 밀집 검색 예제와 동일한 코드를 사용합니다.

```
from langchain_community.document_loaders import PyPDFLoader
from langchain_text_splitters import RecursiveCharacterTextSplitter

file_path = (
    "/content/drive/MyDrive/langchain-tutorial/Ch04. Advanced Rag/Data/투자설명서.pdf"
)
loader = PyPDFLoader(file_path)

doc_splitter = RecursiveCharacterTextSplitter(chunk_size=2000, chunk_overlap = 200)

docs = loader.load_and_split(doc_splitter)
```

다음으로, 희소 검색을 위한 bm25 리트리버를 정의합니다. 역시 희소 검색 예제와 동일한 코드를 사용합니다.

```
from langchain_community.retrievers import BM25Retriever
from kiwipiepy import Kiwi

kiwi_tokenizer = Kiwi()

def kiwi_tokenize(text):
    return [token.form for token in kiwi_tokenizer.tokenize(text)]
```

BM25Retriever.from_document( ) 메서드로 bm25_retriever 인스턴스를 만듭니다. 이 메서드에 이전에 생성한 docs와 preprocess_func=kiwi_tokenize를 전달합니다. 이때 bm25_retriever의 k 값은 4로 지정하여 검색 시 가장 관련성 높은 상위 4개의 문서만을 반환합니다.

```
bm25_retriever = BM25Retriever.from_documents(docs, preprocess_func=kiwi_tokenize)
bm25_retriever.k = 4
```

이어서 밀집 검색을 위한 FAISS DB와 리트리버를 구축합니다. 앞선 밀집 검색 예제와 동일한 코드를 사용합니다.

```
from langchain_openai.embeddings import OpenAIEmbeddings
# OpenAI의 임베딩 모델 사용
embedding = OpenAIEmbeddings(model="text-embedding-3-large")
```

다음으로 FAISS 데이터베이스를 생성하고 저장합니다. 생성된 faiss_store는 save_local( ) 메서드로 "/content/DB" 경로에 저장합니다.

```
# FAISS 라이브러리 임포트
from langchain_community.vectorstores import FAISS

# FAISS DB 생성 후 저장
faiss_store = FAISS.from_documents(docs, embedding)
faiss_store.save_local("/content/DB")
```

이제, 저장된 FAISS DB를 다시 로드합니다. persist_directory 변수에 저장된 DB의 경로를 지정한 후, FAISS.load_local( ) 메서드를 사용하여 저장된 데이터베이스를 불러옵니다.

```
# 저장된 DB 경로 지정 후, DB 로드
persist_directory = "/content/DB"
vectordb = FAISS.load_local(persist_directory, embeddings=embedding, allow_dangerous_
deserialization=True)
```

최종적으로 vectordb 객체의 as_retriever( ) 메서드를 호출하여 faiss_retriever를 생성합니다.

```
# FAISS 리트리버 생성
faiss_retriever = vectordb.as_retriever(search_kwargs={"k": 4})
```

이제 앞서 정의한 bm25 리트리버와 FAISS 리트리버를 묶어 앙상블 리트리버를 만듭니다. 이 예제에서는 희소 검색(bm25)과 밀집 검색(FAISS)의 비중을 1:1로 설정하였으나, 이 비중은 상황에 따라 조절할 수 있습니다. 예를 들어, 키워드 검색이 중요한 경우에는 희소 검색의 비중을 높이고 의미적 유사성이 중요한 경우에는 밀집 검색의 비중을 높일 수 있습니다.

```
from langchain.retrievers import EnsembleRetriever

ensemble_retriever = EnsembleRetriever(retrievers=[bm25_retriever, faiss_retriever],
weights=[0.5, 0.5])
```

앙상블 리트리버로 관련 문서를 얻은 뒤, 최종 답변을 생성하는 단계입니다. 앞선 희소 검색 및 밀집 검색 예제와 동일한 코드를 사용하며, retriever 파라미터로 앞서 생성한 ensemble_retriever를 사용한다는 점만 차이가 있습니다.

```
from langchain.chains import RetrievalQA, ConversationalRetrievalChain
from langchain_openai import ChatOpenAI
```

```
# 관련 있는 문서 수집 후, 챗GPT로 최종 답변까지 수행
qa_chain = RetrievalQA.from_chain_type(
    llm=ChatOpenAI(temperature=0.2, model="gpt-4o"),
    chain_type="stuff",
    retriever=ensemble_retriever,
    return_source_documents=True # 답변에 사용된 source document도 보여주도록 설정
)
```

마지막으로, qa_chain.invoke( ) 메서드를 호출하여 실제로 질문을 처리합니다. "이 회사가 발행한 주식의 총 발행량이 어느 정도야?"라는 질문을 입력으로 제공하여 답변을 생성해 보겠습니다.

```
qa_chain.invoke("이 회사가 발행한 주식의 총 발행량이 어느 정도야?")
```

```
{'query': '이 회사가 발행한 주식의 총 발행량이 어느 정도야?',
 'result': '이 회사가 발행한 주식의 총 발행량은 보통주 13,602,977주입니다.',
 'source_documents': [Document(metadata={'source': '/content/투자설명서.pdf',
'page': 327}, page_content="(*1) 정부R&D예산 축소로 인한 사업비 규모가 변경되었습니다.
기타 세부 사항은…
```

실행 결과, 앞선 희소 검색 및 밀집 검색 때와 마찬가지로 관련 문서를 잘 찾아서 답변함을 알 수 있습니다.

4 문서 후처리

문서 후처리[post-processing documents]는 초기 검색 알고리즘으로 검색된 문서들을 대상으로, 보다 정교한 방법을 사용하여 문서의 관련성을 재평가하고 순위를 재조정하는 과정입니다. 이 과정에서 핵심적인 역할을 하는 것이 리랭킹[reranking]입니다. 리랭킹을 통해 초기 검색 알고리즘의 한계를 보완하고 검색 결과의 정확도를 높일 수 있습니다.

희소 검색, 밀집 검색 등의 초기 검색 알고리즘들은 대규모 문서 집합에서 빠르게 관련 문서를 찾아내는 데 효과적입니다. 그러나 이 방식들은 문서의 관련성을 완벽하게 평가하는 데 한

계가 있습니다. 이는 주로 기계적인 방식에 의존하기 때문입니다. 예를 들어, 희소 검색은 단순 키워드 매칭에 의존하고, 밀집 검색은 고차원 벡터 공간에서 근사적인 유사도 계산에 의존합니다.

반면, 대규모 언어 모델은 더 높은 정확도를 제공할 수 있지만, 대규모 문서 집합의 관련성을 모두 파악하기에는 계산 비용이 높고 시간이 오래 걸린다는 단점이 있습니다.

이 두 방식의 단점을 보완하고, 장점을 극대화하기 위한 방안으로 초기 검색 방법과 리랭커를 순차적으로 적용하는 전략이 있습니다. 초기 검색으로 대상을 빠르게 좁힌 뒤, 리랭커가 이 문서들을 정밀하게 평가하는 방식입니다. 이 과정을 도서관에서 특정 주제를 가진 책을 찾는 상황에 비유해 보겠습니다.

그림 4-5 책 찾기로 비유한 리랭킹 과정

먼저, 희소 검색 혹은 밀집 검색과 같은 초기 검색 알고리즘을 사용합니다. 이는 마치 도서관에서 책의 제목, 저자 이름 또는 주제와 관련된 키워드로 빠르게 관련 서가를 찾아가는 것과 같습니다.

예를 들어, '주식 시장 투자 전략'이라는 주제로 검색한다면, 희소 검색은 '주식', '투자', '전략' 등의 키워드가 포함된 책들을 신속하게 찾아냅니다. 만약 밀집 검색을 사용한다면 '증권 분석 방법', '금융 시장 예측 기법' 등 직접적인 키워드 매칭은 아니지만 의미적으로 관련된 책들이 발견됩니다. 이 과정은 속도는 빠르지만, 관련성이 떨어지는 책들(예: '주식 시장 역사' 또는 '금융 시장 예측 기법')도 함께 선별될 수 있습니다. 결과적으로, 초기 검색 단계에서는 다음과 같은 책들이 선별되어 다음 단계인 리랭킹 과정으로 전달됩니다.

- **희소 검색 결과**: '현대 주식 투자 전략', '주식 시장 역사'
- **밀집 검색 결과**: '증권 분석 방법', '금융 시장 예측 기법'

이제 선별된 책들에 대해 리랭커 모델을 적용해 봅시다. 트랜스포머 기반 리랭커는 단순한 키워드 매칭이나 의미적 유사성을 넘어, 책의 전체적인 맥락과 잠재적 가치를 평가할 수 있습니다. 따라서 리랭커의 작동 과정은 금융 전문가가 각 책의 내용을 직접 검토하고 주제와의 관련성을 더 깊이 평가하는 과정과 유사하다고 할 수 있습니다.

리랭커는 각 책의 목차, 서문, 주요 내용을 바탕으로 '주식 시장 투자 전략'이라는 주제와의 관련성을 평가하며, 내부적으로 관련성 점수를 산출합니다. 여기서 산출된 관련성 점수 값은 모델이 해당 문서가 주제와 관련 있을 가능성을 상대적으로 나타내는 척도입니다. 즉, 관련성 점수 값이 높을수록 문서가 주제와 더 밀접한 관련이 있다고 판단되며, 값의 절대적 크기보다는 후보 문서들 간의 상대적 순위가 평가의 핵심이 됩니다. 예를 들어, 다음과 같이 관련성 점수 값이 산출될 수 있습니다.

- **'현대 주식 투자 전략'**: 3.5
- **'주식 시장 역사'**: 1.2
- **'증권 분석 방법'**: 2.8
- **'금융 시장 예측 기법'**: 2.1

이제 리랭커는 이 값들을 바탕으로 관련성 점수 값이 높은 순으로 책을 정렬하고, 상위 2권을 선택하는 방식으로 최종 선별을 수행합니다. 따라서 최종 결과는 다음과 같이 두 권의 책만 남게 됩니다.

- **'현대 주식 투자 전략' (관련성 점수**: 3.5)
- **'증권 분석 방법' (관련성 점수**: 2.8)

이러한 초기 검색과 리랭킹의 두 단계 접근 방식을 통해, 방대한 양의 책 중에서 빠르게 관련 있는 책들을 찾아내고, 그중에서도 가장 적절한 책들을 정확하게 선별할 수 있습니다. 이는 도서관 전체를 처음부터 꼼꼼히 살펴보는 것보다 훨씬 효율적이며, 단순히 키워드 매칭에만 의존하는 것보다 정확한 결과를 제공합니다.

4.1 고성능 대규모 언어 모델 기반 리랭킹

고성능 대규모 언어 모델 기반 리랭킹은 Claude나 GPT와 같은 고성능 언어 모델을 활용하여 초기 검색 결과를 재평가하고 순위를 조정하는 방식입니다. 구현 방식은 다음과 같이 간단합니다.

1. **프롬프트 설계**: 질의와 문서를 입력으로 받아 관련성을 평가하는 프롬프트를 작성합니다.
2. **대규모 언어 모델 호출**: 각 문서에 대해 대규모 언어 모델을 호출하여 관련성 점수를 얻습니다.
3. **순위 재조정**: 얻은 점수를 기반으로 문서들의 순위를 재조정합니다.

이 방식은 고성능의 대규모 언어 모델을 활용하기 때문에 정확한 관련성 평가가 가능합니다. 실제로 챗GPT-4를 리랭킹에 활용한 결과, TREC, BEIR과 같은 다양한 평가 데이터셋에서 BM25, monoBERT, monoT5, Cohere Rerank 등의 기존 모델들을 크게 앞서는 성능을 내었다는 연구 결과도 있습니다.[3] 또한 광범위하게 학습된 대규모 언어모델 특성상, 추가적인 학습 없이 다양한 도메인의 질의 유형에 쉽게 적용할 수 있다는 점도 이 방식의 장점으로 꼽을 수 있습니다.

그리고 필요 시 관련성 평가 점수의 추론 근거를 제공할 수 있기 때문에, 설명 가능한 AI(Explainable AI) 측면에서 결과 해석이 용이하다는 특징이 있습니다. 반면, 많은 리소스를 필요로 하기 때문에 계산 비용이 높다는 점과 느린 처리 속도는 단점으로 꼽힙니다.

랭체인을 이용해 코드로 구현해 보겠습니다. 앞에서 다룬 밀집 검색 방식의 FAISS 리트리버에 리랭킹을 적용하도록 하겠습니다. 실습 코드는 4장 폴더의 ch04_RERANKER_LLM.ipynb 파일입니다. 먼저, 필요한 라이브러리를 설치하고 오픈AI API 키를 설정합니다(코드 생략).

3 Sun, W., Yan, L., Ma, X., Wang, S., Ren, P., Chen, Z., Yin, D., & Ren, Z. (2023). Is ChatGPT Good at Search? Investigating Large Language Models as Re-Ranking Agents. arXiv preprint arXiv:2304.09542v2.

```
from langchain_community.document_loaders import PyPDFLoader
from langchain_text_splitters import RecursiveCharacterTextSplitter

file_path = (
    "/content/drive/MyDrive/langchain-tutorial/Ch04. Advanced Rag/Data/투자설명서.pdf"
)
loader = PyPDFLoader(file_path)

doc_splitter = RecursiveCharacterTextSplitter(chunk_size=300, chunk_overlap = 100)

docs = loader.load_and_split(doc_splitter)
```

사용할 문서를 불러온 뒤 적절한 크기로 분할합니다. 앞선 검색 알고리즘 예제과 동일한 코드를 사용합니다.

```
from langchain_openai.embeddings import OpenAIEmbeddings
# 데이터를 임베딩으로 변환
embedding = OpenAIEmbeddings(model="text-embedding-3-large")
```

이어서 임베딩을 위한 객체를 만듭니다. 임베딩에는 오픈AI의 text-embedding-3-large 모델을 사용합니다. 다음으로 FAISS 데이터베이스를 생성하고 저장합니다.

```
# FAISS 라이브러리 임포트
from langchain_community.vectorstores import FAISS

# FAISS 벡터 스토어 생성
faiss_store = FAISS.from_documents(docs, embedding)
# FAISS 벡터 스토어 저장
persist_directory = "/content/DB"
faiss_store.save_local(persist_directory)
```

저장된 FAISS DB를 다시 로드합니다.

```
# 저장한 FAISS DB 불러오기
vectordb = FAISS.load_local(persist_directory, embeddings=embedding, allow_dangerous_
deserialization=True)
```

이제 대규모 언어 모델 기반 리랭킹 알고리즘을 생성합니다. 이 알고리즘은 GPT-4o 모델을 활용하여 초기 검색 결과의 관련성을 평가하고 재정렬합니다. 먼저, 다음 라이브러리와 모듈을 임포트합니다.

```
from pydantic import BaseModel, Field
from langchain import PromptTemplate
from langchain.docstore.document import Document
from typing import List, Dict, Any, Tuple
from langchain_openai import ChatOpenAI
from textwrap import dedent
from langchain_core.output_parsers import JsonOutputParser
```

- **BaseModel, Field:** Pydantic 라이브러리에서 제공하는 클래스로, 데이터 모델을 정의하고 검증하는 데 사용합니다.
- **PromptTemplate:** 랭체인에서 제공하는 클래스로, 프롬프트 템플릿을 생성하는 데 사용합니다.
- **Document:** 랭체인의 문서 클래스로, 텍스트 내용과 메타데이터를 포함하는 문서 객체를 표현합니다.
- **List, Dict, Any, Tuple:** 파이썬의 typing 모듈에서 제공하는 타입 힌트로, 함수의 입력과 출력 타입을 명시하는 데 사용합니다.
- **ChatOpenAI:** 랭체인에서 챗GPT 모델을 사용하기 위한 클래스입니다.
- **dedent:** textwrap 모듈의 함수로, 문자열의 들여쓰기를 제거하는 데 사용합니다.
- **JsonOutputParser:** 랭체인에서 제공하는 클래스로, 대규모 언어 모델의 출력을 JSON 형식으로 파싱하는 데 사용합니다.

```
class RelevanceScore(BaseModel):
    relevance_score: float = Field(description="문서가 쿼리와 얼마나 관련이 있는지를 나타
    내는 점수.")

def reranking_documents(query: str, docs: List[Document], top_n: int = 2) ->
List[Document]:
    parser = JsonOutputParser(pydantic_object=RelevanceScore)
    human_message_prompt = PromptTemplate(
```

```
    template = """
    1점부터 10점까지 점수를 매겨, 다음 문서가 질문이 얼마나 관련이 있는지 평가해주세요.
    단순히 키워드가 일치하는 것이 아니라 쿼리의 구체적인 맥락과 의도를 고려하세요.
    {format_instructions}
    question: {query}
    document: {doc}
    relevance_score:""",
    input_variables=["query", "doc"],
    partial_variables={"format_instructions": parser.get_format_instructions()}
)

llm = ChatOpenAI(temperature=0, model_name="gpt-4o", max_tokens=3000)
chain = human_message_prompt | llm | parser
scored_docs = []
for doc in docs:
    input_data = {"query": query, "doc": doc.page_content}
    try:
        score = chain.invoke(input_data)['relevance_score']
        score = float(score)
    except Exception as e:
        print(f"오류 발생: {str(e)}")
        default_score = 5  # 기본 점수를 5점으로 설정
        print(f"기본 점수 {default_score}점을 사용합니다.")
        score = default_score
    scored_docs.append((doc, score))

reranked_docs = sorted(scored_docs, key=lambda x: x[1], reverse=True)
return [doc for doc, _ in reranked_docs[:top_n]]
```

우선, RelevanceScore 클래스를 정의합니다. 이 클래스는 Pydantic의 BaseModel을 상속받아 관련성 점수를 나타내는 데이터 모델을 정의합니다. Pydantic의 BaseModel은 데이터 검증 및 직렬화를 자동으로 처리하여, 입력 데이터가 올바른 형식과 타입(여기서는 실수)으로 유지되도록 보장합니다. 이를 통해 대규모 언어 모델이 질문과 문서의 연관성 점수를 실수로 표현할 수 있도록 합니다.

이제 reranking_documents 함수를 살펴봅시다. 이 함수는 사용자의 질문과 초기 검색 문서들

을 입력받고, 리랭킹이 수행된 문서 리스트를 반환하는 역할을 수행합니다.

먼저 JsonOutputParser를 사용하여 대규모 언어 모델의 출력을 RelevanceScore 객체로 파싱할 수 있도록 준비합니다. 그다음, PromptTemplate을 이용해 언어 모델에게 전달할 프롬프트를 정의합니다. 이 프롬프트는 언어 모델에게 주어진 문서가 질문과 얼마나 관련이 있는지 1점부터 10점까지 점수로 평가하도록 요청합니다.

다음으로 프롬프트, 언어 모델, 파서를 연결하여 체인을 구성합니다. 이 체인은 입력된 질문과 문서에 대해 관련성 점수를 계산합니다. 이렇게 구성한 체인을 입력받은 각 문서에 실행하여 점수를 얻습니다. 이후, 상위 n개의 문서만 선택하여 반환합니다.

이제 리랭킹 알고리즘을 적용한 문서 검색을 수행해 보겠습니다. 문서에서 매우 지엽적인 내용인 “2022년 영업손실”에 대한 문서를 찾은 뒤, 리랭킹을 통해 관련 문서만을 남기는 작업을 수행합니다.

```
query = "이 회사의 2022년 영업손실이 정확히 얼마야?"
initial_docs = vectordb.similarity_search(query, k=4)
reranked_docs = reranking_documents(query, initial_docs)
```

먼저, 사용자의 질문(query)을 정의합니다. 이후 similarity_search( ) 메서드를 사용해서 앞서 정의한 FAISS 벡터 DB를 기반으로 밀집 검색을 수행합니다. 이때 검색할 문서의 수는 4개로 지정합니다(k=4). 이후 reranking_documents 함수에 사용자의 질문(query)과 초기 검색 결과(initial_docs)를 입력하여 리랭킹된 문서 리스트(reranked_docs)를 반환하도록 합니다.

이제, 사용자의 질문과 초기 검색 결과, 리랭킹된 문서 리스트를 각각 출력해 보겠습니다.

```
# 4개의 초기 검색 결과 출력
print(f"Query: {query}\n\n")

print("Top initial documents:")
for i, doc in enumerate(initial_docs):
    print(f"\nDocument {i+1}:")
```

```python
    print(doc.page_content)

# 리랭킹 결과 출력
print("\n\nTop reranked documents:")
for i, doc in enumerate(reranked_docs):
    print(f"\nDocument {i+1}:")
    print(doc.page_content)  # 각 문서 출력
```

```
Query: 이 회사의 2022년 영업손실이 정확히 얼마야?

Top initial documents:

Document 1: 이 주요 원인으로 작용하여 당기순손실 228.7억원이 발생하였습니다. 이어, 당사
는 2023년에는 매출이 발생하지 않았으며, 종업원급여 40.9억원, 유무형자산상각...
비 26.3억원이 발생하였으며
Document 2: 를 위하여 다양한 비임상 및 임상시험을 준비하고 있으며 이에 따라 관련비용의
지출이 꾸준히 발생하여 2021년 영업손실 130.1억원, 2022년 영업손실 149.1억원...
Document 3: 이어, 당사는 2022년 GMP시설의 위탁생산계약 매출 약 4.8억원이 발생하였으나,
종업원급여 43.9억원, 유무형자산상각비 25.3억원이 발생하였으며...
Document 4: 비용차감 최근 3사업연도중 2사업연도에 각각 10억 원 이상이면서 해당 사업연도
말 자기자본 해당 후2022년부2024년...

Top reranked documents:

Document 1: 를 위하여 다양한 비임상 및 임상시험을 준비하고 있으며 이에 따라 관련비용의
지출이 꾸준히 발생하여 2021년 영업손실 130.1억원, 2022년 영업손실 149.1억원...
Document 2: 이어, 당사는 2022년 GMP시설의 위탁생산계약 매출 약 4.8억원이 발생하였으나,
종업원급여 43.9억원, 유무형자산상각비 25.3억원이 발생하였으며...
```

문서 검색 결과, 초기 4개의 문서 중, 2022년 영업손실에 대해 정확히 언급한 2개의 문서만이 리랭킹을 거친 후 남게 되었음을 알 수 있습니다.

이제 최종적으로 밀집 검색과 리랭킹을 거친 문서를 사용하여 답변까지 생성하는 시스템을 구현해 보겠습니다. 먼저 사용자 질문에 대한 검색과 리랭킹을 수행하는 CustomRetriever 클래스를 정의합니다.

```
from langchain_core.retrievers import BaseRetriever
from langchain.chains import RetrievalQA

# CustomRetriever 체인을 생성
class CustomRetriever(BaseRetriever, BaseModel):

    vectorstore: Any = Field(description="Retrival을 위한 벡터 저장소")

    class Config:
        arbitrary_types_allowed = True

    # num_docs 파라미터로 리랭킹 후 반환할 최종 문서의 수를 정의
    def get_relevant_documents(self, query: str, num_docs=2) -> List[Document]:
        initial_docs = self.vectorstore.similarity_search(query, k=4)
        return reranking_documents(query, initial_docs, top_n=num_docs)
```

CustomRetriever는 벡터 저장소에서 초기 검색 결과를 가져온 후, 리랭킹을 통해 최종적으로 관련성이 높은 문서만 선별합니다. vectorstore는 검색에 사용되는 벡터 데이터베이스로, 여기서는 FAISS를 사용할 수 있도록 설계되었습니다.

get_relevant_documents( ) 메서드는 쿼리에 대한 초기 검색 결과를 가져온 후, reranking_documents 함수를 사용해 관련 문서를 재정렬합니다. 최종적으로 상위 num_docs개의 문서를 반환하며, 기본값은 2개입니다.

이 구조를 통해 단순한 벡터 검색을 넘어, 보다 정교한 리랭킹 기반 검색을 구현할 수 있습니다. 이제 CustomRetriever 인스턴스와 대규모 언어 모델 인스턴스를 생성하고, 이를 결합하여 최종적인 RetrievalQA 체인을 구성하겠습니다.

```
# CustomRetriever 인스턴스 생성
custom_retriever = CustomRetriever(vectorstore=vectordb)

# 답변용 LLM 인스턴스 생성
llm = ChatOpenAI(temperature=0.2, model_name="gpt-4o")

# RetrievalQA 체인 생성
qa_chain = RetrievalQA.from_chain_type(
```

```
    llm=llm,
    chain_type="stuff",
    retriever=custom_retriever,
    return_source_documents=True
)
```

최종적으로 QA 체인을 활용하여 실제 질문에 대한 답변을 생성해 보겠습니다. 예시 질문으로 "이 회사의 2022년 영업손실이 정확히 얼마야?"라고 질문하겠습니다.

```
qa_chain.invoke("이 회사의 2022년 영업손실이 정확히 얼마야?")
```

```
{'query': '이 회사의 2022년 영업손실이 정확히 얼마야?',
 'result': '이 회사의 2022년 영업손실은 149.1억원입니다.',
 'source_documents': [Document(metadata={'source': '/content/투자설명서.pdf',
'page': 158}, page_content='를 위하여 다양한 비임상 및 임상시험을 준비하고 있으며 이
에 따라 관련비용의 지출이 꾸준히 발생 \n하여 2021년 영업손실 130.1억원, 2022년 영업손실
149.1억원, 2023년 영업손실 122억원, 2024년 \n1분기 영업손실 24.2억원이 발생하였습니다.
또한 영업 외적 측면에서도, 금융비용 등의 발생 영향 \n으로 인해  2021년 당기순손실 130.7
억원, 2022년 당기순 손실 228.7억원, 2023년 당기순손실'),
  Document(metadata={'source': '/content/투자설명서.pdf', 'page': 212}, page_
content="이어, 당사는 2022년 GMP시설의 위탁생산계약 매출 약 4.8억원이 발생하였으나, 종
업원급\n여 43.9억원, 유무형자산상각비 25.3억원이 발생하였으며, 연구개발 및 임상시험 지
속 과정\n에서 지급수수료가 54.8억원 발생하는 등 총 영업비용 154억원이 발생하였습니다. 이
에\n2022년 영업손실 149억원이 발생하였으며, 한편, 2022년 5월 금융감독원에서 공표한 '전
환\n사채 콜옵션 회계처리' 감독지침에 따라 당사는 2021년 3월 19일 발행한 제2회 전환사채
의")]}
```

실행 결과, "이 회사의 2022년 영업손실이 정확히 얼마야?"라는 질문에 대해 정확히 "149.1억원"이라고 답변했습니다. 이는 리랭킹 과정을 거쳐 선별된 두 개의 관련 문서에서 정확한 정보를 추출한 결과로, LLM 기반 리랭킹이 질문의 의도를 정확히 파악하고 관련성 높은 문서를 효과적으로 선별하였음을 알 수 있습니다.

4.2 크로스 인코더 기반 리랭킹

크로스 인코더cross-encoder 기반 리랭킹은 주로 BERT와 같은 인코더 기반 언어 모델을 이용해 질문query과 문서document가 얼마나 잘 맞는지 관련성을 평가하는 기법입니다. 이 방법에서는 질문과 문서를 하나로 결합하여 입력하고, 모델이 최종적으로 "두 텍스트가 얼마나 관련 있는가"를 단일 점수로 출력합니다. 구체적인 과정은 다음과 같습니다.

1. **질문, 문서 입력**: 질문과 문서를 "[CLS] 질문 [SEP] 문서 [SEP]" 형태로 결합합니다. 여기서 [CLS]는 문장의 시작을 나타내는 토큰이고, [SEP]는 두 텍스트(질문과 문서)를 구분하는 토큰입니다.
2. **인코딩**: 이렇게 결합된 문자열을 BERT와 같은 인코더 모델에 넣어, 각 토큰에 대한 임베딩 벡터를 구합니다.
3. **[CLS] 토큰 임베딩 추출**: 모델의 최종 층에서 나오는 [CLS] 토큰 임베딩은 전체 입력(질문과 문서)의 맥락을 요약한 정보를 담고 있습니다. 이 임베딩은 질문과 문서 사이의 복잡한 의미적 관계를 반영합니다.
4. **점수 계산**: [CLS] 임베딩을 간단한 선형 층(fully-connected layer)이나 다른 분류 층에 통과시켜, 최종적으로 관련성(relevance) 점수를 산출합니다.

Bi-Encoder VS Cross-Encoder

리랭킹을 다룰 때 자주 등장하는 두 가지 인코더 방식, Bi-Encoder와 Cross-Encoder에 대해 살펴보겠습니다.

Bi-Encoder는 앞에서 다룬 밀집 검색에서 사용되는 인코딩 방식으로, 밀집 검색의 기반이 되는 벡터 표현을 생성합니다. 질문 A와 문서 B가 있을 때, 이들 각각을 임베딩으로 동일한 크기의 벡터로 만든 뒤, 코사인 유사도와 같은 유사도 분석을 통해 벡터 간의 거리를 수치화하는 방식입니다. 두 벡터 간의 거리가 가깝다면 질문과 문서가 의미적으로 유사하다고 판단하고, 멀다면 관련성이 낮다고 판단합니다.

반면, Cross-Encoder는 질문 A와 문서 B가 있을 때, 이들을 트랜스포머 기반의 인코더 모델에 함께 투입하여, 둘 사이의 관련성을 나타내는 분류 점수classification score를 직접 얻습니다. 이 점수가 높을수록 관련성이 높다고 판단합니다.

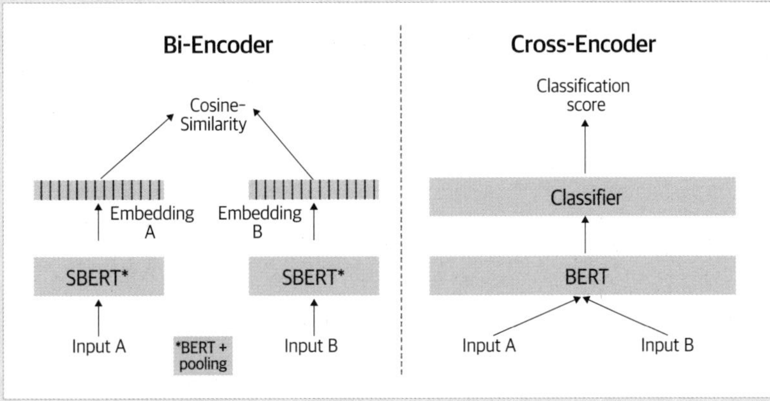

그림 4-6 Bi-Encoder와 Cross-Encoder의 작동 원리 비교[4]

두 인코더 방식은 속도와 정확도에서 뚜렷한 차이를 보입니다.

- **Bi-Encoder:** 각 문장을 독립적으로 인코딩합니다. 예를 들어, 100,000개의 문장이 있다면 100,000번의 인코딩 작업만 수행하면 됩니다.
- **Cross-Encoder:** 모든 가능한 문장 쌍을 동시에 인코딩합니다. 100,000개의 문장이 있을 경우, 조합에 의해 약 50억 개(정확히 4,999,950,000개)의 쌍을 인코딩해야 합니다.

이러한 작동 방식의 차이로 인해, 대규모 데이터셋에서 Cross-Encoder는 Bi-Encoder에 비해 현저히 느린 속도를 보입니다. 특히 수천 개 이상의 문장을 비교해야 하는 경우 Cross-Encoder의 속도 저하는 더욱 두드러집니다.

정확도 비교

일반적으로 Cross-Encoder가 Bi-Encoder에 비해 더 높은 정확도를 보입니다.

- **Bi-Encoder:** 각 문장을 독립적으로 인코딩하기 때문에, 두 문장 간의 관계를 직접적으로 고려하지 않습니다. 따라서 빠른 처리가 가능하지만, 문장 간의 복잡한 상호작용을 포착하는 데 한계가 있을 수 있습니다.
- **Cross-Encoder:** 두 문장을 동시에 인코딩하여 하나의 임베딩을 생성합니다. 이 과정에서 두 문장 간의 관계를 직접적으로 모델링할 수 있어, 더 정확한 분류나 유사도 평가가 가능합니다.

결론적으로, 속도 측면에서는 Bi-Encoder가 유리하고 정확도 측면에서는 Cross-Encoder가 유리합니다. 따라서 작업의 성격과 요구사항에 따라 적절한 인코더를 선택해야 합니다.

실제로는 두 방식을 조합하여 사용하기도 합니다. 예를 들어, Bi-Encoder를 사용해 대규모 데이터셋에서 후보군을 빠르게 추려낸 후, Cross-Encoder를 사용해 후보군을 재평가하여 최종 순위를 결정하는 방식입니다. 이를 통해 빠른 속도와 높은 정확도 사이의 균형을 맞출 수 있습니다.

4 출처: https://osanseviero.github.io/hackerllama/blog/posts/sentence_embeddings2/

크로스 인코더 기반 리랭킹에 쓰이는 모델은 앞에서 다룬 고성능 언어 모델 기반 리랭커보다 낮은 사양의 모델을 사용하기 때문에 필요로 하는 계산 리소스 역시 낮습니다. 또한 비교적 낮은 비용으로 특정 도메인의 데이터로 파인튜닝하여 리랭킹 성능을 더욱 향상시킬 수 있다는 장점이 있습니다.

하지만 디코더 기반의 상용 언어 모델에 비해 사전 학습된 지식 범위가 제한적이라 추가적인 학습이 필요한 경우가 많으며, 관련성 점수의 추론 과정을 자연어로 제공하지 못한다는 점은 단점이 될 수 있습니다.

랭체인을 이용해 코드로 구현해 보겠습니다. 앞선 고성능 llm 기반 리랭커 코드에서 리랭커 부분만 변환하면 됩니다. 실습 코드는 4장 폴더의 ch04_RERANKER_CROSS_ENCODER.ipynb 파일입니다. 라이브러리 설치와 오픈AI API 키 설정 및 문서 로드, FAISS 데이터베이스 설정 과정은 앞선 예제와 동일합니다.

```
!pip install langchain langchain_openai langchain_community pypdf faiss-gpu

import os
from dotenv import load_dotenv

# .env 파일에서 환경 변수 로드
load_dotenv("/content/.env")

# 환경 변수에서 API 키 가져오기
os.environ["OPENAI_API_KEY"] = os.getenv("OPENAI_API_KEY")

from langchain_community.document_loaders import PyPDFLoader
from langchain_text_splitters import RecursiveCharacterTextSplitter

file_path = (
    "/content/drive/MyDrive/langchain-tutorial/Ch04. Advanced Rag/Data/투자설명서.pdf"
)
loader = PyPDFLoader(file_path)

doc_splitter = RecursiveCharacterTextSplitter(chunk_size=300, chunk_overlap = 100)

docs = loader.load_and_split(doc_splitter)
```

```python
from langchain_openai.embeddings import OpenAIEmbeddings
# 데이터를 임베딩으로 변환
embedding = OpenAIEmbeddings(model="text-embedding-3-large")

# FAISS 라이브러리 임포트
from langchain_community.vectorstores import FAISS

# FAISS 벡터 스토어 생성
faiss_store = FAISS.from_documents(docs, embedding)
# FAISS 벡터 스토어 저장
persist_directory = "/content/DB"
faiss_store.save_local(persist_directory)

# 저장한 FAISS DB 불러오기
vectordb = FAISS.load_local(persist_directory, embeddings=embedding, allow_dangerous_
deserialization=True)
```

이제 크로스 인코더 기반 리랭킹 알고리즘을 생성합니다. 이번 예제에서는 ms-marco-MiniLM-L-12-v2 모델을 사용합니다. 해당 모델은 Microsoft가 개발한 MS MARCOMicrosoft MAchine Reading COmprehension 데이터셋을 기반으로 학습되었습니다.

먼저, 필요한 라이브러리와 모듈들을 임포트합니다. 핵심이 되는 CrossEncoder는 Sentence Transformers 라이브러리에서 제공하는 클래스로, 크로스 인코더 모델을 사용하여 텍스트 쌍의 관련성을 평가하는 데 사용됩니다.

```python
from pydantic import BaseModel, Field
from langchain.docstore.document import Document
from typing import List, Dict, Any, Tuple
from langchain_openai import ChatOpenAI
from sentence_transformers import CrossEncoder
from langchain_core.retrievers import BaseRetriever
from langchain.chains import RetrievalQA
```

이제, 리랭커 모델을 내려받기 위해 CrossEncoder 클래스의 인스턴스를 생성합니다. 이때, 인자로 'cross-encoder/ms-marco-MiniLM-L-12-v2'를 전달합니다. 이 문자열은 우리가 사용하고자 하는 특정 모델의 식별자입니다.

```
# ms-marco-MiniLM-L-12-v2 모델 다운로드
crossencoder = CrossEncoder('cross-encoder/ms-marco-MiniLM-L-12-v2')
```

이어서 벡터 저장소와 크로스 인코더를 결합한 검색 알고리즘을 구현하겠습니다.

```
class Retriever_with_cross_encoder(BaseRetriever):
    vectorstore: Any = Field(description="초기 검색을 위한 벡터 저장소")
    crossencoder: Any = Field(description="재순위화를 위한 크로스 인코더 모델")
    k: int = Field(default=5, description="초기에 검색할 문서 수")
    rerank_top_k: int = Field(default=2, description="재순위화 후 최종적으로 반환할
    문서 수")

    class Config:
        arbitrary_types_allowed = True

    def get_relevant_documents(self, query: str) -> List[Document]:
        # 초기 검색
        initial_docs = self.vectorstore.similarity_search(query, k=self.k)

        # 인코더용 쌍 준비
        pairs = [[query, doc.page_content] for doc in initial_docs]

        # 인코더 점수 획득
        scores = self.crossencoder.predict(pairs)

        # 점수별 문서 정렬
        scored_docs = sorted(zip(initial_docs, scores), key=lambda x: x[1],
        reverse=True)

        # 상위 재순위화 문서 반환
        return [doc for doc, _ in scored_docs[:self.rerank_top_k]]
```

우선, Retriever_with_cross_encoder 클래스를 정의합니다. 이 클래스의 주요 역할은 벡터 기반 초기 검색과 크로스 인코더를 이용한 재순위화를 결합하여 더 정확한 문서 검색을 수행하는

것입니다.

클래스 내 get_relevant_document( ) 메서드를 구현합니다. 이 메서드는 사용자의 질문을 입력받아 관련성 높은 문서 리스트를 반환하는 역할을 수행합니다. 동작 과정은 다음과 같습니다.

1. **초기 검색**: vectorstore를 사용하여 쿼리와 유사한 k개의 문서를 빠르게 검색합니다. 이는 관련 문서의 후보군을 추려내는 역할을 합니다.
2. **문서-질문 쌍 준비**: 검색된 각 문서와 질문을 쌍으로 만듭니다. 이는 크로스 인코더의 입력으로 사용됩니다.
3. **관련성 점수 계산**: 크로스 인코더 모델을 사용하여 각 질문-문서 쌍의 관련성 점수를 계산합니다.
4. **정렬**: 계산된 점수를 기준으로 문서들을 내림차순으로 정렬합니다. 이를 통해 가장 관련성 높은 문서가 상위에 오도록 합니다.
5. **최종 결과 반환**: 정렬된 문서 중 상위 rerank_top_k개의 문서만 선택하여 최종 결과로 반환합니다.

이제 앞선 예제와 마찬가지로, 리랭킹 알고리즘을 적용한 문서 검색을 수행해 보겠습니다.

```
# 크로스 인코더 기반 리트리버 인스턴스 생성
cross_encoder_retriever = Retriever_with_cross_encoder(
    vectorstore=vectordb,
    crossencoder=crossencoder,
    k=4,  # 초기 밀집 검색으로 반환할 문서 수 설정
    rerank_top_k=2  # 리랭킹을 통해 최종적으로 반환할 문서 수 설정
)

# 답변용 LLM 인스턴스 생성
llm = ChatOpenAI(temperature=0.2, model_name="gpt-4o")
```

먼저, Retriever_with_cross_encoder 클래스의 인스턴스와 언어 모델의 인스턴스를 생성합니다. 이 인스턴스는 벡터 저장소와 크로스 인코더를 결합한 검색을 수행하는 데 사용됩니다. 인스턴스의 각 파라미터 설정은 다음과 같습니다.

- **vectorstore 설정**: 앞서 생성한 vectordb를 벡터 저장소로 지정하여 초기 밀집 검색에 사용합니다.

- **crossencoder 설정**: 미리 준비된 crossencoder 모델을 지정하여 검색된 문서의 재순위화에 사용합니다.
- **k 값 설정**: 초기 밀집 검색에서 반환할 문서의 수를 4로 설정합니다. 이는 벡터 검색을 통해 먼저 4개의 관련 문서를 추출함을 의미합니다.
- **rerank_top_k 값 설정**: 리랭킹 후 최종적으로 반환할 문서의 수를 2로 설정합니다. 즉, 크로스 인코더를 통해 재평가된 문서 중 가장 관련성 높은 2개만을 최종 결과로 선택합니다.

다음으로, 체인 인스턴스를 생성합니다.

```
# RetrievalQA 체인 인스턴스 생성
qa_chain = RetrievalQA.from_chain_type(
    llm=llm,
    chain_type="stuff",
    retriever=cross_encoder_retriever,
    return_source_documents=True
)
```

이제 문서에서 매우 지엽적인 내용인 "2022년 영업손실"에 대해 질문해 보겠습니다. qa_chain에 해당 질문을 입력하면 문서를 찾은 뒤 리랭킹을 통해 관련성이 높은 문서만을 남기는 작업을 수행합니다. 해당 문서는 최종 답변에 사용됩니다.

```
query = "이 회사의 2022년 영업손실이 정확히 얼마야?"
result = qa_chain({"query": query})

print(f"\n질문: {query}")
print(f"답변: {result['result']}")
print("\n답변 근거 문서:")
for i, doc in enumerate(result["source_documents"]):
    print(f"\nDocument {i+1}:")
    print(doc.page_content)  # 각 문서 출력
```

```
질문: 이 회사의 2022년 영업손실이 정확히 얼마야?
답변: 이 회사의 2022년 영업손실은 149억원입니다.
```

```
답변 근거 문서:

Document 1:
이어, 당사는 2022년 GMP시설의 위탁생산계약 매출 약 4.8억원이 발생하였으나, 종업원급
여 43.9억원, 유무형자산상각비 25.3억원이 발생하였으며, 연구개발 및 임상시험 지속 과정
에서 지급수수료가 54.8억원 발생하는 등 총 영업비용 154억원이 발생하였습니다. 이에
2022년 영업손실 149억원이 발생하였으며, 한편, 2022년 5월 금융감독원에서 공표한 '전환
사채 콜옵션 회계처리' 감독지침에 따라 당사는 2021년 3월 19일 발행한 제2회 전환사채의…

Document 2:
이 주요 원인으로 작용하여 당기순손실 228.7억원이 발생하였습니다.

이어, 당사는 2023년에는 매출이 발생하지 않았으며, 종업원급여 40.9억원, 유무형자산상각
비 26.3억원이 발생하였으며, 연구개발 및 임상시험 지속 과정에서 지급수수료가 30.5억원
발생하는 등 총 영업비용 122억원이 발생하였습니다. 이에 2023년 영업손실 122억원이 발
생하였으며, 금융손익 및 기타손익 반영 후 당기순손실 116.1억원이 발생하였습니다. 한편,…
```

리랭킹 수행 결과, 반환된 2개의 문서 중 하나는 2022년 영업 손실에 대해 정확히 언급하고 있으나, 다른 하나는 2023년 영업손실에 관한 내용을 포함하고 있습니다. 이는 앞서 살펴본 고성능 언어 모델 기반 리랭킹 결과와는 차이를 보입니다. 고성능 언어 모델 기반 방식에서는 두 문서 모두 2022년 영업손실을 정확하게 언급하고 있었습니다.

이러한 차이는 크로스 인코더 기반 리랭킹과 고성능 언어 모델 기반 리랭킹의 특성을 잘 보여줍니다. 크로스 인코더는 인코더 기반 트랜스포머를 사용하여 고성능 대규모 언어 모델에 비해 빠른 처리 속도를 제공합니다. 그러나 예제에서 볼 수 있듯이, 정확도 측면에서는 고성능 언어 모델 기반 방식에 비해 다소 떨어질 수 있습니다.

따라서 리랭킹 방식을 선택할 때는 작업의 특성과 요구사항을 고려해야 합니다. 빠른 처리가 필요한 경우 크로스 인코더 기반 방식이 유용할 수 있으며, 높은 정확도가 중요한 경우에는 고성능 언어 모델 기반 방식이 더 적합할 수 있습니다. 실제로 응용할 때는 이 두 방식의 장단점을 고려하여 상황에 맞게 적절한 방식을 선택하는 것이 중요합니다.

5 확장된 RAG 방법론

지금까지 RAG 시스템의 각 구성요소를 고도화하는 방법에 대해 자세히 살펴보았습니다. 지금부터는 기존 RAG 워크플로우에 새로운 로직을 도입하여 RAG 시스템을 고도화시키는 전략에 대해 알아보겠습니다.

5.1 Self-RAG 개요

앞에서 다룬 청킹 전략, 질의 변형, 검색 알고리즘, 리랭킹 등의 기술들로 RAG 시스템의 성능을 크게 향상시킬 수 있습니다. 그러나 전통적인 RAG 시스템은 여전히 몇 가지 구조적 한계를 지니고 있습니다. 예를 들어, 사용자 질문이 문서와 관련이 없더라도 정해진 수의 문서를 무작위로 검색하고 이를 프롬프트에 통합하는 방식은 부정확하거나 부적절한 응답을 초래할 수 있습니다. 또한 검색된 정보를 효과적으로 활용하지 못하거나 원래 질문의 맥락을 잃어버리는 경우도 발생합니다.

이러한 문제를 해결하기 위해 등장한 방식이 바로 Self-RAG[5]입니다. Self-RAG는 LLM이 기존 RAG의 각 단계에 직접 개입하여 보다 정교한 제어를 수행하는 방식입니다. LLM은 각 단계에서 특수 토큰을 출력하여 검색의 필요 여부를 판단하고, 검색한 정보를 평가하며, 최종 응답 생성 과정을 관리합니다. 이를 통해 LLM은 상황에 따라 필요한 경우에만 문서를 검색하고, 정보를 스스로 검증한 뒤, 보다 신뢰성 높은 답변을 생성할 수 있습니다.

Self-RAG의 작동 방식

Self-RAG는 검색^retrieve^, 생성^generate^, 평가^critique^의 세 가지 주요 단계로 작동합니다. 각 단계에서 LLM이 직접 특수 토큰을 출력하여 프로세스를 제어하고 결과를 개선합니다. 이를 통해 모델은 검색이 필요한지 여부를 스스로 판단하고, 검색된 정보를 평가하며, 답변을 생성하고 검토하는 전 과정을 주도합니다.

5 Asai, A., Wu, Z., Wang, Y., Sil, A., & Hajishirzi, H. (2023). Self-rag: Learning to retrieve, generate, and critique through self-reflection. arXiv preprint arXiv:2310.11511.

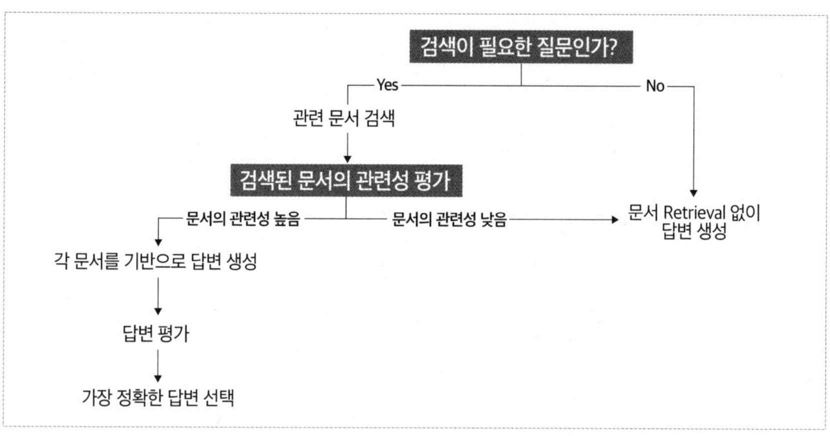

그림 4-7 Self-RAG의 동작 구조

예를 들어, 사용자가 다음과 같은 질문을 한다고 가정해 봅시다.

> "테슬라(Tesla) 주식이 향후 1년 동안 좋은 투자처가 될까요?"

이 질문에 대해 Self RAG는 다음과 같은 단계를 거쳐 최종 답변을 생성합니다.

1 검색(Retrieve)

Self-RAG는 먼저 사용자의 질문을 분석하여 외부 데이터 검색이 필요한지 결정합니다. 이 과정에서 Retrieve 토큰을 활용합니다. 모델의 판단 결과에 따라 다음과 같은 토큰이 출력됩니다.

- **Retrieve=Yes:** 외부 데이터가 필요한 경우
- **Retrieve=No:** 외부 데이터가 필요하지 않은 경우

현재 예시 질문은 테슬라 주식의 미래 전망에 대한 것으로, 최신 정보와 경제적 지표를 포함해야 합니다. 따라서 모델은 외부 데이터를 검색하는 것이 필요하다고 판단할 가능성이 큽니다. 결과적으로 Self-RAG는 외부 데이터가 필요하다고 판단하여 `Retrieve=Yes` 토큰

을 출력하고, 테슬라의 최근 주가 동향, 분석가 평가, 경제 보고서 등의 관련 정보를 검색합니다.

2 생성(Generate)

검색된 정보가 있으면, Self-RAG는 이를 바탕으로 답변을 생성합니다. 이 단계는 다음과 같은 과정으로 진행됩니다.

(1) 관련성 평가

Self-RAG는 먼저 검색된 문서의 관련성을 평가합니다. 이 과정에서는 ISREL 토큰을 사용하여 관련성을 나타냅니다.

- ISREL=Relevant: 문서가 질문과 관련 있음
- ISREL=Irrelevant: 문서가 질문과 관련 없음

예를 들어, 테슬라의 최근 재무 보고서는 'Relevant'로, 무관한 일반 주식 시장 정보는 'Irrelevant'로 평가될 수 있습니다.

(2) 답변 생성

관련 정보가 있는 문서가 존재한다면 이를 바탕으로 사용자 질문에 대한 답변을 생성합니다. 이 과정에서 모델은 자신의 기존 지식과 검색된 정보를 결합하여 포괄적인 답변을 만듭니다. 만약 관련 정보가 있는 문서가 없다면, 검색된 문서를 무시하고 모델의 기존 지식을 활용하여 답변합니다.

3 평가(Critique)

마지막으로 Self-RAG는 생성된 답변의 유용성을 평가하고, 필요 시 추가 검색이나 수정을 통해 답변을 개선합니다. 이 단계는 다음과 같은 과정으로 진행됩니다.

(1) 지원 평가

생성된 답변의 각 부분이 검색된 정보로 얼마나 뒷받침되는지 평가합니다. 이때 ISSUP 토큰을 사용합니다.

- **ISSUP=Fully supported:** 완전히 지원됨
- **ISSUP=Partially supported:** 부분적으로 지원됨
- **ISSUP=No support:** 지원 없음

(2) 유용성 평가

Self-RAG는 생성된 답변이 사용자 질문에 얼마나 유용한지 평가합니다. 이때 ISUSE 토큰을 사용합니다.

- ISUSE=1 (최저) ~ ISUSE=5 (최고)

예를 들어, 테슬라 주식에 대한 상세하고 정보가 풍부한 답변은 높은 점수(4 또는 5)를 받을 수 있습니다.

4 최종 출력

모든 평가와 필요한 개선 과정을 거친 후, Self-RAG는 최종 답변을 출력합니다. 이 답변에는 다음 요소가 포함될 수 있습니다.

- 생성된 텍스트 답변
- 사용된 정보 출처에 대한 인용
- 각 세그먼트에 대한 평가 결과(ISREL, ISSUP, ISUSE 토큰 값)

요약하자면, Self-RAG 방식의 핵심은 '자체 반영(Self-Reflection)'으로 볼 수 있습니다. Self-RAG는 기존 RAG 시스템과는 달리, 각 단계마다 LLM이 자신의 출력을 평가하고 스스로 개선하는 과정을 거칩니다. 이러한 자체 반영 과정을 통해 Self-RAG는 더 정확하고 유용한 답변을 생성할 수 있습니다.

연구 결과에 따르면, Self-RAG의 7B 모델은 오픈 도메인 질의응답 태스크에서 챗GPT와 Llama2-chat을 비롯한 더 큰 규모의 모델들을 능가했습니다. 특히 PopQA 데이터셋에서 Self-RAG(7B)는 54.9%의 정확도를 달성하여, 챗GPT(29.3%)와 Llama2-chat 13B(20.0%)를 크게 앞섰습니다. 이는 Self-RAG의 자체 반영 매커니즘이 가져오는 품질 향상을 보여주는 대표적인 사례입니다.

5.2 Self-RAG 구현

랭체인을 이용해 Self-RAG를 구현해 보겠습니다. Self-RAG는 원래 오픈소스 언어 모델을 직접 학습시켜야 하지만, 그러려면 상당한 시간과 컴퓨팅 자원이 필요합니다. 따라서 여기서는 상용 언어 모델(챗GPT)을 사용하여 Self-RAG의 주요 메커니즘을 시뮬레이션하는 방식으로 개념을 실습합니다. 이 방법은 Self-RAG의 핵심 원리를 실험하고 이해하는 데 유용하지만, 원래의 Self-RAG 시스템과는 성능 차이가 있을 수 있습니다.

실습 코드는 4장 폴더의 ch04_SELF_RAG.ipynb 파일입니다. 먼저 지금까지와 마찬가지로 라이브러리 설치와 오픈AI API 키 설정, 문서 로드, FAISS 데이터베이스 설정 과정을 진행합니다.

```
!pip install langchain langchain_openai langchain_community pypdf faiss-gpu

import os
from dotenv import load_dotenv

# .env 파일에서 환경 변수 로드
load_dotenv("/content/.env")

# 환경 변수에서 API 키 가져오기
os.environ["OPENAI_API_KEY"] = os.getenv("OPENAI_API_KEY")

from langchain_community.document_loaders import PyPDFLoader
from langchain_text_splitters import RecursiveCharacterTextSplitter

file_path = (
```

```
    "/content/drive/MyDrive/langchain-tutorial/Ch04. Advanced Rag/Data/투자설명서.pdf"
)
loader = PyPDFLoader(file_path)

doc_splitter = RecursiveCharacterTextSplitter(chunk_size=300, chunk_overlap = 100)

docs = loader.load_and_split(doc_splitter)

from langchain_openai.embeddings import OpenAIEmbeddings
# 데이터를 임베딩으로 변환
embedding = OpenAIEmbeddings(model="text-embedding-3-large")

# FAISS 라이브러리 임포트
from langchain_community.vectorstores import FAISS

# FAISS 벡터 스토어 생성
faiss_store = FAISS.from_documents(docs, embedding)
# FAISS 벡터 스토어 저장
persist_directory = "/content/DB"
faiss_store.save_local(persist_directory)

# 저장한 FAISS DB 불러오기
vectordb = FAISS.load_local(persist_directory, embeddings=embedding, allow_dangerous_
deserialization=True)
```

이제, Self-RAG의 각 단계를 구현해 보겠습니다. 우선, 필요한 라이브러리와 클래스를 임포트합니다.

```
from langchain_openai import ChatOpenAI
from pydantic import BaseModel, Field
from langchain import PromptTemplate
from typing import Literal
```

Self-RAG 시스템의 첫 번째 단계는 사용자의 질문에 대해 외부 문서 검색이 필요한지 판단하는 것입니다. '검색 필요 여부 판단'을 위한 추론 파이프라인을 구축하는 과정은 크게 세 가지 주요 컴포넌트로 구성됩니다.

1. 출력 형식 클래스

2. 프롬프트 템플릿

3. 언어 모델

이 세 가지를 결합해 retrieval_chain을 생성하며, 사용자의 질문을 입력받아 검색 필요 여부를 판단하고, 그 결과를 구조화된 형태로 반환합니다.

```
# 출력 형식 클래스 ←———————————————————————— ❶
class RetrievalResponse(BaseModel):
    Reasoning: str = Field(description="검색의 필요 여부를 추론하는 과정(2~3문장 이내)")
    Retrieve: Literal['Yes', 'No'] = Field(description="검색 필요 여부")

# 프롬프트 템플릿 ←———————————————————————— ❷
retrieval_prompt = PromptTemplate(
    input_variables=["query"],
    template="""
주어진 질문에 대해, 외부 문서를 참고하는 것이 더 나은 응답을 생성하는 데 도움이 되는지 판단해주세요. 추론 과정을 작성한 뒤, "Yes" 또는 "No"로 답하세요

다음 기준을 참고하세요:
1. 사실적 정보나 복잡한 주제에 대한 상세한 설명을 요구하는 질문의 경우, 검색이 도움이 될 수 있습니다.
2. 개인적인 의견, 창의적인 과제, 또는 간단한 계산의 경우, 일반적으로 검색이 필요하지 않습니다.
3. 잘 알려진 사실에 대해서도, 검색은 때때로 추가적인 맥락이나 검증을 제공할 수 있습니다.

질문: {query}
"""
)
# 사용할 LLM 설정 ←———————————————————————— ❸
llm = ChatOpenAI(model="gpt-4o", max_tokens=2000, temperature=0.2)
# 각 단계에 대한 LLMChain 생성 ←———————————————————————— ❹
retrieval_chain = retrieval_prompt | llm.with_structured_output(RetrievalResponse)
```

이제 각 컴포넌트에 대해 자세히 살펴보겠습니다.

❶ **출력 형식 클래스(RetrievalResponse):** 이 클래스는 언어 모델의 출력 형식을 명시하는 역할을 하여, 언어 모델이 해당 클래스의 내용에 맞게 출력하도록 강제합니다.

❷ **프롬프트 템플릿(retrieval_prompt):** PromptTemplate을 사용하여 언어 모델에게 전달할 프롬프트를 정의합니다.

❸ **LLM 설정:** ChatOpenAI 클래스를 사용하여 사용할 언어 모델을 설정합니다. GPT-4o 모델을 사용하고 응답의 최대 길이는 2000으로 설정합니다. 또한 temperature=0.2로, 낮은 값으로 설정하여 상대적으로 일관성 있는 응답을 유도합니다.

❹ 최종적으로, 이 세 컴포넌트를 결합하여 retrieval_chain을 생성합니다.

다음으로, Self-RAG의 '관련성 평가 추론' 과정을 위한 파이프라인을 생성하겠습니다. 이 단계는 문서 검색을 수행한 후, 해당 문서와 질문의 연관성을 언어 모델을 활용해 다시 한번 평가하는 과정입니다. 즉, 고성능 대규모 언어 모델 기반 리랭킹 과정과 유사하다 할 수 있습니다.

이 부분 역시 앞서와 마찬가지로 출력 형식 클래스(RelevanceResponse), 프롬프트 템플릿(relevance_prompt), 언어 모델 설정(llm), 세 가지 컴포넌트로 구성됩니다. 이 세 컴포넌트를 결합해 relevance_chain을 만듭니다. 세부 코드의 구성은 검색 필요 여부를 판단하는 코드와 유사합니다.

```
class RelevanceResponse(BaseModel):
    Reasoning: str = Field(description="연관 문서의 관련성 평가 추론 과정(2~3문장 이내)")
    ISREL: Literal['Relevant', 'Irrelevant'] = Field(description="관련성 평가 결과")

relevance_prompt = PromptTemplate(
    input_variables=["query", "context"],
    template="""
당신은 제공된 연관 문서가 주어진 질문과 관련이 있는지, 그리고 질문에 답하는 데 유용한 정보를 제공하는지 판단하는 것입니다.
만약 연관 문서가 이 요구사항을 충족한다면 "Relevant"로 응답하고, 그렇지 않다면 "Irrelevant"로 응답하세요.

다음 예시들을 참고하세요:

예시 1:
```

```
질문: 지구의 자전은 무엇을 야기하나요?
연관 문서: 자전은 낮과 밤의 순환을 야기하며, 이는 또한 온도와 습도의 상응하는 순환을 만듭니
다. 지구가 자전함에 따라 해수면은 하루에 두 번 상승하고 하강합니다.
Reasoning: 이 관련 문서는 지구의 자전이 낮과 밤의 순환을 야기한다고 명시적으로 언급하고 있
어, 질문에 직접적으로 관련이 있습니다.
ISREL: Relevant

예시 2:
질문: 미국 하원의원 출마를 위한 나이 제한은 어떻게 되나요?
연관 문서: 헌법은 미국 상원 의원직을 위한 세 가지 자격 요건을 설정합니다: 나이(최소 30세),
미국 시민권(최소 9년), 그리고 선거 시점에 해당 상원의원이 대표하는 주의 거주자여야 합니다.
Reasoning: 이 관련 문서는 미국 하원이 아닌 상원 의원직에 대한 나이 제한을 논의하고 있어, 주
어진 질문과 직접적인 관련이 없습니다.
ISREL: [Irrelevant]

위의 예시들을 참고하여, 다음 질문과 연관 문서에 대해 평가해주세요.

질문: {query}
연관 문서: {context}
"""
)
# 사용할 LLM 설정
llm = ChatOpenAI(model="gpt-4o", max_tokens=2000, temperature=0.2)
# 각 단계에 대한 LLMChain 생성
relevance_chain = relevance_prompt | llm.with_structured_output(RelevanceResponse)
```

문서 검색과 관련성 평가까지 수행했다면, 이제 검색 문서를 바탕으로 답변을 생성할 차례입니다. 이 과정에서도 앞서과 마찬가지로, 출력 형식 클래스(GenerationResponse), 프롬프트 템플릿 (generation_prompt), 언어 모델 설정(llm) 부분의 세 가지 컴포넌트가 generation_chain이라는 하나의 체인을 구성합니다.

```
class GenerationResponse(BaseModel):
    response: str = Field(description="질문과 연관 문서를 바탕으로 생성된 답변")

# 답변 생성 단계 프롬프트 템플릿
generation_prompt = PromptTemplate(
```

```
input_variables=["query", "context"],
template="질문 '{query}'와 연관 문서 '{context}'를 기반으로 답변을 만들어주세요."
)
# 사용할 LLM 설정
llm = ChatOpenAI(model="gpt-4o", max_tokens=2000, temperature=0.2)
generation_chain = generation_prompt | llm.with_structured_output(GenerationResponse)
```

Self-RAG 시스템에서는 답변을 생성한 뒤, 해당 답변을 두 가지 측면(지원 평가, 유용성 평가)으로 평가하는 과정이 있습니다. 그중에서 '지원 평가' 파이프라인 부분을 먼저 살펴보겠습니다. 이 단계는 생성된 답변이 검색된 정보에 의해 얼마나 뒷받침되는지를 평가합니다. support_chain을 지금까지와 마찬가지 방식으로 구성합니다.

```
class SupportResponse(BaseModel):
    Reasoning: str = Field(description="답변이 연관 문서에 충분히 근거하는지 여부를 추론하
    는 과정(2~3문장 이내)")
    ISSUP: Literal['Fully supported', 'Partially supported', 'No support'] =
    Field(description="답변이 연관 문서에 충분히 근거하는지에 대한 평가 결과")

support_prompt = PromptTemplate(
    input_variables=["query", "response", "context"],
    template="""
당신은 주어진 답변이 연관 문서의 정보에 얼마나 근거하고 있는지 평가하는 것입니다. 다음 척도를
사용하여 평가해주세요:

1. Fully supported - 답변의 모든 정보가 연관 문서에 의해 뒷받침되거나, 연관 문서에서 직접
추출된 경우입니다. 이는 답변과 연관 문서의 일부가 거의 동일한 극단적인 경우에만 해당합니다.
2. Partially supported - 답변이 어느 정도 연관 문서에 의해 뒷받침되지만, 연관 문서에서 다루
지 않는 주요 정보가 답변에 포함된 경우입니다. 예를 들어, 질문이 두 가지 개념에 대해 물었는데
연관 문서가 그중 하나만 다루고 있다면 이에 해당합니다.
3. No support - 답변이 연관 문서를 완전히 무시하거나, 관련이 없거나, 또는 연관 문서와 모순
되는 경우입니다. 연관 문서가 질문과 무관한 경우에도 이에 해당할 수 있습니다.

주의: 답변이 사실인지 아닌지를 판단하기 위해 외부 정보나 지식을 사용하지 마세요. 오직 답변이
연관 문서에 의해 뒷받침되는지만 확인하세요. 답변이 질문을 잘 따르고 있는지는 판단하지 않습니
다.
```

```
다음 예시를 참고하세요:
질문: 자연어 처리에서 단어 임베딩의 사용에 대해 설명해주세요.
답변: 단어 임베딩은 감성 분석, 텍스트 분류, 다음 단어 예측, 동의어와 유추 관계 이해 등의 작
업에 유용합니다.
연관 문서: 단어 임베딩은 자연어 처리(NLP)에서 어휘의 단어나 구를 실수 벡터에 매핑하는 언어
모델링 및 특징 학습 기술의 총칭입니다. 단어와 구 임베딩은 기본 입력 표현으로 사용될 때 구문
분석, 감성 분석, 다음 토큰 예측, 유추 감지 등의 NLP 작업에서 성능 향상을 보여주었습니다.
Reasoning: 답변에서 언급된 단어 임베딩의 모든 응용 분야(감성 분석, 텍스트 분류, 다음 단어
예측, 동의어와 유추 관계 이해)가 연관 문서에서 직접적으로 언급되거나 유추될 수 있습니다. 따
라서 답변은 연관 문서에 의해 완전히 뒷받침됩니다.
ISSUP: Fully supported

위의 예시를 참고하여, 주어진 질문, 답변, 연관 문서에 대한 당신의 평가를 제시해주세요:

질문: {query}
답변: {response}
연관 문서: {context}
"""
)
# 각 단계에 대한 LLMChain 생성
support_chain = support_prompt | llm.with_structured_output(SupportResponse)
```

다음으로 '유용성 평가' 부분입니다. 이 단계는 생성된 답변이 사용자의 질문에 얼마나 유용한지를 평가합니다. 이 과정 역시 동일한 방식을 거쳐 utility_chain이라는 체인을 만듭니다.

```
class UtilityResponse(BaseModel):
    Reasoning: str = Field(description="응답의 유용성 평가 추론 과정")
    ISUSE: Literal[1, 2, 3, 4, 5] = Field(description="응답의 유용성 평가 결과")

utility_prompt = PromptTemplate(
    input_variables=["query", "response"],
    template="""
주어진 질문과 답변에 대해, 그 응답이 얼마나 도움이 되고 유익한 답변인지 1점(최저)부터 5점(최
고)까지 평가해주세요. 이 점수를 'Utility_score'라고 부릅니다.

평가 기준은 다음과 같습니다:
5: 답변이 완벽하고 매우 상세하며 정보가 풍부하여 질문의 정보 요구를 완전히 충족시킵니다.
```

```
4: 답변이 대체로 질문의 요구를 충족시키지만, 더 자세한 정보 제공, 응답 구조 개선, 또는 일관
성 향상 등의 약간의 개선이 가능합니다.
3: 답변이 수용 가능하지만, 사용자의 요구를 만족시키기 위해 주요한 추가 정보나 개선이 필요합
니다.
2: 답변이 주요 요청을 다루고는 있지만, 불완전하거나 질문과 완전히 관련이 없습니다.
1: 답변이 거의 주제와 관련이 없거나 완전히 무관합니다.

다음 예시들을 참고하세요:

예시 1:
질문: 2023년 현재 영국의 총리는 누구인가요?
답변: Boris Johnson은 2019년부터 2022년까지 영국의 총리였습니다.
Reasoning: 이 응답은 2019년부터 2022년까지의 영국 총리에 대해 사실적으로 정확한 진술을 제공
하지만, 질문은 2023년 현재의 총리를 묻고 있습니다. 따라서 질문에 직접적으로 답하지 않아 유용
성이 2점입니다.
ISUSE: 2

예시 2:
질문: 여행 목적지인 도쿄, 일본에 대한 설명을 바탕으로 10개의 관광 명소를 추천하고 각각에 대
해 자세히 설명해주세요.
답변: 도쿄는 흥미진진한 관광 명소로 가득한 활기찬 도시입니다. 꼭 봐야 할 명소로는 도쿄 스카
이트리, 도쿄 디즈니랜드, 센소지 사원, 메이지 신궁, 츠키지 어시장, 하라주쿠, 신주쿠 교엔 등이
있습니다.
Reasoning: 이 응답은 각 명소에 대한 설명을 제공하지 않았고, 명소의 수도 10개보다 적습니다.
질문에 부분적으로 답변하고 있지만, 지시사항을 엄격히 따르지 않았습니다.
ISUSE: 3

위의 예시들을 참고하여, 주어진 질문과 응답에 대한 당신의 평가를 제시해주세요:

질문: {query}
응답: {response}
"""
)

# 사용할 LLM 설정
llm = ChatOpenAI(model="gpt-4o", max_tokens=2000, temperature=0.2)
# 각 단계에 대한 LLMChain 생성
utility_chain = utility_prompt | llm.with_structured_output(UtilityResponse)
```

이렇게 Self-RAG의 각 단계별 파이프라인 구성을 완료했습니다. 이제 각 파이프라인을 연결하고 Self-RAG의 전체 프로세스를 구현해 보겠습니다.

먼저 SelfRAG 클래스를 정의합니다. 이 클래스는 앞서 구현한 각 단계의 체인들을 통합하여 Self-RAG 시스템의 전체 워크플로우를 관리합니다. SelfRAG 클래스를 구성하는 주요 메서드는 다음과 같습니다.

❶ **init:** 클래스 초기화

❷ **determine_retrieval:** 검색 필요 여부 결정

❸ **retrieve_documents:** 관련 문서 검색

❹ **evaluate_relevance:** 검색된 문서의 관련성 평가

❺ **generate_responses:** 관련 컨텍스트로 응답 생성

❻ **generate_without_retrieval:** 검색 없이 응답 생성

❼ **assess_and_evaluate:** 생성된 응답의 지원 및 유용성 평가

❽ **select_best_response:** 최고의 응답 선택

❾ **process_query:** 전체 쿼리 처리 프로세스

```
class SelfRAG:
    def __init__(self, vectorstore, retrieval_chain, relevance_chain, generation_
chain, support_chain, utility_chain, top_k): ←—— ❶
        self.vectorstore = vectorstore
        self.retrieval_chain = retrieval_chain
        self.relevance_chain = relevance_chain
        self.generation_chain = generation_chain
        self.support_chain = support_chain
        self.utility_chain = utility_chain
        self.top_k = top_k

    def determine_retrieval(self, query): ←—— ❷
        print("\n1단계: 검색 필요 여부 결정 중...")
        input_data = {"query": query}
```

```
        retrieval_decision_response = self.retrieval_chain.invoke(input_data)
        reasoning = retrieval_decision_response.Reasoning
        retrieve_token = retrieval_decision_response.Retrieve
        print(f"검색 결정 추론 과정: {reasoning}")
        print(f"검색 결정: {retrieve_token}")
        return retrieve_token

    def retrieve_documents(self, query): ←──────────────── ❸
        print("\n2단계: 관련 문서 검색 중...")
        docs = self.vectorstore.similarity_search(query, k=self.top_k)
        contexts = [doc.page_content for doc in docs]
        print(f"{len(contexts)}개의 문서를 검색했습니다")
        return contexts

    def evaluate_relevance(self, query, contexts): ←──────────── ❹
        print("\n3단계: 문서의 관련성 평가 중...")
        relevant_contexts = []
        for i, context in enumerate(contexts):
            input_data = {"query": query, "context": context}
            relevance_response = self.relevance_chain.invoke(input_data)
            relevance_reasoning = relevance_response.Reasoning
            relevance_token = relevance_response.ISREL
            print(f"문서 {i+1} 관련성 추론 과정: {relevance_reasoning}")
            print(f"문서 {i+1} 관련성: {relevance_token}")
            if relevance_token == 'Relevant':
                relevant_contexts.append(context)
        print(f"관련된 컨텍스트 수: {len(relevant_contexts)}")
        return relevant_contexts

    def generate_responses(self, query, relevant_contexts): ←────────── ❺
        print("\n4단계: 관련 컨텍스트로 응답 생성 중...")
        responses = []
        for i, context in enumerate(relevant_contexts):
            print(f"컨텍스트 {i+1}에 대한 응답 생성 중...")
            input_data = {"query": query, "context": context}
            response = self.generation_chain.invoke(input_data).response
            responses.append(response)
        return responses
```

```
def generate_without_retrieval(self, query): ◀──── ❻
    input_data = {"query": query, "context": "관련된 컨텍스트를 찾지 못했습니다."}
    response = self.generation_chain.invoke(input_data).response
    return response

def assess_and_evaluate(self, query, responses, relevant_contexts): ◀──── ❼
    assessed_responses = []
    for i, (response, context) in enumerate(zip(responses, relevant_contexts)):
        # 지원 평가
        print(f"\n5단계: 응답 {i+1}의 지원 평가 중...")
        input_data = {"query":query, "response": response, "context": context}
        support_response = self.support_chain.invoke(input_data)
        support_reasoning = support_response.Reasoning
        support_token = support_response.ISSUP
        print(f"지원 평가 추론 과정: {support_reasoning}")
        print(f"지원 평가: {support_token}")

        # 유용성 평가
        print(f"\n6단계: 응답 {i+1}의 유용성 평가 중...")
        input_data = {"query": query, "response": response}
        utility_response = self.utility_chain.invoke(input_data)
        utility_reasoning = utility_response.Reasoning
        utility_token = int(utility_response.ISUSE)
        print(f"유용성 점수 평가과정: {utility_reasoning}")
        print(f"유용성 점수: {utility_token}")
        assessed_responses.append((response, support_token, utility_token))
    return assessed_responses

def select_best_response(self, responses): ◀──── ❽
    print("\n최고의 응답 선택 중...")

    # 1. fully supported 항목이 있는지 확인
    fully_supported = [r for r in responses if r[1] == 'Fully supported']
    if fully_supported:
        best_response = max(fully_supported, key=lambda x: x[2])
        print(f"선택된 응답의 지원 상태: {best_response[1]}, 유용성 점수: {best_
        response[2]}")
```

```
        return best_response

    # 2. fully supported가 없으면 Partially supported 항목 확인
    partially_supported = [r for r in responses if r[1] == 'Partially supported']
    if partially_supported:
        best_response = max(partially_supported, key=lambda x: x[2])
        print(f"선택된 응답의 지원 상태: {best_response[1]}, 유용성 점수: {best_
        response[2]}")
        return best_response

    # 3. 둘 다 없는 경우, 유용성 점수(x[2]) 기준으로 선택
    best_response = max(responses, key=lambda x: x[2])
    print(f"선택된 응답의 지원 상태: {best_response[1]}, 유용성 점수: {best_
    response[2]}")
    return best_response

def process_query(self, query): ←──────────────── ❾
    print(f"\n쿼리 처리 중: {query}")

    # 1단계: 검색이 필요한지 결정
    retrieval_decision = self.determine_retrieval(query)

    if retrieval_decision == 'Yes':
        # 2단계: 관련 문서 검색
        contexts = self.retrieve_documents(query)

        # 3단계: 검색된 문서의 관련성 평가
        relevant_contexts = self.evaluate_relevance(query, contexts)

        if not relevant_contexts:
            # 관련된 컨텍스트가 없으면 검색 없이 생성
            print("관련된 컨텍스트를 찾지 못했습니다. 검색 없이 생성합니다...")
            return self.generate_without_retrieval(query)

        # 4단계: 관련 컨텍스트를 사용하여 응답 생성
        responses = self.generate_responses(query, relevant_contexts)

        # 5단계 및 6단계: 지원 평가 및 유용성 평가
        assessed_responses = self.assess_and_evaluate(query, responses,
        relevant_contexts)
```

```
            # 최고의 응답 선택
            best_response = self.select_best_response(assessed_responses)
            return best_response[0]
        else:
            # 검색 없이 생성
            print("검색 없이 생성합니다...")
            return self.generate_without_retrieval(query)
```

이제 각 메서드의 주요 기능을 살펴보겠습니다.

❶ Init 메서드

SelfRAG 클래스의 인스턴스를 초기화합니다. Self-RAG 시스템의 각 단계에서 사용될 핵심 컴포넌트들을 매개변수로 받아 인스턴스 변수로 저장합니다.

```
def __ init __ (self, vectorstore, retrieval_chain, relevance_chain, generation_chain,
support_chain, utility_chain, top_k):
    self.vectorstore = vectorstore
    self.retrieval_chain = retrieval_chain
    self.relevance_chain = relevance_chain
    self.generation_chain = generation_chain
    self.support_chain = support_chain
    self.utility_chain = utility_chain
    self.top_k = top_k
```

vectorstore는 문서 검색에 사용될 벡터 저장소이며, retrieval_chain, relevance_chain 등은 Self-RAG의 각 단계별 파이프라인입니다. top_k에는 검색할 상위 문서의 수를 지정합니다.

❷ determine_retrieval 메서드

Self-RAG 시스템의 첫 번째 단계인 '검색 필요 여부 판단' 과정을 구현합니다. 이 메서드는 앞서 만든 retrieval_chain을 사용하여 쿼리에 대해 외부 문서 검색이 필요한지 판단합니다.

```
def determine_retrieval(self, query):
    print("\n1단계: 검색 필요 여부 결정 중...")
    input_data = {"query": query}
```

```
    retrieval_decision_response = self.retrieval_chain.invoke(input_data)
    reasoning = retrieval_decision_response.Reasoning
    retrieve_token = retrieval_decision_response.Retrieve
    print(f"검색 결정 추론 과정: {reasoning}")
    print(f"검색 결정: {retrieve_token}")
    return retrieve_token
```

사용자로부터 쿼리를 입력받아 retrieval_chain에 전달하면, retrieval_prompt와 llm을 사용하여 쿼리를 분석하고 검색 필요 여부를 판단합니다. 이때 추론 과정을 출력하고 최종 결정인 Yes 또는 No를 반환합니다. 동작 결과, retrieve_token이 Yes이면 외부 문서 검색을 실행하고, No이면 실행하지 않습니다.

❸ retrieve_documents 메서드

Self-RAG의 두 번째 단계인 '관련 문서 검색'을 수행합니다. 앞서 설정한 벡터 스토어(vectorstore)에서 쿼리 관련 문서를 검색하고 리스트에 저장합니다.

```
def retrieve_documents(self, query):
    print("\n2단계: 관련 문서 검색 중...")
    docs = self.vectorstore.similarity_search(query, k=self.top_k)
    contexts = [doc.page_content for doc in docs]
    print(f"{len(contexts)}개의 문서를 검색했습니다")
    return contexts
```

vectorstore의 similarity_search 메서드를 호출하여 쿼리와 유사한 상위 k개의 문서를 검색하고, 각 문서 내용을 추출하여 contexts 리스트에 저장합니다.

❹ evaluate_relevance 메서드

Self-RAG의 세 번째 단계인 '문서의 관련성 평가'를 수행합니다. 이 메서드는 앞서 만든 relevance_chain을 사용하여 검색된 문서들이 사용자 쿼리와 얼마나 관련이 있는지 평가합니다.

```
def evaluate_relevance(self, query, contexts):
    print("\n3단계: 문서의 관련성 평가 중...")
    relevant_contexts = []
    for i, context in enumerate(contexts):
        input_data = {"query": query, "context": context}
        relevance_response = self.relevance_chain.invoke(input_data)
```

```
        relevance_reasoning = relevance_response.Reasoning
        relevance_token = relevance_response.ISREL
        print(f"문서 {i+1} 관련성 추론 과정: {relevance_reasoning}")
        print(f"문서 {i+1} 관련성: {relevance_token}")
        if relevance_token == 'Relevant':
            relevant_contexts.append(context)
    print(f"관련된 컨텍스트 수: {len(relevant_contexts)}")
    return relevant_contexts
```

검색된 각 문서에 대해 relevance_chain을 호출하고 relevance_prompt와 llm을 사용하여 문서의 관련성을 평가합니다. 관련성 평가 결과가 Relevant인 문서만 relevant_contexts 리스트에 추가하며, 최종적으로 연관성이 있다고 판단된 문서들만 다음 단계로 전달합니다.

❺ generate_responses 메서드

Self-RAG의 네 번째 단계인 '관련 컨텍스트로 응답 생성'을 수행합니다. 이 메서드는 generation_chain을 사용하여 각 관련 컨텍스트를 기반으로 사용자 쿼리에 대한 응답을 생성합니다.

```
def generate_responses(self, query, relevant_contexts):
    print("\n4단계: 관련 컨텍스트로 응답 생성 중...")
    responses = []
    for i, context in enumerate(relevant_contexts):
        print(f"컨텍스트 {i+1}에 대한 응답 생성 중...")
        input_data = {"query": query, "context": context}
        response = self.generation_chain.invoke(input_data).response
        responses.append(response)
    return responses
```

각 관련 컨텍스트에 대해 generation_chain을 호출하여 응답을 생성한 후, responses 리스트에 저장합니다.

❻ generate_without_retrieval 메서드

이 메서드는 관련된 컨텍스트가 없거나, 검색이 필요하지 않다고 판단된 경우에 사용됩니다.

```
def generate_without_retrieval(self, query):
    input_data = {"query": query, "context": "관련된 컨텍스트를 찾지 못했습니다."}
    response = self.generation_chain.invoke(input_data).response
    return response
```

쿼리와 함께 컨텍스트("관련된 컨텍스트를 찾지 못했습니다.")를 입력으로 준비합니다. 그리고 generation_chain을 호출하여 질문에 대한 답변을 생성합니다.

❼ assess_and_evaluate 메서드

이 메서드는 생성된 응답에 대해 '지원 평가'와 '유용성 평가'를 수행합니다.

```
def assess_and_evaluate(self, query, responses, relevant_contexts):
    assessed_responses = []
    for i, (response, context) in enumerate(zip(responses, relevant_contexts)):
        # 지원 평가
        print(f"\n5단계: 응답 {i+1}의 지원 평가 중...")
        input_data = {"query":query, "response": response, "context": context}
        support_response = self.support_chain.invoke(input_data)
        support_reasoning = support_response.Reasoning
        support_token = support_response.ISSUP
        print(f"지원 평가 추론 과정: {support_reasoning}")
        print(f"지원 평가: {support_token}")

        # 유용성 평가
        print(f"\n6단계: 응답 {i+1}의 유용성 평가 중...")
        input_data = {"query": query, "response": response}
        utility_response = self.utility_chain.invoke(input_data)
        utility_reasoning = utility_response.Reasoning
        utility_token = int(utility_response.ISUSE)
        print(f"유용성 점수 평가과정: {utility_reasoning}")
        print(f"유용성 점수: {utility_token}")
        assessed_responses.append((response, support_token, utility_token))
    return assessed_responses
```

각 응답과 해당 컨텍스트를 기반으로 support_chain을 호출하여, 응답이 컨텍스트에 얼마나 근거하는지 평가하고 결과를 출력합니다. 이어서 각 응답에 대해 utility_chain을 호출하여 응답의 유용성을 평가하고 결과를 출력합니다. 이렇게 평가한 결과를 assessed_responses 리스트에 저장합니다.

❽ select_best_response 메서드

이 메서드는 앞서 평가된 응답들 중 가장 우수한 응답을 선택합니다.

```python
def select_best_response(self, responses):
    print("\n최고의 응답 선택 중...")

    # 1. fully supported 항목이 있는지 확인
    fully_supported = [r for r in responses if r[1] == 'Fully supported']
    if fully_supported:
        best_response = max(fully_supported, key=lambda x: x[2])
        print(f"선택된 응답의 지원 상태: {best_response[1]}, 유용성 점수: {best_
        response[2]}")
        return best_response

    # 2. fully supported가 없으면 Partially supported 항목 확인
    partially_supported = [r for r in responses if r[1] == 'Partially supported']
    if partially_supported:
        best_response = max(partially_supported, key=lambda x: x[2])
        print(f"선택된 응답의 지원 상태: {best_response[1]}, 유용성 점수: {best_
        response[2]}")
        return best_response

    # 3. 둘 다 없는 경우, 유용성 점수(x[2]) 기준으로 선택
    best_response = max(responses, key=lambda x: x[2])
    print(f"선택된 응답의 지원 상태: {best_response[1]}, 유용성 점수: {best_
    response[2]}")
    return best_response
```

assessed_responses 리스트를 기준으로, 지원 평가가 Fully supported이고 유용성 점수가 높은 응답을 우선적으로 선택합니다. 그런 응답이 없을 경우 Partially supported 항목을 기준으로 평가하며, 최종적으로는 유용성 점수를 기준으로 가장 적합한 응답을 반환합니다. 최종 선택된 응답과 함께 지원 상태와 유용성 점수를 출력합니다.

❾ process_query 메서드

이 메서드는 Self-RAG 시스템의 전체 워크플로우를 통합하고 조율하는 역할을 합니다. 앞서 설명한 모든 메서드를 순차적으로 실행하여 사용자 쿼리에 대한 최종 응답을 생성합니다.

```python
def process_query(self, query):
    print(f"\n쿼리 처리 중: {query}")
```

```
# 1단계: 검색이 필요한지 결정
retrieval_decision = self.determine_retrieval(query)

if retrieval_decision == 'Yes':
    # 2단계: 관련 문서 검색
    contexts = self.retrieve_documents(query)

    # 3단계: 검색된 문서의 관련성 평가
    relevant_contexts = self.evaluate_relevance(query, contexts)

    if not relevant_contexts:
        # 관련된 컨텍스트가 없으면 검색 없이 생성
        print("관련된 컨텍스트를 찾지 못했습니다. 검색 없이 생성합니다...")
        return self.generate_without_retrieval(query)

    # 4단계: 관련 컨텍스트를 사용하여 응답 생성
    responses = self.generate_responses(query, relevant_contexts)

    # 5단계 및 6단계: 지원 평가 및 유용성 평가
    assessed_responses = self.assess_and_evaluate(query, responses,
    relevant_contexts)

    # 최고의 응답 선택
    best_response = self.select_best_response(assessed_responses)
    return best_response[0]
else:
    # 검색 없이 생성
    print("검색 없이 생성합니다...")
    return self.generate_without_retrieval(query)
```

먼저, determine_retrieval 메서드를 호출하여 입력된 쿼리에 대해 외부 문서 검색이 필요한지 판단합니다. 만약 검색이 필요하다고 판단되면(retrieval_decision=='Yes'), retrieve_documents 메서드를 통해 관련 문서를 검색하고, 이어서 evaluate_relevance 메서드를 사용하여 각 문서의 관련성을 평가합니다.

이후 관련성 평가 결과, 적합한 문서가 있을 경우 generate_responses 메서드를 통해 이 문서들을 기반으로 응답을 생성하고, assess_and_evaluate 메서드를 사용하여 생성된 응답의 지원 여부와 유용성을 평가합니다. 평가가 완료되면 select_best_response 메서드를 호출하여 가장 우수한 응답을 최종 선택하고 반환합니다.

반면, 관련된 문서가 없거나 retrieval_decision=='No'인 경우에는 검색 과정을 생략하고, generate_without_retrieval 메서드를 호출하여 외부 문서 없이 응답을 생성합니다.

이 메서드는 Self-RAG의 각 단계를 유기적으로 연결하여 전체 질의 처리 프로세스를 완성합니다.

마지막으로, SelfRAG 인스턴스를 생성하고 실제로 질의를 처리해 보겠습니다.

```
# SelfRAG 클래스 인스턴스 생성
self_rag_instance = SelfRAG(
    vectorstore = vectordb,
    retrieval_chain = retrieval_chain,
    relevance_chain = relevance_chain,
    generation_chain = generation_chain,
    support_chain = support_chain,
    utility_chain = utility_chain,
    top_k=4
)
```

이제 질문을 정의하고, 이를 Self-RAG 시스템에 전달하여 최종 답변을 받아보겠습니다. 예시 질문으로 "이 회사의 바이오 의약품 라이선스 아웃 수익을 알려줘"를 query로 지정한 뒤, 앞서 생성한 self_rag_instance에 전달하여 최종 응답을 확인합니다.

```
# 쿼리 처리
query = "이 회사의 바이오 의약품 라이센스 아웃 수익을 알려줘"
response = self_rag_instance.process_query(query)

print("\n최종 응답:")
print(response)
```

```
쿼리 처리 중: 이 회사의 바이오 의약품 라이센스 아웃 수익을 알려줘

1단계: 검색 필요 여부 결정 중...
검색 결정 추론 과정: 질문은 특정 회사의 바이오 의약품 라이센스 아웃 수익에 대한 정보를 요
구하고 있습니다. 이는 일반적으로 회사의 재무 보고서나 공식 발표 자료에서 확인할 수 있는
구체적인 사실적 정보입니다. 따라서 최신의 정확한 정보를 제공하기 위해 검색이 필요합니다.
```

```
검색 결정: Yes

2단계: 관련 문서 검색 중...
4개의 문서를 검색했습니다

3단계: 문서의 관련성 평가 중...
문서 1 관련성 추론 과정: 연관 문서는 바이오 의약품 라이센스 아웃과 관련된 계약 체결에 대
한 정보를 제공하고 있지만, 구체적인 수익 금액에 대한 정보는 포함되어 있지 않습니다. 따라
서 질문에 대한 직접적인 답변을 제공하지 않습니다.
문서 1 관련성: Irrelevant
문서 2 관련성 추론 과정: 이 연관 문서는 특정 바이오 의약품 라이센스 아웃 계약의 해지에 대
한 정보를 제공하고 있으며, 수익에 대한 정보는 포함되어 있지 않습니다. 따라서 질문에 직접
적으로 관련이 없습니다.
문서 2 관련성: Irrelevant
문서 3 관련성 추론 과정: 이 연관 문서는 특정 바이오 의약품의 라이센스 아웃 계약에 대한 정
보를 제공하고 있으며, 계약 금액과 진행 단계에 대한 세부 사항을 포함하고 있습니다. 이는 질
문에서 요구한 '바이오 의약품 라이센스 아웃 수익'에 대한 정보를 제공하므로, 질문에 직접적
으로 관련이 있습니다.
문서 3 관련성: Relevant
문서 4 관련성 추론 과정: 이 연관 문서는 회사의 바이오 의약품 라이센스 아웃 수익에 대한 구
체적인 정보를 제공하고 있습니다. 특히, 계약 상대방, 계약 금액, 수취 금액 등의 세부 사항이
포함되어 있어 질문에 직접적으로 관련이 있습니다.
문서 4 관련성: Relevant
관련된 컨텍스트 수: 2

4단계: 관련 컨텍스트로 응답 생성 중...
컨텍스트 1에 대한 응답 생성 중...
컨텍스트 2에 대한 응답 생성 중...

5단계: 응답 1의 지원 평가 중...
지원 평가 추론 과정: 답변은 연관 문서에 언급된 정보를 충실히 반영하고 있습니다. 연관 문서
에서 개발 단계별로 성공 시 받게 되는 금액과 로열티에 대한 설명이 있으며, BVAC-C Neo의 라
이센스 아웃 계약에 대한 구체적인 정보도 일치합니다. 따라서 답변은 연관 문서에 의해 완전히
뒷받침됩니다.
지원 평가: Fully supported

6단계: 응답 1의 유용성 평가 중...
```

```
유용성 점수 평가과정: 이 응답은 질문에 대해 구체적이고 관련된 정보를 제공합니다. 회사의
바이오 의약품 라이센스 아웃 수익에 대한 일반적인 구조를 설명하고, 구체적인 예시(BVAC-C
Neo와 ImmuneTech의 계약)를 통해 실제 수익 수치를 제시합니다. 또한, 수익이 발생하는 방식
(개발 단계별 성공 시 금액, 로열티)에 대한 설명도 포함되어 있어 질문의 정보 요구를 충족시
킵니다. 따라서 이 응답은 매우 유용하며, 5점 만점에 해당합니다.
유용성 점수: 5

5단계: 응답 2의 지원 평가 중...
지원 평가 추론 과정: 답변은 연관 문서에서 제공된 정보와 거의 동일하며, 모든 세부 사항이
연관 문서에 의해 뒷받침됩니다. 계약 상대방, 계약 체결일, 로열티 지급 기한, 총 계약 금액,
수취 금액, 진행 단계 등 모든 정보가 연관 문서에 명시되어 있습니다.
지원 평가: Fully supported

6단계: 응답 2의 유용성 평가 중...
유용성 점수 평가과정: 이 응답은 질문에 대해 매우 구체적이고 상세한 정보를 제공합니다. 회
사의 바이오 의약품 라이센스 아웃 수익에 대한 계약 체결 정보, 계약 금액, 수취한 금액, 진행
단계 등 관련된 모든 주요 정보를 포함하고 있습니다. 질문의 정보 요구를 완전히 충족시키고
있으며, 추가적인 정보가 필요하지 않을 정도로 완벽합니다.
유용성 점수: 5

최고의 응답 선택 중...
선택된 응답의 지원 상태: Fully supported, 유용성 점수: 5

최종 응답:
이 회사의 바이오 의약품 라이센스 아웃 수익은 주로 개발 단계별로 성공 시 받게 되는 금액과
로열티로 구성됩니다. 예를 들어, BVAC-C Neo라는 품목은 ImmuneTech과의 계약을 통해 미국에
서 라이센스 아웃되었으며, 계약 금액은 567천 달러입니다. 이 계약은 비임상 단계에서 체결되
었으며, 특허만료일까지 유효합니다. 추가적인 수익은 기술 이전으로 생산된 제품의 매출에 따
라 매출액 대비 비율로 책정된 로열티로 발생할 수 있습니다. 이러한 정보는 금융감독원의 보도
자료에서 제공되었습니다.
```

이러한 과정을 통해 최종적으로 선택된 답변은 관련 문서 평가에서 'Relevant'로 판단된 문서들(문서 3, 문서 4)을 기반으로 생성되었으며, 지원 평가에서 'Fully supported'를 받았습니다. 또한 유용성 평가에서 5점을 받아 질문에 대한 정보 요구를 대부분 충족시켰습니다. 즉, 여러 단계에서 완벽하게 검증된 이 답변은 구체적인 계약 금액, 진행 단계 등 중요한 세부 정보를 포

함하고 있어 사용자에게 정확하고 신뢰할 수 있는 정보를 제공합니다.

이 예제를 통해 Self-RAG 방법론이 기존 RAG 시스템을 어떻게 개선할 수 있는지, 실제로 사용자 질의 처리에 어떻게 효과적으로 적용할 수 있는지 명확하게 알 수 있습니다. Self-RAG는 각 단계를 모델이 스스로 판단하고 개선함으로써, 사용자에게 더욱 정확하고 신뢰성 높은 정보를 제공하는 시스템입니다.

이처럼 Self-RAG는 응답의 정확성과 신뢰성을 높이고, 궁극적으로 사용자 만족도를 향상시킨다는 장점이 있습니다. 그러나 여러 단계에 걸쳐 대규모 언어 모델이 관여하기 때문에 처리 시간이 길어지고 비용이 증가하는 단점도 존재합니다. 따라서 Self-RAG를 도입할 때는 사용 목적과 시스템 환경을 고려하여 신중하게 판단해야 합니다.

5

지식 그래프를 활용한 그래프 RAG

- 그래프 RAG의 개념과 기존 RAG 방식의 한계 이해
- 지식 그래프와 그래프 DB를 활용한 데이터 구조화 및 질의 최적화 방법
- Neo4j와 랭체인을 활용한 그래프 RAG 구현 및 응용

이 장에서는 그래프 RAG^{GraphRAG}에 대해 다룹니다. 먼저 그래프 RAG의 개념과 기존 RAG와의 차이점을 살펴보고, 지식 그래프 구축 방법에 대해 알아보겠습니다. 이후 실습을 통해 그래프 RAG 시스템을 실제로 구현하는 과정을 배워봅니다. 이번 장 내용은 마이크로소프트의 GraphRAG 연구[1]를 참고하여 작성했습니다.

1 그래프 RAG 개요

그래프 RAG는 기존 RAG 시스템의 한계를 극복하기 위해 새롭게 개발된 모델로, 지식 그래프(knowledge graph)를 활용하여 정보 간의 관계를 더 깊이 이해하고 처리하는 방식입니다. 기존 RAG가 문서를 검색하고 정보를 추출하는 데 집중했다면, 그래프 RAG는 복잡한 데이터 간의 연결성을 파악하여 다층적인 질의응답이 가능하도록 합니다.

1.1 기존 RAG 방식의 한계

기존의 RAG 방식에는 두 가지 주요 한계점이 있습니다.

1 Edge, Darren, et al. "From local to global: A graph rag approach to query-focused summarization." arXiv preprint arXiv:2404.16130 (2024)

1 정보 연결의 어려움

기존 RAG는 질문에 답하기 위해 개별 문서에서 정보를 검색할 수 있지만, 데이터 간의 관계를 분석하여 새로운 통찰을 제공하는 데 한계가 있습니다. 즉, 정보 조각을 연결하여 전체적인 의미를 도출하는 능력이 부족합니다. 예를 들어, 다음과 같은 질문이 주어졌다고 가정해 봅시다.

질문: "이 문서의 주요 주제는 무엇인가요?"

이 질문에 대해 기존 RAG 시스템에서는 나뉘어진 개별 문서에서 특정 소주제나 키워드를 검색할 수 있습니다. 기업의 사업보고서를 예로 들어봅시다. 이 질문을 기존 RAG 시스템에 입력한다면, 한 문서에서 기업의 사업 영역에 대한 내용을 찾고, 다른 문서에서 기업의 재무 상태에 대한 정보를 찾을 수 있을 것입니다. 그러나 이러한 정보들은 각각 개별적으로 제공될 뿐, 데이터셋 전체에서 이러한 정보들이 어떻게 연결되고 전반적인 패턴이 무엇인지에 대해서는 알지 못합니다. 따라서 문서 주제와 같이 전체 내용을 아우르는 영역을 파악하는 데는 한계가 있습니다.

2 대규모 데이터 이해의 한계

기존 RAG 시스템은 데이터의 규모가 클수록 개념들을 전체적으로 파악하는 데 어려움을 겪습니다. 다음 질문이 주어졌다고 생각해 봅시다.

질문: "지난 10년간의 연간 보고서를 바탕으로 회사의 지속가능성 전략 변화를 설명해 주세요."

질문에 대해, 기존 RAG 시스템은 연간 보고서에서 관련 정보를 검색하여 개별 문서들을 얻을 수 있습니다. 하지만 이렇게 얻은 개별 문서는 각각 독립적으로 이루어져 있으며, 각 문서 안의 내용들이 다른 문서들과 어떻게 연결되는지 알 수 없습니다. 따라서 10년간의 연간 보고서라는 대규모 데이터셋에서 각 정보들이 어떻게 서로 연결되고, 그 속에서 지속가능성 전략이 어떤 식으로 변화해왔는지 추적하는 데는 한계가 있습니다.

이를 해결하기 위해 그래프 RAG가 제안되었습니다. 그래프 RAG는 전체 텍스트 코퍼스에 대한 질문에 답하기 위해 지식 그래프[knowledge graph]와 검색 증강 생성[RAG]을 결합한 접근 방식입니다. 그래프 RAG는 지식 그래프를 활용해 개별 정보 조각들 간의 관계를 모델링함으로써, 데이터셋 전체에서 연결성과 패턴을 파악할 수 있습니다. 또한 대규모 데이터셋의 구조적 관계를 분석함으로써, 시간 경과에 따른 변화나 전체적인 개념을 더 효과적으로 이해할 수 있습니다.

1.2 지식 그래프란?

그래프는 '네트워크 구조를 수학적으로 표현한 모델'로, 상호 연결된 요소들 간의 관계를 나타내는 구조입니다. 여기서 네트워크란 우리 주변에서 흔히 볼 수 있는 '상호 연결된 시스템'을 말합니다.

네트워크는 우리 일상 곳곳에 존재합니다. 예를 들어, 우리가 매일 사용하는 소셜 미디어 플랫폼은 거대한 소셜 네트워크입니다. 페이스북이나 인스타그램에서 사용자들은 서로 '친구'를 맺거나 '팔로우'를 하며 관계를 맺습니다. 이러한 관계들이 모여 하나의 큰 네트워크를 이룹니다.

또 다른 예로 교통 시스템을 들 수 있습니다. 도시들은 도로, 철도, 항공로 등으로 서로 연결되어 있습니다. 이 연결망은 사람과 물자가 이동할 수 있는 교통 네트워크를 형성합니다. 인터넷 역시 대표적인 네트워크의 예입니다. 전 세계 컴퓨터와 서버들이 서로 연결되어 정보를 주고받는 거대한 시스템을 형성하고 있습니다.

이러한 네트워크들의 공통점은 무엇일까요? 모두 '개체'와 그들 사이의 '관계'로 구성되어 있다는 점입니다. 소셜 네트워크에서는 사람들이 개체이고, 그들 사이의 친구 관계나 팔로우가 연결 요소입니다. 교통 네트워크에서는 도시가 개체이고, 도로나 철도가 그 사이의 연결 역할을 합니다. 인터넷에서는 컴퓨터나 서버가 개체이고, 데이터 전송 경로가 연결 요소로 작용합니다.

이러한 현실 세계의 네트워크 구조를 수학적으로 표현하고 분석하기 위해 그래프라는 모델을 사용합니다. 그래프에서는 맥락에 따라 용어가 다양하게 사용됩니다. 수학적 맥락에서는 주로 노드(정점)와 에지(간선)라는 용어를 사용하고, 응용 분야에서는 개체와 관계로 표현하는 경향이 있습니다.

특히 그래프는 단순한 연결 구조뿐만 아니라, 방향성과 가중치도 표현할 수 있습니다. 예를 들어, SNS의 팔로우 관계처럼 한쪽에서 다른 쪽으로 향하는 단방향 연결을 나타낼 수 있으며, 교통 네트워크에서 도시 간 거리처럼 연결 강도나 관계의 중요도를 반영하는 가중치를 추가할 수도 있습니다.

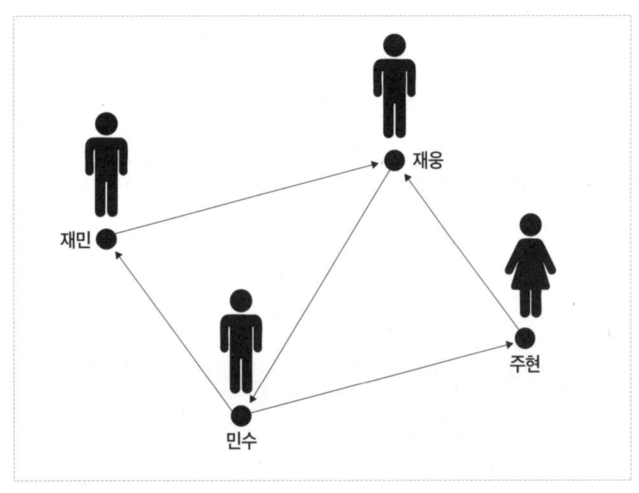

그림 5-1 소셜 네트워크 방향 그래프(Directed Graph) 예

결론적으로, 그래프는 네트워크를 수학적으로 표현하는 모델이며, 이를 통해 복잡한 시스템의 구조를 명확하게 모델링하고, 다양한 수학적 기법을 적용하여 네트워크의 특성을 분석할 수 있습니다.

이러한 기본적인 그래프 개념을 바탕으로, 지식 그래프는 정보와 지식을 보다 구조화하여 표현하는 특별한 형태의 그래프로 확장되었습니다. 일반적인 그래프는 노드[node]와 에지[edge]로 구성되며, 개체와 그들 간의 연결 구조를 나타내는 데 초점을 둡니다. 하지만 개체와 관계의 구체적인 의미나 속성에 중점을 두지 않고, 단순히 '연결되어 있다'는 사실만을 표현하는 경우가 많습니다.

반면, 지식 그래프는 개체와 관계에 의미론적 정보를 부여하여 각 요소가 무엇을 의미하는지 명확하게 정의합니다. 즉, 지식 그래프는 일반 그래프의 기본 구조 위에 의미를 추가하여 정보를 보다 체계적으로 구조화하여여 표현합니다.

예를 들어, '아이폰'과 '애플'이라는 두 개체를 생각해 보겠습니다. 일반 그래프에서는 이 둘이 단순히 연결선으로 이어져 있을 뿐이지만, 지식 그래프에서는 이 연결을 '개발(developedBy)'이라는 명확한 관계로 정의함으로써 '아이폰이 애플에 의해 개발되었다'는 사실을 구체적으로 나타냅니다.

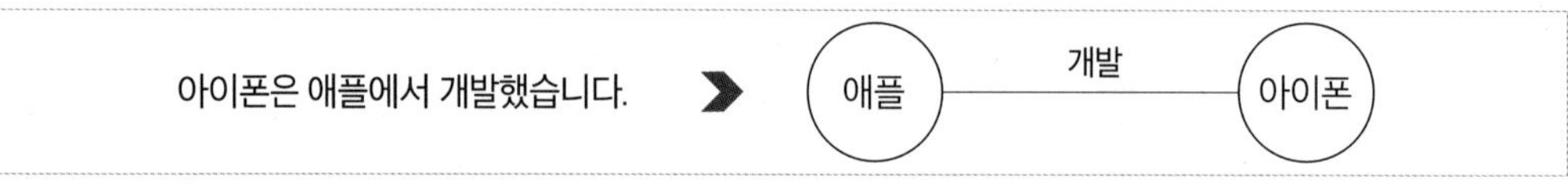

그림 5-2 지식 그래프 예 1

또한 지식 그래프는 개체와 관계에 풍부한 속성을 부여할 수 있다는 점에서 일반 그래프와 차별화됩니다. 예를 들어, '아이폰'이라는 개체에는 다음과 같은 세부 속성을 추가할 수 있습니다.

출시일: 2007년, **운영체제:** iOS, **디스플레이 크기:** 3.5인치

마찬가지로, '개발'이라는 관계 자체에도 다음과 같은 속성을 추가할 수 있습니다.

개발 시기: 2007년 이후, **개발 조건:** iOS 기반

이러한 구조 덕분에 지식 그래프는 일반 그래프와 다른 여러 특징을 지니고 있습니다.

첫 번째 특징은 단순한 관계 연결을 넘어 복잡한 정보 구조를 표현할 수 있다는 점입니다. 일반 그래프에서는 '아이폰'과 '애플'이라는 두 개체가 단순히 연결되어 있을 뿐이고, 이때 연결선은 그저 '이 둘이 어떤 관계를 맺고 있다'는 사실만을 나타냅니다. 반면, 지식 그래프에서는 이 연결선을 '개발(developedBy)'이라는 명확한 의미를 지닌 관계로 정의함으로써, '아이폰'이라는 제품이 '애플'이라는 기업에 의해 개발되었다는 사실을 기계가 해석하고 활용할 수 있게 합니다.

더 나아가, 지식 그래프는 이러한 관계를 더욱 풍부하게 표현할 수 있습니다. 예를 들어, '아이폰' 개체에는 출시일, 운영체제, 디스플레이 크기 등 세부 속성을 명확하게 정의할 수 있고, '애플' 개체에는 기업의 위치, 설립일, 창업자 정보, 주력 제품군 등 다양한 속성을 추가할 수 있습니다. 또한 '개발(developedBy)' 관계 자체에도 특정 시기(2007년 이후), 특정 조건(iOS 운영체제) 등을 기술하여, 단순히 '애플이 아이폰을 개발했다'는 사실 이상으로 풍부한 정보를 담아낼 수 있습니다.

지식 그래프의 두 번째 특징은 추론 능력입니다. 그래프 구조를 활용하면 직접적으로 연결되지 않은 정보 사이의 관계를 유추할 수 있습니다. 예를 들어, 다음 두 정보가 있다고 가정해 봅시다.

1) '스티브 잡스가 애플을 공동 창업했다'

2) '스티브 잡스가 픽사의 CEO였다'

이 정보들을 개별적인 문장으로만 볼 때는 애플과 픽사 사이의 연관성을 바로 파악하기 어렵습니다. 하지만 이를 다음과 같은 지식 그래프로 표현하면 '스티브 잡스'라는 노드를 중심으로 애플과 픽사가 연결되어 있음을 한눈에 확인할 수 있습니다.

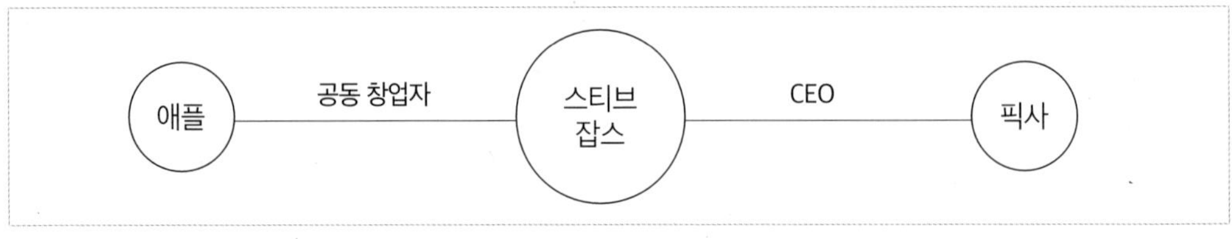

그림 5-3 지식 그래프 예 2

이를 통해 애플과 픽사 사이의 간접적인 연관성을 쉽게 추론할 수 있으며, 두 회사의 혁신적인 기업 문화나 창의적인 제품 개발 철학과 같은 공통점을 예측해볼 수도 있습니다. 이렇듯 그래프 구조는 개별적인 정보 조각들을 연결하여 보다 심층적인 관계를 도출하는 데 유용합니다.

세 번째 특징은 효율적인 정보 검색입니다. 지식 그래프를 활용하면 노드와 에지의 연결을 따라 관련 정보를 빠르게 탐색하고 검색할 수 있습니다. 예를 들어, '애플' 노드에서 시작하여 이웃 노드인 '맥북', '스티브 잡스', '팀 쿡' 등의 정보를 쉽게 검색할 수 있습니다.

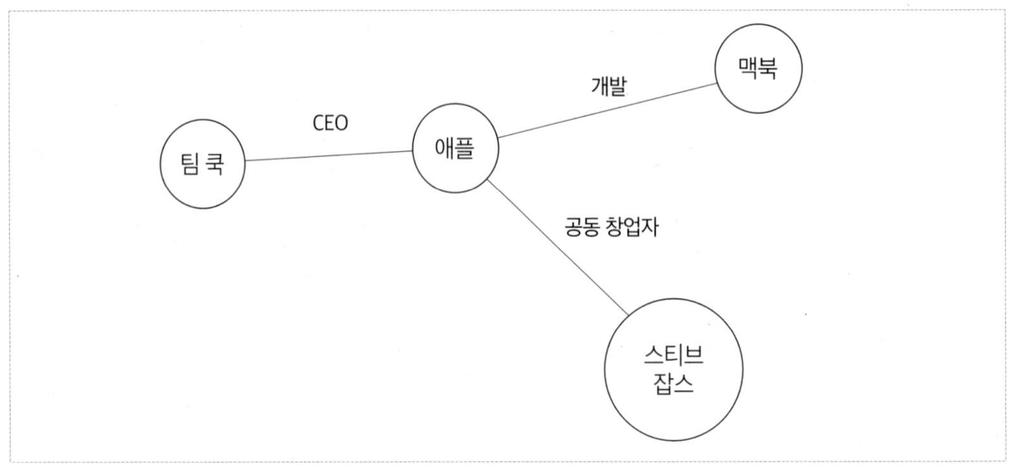

그림 5-4 지식 그래프 예 3

이러한 특성 덕분에 지식 그래프는 검색 엔진이나 추천 시스템, 질의응답 시스템 등 다양한 분야에서 활용되고 있습니다. 그래프 RAG는 이러한 지식 그래프의 장점을 적극적으로 활용하여, 단순한 키워드 매칭을 넘어 정보 간의 복잡한 관계를 고려한 고급 추론과 답변 생성을 수행합니다.

1.3 그래프 RAG의 동작 과정

이제 그래프 RAG의 구체적인 동작 과정을 알아봅시다. 그래프 RAG 시스템은 먼저 그래프 DB를 구축한 후, 사용자 질의에 따라 적절한 검색 방식을 적용하여 답변을 생성하는 방식으로 작동합니다.

그래프 DB 구축 단계에서는 문서 내용을 분석하여 지식 그래프를 생성합니다. 이 과정에서 문서에서 추출한 주요 개념(개체)과 그들 사이의 관계를 구조화하여 그래프 형태로 저장합니다. 이후, 구축된 그래프 내에서 서로 밀접하게 연관된 개체들의 그룹(커뮤니티)을 찾아내고, 각 커뮤니티의 핵심 내용을 요약하여 정보 검색을 보다 효율적으로 수행할 수 있도록 합니다.

사용자가 질문을 하면, 그래프 RAG 시스템은 질문의 성격에 따라 두 가지 검색 방식을 사용합니다.

- **로컬 검색(Local Search):** 질문과 직접적으로 관련된 개체들을 식별하고, 이들과 연관된 정보를 수집하여 상세한 답변을 제공합니다. 이는 특정 주제나 세부 정보를 묻는 질문에 효과적입니다.
- **글로벌 검색(Global Search):** 문서 전체를 아우르는 포괄적인 질문에 대해, 여러 커뮤니티 요약을 활용하여 종합적인 답변을 제공합니다.

이러한 과정을 통해 그래프 RAG는 방대한 문서 컬렉션에서도 관련성 높은 정보를 빠르게 찾아내고, 이를 바탕으로 포괄적이고 정확한 답변을 생성할 수 있습니다.

이제 그래프 RAG의 주요 단계를 자세히 살펴보겠습니다. 먼저 그래프 DB 구축 과정을 살펴본 후, 질의 응답 과정을 알아보겠습니다.

2 그래프 DB 구축

이번 절에서는 그래프 DB 구축 과정에 대해 살펴보겠습니다. 먼저 이론적인 개념을 살펴본 뒤, 코드와 함께 실습을 진행합니다.

2.1 그래프 DB 구축 과정

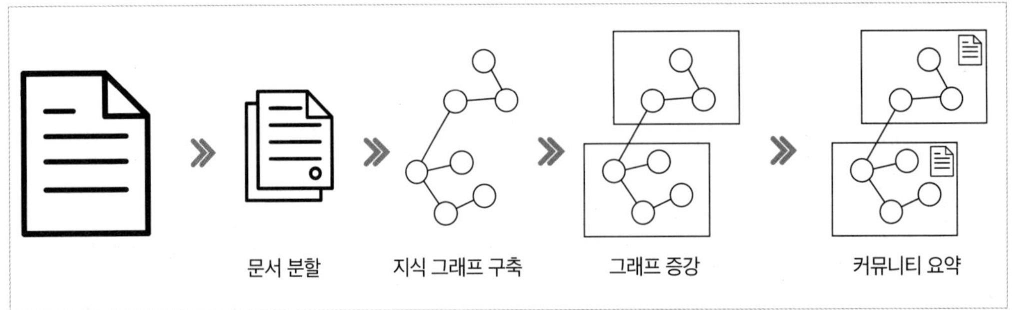

그림 5-5 그래프 DB 구축 단계

그래프 DB 구축 과정은 4개의 주요 단계로 이루어져 있습니다.

첫 번째 단계는 '문서 분할'입니다. 이 과정에서는 대용량 문서를 효율적으로 처리하기 위해 문서를 적절한 크기로 나눕니다.

두 번째 단계는 '지식 그래프 구축'입니다. 이 과정에서는 앞서 분할한 문서에서 핵심 개체 entity와 그들 간의 관계 relationship를 추출하여 기본적인 그래프 구조를 만듭니다.

세 번째 단계는 '그래프 증강'입니다. 이 과정에서는 그래프 임베딩을 생성하여 기존에 생성된 그래프를 더욱 풍부하게 만들며, 지식 그래프 내에서 서로 밀접하게 연관된 엔티티들을 그룹화한 '커뮤니티'를 구축하여 실제 활용이 가능한 수준으로 발전시킵니다.

마지막 단계는 '커뮤니티 요약'입니다. 이 과정에서는 구축된 커뮤니티의 핵심 정보를 요약합니다. 이를 통해 최종적으로 검색과 활용이 용이한 형태의 지식 네트워크를 완성합니다.

이러한 단계적 접근을 통해 단순한 텍스트 문서들이 구조화되고 의미적으로 연결된 지식 네트워크로 변환됩니다.

1. 문서 분할

가장 먼저, 사용할 문서를 적절한 크기로 분할합니다. 이때 분할할 문서의 길이 설정이 중요합니다. 문서의 길이가 길수록 LLM을 호출하는 횟수가 적어지므로 지식 그래프 구축에 드는 비용이 줄어든다는 장점이 있지만, 지식 그래프 품질이 낮아질 수 있다는 단점이 있습니다. 반대로, 문서의 길이가 짧아질수록 지식 그래프 구축에 드는 비용은 늘어나지만, 지식 그래프 품질은 높아질 수 있습니다.

연구에 따르면 문서를 600토큰 수준으로 분할했을 때, 2400토큰 수준으로 분할한 경우보다 감지되는 엔티티(개체)의 수가 거의 두 배 가까이 증가한 것으로 나타났습니다.[2] 따라서 문서 분할의 경우, 가용 가능한 자원과 원하는 수준의 품질을 고려하여 적절히 선택하는 것이 중요합니다.

2. 지식 그래프 구축

다음으로, 지식 그래프를 생성하고 DB를 구축합니다. 지식 그래프는 소스 문서에서 엔티티(개체)와 그들 사이의 관계를 추출하여 만들 수 있습니다. 이 단계에서 만든 지식 그래프는 이후 사용할 모든 정보의 기반이 됩니다. 즉, 지식 그래프를 구축함으로써 단순한 텍스트 집합을 구조화된 데이터로 변환하여, 이후 단계에서 효과적으로 활용할 수 있게 됩니다.

먼저, 이러한 지식 그래프 구축에 어떤 기술이 활용되는지 알아봅시다. 최근에는 대규모 언어 모델(LLM)을 활용하여 그래프를 구축하는 방법을 많이 사용하지만, 이전에는 다른 방법을 사용했습니다. LLM 이전에 사용된 기술들에는 규칙 기반 접근법과 기계학습 모델 등이 있습니다.

규칙 기반 접근법

규칙 기반 접근법은 미리 정의된 언어 규칙이나 패턴을 사용하여 엔티티와 관계를 기계적으로 추출하는 방식입니다. 예를 들어, 다음 패턴을 사용한다고 가정해 봅시다.

패턴: "회사명 + '은/는' + 제품명 + '을/를 출시했다'"

2 Yang, Zhilin, et al. "HotpotQA: A dataset for diverse, explainable multi-hop question answering." arXiv preprint arXiv:1809.09600 (2018)

만약 문서 내에 "삼성전자는 갤럭시 S23을 출시했다"라는 문장이 있다면 이 패턴이 동작하여, '삼성전자'와 '갤럭시 S23'이 엔티티로 추출되며, '출시'가 이들을 잇는 관계로 추출될 것입니다. 규칙 기반 접근법은 구현이 간단하고 명확하지만, 패턴에 정확히 일치하는 경우에만 작동하기 때문에 확장성과 유연성이 부족하며, 다양한 표현과 복잡한 문장을 처리하는 데는 한계가 있습니다.

기계학습 모델

기계학습 기반 모델은 머신러닝 알고리즘을 활용하여 엔티티 및 관계 추출 모델을 만듭니다. 사용되는 알고리즘에는 대표적으로 SVM(서포트 벡터 머신), CRF(조건부 랜덤 필드)가 있습니다. 앞선 규칙 기반 접근법과 비교할 때, 실제 단어의 특징이나 문맥 정보에 기반하여 정보를 추출하기 때문에 좀 더 높은 정확도를 보인다는 장점이 있습니다. 또한 모델 구동에 많은 자원이 필요하지 않다는 점도 장점입니다.

하지만 전통적인 머신러닝 알고리즘은 최신 딥러닝 모델에 비해 복잡한 언어 표현을 처리하는 능력이 제한적입니다. 최근에는 기술 발전에 따라 지식 그래프 구축에 딥러닝 모델과 대규모 언어 모델을 많이 사용하고 있습니다.

딥러닝 모델

딥러닝 기반 모델은 RNN, 트랜스포머와 같은 신경망 구조를 사용하여 엔티티와 관계를 추출합니다. BERT와 같은 Transformer 기반 모델은 1억 개 이상의 파라미터를 사용합니다. 이러한 대규모 파라미터를 통해 더 깊은 문맥 이해와 복잡한 언어 패턴 감지가 가능합니다. 다만, 성능이 좋은 만큼 모델을 학습하는 데 대규모 데이터셋이 필요하고, 모델 구동에 많은 자원이 필요하다는 단점이 있습니다.

대규모 언어 모델 활용

최근에는 GPT와 같은 대규모 언어 모델(LLM)을 활용하여 지식 그래프를 구축하는 방식이 널리 사용되고 있습니다. 디코더 기반의 트랜스포머 아키텍처를 사용하는 LLM은 방대한 데이터로 사전 학습되어, 뛰어난 문맥 이해력과 복잡한 문장 처리 능력을 제공합니다.

GPT와 같은 언어 모델을 활용하면 높은 정확도로 엔티티와 관계를 추출할 수 있습니다. 다만,

대규모 언어 모델은 매우 높은 컴퓨팅 자원이 필요하거나 API 비용이 발생하며, 처리 속도가 상대적으로 느리다는 단점이 있습니다. 또한 출력 결과의 일관성이 완벽하지는 않아, 후처리가 필요할 수도 있습니다.

테슬라와 관련된 정보에서 엔티티와 관계를 추출하는 예를 살펴봅시다.

입력 문장: "테슬라는 일론 머스크가 설립한 회사로, 전기차와 태양광 패널을 생산합니다."

LLM을 활용하여 이 문장을 처리하려면, 명확한 지침을 포함한 프롬프트가 필요합니다.

입력 프롬프트: "다음 글에서 엔티티의 이름, 타입, 설명을 추출하고, 엔티티들 간의 관계를 설명과 함께 1-10 사이의 강도로 표시하세요."

이 프롬프트를 통해 얻을 수 있는 출력 예는 다음과 같습니다.

```
엔티티:
1. "테슬라" (ORGANIZATION, 전기차와 친환경 에너지를 생산하는 기업)
2. "일론 머스크" (PERSON, 테슬라의 설립자이자 현 CEO)
3. "전기차" (PRODUCT, 테슬라가 생산하는 주력 제품)
4. "태양광 패널" (PRODUCT, 테슬라가 생산하는 친환경 에너지 제품)

관계:
1. "일론 머스크" -> "테슬라" (설립자이자 CEO로 회사를 이끌고 있음, 강도: 9)
2. "테슬라" -> "전기차" (주력 제품으로 설계 및 생산, 강도: 8)
3. "테슬라" -> "태양광 패널" (친환경 에너지 제품 라인의 일부로 생산, 강도: 7)
```

이러한 기술의 발전으로 지식 그래프 구축의 효율성과 정확성이 크게 향상되었습니다. 특히 LLM을 활용하면 복잡한 문서에서도 높은 품질의 지식 그래프를 손쉽게 구축할 수 있습니다. 복잡한 전처리 과정이나 별도의 머신러닝 모델 학습 없이도 신속하게 구축할 수 있어, 그래프 RAG 시스템을 보다 효율적으로 구현할 수 있습니다.

참고 Gleaning을 통한 지식 그래프 품질 향상

Gleaning(이삭 줍기)은 LLM의 출력을 반복적으로 검증하고 보완하여, 정보 추출의 품질을 높이는 기법입니다. 이는 마치 농작물을 수확한 후 남은 이삭이 있는지 확인 후에 다시 한번 수집하는 것과 같이, 초기 정보 추출 이후에 누락되거나 불완전한 정보를 보완하는 과정을 의미합니다.

앞서 언급한 마이크로소프트의 연구에 따르면, Gleaning을 통한 엔티티 참조 추출 성능이 반복 횟수에 비례하여 개선되는 것으로 나타났습니다. 특히 청크 크기가 600일 때 가장 효과적이었으며, Gleaning을 세 번 수행했을 때 초기 추출 대비 약 세 배 많은 엔티티(~28,000개)를 탐지할 수 있었습니다. 또한 더 큰 청크 사이즈(1200, 2400)를 사용하더라도 Gleaning을 통해 성능 저하를 상당 부분 보완할 수 있음이 확인되었습니다.

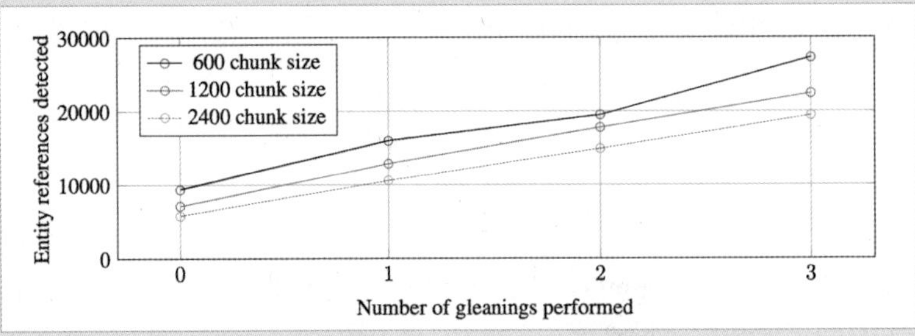

그림 5-6 Gleaning 수행 횟수에 따른 엔티티 탐지 개수 변화[3]

대규모 언어 모델을 활용해 지식 그래프를 구축할 때, Gleaning은 다음과 같은 방식으로 적용합니다.

1. 초기 추출 단계에서 얻은 엔티티와 관계 정보를 LLM에 다시 입력하여, 누락된 정보가 있는지 검토합니다.
2. 누락된 정보가 식별되면 언어 모델에 추가 질의를 수행하여 보완 정보를 수집합니다.
3. 이 과정을 일정 기준에 도달할 때까지 여러 차례 반복 수행하여 점진적으로 정보의 완전성을 높입니다.

이러한 Gleaning 기법을 통해 LLM의 능력을 최대한 활용하면서도, 보다 정확하고 신뢰성 높은 지식 그래프를 구축할 수 있습니다.

이제, 그래프 RAG에서 지식 그래프를 생성하는 구체적인 과정을 살펴보겠습니다. 지식 그래

3 Edge, Darren, et al. "From local to global: A graph rag approach to query-focused summarization." arXiv preprint arXiv:2404.16130 (2024)

프 생성은 크게 다음의 네 가지 단계로 진행됩니다.

1 엔티티와 관계 추출

분할된 각 문서에서 엔티티와 관계를 추출합니다. 각 엔티티는 이름(name), 타입(type), 설명(description)을 함께 추출하고, 각 관계는 출발점(source), 도착점(target), 설명(description), 강도(intensity)를 포함하여 추출합니다.

예: "일론 머스크는 2022년에 수백억 달러로 트위터를 인수했습니다."

이 문장에서 추출되는 정보는 다음과 같습니다.

```
엔티티:
이름: "ELON MUSK", 타입: "PERSON", 설명: "트위터를 인수한 기업인"
이름: "TWITTER", 타입: "ORGANIZATION", 설명: "2022년 수백억 달러에 인수된 기업"
관계:
출발점: "ELON MUSK", 도착점: "TWITTER", 설명: "2022년 수백억 달러에 인수함", 강도: 9
```

2 그래프 통합

두 번째 단계에서는 추출된 엔티티와 관계들을 통합하여 중복을 제거합니다. 동일한 이름과 타입을 가진 엔티티들은 하나로 통합되며, 각각의 설명은 배열 형태로 저장됩니다. 동일한 출발점과 도착점을 가진 관계들도 통합되어 여러 설명이 배열로 저장됩니다. 예를 들어, 앞선 단계에서 다음과 같은 엔티티가 추출되었다고 가정해 봅시다.

```
이름: "ELON MUSK", 타입: "PERSON", 설명: "트위터를 인수한 기업인"
이름: "ELON MUSK", 타입: "PERSON", 설명: "스페이스X를 설립한 기업인"
```

이들의 통합 후 형태는 다음과 같습니다.

```
이름: "ELON MUSK", 타입: "PERSON", 설명: ["트위터를 인수한 기업인", "스페이스X를
        설립한 기업인"]
```

3 설명 요약

세 번째 단계에서는 LLM을 활용하여 통합된 설명들을 하나의 간결한 설명으로 요약합니다. 이를 통해 각 엔티티와 관계는 핵심 정보를 포함한 하나의 설명을 갖게 됩니다. 앞선 단계에서 통합한 다음 엔티티를 예로 살펴봅시다.

```
이름: "ELON MUSK", 타입: "PERSON", 설명: ["트위터를 인수한 기업인", "스페이스X를
        설립한 기업인"]
```

이 엔티티 설명을 요약하면 다음과 같은 형태가 됩니다.

```
이름: "ELON MUSK", 타입: "PERSON", 설명: "스페이스X를 설립하고 트위터를 인수한 기업인"
```

4 주장 추출 (선택사항)

마지막으로, 선택적으로 주장(claim)을 추출할 수 있습니다. 텍스트에서 사실적 진술을 추출하고, 상태(state)와 시간(time) 정보를 포함하여 구조화된 주장으로 변환합니다. 다음과 같은 텍스트에서 주장을 추출하는 예를 살펴보겠습니다.

> "2022년 10월 27일, 일론 머스크가 440억 달러를 들여 트위터를 인수했습니다. 이후 그는 2023년 7월에 트위터의 브랜드를 X로 변경했다고 발표했습니다."

추출된 첫 번째 주장은 다음과 같습니다.

```
유형(type): ACQUISITION
설명(description): 일론 머스크가 트위터를 440억 달러에 인수함
주체식별자(subject_id): ELON MUSK
```

```
객체식별자(object_id): TWITTER
상태(status): TRUE
시작일자(start_date): 2022-10-27T00:00:00
종료일자(end_date): 2022-10-27T00:00:00
출처(source): 일론 머스크가 440억 달러를 들여 트위터를 인수했습니다.
```

추출된 두 번째 주장은 다음과 같습니다.

```
유형(type): BUSINESS RESTRUCTURING
설명(description): 일론 머스크가 트위터의 브랜드명을 X로 변경함
주체식별자(subject_id): ELON MUSK
객체식별자(object_id): TWITTER
상태(status): TRUE
시작일자(start_date): 2023-07-01T00:00:00
종료일자(end_date): 2023-07-31T00:00:00
출처(source): 2023년 7월에 트위터의 브랜드를 X로 변경했다고 발표했습니다.
```

이렇게 추출된 주장들은 공변량(covariate) 형태로 저장되어, 시간적 맥락이나 상태 변화를 반영한 고도화된 질의응답에 활용됩니다.

3. 그래프 증강

앞선 단계들을 통해 지식 그래프를 생성했다면, 이제는 그래프 구조를 더욱 풍부하게 만들고 의미 있게 활용하기 위한 증강 과정이 필요합니다. 그래프 증강은 크게 두 가지 방향으로 진행됩니다. 바로 커뮤니티 탐지community detection와 그래프 임베딩graph embedding입니다.

1 커뮤니티 탐지

커뮤니티란 지식 그래프 내에서 서로 밀접하게 연관된 엔티티들의 그룹을 의미합니다. 방대한 지식 그래프에서 모든 엔티티를 일일이 살피는 것은 비효율적이므로, 엔티티를 그룹화하여 커뮤니티로 분류하면 정보 검색과 처리가 훨씬 효율적입니다. 이를 통해 유사한 주제나 특성을 가진 엔티티를 한데 묶어 이후의 검색 과정에서 관련성 높은 정보를 빠르게

찾아낼 수 있습니다.

예를 들어, 지식 그래프에서 '애플', '아이폰', '맥북' 등의 엔티티는 '애플 제품' 커뮤니티로, '구글', '안드로이드', '픽셀' 등은 '구글 제품' 커뮤니티로 그룹화할 수 있습니다. 이렇게 형성된 커뮤니티는 지식 그래프의 구조를 단순화하고, 관련성 높은 정보 검색을 신속하게 수행할 수 있도록 돕습니다.

그래프 RAG 시스템은 커뮤니티 구조를 활용하여 사용자 질문에 대한 답변을 생성할 때, 관련된 커뮤니티의 요약 정보나 핵심 내용을 참고하여 더욱 풍부하고 정확한 답변을 제공합니다. 이러한 커뮤니티 구조를 통해 대규모 지식 그래프에서도 효율적으로 관련 정보를 추출하며, 사용자의 질문에 효과적으로 답변할 수 있게 됩니다.

지식 그래프에서 커뮤니티를 탐지하는 데는 다양한 그래프 이론 알고리즘이 사용됩니다. 많은 알고리즘들이 있으나 여기서는 대표적으로 로우벤 알고리즘과 레이든 알고리즘을 살펴보겠습니다.

로우벤 알고리즘

로우벤 알고리즘Louvain algorithm은 복잡한 관계망에서 서로 밀접하게 연결된 노드(개체)들을 그룹으로 묶는 방식입니다. 이 알고리즘은 그룹 내 연결 밀도를 나타내는 지표인 '모듈성'이라는 개념을 사용합니다. 여기서 모듈성이 높다는 것은 '그룹 안의 멤버들끼리는 많이 연결되어 있고, 다른 그룹과는 적게 연결되어 있다'는 뜻입니다. 바로 이 모듈성을 계산하여 커뮤니티를 나누는 방식이 로우벤 알고리즘의 핵심입니다.

구체적인 작동 방식은 다음과 같습니다.

1. **초기화 단계**: 모든 노드가 각자 하나의 그룹(커뮤니티)으로 분배됩니다.
2. **그룹화 및 모듈성 계산**: 각 노드를 이웃 노드들의 그룹으로 이동시켜 보며 모듈성 변화를 계산합니다. 이때 모듈성이 가장 많이 증가하는 그룹으로 해당 노드를 이동시킵니다. 모듈성 증가가 없으면 현재 그룹에 그대로 둡니다.
3. **반복 및 병합**: 2번 과정을 모든 노드에 대해 반복합니다. 더 이상 개선이 없으면, 형성된 그룹들을 하나의

노드로 간주하고 네트워크를 재구성합니다. 재구성된 네트워크에 대해 다시 2번 과정을 반복해서 수행합니다.

4. **종료**: 전체 네트워크의 모듈성이 더 이상 증가하지 않을 때 알고리즘을 종료합니다.

이 방법을 통해, 알고리즘은 자동으로 '내부적으로는 밀접하게 연결되어 있지만 외부와는 상대적으로 덜 연결된' 최적의 그룹 구조를 찾아냅니다. 로우벤 알고리즘의 장점은 계산 효율성과 간단한 구현입니다. 대규모 네트워크에서도 빠른 속도로 커뮤니티를 탐지할 수 있으며, 알고리즘 구조가 단순하여 구현이 용이하다는 것이 큰 장점입니다.

단점으로는 결과의 불안정성과 모듈성 함수의 한계가 있습니다. 초기 설정이나 노드의 처리 순서에 따라 결과가 달라질 수 있으므로 불안정한 결과가 도출될 수 있습니다. 또한 모듈성 함수가 항상 최적의 커뮤니티 구조를 반영하는 것은 아닙니다. 예를 들어, 모듈성 함수를 이용하면 실제로는 존재하지 않는 커뮤니티 구조를 찾아내기도 합니다.

레이든 알고리즘

레이든 알고리즘Leiden algorithm은 2018년에 소개된 로우벤 알고리즘의 개선 버전입니다. 기존 로우벤 알고리즘은 커뮤니티를 탐지할 때, 때때로 서로 연결되지 않은 노드들이 같은 커뮤니티로 묶이는 문제가 있었습니다. 레이든 알고리즘은 이런 문제를 해결하기 위해, 노드를 다른 커뮤니티로 이동할 때 이동 후에도 커뮤니티가 항상 서로 연결된 상태를 유지하도록 설계되었습니다. 이를 통해 로우벤 알고리즘에서 발생할 수 있었던 비연결 커뮤니티 문제를 해결하고, 연결된 커뮤니티를 형성하여 탐지의 정확성을 높였습니다.

또한 커뮤니티 병합 전에 정제 단계를 추가하여 각 커뮤니티 내에서 모듈성을 최적화하고 하위 커뮤니티를 탐지함으로써 더 세밀한 커뮤니티 구조를 형성합니다. 이 과정에서 잘못 할당된 노드들을 재배치하여 커뮤니티의 품질을 향상시킵니다.

이러한 개선 덕분에 레이든 알고리즘은 대규모 네트워크에서 뛰어난 성능을 발휘하며, 안정적이고 정확한 커뮤니티 탐지를 제공합니다. 특히 연결된 커뮤니티를 보장하는 설계는 네트워크 분석에서 신뢰도를 높이는 중요한 요소로 작용합니다.

하지만 한계 또한 존재합니다. 모듈성 함수 자체의 한계(예: 해상도 한계)가 완전히 해결되지는 않았으며, 정제 단계 등으로 인해 개별 반복에서 계산량이 증가할 수 있다는 점은 단점으로 꼽힙니다. 물론, 레이든 알고리즘은 더 적은 반복으로 더 나은 결과를 얻을 수 있어 전반적으로는 로우벤 알고리즘보다 효율적인 경우가 많습니다.

이러한 커뮤니티 탐지 기법들에 더해, 마이크로소프트의 그래프 RAG에서는 계층적 커뮤니티 구조를 도입했습니다. 계층 구조를 도입함으로써 데이터의 **추상화 수준을 조절**하여 다양한 사용자 요구에 대응할 수 있게 되었습니다.

구체적으로는 레이든 알고리즘을 사용하여 3단계(Level 0~2)의 계층적 커뮤니티를 생성합니다. 이 커뮤니티 구조의 핵심은 상위 레벨(Root Level)에서 하위 레벨(High Level)로 갈수록 더 세부적인 주제와 정보를 포함한다는 점입니다.

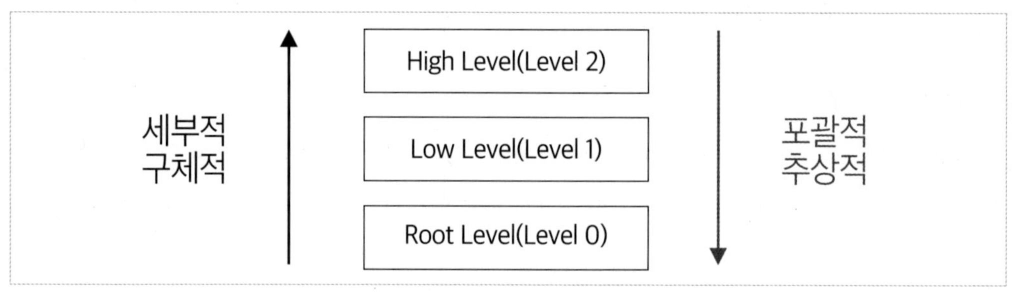

그림 5-7 마이크로소프트 그래프 RAG의 계층적 커뮤니티 구조

계층별 커뮤니티 탐지를 통해 얻을 수 있는 장점은 첫 번째로 정보의 효율적 조직화를 들 수 있습니다. 커뮤니티를 계층 구조로 나눔으로써, 각 레벨에서 적절한 수준의 상세 정보를 제공할 수 있습니다. 이는 사용자가 요구하는 정보의 깊이에 따라 적절한 레벨의 커뮤니티를 선택하여 맞춤형 답변을 제공할 수 있음을 의미합니다.

두 번째는 대규모 언어 모델의 토큰 제한 관리입니다. 대규모 지식 그래프에서 모든 정보를 한꺼번에 처리하면 토큰 제한에 걸릴 수 있습니다. 이때 계층 구조를 활용하면 질문의 범위에 맞는 레벨의 정보만 선택적으로 활용할 수 있으므로 토큰 사용을 최적화할 수 있다는 장점이 있습니다.

테슬라 관련 뉴스 데이터를 예로 들어 살펴보겠습니다.

- **Level 0:** '전기차 산업'과 같은 광범위한 주제의 커뮤니티가 형성됩니다.
- **Level 1:** 'Tesla', 'SpaceX', 'Twitter(X)' 등 주요 기업별로 커뮤니티가 나뉩니다.
- **Level 2:** 각 기업의 제품 라인업, 주요 인물, 주요 사건 등 세부 정보를 포함하는 커뮤니티가 만들어집니다.

이러한 계층 구조의 활용 방식은 다음과 같습니다.

- **광범위한 질문:** '테슬라의 전반적인 현황'에는 Level 1의 요약 정보를 사용하여 전체적인 맥락을 제공합니다.
- **구체적인 질문:** '테슬라의 신규 공장 건설 현황'에는 Level 2의 상세 정보를 활용하여 심도 있는 답변을 제공합니다.

이를 통해 시스템은 질문의 범위와 깊이에 따라 가장 적절한 레벨의 정보를 선택적으로 활용하여 효율적이면서도 정확한 답변을 제공할 수 있습니다.

2 그래프 임베딩

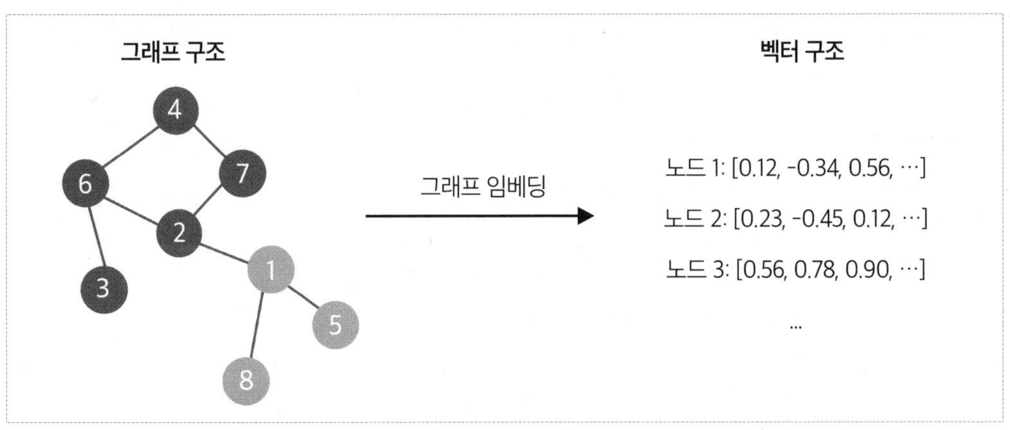

그림 5-8 그래프 임베딩의 동작 과정

커뮤니티 탐지를 통해 그래프의 세부 구조까지 파악했다면, 그다음 단계는 이 그래프를 벡터 형태로 변환하여 활용하는 과정, 즉 그래프 임베딩graph embedding입니다. 그래프 임베딩을 통해 그래프의 구조적 특성과 노드 간의 관계를 정량적 수치(벡터)로 변환하여, 이후 단계에서 그래프 구조의 시각화 등, 다양한 수치 기반 작업을 수행할 수 있습니다.

일반적인 그래프 임베딩 방법은 다음과 같이 분류할 수 있습니다.

- **행렬 분해 기반 방법**: 그래프의 인접 행렬이나 라플라시안 행렬 등을 분해하여 노드의 임베딩을 얻습니다. 대표적인 예로는 Laplacian Eigenmaps가 있습니다.
- **확률적 방법**: 랜덤워크나 확률 모델을 활용하여 노드 간의 유사성을 추정합니다. DeepWalk와 Node2vec이 이에 해당합니다.
- **딥러닝 기반 방법**: 그래프 신경망(GNN)을 이용하여 그래프 구조를 학습합니다. GCN(Graph Convolutional Network), GAT(Graph Attention Network) 등이 이에 해당합니다.

이 중에서도 Node2vec은 랜덤워크random walk 기반의 임베딩 기법으로, 그래프의 구조적 다양성을 효과적으로 포착할 수 있는 방법입니다. 특히 수만 개 이상의 노드와 에지를 가진 대규모 문서 그래프에서 지역적/전역적 구조를 모두 고려해야 하는 그래프 RAG의 특성을 잘 반영할 수 있습니다. 이러한 특성 때문에 마이크로소프트의 그래프 RAG에서도 Node2vec을 채택했습니다. 이제 Node2vec에 대해 자세히 알아보겠습니다.

Node2vec

Node2vec의 핵심 아이디어는 다음과 같습니다.

1. 비슷한 컨텍스트를 가진 노드는 비슷한 임베딩을 갖는다.
2. 각 노드의 컨텍스트는 랜덤워크를 통해 수집된 이웃 노드의 집합으로 정의된다.

그래프에서 노드의 정성적인 특성을 정량적인 수치로 변환하려면, 각 노드의 특징을 대표하는 값이 필요합니다. 예를 들어, 자연어 처리에서 단어의 의미를 주변 단어들로부터 파악하듯이, 그래프에서도 노드의 의미를 나타내는 값을 정의해야 합니다. Node2vec에서는 이 값으로 컨텍스트를 활용합니다.

컨텍스트란 특정 노드와 연관된 이웃 노드들의 집합을 의미합니다. 이는 해당 노드가 그래프 내에서 어떤 역할을 하는지, 어떤 노드들과 연결되어 있는지를 나타내어 노드의 특성을 파악하는 데 유용합니다.

Node2vec은 이러한 컨텍스트를 생성하기 위해 확률적 랜덤워크 방식을 사용합니다. 랜덤워크는 그래프에서 임의의 경로를 따라 이동하며 노드들을 방문하는 과정입니다. 이때, 다음 노드를 선택할 확률은 p와 q라는 하이퍼파라미터에 의해 조정됩니다. 이를 통해 각 노드의 주변 환경을 탐색하고, 노드 간의 관계를 자연스럽게 수집할 수 있습니다.

즉, Node2vec은 노드 주변을 무작위로 걸어 다니며(랜덤워크) 해당 노드와 자주 함께 등장하는 이웃 노드들을 컨텍스트로 삼아 노드의 특징을 추출하는 방법입니다. 이때, p와 q를 통해 탐색의 경향(깊이 있는 탐색 vs. 폭넓은 탐색)을 조절하여 그래프 구조를 균형 있게 반영합니다.

참고 Node2vec의 p와 q 파라미터 역할

p (Return Parameter): 이전 노드로 돌아갈 확률을 제어합니다.

p값이 클수록 이전 노드로 돌아갈 확률이 낮아져 새로운 경로를 탐색하게 되며, 작을수록 이전 노드로 돌아갈 확률이 높아집니다. 예를 들어, p = 0.5일 경우 새 경로를 탐색할 확률보다 이전 노드로 돌아갈 확률이 높아집니다.

q (In-out Parameter): 탐색의 폭과 깊이를 결정합니다.

q가 1보다 크면 너비 우선 탐색(BFS)에 가까워져 주변 이웃 노드들을 폭넓게 탐색하며, 1보다 작으면 깊이 우선 탐색(DFS)에 가까워져 이전 노드에서 더 멀리 떨어진 노드들을 방문할 가능성이 높아집니다. 예를 들어, q = 2일 경우 BFS에 가까운 탐색을 유도하며, 주변 이웃 노드들을 더 많이 방문합니다.

다음 단계로, 랜덤워크를 통해 생성된 컨텍스트를 정량적인 벡터로 표현합니다. 이때 벡터로 표현하는 데는 '단어 임베딩' 기법이 그대로 적용됩니다. 즉, 랜덤워크로 만든 노드 시퀀스를 마치 한 문장 안의 단어들로 보고, 특정 노드(단어) 주변에 어떤 노드(단어)들이 자주 함께 등장하는지를 파악하는 원리입니다. 이를 통해 각 노드를 수치 벡터 형태로 나타낼 수 있는데, 이 벡터는 해당 노드의 역할과 특성을 반영하며, 비슷한 역할을 하는 노드들은 벡터 공간에서도 서로 가깝게 위치하게 됩니다.

다시 말해, 랜덤워크로 얻은 컨텍스트를 '단어-문장' 관계처럼 이해하고, 이를 수치 벡터로 변환하여 노드의 특성을 정량적으로 표현하는 것입니다. 이렇게 얻은 그래프 임베딩은 그래프 구조 시각화 등 다양한 작업에 쓰입니다.

4. 커뮤니티 요약

앞선 단계들을 통해 엔티티와 관계로 구성된 그래프, 엔티티들의 집합으로 이루어진 커뮤니티, 그리고 노드들의 임베딩을 구했습니다. 이제 구축된 커뮤니티의 요약문을 작성할 차례입니다. 커뮤니티 요약문은 각 커뮤니티의 핵심 엔티티와 관계, 주요 주장을 압축하여 포함하고 있습니다. 이러한 요약문은 추후 검색 과정에서 사용자 질의와 관련된 정보를 더욱 효과적으로 찾아내는 데 핵심적인 역할을 합니다. 전체 문서를 검색하는 대신 관련성이 높은 커뮤니티 요약문만 참조함으로써 검색 효율성을 크게 향상시킬 수 있기 때문입니다.

커뮤니티를 요약하려면 먼저 해당 커뮤니티를 구성하는 모든 요소를 일종의 '중요도'에 따라 정렬하는 과정이 필요합니다. 예를 들어, 특정 인물(개체)들이 어떤 사건(개체)과 어떻게 연결되어 있는지(관계) 파악하고, 그 연결망 속에서 누가 가장 많은 관련성을 갖는지를 판단하는 식입니다. 이렇게 우선순위를 매기는 기준은 연결된 개체의 '전체 연결 정도(degree)' 같은 정량적 지표입니다. 즉, 한 개체가 다른 개체들과 얼마나 많이, 얼마나 긴밀하게 연결되어 있는가가 요약 과정에서 그 정보의 우선순위를 결정합니다.

이렇게 중요도에 따라 주요 요소들을 파악했다면, 이제 대규모 언어 모델에 이들을 차례대로 넣어 요약문을 생성합니다. 언어 모델은 한 번에 처리할 수 있는 정보량에 제한이 있기 때문에, 먼저 우선순위가 높은 정보부터 집어넣어 요약문을 생성하고, 토큰 제한에 도달할 때까지 이 과정을 반복합니다. 이 방식으로 만든 커뮤니티 요약문은 결과적으로 가장 핵심적이고 의미 있는 관계와 정보를 전달할 수 있게 됩니다.

생성된 커뮤니티 요약문은 이후 임베딩 벡터로 변환되어 저장됩니다. 이 커뮤니티 임베딩은 해당 커뮤니티의 의미론적 특성을 반영하므로, 사용자 질의와 유사도를 빠르게 계산할 수 있습니다. 또한 커뮤니티의 계층 구조를 통해 상위 레벨에서 하위 레벨로 점진적 검색이 가능하므로, 대규모 문서 컬렉션에서도 효율적인 정보 접근이 가능합니다.

2.2 그래프 DB 구축 실습

이제 실제로 그래프 DB를 구축해 보겠습니다. 실습 코드는 5장 폴더의 ch05_GRAPHRAG_DB구축.ipynb입니다. 이번 실습은 마이크로소프트의 GraphRAG 패키지를 주로 활용하여 진행합니다. 단, GraphRAG는 지금도 활발히 개발되고 있는 패키지로, 책이 쓰인 시점과 비교하여 달라지는 부분이 있을 수 있음을 참고하길 바랍니다.

환경 설정

먼저, 실습에 필요한 환경을 구성합니다. GraphRAG에는 Python 3.10 이상의 버전이 필요합니다.

1 GraphRAG 설치

마이크로소프트의 GraphRAG 라이브러리를 설치합니다. 다음 명령으로 최신 버전을 설치합니다.

```
!pip install graphrag
```

2 작업 디렉터리 설정

파일 시스템 작업을 효율적으로 관리하기 위해 pathlib 라이브러리를 사용하여 GraphRAG에서 사용할 작업 디렉터리를 생성합니다. pathlib 라이브러리를 활용하면 파일 시스템 경로를 객체지향적으로 다룰 수 있습니다. 경로를 나타내는 `Path` 객체를 생성하고 `mkdir( )` 메서드로 디렉터리를 생성합니다. 이때 디렉터리의 이름은 `'working_directory'`로 지정합니다(필요에 따라 다른 이름으로 지정할 수도 있지만, 프로젝트의 목적을 잘 나타내는 이름을 사용하는 것이 좋습니다).

```
from pathlib import Path

working_dir = Path('working_directory')
working_dir.mkdir(parents=True, exist_ok=True)
```

3 GraphRAG 초기화

작업 디렉터리를 생성한 후에는 GraphRAG 초기화를 수행합니다.

```
!graphrag init --root ./working_directory
```

이 명령어를 실행하면 두 개의 설정 파일이 생성됩니다.

- **.env:** 오픈AI API 키 등 환경 변수를 저장
- **settings.yaml:** 전체 파이프라인의 설정을 저장

구글 코랩에서 실행한다면, 다음과 같은 파일 구조가 형성됩니다. 코랩에서는 .env 파일이 숨겨진 파일로 인식되기 때문에 파일 브라우저의 숨김 파일 표시 기능을 활성화해야 표시됩니다.

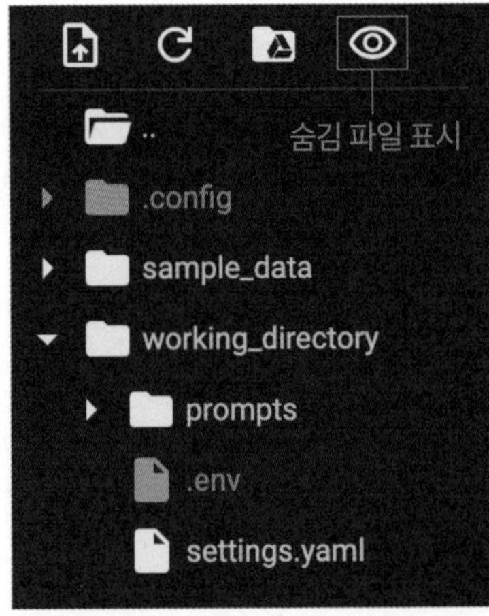

그림 5-9 코랩의 파일 구조와 숨김 파일 표시

4 .env 파일 입력

생성된 .env 파일에 사용할 대규모 언어 모델의 API 키를 입력합니다. 이번 예제에서는 챗GPT를 사용하므로 다음과 같이 작성합니다.

```
GRAPHRAG_API_KEY=여러분의 API 키
```

5 settings.yaml 파일 입력

settings.yaml 파일은 GraphRAG의 동작과 관련된 전체 파라미터를 담은 설정 파일입니다. 이 파일을 통해 데이터 처리, LLM 설정, 병렬 처리 등 다양한 요소를 세부적으로 설정합니다. 주요 설정 항목을 살펴보면 다음과 같습니다.

대규모 언어 모델 설정: llm 파라미터

대규모 언어 모델과 상호작용을 설정하는 항목으로, API 키부터 모델 종류까지 세부적으로 지정합니다.

```
models:
  api_key: ${GRAPHRAG_API_KEY}
  type: openai_chat  # 또는 azure_openai_chat
  model: gpt-4-turbo-preview
```

type에는 사용할 언어 모델의 유형을 지정합니다. 여기서는 오픈AI의 채팅 모델을 사용하므로 openai_chat으로 설정하고, api_key 부분에 오픈AI API 키를 작성합니다.

문서 분할 설정: chunks 파라미터

대용량 텍스트를 처리하기 위해 문서를 청크로 분할하는 설정입니다.

```
chunks:
  size: 300
  overlap: 100
  group_by_columns: [id]
```

group_by_columns는 지정된 칼럼별로 문서를 그룹화하여 청크를 생성하는 옵션입니다.

엔티티 추출 설정: extract_graph 파라미터

지식 그래프 구축 과정에서 엔티티를 추출하는 단계를 위한 설정입니다.

```
extract_graph:
  prompt: "prompts/extract_graph.txt"
  entity_types: [organization, person, geo, event]
  max_gleanings: 1
```

prompt에는 LLM에 전달할 프롬프트 텍스트 파일의 위치를 지정합니다. 또한 entity_types로 추출 대상 엔티티의 종류를 지정합니다. 마지막으로, max_gleanings에는 반복 추출 횟수를 지정합니다.

요약 설정: summarize_descriptions 파라미터

같은 엔티티에 대한 설명(description)이 여러 개일 때, 이들을 하나로 통합하는 단계의 설정값입니다.

```
summarize_descriptions:
  model_id: default_chat_model
  prompt: "prompts/summarize_descriptions.txt"
  max_length: 500
```

생성되는 요약문의 최대 길이는 max_length 파라미터를 통해 제한할 수 있습니다.

주장 추출 설정: claim_extraction 파라미터

텍스트에서 특정 엔티티(개인, 기업 등)와 관련된 주장들을 추출하고, 이를 체계적으로 정리하는 방식을 지정하는 단계의 설정값입니다. 각 주장에 대해 주체, 대상, 주장 유형, 상태, 날짜 등의 정보를 구조화된 형태로 추출합니다.

```
extract_claims:
  enabled: false
  model_id: default_chat_model
  prompt: "prompts/extract_claims.txt"
  description: "Any claims or facts that could be relevant to information discovery."
  max_gleanings: 1
```

enabled 파라미터를 통해 활성화 여부를 결정합니다.

커뮤니티 요약문 설정: community_reports 파라미터

특정 커뮤니티의 주요 엔티티들과 그들 간의 관계를 분석하여 종합적인 보고서를 생성하는 단계, 즉 앞서 설명한 커뮤니티 요약문 생성 단계의 설정값입니다.

```
community_reports:
  model_id: default_chat_model
  graph_prompt: "prompts/community_report_graph.txt"
  text_prompt: "prompts/community_report_text.txt"
  max_length: 2000
  max_input_length: 8000
```

이 과정을 완료하면, 그래프 RAG를 실행할 기본 환경 구성이 끝납니다. 다음 단계에서는 문서를 업로드하고, 지식 그래프를 실제로 구축하는 실습을 진행합니다.

지식 그래프 구축

이제 환경 설정을 마쳤으니 그래프 DB를 구축해 보겠습니다. 먼저, working_directory 폴더 내에 input 폴더를 만들고, 그래프 DB로 사용할 문서를 업로드합니다.

```
# 워킹 디렉터리 안에 input 폴더 생성
input_dir = working_dir / 'input'
input_dir.mkdir(parents=True, exist_ok=True)
```

그래프 구축에 사용할 글은 투자에 관한 서적으로, 조지 게어 헨리George Garr Henry가 쓴 『How to Invest Money』라는 책의 텍스트 파일을 사용합니다. 이 책의 깃허브 5장 Data 폴더에서 How_to_invest_money.txt 파일을 내려받아 input 폴더 안에 위치시킵니다.

또는 다음 코드를 활용하여 구글 드라이브로부터 파일을 그대로 복사합니다.

```
import shutil
import os
from google.colab import drive
```

```
# 먼저 구글 드라이브 마운트
drive.mount('/content/drive')

# 소스 및 대상 경로 정의
source_path = '/content/drive/MyDrive/langchain-tutorial/Ch05. GraphRAG/Data/How_to_
invest_money.txt'
destination_path = '/content/working_directory/input/How_to_invest_money.txt'

# 파일 복사
shutil.copy(source_path, destination_path)

# 파일이 성공적으로 복사되었는지 확인
if os.path.exists(destination_path):
    print(f"파일이 {destination_path}에 성공적으로 복사되었습니다")
else:
    print("파일 복사 실패")
```

이번 실습에서는 영문 파일을 사용하지만, 한글 문서를 사용해도 상관없습니다. 이후 .env 파일에 오픈AI API 키를 입력합니다. 다음과 같은 폴더 구성이 완료되었다면 그래프 DB 구축을 위한 준비가 끝난 것입니다.

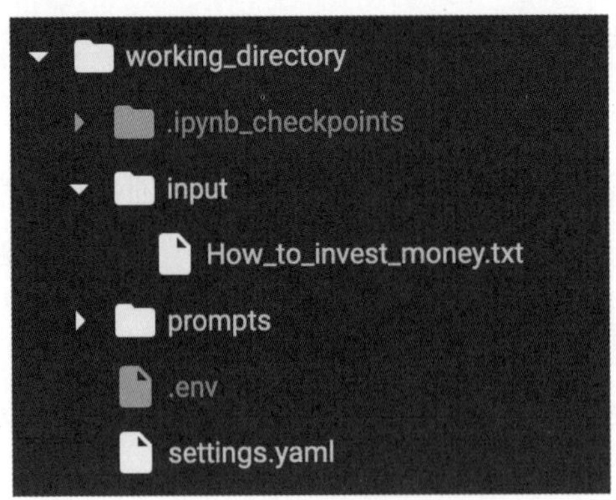

그림 5-10 그래프 DB 구축 환경 설정 예

이제 다음 명령어를 입력하여 그래프 DB 구축을 실행합니다.

```
!graphrag index --root ./working_directory
```

그래프 DB구축은 매우 복잡한 워크플로우를 거쳐 진행됩니다. 전체 과정은 크게 두 가지 범주로 나눌 수 있습니다.

1. **Base processing 단계**

   이 단계에서는 원본 문서를 처리하기 위한 기초적인 작업을 수행합니다. 즉, 앞서 설명한 문서 분할을 수행하고, 지식 그래프 및 그래프 증강의 초기 버전을 구현하는 단계라고 생각하면 됩니다.

   우선 문서 분할(create_base_text_units)을 통해 긴 문서를 여러 개의 텍스트 단위로 쪼갠 뒤, 이를 바탕으로 엔티티 추출, 기본 그래프 생성, 커뮤니티 탐지, 임베딩 작업(create_base_extracted_entities, create_base_entity_graph), 공변량 추출(create_final_covariates)을 진행합니다. 이 과정을 통해 초기 형태의 엔티티 그래프를 구축하고, 각 엔티티 및 관계들을 식별할 수 있는 토대를 마련합니다.

2. **Enrichment(고도화) 단계**

   기본적으로 구축된 그래프에 대해 추가적인 보강 작업을 수행하는 단계입니다. 즉, 구축된 지식 그래프를 보강하고, 커뮤니티 요약 및 시각화를 수행하여 더욱 풍부한 정보를 제공할 수 있도록 완성도를 높이는 과정입니다.

   이 단계에서는 엔티티, 관계, 커뮤니티 데이터의 정제(create_final_entities, create_final_communities, create_final_relationships), 그래프 시각화(create_final_nodes) 등을 거쳐 더욱 풍부하고 의미 있는 그래프 DB를 형성합니다. 또한 커뮤니티 요약(create_final_community_reports) 생성을 통해 특정 커뮤니티를 중심으로 요약된 정보와 통계, 임베딩 등을 도출합니다.

즉, Base processing 단계가 문서 → 엔티티 → 기본 그래프 생성 과정이라면, Enrichment 단계는 해당 그래프를 정제하는 과정으로 이해할 수 있습니다. 이제 이들 그래프 DB 구축 워크플로우의 핵심이 되는 7단계 작업을 자세히 살펴보겠습니다.

1 문서 분할: create_base_text_units

가장 먼저, 입력 텍스트를 여러 청크로 분할하는 작업을 수행합니다. 문서 분할은 대규모 언어 모델의 입력 길이 제한을 고려하여 긴 문서를 여러 부분으로 나누고, 병렬 처리를 가능하게 하며 메모리 효율성을 높입니다.

이 작업은 토큰 수 기준 분할로, 분할 기준이 되는 토큰 수는 앞선 settings.yaml 설정값을 따릅니다. 이 부분은 create_base_text_units라는 작업 이름으로 수행됩니다. 예를 들어, 다음과 같은 방식으로 진행됩니다.

```
원문: "The Project Gutenberg eBook of How to Invest Money..."
결과:
- 청크 1: "The Project Gutenberg eBook..." (300 토큰)
- 청크 2: "...eBook of How to Invest Money..." (300 토큰, 이전 100 토큰 포함)
```

2 엔티티 추출: create_base_extracted_entities

텍스트 조각에서 중요한 엔티티를 추출하고, 이를 기반으로 기본 엔티티 그래프를 생성합니다. 이 단계는 텍스트 내에서 중요한 엔티티를 식별하고, 그들 간의 관계를 파악하기 위한 초기 작업이라고 생각하면 됩니다.

이 작업은 create_base_extracted_entities라는 워크플로우로 실행됩니다. 예를 들어, 다음과 같은 방식으로 진행됩니다.

```
입력: "Project Gutenberg is a digital library..."
출력:
- 엔티티: PROJECT GUTENBERG
- 유형: ORGANIZATION
- 설명: "무료 전자책을 제공하는 디지털 도서관"
```

3 기본 엔티티 그래프 처리 및 확장: create_base_entity_graph

이전 단계에서 생성된 엔티티 그래프를 바탕으로 추가적인 그래프 처리 및 분석을 수행하는 단계입니다. 이 단계에서는 개별 텍스트 유닛에서 생성된 엔티티 그래프를 통합하고, 커뮤니티 탐지 그래프 임베딩 생성 등의 작업을 수행하여 그래프를 확장하고 정제합니다. 구체적인 작업 내역은 다음과 같습니다.

1. **그래프 통합**: 개별 텍스트 유닛에서 생성된 그래프를 하나의 통합된 그래프로 병합하여 전체적인 데이터 구조를 구성합니다.
2. **커뮤니티 탐지**: 그래프 클러스터링 알고리즘을 적용하여 유사한 엔티티들을 그룹화하고, 커뮤니티 구조를 파악합니다.
3. **그래프 임베딩 생성**: 그래프의 구조적 특성을 벡터화하여 노드 임베딩을 생성합니다.

이 작업은 create_base_entity_graph라는 이름의 워크플로우로 실행됩니다. 작업 예를 살펴보면 다음과 같습니다.

```
{
        'id': 'GEORGE GARR HENRY,
        'data': {
            'type': 'PERSON',
            'description': 'George Garr Henry was the Vice-President of Guaranty
            Trust Company of New York and author of "How to Invest Money" published
            in 1908. He wrote this investment guide based on his personal
            experience as an investment banker. The book aims to present clear
            principles of investment and provide readers with working knowledge of
            various types of securities.',
            'cluster': '5',
            'level': '1',
            'degree': '10',
        }
    },
```

이 예는 create_base_entity_graph 작업의 대표적인 결과를 보여줍니다. 각 구성요소를 자세히 살펴보겠습니다.

- **커뮤니티 탐지**: cluster 번호 '5'를 부여받았으며, 이는 5번 커뮤니티에 속한 다른 엔티티들과 유사하거나 연관성이 있음을 나타냅니다. level은 '1'로, 커뮤니티 계층 구조에서의 위치를 보여줍니다.
- **그래프 속성**: degree가 '10'으로 표시되어 있는데, 이는 이 엔티티가 그래프 내에서 다른 엔티티와 10개의 연결을 가지고 있음을 의미합니다. 이를 통해 해당 엔티티의 중요도나 영향력을 유추할 수 있습니다.

4 공변량 추출: create_final_covariates

create_final_covariates 워크플로우에서는 앞선 단계들에서 얻은 텍스트 유닛과 추출된 엔티티들을 사용하여 공변량[covariant]을 추출합니다. 공변량은 통계나 머신러닝 모델에서 종속 변수에 영향을 미칠 수 있는 독립 변수를 의미하며, 여기서는 텍스트에서 주장[claim]을 추출하여 공변량으로 사용합니다. 즉, 그래프 DB 구축에 사용할 수 있는 정보를 추가로 추출하여 더 풍부한 정보를 담은 DB를 구축하는 데 목적이 있습니다.

5 최종 엔티티 데이터 생성: create_final_entities

앞선 단계에서 얻은 기본 엔티티 그래프의 노드 데이터를 기반으로, 최종적인 엔티티 데이터를 생성하는 단계입니다. 이 단계는 create_final_entities 워크플로우로 실행됩니다. 구체적으로 구현되는 작업은 다음과 같습니다.

1. **엔티티 데이터 정제**: 엔티티 데이터의 중복 제거, 빈 값 필터링 등을 통한 정제를 수행합니다.
2. **임베딩 생성**: 엔티티의 이름과 설명에 대한 임베딩을 생성하여 의미를 벡터화합니다. 이는 그래프 임베딩과는 다른 임베딩으로, 엔티티 텍스트 정보에 대한 임베딩을 의미합니다. 즉, 그래프 임베딩이 그래프의 구조를 임베딩한 것이었다면 이번 임베딩은 엔티티 텍스트를 임베딩한 것이라고 생각하면 됩니다.
3. **데이터 구조 개선**: 칼럼명 변경 및 데이터 정리를 통해 이후 분석에 용이하도록 데이터 구조를 개선합니다.

6 최종 노드 데이터 생성 및 그래프 레이아웃 계산: create_final_nodes

엔티티 추출 작업이 완료되었으므로, 이제 해당 엔티티들을 시각화하기 위한 작업을 진행합니다. 먼저 그래프의 레이아웃을 계산하여 노드의 위치 정보를 생성하고, 최종 노드 테이블을 완성합니다. 이때 노드의 위치 정보 생성에는 차원 축소 기법이 사용됩니다.

참고 차원 축소 기법을 사용한 노드 좌표 생성

차원 축소 기법을 활용하면 노드의 임베딩을 바탕으로 좌표 정보를 생성할 수 있습니다. 이 과정은 다음과 같은 단계로 이루어집니다.

1. **임베딩 벡터 준비**: 각 노드에 대한 그래프 임베딩 벡터를 수집합니다.
2. **차원 축소 수행**: 임베딩 벡터를 사용하여 고차원 공간에서 2D 또는 3D 공간으로 차원 축소를 수행합니다. 이때 UMAP(Uniform Manifold Approximation and Projection)과 같은 차원 축소 기법을 적용합니다. UMAP은 고차원 데이터의 구조를 보존하면서 2D 공간으로 변환하는 알고리즘으로, 가까운 노드들은 2D 공간에서도 가깝게, 먼 노드들은 멀게 배치합니다. 이 과정에서 노드 간의 유사성과 관계가 최대한 보존되어 원래 그래프의 구조적 특성을 직관적으로 시각화할 수 있게 됩니다.
3. **좌표 할당**: 축소된 벡터 값을 노드의 x, y 좌표(필요에 따라 z 좌표도 포함)로 할당합니다.

이 단계는 create_final_nodes 워크플로우로 구현됩니다. 작업 예를 살펴보면 다음과 같습니다.

```
{
    'title': 'PROJECT GUTENBERG',
    'type': 'ORGANIZATION',
    'description': 'Project Gutenberg is ... (이하 생략),
    'community': '10',
    'degree': 23,
    'size': 23,
    'graph_embedding': [
        -0.04243285953998566,
        ... (이하 생략) ...
    ],
    'x': 16.86814308166504,
    'y': 8.587206840515137,
}
```

이 예의 구성요소를 자세히 살펴보면 다음과 같습니다.

- **title**: 노드의 제목을 나타냅니다. 예에서는 'PROJECT GUTENBERG'입니다.
- **type**: 노드의 유형을 나타냅니다. 이 경우 'ORGANIZATION'으로 지정되어 있습니다.
- **description**: 노드에 대한 상세 설명입니다. Project Gutenberg에 대한 설명이 포함되어 있습니다.
- **community**: 노드가 속한 커뮤니티를 나타내는 번호입니다. 예에서는 '10'입니다.
- **degree**: 노드의 연결 정도(다른 노드와의 연결 수)를 나타냅니다. 여기서는 23개의 연결을 지니고 있습니다.
- **size**: 노드의 크기를 나타내며, 여기서는 연결 정도와 동일한 23입니다.
- **graph_embedding**: 노드의 의미를 벡터화한 임베딩 값들의 리스트입니다.
- **x, y**: 그래프 시각화에서 노드의 위치를 나타내는 좌표값입니다. 예에서는 x는 약 16.87, y는 약 8.59입니다.

이 단계의 핵심 중 하나는 그래프 시각화를 위한 좌표 생성으로, 이를 수행하기 위해선 반드시 그래프 임베딩 정보가 있어야 합니다. 따라서 그래프 시각화를 원한다면 반드시 그래프 DB 구축 설정에서 그래프 임베딩 수행 관련 설정을 활성화해야 합니다.

7 커뮤니티 요약문 생성: create_final_community_reports

다음은 커뮤니티 요약문을 생성하는 단계입니다. 앞서 만든 각 커뮤니티에 대한 요약문을 생성하고, 이를 임베딩하여 최종 커뮤니티 요약문 테이블을 만듭니다. 작업 예를 살펴보면 다음과 같습니다.

```
{
    'community': '0',
    'level': 0,
    'rank': 7.5,
    'title': 'Traction Systems and Urban Growth in American Cities',
    'rank_explanation': 'The impact severity rating is high due to the critical
    role of traction systems in urban infrastructure and the significant financial
    and legal challenges they face.',
```

```
    'summary': 'The community is centered around traction systems in major American
    cities... (이하 생략)',
    'findings': [
        {
            'explanation': 'Traction systems in New York and Chicago are
            experiencing... (이하 생략)',
            'summary': 'Financial challenges of traction systems'
        },
        {
            'explanation': 'The rapid growth of population and... (이하 생략)',
            'summary': 'Impact of urban growth on traction systems'
        },
    ... (이하 생략) ...
    ],
}
```

이 예의 구성요소를 자세히 살펴보면 다음과 같습니다.

- **level:** 요약문이 다루는 커뮤니티의 계층 레벨입니다. 예에서는 0입니다.
- **rank:** 요약문의 중요도 점수입니다. 예에서는 7.5입니다.
- **title:** 요약문의 제목입니다. 예에서는 'Traction Systems and Urban Growth in American Cities'입니다.
- **rank_explanation:** 중요도 점수에 대한 설명입니다. 도시 인프라에서 교통 시스템의 중요성과 그들이 직면한 재정적, 법적 과제들을 근거로 높은 점수가 부여되었음을 설명합니다.
- **summary:** 요약문의 주요 내용입니다. 예에서는 교통 시스템에 대한 내용이 요약되어 있습니다.
- **findings:** 주요 발견 사항들의 목록입니다. 각 발견 사항은 'explanation'(상세 설명)과 'summary'(요약)로 구성되어 있습니다.

이러한 과정을 통해 그래프 DB를 성공적으로 구축할 수 있습니다. 구축된 그래프 DB 결과 파일은 `working_directory/output` 폴더 내에 위치하게 됩니다. 다만, 구글 코랩 환경에서는 런타임이 종료되면 데이터가 삭제되기 때문에, 구글 드라이브에 저장해두는 것이 좋습니다.

```
# working_directory 폴더를 구글 드라이브로 복사
!cp -r /content/working_directory "/content/drive/My Drive/"
```

만약 드라이브 내 특정 폴더에 복사하고 싶다면 앞 코드에서 다음 부분을 변경하면 됩니다.

```
"/content/drive/My Drive/" → "/content/drive/My Drive/폴더명"
```

3 그래프 RAG 질의

이번 절에서는 그래프 RAG 시스템에서 질의를 처리하는 과정에 대해 살펴보겠습니다. 먼저 그래프 RAG에서 사용자 질문에 대해 답변을 생성하는 방식을 이론적으로 살펴봅니다. 그리고 앞서 구축한 그래프 DB를 바탕으로 실제 그래프 RAG의 질의 과정을 실습해 보겠습니다.

그래프 RAG에서 사용자 질문에 대한 답변을 생성하는 방식은 크게 로컬 검색local search과 글로벌 검색global search으로 나눌 수 있습니다. 이들 두 검색 방식은 각각 고유한 장점을 지니고 있어, 질의의 성격과 필요한 정보의 범위에 따라 적절한 방식을 선택할 수 있습니다.

로컬 검색은 문서 내의 특정 부분에서 답을 찾을 수 있는 명시적인 질문에 적합합니다. 예를 들어, "특정 제품의 출시일은 언제인가요?" 또는 "이 사건의 핵심 인물은 누구인가요?"와 같은 질문은 문서의 제한된 영역 내에서 답을 찾을 수 있으므로, 로컬 검색이 효율적입니다.

반면, 글로벌 검색은 전체 문서 컬렉션에 대한 포괄적인 이해가 필요한 질문에 유용합니다. "이 글 전반에 걸친 주요 주제는 무엇인가요?" 또는 "글이 진행됨에 따라 저자의 생각이 어떻게 변화하고 있나요?"와 같이 문서 전반에 걸쳐 정보를 종합적으로 분석해야 하는 경우에 적합합니다.

각각의 검색 방식은 서로 다른 접근 방법을 사용하여 정보를 찾고 답변을 생성합니다. 앞으로 이어지는 절에서는 이 두 가지 검색 방식의 구체적인 작동 원리와 프로세스를 자세히 살펴보겠습니다. 또한 상황에 따라 어떤 검색 방식이 더 효과적인지, 그리고 두 방식이 어떻게 서로 보완적으로 작용하는지도 함께 알아보겠습니다.

3.1 그래프 RAG 질의 과정

로컬 검색

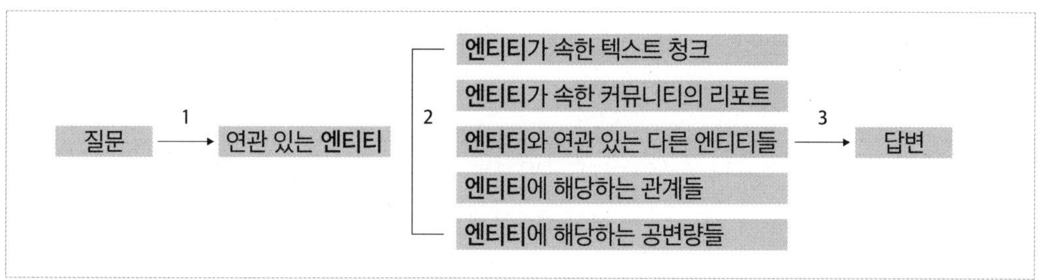

그림 5-11 로컬 검색 동작 과정

로컬 검색local search은 질문과 가장 관련 있는 엔티티들을 선택한 후, 그래프 DB에서 이들 엔티티와 연관된 컴포넌트들을 수집하고 필터링하여 사용하는 방식입니다. 이 방법은 크게 세 단계로 이루어집니다.

첫 번째 단계에서는 사용자의 질문에서 관련 엔티티를 추출합니다. 먼저 질문을 임베딩하고 그래프 DB에 저장된 엔티티들의 임베딩과 유사도를 계산하여 연관성이 높은 엔티티를 식별합니다. 예를 들어, 사용자가 "테슬라의 최근 전기차 판매량은 어떻게 되나요?"라고 질문하면, 시스템은 질문의 임베딩을 기반으로 그래프 DB 내에서 '테슬라', '전기차' 등의 관련 엔티티를 찾아냅니다.

두 번째 단계에서는 앞서 식별된 엔티티들과 연관된 다양한 정보를 수집합니다. 수집되는 정보는 크게 다섯 가지 유형으로 나눌 수 있습니다.

1. **식별된 엔티티가 포함된 원본 텍스트 청크**: 예를 들어, 테슬라의 판매량이 언급된 문서의 일부가 여기에 해당합니다.
2. **식별된 엔티티가 속한 커뮤니티의 리포트**: 예를 들어, 테슬라가 속한 '전기차' 주제의 커뮤니티 리포트가 여기에 포함될 수 있습니다.

3. **식별된 엔티티와 연관된 다른 엔티티**: 예를 들어, 테슬라와 연관된 일론 머스크(CEO), Model S/3/X/Y(제품) 등이 여기에 해당합니다.
4. **식별된 엔티티와 연결된 관계**: 예를 들어, 테슬라와 일론 머스크 사이의 관계 정보(관계의 강도 등)가 여기에 포함됩니다.
5. **엔티티에 대한 주장**(claims): 예를 들어, 테슬라의 시장 성과에 대한 주장('테슬라의 2023년 4분기 전기차 시장 점유율 하락')이 여기에 해당합니다.

세 번째 단계에서는 수집된 정보들의 우선순위를 매기고 필터링하여 최종 응답을 생성합니다. 즉, 앞의 두 단계를 통해 얻은 많은 정보 중, 실제로 질문과 연관된 정보만을 선별하여 사용하는 단계입니다. 이는 이전에 설명한 리랭킹reranking 과정과 동일하다고 볼 수 있습니다. LLM은 각 수집된 정보가 원래 질문과 얼마나 관련이 있는지 평가하고, 가장 관련성이 높은 정보들을 선별합니다. 마지막으로, 이렇게 찾아낸 정보들을 활용하여 최종 답변을 도출합니다.

이러한 로컬 검색 방식은 단순히 키워드 매칭이나 임베딩 유사도만 사용하는 것이 아니라, 그래프 구조를 활용하여 연관된 다양한 컨텍스트를 종합적으로 고려할 수 있다는 장점이 있습니다.

글로벌 검색

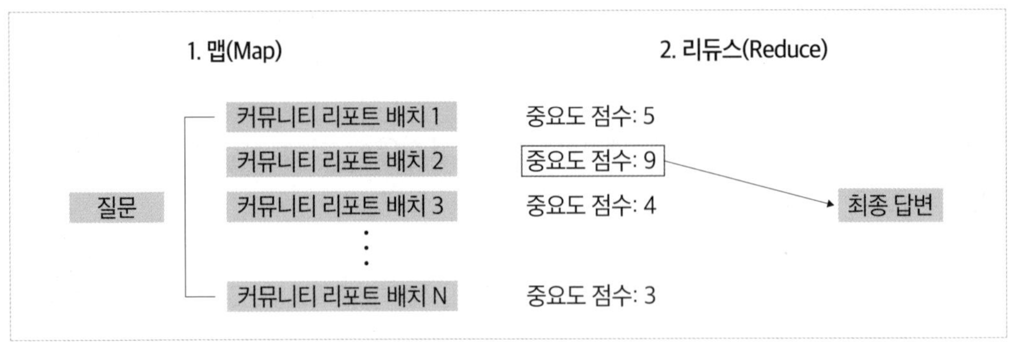

그림 5-12 글로벌 검색 동작 과정

글로벌 검색global search은 데이터셋 전체를 아우르는 질문에 답하기 위한 방식입니다. 예를 들어, "이 문서 전반을 아우르는 주제는 무엇인가요?"와 같은 질문은 기존 RAG 방식으로는 적절한 답변을 얻기 어렵습니다. 기존 RAG 시스템은 데이터셋 내에서 의미적으로 유사한 텍스트를 찾는 벡터 검색에 의존하지만, 이러한 종류의 질문에서는 어떤 정보를 검색해야 할지 특정하기 어렵기 때문입니다. 또한 기존 방식은 주로 국소적인 데이터만을 활용하기 때문에, 데이터 전체를 아우르는 맥락을 반영하기 어렵습니다.

그래프 RAG의 글로벌 검색은 이러한 한계를 LLM이 생성한 지식 그래프 구조를 활용하여 극복합니다. 글로벌 검색은 맵-리듀스map-reduce 방식을 통해 답변을 생성하며, 전체 과정은 다음과 같은 단계로 이루어집니다.

먼저, 사용할 커뮤니티의 레벨을 선택합니다. 이때 선택하는 커뮤니티의 레벨은 응답의 상세함과 효율성 사이에서 균형을 조절하는 역할을 합니다. 예를 들어, 하위 레벨(예: Level 2, Level 3)의 커뮤니티 리포트를 사용하면 보다 세부적인 정보를 포함할 수 있지만, 포괄성은 떨어지고 처리해야 할 리포트의 양이 많아지기 때문에 시간과 자원이 더 많이 소모됩니다. 반대로 상위 레벨의 리포트를 사용하면 포괄적인 정보를 제공하는 대신 세부적인 정보가 부족할 수 있지만, 더 적은 자원으로 빠르게 답변을 생성할 수 있습니다.

맵map 단계에서는 커뮤니티 리포트들을 작은 텍스트 조각들로 분할한 후, 이 조각들을 컨텍스트로 활용하여 LLM에 투입해 '중간 응답' 리스트를 생성합니다. 각 중간 응답에는 해당 정보가 최종 답변 구성에 얼마나 중요한지를 나타내는 '중요도 점수'가 부여됩니다.

리듀스reduce 단계에서는 이전 단계에서 생성된 중간 응답들 중, 중요도 점수가 높은 것들을 선별하여 통합합니다. 필터링된 정보는 최종 응답을 생성하기 위한 컨텍스트로 사용되며, 이를 바탕으로 LLM이 종합적이고 포괄적인 답변을 작성합니다.

이러한 글로벌 검색 방식은 데이터셋 전체의 구조와 주제를 파악하고, 그 속에서 의미 있는 정보를 선별하여 답변을 생성하는 데 탁월합니다. 특히, 문서 전체의 패턴이나 전반적인 내용을 파악해야 하는 질문에 효과적이며, 기존 RAG 방식이 갖는 한계를 보완하는 중요한 역할을 합니다.

3.2 그래프 RAG 질의 실습

앞서 구축한 그래프 DB를 바탕으로 실제 질의를 수행하는 실습을 진행해 보겠습니다. 실습 코드는 5장 폴더의 ch05_GRAPHRAG_질의과정.ipynb 파일입니다.

환경 설정

먼저, 그래프 RAG 시스템을 실행하기 위해 필요한 환경을 설정합니다. 앞서와 마찬가지로 GraphRAG 패키지를 설치하고, 구글 드라이브에 저장한 그래프 DB를 불러오기 위해 드라이브를 연결합니다.

```
!pip install graphrag

# 구글 드라이브 마운트
from google.colab import drive
drive.mount('/content/drive')
```

구글 드라이브가 정상적으로 마운트되면, 저장한 그래프 DB 폴더를 작업 디렉터리로 지정합니다. 앞서 구글 드라이브 내에 working_directory 폴더로 저장했으므로 이를 경로로 사용합니다. 만약 다른 경로에 저장했다면 해당 경로를 os.chdir( )에 입력합니다.

```
# 작업 디렉터리 변경
import os
os.chdir('/content/drive/My Drive/working_directory')

# 현재 작업 디렉터리 확인
print("현재 작업 디렉터리:")
!pwd
```

질의 실습

환경 설정이 완료되었으면, 이제 본격적으로 질의를 진행해 보겠습니다. 이번 실습에서는 문서의 전체 내용을 포괄하는 질문과 특정 세부 사항을 묻는 질문을 각각 사용하여, 글로벌 검색과 로컬 검색의 특성을 비교합니다. 먼저, 포괄적인 질문을 살펴보겠습니다.

> **포괄적인 질문:** 채권의 전환성 개념이 각 챕터들에서 어떻게 소개되어 있나요?

이 질문은 문서 전반에 걸쳐 다루는 철도채권, 부동산 담보대출, 산업채권, 공공시설채권, 지방채, 주식 등 다양한 투자 수단에 대한 정보를 포괄적으로 파악해야만 정확한 답변이 가능합니다.

먼저, 글로벌 검색을 진행해 보겠습니다. 글로벌 검색과 로컬 검색은 `--method` 옵션을 통해 선택할 수 있습니다. `--method global` 옵션을 사용하면 글로벌 검색을 수행하고, `--method local` 옵션을 사용하면 로컬 검색을 수행합니다.

```
# 글로벌 검색
!graphrag query \
--root ./ \
--method global \
--query "채권의 전환성 개념이 각 챕터들에서 어떻게 소개되어 있나요?"
```

```
SUCCESS: Global Search Response:
### 전환성의 개념

전환성은 금융 상품의 유동성과 시장성을 결정짓는 중요한 특성입니다. 이는 채권과 같은 금융
상품이 발행 회사의 주식으로 전환될 수 있는 능력을 의미합니다. 이러한 전환성의 이중적인 측
면은 투자자에게 유연성과 유동성을 제공하여, 사업 잉여금 및 개인 투자자 모두에게 투자 결정
을 내릴 때 중요한 고려 사항이 됩니다 [Data: Reports (30)].

### 과학적 투자자의 선택 원칙

과학적 투자자의 선택 원칙에서 현금으로의 전환성 개념은 투자 실현의 용이성을 나타내는 중요
한 기준으로 강조됩니다. 이는 유동성을 우선시하는 투자자에게 중요한 고려 사항입니다 [Data:
Reports (39)].

### 철도 채권과 공공 유틸리티 채권
```

```
철도 채권은 공공 유틸리티 채권에 비해 높은 전환성과 시장 유동성을 가지고 있는 것으로 간주
됩니다. 이러한 특성은 철도 채권을 투자 증권으로 매력적으로 만듭니다. 철도 채권은 철도 자
산에 대한 저당권으로 보장되어, 기초 자산에 의해 강력한 보호를 제공합니다 [Data: Reports
(88)].

### 산업 채권과 시장 환경

산업 채권의 전환성은 시장 역학에 의해 영향을 받으며, 이는 시장 가격과 투자 잠재력에 영향
을 미칩니다. 시장 활동은 산업 채권의 시장 가격에 영향을 미치며, 이는 금융 및 비즈니스 조
건에 따라 변동될 수 있습니다 [Data: Reports (82)].

### 은행과 장비 채권

은행은 장비 채권의 높은 전환성과 안정성 때문에 이를 강하게 선호합니다. 이러한 채권은 상인
의 어음이나 담보로 보장된 시간 대출과 유사한 수준의 수요와 전환성을 제공하여, 은행이 신
뢰할 수 있고 안정적인 투자 기회를 찾을 때 매력적인 옵션이 됩니다 [Data: Reports (24,
41)].
```

이번에는 같은 질문을 로컬 검색으로 진행하여 결과를 비교해 보겠습니다.

```
# 로컬 검색
!graphrag query \
--root ./ \
--method local \
--query "채권의 전환성 개념이 각 챕터들에서 어떻게 소개되어 있나요?"
```

```
SUCCESS: Local Search Response:
채권의 '전환성'은 여러 챕터에서 다양한 맥락으로 소개되고 있습니다. 전환성은 금융 상품, 특
히 채권이 다른 형태의 증권으로 전환될 수 있는 특성을 의미하며, 이는 투자자에게 유연성과
유동성을 제공합니다 [Data: Entities (82)].

### 전환성의 중요성

전환성은 투자자들이 증권을 선택할 때 고려해야 할 중요한 요소 중 하나로 언급됩니다. 과학
적인 투자자는 자신의 요구에 맞는 증권을 신중하게 선택하며, 전환성이 높은 증권은 다른 품
질, 특히 수익률을 희생해야 하는 경우가 많습니다 [Data: Sources (13, 14)]. 따라서, 전환
```

```
성은 투자자들이 자신의 투자 전략을 최적화하기 위해 이해해야 하는 중요한 특성입니다 [Data:
Relationships (215)].

### 전환성과 투자 전략

일반적으로 개인 투자자는 자신의 자산의 대부분에 대해 전환성을 크게 강조할 필요가 없지
만, 사업 잉여금의 경우에는 즉각적인 전환성이 절대적으로 필요합니다. 이는 수익의 일부를
희생해야 하는 경우가 많습니다 [Data: Sources (14)]. 전환성은 또한 산업 채권의 시장성
에 영향을 미치며, 이는 투자자들이 채권을 선택할 때 고려해야 할 중요한 요소입니다 [Data:
Relationships (102)].

### 전환성과 시장 활동

산업 채권의 경우, 전환성은 시장 활동에 의해 영향을 받습니다. 시장 활동은 산업 채권의 전환
성과 가격에 영향을 미치며, 이는 투자자들이 채권을 선택할 때 고려해야 할 중요한 요소입니다
[Data: Relationships (97)]. 또한, 전환성은 투자 결정에서 고려되는 요소로, 투자자들이 자
신의 요구에 맞는 증권을 선택할 때 중요한 역할을 합니다 [Data: Relationships (201)].

이와 같이, 채권의 전환성은 투자자들이 자신의 투자 전략을 최적화하고, 시장 조건에 따라 유
연하게 대응할 수 있도록 돕는 중요한 특성으로 여러 챕터에서 다루어지고 있습니다.
```

실행 결과를 보면 글로벌 검색과 로컬 검색이 제공하는 답변의 범위와 깊이가 확연히 다르다는 것을 확인할 수 있습니다.

글로벌 검색은 문서 전체를 아우르는 포괄적인 답변을 제공합니다. 각 챕터에서 '전환성' 개념이 어떻게 소개되고 있는지를 종합하여, 전반적인 흐름과 주요 포인트를 체계적으로 정리하고 있습니다. 글로벌 검색은 '전환성의 개념', '과학적 투자자의 선택 원칙', '철도 채권과 공공 유틸리티 채권', '산업 채권과 시장 환경', '은행과 장비 채권' 등 문서의 주요 주제들을 연결하며 전환성이 어떻게 다루어지는지를 일목요연하게 설명합니다. 이는 문서 전체의 맥락을 이해하고, 전환성 개념이 각 챕터에서 어떤 역할을 하는지 전반적으로 파악하려는 질문에 적합합니다.

로컬 검색은 질문과 직접적으로 연관된 엔티티와 관계를 중심으로 보다 구체적이고 세부적

인 정보를 제공합니다. 예를 들어, '전환성의 중요성', '전환성과 투자 전략', '전환성과 시장 활동'과 같은 특정 주제에 초점을 맞춰, 전환성이 투자 결정이나 시장 조건에서 어떻게 활용되는지에 대한 상세한 설명과 예시를 제시합니다. 이는 특정 측면에 대한 깊이 있는 통찰을 원할 때 유용하지만, 문서 전체를 포괄하는 질문에는 모든 관련 정보를 담아내지 못할 수 있습니다.

'채권의 전환성 개념이 각 챕터들에서 어떻게 소개되어 있나요?'라는 질문은 문서 전체에 걸쳐 있는 내용을 종합적으로 파악해야 정확한 답변을 제공할 수 있습니다. 글로벌 검색은 문서의 전체 구조와 내용을 기반으로 포괄적인 답변을 생성하기 때문에, 이런 종류의 질문에 적합합니다. 반면에 로컬 검색은 특정 엔티티나 관계에 초점을 맞추기 때문에, 질문의 범위가 넓은 경우에는 필요한 모든 정보를 포착하기 어려울 수 있습니다.

따라서 문서 전반에 걸친 개념의 소개나 주제의 흐름을 파악하고자 할 때는 글로벌 검색을 사용하는 것이 더 효과적임을 알 수 있습니다.

이번에는 문서의 세부적인 내용을 묻는 질문을 사용하여 글로벌 검색과 로컬 검색의 특성을 비교해 보겠습니다.

세부적인 질문: 산업채권 평가 시 순유동자산(Net Quick Assets)을 어떻게 분석해야 하나요?

이 질문은 문서 중에서도 특히 Chapter V에서 구체적으로 다루는 내용으로, 해당 섹션을 자세히 참고해야만 자세한 분석 방법을 찾을 수 있습니다.

먼저, 글로벌 검색을 수행해 보겠습니다.

```
# 글로벌 검색
!graphrag query \
--root ./ \
--method global \
--query "산업채권 평가 시 순유동자산(Net Quick Assets)을 어떻게 분석해야 하나요?"
```

```
SUCCESS: Global Search Response:
### 순유동자산(Net Quick Assets) 분석
```

```
순유동자산은 기업의 유동자산에서 유동부채를 차감하여 계산되며, 이는 기업의 운전자본과 채
권 부채를 상환할 수 있는 능력을 나타냅니다. 이 지표는 기업의 단기 재무 건전성과 즉각적인
의무를 이행할 수 있는 능력을 평가하는 데 중요한 역할을 합니다.

### 재무 건전성 평가

순유동자산과 채권 부채 간의 균형은 재무 안정성에 필수적입니다. 이상적으로는 순유동자산이
채권 부채를 초과해야 하며, 이는 기업이 단기적인 재무 의무를 충족할 수 있는 충분한 자원을
보유하고 있음을 의미합니다 [Data: Reports (46)].

### 유동자산과 유동부채의 관계

유동자산과 유동부채의 관계는 기업의 재무 건전성을 평가하는 데 있어 매우 중요합니다. 만
약 유동부채가 유동자산을 초과할 경우, 이는 재무적 곤경을 나타낼 수 있습니다. 이러한 상황
은 기업이 단기적인 채무를 이행하는 데 어려움을 겪을 수 있음을 시사합니다 [Data: Reports
(46)].

이러한 분석을 통해 기업의 단기 재무 상태를 보다 명확하게 이해할 수 있으며, 이는 산업채권
평가 시 중요한 고려 사항이 될 수 있습니다.
```

글로벌 검색은 기본적인 설명을 중심으로 전반적인 개념과 평가 기준을 제공하고 있습니다. 다음으로 로컬 검색을 진행해 보겠습니다.

```
# 로컬 검색
!graphrag query \
--root ./ \
--method local \
--query "산업채권 평가 시 순유동자산(Net Quick Assets)을 어떻게 분석해야 하나요?"
```

```
SUCCESS: Local Search Response:
산업채권을 평가할 때 순유동자산(Net Quick Assets)은 기업의 단기 재무 건전성을 평가하는
중요한 지표입니다. 순유동자산은 기업의 유동자산에서 유동부채를 차감한 값으로, 기업이 단기
적인 재정 의무를 이행할 수 있는 능력을 나타냅니다 [Data: Entities (247); Relationships
(549, 551)].
```

```
### 순유동자산의 중요성

1. **유동성 평가**: 순유동자산은 기업의 유동성을 평가하는 데 사용됩니다. 유동자산이 유동
부채보다 많을 경우, 기업은 단기적인 재정 의무를 이행할 수 있는 여력이 있다는 것을 의미합
니다. 반대로 유동부채가 유동자산보다 많다면, 이는 재정적 어려움을 겪고 있을 가능성을 시사
합니다 [Data: Relationships (548)].

2. **채권 안전성 평가**: 순유동자산은 채권의 안전성을 평가하는 데 중요한 역할을 합니다.
일반적으로 순유동자산이 채권의 액면가를 초과해야 하며, 이는 기업이 추가적인 차입 없이도
채권을 상환할 수 있는 능력을 나타냅니다. 특히, 기업이 부동산을 보유하고 있는 경우, 부동
산의 가치가 채권의 안전성을 보장할 수 있습니다 [Data: Sources (74, 75); Relationships
(554)].

### 분석 방법

- **비율 분석**: 순유동자산과 유동부채의 비율을 분석하여 기업의 재무 건전성을 평가합니다.
일반적으로 유동자산이 유동부채의 두 배 이상일 때, 기업은 재정적으로 안정적이라고 평가됩니
다 [Data: Sources (74)].

- **부채와의 비교**: 순유동자산과 채권 부채의 비율을 비교하여 채권의 안전성을 평가합니
다. 채권 부채가 순유동자산을 초과하지 않도록 관리하는 것이 중요합니다. 부동산을 보유한 기
업의 경우, 부동산 가치의 2/3와 순유동자산을 합한 값이 채권 부채를 초과해야 합니다 [Data:
Sources (75)].

- **잔여 자본과의 관계**: 순유동자산과 잔여 자본의 관계를 분석하여 기업의 자본 구조를 평
가합니다. 잔여 자본이 순유동자산보다 작다면, 이는 자본 부채가 운영 자본을 제공하기 위해
생성되었음을 나타낼 수 있습니다 [Data: Sources (75)].

이러한 분석을 통해 산업채권의 안전성과 기업의 단기 재무 건전성을 종합적으로 평가할 수 있
습니다.
```

로컬 검색은 산업채권 평가에 있어 순유동자산 분석 방법을 보다 구체적으로 설명하고 있습니다. 두 가지 실행 결과를 분석해 보면 세부적인 질문에는 로컬 검색이 더 알맞음을 알 수 있습니다.

글로벌 검색은 문서 전체를 기반으로 한 일반적인 답변을 제공합니다. 산업채권 평가 시 순

유동자산을 어떻게 분석해야 하는지에 대한 기본적인 개념과 중요성을 설명하고 있지만, 구체적인 분석 방법이나 세부 사항은 부족합니다. 이는 글로벌 검색이 문서 전반의 포괄적인 요약본을 참고하기 때문입니다.

로컬 검색은 질문과 직접적으로 관련된 상세하고 구체적인 정보를 제공합니다. 순유동자산의 중요성, 유동성 평가, 채권 안전성 평가 등 실제로 산업채권 평가 시 적용할 수 있는 구체적인 분석 방법과 고려 사항을 상세히 설명하고 있습니다. 또한 데이터 소스와 관계에 대한 참조를 포함하여 신뢰성을 높이고 있습니다.

'산업채권 평가 시 순유동자산(Net Quick Assets)을 어떻게 분석해야 하나요?'라는 질문에 답하려면 특정 주제에 대한 심층적인 정보가 필요합니다. 로컬 검색은 질문에서 추출된 엔티티와 관련된 정보를 집중적으로 수집하고 분석하므로, 이러한 세부적인 질문에 적합한 답변을 제공합니다. 반면에 글로벌 검색은 문서 전체를 대상으로 하기 때문에, 필요한 세부 정보를 충분히 제공하지 못할 수 있습니다.

따라서 특정 챕터나 섹션에서 자세한 정보를 얻고자 할 때는 로컬 검색을 사용하는 것이 더 효과적임을 알 수 있습니다.

4 Neo4j와 랭체인을 활용한 GraphRAG 구현

앞서 살펴본 그래프 RAG의 이론적 배경과 질의 처리 방식을 바탕으로, 이제 이를 그래프 데이터베이스에 구현하고 활용하는 방법을 알아보겠습니다. 이번 절에서는 Neo4j라는 강력한 그래프 데이터베이스와 랭체인 프레임워크를 결합하여 그래프 RAG의 지식 그래프를 저장하고 활용하는 과정을 다룹니다. 2.2절에서 구축한 그래프 DB 결과 파일을 활용하여 Neo4j에 지식 그래프를 저장하고, 랭체인을 통해 이를 질의 처리에 사용하는 방법을 단계별로 알아보겠습니다.

4.1 지식 그래프와 Neo4j 통합

마이크로소프트 GraphRAG는 문서에서 추출한 엔티티와 관계 데이터를 Parquet 파일 형식으로 출력합니다(예: base_entity_nodes.parquet, create_final_relationships.parquet). 이 데이터를 Neo4j에 저장함으로써, 영구적인 그래프 데이터베이스를 구축하고 실시간 질의 및 분석에 활용할 수 있습니다. Neo4j는 관계 중심의 데이터 처리에 최적화된 도구로, GraphRAG에서 생성한 지식 그래프를 효과적으로 관리할 수 있습니다.

참고 Neo4j란?

Neo4j는 전 세계적으로 널리 사용되는 그래프 데이터베이스 시스템입니다. 데이터를 노드(엔티티)와 에지(관계)라는 구조로 표현하며, Cypher라는 직관적인 쿼리 언어를 통해 이를 탐색할 수 있습니다. Neo4j는 지식 그래프의 핵심 개념인 '의미론적 정보 표현'을 데이터베이스 형태로 구현한 것으로, 그래프 RAG의 지식 그래프를 저장하고 활용하는 데 적합합니다.

Neo4j의 주요 장점은 다음과 같습니다.

- **관계 중심의 데이터 모델:** 복잡한 관계를 자연스럽게 표현하고 탐색할 수 있습니다.
- **고성능 쿼리:** 대규모 그래프에서도 빠른 질의 응답 속도를 제공합니다.
- **확장성:** 데이터 규모가 커져도 안정적인 성능과 높은 신뢰성을 유지합니다.

이 책에서는 Neo4j Aura를 사용하여 클라우드 환경에 그래프 DB를 구축하는 과정을 소개합니다. 앞선 과정에서 생성된 Parquet 파일을 Neo4j에 다음과 같이 저장합니다.

1. **데이터 로드:** Parquet 파일을 파이썬의 pandas 라이브러리를 사용해 DataFrame으로 읽어들입니다.
2. **Neo4j 연결:** Neo4j Python 드라이버를 통해 데이터베이스에 연결합니다.
3. **노드와 관계 생성:** 엔티티를 노드로, 관계를 에지로 변환하여 저장합니다.

환경 설정

코드를 작성하기 전에 먼저 Neo4j Aura 설정을 진행하겠습니다.

① Neo4j Aura 공식 홈페이지(https://neo4j.com/product/auradb/)에 접속하여 회원 가입을 한 뒤, **[Create instance]** 버튼을 눌러 인스턴스를 생성합니다.

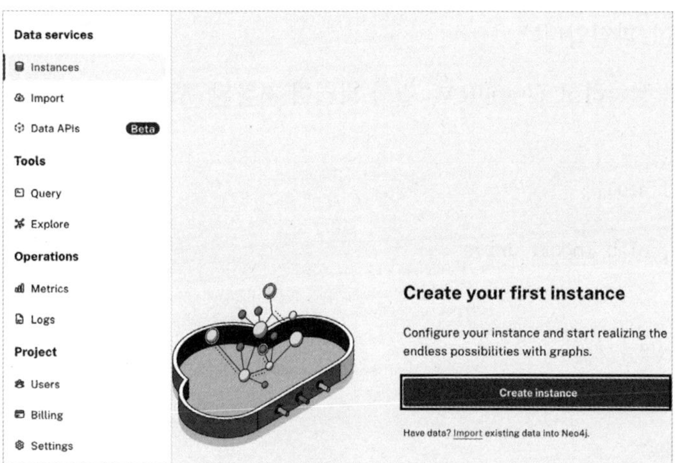

② 인스턴스를 생성한 뒤, **[Download and continue]** 버튼을 눌러, 인스턴스 정보를 저장합니다. 이 파일은 Neo4j 데이터베이스 접속 정보를 담고 있으므로 안전하게 보관합니다.

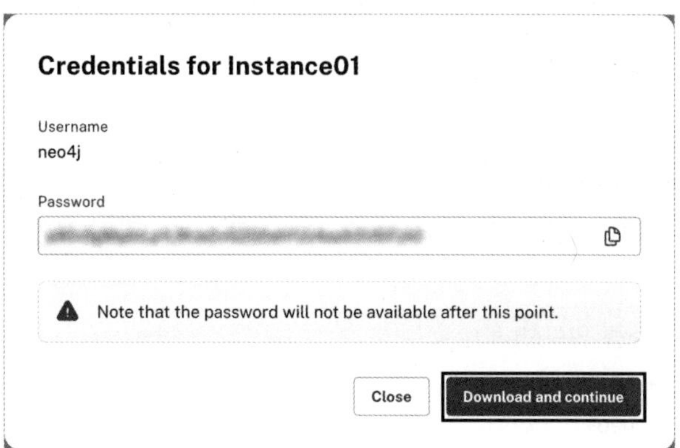

③ 다운로드한 텍스트 파일을 열면 다음과 같은 접속 정보를 확인할 수 있습니다. 이 정보를 사용하여 이후 파이썬 코드에서 Neo4j 데이터베이스에 연결하게 됩니다.

```
NEO4J_URI=neo4j+s://…
NEO4J_USERNAME=neo4j
NEO4J_PASSWORD=...
```

지식 그래프 구축

이제 Neo4j에 그래프 DB를 구축해 보겠습니다. 실습 코드는 5장 폴더의 ch05_GRAPHRAG_NEO4J저장.ipynb 파일입니다.

먼저, Neo4j를 설치하고, GraphRAG 결과 파일이 저장된 구글 드라이브 폴더와 연동합니다.

```
!pip install neo4j

from google.colab import drive
import os

# 구글 드라이브 마운트
drive.mount('/content/drive')

# 디렉터리 변경
os.chdir('/content/drive/MyDrive/working_directory')

GRAPHRAG_FOLDER = '/content/drive/MyDrive/working_directory/output'
```

다음으로, Neo4j 데이터베이스 연결을 위한 기본 설정을 진행합니다. 인스턴스 정보는 앞서 만든 Neo4j 데이터베이스 접속 정보를 사용합니다.

```
from neo4j import GraphDatabase
import pandas as pd
import time

# 실제 인스턴스 정보를 입력합니다.
NEO4J_URI = "neo4j+s://..."
NEO4J_USERNAME = "neo4j"
NEO4J_PASSWORD = "password"
NEO4J_DATABASE = "neo4j"
```

이제 데이터를 효율적으로 임포트하기 위한 배치 임포트 함수와 제약 조건을 설정합니다. 제약 조건은 DB 내 데이터 중복을 방지하기 위함입니다. 여기에서는 Cypher 문이 사용됩니다.

```
def batched_import(statement, df, batch_size=1000):
    """
    Import a dataframe into Neo4j using a batched approach.

    Parameters: statement is the Cypher query to execute, df is the dataframe to
    import, and batch_size is the number of rows to import in each batch.
    """
    total = len(df)
    start_s = time.time()
    for start in range(0, total, batch_size):
        batch = df.iloc[start : min(start + batch_size, total)]
        result = driver.execute_query(
            "UNWIND $rows AS value " + statement,
            rows=batch.to_dict("records"),
            database_=NEO4J_DATABASE,
        )
        print(result.summary.counters)
    print(f"{total} rows in {time.time() - start_s} s.")
    return total

# 제약 조건 설정
statements = [
    "\ncreate constraint chunk_id if not exists for (c:__Chunk__) require c.id is
    unique",
    "\ncreate constraint document_id if not exists for (d:__Document__) require
    d.id is unique",
    "\ncreate constraint community_id if not exists for (c:__Community__) require
    c.community is unique",
    "\ncreate constraint entity_id if not exists for (e:__Entity__) require e.id is
    unique",
    "\ncreate constraint entity_title if not exists for (e:__Entity__) require
    e.name is unique",
    "\ncreate constraint covariate_title if not exists for (e:__Covariate__)
    require e.title is unique",
    "\ncreate constraint related_id if not exists for ()-[rel:RELATED]->() require
    rel.id is unique",
    "\n",
]
```

```
for statement in statements:
    if len((statement or "").strip()) > 0:
        print(statement)
        driver.execute_query(statement)
```

참고 Cypher란?

Cypher는 Neo4j 그래프 데이터베이스에서 사용되는 쿼리 언어로, 그래프 데이터(노드, 관계, 속성)를 조작하고 질의하는 데 특화되어 있습니다. SQL과 비슷한 선언적 구조를 가지며, MATCH(패턴 검색), CREATE(노드/관계 생성), MERGE(생성 또는 업데이트), SET(속성 설정) 같은 키워드로 직관적인 작업이 가능합니다. 다만 테이블 기반으로 데이터를 처리하는 SQL과 달리, 그래프 패턴 매칭을 통해 노드와 관계 간의 연결을 더욱 직관적으로 표현하고 탐색할 수 있다는 차이가 있습니다.

Cypher를 처음 접한다면, 다음 참고 자료를 통해 기본 문법과 사용법을 익히는 것을 추천합니다.

- **Neo4j Cypher 튜토리얼:** https://neo4j.com/docs/getting-started/current/cypher-intro/

이제 모든 준비 과정이 끝났으니, GraphRAG의 결과물을 Neo4j Aura에 연동시키는 작업을 진행하겠습니다.

먼저 최종 문서를 DB에 업로드합니다. create_final_documents.parquet 파일에서 문서 데이터를 가져와 __Document__ 노드를 생성합니다.

```
doc_df = pd.read_parquet(
    f"{GRAPHRAG_FOLDER}/create_final_documents.parquet", columns=["id", "title"]
)

# 문서 노드 병합
statement = """
MERGE (d:__Document__ {id:value.id})
SET d += value {.title}
"""
```

```
batched_import(statement, doc_df)
```

다음으로, 텍스트 유닛(청크)을 DB에 업로드합니다. create_final_text_units.parquet 파일에서 텍스트 유닛 데이터를 로드하여 __Chunk__ 노드를 생성하고 문서와 연결합니다.

```
# 텍스트 유닛(청크) 임포트
text_df = pd.read_parquet(f'{GRAPHRAG_FOLDER}/create_final_text_units.parquet',
columns=["id", "text", "n_tokens", "document_ids"])

statement = """
MERGE (c:__Chunk__ {id:value.id})
SET c += value {.text, .n_tokens}
WITH c, value
UNWIND value.document_ids AS document
MATCH (d:__Document__ {id:document})
MERGE (c)-[:PART_OF]->(d)
"""

batched_import(statement, text_df)
```

이제 엔티티를 DB에 업로드합니다. create_final_entities.parquet 파일에서 엔티티 데이터를 가져와 __Entity__ 노드를 생성하고 관련 속성을 추가한 뒤, 텍스트 청크와 연결합니다.

```
# 엔티티 임포트
entity_df = pd.read_parquet(
    f'{GRAPHRAG_FOLDER}/create_final_entities.parquet',
    columns=["title", "type", "description", "human_readable_id", "id", "text_unit_
ids"]
)

# Cypher 쿼리
statement = """
MERGE (e:__Entity__ {id: value.id})
SET e.human_readable_id = value.human_readable_id,
    e.description = value.description,
```

```
    e.name = coalesce(replace(value.title, '"', ''), 'Unknown')
WITH e, value
CALL apoc.create.addLabels(e, CASE WHEN coalesce(value.type, "") = "" THEN [] ELSE
[apoc.text.upperCamelCase(replace(value.type, '"', ''))] END) YIELD node
UNWIND value.text_unit_ids AS text_unit
MATCH (c:__Chunk__ {id: text_unit})
MERGE (c)-[:HAS_ENTITY]->(e)
"""

# 데이터 임포트 실행
batched_import(statement, entity_df)
```

이어서 관계를 DB에 업로드합니다. create_final_relationships.parquet 파일에서 관계 데이터를 로드하여 엔티티 간 RELATED 관계를 생성합니다.

```
# 관계 임포트
rel_df = pd.read_parquet(f'{GRAPHRAG_FOLDER}/create_final_relationships.parquet',
         columns=["source", "target", "id", "combined_degree", "weight", "human_
         readable_id", "description", "text_unit_ids"])

rel_df.rename(columns={'combined_degree':'rank'})

rel_statement = """
    MATCH (source:__Entity__ {name:replace(value.source,'"','')})
    MATCH (target:__Entity__ {name:replace(value.target,'"','')})
    MERGE (source)-[rel:RELATED {id: value.id}]->(target)
    SET rel += value {.rank, .weight, .human_readable_id, .description,
    .text_unit_ids}
    RETURN count(*) as createdRels
"""

batched_import(rel_statement, rel_df)
```

다음으로 커뮤니티를 DB에 업로드합니다. create_final_communities.parquet 파일에서 커뮤니티 데이터를 로드하여 __Community__ 노드를 생성하고, 해당 노드에 level과 title 속성을 설정합니다. 이후, 각 커뮤니티와 관련된 텍스트 유닛들을 DB 내에서 연결하고, 커뮤니티에

속하는 엔티티들을 연결합니다.

```
# 커뮤니티 임포트
community_df = pd.read_parquet(
    f'{GRAPHRAG_FOLDER}/create_final_communities.parquet',
    columns=["id", "level", "title", "text_unit_ids", "relationship_ids"]
)

statement = """
MERGE (c: __ Community __ {community: value.title})
SET c.title = value.title,
    c.level = value.level
WITH c, value
UNWIND value.text_unit_ids as text_unit_id
MATCH (t: __ Chunk __ {id: text_unit_id})
MERGE (c)-[:HAS_CHUNK]->(t)
WITH distinct c, value
UNWIND value.relationship_ids as rel_id
MATCH (start: __ Entity __ )-[:RELATED {id: rel_id}]->(end: __ Entity __ )
MERGE (start)-[:IN_COMMUNITY]->(c)
MERGE (end)-[:IN_COMMUNITY]->(c)
RETURN count(distinct c) as createdCommunities
"""

batched_import(statement, community_df)
```

이제 커뮤니티 보고서를 DB에 반영합니다. create_final_community_reports.parquet 파일에서 커뮤니티 보고서를 가져와 커뮤니티 노드에 속성을 추가하고, 커뮤니티의 레벨, 콘텐츠 등 속성을 업데이트합니다. 이후 발견 사항들을 개별적인 Finding 노드로 DB에 체계적으로 반영합니다.

```
# 커뮤니티 보고서 임포트
community_report_df = pd.read_parquet(
    f'{GRAPHRAG_FOLDER}/create_final_community_reports.parquet',
```

```
    columns=["id", "community", "level", "title", "summary", "findings", "rank",
    "rank_explanation", "full_content"]
)

# community 값을 "Community " + 숫자 형태로 문자열을 만들어줌
community_report_df['community'] = "Community " + community_report_df['community'].
astype(str)

community_statement = """
MERGE (c: __ Community __ {community: value.community})
SET c.level = value.level,
    c.name = value.title,
    c.rank = value.rank,
    c.rank_explanation = value.rank_explanation,
    c.full_content = value.full_content,
    c.summary = value.summary
WITH c, value
UNWIND range(0, size(value.findings)-1) AS finding_idx
WITH c, value, finding_idx, value.findings[finding_idx] AS finding
MERGE (c)-[:HAS_FINDING]->(f:Finding {id: finding_idx})
SET f += finding
"""

batched_import(community_statement, community_report_df)
```

마지막으로, 각 커뮤니티에 속한 엔티티들 중 앞선 단계에서 누락된 것들을 판별하고, 연결 관계를 DB에 반영합니다.

```
# 노드 임포트: 엔티티-커뮤니티 연결
node_df = pd.read_parquet(f'{GRAPHRAG_FOLDER}/create_final_nodes.parquet',
columns=['id', 'human_readable_id', 'title', 'community', 'level', 'degree', 'x',
'y'])
node_df['community'] = "Community " + node_df['community'].astype(str)
statement = """
MATCH (e: __ Entity __ )
WHERE e.name = replace(value.title, '"', '')
MERGE (c: __ Community __ {community: value.community})
```

```
MERGE (e)-[:IN_COMMUNITY]->(c)
"""

batched_import(statement, node_df)
```

이 과정을 통해 GraphRAG의 결과물을 Neo4j Aura에 저장하여 실시간 질의나 분석에 활용 가능한 지식 그래프 데이터베이스를 완성할 수 있습니다.

질의 실습

Neo4j 그래프 데이터베이스 구축을 완료했으니, 이제 랭체인을 활용하여 해당 그래프 DB에서 데이터를 검색하고 활용해 보겠습니다.

여기에서는 랭체인을 사용하여 앞서 설명한 두 가지 정보 검색 방법인 로컬 검색과 글로벌 검색 방식을 직접 구현해 보겠습니다. 실습 코드는 5장 폴더의 ch05_GRAPHRAG_NEO4J_RETRIEVER.ipynb 파일입니다. 먼저 실습에 필요한 라이브러리를 설치합니다.

```
!pip install langchain langchain-neo4j langchain-openai langchain_community
```

이어서 검색기 구현을 위한 기본 설정을 진행합니다. LangChain, Neo4j 및 관련 벡터 스토어 라이브러리들을 불러오고, 환경 변수로 설정해둔 API 키 등 민감한 정보를 안전하게 로드하는 과정을 진행합니다. 이후, 앞서 생성한 Neo4j 인스턴스와 연결하여 Neo4j 그래프 객체를 생성합니다.

```
from langchain_neo4j import Neo4jGraph
from langchain.chains import GraphCypherQAChain
from langchain_openai import ChatOpenAI, OpenAIEmbeddings
from langchain_community.vectorstores.neo4j_vector import Neo4jVector
from dotenv import load_dotenv

load_dotenv("/content/.env")

#실제 인스턴스 정보를 입력합니다.
```

```python
NEO4J_URI="neo4j+s://..."
NEO4J_USERNAME="neo4j"
NEO4J_PASSWORD="password"
NEO4J_DATABASE = "neo4j"

embedding = OpenAIEmbeddings()

# Neo4j 그래프 객체 생성
graph = Neo4jVector.from_existing_graph(
    embedding=embedding,
    node_label="__Entity__",
    text_node_properties=["description"],
    embedding_node_property="embedding",
    url=NEO4J_URI,
    username=NEO4J_USERNAME,
    password=NEO4J_PASSWORD
)

# Neo4j Graph 객체 추가 생성 (Cypher 쿼리 실행용)
neo4j_graph = Neo4jGraph(
    url=NEO4J_URI,
    username=NEO4J_USERNAME,
    password=NEO4J_PASSWORD,
    database=NEO4J_DATABASE
)
```

먼저 로컬 검색을 구현해 보겠습니다. 로컬 검색은 사용자의 질문과 가장 관련성이 높은 엔티티들을 중심으로 답변을 생성하는 방식입니다. 따라서 임베딩된 질문과 가장 유사한 엔티티들을 찾은 후, 해당 엔티티와 연관된 다양한 정보를 수집해야 합니다.

첫 단계로, 엔티티와 연관된 다양한 정보를 수집하는 함수를 정의합니다. fetch_entity_context 함수는 해당 엔티티와 연결된 텍스트 청크, 커뮤니티 보고서 그리고 관련된 다른 엔티티 정보를 조회합니다. 이러한 과정을 통해 엔티티와 관련된 다면적인 컨텍스트를 수집하여 답변에 활용할 수 있습니다.

```
def fetch_entity_context(entity_name):
    context = {"name": entity_name}
    try:
        # 텍스트 청크 가져오기
        chunk_query = """
        MATCH (e:__Entity__ {name: $entity_name})<-[:HAS_ENTITY]-(c:__Chunk__)
        RETURN c.text AS text
        """
        chunk_result = neo4j_graph.query(chunk_query, {"entity_name": entity_name})
        context["text_chunks"] = [r["text"] for r in chunk_result] if chunk_result
        else ["No text chunk available"]

        # 커뮤니티 보고서 가져오기
        community_query = """
        MATCH (e:__Entity__ {name: $entity_name})-[:IN_COMMUNITY]->(com:__Community__)
        RETURN com.full_content AS report
        """
        community_result = neo4j_graph.query(community_query, {"entity_name":
        entity_name})
        context["community_reports"] = [r["report"] for r in community_result] if
        community_result else ["No community report available"]

        # 관련 엔티티 가져오기
        related_query = """
        MATCH (e:__Entity__ {name: $entity_name})-[:RELATED]->(related:__Entity__)
        RETURN related.name AS name, related.description AS description
        """
        related_result = neo4j_graph.query(related_query, {"entity_name": entity_
        name})
        context["related_entities"] = (
            [{"name": r["name"], "description": r["description"]} for r in related_
            result]
            if related_result else []
        )
    except Exception as e:
        context["error"] = f"Error fetching context: {str(e)}"
    return context
```

다음으로, 수집된 정보를 읽기 쉬운 구조로 정리하는 create_structured_context 함수를 정의하여, 여러 엔티티의 정보를 하나의 통합된 텍스트로 변환할 수 있도록 합니다.

```
def create_structured_context(all_contexts, query):
    context_str = "## 질문과 관련된 엔티티 정보\n\n"
    context_str += "아래는 질문에 답변하는 데 유용한 엔티티들의 구조화된 정보입니다:\n\n"

    for i, ctx in enumerate(all_contexts, 1):
        context_str += f"### 엔티티 {i}: {ctx['name']}\n"
        context_str += f"- **설명**: {ctx['description']}\n"
        context_str += "- **텍스트 청크**:\n"
        for chunk in ctx['text_chunks']:
            context_str += f"  - {chunk}\n"
        context_str += "- **커뮤니티 보고서**:\n"
        for report in ctx['community_reports']:
            context_str += f"  - {report}\n"
        if ctx['related_entities']:
            context_str += "- **관련 엔티티**:\n"
            for rel in ctx['related_entities']:
                context_str += f"  - {rel['name']}: {rel['description']}\n"
        else:
            context_str += "- **관련 엔티티**: 없음\n"
        context_str += "\n"
    return context_str
```

이제 사용할 대규모 언어 모델을 설정하고, 생성해놓은 Neo4j 그래프 객체(graph)를 리트리버로 지정하여 정보 검색에 활용합니다.

```
# LLM 설정 (예: GPT-4o)
llm = ChatOpenAI(model="gpt-4o")

# 리트리버 설정
retriever = graph.as_retriever(search_type="similarity", search_kwargs={"k": 3})
```

모든 준비가 끝났으므로, 전체 질의응답 흐름을 구현합니다. 앞서 생성한 벡터 스토어를 활용해 리트리버를 구성하여 질문과 유사한 엔티티를 검색합니다. 이후, 검색된 각 엔티티에 대해 fetch_entity_context 함수를 호출해 관련 텍스트 청크, 커뮤니티 보고서 그리고 관련 엔티티 정보를 수집한 후, 이를 기반으로 create_structured_context 함수를 통해 구조화된 컨텍스트를 생성합니다. 이렇게 구성된 컨텍스트와 원래 질문을 결합해 최종 프롬프트를 작성하고, 언어 모델에 전달하여 최종 답변을 도출해내는 과정을 통해 로컬 검색 방식을 완성합니다.

```
# 질문 설정
query = "마일당 순이익(NET INCOME PER MILE)을 어떻게 분석해야 하나요?"
results = retriever.get_relevant_documents(query)

# 모든 엔티티의 컨텍스트 수집
all_contexts = []
for result in results:
    entity_name = result.metadata.get("name", "Unknown")
    description = result.page_content
    context = fetch_entity_context(entity_name)
    context["name"] = entity_name
    context["description"] = description
    all_contexts.append(context)

# 구조화된 컨텍스트 생성
context_str = create_structured_context(all_contexts, query)

# LLM 프롬프트 작성
prompt = f"아래 맥락에 기반해서, 주어진 질문에 한국어로 답하세요\n\n**질문**: {query}\
n\n**맥락**:\n{context_str}"

# LLM 호출
response = llm.invoke(prompt)
print("Final Response:")
print(response.content)
```

```
Final Response:
마일당 순이익(NET INCOME PER MILE)을 분석할 때 다음의 주요 요소들을 고려해야 합니다:
```

```
1. **순이익 계산**: 순이익은 총 수익에서 운영 비용(때로는 세금)을 뺀 다음, 다른 소득원을
추가하여 계산됩니다. 이는 철도의 수익성 및 재무 건전성을 평가하는 중요한 척도입니다.

2. **운영 비용 분석**: 운영 비용은 총 수익의 약 65%를 차지하는 것이 일반적이며, 이는 철
도의 재정 관리와 효율성을 평가하는 데 중요한 역할을 합니다. 운영 비용과 총 수익의 균형을
이해하면 철도의 재정 관리 관행 및 수익성 잠재력을 평가하는 데 유용합니다.

3. **성장 추세 확인**: 보고서를 통해 순이익이 증가하고 있는지 아니면 ... (이하 생략) ...
```

출력 결과, 다면적인 컨텍스트를 반영한 대답이 잘 생성됨을 확인할 수 있습니다.

이번에는 글로벌 검색을 구현해 보겠습니다. 마찬가지로 gpt-4o 모델을 사용합니다.

```
from langchain_core.prompts import ChatPromptTemplate
from langchain_core.output_parsers import StrOutputParser
from langchain_openai import ChatOpenAI

llm = ChatOpenAI(model="gpt-4o")
```

글로벌 검색 구현에서는 데이터셋 전체를 아우르는 질문에 대응하기 위해 맵-리듀스[map-reduce] 방식을 채택합니다. 글로벌 검색은 "이 문서 전반을 아우르는 주제는 무엇인가요?"와 같이 전체의 패턴과 주제를 파악해야 하는 질문에 효과적입니다.

먼저, 다음과 같이 미리 정의된 MAP_SYSTEM_PROMPT와 map_prompt를 활용해 각 커뮤니티 리포트에서 중간 응답(intermediate response)들을 생성합니다. 이 과정은 앞서 설명한 맵(Map) 단계에 해당합니다.

```
MAP_SYSTEM_PROMPT = """
---역할---
제공된 컨텍스트를 참고하여 사용자의 질문에 답하는 어시스턴트입니다.

---목표---
주어진 컨텍스트가 질문을 답하기에 적절하다면 질문에 대한 답을 한 뒤, 답변의 중요도 점수를 기
입하여 JSON 형식으로 생성하세요.
```

```
정보가 부족하면 "모르겠습니다"라고 답하세요.
각 포인트는 다음을 포함해야 합니다:
- 답변: 질문에 대한 답변
- 중요도 점수: 0~100 사이의 정수
데이터 참조 예:
"예시 문장 [Data: Reports (2, 7, 64, 46, 34, +more)]"
(한 참조에 5개 이상의 id는 "+more"를 사용)
출력 예:
{{"Answer": "답변 [Data: Reports (보고서 id들)]", "score": 점수}}
"""

map_prompt = ChatPromptTemplate.from_messages(
    [
        ("system", MAP_SYSTEM_PROMPT),
        ("human", "question: {question}\n\n context: {context}"),
    ]
)
map_chain = map_prompt | llm | StrOutputParser()
```

이어서 REDUCE_SYSTEM_PROMPT와 reduce_prompt를 통해 맵 단계에서 생성된 여러 분석가의 보고서를 종합하여 최종 응답을 생성하는 리듀스 단계를 구현합니다. 이 단계에서는 핵심 포인트들을 통합하여 마크다운 형식의 응답으로 재구성합니다.

```
REDUCE_SYSTEM_PROMPT = """
---역할---
맵 단계에서 처리된 여러 결과를 종합하여 사용자의 질문에 답하는 어시스턴트입니다.

---목표---
제공된 맵 단계 결과를 바탕으로, 질문에 대한 종합적인 답변을 마크다운 형식으로 작성하세요.
중요도 점수를 고려하여 핵심적인 결과 위주로 반영하며, 불필요한 세부 사항은 제외하세요.
핵심 포인트와 시사점을 포함하고, 정보가 부족한 경우 "모르겠습니다"라고 답하세요.

---맵 단계 결과---
{report_data}
데이터 참조 형식은 아래를 따르세요:
```

```
"예시 문장 [Data: Reports (2, 7, 34, 46, 64, +more)]"
(참조 ID가 5개 이상일 경우 "+more" 사용)
대상 응답 길이 및 형식: {response_type}"""

reduce_prompt = ChatPromptTemplate.from_messages(
    [
        ("system", REDUCE_SYSTEM_PROMPT),
        ("human", "{question}"),
    ]
)

reduce_chain = reduce_prompt | llm | StrOutputParser()
```

다음으로 global_retriever 함수로 글로벌 검색을 구현합니다. 이 함수는 Neo4jGraph를 통해 특정 레벨의 커뮤니티 리포트를 조회한 뒤, 각 리포트에 대해 맵 체인을 적용하고 그 결과를 리듀스 체인으로 통합하여 최종 답변을 생성합니다.

다음 예제에서는 "이 책의 주제가 뭐야?"와 같은 질문에 대해 데이터셋 전반의 구조와 주제를 반영한 응답이 생성되는 과정을 확인할 수 있습니다.

```
response_type: str = "multiple paragraphs"

def global_retriever(query: str, level: int, response_type: str = response_type) -> str:
    community_data = graph.query(
    """
    MATCH (c:__Community__)
    WHERE c.level = $level
    RETURN c.full_content AS output
    """,
        params={"level": level},
    )
    intermediate_results = []
    for community in tqdm(community_data, desc="Processing communities"):
        intermediate_response = map_chain.invoke(
            {"question": query, "context": community["output"]}
        )
```

```python
        intermediate_results.append(intermediate_response)
    final_response = reduce_chain.invoke(
        {
            "report_data": intermediate_results,
            "question": query,
            "response_type": response_type,
        }
    )
    return final_response
```

```python
from tqdm import tqdm
print(global_retriever("이 책의 주제가 뭐야?", 1))
```

```
이 책의 주제는 금융 시장의 복잡한 상호작용과 다양한 금융 상품들이 경제 및 투자 환경에서
어떻게 상호 연결되어 있는지를 다룹니다.
주제를 더 자세히 살펴보면, 이 책은 금리, 신용 주기, 그리고 경제 주기와 같은 요소들이 채권
및 주식의 가치에 어떻게 영향을 미치는지를 탐구하고 있습니다. 주요 초점은 다양한 채권 시장
부문에서 금리 변동이 ... (이하 생략) ...

[Data: Reports (138, 128, 149, 155, 143, +more)]
```

출력 결과, 글의 전체적인 흐름을 잘 파악하여 답변을 생성함을 확인할 수 있습니다.

이번 절에서는 Neo4j와 랭체인을 결합하여 GraphRAG 시스템을 실제로 구현하고, 지식 그래프 기반의 질의 응답을 수행하는 과정을 살펴보았습니다. Neo4j는 복잡한 지식 그래프를 효율적으로 저장하고 탐색하는 데 강력한 기능을 제공하며, 랭체인을 활용하면 대규모 언어 모델과 손쉽게 연동하여 실시간으로 응답을 생성할 수 있습니다.

6

랭그래프로 설계하는 RAG 파이프라인

- 랭그래프의 구조와 주요 구성요소 이해
- 랭그래프를 활용한 복잡한 RAG 파이프라인 설계 및 흐름 제어 방법
- 자체교정-RAG, 코드 어시스트 챗봇 등 실습을 통한 실전 활용

랭그래프LangGraph는 LLM 기반 에이전트 시스템을 쉽고 효율적으로 개발할 수 있도록 지원하는 라이브러리입니다. 여러 개의 에이전트로 구성된 LLM 애플리케이션과 RAG 파이프라인에서 자주 사용되는 순환loop과 분기branch를 포함한 복잡한 워크플로우를 간편하게 구현할 수 있도록 다양한 기능을 제공합니다.

다음과 같은 예를 떠올려 봅시다.

- LLM을 사용하여 생성된 답변이 충분한지 혹은 답변을 재생성할지 결정합니다.
- LLM을 사용하여 어떤 툴(Tool)을 호출할지 결정합니다.

이처럼 순환 구조를 갖는 LLM 파이프라인 안에는 여러 분기점이 존재할 수 있으며, 이러한 분기점이 많아질수록 시스템 구현은 더욱 복잡해집니다. 랭그래프는 그래프 구조를 활용해 이를 간단하게 구현할 수 있도록 도우며, 다양한 제어 방식을 제공해 애플리케이션의 기능과 유연성을 한층 강화합니다.

1 랭그래프의 구성요소

랭그래프를 설명하기에 앞서, 그래프graph의 기본 개념을 먼저 짚고 넘어가겠습니다. 그래프는 객체들 간의 관계를 나타낼 때 사용하는 데이터 구조로, 노드와 에지로 이루어져 있습니다.

- **노드(Node, 정점)**: 그래프에서 개별 객체를 나타내는 요소입니다. 예를 들어, 소셜 네트워크를 그래프로 표현한다면 각 사용자가 하나의 노드가 됩니다.
- **에지(Edge, 간선)**: 두 노드를 연결하는 요소로, 노드 간의 관계 또는 경로를 나타냅니다. 소셜 네트워크를 그래프로 표현한다면 사람들 사이의 친구 관계가 에지가 됩니다.

랭그래프에서는 이러한 그래프 구조를 이용해 다양한 워크플로우를 구현합니다. 기본 동작 방식은 노드가 작업을 완료하면 하나 이상의 에지를 통해 다른 노드에게 메시지를 보내고, 메시지를 받은 노드는 자신의 기능을 실행한 후 다음 노드로 메시지를 다시 전달하는 과정을 반복하는 방식입니다. 이제 이러한 작업을 가능하게 하는 랭그래프의 구성요소에 대해 알아보겠습니다.

1.1 그래프

랭그래프의 그래프는 구글의 프리겔Pregel[1]에서 영감을 받은 슈퍼스텝super-steps 방식으로 동작합니다. 슈퍼스텝은 그래프 처리 과정의 한 단계로, 각 노드가 병렬로 동시에 작업을 수행하는 단위입니다. 병렬로 작업을 수행한다는 것은 한 노드가 일을 끝낸 후에 다른 노드가 일을 시작하는 것이 아니라, 여러 노드가 동시에 자신의 일을 하는 모습을 뜻합니다. 이렇게 동시에 실행되는 노드는 동일한 슈퍼스텝에 속하며, 순차적으로 실행되는 노드는 별도의 슈퍼스텝에 속합니다.

노드는 하나 이상의 입력 에지에서 새로운 메시지(상태)를 수신할 때 활성화됩니다. 활성화된 노드는 자신의 기능을 실행하고 처리 결과를 다른 노드로 전달합니다. 각 슈퍼스텝이 끝날 때, 입력 메시지가 없는 노드는 자신을 비활성화로 표시하여 완료된 상태로 표시합니다. 모든 노드

1 https://research.google/pubs/pregel-a-system-for-large-scale-graph-processing

가 비활성화되고 더 이상 메시지가 전송 중이지 않은 상태가 되면 그래프 실행이 종료됩니다.

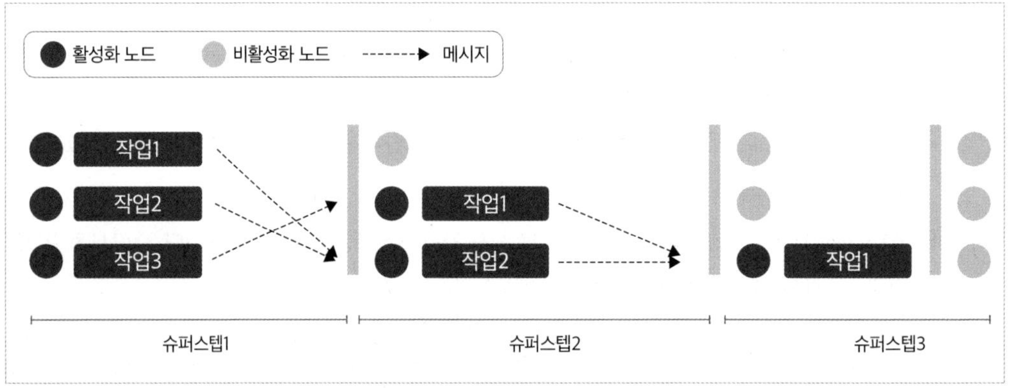

그림 6-1 슈퍼스텝과 동작 예시

랭그래프에서는 두 가지 유형의 그래프 클래스를 사용할 수 있습니다.

- **상태 그래프**(StateGraph): 일반적으로 사용하는 그래프 클래스입니다. 사용자가 정의하는 상태를 매개변수로 활용하며, 다양한 워크플로우와 상태 관리를 지원합니다.
- **메시지 그래프**(MessageGraph): 오직 메시지 목록만으로 이루어지는 특별한 유형의 그래프 클래스입니다. 주로 챗봇과 같은 대화형 시스템에서 사용되며, 메시지 흐름을 단순화하여 관리하기에 적합합니다.

1.2 상태

그래프를 정의할 때 가장 먼저 해야 할 일은 그래프의 상태state를 정의하는 것입니다. 상태란 애플리케이션 내에서 메시지로 주고받는 변수들의 집합입니다. 파이썬의 모든 타입으로 정의할 수 있지만, 대체로 TypedDict나 Pydantic의 BaseModel 타입으로 선언합니다. 상태는 그래프 내 모든 노드와 에지의 입력으로 사용되며, 각 노드는 상태를 업데이트할 수 있습니다.

```
from typing import TypedDict

class State(TypedDict):
```

```
    count: int
    messages: list[str]
```

이 예시는 count와 messages라는 두 개의 필드를 갖는 상태 클래스입니다. 이 상태는 그래프 내 여러 노드에서 공유되며 지속적으로 업데이트됩니다.

예를 들어, 처음 노드에서 {"count": 1, "messages": ["hi"]}를 입력하고, 다음 노드에서 {"count": 2}를 입력한다면 상태는 {"count": 2, "messages": ["hi"]}의 형태가 됩니다. 그다음 노드에서 {"messages": ["bye"]}를 입력한다면 최종 상태는 {"count": 2, "messages": ["bye"]}의 형태가 됩니다.

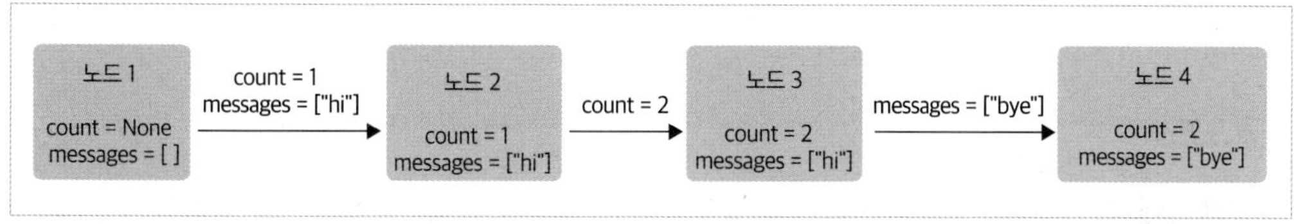

그림 6-2 상태 수정 흐름 예시

리듀서[reducer]를 사용한다면 기존 상태에 새로운 업데이트를 결합하여 새로운 상태를 생성하는 것도 가능합니다. 다음 예시와 같이 Annotated 타입으로 리듀서 함수를 정의한다면 messages 변수는 리듀서 함수를 통해 업데이트됩니다.

```
from typing import TypedDict, Annotated
from operator import add

class State(TypedDict):
    count: int
    messages: Annotated[list[str], add]
```

이 예시에서는 messages 필드에 add 리듀서가 지정되어 있어, 새로운 메시지가 추가될 때 기존 리스트와 병합됩니다.

예를 들어, 처음 노드에서 {"count": 1, "messages": ["hi"]}를 입력하고, 다음 노드에서 {"count": 2}를 입력한다면 상태는 {"count": 2, "messages": ["hi"]}의 형태가 됩니다. 그다음 노드에서 {"messages": ["bye"]}를 입력한다면 최종 상태는 messages에 operator.add를 실행하여 {"count": 2, "messages": ["hi", "bye"]}의 형태가 됩니다.

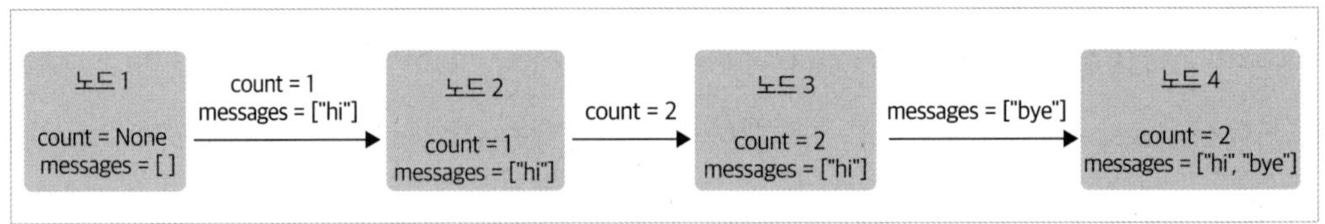

그림 6-3 메시지 추가 흐름 예시

1.3 노드

그래프에서 노드[node]는 실제 작업을 수행하는 실행 단위입니다. 에이전트의 로직을 담은 파이썬 함수가 곧 노드가 되며, 그래프에서 각 노드는 상태를 입력으로 받아 동작하고, 그 결과로 상태값을 업데이트하여 반환합니다. 노드는 정상적으로 실행될 수도 있고, 실패할 수도 있습니다. 한마디로, 노드는 그래프 내에서 실질적인 작업을 처리하는 핵심 구성 요소입니다.

노드는 첫 번째 인자로 상태값(state)을 받으며 두 번째 인자로 설정값(config)을 받습니다. 이렇게 생성한 노드는 add_node( ) 메서드를 통해 그래프에 추가할 수 있습니다.

```
from langchain_core.runnables import RunnableConfig
from langgraph.graph import StateGraph

# 상태 그래프 선언
builder = StateGraph(dict)

# 노드로 사용할 함수 정의
def my_node(state: dict, config: RunnableConfig):
    print("In node: ", config["configurable"]["user_id"])
    return {"results": f"Hello, {state['input']}!"}
```

```python
def my_other_node(state: dict):
    return state  # 상태를 그대로 반환

# 노드를 그래프에 추가
builder.add_node("my_node", my_node)
builder.add_node("other_node", my_other_node)
```

앞의 코드에서 my_node는 입력된 상태값을 활용하여 인사말을 반환하고, my_other_node는 상태값을 변경하지 않고 그대로 반환하는 간단한 노드입니다.

START 노드

START 노드는 그래프 실행의 시작점을 나타내는 특별한 노드입니다. 사용자 입력을 처음 받아 그래프로 전달하며, 그래프 내에서 첫 번째로 실행될 노드를 지정할 때 사용합니다.

```python
from langgraph.graph import START

graph.add_edge(START, "node_a")
```

앞의 코드에서는 START 노드가 실행된 후, node_a로 상태가 전달됩니다.

END 노드

END 노드는 그래프 실행이 완료되었음을 나타내는 종료 노드입니다. 특정 노드의 작업이 끝난 후 더 이상 처리할 작업이 없을 경우, END 노드로 연결하여 그래프 실행을 종료합니다.

```python
from langgraph.graph import END

graph.add_edge("node_a", END)
```

이 코드는 node_a가 실행된 후 그래프가 종료되도록 설정한 예입니다.

1.4 에지

에지[edge]는 그래프 내에서 노드가 작업을 수행한 후, 다음에 어떤 동작을 이어갈지 결정하는 흐름 제어 요소입니다. 파이썬 함수나 고정된 연결을 통해 다음 실행 노드를 지정하며, 조건에 따라 분기하거나 종료를 지시할 수도 있습니다. 한마디로, 에지는 그래프 실행 흐름을 설계하는 핵심 구성요소입니다.

하나의 노드는 여러 개의 에지를 가질 수 있으며, 각각의 에지를 통해 다양한 경로로 분기하거나 순차적으로 작업을 이어갈 수 있습니다.

일반 에지

가장 기본적인 형태로, 한 노드에서 다음 노드로 직접 이동할 때 사용합니다.

```
graph.add_edge("node_a", "node_b")
```

이 코드는 node_a의 작업이 끝난 후, node_b가 실행되도록 지정합니다.

조건부 에지

특정 조건에 따라 다른 노드로 분기하거나 플로우를 종료할 때 사용합니다. 조건을 판단하는 함수가 필요하며, 그 결과에 따라 다음 실행 노드를 선택합니다.

```
graph.add_conditional_edges("node_a", routing_function,
                            {True: "node_b", False: "node_c"})
```

이 코드에서에서는 routing_function이 node_a 다음으로 어떤 노드를 사용할지 결정하는 함수가 되며, 해당 함수의 반환값이 True이면 node_b가, False이면 node_c가 다음 실행 노드가 됩니다.

진입 지점

진입 지점entry point은 그래프가 시작될 때 처음 실행할 노드를 명시합니다. 주로 START라는 가상의 노드를 사용하여 그래프의 첫 실행 지점을 설정합니다.

```
from langgraph.graph import START

graph.add_edge(START, "node_a")
```

이 코드는 START 노드에서 첫 번째로 실행할 노드로 에지를 추가하는 add_edg( ) 메서드를 사용하여 그래프의 진입 지점을 지정합니다.

조건부 진입 지점

사용자의 입력이나 외부 조건에 따라 그래프 실행의 첫 번째 노드를 동적으로 결정할 수 있습니다. 진입 지점 역시 조건부로 설정하여 다양한 초기 상태에 대응합니다.

```
from langgraph.graph import START

graph.add_conditional_edges(START, routing_function,
                            {True: "node_b", False: "node_c"})
```

add_conditional_edge( ) 메서드를 사용하여 가상의 START 노드와 라우팅 함수를 입력받습니다. 세 번째 인자로 라우팅 함수의 반환값에 해당하는 노드의 매핑 정보를 제공하여 조건부로 진입 지점 노드를 선택할 수 있습니다. 앞의 코드에서는 routing_function이 진입 지점으로 어떤 노드를 사용할지 결정하는 함수가 되며, 해당 함수의 반환값이 True이면 node_b가, False이면 node_c가 첫 실행 노드가 됩니다.

2 랭그래프 활용

지금부터 랭그래프를 사용해 오픈AI LLM을 기반으로 하는 챗봇chatbot 시스템을 단계별로 구현해 보겠습니다. 이를 통해 랭그래프가 제공하는 다양한 기능을 실제 애플리케이션에서 어떻게 활용할 수 있는지 알아보겠습니다. 이번에 구현할 챗봇은 다음과 같은 기능을 포함합니다.

- 웹 검색 결과를 활용하여 일반적인 질문이나 최신 정보가 필요한 질문에 답변하기
- 이전 대화와 사용자 설정을 저장하여 대화의 맥락 유지하기
- 인간의 개입이 필요한 복잡한 질문의 경우, 인간에게 라우팅하기
- 필요에 따라 커스텀 상태값을 사용하여 챗봇의 동작을 유연하게 제어하기
- 이전 대화로 되돌아가 수정하는 기능 지원하기

이제 실습 코드를 작성할 파일을 구글 코랩에 생성합니다. 이 책의 깃허브 주소에서 내려받은 실습 코드는 6장 폴더의 ch06_LANG_GRAPH.ipynb 파일입니다.

준비 사항

먼저 실습에 필요한 랭그래프와 관련 패키지를 설치합니다.

```
%%capture --no-stderr
%pip install -U langgraph
%pip install -U langchain-openai
```

이어서 구글 드라이브를 마운트하고 .env 파일에서 환경 변수를 로드합니다.

```
from google.colab import drive
drive.mount('/content/drive')
from dotenv import load_dotenv

# .env 파일에서 환경 변수 로드
load_dotenv("/content/.env")
```

실습에서 사용할 그래프의 상태값을 먼저 정의합니다. 상태는 대화 메시지들을 포함하며, 랭그래프의 add_messages 기능을 활용하여 메시지를 누적합니다.

```
from typing import Annotated

from typing_extensions import TypedDict

from langgraph.graph import StateGraph, START, END
from langgraph.graph.message import add_messages

# 실습에서 사용할 그래프의 상태 정의
class State(TypedDict):
    messages: Annotated[list, add_messages]

# 실습에서 사용할 그래프 인스턴스 생성
graph_builder = StateGraph(State)
```

이제 기본 준비가 완료되었습니다. 다음 단계에서는 이 그래프에 노드와 에지를 추가하여 실제 챗봇 플로우를 설계하고 구현해 보겠습니다.

2.1 루프 구현하기

이제 챗봇 그래프의 기본 루프를 구현해 보겠습니다.

먼저 챗봇 노드를 추가합니다. 이 노드는 LLM이 사용자의 질의를 받아 응답을 생성하는 역할을 합니다. 이를 위해 오픈AI 클라이언트를 정의하고, 오픈AI API로부터 답변을 받아오는 파이썬 함수를 작성합니다. 이 함수가 챗봇 노드로 동작하게 됩니다.

```
from langchain_openai import ChatOpenAI

# 오픈AI 클라이언트 정의
llm = ChatOpenAI(model="gpt-4o-mini")

# 오픈AI를 호출하여 응답을 받아온 뒤, 상태값에 저장하여 반환하는 챗봇 함수 정의
def chatbot(state: State):
    return {"messages": [llm.invoke(state["messages"])]}
```

```
# 챗봇 노드 정의
graph_builder.add_node("chatbot", chatbot)
```

다음으로, 그래프의 시작과 종료를 나타내는 진입 지점과 종료 지점을 지정합니다. START와 END는 진입과 종료를 나타내는 특수 노드이기 때문에 langgraph.graph에서 임포트하여 사용합니다.

```
from langgraph.graph import StateGraph, START, END
# 진입 지점
graph_builder.add_edge(START, "chatbot")
# 종료 지점
graph_builder.add_edge("chatbot", END)
```

그래프가 완성되었으면 compile( ) 함수를 호출하여 실행 가능한 형태로 변환합니다. 그래프를 컴파일한다는 것은 정의한 노드와 흐름을 실제 실행할 수 있는 구조로 만드는 것을 의미합니다.

```
graph = graph_builder.compile()
```

이제 사용자의 입력을 받아 순환하며 동작하는 챗봇을 실행할 수 있습니다. while 루프를 사용하여 사용자가 quit, exit, q 명령어를 입력할 때까지 계속해서 질문과 응답을 주고받도록 구현합니다. 사용자의 입력은 graph.stream( ) 함수를 통해 미리 구성한 챗봇 워크플로우에 전달되며, 생성된 응답은 event에 누적되어 확인할 수 있습니다.

```
while True:
    # 사용자의 질의 입력받기
    user_input = input("User: ")

    # 사용자가 quit 또는 exit, q를 입력한다면 루프 종료
    if user_input.lower() in ["quit", "exit", "q"]:
        print("Goodbye!")
```

```
        break

    # 사용자의 입력을 그래프에 전달하여 정의된 흐름 실행
    for event in graph.stream({"messages": ("user", user_input)}):
        for value in event.values():
            print("Assistant:", value["messages"][-1].content)
```

이제 기본적인 질문과 응답이 가능한 챗봇이 구현되었습니다. 예를 들어, 다음과 같이 실행해 볼 수 있습니다.

```
User: 너는 누구야?
Assistant: 저는 인공지능 챗봇이에요. 무엇을 도와드릴까요?
User: 반가워!
Assistant: 안녕하세요! 만나서 반가워요! 어떻게 도와드릴까요?
User: exit
Goodbye!
```

마지막으로, 현재까지 구성한 그래프를 시각화해 보겠습니다. draw_mermaid_png( ) 함수를 이용하면 그래프의 구조를 이미지로 출력할 수 있습니다. 생성된 이미지를 IPython.display를 사용해 화면에 표시합니다.

```
from IPython.display import Image, display
display(Image(graph.get_graph().draw_mermaid_png()))
```

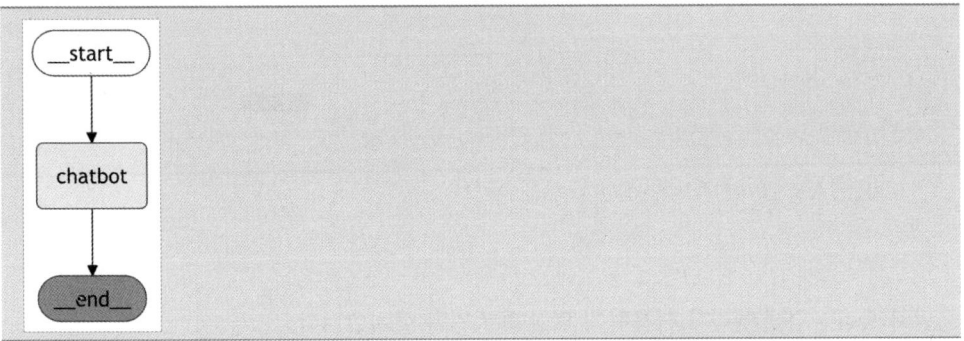

이 과정을 통해 챗봇 워크플로우의 전반적인 구조를 한눈에 파악할 수 있습니다.

2.2 조건문 구현하기

이제 챗봇이 학습된 데이터만으로는 답할 수 없는 질문에도 대응할 수 있도록 외부 검색 도구를 연동하여 챗봇 노드를 변경해 보겠습니다. 이번 예제에서는 Tavily 검색 엔진[2]을 챗봇의 도구로 활용하여 실시간 정보를 제공할 수 있도록 합니다.

참고 Tavily API Key 발급

Tavily 검색 엔진은 웹사이트에서 데이터를 수집하고 AI 알고리즘을 통해 검색어와 연관성이 높은 정보를 필터링하여 사용자에게 정형화된 형식(JSON)으로 제공합니다. 최신 정보가 필요하거나 실시간으로 신뢰할 수 있는 데이터를 빠르게 수집해야 할 때 유용하게 사용할 수 있습니다.

Tavily 검색 엔진을 사용하려면 다음과 같은 절차를 통해 API 키를 발급받아야 합니다.

1. https://tavily.com/ 사이트에 접속합니다.
2. [Sign up]을 눌러 회원 가입하거나 [Continue with Google] 또는 [Continue with Github]을 통해 사이트에 로그인합니다.
3. https://app.tavily.com/home 대시보드에 접속합니다.

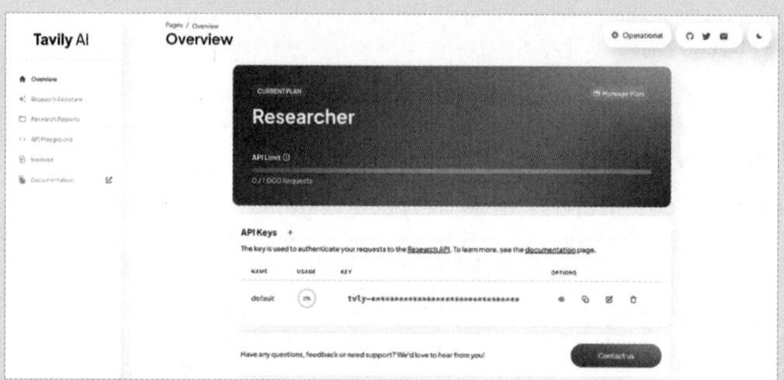

4. 발급된 API 키를 확인하고 복사합니다.

먼저 Tavily 검색 엔진을 사용하기 위한 패키지를 설치합니다.

2 https://python.langchain.com/v0.2/docs/integrations/tools/tavily_search/

```
%%capture --no-stderr
%pip install -U tavily-python
%pip install -U langchain_community
```

이어서 Tavily 검색 엔진을 사용하기 위한 API 키를 다음과 같이 .env 파일에 추가합니다. 그리고 다시 한번 dotenv 라이브러리를 사용하여 환경 설정을 불러와 API 키를 로드합니다.

```
TAVILY_API_KEY=발급받은 API 키
```

다음으로, Tavily 검색 엔진을 랭체인 도구로 정의합니다. Tavily는 랭체인 라이브러리로 제공되고 있으므로, 패키지를 설치하고 임포트한 뒤 코드 한 줄로 간단히 추가할 수 있습니다.

```
from langchain_community.tools.tavily_search import TavilySearchResults

# Tavily 검색 엔진을 도구로 정의
tool = TavilySearchResults(max_results=2)
tools = [tool]
# 호출 예시
tool.invoke("내일 대한민국 서울의 날씨는?")
```

정의한 도구를 llm.bind_tools(tools) 함수를 사용하여 LLM과 연결합니다. 이제 LLM은 질문 유형에 따라 검색 도구를 사용할지 여부를 판단하고 필요한 파라미터를 포함한 응답을 반환합니다. 챗봇 노드에서는 llm_with_tools를 사용하여 외부 검색이 필요한 경우 도구를 자동으로 호출할 수 있도록 구현합니다.

```
from typing import Annotated

from langchain_openai import ChatOpenAI
from typing_extensions import TypedDict

from langgraph.graph import StateGraph, START
from langgraph.graph.message import add_messages

# 그래프 상태 정의
```

```python
class State(TypedDict):
    messages: Annotated[list, add_messages]

# 그래프 정의
graph_builder = StateGraph(State)

# 오픈AI 클라이언트 정의
llm = ChatOpenAI(model="gpt-4o-mini")
# 오픈AI 클라이언트에 Tavily 검색 엔진 도구 할당
llm_with_tools = llm.bind_tools(tools)

# 챗봇 함수 정의
def chatbot(state: State):
    return {"messages": [llm_with_tools.invoke(state["messages"])]}

# 그래프에 챗봇 노드 추가
graph_builder.add_node("chatbot", chatbot)
```

이제 챗봇은 LLM의 응답에 따라 두 가지 상황에 대응해야 합니다.

- LLM이 도구를 활용해야 한다고 판단하고 도구에 필요한 파라미터를 응답한 경우 도구를 호출해야 합니다.
- LLM이 단순 답변을 응답한 경우 사용자에게 응답을 반환하고 종료해야 합니다.

LLM의 단순 답변에 대한 노드는 앞에서 이미 작성했으므로, 여기서는 LLM이 도구 실행에 필요한 파라미터(정보)를 응답한 경우 해당 응답을 활용해 도구를 호출하는 노드를 추가해 보겠습니다.

도구 함수 tools는 정의되어 있으므로, 이를 호출하는 도구 노드를 정의합니다. 도구 노드는 호출되면 상태값에 저장된 가장 최근 메시지 messages[-1]을 검사하여 도구 호출 정보가 포함되어 있는지 확인합니다. 도구 호출 정보가 message.tool_calls에 저장되어 있다면 이를 사용하여 도구를 호출해 결과를 생성합니다. 호출 결과는 ToolMessage 객체로 반환하여 이후 흐름에 활용합니다. 현재 예제에서는 Tavily 검색 도구가 저장되어 있으므로, 이를 호출하게 됩니다.

```python
import json

from langchain_core.messages import ToolMessage

# 도구 노드로 사용할 클래스
class BasicToolNode:
    # 도구 노드에서 사용할 초기 파라미터 정의
    def __init__(self, tools: list) -> None:
        self.tools_by_name = {tool.name: tool for tool in tools}

    # 도구 노드가 호출될 때의 행동 정의
    def __call__(self, inputs: dict):
        # 입력된 상태의 가장 마지막 메시지 획득
        if messages := inputs.get("messages", []):
            message = messages[-1]
        else:
            raise ValueError("No message found in input")
        # 메시지의 tool_calls에 도구 정보가 존재한다면 이를 활용해 도구 호출
        outputs = []
        for tool_call in message.tool_calls:
            tool_result = self.tools_by_name[tool_call["name"]].invoke(
                tool_call["args"]
            )
            # 도구 호출의 결과물을 ToolMessage로 정의하여 출력값에 저장
            outputs.append(
                ToolMessage(
                    content=json.dumps(tool_result, ensure_ascii=False),
                    name=tool_call["name"],
                    tool_call_id=tool_call["id"],
                )
            )
        # 출력값을 상태값 형식에 맞춰 반환
        return {"messages": outputs}

# 도구 노드 정의
tool_node = BasicToolNode(tools=[tool])
# 도구 노드 그래프에 추가
graph_builder.add_node("tools", tool_node)
```

도구 노드는 항상 실행되는 것이 아니라, LLM 응답에 도구 호출 정보, 즉 tool_calls가 포함된 경우에만 활성화되어야 합니다. 따라서 hasattr(ai_message, "tool_calls")와 len(ai_message.tool_calls) > 0 조건을 검사하여 LLM 응답에 tool_calls 응답이 있으면 도구 노드를 의미하는 tools를, 없다면 종료를 의미하는 __end__ 를 반환합니다.

```
from typing import Literal

# 도구 노드 호출 여부를 결정하는 함수 정의
def route_tools(
        state: State,
) -> Literal["tools", "__end__"]:
    # 상태값의 가장 최근 메시지를 정의
    if isinstance(state, list):
        ai_message = state[-1]
    elif messages := state.get("messages", []):
        ai_message = messages[-1]
    else:
        raise ValueError(f"No messages found in input state to tool_edge: {state}")

    # 가장 최근 메시지에 tool_calls 속성이 있다면 tools 노드를, 아니라면 종료 지점을 반환
    if hasattr(ai_message, "tool_calls") and len(ai_message.tool_calls) > 0:
        return "tools"
    return "__end__"

# 챗봇 노드에 조건부 에지를 정의
graph_builder.add_conditional_edges(
    "chatbot",
    route_tools,
    {"tools": "tools", "__end__": "__end__"},
)
```

도구 노드가 실행된 이후에는 다시 챗봇 노드로 이동하여 검색 결과를 바탕으로 최종 응답을 생성합니다. 이를 위해 도구 노드와 챗봇 노드를 연결합니다. 또한 진입 지점으로 챗봇 노드를 지정해줍니다.

```
# 도구 노드와 챗봇 노드 연결
graph_builder.add_edge("tools", "chatbot")
# 진입 지점으로 챗봇 노드 지정
graph_builder.add_edge(START, "chatbot")
```

이제 외부 검색 결과를 활용하여 응답할 수 있는 챗봇이 완성되었습니다. graph_builder.compile( ) 함수를 호출하여 그래프를 컴파일하고 draw_mermaid_png( ) 메서드를 통해 현재의 구성도를 확인해 봅시다.

```
# 그래프 컴파일
graph = graph_builder.compile()
# 그래프 이미지화
display(Image(graph.get_graph().draw_mermaid_png()))
```

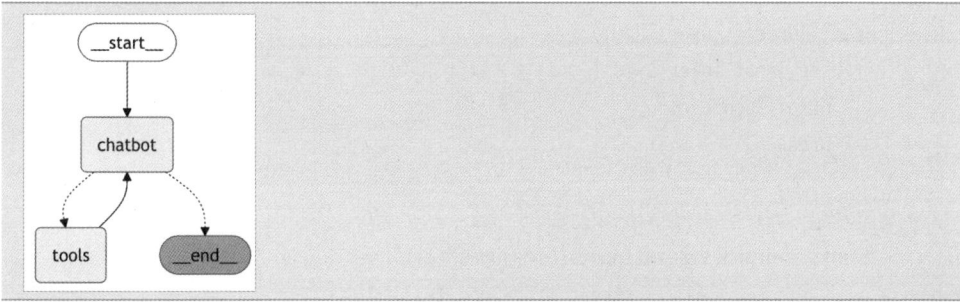

구성도를 보면 챗봇의 응답에 따라 도구를 호출하거나, 직접 답변을 반환하고 종료하는 흐름을 확인할 수 있습니다.

2.3 스트리밍

랭그래프에서는 실시간으로 데이터를 지속적으로 전송하는 스트리밍streaming 기능을 지원합니다. 이 기능을 활용하면 대규모 작업이나 연산이 진행 중일 때도 중간 결과를 즉시 확인할 수 있으며, 전체 결과가 준비되기 전에도 사용자와 상호작용할 수 있습니다.

스트리밍은 graph.stream( ) 함수를 호출할 때 stream_mode 파라미터 값을 다음과 같이 지정해 동작 방식을 선택할 수 있습니다.

- **values**: 각 노드가 실행된 후, 그래프의 전체 상태를 실시간으로 반환합니다. 전체 워크플로우의 상태 변화를 추적할 때 유용합니다.
- **updates**: 각 노드가 실행된 후, 상태값에 어떤 변경이 발생했는지만 반환합니다. 변경된 부분만 빠르게 확인할 수 있습니다.

다음은 완성된 그래프를 updates 모드로 스트리밍을 수행하는 코드입니다. 사용자의 질문을 입력받아 그래프를 실행하고, 노드 실행 결과를 실시간으로 출력합니다.

```
from langchain_core.messages import BaseMessage

while True:
# 사용자 질문 입력받기
    user_input = input("User: ")
    print("User:", user_input)
    if user_input.lower() in ["quit", "exit", "q"]:
        print("Goodbye!")
        break

# 업데이트된 내용을 확인할 수 있는 그래프 스트리밍 정의
    events = graph.stream(input={"messages": [("user", user_input)]},
                          stream_mode="updates")
# 그래프 이벤트 내의 메시지를 출력
    for event in events:
        for value in event.values():
            if isinstance(value["messages"][-1], BaseMessage):
                print("Assistant:", value["messages"][-1].content)
```

```
User: 24년 9월 9일 서울 날씨
Assistant:
Assistant: [{"url": "https://www.chosun.com/national/national_general/2024/09/09/
W4EML5R7DNBBBBC2SVWVOSN5SM/", "content": "오늘의 날씨 2024년 9월 9일 남부 곳곳에 소
나기 낮 최고 28~33도"}, {"url": "https://www.weather.go.kr/weather/home/main.jsp",
"content": "날씨해설. 2024년 9월 7일 (Sat) PM 04:00 발표. ※ 09월 07일부터 09월 09일
까지의 전망입니다. < 중점 사항 >. 당분간 수도권과 충청권, 남부지방, 제주도를 중심으로 최
```

```
고체감온도가 33도 내외로 올라 매우 덥겠습니다. 오늘부터 모레 사이 남부지방을 중심으로 소
나기가 ..."}]
Assistant: 2024년 9월 9일 서울의 날씨는 다음과 같습니다:

- **최고 기온**: 28도에서 33도 사이
- **특징**: 남부 곳곳에 소나기가 예상됩니다. 수도권과 충청권, 남부지방, 제주도를 중심으
로 매우 더운 날씨가 지속될 것으로 보입니다.

더 자세한 정보는 [이곳](https://www.chosun.com/national/national_general/2024/09/09/
W4EML5R7DNBBBBC2SVWVOSN5SM/)에서 확인할 수 있습니다.
User: exit
Goodbye!
```

스트림 모드를 update로 지정했기 때문에 Assistant에 출력되는 결과는 매번 상태가 변경될 때마다 업데이트된 마지막 메시지를 실시간으로 보여줍니다. 따라서 전체 대화 내역이 아니라, 최신 응답만을 확인할 수 있습니다.

2.4 상태 저장하기

지금까지 구현한 챗봇은 외부 검색 도구를 활용하여 최신 정보를 제공할 수 있지만, 이전 질문과 답변의 맥락을 기억하지 못하기 때문에 멀티턴 대화를 자연스럽게 이어가는 데 한계가 있습니다.

이 문제를 해결하기 위해 랭그래프에서는 그래프 상태를 메모리나 데이터베이스 같은 외부 저장소에 저장하고, 이후 동일한 상태를 복원하여 지속적인 대화를 이어갈 수 있는 기능을 제공합니다. 즉, 그래프를 실행할 때마다 상태를 새로 시작하는 것이 아니라, 특정 세션이나 대화 스레드의 상태를 유지하고 관리할 수 있습니다.

랭그래프는 체크포인트(checkpoint) 기능을 제공합니다. 그래프를 컴파일할 때 데이터를 저장할 체크포인터(checkpointer)를 설정하고, 그래프를 호출할 때 thread_id를 함께 제공하면 이전 대화 상태를 불러와서 대화를 이어서 진행할 수 있습니다.

지금은 가장 간단한 형태인 MemorySaver를 사용하여 상태 저장 기능을 구현해 보겠습니다.

MemorySaver는 랭그래프 기본 라이브러리에 포함된 메모리 기반 체크포인터로, 라이브러리 임포트 후 memory = MemorySaver( ) 한 줄로 정의할 수 있습니다.

```
from langgraph.checkpoint.memory import MemorySaver

memory = MemorySaver()
```

이어서 graph_builder.compile 함수로 그래프를 컴파일할 때 checkpointer 파라미터에 MemorySaver를 지정합니다. 이 작업만으로도 이제 상태를 저장할 수 있는 그래프가 됩니다.

```
from typing import Annotated

from langchain_openai import ChatOpenAI
from langchain_community.tools.tavily_search import TavilySearchResults
from typing_extensions import TypedDict

from langgraph.graph import StateGraph, START
from langgraph.graph.message import add_messages
from langgraph.prebuilt import ToolNode, tools_condition

class State(TypedDict):
    messages: Annotated[list, add_messages]

graph_builder = StateGraph(State)

tool = TavilySearchResults(max_results=2)
tools = [tool]

llm = ChatOpenAI(model="gpt-4o-mini")
llm_with_tools = llm.bind_tools(tools)

def chatbot(state: State):
    return {"messages": [llm_with_tools.invoke(state["messages"])]}

graph_builder.add_node("chatbot", chatbot)

# 미리 빌드된 도구 노드
tool_node = ToolNode(tools=[tool])
```

```python
graph_builder.add_node("tools", tool_node)

# 미리 빌드된 조건부 에지
graph_builder.add_conditional_edges(
    "chatbot",
    tools_condition,
)

graph_builder.add_edge("tools", "chatbot")
graph_builder.add_edge(START, "chatbot")

# 체크포인터를 지정하여 그래프를 컴파일
graph = graph_builder.compile(checkpointer=memory)
```

참고 Prebuilt Compnents

랭그래프에서는 자주 사용하는 기능과 패턴을 쉽게 구현할 수 있도록 미리 빌드된 구성요소(Prebuilt Components)[3]를 제공합니다.

앞선 '조건문 구현하기' 예제에서는 BasicToolNode 클래스를 직접 정의하여 도구 노드를 만들고, route_tools 메서드로 조건부 에지를 직접 작성했습니다. 하지만 이와 같은 LLM의 도구 사용 기능은 자주 사용되는 전형적인 패턴입니다. 따라서 랭그래프에서는 이러한 기능을 매번 직접 구현하지 않고 import만으로 손쉽게 활용할 수 있도록 미리 빌드된 컴포넌트를 제공합니다.

미리 빌드된 도구 노드: ToolNode

직접 만든 BasicToolNode와 동일하게 동작하며, 정의한 도구 리스트만 넘겨주면 바로 사용할 수 있습니다.

```python
from langgraph.prebuilt import ToolNode

tool_node = ToolNode(tools=[tool])
graph_builder.add_node("tools", tool_node)
```

3 https://langchain-ai.github.io/langgraph/reference/prebuilt

미리 빌드된 도구 조건부 에지: tools_condition

앞에서 정의한 route_tools 메서드와 같은 역할을 하며, 조건에 따라 도구 노드로 분기하거나 종료 노드로 이동합니다.

```
from langgraph.prebuilt import tools_condition

graph_builder.add_conditional_edges(
    "chatbot",
    tools_condition,
)
```

이처럼 미리 빌드된 구성요소(Prebuilt Components)를 활용하면 코드가 훨씬 간결해지고, 구현 과정이 더 직관적이며 효율적으로 바뀝니다. 따라서 가능하다면 이러한 미리 빌드된 구성요소를 적극적으로 활용해 보기 바랍니다.

이제 상태를 저장해서 맥락을 기억할 수 있는 챗봇과 상호작용해 보겠습니다. 대화의 키(key)로 사용될 thread_id를 다음과 같은 딕셔너리 형태로 정의합니다. 이는 랭그래프에서 사용하는 config 형식입니다.

```
config = {"configurable": {"thread_id": "1"}}
```

챗봇에게 첫 번째 대화를 건네면서 이름을 알려줍니다. 이때 그래프를 스트리밍으로 실행하는 graph.stream( ) 메서드 호출 시, 앞에서 thread_id를 정의한 config 파라미터를 함께 전달합니다.

```
user_input = "안녕! 내 이름은 오해원이야."

events = graph.stream(
    {"messages": [("user", user_input)]}, config, stream_mode="values"
)
for event in events:
```

```
    event["messages"][-1].pretty_print()
```

```
================================ Human Message =================================

안녕! 내 이름은 오해원이야.
================================== Ai Message ==================================

안녕하세요, 오해원님! 만나서 반갑습니다. 어떻게 도와드릴까요?
```

이제 챗봇이 이름을 기억하는지 확인해 보겠습니다. 이때 앞서 사용한 것과 동일한 thread_id가 포함된 config를 계속 전달해야 맥락이 유지됩니다.

```
user_input = "내 이름을 기억하니?"

events = graph.stream(
    {"messages": [("user", user_input)]}, config, stream_mode="values"
)
for event in events:
    event["messages"][-1].pretty_print()
```

```
================================ Human Message =================================

내 이름을 기억하니?
================================== Ai Message ==================================

네, 오해원님! 당신의 이름을 기억하고 있습니다. 다른 도움이 필요하시면 언제든지 말씀해 주세요!
```

이처럼 메모리에 대화 맥락[context]을 저장하고 있기 때문에, 여러 턴에 걸친 대화에서도 이전 대화 내용을 활용하여 답변을 생성합니다.

단, 해당 내용은 thread_id = 1에 저장되어 있기 때문에, 다음과 같이 thread_id를 변경하면 챗봇은 thread_id = 1에서 했던 대화 내용은 기억하지 못합니다.

```
events = graph.stream(
    {"messages": [("user", user_input)]},
    {"configurable": {"thread_id": "2"}}, # thread_id = 2로 변경
    stream_mode="values",
)
for event in events:
    event["messages"][-1].pretty_print()
```

```
================================ Human Message =================================

내 이름을 기억하니?
================================== Ai Message ==================================

죄송하지만, 저는 이전 대화 내용을 기억할 수 없어요. 당신의 이름을 다시 말씀해 주시면 좋겠어요!
```

이처럼 thread_id 값에 따라 챗봇이 기억하는 대화 맥락이 분리됩니다. 이제 체크포인트에 어떤 정보가 저장되어 있는지 확인해 보겠습니다. graph 객체의 get_state( ) 메서드를 사용하면 현재 그래프 상태의 스냅샷을 반환하므로, 체크포인트에 저장된 정보를 확인할 수 있습니다.

```
snapshot = graph.get_state(config)
print(snapshot)
```

```
StateSnapshot(values={'messages': [HumanMessage(content='안녕! 내 이름은 오해원이야.', id='ea0cd7b3-c362-4448-9918-a76810ab5be3'), AIMessage(content='안녕하세요, 오해원님! 어떻게 도와드릴까요?', additional_kwargs={'refusal': None}, response_metadata={'token_usage': {'completion_tokens': 16, 'prompt_tokens': 90, 'total_tokens': 106}, 'model_name': 'gpt-4o-mini-2024-07-18', 'system_fingerprint': 'fp_483d39d857', 'finish_reason': 'stop', 'logprobs': None}, id='run-72a25f5e-f7f3-46e0-ad4b-373aa685f165-0', usage_metadata={'input_tokens': 90, 'output_tokens': 16, 'total_tokens': 106}), HumanMessage(content='내 이름을 기억하니?', id='84dd74b0-180e-4258-bf61-8cf7d45c8f20'), AIMessage(content='네, 오해원님! 당신의 이름을 기억하고 있습니다. 어떻게 도와드릴까요?', additional_kwargs={'refusal': None}, response_metadata={'token_usage': {'completion_tokens': 23, 'prompt_tokens': 120, 'total_tokens': 143}, 'model_name': 'gpt-4o-mini-2024-07-18', 'system_fingerprint': 'fp_483d39d857', 'finish_reason': 'stop', 'logprobs': None}, id='run-0052926b-
```

```
f6b5-4655-b525-88b9fc227706-0', usage_metadata={'input_tokens': 120, 'output_
tokens': 23, 'total_tokens': 143})]}, next=(), config={'configurable': {'thread_
id': '1', 'checkpoint_ns': '', 'checkpoint_id': '1ef6e490-f7a4-64e8-8004-
3648f9689889'}}, metadata={'source': 'loop', 'writes': {'chatbot': {'messages':
[AIMessage(content='네, 오해원님! 당신의 이름을 기억하고 있습니다. 어떻게 도와드릴
까요?', additional_kwargs={'refusal': None}, response_metadata={'token_usage':
{'completion_tokens': 23, 'prompt_tokens': 120, 'total_tokens': 143}, 'model_name':
'gpt-4o-mini-2024-07-18', 'system_fingerprint': 'fp_483d39d857', 'finish_reason':
'stop', 'logprobs': None}, id='run-0052926b-f6b5-4655-b525-88b9fc227706-0', usage_
metadata={'input_tokens': 120, 'output_tokens': 23, 'total_tokens': 143})]}},
'step': 4, 'parents': {}}, created_at='2024-09-09T01:15:54.311380+00:00', parent_
config={'configurable': {'thread_id': '1', 'checkpoint_ns': '', 'checkpoint_id':
'1ef6e490-ed98-6dc8-8003-ffe72d4968a1'}}, tasks=())
```

StateSnapshot의 출력 결과에는 지금까지 주고받은 모든 메시지와 상태값, 각종 파라미터의 히스토리가 포함되어 있습니다. 즉, StateSnapshot은 해당 thread_id에 저장된 모든 맥락을 보여주는 역할을 하며, 이를 통해 멀티턴 대화가 어떻게 유지되고 있는지 직접 확인할 수 있습니다.

2.5 루프 개입하기

때때로 에이전트agent의 행동을 신뢰할 수 없어, 작업을 성공적으로 수행하기 위해 인간의 개입이 필요할 수 있습니다. 가령 에이전트가 계획한 다음 작업을 직접 검토하고 승인하거나, 그래프 실행을 수동으로 중단하고 흐름을 수정하는 등의 작업이 필요할 수 있습니다.

랭그래프에서는 이러한 인간 개입human-in-the-loop을 쉽게 구현할 수 있습니다. 그래프를 컴파일하는 graph_bilder.compile( ) 메서드를 호출할 때 interrupt_before 파라미터에 개입하고자 하는 노드를 명시하면, 해당 노드를 실행하기 직전에 흐름이 멈춥니다.

```
graph = graph_builder.compile(
    checkpointer=memory,
    interrupt_before=["tools"],
)
```

이처럼 interrupt_before 파라미터에 tools로 명명된 도구 노드를 선언한다면, tools 노드를

호출하기 전에 흐름이 멈추게 됩니다. interrupt_before 파라미터에는 리스트 형식으로 여러 개의 노드를 지정할 수도 있습니다.

다음과 같이 graph.stream( )을 실행하여 "지금 서울 날씨 어때?"라는 질문을 입력하면, 도구 호출이 필요한 상태에서 실행이 중단됩니다.

```
user_input = "지금 서울 날씨 어때?"
config = {"configurable": {"thread_id": "2"}}
events = graph.stream(
    {"messages": [("user", user_input)]}, config, stream_mode="values"
)
for event in events:
    if "messages" in event:
        event["messages"][-1].pretty_print()
```

```
================================ Human Message =================================

지금 서울 날씨 어때?
================================== Ai Message ==================================
Tool Calls:
  tavily_search_results_json (call_GVulto1OCH0XQUxwFioIuf4w)
 Call ID: call_GVulto1OCH0XQUxwFioIuf4w
  Args:
    query: 서울 날씨
```

기존 예제의 출력과 다르게, AI 메시지에 응답이 들어 있지 않고 도구 호출 파라미터들이 담겨 있습니다. 도구 노드를 호출하기 위한 정보들은 갖춰 놓고, 호출 직전에 멈춰 있는 상태입니다.

이제 get_state( ) 메서드를 통해 현재 그래프 상태의 스냅샷을 가져온 뒤, 다음 실행될 노드가 무엇인지 조회해 보겠습니다.

```
snapshot = graph.get_state(config)
print(snapshot.next)
```

```
('tools',)
```

다음 노드가 tools 메서드임을 확인할 수 있습니다. 현재 그래프는 더 진행되지 않고 멈춰 있으므로, 지금 시점에서 상태 변경이 필요하다면 마음껏 업데이트할 수 있습니다. 예를 들어, 다음 단계에 도구 사용이 예정되어 있지만, 도구 호출을 하지 않고 임의의 응답을 강제로 입력해 보겠습니다.

먼저 snapshot.values["messages"][-1]을 통해 최근 메시지를 가져와서 그 안의 tool_call id 값을 저장합니다. 이 id는 ToolMessage를 직접 수정할 때 필요합니다.

"서울의 날씨는 매우 맑아요."라는 응답을 포함하는 새로운 메시지 new_messages를 정의합니다. 도구 노드의 응답은 ToolMessage와 AIMessage를 동시에 포함하므로 두 메시지를 동일한 형식으로 맞춥니다.

이후 graph 객체의 update_state( ) 메서드를 호출하여 현재의 상태값을 업데이트할 수 있습니다. 정의한 new_messages를 인자로 전달하여 업데이트해 보겠습니다.

```
from langchain_core.messages import AIMessage

# 최근 메시지
existing_message = snapshot.values["messages"][-1]
# 최근 메시지의 id
existing_message_id = existing_message.tool_calls[0]["id"]

# 강제할 응답 정의
answer = 서울의 날씨는 매우 맑아요."

# 강제할 응답을 포함한 메시지 상태 정의
new_messages = [
    ToolMessage(content=answer, tool_call_id=existing_message_id),
    AIMessage(content=answer),
]
# 그래프 상태를 새로 작성한 메시지 상태로 변경
graph.update_state(
    config,
```

```
    {"messages": new_messages},
)
```

이제 get_state( ) 메서드를 다시 호출하여, 그래프의 상태(즉, messages)가 실제로 업데이트되었는지 확인해 보겠습니다. 가장 최근 두 개의 메시지를 조회해 보면 다음과 같이 업데이트되었음을 확인할 수 있습니다.

```
print("\n\nLast 2 messages;")
print(graph.get_state(config).values["messages"][-2:])
```

```
Last 2 messages;
[ToolMessage(content='서울의 날씨는 매우 맑아요.', id='25bd3202-383a-4f11-a715-68d2662bf814', tool_call_id='call_GVulto1OCH0XQUxwFioIuf4w'), AIMessage(content='서울의 날씨는 매우 맑아요.', id='286fa498-ceff-4650-b582-05c5a7eedd5e')]
```

이번에는 새로운 메시지를 추가하는 대신, 기존 메시지를 직접 수정하는 방법을 살펴보겠습니다. 먼저 thread_id가 3인 새로운 대화 세션을 생성하고, 첫 번째 질문으로 "지금 서울 날씨 어때?"를 입력합니다.

```
from langchain_core.messages import AIMessage

user_input = "지금 서울 날씨 어때?"
config = {"configurable": {"thread_id": "3"}}
events = graph.stream(
    {"messages": [("user", user_input)]}, config, stream_mode="values"
)
for event in events:
    if "messages" in event:
        event["messages"][-1].pretty_print()
```

```
================================ Human Message =================================

지금 서울 날씨 어때?
```

```
================================== Ai Message ==================================
Tool Calls:
  tavily_search_results_json (call_8EupZK05VKRlxFRoiKuSaYAc)
 Call ID: call_8EupZK05VKRlxFRoiKuSaYAc
  Args:
    query: 서울 날씨
```

메시지 스트림을 출력해보니 기존 사용자 입력과 AI 메시지의 query 값이 "지금 서울 날씨 어때?"로 설정되어 있습니다.

이제 get_state( ) 메서드로 기존 상태 스냅샷을 가져오고, snapshot.values["messages"][-1]로 가장 최근 메시지를 확인합니다. 이후 이 메시지를 복사한 뒤, query 값을 "지금 경기도 날씨 어때?"로 변경해 보겠습니다. 도구 메시지에서 query 값은 new_tool_call["args"]["query"]를 통해 수정할 수 있습니다.

이제 기존 메시지에서 원하는 부분만 수정한 AIMessage를 새로 생성한 뒤, 이를 new_message로 선언합니다. graph 객체의 update_state( ) 메서드를 호출할 때 new_message를 넘겨주면 그래프의 상태값이 새로 생성한 메시지로 업데이트됩니다.

```
snapshot = graph.get_state(config)
existing_message = snapshot.values["messages"][-1]
new_tool_call = existing_message.tool_calls[0].copy()
new_tool_call["args"]["query"] = "지금 경기도 날씨 어때?"
new_message = AIMessage(
    content=existing_message.content,
    tool_calls=[new_tool_call],
    id=existing_message.id,
)

graph.update_state(config, {"messages": [new_message]})
```

```
{'configurable': {'thread_id': '3',
  'checkpoint_ns': '',
  'checkpoint_id': '1ef79b77-d361-6c36-8002-b1d6d86a16f1'}}
```

그래프의 상태가 정상적으로 업데이트되었는지 다시 한번 get_state( ) 메서드를 호출하여 확인해 보겠습니다. 가장 최근 두 개의 메시지를 조회해 봅니다.

```
print("\n\nLast 2 messages;")
print(graph.get_state(config).values["messages"][-2:])
```

```
Last 2 messages;
[HumanMessage(content='지금 서울 날씨 어때?', id='4a5cecba-58fd-4719-a835-195d13a0ac56'), AIMessage(content='', id='run-f3a1ac18-0a40-40b8-b675-8d0f34b1f401-0', tool_calls=[{'name': 'tavily_search_results_json', 'args': {'query': '지금 경기도 날씨 어때?'}, 'id': 'call_8EupZKO5VKRlxFRoiKuSaYAc', 'type': 'tool_call'}])]
```

실제 사용자가 입력한 메시지는 "지금 서울 날씨 어때?"지만, AIMessage는 직접 개입하여 변경한 "지금 경기도 날씨 어때?"가 들어 있는 모습을 확인할 수 있습니다.

이처럼 랭그래프에서 지원하는 루프 개입하기 기능을 활용하면, 다음과 같은 유용한 작업을 수행할 수 있습니다.

- 현재 상태 편집하기
- 과거 기록 탐색하기
- 상태 수정하기
- 특정 시점의 상태에 메시지 추가하기

사용자는 그래프 실행 중 언제든지 개입하여 흐름을 변경하고, 원하는 방식으로 데이터와 상호작용할 수 있습니다. 이러한 기능을 활용하면 AI의 응답을 보다 정밀하게 제어할 수 있으며, 필요에 따라 사람의 개입을 통해 보다 신뢰도 높은 결과를 생성할 수 있습니다.

3 랭그래프 실습

앞에서 랭그래프의 기본 구성요소와 이를 활용하는 방법에 대해 알아보았습니다. 이번 절에서는 실제 애플리케이션에 랭그래프를 어떻게 응용할 수 있는지 다양한 실습을 통해 알아보겠습니다.

3.1 자체교정-RAG

첫 번째 실습으로 랭그래프를 활용하여 보다 향상된 답변을 생성하는 자체교정-RAG[Corrective-RAG]를 구현해 보겠습니다.

기본적인 RAG는 사용자의 질문에 대해 관련 문서를 검색하고, 이를 기반으로 답변을 생성하는 방식입니다. 따라서 RAG의 답변 결과는 검색된 문서가 사용자 질문과 얼마나 관련 있는지에 따라 크게 달라집니다. 즉, 검색된 문서가 질문과 충분한 관련이 없을 경우, 생성된 답변의 품질이 크게 저하되는 한계가 있습니다.

이러한 문제를 보완하기 위해 자체교정-RAG는 사용자의 질문과 검색된 문서의 연관도를 평가한 뒤, 그 연관도가 기준 이하일 경우 질문을 재작성하여 검색을 다시 수행합니다. 이를 통해 보다 적합한 문서를 확보하고, 더욱 정확하고 신뢰할 수 있는 답변을 생성할 수 있습니다.

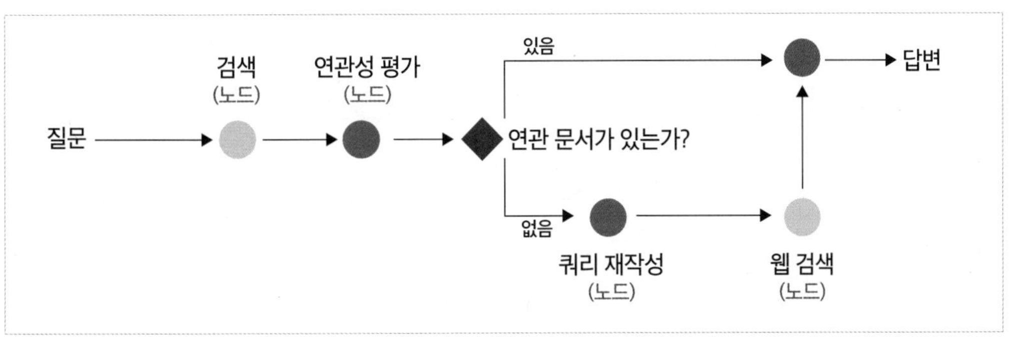

그림 6-4 자체교정-RAG 흐름도

자체교정-RAG를 다음과 같은 단계에 따라 구현해 보겠습니다.

1. 사용자에게 질문을 입력받고, 관련된 문서를 검색합니다.
2. 해당 문서가 사용자의 질문과 얼마나 관련 있는지 평가합니다.

3. 검색된 문서가 질문과 관련이 크게 없다고 판단되면, 웹 검색을 통해 정보를 보완합니다.

4. 웹 검색에 앞서, 검색에 적합한 형태로 쿼리를 변형하여 검색 효율을 높입니다.

이제 실습 코드를 작성할 파일을 구글 코랩에 생성합니다. 이 책의 깃허브 주소에서 내려받은 실습 코드는 6장 폴더의 ch06_LANG_GRAPH_CORRECTIVE_RAG.ipynb 파일입니다.

환경 설정

먼저 필요한 라이브러리를 설치합니다.

```
! pip install langchain_community tiktoken langchain-openai chromadb langchain
langgraph tavily-python
```

답변을 생성하는 데 LLM을 사용합니다. 여기서는 ChatGPT API를 사용하겠습니다. 또한 외부 도메인 지식을 활용할 경우를 대비해 Tavily Search를 연동합니다. 이를 위해 OPEN AI API KEY와 TAVILY API KEY를 준비하여 .env 파일에 추가하고 로드합니다.

```
from google.colab import drive
drive.mount('/content/drive')
from dotenv import load_dotenv

# .env 파일에서 환경 변수 로드
load_dotenv("/content/.env")
```

문서 인덱싱

사용자의 질문을 처리하기 전에 검색 대상 문서를 사전에 인덱싱해야 합니다. 이번 실습에서는 구글의 코드 스타일 가이드 문서를 크롤링하고, 이를 기반으로 검색 가능한 벡터 데이터베이스를 구축합니다.

```
from langchain.text_splitter import RecursiveCharacterTextSplitter
from langchain_community.document_loaders import WebBaseLoader
```

```
from langchain_community.vectorstores import Chroma
from langchain_openai import OpenAIEmbeddings

# 크롤링할 블로그의 url 정의
urls = [
    "https://google.github.io/styleguide/pyguide.html",
    "https://google.github.io/styleguide/javaguide.html",
    "https://google.github.io/styleguide/jsguide.html",
]

# WebBaseLoader를 사용하여 주어진 URL 목록에서 문서 크롤링
docs = [WebBaseLoader(url).load() for url in urls]
docs_list = [item for sublist in docs for item in sublist]

# 지정한 크기만큼 텍스트를 분할하는 텍스트 분할기 설정
text_splitter = RecursiveCharacterTextSplitter.from_tiktoken_encoder(
    chunk_size=250, chunk_overlap=0
)
# 문서 분할
doc_splits = text_splitter.split_documents(docs_list)

# Chroma 벡터 저장소에 문서의 분할된 조각 저장
vectorstore = Chroma.from_documents(
    documents=doc_splits,
    collection_name="rag-chroma",
    embedding=OpenAIEmbeddings(),
)
# 벡터 저장소에서 검색을 수행할 수 있는 검색기 생성
retriever = vectorstore.as_retriever()
```

먼저 크롤링할 블로그의 대상 url 수집한 뒤, 랭체인 커뮤니티에서 제공하는 WebBaseLoader를 사용하여 해당 url의 웹 페이지 내용을 크롤링하여 doc_list 변수에 저장합니다.

이렇게 크롤링한 문서의 내용을 빠르게 검색하려면 텍스트를 분할하여 저장해야 합니다. 긴 문서 전체에서 원하는 키워드를 검색하는 것보다 분할된 작은 텍스트에서 키워드를 검색하는 것이 훨씬 속도가 빠르고 결과를 도출하기 쉽기 때문입니다. 여기서는 랭체인 라이브러리에서 제공하는 RecursiveCharacterTextSplitter를 사용하겠습니다. from_tiktoken_encoder 함수를 통해 원하는 청크 크기(chunk_size)와 겹침 정도(chunk_overlap)를 설정할 수 있습니다. 이번 실습에서는 250 토큰 단위로 문서를 분할하고 분할 텍스트 간 겹침은 없도록 설정하겠습니다.

분할된 문서를 Chroma 벡터 저장소에 임베딩하여 저장합니다. 문서나 텍스트를 벡터화하는 방법은 다양하지만, 오픈AI에서 제공하는 임베딩 API를 사용하면 OpenAIEmbeddings 클라이언트를 통해 간편하게 구현할 수 있습니다. 이어서 Chroma에 저장된 데이터를 검색할 수 있는 retriever를 생성합니다.

지금까지 구글의 코드 스타일 가이드 문서 3개를 크롤링하여 Chroma 벡터 데이터베이스에 저장하는 과정을 진행했습니다. 이후 사용자의 질문이 입력되면, retriever를 통해 크로마 데이터베이스에서 질문과 가장 유사한 문서를 검색하고 이를 기반으로 답변을 생성하게 됩니다.

문서 평가하기

이번에는 벡터 저장소에서 검색된 문서가 사용자의 질문과 얼마나 관련이 있는지 평가하는 노드를 만들어 보겠습니다.

```
from langchain_core.prompts import ChatPromptTemplate
from langchain_core.pydantic_v1 import BaseModel, Field
from langchain_openai import ChatOpenAI

# 문서와 질문의 연관성을 평가하기 위한 데이터 모델 정의
class GradeDocuments(BaseModel):
    binary_score: str = Field(
        description="문서와 질문의 연관성 여부. (예 or 아니오)"
    )

# 연관성 평가를 위한 LLM 정의
llm = ChatOpenAI(model="gpt-4o-mini", temperature=0)
structured_llm_grader = llm.with_structured_output(GradeDocuments)

# LLM이 사용자의 질문에 대해 문서의 연관성을 평가할 수 있도록 지시하는 프롬프트 정의
system = """당신은 사용자의 질문에 대해 검색된 문서의 관련성을 평가하는 전문가입니다.
```

```
문서에 질문과 관련된 키워드나 의미가 담겨 있으면, 해당 문서를 '관련 있음'으로 평가하세요.
문서가 질문과 관련이 있는지 여부를 '예' 또는 '아니오'로 표시해 주세요."""

# 시스템 메시지와 사용자의 질문 및 문서 내용을 포함한 템플릿 작성
grade_prompt = ChatPromptTemplate.from_messages(
    [
        ("system", system),
        ("human", "검색된 문서: \n\n {document} \n\n 사용자 질문: {question}"),
    ]
)

# 프롬프트와 구조화된 LLM 평가기를 결합하여 retrieval_grader 객체 생성
retrieval_grader = grade_prompt | structured_llm_grader
```

문서 평가는 LLM을 통해 수행합니다. 프롬프트에는 사용자의 질문과 문서 간 연관성을 평가하도록 구체적인 지시를 작성합니다. 연관성 평가 결과는 예 또는 아니오 값을 가지는 binary_score 변수에 저장되며, 이를 위해 GradeDocuments 데이터 모델을 정의합니다.

또한 ChatOpenAI 클라이언트를 llm 변수에 할당하고, llm.with_structured_output( ) 메서드에 GradeDocuments 모델을 연결하여 LLM의 응답이 해당 데이터 모델 형식으로 저장되도록 파이프라인을 구성합니다. 이로써 문서 평가를 위한 노드가 완성되었습니다.

이제 검색기를 통해 '파이썬 코드 작성 가이드'에 대한 연관 문서를 검색한 뒤, 실제로 질문과 연관된 문서인지 LLM으로 연관성을 평가해 보겠습니다.

```
question = "파이썬 코드 작성 가이드"
# 연관 문서 검색
docs = retriever.invoke(question)
doc_txt = docs[1].page_content
# 검색된 문서의 연관성 평가
print(retrieval_grader.invoke({"question": question, "document": doc_txt}))
```

```
binary_score='예'
```

LLM은 검색된 문서가 질문과 연관이 있는지 '예' 또는 '아니오'로 답변합니다. 실행 결과를 보면, 검색된 문서가 사용자 질문과 충분히 관련 있음을 확인할 수 있습니다.

답변 생성하기

검색된 문서가 적절하다면 해당 문서를 맥락으로 활용해 사용자에게 응답할 답변을 생성해야 합니다.

```
from langchain_core.output_parsers import StrOutputParser

# LLM이 제공된 문맥을 바탕으로 답변할 수 있도록 지시하는 프롬프트 정의
system = """당신은 질문에 답변하는 업무를 돕는 도우미입니다.
제공된 문맥을 바탕으로 질문에 답변하세요. 만약 답을 모르면 모른다고 말하세요.
세 문장을 넘지 않도록 답변을 간결하게 작성하세요."""
# 시스템 메시지와 사용자의 질문 및 문서 내용을 포함한 템플릿 작성
prompt = ChatPromptTemplate.from_messages(
    [
        ("system", system),
        ("human", "질문: {question} \n문맥: {context} \n답변:"),
    ]
)

# 검색된 문서들을 한 문자열로 병합
def format_docs(docs):
    return "\n\n".join(doc.page_content for doc in docs)

# 프롬프트, LLM, 문자열 출력을 결합하여 RAG 체인 생성
rag_chain = prompt | llm | StrOutputParser()
```

답변의 생성은 LLM으로 이루어집니다. 프롬프트에 주어진 맥락과 질문을 기반으로 답변을 생성해 달라는 지시를 충분히 작성합니다. `prompt | llm | StrOutputParser( )`와 같이 정의하면 프롬프트, LLM, 문자열 출력을 결합한 RAG 체인이 생성됩니다. 이 체인을 `rag_chain`으로 정의하겠습니다. `rag_chain`에 질문과 문서를 넘겨주면 LLM은 이를 기반으로 답변을 생성하게 됩니다. 이렇게 답변을 생성하는 노드 정의도 완료되었습니다.

기존에 검색했던 문서와 입력받은 사용자 질문을 바탕으로 답변을 생성해 보겠습니다.

```python
# 정의된 RAG 체인을 사용하여 질문과 문맥을 기반으로 답변 생성
generation = rag_chain.invoke(
    {"context": format_docs(docs), "question": question}
)

# 생성된 답변 출력
print(generation)
```

```
Google에서 제공하는 오픈소스 프로젝트용 스타일 가이드에 따르면, 파이썬 코드 작성 시
pylint를 사용하여 코드를 검사하는 것이 좋습니다. pylint는 Python 소스 코드에서 버그와 스
타일 문제를 찾아주는 도구입니다. pylint를 사용하면 오타나 변수 할당 전 사용 등의 실수를
쉽게 잡을 수 있습니다.
```

구글의 스타일 가이드를 관련 문서로 제공했으므로 이를 기반으로 답변을 생성한 것을 확인할 수 있습니다.

질문 재작성하기

검색된 문서가 적절하지 않다면 웹 검색을 진행해야 합니다. 이때 사용자의 질문을 웹 검색에 적합한 형태로 변환해야 하므로, 이를 구현하는 함수를 작성하겠습니다.

```python
# LLM이 입력된 질문을 웹 검색에 적합한 형태로 변형하도록 지시하는 프롬프트 정의
system = """당신은 입력된 질문을 변형하여 웹 검색에 최적화된 형태로 만드는 질문
생성기입니다.
입력된 질문을 보고 그 이면에 있는 의미나 의도를 파악해주세요."""
# 시스템 메시지와 사용자 질문을 포함한 템플릿 작성
re_write_prompt = ChatPromptTemplate.from_messages(
    [
        ("system", system),
        (
            "human", "질문: \n\n {question} \n 더 나은 질문으로 바꿔주세요.",
        ),
    ]
)

# 프롬프트, LLM, 문자열 출력을 결합하여 질문 변형 체인 생성
question_rewriter = re_write_prompt | llm | StrOutputParser()
```

질문의 재작성은 LLM으로 이루어집니다. 프롬프트에는 사용자의 질문을 웹 검색에 적합한 형태로 변형해 달라는 지시를 명확하게 작성합니다. re_write_prompt | llm | StrOutputParser( ) 형태로 프롬프트, LLM, 문자열 출력을 결합한 체인을 정의하고, 이 체인을 question_rewriter로 저장합니다. 해당 체인에 질문을 넘겨주면 LLM은 이를 기반으로 질문을 재작성하게 됩니다. 이로써 질문을 재작성하는 노드 정의도 완료되었습니다.

변경이 필요한 사용자 질문을 입력하여 LLM이 어떻게 변환해 주는지 테스트해 보겠습니다. question_rewriter 체인을 실행하면 정의한 파이프라인이 실행되고 구조화된 응답을 얻을 수 있습니다.

```
question = "C++ 깔끔하게 짜고 싶다"
question_rewriter.invoke({"question": question})
```

```
'어떻게 하면 C++ 코드를 더 깔끔하게 작성할 수 있을까요?'
```

실행 결과를 보면, 웹 검색에 더 효율적인 형태로 질문을 재작성한 것을 확인할 수 있습니다.

웹 검색하기

웹 검색은 TavilySearchResults를 사용하여 수행합니다.

```
from langchain_community.tools.tavily_search import TavilySearchResults

web_search_tool = TavilySearchResults(k=3)
```

Tavily 도구를 정의했으므로 웹 검색이 필요한 시점에 이 도구를 호출하면 됩니다.

상태

그래프를 작성하기에 앞서, 그래프에서 사용할 상태값을 정의합니다.

```
from typing import List
from typing_extensions import TypedDict
```

```python
class GraphState(TypedDict):
    question: str
    generation: str
    web_search: str
    documents: List[str]
```

- **question:** 사용자의 질문 또는 웹 검색을 위해 재작성된 질문
- **generation:** LLM이 생성한 답변
- **web_search:** 웹 검색 여부를 나타내는 상태
- **documents:** 검색된 문서 리스트

그래프

이제 노드와 에지를 통해 Corrective-RAG 기능을 수행하는 그래프를 완성해 보겠습니다.

```python
from langchain.schema import Document

def retrieve(state):
    """
    문서를 검색합니다

    Args:
        state (dict): 현재 그래프의 상태

    Returns:
        state (dict): 검색된 문서를 포함한 새로운 상태
    """
    print("---검색---")
    question = state["question"]

    documents = retriever.get_relevant_documents(question)
    return {"documents": documents, "question": question}

def generate(state):
    """
```

```
    답변을 생성합니다

    Args:
        state (dict): 현재 그래프의 상태

    Returns:
        state (dict): LLM이 생성한 답변을 포함한 새로운 상태
    """
    print("---생성---")
    question = state["question"]
    documents = state["documents"]

    generation = rag_chain.invoke({"context": documents, "question": question})
    return {"documents": documents, "question": question, "generation": generation}

def grade_documents(state):
    """
    검색된 문서가 질문과 연관이 있는지 평가합니다

    Args:
        state (dict): 현재 그래프의 상태

    Returns:
        state (dict): 연관이 있다고 판단된 문서가 업데이트된 상태
    """

    print("---문서와 질문의 연관성 평가---")
    question = state["question"]
    documents = state["documents"]

    filtered_docs = []
    web_search = "아니오"
    for d in documents:
        score = retrieval_grader.invoke(
            {"question": question, "document": d.page_content}
        )
        grade = score.binary_score
        if grade == "예":
            print("---평가: 연관 문서---")
            filtered_docs.append(d)
```

```
        else:
            print("---평가: 연관 없는 문서---")
            web_search = "예"
            continue
    return {"documents": filtered_docs, "question": question,
            "web_search": web_search}

def transform_query(state):
    """
    질문을 더 적합한 형태로 변환합니다

    Args:
        state (dict): 현재 그래프의 상태

    Returns:
        state (dict): 변환된 질문이 업데이트된 상태
    """

    print("---질문 변환---")
    question = state["question"]
    documents = state["documents"]

    better_question = question_rewriter.invoke({"question": question})
    return {"documents": documents, "question": better_question}

def web_search(state):
    """
    웹 검색을 수행합니다

    Args:
        state (dict): 현재 그래프의 상태

    Returns:
        state (dict): 웹 검색 결과가 업데이트된 상태
    """

    print("---웹 검색---")
    question = state["question"]
    documents = state["documents"]

    docs = web_search_tool.invoke({"query": question})
```

```
    web_results = "\n".join([d["content"] for d in docs])
    web_results = Document(page_content=web_results)
    documents.append(web_results)

    return {"documents": documents, "question": question}
```

이처럼 노드들이 수행할 행동에 대한 메서드를 작성합니다. 각 메서드는 상태값을 입력으로 받아, 해당 상태값을 활용하여 미리 정의된 RAG 체인을 실행합니다. 이후 이렇게 얻은 응답으로 새로운 상태값을 생성하게 됩니다.

이제 각 노드를 연결할 에지에 대한 메서드를 작성해 보겠습니다.

```
def decide_to_generate(state):
    """
    답변을 생성할지, 질문을 재생성할지 결정합니다

    Args:
        state (dict): 현재 그래프의 상태

    Returns:
        str: 다음에 호출할 노드
    """

    print("---문서 검토---")
    web_search = state["web_search"]

    if web_search == "예":
        print(
            "---연관 문서가 없음. 질문을 변환---"
        )
        return "transform_query"
    else:
        print("---연관 문서가 있음. 답변을 생성---")
        return "generate"
```

이처럼 에지 메서드는 상태값을 검사하여 해당 상태값에 따라 다음에 호출할 노드를 결정하게 됩니다. 이렇게 노드와 에지로 활용할 메서드를 모두 정의했습니다. 이제 정의한 노드와 에지를 그래프에 추가하여 최종 워크플로우를 구성합니다.

```
from langgraph.graph import END, StateGraph, START

workflow = StateGraph(GraphState)

# 노드 정의
workflow.add_node("retrieve", retrieve)  # retrieve
workflow.add_node("grade_documents", grade_documents)  # grade documents
workflow.add_node("generate", generate)  # generate
workflow.add_node("transform_query", transform_query)  # transform_query
workflow.add_node("web_search_node", web_search)  # web search

# 그래프 정의
workflow.add_edge(START, "retrieve")
workflow.add_edge("retrieve", "grade_documents")
workflow.add_conditional_edges(
    "grade_documents",
    decide_to_generate,
    {
        "transform_query": "transform_query",
        "generate": "generate",
    },
)
workflow.add_edge("transform_query", "web_search_node")
workflow.add_edge("web_search_node", "generate")
workflow.add_edge("generate", END)

# 그래프 컴파일
app = workflow.compile()
```

각 노드와 노드 간의 관계를 정의하는 에지까지 모두 설정하여 그래프 구성을 마쳤습니다. 이후 workflow.compile( ) 메서드를 호출하면, 앞서 정의한 노드와 조건부 흐름에 따라 동작하는 랭그래프 워크플로우가 완성됩니다.

정의한 그래프가 의도한 대로 구성되었는지 확인해 봅시다.

```
from IPython.display import Image, display

display(Image(app.get_graph().draw_mermaid_png()))
```

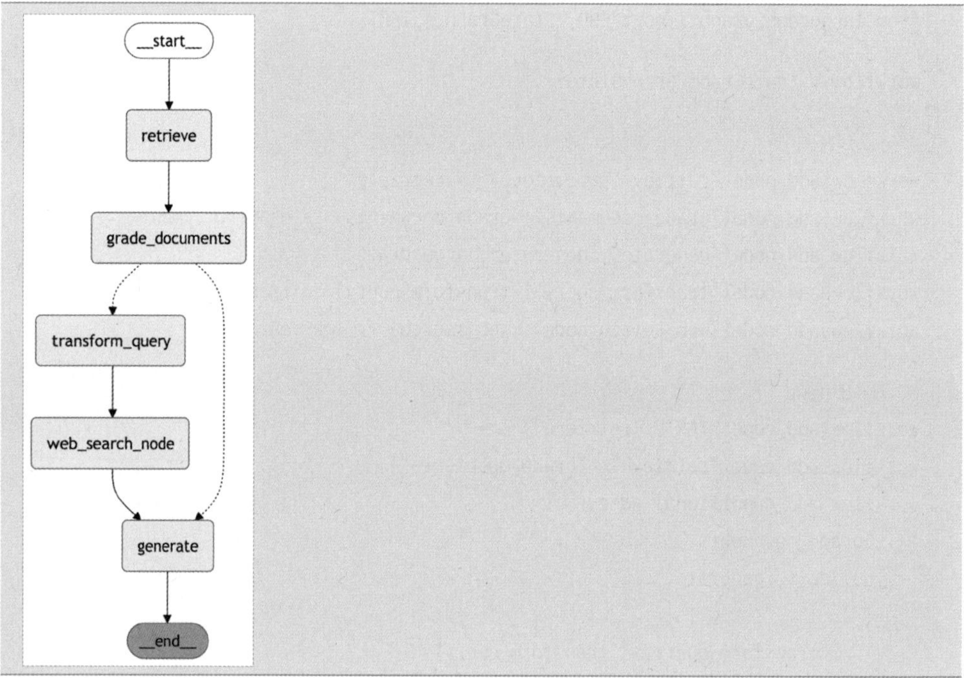

이제 완성된 흐름이 잘 동작하는지 확인해 보겠습니다. 그래프를 컴파일하여 app 변수에 저장했으므로, 사용자의 질문을 입력한 뒤 app.stream으로 그래프 실행 과정을 스트리밍할 수 있습니다.

```
from pprint import pprint

inputs = {"question": "구글의 코드 작성 가이드"}
for output in app.stream(inputs):
    for key, value in output.items():
        pprint(f"Node '{key}':")
        # pprint(value, indent=2, width=80, depth=None)

pprint(value["generation"])
```

```
---검색---
"Node 'retrieve':"
---문서와 질문의 연관성 평가---
---평가: 연관 문서---
---평가: 연관 문서---
---평가: 연관 문서---
---평가: 연관 문서---
---문서 검토---
---연관 문서가 있음. 답변을 생성---
"Node 'grade_documents':"
---생성---
"Node 'generate':"
('구글의 코드 작성 가이드는 JavaScript와 Java 프로그래밍 언어에 대한 코딩 표준을 정의합
니다. 이 가이드는 주로 강제 규칙에 '
 '중점을 두며, 미적 형식뿐만 아니라 다양한 코딩 관습을 다룹니다. 새로운 파일은 구글 스타
일을 사용해야 하며, 기존 코드와의 일관성을 '
 '유지해야 합니다.')
```

모두 연관된 문서일 경우, 문서를 활용하여 답변을 생성합니다. 다른 질문을 입력해 테스트해 보겠습니다.

```
inputs = {"question": "C++ 깔끔하게 짜고 싶다"}
for output in app.stream(inputs):
    for key, value in output.items():
        pprint(f"Node '{key}':")
        # pprint(value, indent=2, width=80, depth=None)

pprint(value["generation"])
```

```
---검색---
"Node 'retrieve':"
---문서와 질문의 연관성 평가---
---평가: 연관 없는 문서---
---평가: 연관 없는 문서---
---평가: 연관 문서---
---평가: 연관 문서---
```

```
---문서 검토---
---연관 문서가 없음. 질문을 변환---
"Node 'grade_documents':"
---질문 변환---
"Node 'transform_query':"
---웹 검색---
"Node 'web_search_node':"
---생성---
"Node 'generate':"
('C++ 코드를 깔끔하고 효율적으로 작성하려면, 가독성을 높이기 위해 주석을 적절히 추가하고,
명확한 변수 및 함수 이름을 사용하는 것이 '
 '중요합니다. 또한, 알고리즘과 자료구조를 적절히 선택하고 불필요한 연산을 최소화하여 성능
을 최적화해야 합니다. 마지막으로, 코드 리뷰와 '
 '테스트를 통해 품질을 유지하는 것이 필요합니다.')
```

연관 없는 문서가 존재할 경우, 질문을 재작성하고 웹 검색 결과를 추가하여 답변을 생성합니다.

이렇게 해서 답변의 품질을 스스로 평가하고 개선하는 Corrective-RAG가 완성되었습니다. 웹 검색을 통해 보완 정보를 추가하고, 필요 시 질문을 재작성하여 답변의 정확성을 높일 수 있습니다.

3.2 코드 어시스트 챗봇

코파일럿과 같이 LLM을 활용해 개발을 도와주는 애플리케이션이 점점 더 많이 등장하고 있습니다. 이번 실습에서는 코파일럿과 유사하게 LLM을 활용하여 코드를 생성하여 개발을 도와주는 챗봇을 구현해 보겠습니다. 이 챗봇은 다음과 같은 단계를 거쳐 동작합니다.

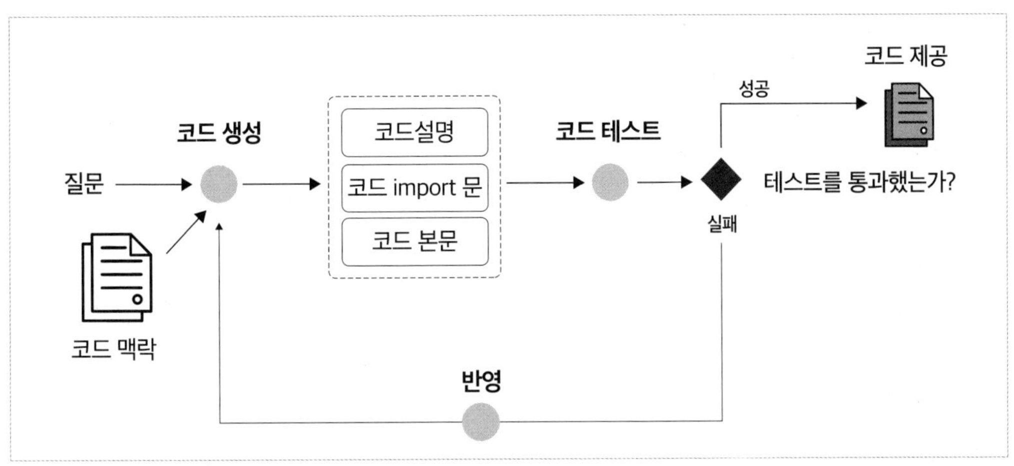

그림 6-5 코드 어시스트 챗봇의 동작 과정

1. 사용자가 질문과 함께 코드 맥락을 제공합니다.
2. 제공된 코드 맥락을 분석하고, 이를 바탕으로 질문에 대한 답변을 생성합니다.
3. 구조화된 출력을 생성하기 위해 필요한 도구를 호출합니다.
4. 사용자에게 최종 답변을 반환하기 전에 두 가지 단위 테스트(임포트와 코드 실행)를 수행합니다.

이제 실습 코드를 작성할 파일을 구글 코랩에 생성합니다. 이 책의 깃허브 주소에서 내려받은 실습 코드는 6장 폴더의 ch06_LANG_GRAPH_CODE_ASSIST_CHATBOT.ipynb 파일입니다.

환경 설정

먼저 필요한 라이브러리를 설치합니다.

```
%%capture --no-stderr
! pip install langchain_community tiktoken langchain-openai chromadb langchain
langgraph
```

앞선 실습과 마찬가지로 답변을 생성하는 데 ChatGPT API를 사용하므로, OPEN AI API

KEY를 .env 파일에서 로드합니다.

```
from google.colab import drive
drive.mount('/content/drive')
from dotenv import load_dotenv

# .env 파일에서 환경 변수 로드
load_dotenv("/content/.env")
```

문서 정의

LLM에 제공할 코드 관련 문서를 정의하겠습니다. 랭체인 LECL 공식 문서를 가져와 코드 맥락으로 제공합니다.

```
from bs4 import BeautifulSoup as Soup
from langchain_community.document_loaders.recursive_url_loader import
RecursiveUrlLoader

# 크롤링할 URL 지정
url = "https://python.langchain.com/v0.2/docs/concepts/#langchain-expression-
language-lcel"
# 해당 페이지를 재귀적으로 크롤링
loader = RecursiveUrlLoader(
    url=url, max_depth=20, extractor=lambda x: Soup(x, "html.parser").text
)

# 지정된 URL에서 크롤링한 문서를 'docs' 변수에 저장
docs = loader.load()

# 크롤링된 문서를 'source' 메타데이터를 기준으로 정렬
d_sorted = sorted(docs, key=lambda x: x.metadata["source"])
d_reversed = list(reversed(d_sorted))

# 모든 문서의 내용을 하나의 문자열로 연결
concatenated_content = "\n\n\n --- \n\n\n".join(
    [doc.page_content for doc in d_reversed]
)
```

여기서 RecursiveUrlLoader는 지정한 URL을 기준으로 하위 페이지까지 재귀적으로 크롤링하며, BeautifulSoup을 사용해 페이지에서 텍스트만 추출합니다. 이렇게 수집한 문서들은 LLM이 코드 생성과 관련된 질문에 답변할 때 참고하는 맥락으로 제공됩니다.

코드 생성

이제 사용자의 요청에 따라 코드를 생성하는 함수를 작성하겠습니다. 이 함수는 코드 생성 노드에서 사용됩니다.

LLM이 LCEL 전문가로서 사용자의 질문에 답변하도록 지시하는 프롬프트를 정의하고, LLM이 출력하는 코드를 구조적으로 저장할 데이터 모델 code를 정의합니다. 이 데이터 모델은 프롬프트에서 요구하는 prefix, imports, code, description으로 구성됩니다.

llm 변수에 ChatOpenAI 클라이언트가 정의되어 있으므로, llm.with_structured_output(code)와 같이 선언하면 LLM은 code 데이터 모델에 맞는 구조화된 출력을 반환합니다. 이제 이 프롬프트와 llm.with_structured_output(code)를 결합하여 RAG 체인을 생성하고 code_gen_chain으로 정의하겠습니다.

```
from langchain_core.prompts import ChatPromptTemplate
from langchain_core.pydantic_v1 import BaseModel, Field
from langchain_openai import ChatOpenAI

# LLM이 LCEL 전문가로서 사용자의 질문에 답변하도록 지시하는 프롬프트 정의
system = """
당신은 LCEL(LangChain expression language) 전문가인 코딩 어시스턴트입니다.
다음은 필요한 LCEL 문서 전문입니다:
-------
{context}
-------
위에 제공된 문서를 기반으로 사용자 질문에 답변하세요.
제공하는 코드는 실행 가능해야 하며, 필요한 모든 import 문과 변수들이 정의되어 있어야 합니다.
답변을 다음과 같은 구조로 작성하세요:
1. prefix : 문제와 접근 방식에 대한 설명
```

```
2. imports : 코드 블록 import 문
3. code : import 문을 제외한 코드 블록
4. description : 질문에 대한 코드 스키마

다음은 사용자 질문입니다:
"""

# 시스템 메시지와 사용자의 질문을 포함한 템플릿 작성
code_gen_prompt = ChatPromptTemplate.from_messages(
    [
        ("system", system),
        ("placeholder", "{messages}"),
    ]
)

# 코드 출력을 구조화하기 위한 데이터 모델 정의
class code(BaseModel):
    prefix: str = Field(description="문제와 접근 방식에 대한 설명")
    imports: str = Field(description="코드 블록 import 문")
    code: str = Field(description="import 문을 제외한 코드 블록")
    description: str = Field(description="질문에 대한 코드 스키마")

# 코드 생성을 위한 LLM 정의
llm = ChatOpenAI(temperature=0, model="gpt-4o-mini")

# 프롬프트, 구조화된 LLM 출력을 결합하여 RAG 체인 생성
code_gen_chain = code_gen_prompt | llm.with_structured_output(code)
```

이제 LLM은 크롤링한 LCEL 공식 문서 내용을 맥락으로 제공받아, 사용자의 질문이 입력되면 질문과 문서를 종합하여 코드를 생성하게 됩니다. code_gen_chain에 맥락과 질문을 넣어 invoke( ) 함수를 호출하면 이렇게 정의한 코드 생성 체인이 실행됩니다. 응답은 code 데이터 모델에 맞춰 구조화된 출력으로 제공됩니다.

```
question = "LCEL로 RAG 체인을 어떻게 만들어?"
solution = code_gen_chain.invoke(
    {"context": concatenated_content, "messages": [("user", question)]}
```

```
)
print(solution)
```

```
prefix='이 코드는 LangChain Expression Language (LCEL)를 사용하여 Retrieval-
Augmented Generation (RAG) 체인을 만드는 방법을 보여줍니다. RAG 체인은 LLM이 외부 데
이터 소스에서 정보를 검색하고 이를 기반으로 응답을 생성하는 구조입니다.' imports='from
langchain_core.prompts import ChatPromptTemplate\nfrom langchain_openai import
ChatOpenAI\nfrom langchain_core.output_parsers import StrOutputParser\nfrom
langchain_core.retrievers import MyRetriever\nfrom langchain_core.embeddings
import MyEmbeddingModel' code='# Define the prompt template\nprompt_template =
ChatPromptTemplate.from_template("Retrieve relevant information and generate a
response based on the user\'s query: {query}")\n\n# Initialize the LLM\nllm =
ChatOpenAI(model="gpt-4", temperature=0)\n\n# Initialize the retriever\nretriever
= MyRetriever(embedding_model=MyEmbeddingModel())\n\n# Create the RAG chain\nrag_
chain = prompt_template | retriever | llm | StrOutputParser()' description='이 코드
는 LCEL을 사용하여 RAG 체인을 구성하는 방법을 보여줍니다. 사용자가 입력한 쿼리를 기반으
로 관련 정보를 검색하고, 이를 LLM에 전달하여 응답을 생성합니다. 최종적으로 응답은 문자열
형식으로 파싱됩니다.'
```

상태

그래프에서 사용할 상태를 정의합니다. 코드 어시스턴트 챗봇에서는 다음과 같은 상태값들을 사용합니다.

```
from typing import List, TypedDict

class GraphState(TypedDict):
    error: str
    messages: List
    generation: str
    iterations: int
```

- **error:** 테스트 오류가 발생했는지 여부
- **messages:** 사용자의 질문, 오류 메시지, 이유 등을 포함하는 메시지 목록
- **generation:** 생성된 코드

- iterations: 시도 횟수

그래프

이제 노드와 에지들을 통해 사용자의 질문에 따라 코드를 생성하고, 자동으로 테스트를 진행하여 검증까지 진행하는 챗봇의 흐름을 구현하겠습니다.

먼저, 각 노드의 행동을 정의하는 메서드를 구현합니다. 상태값으로 전달받은 코드를 검증하고 실행하는 데는 파이썬의 exec( ) 함수를 사용합니다. exec( ) 함수는 문자열로 구성된 파이썬 코드를 실행하는 함수이므로, LLM이 생성한 코드를 직접 파이썬 환경에서 실행하여 오류 여부를 확인할 수 있습니다.

```
def generate(state: GraphState):
    """
    코드를 생성합니다

    Args:
        state (dict): 현재 그래프의 상태

    Returns:
        state (dict): 생성한 코드가 업데이트된 상태
    """

    print("---코드 생성---")

    messages = state["messages"]
    iterations = state["iterations"]
    error = state.get("error", "no")

    if error == "yes":
        messages += [
            (
                "user",
                "다시 시도해보세요. 출력 결과를 prefix, imports, code block으로 구조화하
                기 위해 코드 도구를 호출하세요:",
            )
        ]
```

```
    code_solution = code_gen_chain.invoke(
        {"context": concatenated_content, "messages": messages}
    )
    messages += [
        (
            "assistant",
            f"{code_solution.prefix} \n Imports: {code_solution.imports} \n Code:
            {code_solution.code}",
        )
    ]

    iterations = iterations + 1
    return {"generation": code_solution, "messages": messages, "iterations":
            iterations}

def code_check(state: GraphState):
    """
    코드 검사

    Args:
        state (dict): 현재 그래프의 상태

    Returns:
        state (dict): 오류 여부가 업데이트된 상태
    """

    print("---코드 검사---")

    messages = state["messages"]
    code_solution = state["generation"]
    iterations = state["iterations"]

    imports = code_solution.imports
    code = code_solution.code

    try:
        exec(imports)
    except Exception as e:
        print("---import 체크: 실패---")
        error_message = [("user", f"당신의 코드는 import 테스트를 실패했습니다: {e}")]
```

```
        messages += error_message
        return {
            "generation": code_solution,
            "messages": messages,
            "iterations": iterations,
            "error": "yes",
        }

    try:
        exec(imports + "\n" + code)
    except Exception as e:
        print("---code block 체크: 실패---")
        error_message = [("user", f"당신의 코드는 실행 테스트를 실패했습니다: {e}")]
        messages += error_message
        return {
            "generation": code_solution,
            "messages": messages,
            "iterations": iterations,
            "error": "yes",
        }

    print("---오류 없음---")
    return {
        "generation": code_solution,
        "messages": messages,
        "iterations": iterations,
        "error": "no",
    }

def reflect(state: GraphState):
    """
    오류 반영

    Args:
        state (dict): 현재 그래프 상태

    Returns:
        state (dict): 생성된 코드가 추가된 상태
    """
```

```
    print("---코드 솔루션 생성---")

    messages = state["messages"]
    iterations = state["iterations"]
    code_solution = state["generation"]

    reflections = code_gen_chain.invoke(
        {"context": concatenated_content, "messages": messages}
    )
    messages += [("assistant", f"여기 오류를 반영한 코드입니다: {reflections}")]
    return { "generation": code_solution, "messages": messages, "iterations":
            iterations}
```

이번에는 노드의 행동 여부를 결정하는 에지 메서드를 구현합니다. 오류 발생 여부와 시도 횟수 상태값을 기준으로 종료할지 재시도할지를 결정합니다. 오류가 없거나 최대 시도 횟수(3회)에 도달하면 종료하고, 그렇지 않으면 다시 시도합니다.

```
flag = "do not reflect"

def decide_to_finish(state: GraphState):
    """
    종료 여부를 결정합니다

    Args:
        state (dict): 현재 그래프의 상태

    Returns:
        str: 다음에 호출할 노드
    """
    error = state["error"]
    iterations = state["iterations"]

    if error == "no" or iterations == 3:
        print("---종료---")
        return "end"
    else:
        print("---재시도---")
```

```
        if flag is True:
            return "reflect"
        else:
            return "generate"
```

마지막으로 노드와 에지를 연결해 그래프를 구성합니다.

```
from langgraph.graph import END, StateGraph, START

workflow = StateGraph(GraphState)

# 노드 정의
workflow.add_node("generate", generate)
workflow.add_node("check_code", code_check)
workflow.add_node("reflect", reflect)

# 그래프 정의
workflow.add_edge(START, "generate")
workflow.add_edge("generate", "check_code")
workflow.add_conditional_edges(
    "check_code",
    decide_to_finish,
    {
        "end": END,
        "reflect": "reflect",
        "generate": "generate",
    },
)
workflow.add_edge("reflect", "generate")

# 그래프 컴파일
app = workflow.compile()
```

각 노드와 노드 간의 관계를 정의하는 에지까지 설정하여 그래프 구성을 완료했습니다. 이후 workflow.compile( ) 메서드를 호출하면, 앞서 정의한 노드와 조건부 흐름에 따라 동작하는 랭그래프 워크플로우가 완성됩니다.

정의한 그래프가 의도한 대로 구성되었는지 확인해 봅시다.

```
from IPython.display import Image, display

display(Image(app.get_graph().draw_mermaid_png()))
```

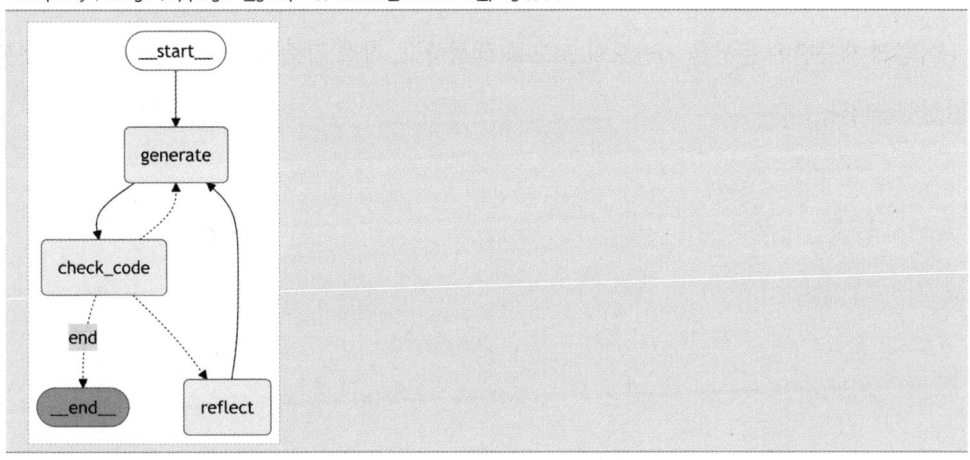

이제 완성된 그래프에 질문을 입력하여 테스트해 보겠습니다. 그래프를 컴파일하여 app 변수에 저장했으므로, 사용자의 질문을 입력한 뒤 app.invoke( )로 그래프를 실행할 수 있습니다.

```
question = "문자열을 runnable 객체에 직접 전달하고, 이를 사용하여 내 프롬프트에 필요한 입력을 구성하려면 어떻게 해야 하나요?"
app.invoke({"messages": [("user", question)], "iterations": 0})
```

```
---코드 생성---
---코드 검사---
text='The input provided is: Formatted input: Hello, LangChain!'
---오류 없음---
---종료---

{'error': 'no',
 'messages': [('user',
   '문자열을 runnable 객체에 직접 전달하고, 이를 사용하여 내 프롬프트에 필요한 입력을 구성하려면 어떻게 해야 하나요?'),
  ('assistant',
```

```
"이 문제는 문자열을 Runnable 객체에 직접 전달하고, 이를 사용하여 프롬프트에 필요한 입력을 구성하는 방법에 대한 것입니다. Runnable 객체는 LangChain의 다양한 구성요소를 조합하여 사용할 수 있는 표준 인터페이스를 제공합니다. 이 예제에서는 문자열을 입력으로 받아서 이를 처리하는 간단한 Runnable 객체를 생성하고, 이를 통해 프롬프트를 구성하는 방법을 보여줍니다. \n Imports: from langchain_core.runnables import Runnable, ... (이하 생략) ...
```

이렇게 제공받은 문서를 기반으로 코드를 생성하고, 직접 검증하는 코드 어시스턴트 챗봇을 완성했습니다.

7

리액트 에이전트를 활용한 RAG

 ReAct에이전트의 '생각-행동-관찰' 순환 구조 이해

 ReAct 에이전트 동작에 필요한 프롬프트 작성 방법

 ReAct 에이전트를 활용한 RAG 실습

이번 장에서는 프린스턴 대학교와 구글 연구원들이 공동으로 개발한 ReAct 방법론에 대해 알아보겠습니다. ReAct는 Reason(추론)과 Act(행동)를 결합한 용어로, 대규모 언어 모델이 추론과 행동을 유기적으로 함께 사용하며 문제를 해결하는 방식을 의미합니다.

ReAct 방법론의 핵심은 대규모 언어 모델이 이전에 경험하지 못한 상황이나 정보가 부족한 상황에서도 언어 모델 스스로가 적절한 의사결정을 통해 문제를 해결할 수 있도록 하는 것입니다. 이 방법론은 인간의 자연스러운 문제 해결 과정을 모델링하여 만들어졌으며, '생각 → 행동 → 행동 입력 → 관찰' 사이클을 목표를 달성할 때까지 계속 반복하는 구조입니다. 하나의 사이클에서 각 단계가 지니는 의미는 다음과 같습니다.

- **생각**(Thought): 현재 상황을 분석하고 다음 행동을 추론하는 단계입니다.
- **행동**(Action): 필요한 구체적 행동을 선택하는 단계입니다.
- **행동 입력**(Action Input): 선택한 행동에 필요한 구체적인 값을 정하는 단계입니다.
- **관찰**(Observation): 행동 결과를 확인하는 단계이며 이를 바탕으로 다음 생각으로 이어집니다.

이 개념을 이해하기 위해 우리 인간의 일상적인 사고 과정을 해당 사이클에 대입하여 예를 들어 살펴봅시다. 주방에서 파스타를 요리하는 상황을 가정해 보겠습니다.

첫 번째 생각(Thought): 파스타를 삶아야 한다. 파스타를 삶으려고 하는데 물의 양을 정확히 모르겠다. 요리책을 봐야겠다.

행동(Action): 요리책 펼치기

행동 입력(Action Input): 목차에서 '파스타' 항목을 찾아 해당 페이지로 이동

관찰(Observation): 파스타 레시피를 찾았다. 100g당 물 1L가 필요하다는 정보가 있다.

두 번째 생각(Thought): 파스타 레시피에서 100g당 물 1L가 필요하단 사실을 알았다. 파스타 300g을 요리할 예정이다. 따라서 물이 3L 필요하겠다. 계량컵을 찾아야겠다.

행동(Action): 주방 서랍 찾아보기

행동 입력(Action Input): 계량컵을 찾기 위해 아래 서랍을 열어본다.

관찰(Observation): 물의 양을 측정할 수 있는 계량컵을 찾았다.

지면의 한계로 두 번째 사이클까지만 작성해 보았습니다. 이 다음은 계량컵을 찾았다는 관찰 결과를 바탕으로 다음 행동을 위한 세 번째 생각과 행동이 이어질 것입니다. 이처럼 우리는 일상에서 생각을 통해 상황을 파악하고 행동을 결정하며 구체적으로 실행하여 행동의 결과를 관찰합니다. 이어서 다시 다음 생각을 하는 과정을 반복적으로 거칩니다.

ReAct는 이러한 인간의 자연스러운 문제 해결 방식을 대규모 언어 모델을 통해 구현한 것입니다. 대규모 언어 모델은 마치 사람처럼 이전 관찰 결과를 바탕으로 새로운 생각을 하고, 그에 따른 행동을 선택하며, 그 결과를 다시 관찰하는 과정을 반복하게 됩니다. 이 반복적인 과정을 통해 모델은 현재 상황에 따라 적절한 행동을 취할 수 있게 됩니다.

이번 장에서는 이러한 ReAct 방법론을 적용하여 RAG(검색 증강 생성) 문제를 해결하는 과정을 살펴보겠습니다. 이를 통해 대규모 언어 모델이 어떻게 실제 상황에서 유연하게 대응하고 문제를 해결하는지 이해할 수 있습니다.

1 생각의 사슬

ReAct 방법론에서는 행동을 결정하기 전에 항상 생각이라는 과정을 거칩니다. 대규모 언어 모델이 무언가 답을 결정하기 전에 생각하는 과정을 거치도록 하는 기법을 '생각의 사슬Chain of Thought, CoT'이라고 합니다. 이 개념은 "Chain-of-Thought Prompting Elicits Reasoning in Large Language Models"[1] 논문에서 대규모 언어 모델의 답변 정확도를 높일 수 있는 방법으로 제시했으며, ReAct에서도 이 방법을 사용합니다.

생각의 사슬이란, 대규모 언어 모델이 답을 최종적으로 결정하기 전에 답을 찾아가는 과정을 글로 써내려가도록 하면, 모델이 정답에 더 정확하게 도달할 수 있다는 아이디어입니다. 조금 더 간단하게 설명하면, 답을 결정하기 전에 대규모 언어 모델이 풀이 과정 먼저 작성하도록 하면 더 정확한 답에 도달한다는 뜻입니다.

ReAct 논문에서는 '생각의 사슬' 개념을 차용하여 모델이 다음 행동을 결정하기 전에 '생각'이라는 과정을 반드시 거치도록 하여 현재 상황에 맞는 적절한 다음 행동을 좀 더 정확히 결정하도록 유도합니다. '생각의 사슬'이라는 아이디어는 비단 ReAct 방법론에만 쓰이는 것이 아니며, 대규모 언어 모델이 답을 결정해야 하는 많은 문제에서 사용할 수 있습니다. 예를 들어 살펴보겠습니다. 일반 프롬프트과 생각의 사슬을 유도하는 프롬프트의 차이를 비교해 보겠습니다.

먼저 그림 7-1 일반 프롬프트를 사용한 경우를 살펴봅시다. 일반 프롬프트로 질문할 때 대규모 언어 모델에게 예시를 하나 제시합니다. 예시로 '홍길동의 테니스 공 문제'를 주고, 그에 대한 답을 '정답: 11개'라고 알려줬습니다. 이때 '정답: 11개'와 같이 단답형으로 답변하는 모습을 예시로 제공했습니다.

대규모 언어 모델은 예시가 주어지면 해당 예시를 흉내내려는 특성이 있습니다. 예시에서 단답형으로 답변했으므로, 대규모 언어 모델은 '홍길동의 테니스 공 문제' 예시를 참고하여 실제로 답해야 하는 '카페에 있는 사과' 문제에도 단답형으로 답변합니다.

1 Wei, Jason, et al. "Chain-of-thought prompting elicits reasoning in large language models." arXiv preprint arXiv:2201.11903 (2022).

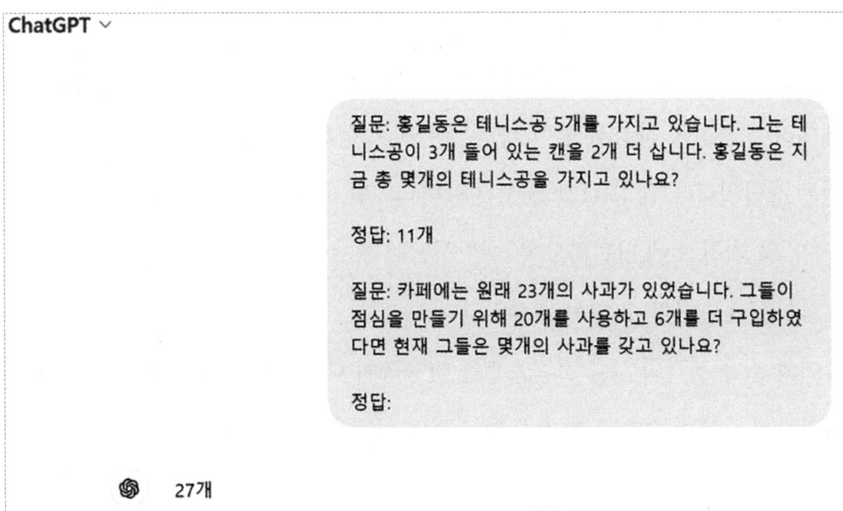

그림 7-1 일반 프롬프트로 질문

그렇게 답변한 정답: 27개는 아쉽게도 오답입니다. 그렇다면 이번에는 답을 적기 전에 풀이 과정부터 적도록 유도해 보겠습니다. 바로 생각의 사슬을 유도하는 프롬프트입니다.

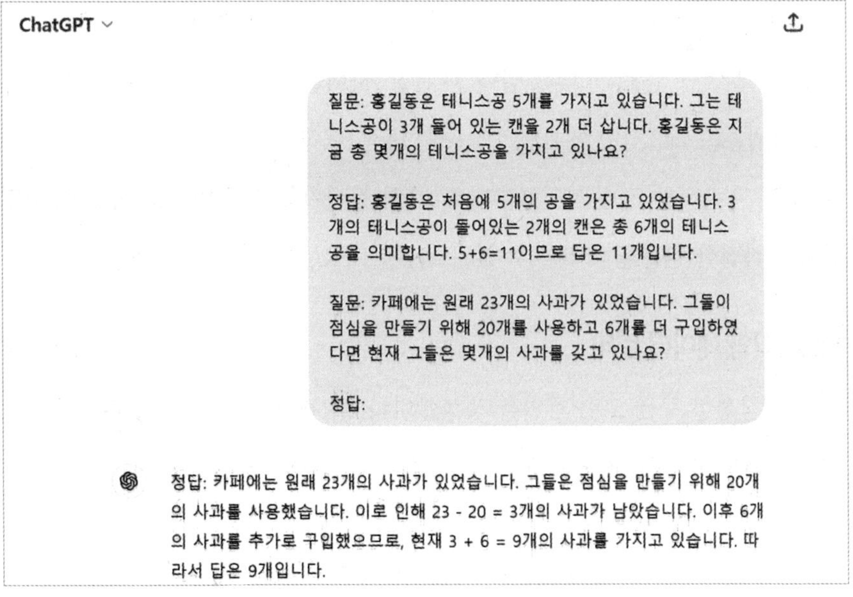

그림 7-2 생각의 사슬을 이용한 프롬프트로 질문

이번에는 예시로 작성된 '홍길동의 테니스 공 문제'에서 풀이 과정을 먼저 작성하고 답변을 작성하는 모습을 보여줬습니다. 그 후에 실제로 '카페에 있는 사과' 문제를 물어보면 주어진 예시를 흉내내려는 특성에 따라서 풀이 과정을 먼저 작성하고 답변을 합니다. 그리고 이렇게 작성한 답변은 정답입니다. 항상 보장되는 것은 아니지만, 동일한 문제를 풀게 하더라도 '풀이 과정'(또는 '생각')을 거친 후에 답변하도록 하면 성능이 오르는 경우가 많습니다. 이는 대규모 언어 모델에서 심심찮게 발견할 수 있는 현상입니다.

그리고 이와 같은 생각의 사슬 프롬프트를 이용하여 대규모 언어 모델이 도구의 선택이나 입력값을 적절하게 사용할 수 있도록 유도하는 것이 이번에 다루는 ReAct 방법론입니다.

2 에이전트 RAG

에이전트 RAG는 RAG에 대규모 언어 모델의 의사결정 능력을 결합한 시스템입니다. 여기서 '에이전트'란 특정 목표를 달성하기 위해 현재 상황을 인식하고 목표 해결을 위해 방법을 추론하며, 다음에 할 행동을 계획하고 실행할 수 있는 AI 시스템을 의미합니다.

앞서 설명한 '생각 → 행동 → 행동 입력 → 관찰' 사이클을 목표를 달성할 때까지 계속 반복하는 ReAct 방법론은 대표적인 에이전트의 구현 방식 중 하나입니다.

이제 두 개의 서로 다른 PDF 파일로부터 두 개의 검색기를 각각 만들고 이를 ReAcT 에이전트와 연결하여 복잡한 질문을 처리할 수 있는 에이전트 RAG를 구현해 보겠습니다.

2.1 라이브러리와 데이터 준비

먼저 코드를 작성할 구글 코랩 파일을 생성합니다. 이 책의 깃허브 주소에서 내려받은 실습 코드는 7장 폴더의 ch07_REACT_AGENT.ipynb 파일입니다.

라이브러리 설치

필요한 라이브러리를 설치합니다.

```
!pip install torch==2.4.0 transformers==4.45.1 datasets==3.0.1 accelerate==0.34.2
trl==0.11.1 peft==0.13.0
```

필요한 도구 임포트

이제 실습에 사용할 각종 라이브러리의 도구들을 임포트합니다.

```
import os
import requests
from langchain.text_splitter import RecursiveCharacterTextSplitter
from langchain_openai import OpenAIEmbeddings
from langchain_community.document_loaders import PyMuPDFLoader
from langchain_community.vectorstores import Chroma
from langchain.tools.retriever import create_retriever_tool
from langchain import hub
from langchain_openai import ChatOpenAI
from langchain.agents import AgentExecutor, create_react_agent
from langchain_core.prompts import PromptTemplate
```

각 도구의 쓰임새는 다음과 같습니다.

문서 처리와 관련된 기본 라이브러리

- **os:** API 키와 같은 중요한 정보를 저장할 때 사용하는 기본 라이브러리입니다. 여기서는 오픈AI API 키 값을 설정하는 데 사용합니다.
- **requests:** 인터넷에서 정보나 파일을 요청할 때 사용하는 라이브러리입니다. 여기서는 실습에 사용할 학습 데이터를 다운로드하는 데 사용합니다.

문서 로딩과 분할

- **PyMuPDFLoader**: PDF 문서를 읽어들이고 텍스트를 추출하는 도구입니다.
- **RecursiveCharacterTextSplitter**: 긴 문서를 의미 있는 단위로 분할하는 도구로, 문장과 단락의 문맥을 보존하며 텍스트를 청크 단위로 나눕니다.

임베딩과 벡터 저장소

- **OpenAIEmbeddings**: 오픈AI의 임베딩 모델을 사용해 텍스트를 벡터로 변환합니다.
- **Chroma**: 벡터화된 텍스트를 저장하고 검색하기 위한 벡터 데이터베이스입니다.

ReAct 에이전트 구성

- **create_retriever_tool**: 벡터 검색을 ReAct 에이전트의 도구로 변환합니다.
- **hub**: LangChain의 프롬프트 템플릿 저장소에 접근합니다.
- **ChatOpenAI**: 오픈AI의 챗GPT 모델을 활용하기 위한 인터페이스입니다.
- **AgentExecutor, create_react_agent**: ReAct 에이전트를 생성하고 실행하는 핵심 컴포넌트입니다.
- **PromptTemplate**: 에이전트의 프롬프트를 템플릿화하여 관리합니다.

오픈AI 키 설정

앞선 실습과 마찬가지로 답변을 생성하는 데 ChatGPT API를 사용하므로, 오픈AI API 키를 .env 파일에서 로드합니다.

```
# .env 파일에서 환경 변수 로드
load_dotenv("/content/.env")
# 환경 변수에서 API 키 가져오기
api_key = os.getenv("OPENAI_API_KEY")
```

실습 데이터 다운로드

인터넷을 통해 이번 실습에서 사용할 데이터를 다운로드합니다.

```
urls = [
    "https://raw.githubusercontent.com/langchain-kr/langchain-tutorial/main/Ch07.%20
    Agent/ict_japan_2024.pdf"
    "https://raw.githubusercontent.com/langchain-kr/langchain-tutorial/main/Ch07.%20
    Agent/ict_usa_2024.pdf"
]

# 각 파일 다운로드
for url in urls:
    filename = url.split("/")[-1]  # URL에서 파일명 추출
    response = requests.get(url)

    with open(filename, "wb") as f:
        f.write(response.content)
    print(f"{filename} 다운로드 완료")
```

```
ict_japan_2024.pdf 다운로드 완료
ict_usa_2024.pdf 다운로드 완료
```

이 코드는 일본과 미국의 ICT 정책 보고서 PDF를 로컬 환경으로 가져옵니다. urls 리스트는 Github의 raw 콘텐츠 URL을 담고 있습니다. 각 URL은 2024년 발행된 일본과 미국의 ICT 정책 보고서를 가리킵니다.

반복문에서 각 URL의 파일을 차례로 다운로드합니다. split( ) 메서드로 URL의 마지막 부분에서 파일명을 추출하고, requests로 원격 파일의 내용을 받아옵니다. 받아온 내용은 바이너리 쓰기 모드로 로컬에 저장되며, 저장이 끝날 때마다 완료 메시지가 출력됩니다. 이 파일들은 벡터 데이터베이스를 구축할 때 원본 자료로 사용할 예정입니다.

2.2 에이전트 도구 만들기

이제 주어진 PDF 파일들을 임베딩하고 벡터 데이터베이스에 적재하겠습니다. 이어서 이들을 ReAct 에이전트가 상황에 따라 선택해서 사용할 수 있는 도구들로 정의합니다.

벡터 데이터베이스

주어진 문서들을 임베딩하기 위해 오픈AI 임베딩 모델 객체 embd를 선언합니다.

```
# 임베딩 설정
embd = OpenAIEmbeddings()
```

PDF 문서를 벡터 데이터베이스로 변환하고 사용자 질의로부터 유사한 문서를 반환하는 검색기 객체인 retriever를 생성하는 함수 create_pdf_retriever를 구현합니다.

```
def create_pdf_retriever(
    pdf_path: str,            # PDF 파일 경로
    persist_directory: str,  # 벡터 스토어 저장 경로
    embedding_model: OpenAIEmbeddings,  # OpenAIEmbeddings 임베딩 모델
    chunk_size: int = 512,  # 청크 크기 기본값 512
    chunk_overlap: int = 0  # 청크 오버랩 크기 기본값 0
) -> Chroma.as_retriever:

    # PDF 파일 로드
    loader = PyMuPDFLoader(pdf_path)
    data = loader.load()

    # 청킹
    text_splitter = RecursiveCharacterTextSplitter.from_tiktoken_encoder(
        chunk_size=chunk_size,
        chunk_overlap=chunk_overlap
    )
    doc_splits = text_splitter.split_documents(data)

    # 벡터 스토어로 적재
    vectorstore = Chroma.from_documents(
        persist_directory=persist_directory,
        documents=doc_splits,
        embedding=embedding_model,
    )

    return vectorstore.as_retriever()
```

create_pdf_retriever 함수는 PDF 파일 경로와 벡터 저장소 경로, 오픈AI 임베딩 모델을 필수로 입력받으며, 청크 크기와 오버랩 크기는 선택적 매개변수로 기본값이 각각 512와 0으로 설정되어 있습니다.

함수 내부적으로 PDF를 처리하는 과정은 세 단계로 이루어집니다. 먼저 PyMuPDF 라이브러리로 PDF를 읽어들입니다. 그 다음 RecursiveCharacterTextSplitter를 사용해 텍스트를 청크 단위로 분할합니다. 이는 긴 문서를 다수의 문서로 분할하기 위함입니다. 분할된 다수의 문서들은 오픈AI의 임베딩 모델을 통해 Chroma 벡터 데이터베이스에 저장됩니다. 마지막으로 create_pdf_retriever 함수는 생성된 벡터 데이터베이스의 검색 인터페이스(retriever)를 반환합니다. 이 retriever는 자연어 질의에 대해 관련성 높은 PDF 내용을 검색할 수 있는 검색기입니다.

이제 이 함수를 이용하여 일본 ICT 정책에 대해 검색하는 검색기와 미국 ICT 정책에 대해 검색하는 검색기를 각각 만들어 봅시다.

```
# 일본 ICT 정책 데이터베이스 생성
retriever_japan = create_pdf_retriever(
    pdf_path="ict_japan_2024.pdf",
    persist_directory="db_ict_policy_japan_2024",
    embedding_model=embd
)

# 미국 ICT 정책 데이터베이스 생성
retriever_usa = create_pdf_retriever(
    pdf_path="ict_usa_2024.pdf",
    persist_directory="db_ict_policy_usa_2024",
    embedding_model=embd
)
```

create_pdf_retriever 함수를 사용해 일본과 미국의 ICT 정책 문서를 각각의 벡터 데이터베이스 검색기로 생성합니다. persist_directory에 "db_ict_policy_japan_2024"와 "db_ict_policy_usa_2024"라는 서로 다른 경로를 지정함으로써, 두 문서의 벡터 데이터베이스가 서로 영향을 주지 않도록 독립적으로 저장하여 관리할 수 있습니다. 만약 같은 경로를 사용한다면 두 번째 문서를 처리할 때 첫 번째 문서의 데이터가 덮어써지거나 섞일 수 있기 때문에, 이렇게 경로를 분리하는 것이 중요합니다.

일본 ICT 정책의 경우 "ict_japan_2024.pdf" 파일을 읽어 "db_ict_policy_japan_2024" 디렉터리에 벡터 데이터베이스를 생성합니다. 마찬가지로 미국 ICT 정책은 "ict_usa_2024.pdf" 파일을 "db_ict_policy_usa_2024" 디렉터리에 저장합니다.

이렇게 두 개의 검색기를 만들었습니다. 이제 이렇게 만든 두 개의 retriever 객체를 create_retriever_tool 함수를 사용해 ReAct 에이전트가 사용할 수 있는 검색 도구로 변환해 봅시다.

```
jp_engine = create_retriever_tool(
    retriever=retriever_japan,
    name="japan_ict",
    description="일본의 ICT 시장 동향 정보를 제공합니다. 일본 ICT와 관련된 질문은 해당 도구
    를 사용하세요.",
)

usa_engine = create_retriever_tool(
    retriever=retriever_usa,
    name="usa_ict",
    description="미국의 ICT 시장 동향 정보를 제공합니다. 미국 ICT와 관련된 질문은 해당 도구
    를 사용하세요.",
)

tools = [jp_engine, usa_engine]
```

create_retriever_tool 함수는 retriever 객체를 ReACT 에이전트가 활용할 수 있는 도구 형태로 변환해주는 함수입니다. 앞서 생성한 retriever_japan과 retriever_usa 객체를 바탕으로 도구의 이름(name)과 설명(description)을 추가하여 ReAct 에이전트가 활용할 수 있는 형태로 만듭니다.

description에는 각 검색기의 상세한 용도를 작성해야 합니다. 예를 들어 일본 ICT 검색기의

경우 "일본의 ICT 시장 동향 정보를 제공합니다. 일본 ICT와 관련된 질문은 해당 도구를 사용하세요."라고 작성했습니다. 여기서 주의할 점은 각 도구에 대한 description을 매우 자세하게 작성해야 한다는 점입니다. 이후 ReAct 에이전트가 동작할 때, 에이전트는 여기에 적힌 설명을 보고 사용자의 질문에 따라 도구를 선택합니다. 따라서 description에 도구에 대한 설명이 제대로 적혀 있지 않다면, 에이전트는 상황에 맞는 도구를 제대로 선택할 수 없으므로 주의해야 합니다.

생성된 jp_engine과 usa_engine은 tools 리스트에 담았습니다. 이렇게 만든 tools 리스트는 나중에 코드에서 ReAct 에이전트에게 전달됩니다. 에이전트는 이들 도구의 상세한 description을 통해 각 질문에 가장 적합한 도구를 선택하고 효과적인 검색을 수행할 수 있게 됩니다.

2.3 에이전트 프롬프트 설정

이제 ReAct 에이전트를 동작시키는 프롬프트를 작성해 봅시다. 랭체인에는 기본적으로 ReAct 에이전트를 동작시킬 때 기본값으로 제공하는 프롬프트가 있습니다. 하지만 랭체인에서 기본값으로 제공하는 프롬프트는 너무 단순합니다. 따라서 에이전트의 제대로 된 동작을 유도하려면 사용자가 조금 더 자세하게 작성하는 것이 좋습니다. 먼저 ReAct 에이전트의 동작 과정을 이해하기 위해 랭체인에서 제공하는 기본 프롬프트를 확인해 봅시다.

```
prompt_react = hub.pull("hwchase17/react")
print(prompt_react.template)
print('--프롬프트 끝--')
```

```
Answer the following questions as best you can. You have access to the following
tools:

{tools}

Use the following format:

Question: the input question you must answer
```

```
Thought: you should always think about what to do
Action: the action to take, should be one of [{tool_names}]
Action Input: the input to the action
Observation: the result of the action
... (this Thought/Action/Action Input/Observation can repeat N times)
Thought: I now know the final answer
Final Answer: the final answer to the original input question

Begin!

Question: {input}
Thought:{agent_scratchpad}
--프롬프트 끝--
```

기본 프롬프트가 영어로 작성되어 있습니다. 이를 좀 더 쉽게 이해할 수 있게 한글로 번역하면 다음과 같습니다.

주어진 질문들에 대해 최선을 다해 답변하세요. 다음과 같은 도구들을 사용할 수 있습니다:

{tools}

다음 형식을 사용하세요:

Question: 답변해야 할 입력 질문

Thought: 무엇을 해야 할지 항상 고민해야 합니다.

Action: 수행할 행동(반드시 [{tool_names}] 중 하나여야 함)

Action Input: 행동에 필요한 입력값

Observation: 행동의 결과

... (이 Thought/Action/Action Input/Observation 과정은 N번 반복될 수 있습니다)

Thought: 이제 최종 답을 알았습니다.

Final Answer: 원래 입력 질문에 대한 최종 답변

시작!

Question: {input}

Thought: {agent_scratchpad}

프롬프트 사이에 중괄호 { }로 감싼 부분은 변수에 해당합니다. 실제 실행 시에는 각 변수에 적절한 값이 채워지는 구조입니다. 먼저 프롬프트에 속해 있는 변수들의 역할을 하나씩 살펴보겠습니다.

- {tools}: 에이전트가 사용할 수 있는 도구들의 설명이 포함된 목록입니다. 예를 들어 계산기나 벡터 데이터베이스, 다양한 API 등이 해당할 수 있습니다. 이번 실습에서는 create_retriever_tool()에서 정의한 도구들의 이름(name)과 설명(description)이 해당 위치에 들어갑니다. 다시 말해 {tools}에는 japan_ict와 usa_ict라는 두 개의 도구에 대한 설명이 포함됩니다.
- {tool_names}: 에이전트가 선택할 수 있는 도구의 이름들을 기재합니다. 앞서 설명한 {tools}에는 도구들의 이름(name)과 설명(description)이 포함되지만 여기에는 설명 없이 도구들의 이름만 리스트 형태로 들어갑니다. 다시 말해 {tool_names}에 들어가는 값은 [japan_ict, usa_ict]입니다.
- {input}: 사용자가 현재 물어본 질문이 이 부분에 들어갑니다. 에이전트는 이 질문을 해결하기 위해 주어진 도구들을 활용하게 됩니다.
- {agent_scratchpad}: 에이전트의 모든 사이클(Thought/Action/Observation의 기록)이 이 부분에 누적됩니다. 이를 통해 에이전트는 이전의 사이클들을 참고하여 다음 행동을 결정할 수 있습니다.

앞선 프롬프트의 구성요소를 살펴보면, 먼저 에이전트가 사용할 수 있는 도구들을 설명하고, 문제 해결을 위해 'Thought/Action/Action Input/Observation'의 사이클을 N번 반복할 수 있다고 안내합니다. 프롬프트에서 주목할 점은 Thought 단계를 각 Action 전후에 하도록 지시한다는 점입니다. 앞서 ReAct 에이전트의 개념을 설명할 때 언급했듯이, 이는 에이전트가 행동을 취하기 전에 충분히 고민하고, 또 행동의 결과를 관찰한 후에도 다시 한번 생각하면서 사이클을 돌도록 유도합니다.

또한 사용자의 Question에 답하기 위한 Observation(관찰 결과)이 충분히 취합되면, Final Answer(최종 답변) 전에 "이제 최종 답을 알았습니다."라는 명시적인 마지막 생각 단계를 작성하도록 하여 에이전트가 자신의 결론에 확신을 갖는 경우에 답변하도록 설계되었습니다.

이번 실습에서는 기본으로 제공되는 프롬프트를 사용하지 않고, 프롬프트를 한글로 변경하고 더 자세한 설명을 추가하여 실습하겠습니다. template이라는 문자열 변수에 다음과 같이 새로운 프롬프트를 작성하고, PromptTemplate.from_template( ) 안에 해당 문자열을 전달하면 에이전트가 사용할 프롬프트 객체를 만들 수 있습니다.

```
template = '''다음 질문에 최선을 다해 답변하세요. 당신은 다음 도구들에 접근할 수 있습니다:

{tools}

다음 형식을 사용하세요:

Question: 답변해야 하는 입력 질문
Thought: 무엇을 할지 항상 생각하세요.
Action: 취해야 할 행동, [{tool_names}] 중 하나여야 합니다. 리스트에 있는 도구 중 1개를 택하십시오.
Action Input: 행동에 대한 입력값
Observation: 행동의 결과
... (이 Thought/Action/Action Input/Observation의 과정이 N번 반복될 수 있습니다)
Thought: 이제 최종 답변을 알겠습니다.
Final Answer: 원래 입력된 질문에 대한 최종 답변

## 추가적인 주의사항
- 반드시 [Thought -> Action -> Action Input format] 이 사이클의 순서를 준수하십시오. 항상 Action 전에는 Thought가 먼저 나와야 합니다.
- 최종 답변에는 최대한 많은 내용을 포함하십시오.
- 한 번의 검색으로 해결되지 않을 것 같다면 문제를 분할하여 푸는 것이 중요합니다.
- 정보가 취합되었다면 불필요하게 사이클을 반복하지 마십시오.
- 묻지 않은 정보를 찾으려고 도구를 사용하지 마십시오.

시작하세요!

Question: {input}
Thought: {agent_scratchpad}'''

prompt = PromptTemplate.from_template(template)
```

새롭게 사용할 프롬프트가 prompt라는 변수에 저장되었습니다. 기본으로 제공되는 프롬프트와는 달리 ## 추가적인 주의사항이라는 내용이 추가되었는데, 더 나은 성능을 얻기 위해 저자가 임의로 추가한 내용입니다. 이처럼 ReAct 에이전트를 사용할 때는 본인이 직접 작성한 커스텀 프롬프트를 사용하여 더 자세하게 설명하면 좋은 성능을 얻을 수 있습니다.

2.4 에이전트 객체 생성

이제 ReAct 에이전트를 동작시키기 위해 작성한 프롬프트를 대규모 언어 모델에 설정하여 에이전트 객체를 생성해 봅시다.

```
# GPT-4o로부터 llm 객체를 선언
llm = ChatOpenAI(model="gpt-4o", temperature=0)

# prompt_react를 사용하면 영어 프롬프트, prompt를 사용하면 한글 프롬프트
react_agent = create_react_agent(llm, tools=tools, prompt=prompt)

react_agent_executor = AgentExecutor(
    agent=react_agent, tools=tools, verbose=True, handle_parsing_errors=True
)
```

랭체인의 ChatOpenAI( )를 사용하여 llm 객체를 생성합니다. gpt-4o 모델을 사용하고, 모델 답변의 창의성을 제어하는 temperature 값을 0으로 설정해 초기화합니다. temperature 값을 0으로 사용하여 모델의 답변 다양성을 줄이는 이유는 에이전트를 생성할 때는 예측하지 못한 창의적인 답변을 얻고자 하기보다는, 지시사항에 명확히 따르기를 기대하는 상황이기 때문입니다.

이어서 앞서 만든 검색 도구들(tools)과 llm 객체를 결합해 react_agent를 생성합니다. 또한 앞서 작성한 커스텀 프롬프트인 prompt 매개변수를 전달합니다.

마지막으로 react_agent와 tools를 AgentExecutor로 감쌉니다. verbose=True로 설정하면 모델이 최종 답변을 얻기까지 내부적으로 몇 번에 걸쳐서 Thought/Action/Action Input/Observation 사이클을 수행하는 과정을 사용자도 볼 수 있게 됩니다. handle_parsing_errors=True로 설정해 파싱 오류가 발생하더라도 자동으로 처리합니다. 여기서 파싱 오류란

Thought/Action/Action Input/Observation을 작성하는 과정에서 간혹 대규모 언어 모델이 형식을 잘못 작성하는 경우를 의미합니다. 이렇게 만들어진 react_agent_executor는 우리가 만들고자 한 최종 에이전트 객체입니다. 이 객체는 사용자 질문에 대해 적절한 도구를 선택하고 응답을 생성할 것입니다.

2.5 에이전트 RAG 실습

이제 에이전트에게 질문을 입력하고 답변을 얻어 봅시다. react_agent_executor.invoke({"input": "사용자의 질문"}) 형식으로 에이전트에게 질문을 입력할 수 있습니다. 여기서는 "한국과 미국의 ICT 기관 협력 사례"라는 질문을 입력했습니다.

```
result = react_agent_executor.invoke({"input": "한국과 미국의 ICT 기관 협력 사례"})
```

```
이 질문은 미국의 ICT 시장과 관련이 있으므로, 미국의 ICT 시장 동향 정보를 통해 한국과 미
국의 ICT 기관 협력 사례를 찾을 수 있을 것입니다.
Action: usa_ict
Action Input: 한국과 미국의 ICT 기관 협력 사례
한국-미국 ICT 기업 진출 사례 ... (중간 생략) ...
Thought: 한국과 미국의 ICT 기관 협력 사례에 대한 정보를 찾았습니다. 이제 이를 바탕으로
최종 답변을 제공하겠습니다.
Final Answer: 한국과 미국의 ICT 기관 협력 사례로는 여러 가지가 있습니다. 2012년 3월 한-
미 FTA가 발효되었고, 2019년 1월에는 한-미 FTA 개정 의정서가 발효되었습니다. 2022년에는
한-미 FTA 10주년을 기념하여 정부 및 국회 대표단이 미국을 방문하였습니다. 또한, 2023년 1
월에는 경북도가 산타클라라 한인상공회의소와 '실리콘밸리 스타트업 아카데미 경북 MOU'를 개
최하였고, 광주시는 AI 스타트업의 미국 진출을 지원하였습니다. 과기정통부와 미국 기관 간의
ICT 협력 사례도 주목받고 있습니다. 이러한 협력은 양국 간의 기술 교류와 상업적 관계를 강화
하는 데 기여하고 있습니다.
```

지면의 한계로 일부 내용은 생략했습니다. 앞에서(2.3절) 다룬 ReAct 에이전트 프롬프트에서 template이라는 변수에 저장했던 프롬프트를 보면, 마지막이 Thought: {agent_scratchpad}로 끝납니다. 다시 말해 에이전트의 입력으로 'Thought:'까지는 주어졌으므로 가장 처음에 출력되는 문장은 'Thought:'에서 이어지는 에이전트의 첫 번째 생각에 해당합니다. 첫 실행에서는 누

적된 기록이 없으므로 이것이 에이전트가 문제를 풀기 위해 가장 처음하는 생각이 됩니다.

또한 앞의 출력 결과를 해석할 때 랭체인에서 'Observation:'이라는 문자열은 별도로 출력되지 않습니다. 즉, Action Input:과 Thought: 사이에 출력되는 내용은 '검색 결과'에 해당합니다. 따라서 에이전트로부터 얻은 앞의 결과를 정리하면 다음과 같습니다.

Thought(첫 번째 생각): 이 질문은 미국의 ICT 시장과 관련이 있으므로, 미국의 ICT 시장 동향 정보를 통해 한국과 미국의 ICT 기관 협력 사례를 찾을 수 있을 것입니다.

Action(도구 선택): usa_ict

Action Input(도구 입력): 한국과 미국의 ICT 협력 사례

Observation(도구 호출 결과/검색 결과): 한국-미국 ICT 기업 진출 사례 ... (중간 생략) ...

Thought(두 번째 생각): 한국과 미국의 ICT 기관 협력 사례에 대한 정보를 찾았습니다. 이제 이를 바탕으로 최종 답변을 제공하겠습니다.

Final Answer(최종 답변): 한국과 미국의 ICT 기관 협력 사례로는 여러 가지가 있습니다. 2012년 3월 한-미 FTA가 발효되었고, 2019년 1월에는 한-미 FTA 개정 의정서가 발효되었습니다. 2022년에는 한-미 FTA 10주년을 기념하여 정부 및 국회 대표단이 미국을 방문하였습니다. 또한, 2023년 1월에는 경북도가 산타클라라 한인상공회의소와 '실리콘밸리 스타트업 아카데미 경북 MOU'를 개최하였고, 광주시는 AI 스타트업의 미국 진출을 지원하였습니다. 과기정통부와 미국 기관 간의 ICT 협력 사례도 주목받고 있습니다. 이러한 협력은 양국 간의 기술 교류와 상업적 관계를 강화하는 데 기여하고 있습니다.

에이전트는 첫 번째 생각에서 "한국과 미국의 ICT 기관 협력 사례"라는 질문이 미국 ICT 시장과 관련이 있으므로 미국의 ICT 시장 동향 정보를 찾아야 한다고 판단합니다. 다시 말해 두 개의 사용 가능한 도구 중 usa_ict를 사용해야 한다고 판단한 것입니다. 실제로 첫 번째 생각 이후에 작성한 Action에서 usa_ict를 선택하고, Action Input에는 "한국과 미국의 ICT 협력 사례"라고 작성하여 검색을 시도하였습니다.

이후 검색 결과가 나오며, 이 검색 결과를 바탕으로 에이전트는 두 번째 생각을 작성합니다. 에이전트는 두 번째 생각에서 질문을 해결하기에 충분한 정보를 얻었다고 판단하고, Final Answer(최종 답변)를 작성했습니다. 만약, 최종 답변만 별도로 값으로 꺼내오고 싶다면 다음과 같이 출력할 수 있습니다.

```
print('최종 답변:', result['output'])
```

```
최종 답변: 한국과 미국의 ICT 기관 협력 사례로는 한-미 FTA 체결과 개정, 경북도와 산타클
라라 한인상공회의소의 MOU 체결, 광주시의 AI 스타트업 미국 진출 지원 등이 있습니다. 또한,
과기정통부와 미국 기관 간의 ICT 협력도 주목받고 있습니다. 이러한 협력은 양국 간의 기술 교
류와 상업적 관계를 강화하는 데 기여하고 있습니다.
```

이때 최종 답변은 실습이 실행되는 시점에 따라 여기서 얻은 답변과 다소 다를 수 있습니다. 이번에는 두 개의 서로 다른 도구를 호출해야만 문제를 해결할 수 있는 "미국과 일본의 ICT 주요 정책의 공통점과 차이점을 설명해줘."라는 질문을 입력해 봅시다. 해당 질문을 해결하려면 usa_ict와 japan_ict를 각각 호출해야만 질문에 답변할 수 있습니다.

```
result = react_agent_executor.invoke({"input": "미국과 일본의 ICT 주요 정책의 공통점과 차
이점을 설명해줘."})
```

실제 실행 결과를 정리하면 다음과 같은 결과를 얻습니다. 각각의 검색 결과는 지면의 한계로 내용을 생략했습니다.

Thought(첫 번째 생각): 미국과 일본의 ICT 주요 정책의 공통점과 차이점을 설명하기 위해서는 두 나라의 ICT 정책에 대한 정보를 각각 수집해야 합니다. 이를 위해 각 나라의 ICT 시장 동향 정보를 제공하는 도구를 사용하겠습니다.

Action(도구 선택): usa_ict

Action Input(도구 입력): 미국의 ICT 주요 정책에 대한 정보

Observation(도구 호출 결과/검색 결과): ICT 국가산업현황 ... (중간 생략) ...

Thought(두 번째 생각): 미국의 ICT 주요 정책에 대한 정보를 얻었습니다. 이제 일본의 ICT 주요 정책에 대한 정보를 수집해야 합니다.

Action(도구 선택): japan_ict

Action Input(도구 입력): 일본의 ICT 주요 정책에 대한 정보

Observation(도구 호출 결과/검색 결과): ICT 국가산업현황 ... (중간 생략) ...

Thought(세 번째 생각): 미국과 일본의 ICT 주요 정책에 대한 정보를 수집했습니다. 이제 두 나라 정책의 공통점과 차이점을 분석할 수 있습니다.

Final Answer(최종 답변): 미국과 일본의 ICT 주요 정책의 공통점과 차이점은 다음과 같습니다.

공통점:

1. 기술 혁신과 산업 경쟁력 강화: 두 나라는 모두 기술 혁신을 통해 산업 경쟁력을 강화하려는 노력을 하고 있습니다. 미국은 반도체 산업 활성화를 위해 CHIPS 법안을 통해 R&D와 제조 지원을 강화하고 있으며, 일본은 산업경쟁력 강화법을 개정하여 전략 분야의 국내 생산을 촉진하고 있습니다.

2. 국제 협력: 미국과 일본 모두 국제 협력을 통해 기술 발전을 도모하고 있습니다. 미국은 싱가포르와의 전략적 기술 파트너십을 강화하고 있으며, 일본은 양자컴퓨팅 개발을 위해 미국과 협력하고 있습니다.

차이점:

1. 정책 초점: 미국은 반도체 산업과 같은 특정 기술 분야에 집중하고 있으며, 일본은 Web3 산업 성장 촉진과 같은 새로운 기술 분야에 초점을 맞추고 있습니다.

2. 기술 도입: 일본은 정부 행정 업무에 생성형 AI를 도입하는 등 공공 부문에서의 기술 활용을 강조하고 있으며, 미국은 의료 AI 연구와 같은 민간 부문에서의 기술 활용에 더 중점을 두

고 있습니다.

이러한 공통점과 차이점은 두 나라가 각각의 경제적, 사회적 필요에 따라 ICT 정책을 조정하고 있음을 보여줍니다.

실행 과정을 보면 첫 번째 생각에서 질문 해결을 위해서 각 도구를 사용해야겠다는 계획을 세우고, 먼저 usa_ict를 호출하여 미국의 ICT 주요 정책에 대한 정보를 얻습니다. 두 번째 생각에서는 미국 ICT 주요 정책에 대한 정보를 얻었으므로 japan_ict를 호출해야겠다고 판단한 뒤에 이어서 japan_ict를 호출하여 일본의 ICT 주요 정책에 대한 정보를 얻습니다.

이후 두 번의 검색 결과를 바탕으로 에이전트는 세 번째 생각을 작성합니다. 에이전트는 세 번째 생각에서 질문을 해결하기에 충분한 정보를 얻었다고 판단하고, Final Answer(최종 답변)를 작성합니다.

이번에는 보다 복잡한 질문을 입력해 봅시다. 이번 질문을 해결하려면 usa_ict를 세 번, japan_ict를 최소 한 번 호출해야만 합니다.

```
result = react_agent_executor.invoke({"input": "미국의 ICT 관련 정부 기구, 주요 법령, 국내 기업 진출 사례 각각 따로 검색해. 그렇게 해서 정보 좀 모아봐. 그리고 나서 일본의 AI 정책도 알려줘."})
```

실제 실행 결과를 정리하면 다음과 같은 결과를 얻습니다. 각각의 검색 결과는 지면의 한계로 내용을 생략했습니다.

Thought(첫 번째 생각): 미국의 ICT 관련 정보를 수집하기 위해 각 항목에 대해 별도로 검색을 진행하겠습니다. 미국의 ICT 관련 정부 기구, 미국의 ICT 관련 주요 법령, 미국의 ICT 관련 국내 기업 진출 사례. 이후 일본의 AI 정책에 대해 알아보겠습니다. 먼저, 미국의 ICT 관련 정부 기구에 대해 알아보겠습니다.

Action(도구 선택): usa_ict

Action Input(**도구 입력**): 미국의 ICT 관련 정부 기구

Observation(**도구 호출 결과/검색 결과**): ... (중간 생략) ...

Thought(**두 번째 생각**): 미국의 ICT 정부 기구에 대한 정보를 얻었습니다. 이제 미국의 ICT 관련 주요 법령에 대한 정보를 수집해야 합니다.

Action(**도구 선택**): usa_ict

Action Input(**도구 입력**): 미국의 ICT 주요 법령에 대한 정보

Observation(**도구 호출 결과/검색 결과**): ... (중간 생략) ...

Thought(**세 번째 생각**): 미국의 ICT 관련 국내 기업 진출 사례에 대해 알아보겠습니다.

Action(**도구 선택**): usa_ict

Action Input(**도구 입력**): 미국의 ICT 관련 국내 기업 진출 사례

Observation(**도구 호출 결과/검색 결과**): ... (중간 생략) ...

Thought(**네 번째 생각**): 이제 일본의 AI 정책에 대해 알아보겠습니다.

Action(**도구 선택**): japan_ict

Action Input(**도구 입력**): 일본의 AI 정책

Observation(**도구 호출 결과/검색 결과**): ... (중간 생략) ...

Thought(**다섯 번째 생각**): 이제 모든 정보를 수집했습니다. 최종 답변을 정리하겠습니다.

Final Answer(**최종 답변**):

1. **미국의 ICT 관련 정부 기구**:

- **연방통신위원회**(FCC): 1934년에 제정된 연방통신법에 의해 설립된 정보통신 및 방송 독립 행정 기관으로, 정보통신기술 및 방송에 관한 기본계획 수립 등 정책 총괄, 소유제한 등 시장 규제를 담당합니다.

- **국가통신정보관리청**(NTIA): 상무부 산하의 기관으로, 통신 및 정보 정책 문제에 대해 대

통령에게 자문을 제공하며, AI 관련 정책 권장 사항 개발을 위한 대중 참여 및 의견 요청 등을 시작했습니다.

2. 미국의 ICT 관련 주요 법령:

- **반도체 과학법**(CHIPS and Science Act): 2022년 7월에 승인된 법으로, 미국의 경쟁력을 강화하고 공급망을 탄력적으로 구축하여 국가 안보를 공고히 하며 주요 기술에 대한 접근을 지원하는 것을 목표로 합니다.

3. 미국의 ICT 관련 국내 기업 진출 사례:

- 다양한 한국 기업들이 미국 시장에 진출하고 있으며, 한-미 FTA 발효 및 개정 의정서 발효를 통해 협력 관계를 강화하고 있습니다. 예를 들어, 경북도와 산타클라라 한인상공회의소 간의 '실리콘밸리 스타트업 아카데미 경북 MOU' 개최, 광주시의 AI 스타트업 미국 진출 지원 등이 있습니다.

4. 일본의 AI 정책:

- 일본 경제산업성은 기업이 생성 AI 활용에 능숙한 인재를 육성하기 위한 지침을 마련하였으며, AI 및 데이터 분석 전문 인력 부족 문제를 해결하기 위해 AI의 적절한 활용을 장려하고 있습니다. 또한, 일본 개인정보보호위원회는 생성형 AI 서비스 사용에 관한 지침을 발표하여 기업과 일반 사용자가 유의해야 할 점을 제시하고 있습니다.

이 정보들이 미국과 일본의 ICT 및 AI 정책에 대한 이해를 돕는 데 유용하길 바랍니다.

실행 과정을 보면 시작과 함께 에이전트는 질문의 의도에 따라 적절한 도구를 배정하기 위해서 Thought(생각 과정)를 거칩니다. 에이전트는 먼저 미국 관련 세 가지 정보를 usa_ict 도구로 순차적으로 검색합니다('미국의 ICT 관련 정부 기구', '미국의 ICT 관련 주요 법령에 대한 정보', '미국의 ICT 관련 국내 기업 진출 사례'). 각 검색마다 관찰 결과(Observation)를 확인하고 다음 검색으로 넘어갑니다.

미국 관련 정보 수집을 마친 후, `japan_ict` 도구를 사용해 '일본의 AI 정책'을 검색합니다. 모든 정보가 수집되면 에이전트는 '이제 모든 정보를 수집했습니다. 최종 답변을 정리하겠습니다.'라는 생각을 거쳐 체계적인 최종 답변(Final Answer)을 작성합니다.

이처럼 에이전트는 간단한 질문부터 다수의 검색 도구가 주어진 상황에서 복잡한 질문을 해결하는 등 일반적인 RAG로 해결할 수 없는 문제도 순차적으로 차근차근 해결할 수 있는 능력을 갖고 있습니다. 여러분도 이번 장에서 배운 내용을 바탕으로 자신만의 전문 에이전트를 구현해보기 바랍니다.

8

RAG 성능을 높이는 LLM 파인튜닝

- LLM 파인튜닝의 개념과 RAFT 논문을 통한 핵심 전략 이해
- RAG 성능 향상을 위한 데이터 설계 및 파인튜닝 기법
- 런팟 환경에서 LLM 파인튜닝 실습과 최종 모델 평가

대규모 언어 모델Large Language Model에 사용자가 가진 데이터셋을 추가로 학습시켜서 해당 데이터에 한해서 더 좋은 성능을 얻을 수 있도록 조정하는 과정을 파인튜닝fine-tuning이라고 합니다. 파인튜닝을 통해 다양한 문제를 풀 수 있지만, 검색 증강 생성RAG의 성능을 높이기 위해서도 사용할 수 있습니다. 이번 장에서는 검색 증강 생성의 성능을 높이기 위해 데이터셋을 직접 제작하고 언어 모델을 학습하여 더 좋은 성능을 얻는 작업을 진행해 보겠습니다.

1 RAFT 논문 살펴보기

검색 증강 생성의 성능을 높이고자 데이터셋 제작 방법이나 학습 방법을 고민할 때, 제일 먼저 참고하기 좋은 자료로 미국 버클리 대학에서 작성한 "RAFT: Adapting Language Model to Domain Specific RAG"[1]라는 논문이 있습니다. 논문을 직접 살펴볼 수 있는 링크는 다음과 같습니다.

URL – https://arxiv.org/pdf/2403.10131

여기서는 해당 논문에 언급된 내용 중, RAG를 위한 파인튜닝에 참고할 수 있는 주요 개념들

1 Zhang, Tianjun, et al. "RAFT: Adapting Language Model to Domain Specific RAG." arXiv preprint arXiv:2403.10131 (2024).

을 정리해 보겠습니다.

1.1 네거티브 샘플

인공지능 분야에서 네거티브 샘플negative sample은 주로 모델이 찾고자 하는 대상과 반대되는 예시들을 의미합니다. 예를 들어 이메일이 오면 정상 이메일인지, 스팸 이메일인지 판단하는 스팸 메일 분류기를 만든다고 해봅시다. 스팸 메일 분류기 입장에서는 스팸 이메일을 탐지해야 하므로, 정상 이메일이 네거티브 샘플에 해당합니다. 그리고 이때 모델이 찾아야 할 대상에 해당하는 스팸 이메일은 네거티브 샘플의 반대로 포지티브 샘플positive sample이라고 합니다.

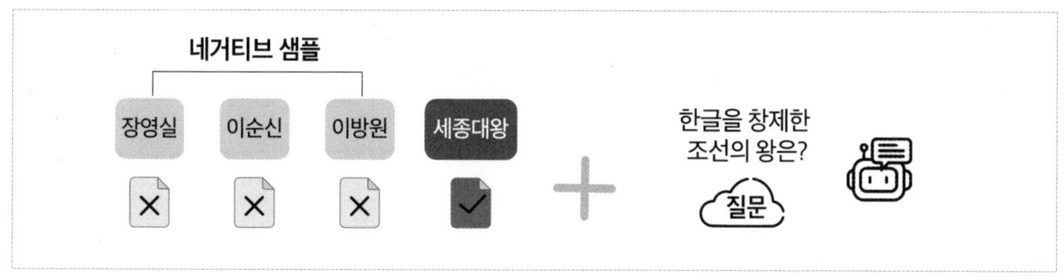

그림 8-1 검색 단계의 네거티브 샘플 예

그렇다면 검색 증강 생성 작업에서 네거티브 샘플은 어떤 것이 있을까요? 그림 8-1은 검색 증강 생성의 검색 단계에서 발생할 수 있는 네거티브 샘플들의 예시입니다. 예를 들어 '한글을 창제한 조선의 왕은?'이라는 사용자 질의에 '장영실', '이순신', '이방원', '세종대왕' 총 네 개의 문서가 검색되었다고 해봅시다. 대규모 언어 모델이 챗봇의 질문에 답변하려면 '세종대왕' 문서를 참고해야 하고, 나머지 세 개의 문서에는 세종대왕의 한글 창제와 관련된 이야기가 없다고 합시다. 이때 세 개의 문서는 답변에 참고하지 않을 문서들이므로, 여기서 이들 문서는 네거티브 샘플입니다.

다시 말해 검색 증강 생성에서는 사용자 질의에 대한 정답이 있는 문서가 포지티브 샘플, 검색은 되었지만 정답이 포함되지 않은 문서들이 네거티브 샘플입니다.

실제로 검색 증강 생성을 하다 보면 검색 결과에 질문과 연관되지 않은 문서가 함께 검색되는 상황이 잦습니다. 이때 대규모 언어 모델은 해당 상황에서 연관되지 않은 문서의 내용은 무시하고, 연관된 문서의 내용만을 참고해 답변하는 능력이 길러져 있어야 합니다. 따라서 RAFT 논문에서는 이러한 상황에 대해 대규모 언어 모델이 충분히 학습할 수 있도록 학습 데이터에 네거티브 샘플이 포함되도록 데이터셋을 구성하고 있습니다.

1.2 생각의 사슬

앞서 7장 1절에서 생각의 사슬chain of thought, CoT 기법에 대해 설명한 바 있습니다. 생각의 사슬 기법이란 대규모 언어 모델이 답변을 작성할 때 문제의 인과 관계에 대해 차근차근 풀어서 전개하다 보면, 정답에 더 잘 도달할 수 있다는 개념입니다. 즉, '문제-답' 대신에 '문제-풀이-답' 형태로 프롬프트를 구성하도록 하는 것입니다. 그렇다면 RAFT 논문에서 사용한 생각의 사슬 프롬프트를 확인해 봅시다.

질문: 오베로이 가문은 본사가 어느 도시에 있는 호텔 회사의 일부입니까?

문맥: [오베로이 가문은 호텔 사업으로 유명한 인도 가문입니다. 주로 오베로이 그룹을 통해 호텔 사업에 참여하고 있습니다... 이는 자카르타 시내 중심부에 위치하고 있으며, 메가 쿠닝안 근처에 있으며, 자매 JW 메리어트 호텔 옆에 있습니다. 이는 리츠칼튼 호텔 회사에 의해 운영됩니다. 이 복합 단지는 호텔과 에어랑가 아파트로 구성된 두 개의 타워로 이루어져 있습니다...]...[오베로이 그룹은 본사가 델리에 있는 호텔 회사입니다.]

지시사항: 위의 질문, 문맥 및 답변을 고려하여 논리적 추론을 제공하십시오. 답변 형식은 다음과 같이 해주십시오: ##이유: {이유} ##답변: {답변}.

CoT 답변:
##이유: 문서에서 ##인용시작## 오베로이 가문은 호텔 사업으로 유명한 인도 가문입니다. 주로 오베로이 그룹을 통해 호텔 사업에 참여하고 있습니다. ##인용종료## 는 오베로이 가문이 오베로이 그룹에 참여하고 있음을 명시합니다. 그리고 문서에서 ##인용시작## 오베로이 그룹은 본사가 델리에 있는 호텔 회사입니다. ##인용종료## 는 오베로이 그룹의 본사가 델리에 있음을 명시합니다. 따라서, 오베로이 가문은 본사가 델리에 있는 호텔 회사의 일부입니다.

##답변: 델리

그림 8-2 RAFT 논문에서 사용한 프롬프트

그림 8-2는 실제 RAFT 논문에서 사용한 프롬프트와 답변 형식입니다. 주요 입력으로 질문, 문맥, 지시사항 세 가지가 존재합니다. 사용자가 질문을 입력하면 대규모 언어 모델은 주어진 문맥으로부터 질문에 대해 답변해야 합니다.

문맥은 사용자 질문으로부터 검색된 문서가 들어가는 위치입니다. 지시사항을 보면 사용자의 질문에 답변하기 전에 먼저 이유를 작성하라라고 강제하고 있습니다. 답변을 작성하기 전에 중간 추론 과정을 강제하고, 실제로 모델은 이유을 작성하고 답변을 작성할 것이므로 이 방식은 생각의 사슬 프롬프트입니다.

'CoT 답변:' 부분을 보면 실제로 대규모 언어 모델이 생성하게 될 출력입니다. 대규모 언어 모델은 주어진 지시사항에 따라 먼저 사용자의 질문을 답변하기 전에 그 근거를 '##이유:'에 작성해야 합니다. RAFT 논문에서는 이유를 작성할 때 '##인용시작##'과 '##인용종료##'를 사용하여 실제 주어진 문맥에서 원문을 인용하도록 강제하고 있습니다. '##인용시작##'과 '##인용종료##' 사이에 있는 문장은 반드시 문맥에 주어진 원문에 존재하는 문장을 그대로 작성해야 합니다.

다시 말해 질문에 대한 답변을 작성하기 전에 반드시 원문을 인용하도록 강제함으로써 모델이 주어진 문맥을 통해서만 답변하도록 유도합니다. 실제로 검색 증강 생성에서 검색 결과에 없는 내용인데도 대규모 언어 모델이 질문에 대해 자신이 알고 있는 지식을 답변하는 과정에서 잘못된 답변이 생성되곤 합니다. 이를 고려하면 반드시 원문을 기반으로 답변하도록 강제하는 것만으로도 검색 증강 생성의 성능을 올릴 수 있습니다.

2 성능 향상을 위한 팁

앞서 RAG를 위한 파인튜닝에 차용할 수 있는 방법으로, RAFT 논문에서 사용한 몇 가지 방법을 살펴봤습니다. 이번에는 실제 검색 증강 생성 상황에서 발생할 수 있는 다양한 시나리오에 대응하기 위한 데이터셋 유형을 추가로 정리해 보겠습니다.

2.1 답변 없음 데이터

앞서 검색 증강 생성에서 사용자 질의와 관계없는 문서를 네거티브 샘플, 질의와 관계있는 문서를 포지티브 샘플이라 정의했습니다. 그런데 실제 검색 증강 생성 상황에서는 검색된 모든 문서가 네거티브 샘플일 수 있습니다.

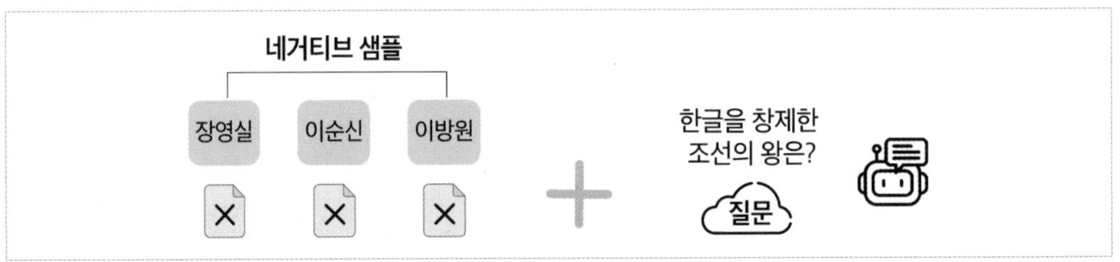

그림 8-3 검색 결과가 모두 네거티브 샘플인 예

사용자가 갖고 있는 문서들로는 답변할 수 없는 질문을 던지거나, 검색 성능이 좋지 않아서 사용자 질의를 고려한 검색 결과를 얻을 수 없는 상황이 그런 경우입니다. 이때 대규모 언어 모델이 검색 문서에 없는 내용이라고 해서 언어 모델 스스로 답변하도록 동작한다면, 할루시네이션hallucination이 발생하여 완전히 잘못된 답변이 생성될 여지가 있습니다.

때문에 모든 검색 문서가 네거티브 샘플일 경우에는 대규모 언어 모델이 '검색 결과를 찾을 수 없습니다'와 같은 답변을 하도록 학습시켜 자체적으로 답변하는 것을 막을 수 있습니다. 이어질 실습에서는 이를 위해 '답변 없음' 데이터를 임의로 추가해서 만든 데이터셋을 사용합니다.

2.2 출처 인용

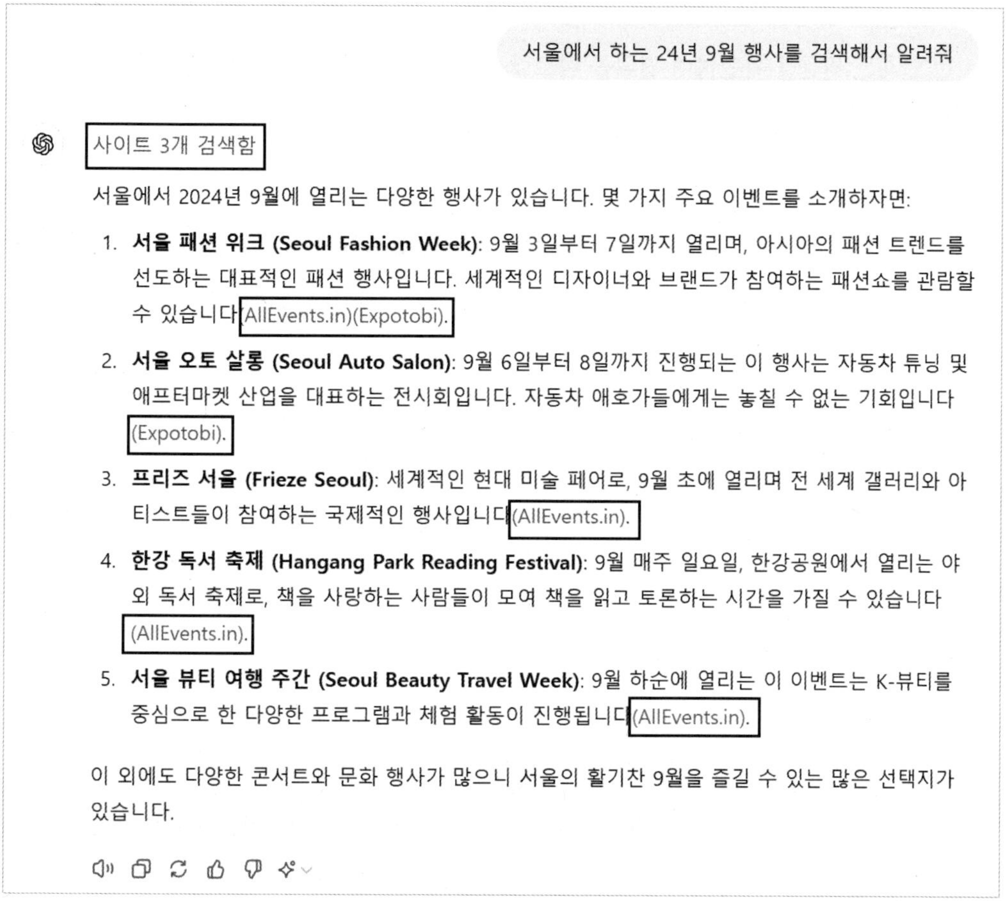

서울에서 하는 24년 9월 행사를 검색해서 알려줘

사이트 3개 검색함

서울에서 2024년 9월에 열리는 다양한 행사가 있습니다. 몇 가지 주요 이벤트를 소개하자면:

1. **서울 패션 위크 (Seoul Fashion Week)**: 9월 3일부터 7일까지 열리며, 아시아의 패션 트렌드를 선도하는 대표적인 패션 행사입니다. 세계적인 디자이너와 브랜드가 참여하는 패션쇼를 관람할 수 있습니다(AllEvents.in)(Expotobi).
2. **서울 오토 살롱 (Seoul Auto Salon)**: 9월 6일부터 8일까지 진행되는 이 행사는 자동차 튜닝 및 애프터마켓 산업을 대표하는 전시회입니다. 자동차 애호가들에게는 놓칠 수 없는 기회입니다(Expotobi).
3. **프리즈 서울 (Frieze Seoul)**: 세계적인 현대 미술 페어로, 9월 초에 열리며 전 세계 갤러리와 아티스트들이 참여하는 국제적인 행사입니다(AllEvents.in).
4. **한강 독서 축제 (Hangang Park Reading Festival)**: 9월 매주 일요일, 한강공원에서 열리는 야외 독서 축제로, 책을 사랑하는 사람들이 모여 책을 읽고 토론하는 시간을 가질 수 있습니다(AllEvents.in).
5. **서울 뷰티 여행 주간 (Seoul Beauty Travel Week)**: 9월 하순에 열리는 이 이벤트는 K-뷰티를 중심으로 한 다양한 프로그램과 체험 활동이 진행됩니다(AllEvents.in).

이 외에도 다양한 콘서트와 문화 행사가 많으니 서울의 활기찬 9월을 즐길 수 있는 많은 선택지가 있습니다.

그림 8-4 검색을 이용한 챗GPT 답변 예

챗GPT는 기본적으로는 검색 기능을 사용하지 않고 언어 모델 스스로 답변을 제공하지만, 어떠한 질문을 할 때 '검색해서 알려줘'라는 문장을 붙이면 높은 확률로 검색을 사용하여 답변합니다. 그림 8-4는 챗GPT에게 '서울에서 하는 24년 9월 행사를 검색해서 알려줘'라고 질의했을 때의 답변을 보여줍니다.

위쪽에 [사이트 3개 검색함]이라는 표시가 있고 아래에 답변이 제공되고 있습니다. 그리고 이때 각각의 주요 문장마다 해당 내용을 어떤 웹사이트에서 가져왔는지 뒤에 괄호와 함께 출처를 남기고 있습니다. 이렇게 각 주요 답변마다 인용한 출처를 남기면 답변을 보는 사용자 입장에서는 언제든 원문을 확인하여 진위를 검토할 수 있으므로 신뢰할 수 있는 답변을 얻을 수 있습니다. 또한 대규모 언어 모델 입장에서도 답변 작성 시 반드시 원 출처를 남기도록 강제하면 잘못된 답변을 할 가능성이 줄어들게 됩니다.

실제로 이러한 예를 검색 증강 생성에 적용한 사례를 살펴봅시다. 다음은 이미 검색 증강 생성에 파인튜닝되어 공개된 대표적인 모델 중 하나인 Orion-14B-Chat-RAG로 검색 증강 생성을 수행한 예입니다. 사용자의 질의와 검색 결과가 다음과 같았다고 가정해 봅시다.

```
### 질의 ###
노키즈존에 대한 설문조사 결과 정리해줘.

### 검색 결과 ###
docs1: 노키즈존의 사회적 영향에 관한 연구
본 논문에서는 노키즈존이 사회에 미치는 영향을 다각도로 분석하였습니다. 노키즈존의 증가로 인한 가족 친화적 공간의 감소, 아동의 사회화 기회 제한 등의 부정적 측면과 함께, 성인 전용 공간에 대한 수요 충족이라는 긍정적 측면을 균형있게 고찰하였습니다. 또한 노키즈존 정책이 저출산 문제에 미칠 수 있는 잠재적 영향에 대해서도 논의하였습니다.

docs2: 서비스업 종사자의 노키즈존에 대한 인식 조사
본 조사에서는 카페, 레스토랑 등 서비스업 아르바이트생 1,120명을 대상으로 노키즈존에 대한 의견을 물었습니다. 응답자의 66.8%가 근무 중인 매장의 노키즈존 전환에 찬성하였으며, 이 중 68.5%는 유아 고객으로 인한 업무 부담 증가를 주된 이유로 꼽았습니다. 반대 의견으로는 매출 감소 우려, 차별 논란 등이 제기되었습니다.
```

docs3: 육아 커뮤니티 회원들의 노키즈존 인식 설문

2015년 7월 실시된 본 설문에서는 온라인 육아 커뮤니티 회원 3,650명을 대상으로 노키즈존에 대한 의견을 조사하였습니다. 응답자의 73.2%가 노키즈존 도입에 찬성하는 것으로 나타났습니다. 주요 찬성 이유로는 조용한 환경에서의 휴식 욕구, 자녀 동반 시 타인에 대한 미안함 등이 있었으며, 반대 이유로는 아이들의 사회 경험 기회 박탈, 차별 우려 등이 제시되었습니다.

docs4: 노키즈존에 대한 일반 시민 의견 조사 보고서

2016년 11월 某 종합편성채널에서 실시한 길거리 인터뷰 결과를 분석한 보고서입니다. 총 500명의 시민을 대상으로 한 이 조사에서 64%가 노키즈존에 찬성하는 것으로 나타났습니다. 연령대별로는 20-30대의 찬성률이 가장 높았고, 40-50대에서는 상대적으로 낮은 찬성률을 보였습니다. 성별 차이는 크지 않았으나, 여성이 남성보다 약간 높은 찬성률을 나타냈습니다.

사용자의 질의는 '노키즈존에 대한 설문조사 결과 정리해줘'에 해당하며 총 네 개의 검색 결과를 얻었다고 가정합니다. 이에 대해 Orion-14B-Chat-RAG에 기본으로 설정된 시스템 프롬프트를 사용하여 호출하면 다음과 같은 답변을 얻을 수 있습니다.

```
노키즈존에 대한 여러 설문조사 결과, 전반적으로 찬성 의견이 우세했습니다.
2015년 7월 온라인 육아 커뮤니티 회원 3,650명을 대상으로 한 조사에서 73.2%가 찬성했습니다. 주요 찬성 이유는 조용한 환경에서의 휴식 욕구와 자녀 동반 시 타인에 대한 미안함이었고, 반대 이유로는 아이들의 사회 경험 기회 박탈과 차별 우려가 제시되었습니다[docs3].
2016년 11월 종합편성채널에서 500명의 일반 시민을 대상으로 한 조사에서는 64%가 찬성했습니다. 20-30대의 찬성률이 가장 높았고, 40-50대는 상대적으로 낮았습니다. 성별로는 여성이 남성보다 약간 높은 찬성률을 보였습니다[docs4].
서비스업 아르바이트생 1,120명을 대상으로 한 조사에서는 66.8%가 근무 중인 매장의 노키즈존 전환에 찬성했습니다. 68.5%가 유아 고객으로 인한 업무 부담 증가를 주된 찬성 이유로 꼽았고, 반대 의견으로는 매출 감소 우려와 차별 논란이 제기되었습니다[docs2].
```

이 결과들은 노키즈존에 대한 높은 사회적 수요와 함께, 연령대와 직업군에 따른 인식 차이를 보여줍니다.

답변 결과를 보면 검색 결과를 바탕으로 답변하며 각 인용한 문장 내지는 단락에 대해 몇 번 문서에서 인용했는지 대괄호 안에 출처를 남기고 있습니다. 사용자는 이러한 출처를 통해 실제 원문을 확인하고 답변에 대해 검증할 수 있게 됩니다. 이처럼 답변의 주요 내용이 검색 결과로 나온 문서 중 어떤 문서에서 나왔는지 남기도록 학습시키면 사용자에게 신뢰를 줄 수 있을 뿐만 아니라, 성능 측면에서도 모델이 잘못된 답변을 할 가능성도 줄일 수 있습니다.

3 RAG 학습 데이터셋 살펴보기

지금까지 배운 몇 가지 중요한 기법들을 적용하여 제작한 검색 증강 생성을 위한 학습용 데이터셋과 그 주요 특징을 살펴보겠습니다.

3.1 학습 데이터 소개

저자는 인공지능 분야의 다양한 학습 데이터와 모델이 공개된 허깅페이스huggingface라는 웹사이트에 검색 증강 생성을 위한 학습 데이터를 업로드했습니다.

URL - https://huggingface.co/datasets/iamjoon/klue-mrc-ko-rag-dataset

만약 허깅페이스 웹사이트를 통해 직접 데이터에 접근하고자 한다면 다음 절차를 따르면 됩니다. 먼저 구글에서 '허깅페이스'를 검색하여 가장 처음에 나오는 웹사이트를 클릭합니다.

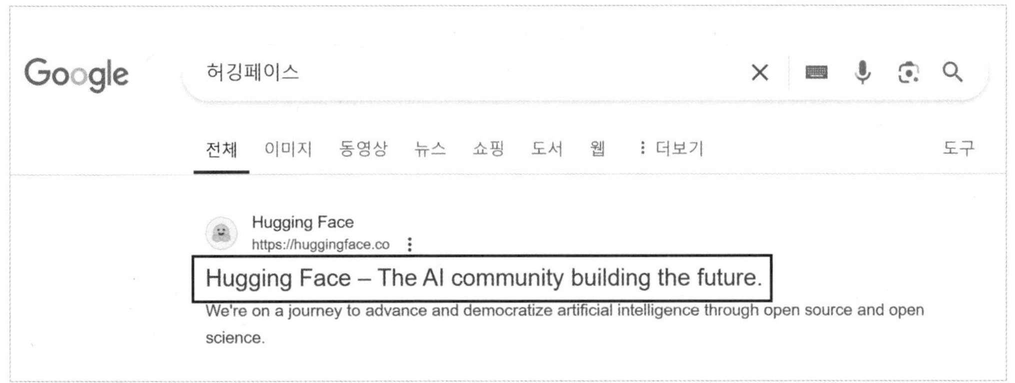

해당 사이트를 클릭하면 다음 웹사이트로 이동합니다.

URL - https://huggingface.co/

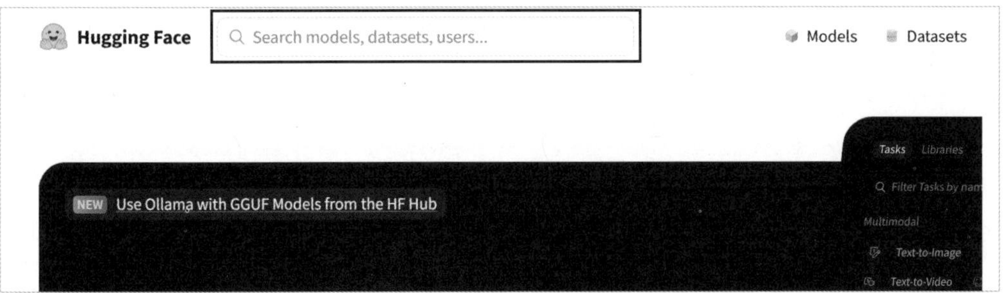

허깅페이스 웹사이트에 접속하면 위쪽에 검색창이 있습니다. 검색창을 통해 다양한 AI 모델과 학습 데이터를 검색할 수 있습니다.

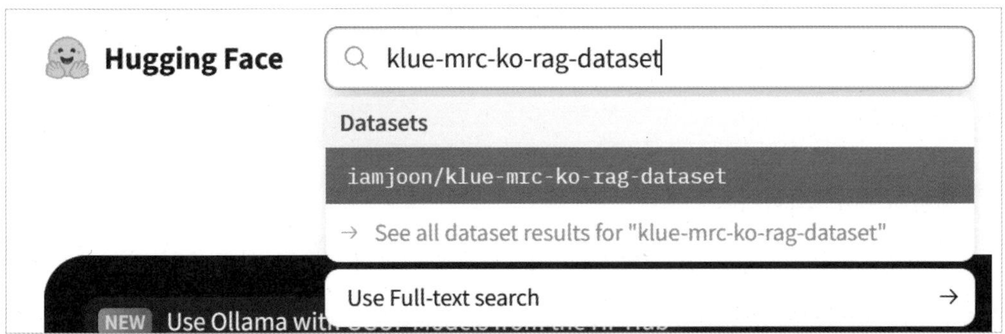

여기서는 검색창에 'klue-mrc-ko-rag-dataset'을 입력하여 검색합니다.

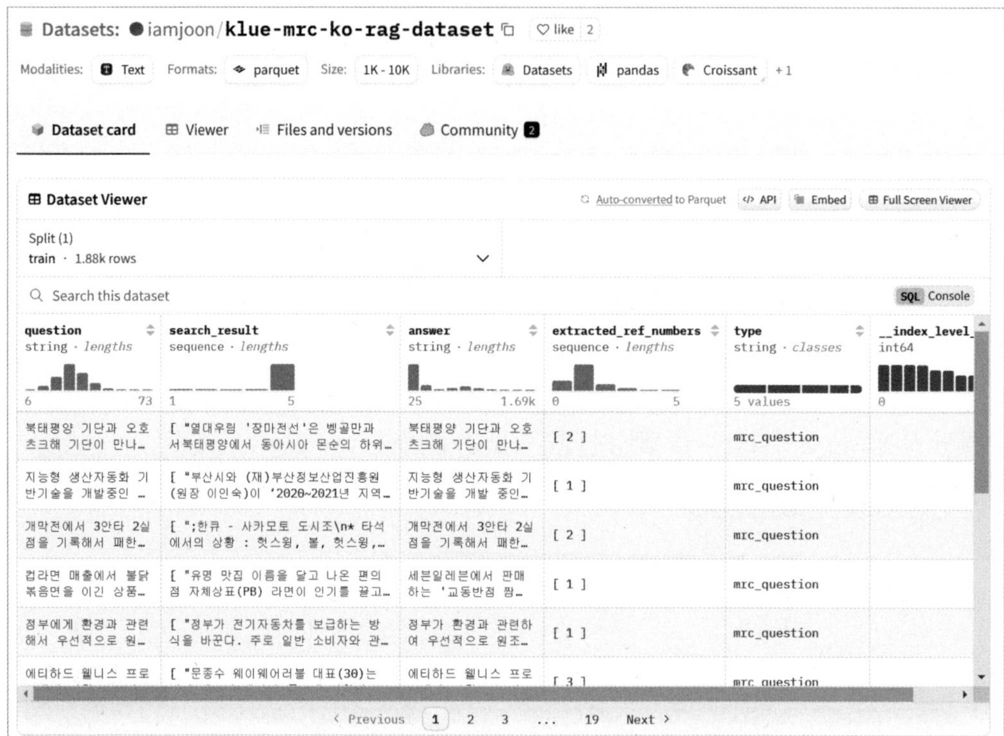

검색 결과로 이와 같이 검색 증강 생성을 위한 파인튜닝에 사용할 훈련 데이터가 나옵니다. 이제 해당 데이터를 직접 다운로드받아 훈련 데이터가 어떤 특징을 갖도록 설계되었는지 알아보겠습니다.

3.2 학습 데이터 탐색

먼저 코드를 작성할 주피터 노트북을 생성합니다. 파일 이름은 ch08_RAG_DATASET.ipynb로 지정합니다.

❯ 학습 데이터 로드하기

앞의 학습 데이터를 다운로드받아 데이터의 특징을 살펴봅시다. 먼저 필요한 라이브러리를 설치합니다. 여기서는 허깅페이스로부터 데이터를 다운로드할 수 있는 datasets 라이브러리를 설치합니다.

```
!pip install datasets
```

데이터 전처리를 위한 라이브러리 numpy와 데이터 시각화를 위한 라이브러리 matplotlib 그리고 datasets 라이브러리로부터 허깅페이스의 데이터를 다운로드하는 데 사용할 load_dataset을 임포트합니다.

```
import numpy as np
import matplotlib.pyplot as plt
from datasets import load_dataset

dataset = load_dataset("iamjoon/klue-mrc-ko-rag-dataset")
```

이제 허깅페이스로부터 데이터를 로드하고 이를 출력해 보겠습니다. 먼저 데이터셋을 허깅페이스의 datasets 라이브러리를 사용하여 불러옵니다. 데이터셋 이름은 "iamjoon/klue-mrc-ko-rag-dataset"입니다. 로드된 데이터셋을 판다스 데이터프레임으로 변환합니다. 데이터프레임으로 변환한 이유는 데이터 조작과 분석을 보다 쉽게 하기 위함입니다.

데이터프레임에서 실습에 필요한 열만 선택하여 새로운 데이터프레임을 만듭니다. 선택한 열은 question, search_result, answer, extracted_ref_numbers, type입니다. 마지막으로 데이터프레임의 상위 5개 행을 출력하여 데이터의 구조와 내용을 확인합니다.

```
df = dataset['train'].to_pandas()
df = df[['question', 'search_result', 'answer', 'extracted_ref_numbers', 'type']]
df.head()
```

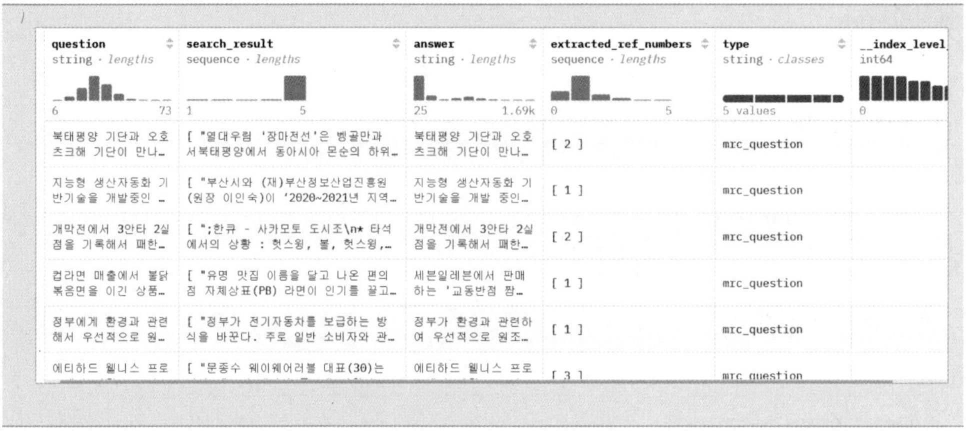

question string · *lengths* 6 73	search_result sequence · *lengths* 1 5	answer string · *lengths* 25 1.69k	extracted_ref_numbers sequence · *lengths* 0 5	type string · *classes* 5 values	__index_level int64 0
북태평양 기단과 오호츠크해 기단이 만나…	["열대우림 '장마전선'은 벵골만과 서북태평양에서 동아시아 몬순의 하위…	북태평양 기단과 오호츠크해 기단이 만나…	[2]	mrc_question	
지능형 생산자동화 기반기술을 개발중인 …	["부산시와 (재)부산정보산업진흥원(원장 이인숙)이 '2020~2021년 지역…	지능형 생산자동화 기반기술을 개발 중인…	[1]	mrc_question	
개막전에서 3안타 2실점을 기록해서 패한…	[";한큐 - 사카모토 도시조\n★ 타석에서의 상황 : 헛스윙, 볼, 헛스윙,…	개막전에서 3안타 2실점을 기록해서 패한…	[2]	mrc_question	
컵라면 매출에서 불닭볶음면을 이긴 상품…	["유명 맛집 이름을 달고 나온 편의점 자체상표(PB) 라면이 인기를 끌고…	세븐일레븐에서 판매하는 '교동반점 짬…	[1]	mrc_question	
정부에게 환경과 관련해서 우선적으로 원…	["정부가 전기자동차를 보급하는 방식을 바꾼다. 주로 일반 소비자와 관…	정부가 환경과 관련하여 우선적으로 원조…	[1]	mrc_question	
에티하드 웰니스 프로	["문종수 웨이웨어러블 대표(30)는	에티하드 웰니스 프로	[3]	mrc_question	

선택한 총 5개의 열이 출력된 것을 확인할 수 있습니다. 출력된 열은 question(질문), search_result(질문에 대한 검색 결과), answer(최종 답변), extracted_ref_numbers(답변에서 인용된 문서 번호의 리스트), type(데이터 유형)입니다.

우선 type 열을 살펴보겠습니다. type으로 해당 데이터에 어떤 종류의 값들이 있는지 확인합니다.

```
print('데이터 타입 종류:',df['type'].unique())
```

```
데이터 타입 종류: ['mrc_question' 'mrc_question_with_1_to_4_negative' 'synthetic_
question' 'paraphrased_question' 'no_answer']
```

결과를 보면 type에는 총 5가지 종류의 값이 존재합니다. 해당 값들은 각각 다음과 같은 데이터의 유형을 나타냅니다.

표 8-1 학습 데이터의 유형

type	내용
mrc_question	장소나 이름, 날짜 등을 묻는 지엽적인 질문 검색 결과(search_result)는 5개로 고정
mrc_question_with_1_to_4_negative	장소나 이름, 날짜 등을 묻는 지엽적인 질문 검색 결과(search_result)가 1~4개 사이인 유형

paraphrased_question	장소나 이름, 날짜 등을 묻는 지엽적인 질문이며 질문의 형태가 문장이 아닌 명사구의 형태 검색 결과(search_result)는 5개로 고정
synthetic_question	이유, 장점, 단점 등과 같은 포괄적인 질문 검색 결과(search_result)는 5개로 고정 포괄적인 질문이므로 일반적으로 다수의 문서를 인용하게 된다는 특징이 있음. 따라서 일반적으로 인용 문서 번호 (extracted_ref_numbers)의 값이 2개 이상
no_answer	질문에 대한 답이 검색 결과에 없는 데이터 답변(answer)에는 검색 결과에 질문에 대한 답이 없다고 안내해야만 함 검색 결과(search_result)는 5개로 고정

각 데이터의 유형은 실제 검색 증강 생성에서 발생할 수 있는 다양한 시나리오에 대응하기 위한 목적으로 만들어졌습니다. 학습 후에 실제 상황에서 질문에 대한 답이 데이터에 없는 경우가 발생하면 성능이 저하되는 경우가 많습니다.

따라서 '지엽적인 질문', '검색 결과가 5개인 경우 또는 5개 미만인 경우' , '지엽적인 질문이지만 질문 형태가 명사구인 경우', '포괄적인 질문으로 답변 시 다수의 문서를 인용해야 하는경우', '질문에 대한 답이 검색 결과에 없는 경우'와 같이 다양한 경우에 대비해야 합니다. 이렇게 학습 데이터를 구성해서 학습해야만 실제 상황에서 발생할 수 있는 다양한 상황에 성능 하락없이 대응할 수 있습니다. 이제 각 데이터의 특징을 실제 출력을 통해 이해해 봅시다.

mrc_question 유형

먼저 type 값이 mrc_question인 경우는 질문이 굉장히 지엽적인 데이터 유형입니다. 예를 들어 type 값이 mrc_question인 데이터에 해당하는 인덱스가 5번인 샘플의 질문, 즉 question 열의 값을 출력해 보겠습니다.

```
print('5번 샘플의 타입:', df['type'].loc[5])
print('5번 샘플의 질문:', df['question'].loc[5])
```

```
5번 샘플의 타입: mrc_question
5번 샘플의 질문: 에티하드 웰니스 프로그램의 일환으로 위생에 관한 정보를 제공하는 것은 누구인가?
```

출력된 질문은 '위생에 관한 정보를 제공하는 것'이라는 특정 대상에 대한 질문입니다. type 값이 mrc_question이면, 특정 장소나 대상, 날짜를 물어보는 질문이므로 답변 또한 단답형이거나 답변의 길이가 짧은 편입니다. 5번 샘플의 답변을 확인해 봅시다.

```
print('5번 샘플의 답변:', df['answer'].loc[5])
```

```
5번 샘플의 답변: 에티하드 웰니스 프로그램의 일환으로 위생에 관한 정보를 제공하는 사람은
특별 훈련 과정을 거친 에티하드항공의 웰니스 엠버서더입니다. 이들은 여행 전 과정에 걸쳐 조
언과 건강 및 위생 조치에 대한 세부 사항을 공유하며 맞춤화된 정보를 제공합니다 [[ref3]].
```

질문에 대한 답으로 '에티하드항공의 웰니스 엠버서더'라는 사실을 언급합니다. 그 외의 설명은 해당 답변에 대한 부가적인 내용입니다. 마지막에 [[ref3]]이라는 표기가 나오는데 이는 검색 결과 중 답변을 작성할 때 인용한 문서가 세 번째 문서라는 의미입니다. 이렇게 답변에 출처를 표기함으로써 답변의 성능을 높이고, 사용자가 답변의 출처를 확인할 수 있게 해줍니다.

데이터에서 extracted_ref_numbers 열은 답변에서 인용한 문서의 번호를 의미합니다. 5번 샘플의 extracted_ref_numbers 값을 출력해 봅시다.

```
print('5번 샘플의 답변에서 인용한 문서 번호:', df['extracted_ref_numbers'].loc[5])
```

```
5번 샘플의 답변에서 인용한 문서 번호: [3]
```

답변에서 확인했던 바와 같이 세 번째 문서를 의미하는 정수 3이 출력됩니다. type 값이 mrc_question일 때 또 다른 특징은 검색 결과가 항상 5개로 고정된 데이터라는 점입니다. 5번 샘플의 검색 결과 개수를 확인해 보겠습니다. search_result 열에 검색 결과가 문자열 리스트로 들어 있으므로, 해당 문자열의 길이를 출력하면 됩니다.

```
print('5번 샘플의 검색 결과 개수:', len(df['search_result'].loc[5]))
```

```
5번 샘플의 검색 결과 개수: 5
```

검색 결과 개수가 5임을 확인할 수 있습니다. 여기서 5번 샘플의 답변에 해당하는 answer 값을 출력했을 때 정답은 세 번째 문서에 있다는 의미로 [[ref3]]이 표기되어 있었습니다. 현재 다루고 있는 데이터는 기본적으로 답변에서 인용된 문서의 출처를 [[ref문서번호]]와 같이 표기하는 규칙이 있으므로 기억해 둡시다.

세 번째 문서를 인용하여 답변을 작성했다는 것은 실제로 검색 결과에 해당하는 search_result에서 세 번째 문서에 질문에 대한 답이 존재한다는 의미입니다. 따라서 search_result에서 세 번째 문서를 출력해 보겠습니다. 5개의 검색 결과 중 세 번째 문서를 출력하려면 search_result에서 인덱스 2번을 출력해야 합니다. 파이썬 리스트의 인덱스는 0부터 시작하기 때문입니다.

```
print('5번 샘플의 검색 결과 중 세 번째 문서:', df['search_result'].loc[5][2])
```

```
5번 샘플의 검색 결과 중 세 번째 문서: 아랍 에미리트의 국영항공사 에티하드항공
... (중간 생략) ...
예약 과정에서부터 공항 이용은 물론 항공여행에 이르기까지 인공지능 기술을 비롯한 최신 기술
을 과감히 도입해 광범위한 예방 조치를 시행하고 있으며 업계 최초로 선보인 에티하드 웰니스
프로그램에서는 특별 훈련 과정을 거친 에티하드항공의 웰니스 엠버서더가 여행 전 과정에 걸친
조언과 건강 및 위생 조치에 대한 세부 사항을 공유하며 맞춤화된 정보를 제공한다.
... (중간 생략) ...
신종코로나바이러스 상황으로 인해 올해 2020비즈니스 트래블러 중동 어워드는 온라인으로 개최
되었으며 독자의 투표를 기반으로 선정됐다.
```

지면 관계상 결과는 일부 생략했습니다. 검색 결과 중 세 번째 문서의 중간에 있는 내용을 보면 위생에 관한 정보를 제공하는 업체로 에티하드항공의 웰니스 엠버서더가 언급되고 있음을 확인할 수 있습니다. 지금까지 type 값이 mrc_question인 데이터 중 임의로 5번 샘플을 선정하여 데이터에 대해 살펴보았습니다.

이번에는 type 값이 mrc_question인 데이터에서 전반적으로 몇 개의 문서를 인용하며, 몇 개의 검색 결과를 지니는지 전체적인 통계를 확인해 보겠습니다. 먼저 전체 데이터에 대해 search_result의 개수와 extracted_ref_numbers의 개수를 계산하여 새로운 열인 search_result_ len과 extracted_ref_len에 저장합니다.

```
df['search_result_len'] = df['search_result'].apply(len)
df['extracted_ref_len'] = df['extracted_ref_numbers'].apply(len)
```

'search_result_len' 열에는 각 데이터의 검색 결과의 개수, 'extracted_ref_len' 열에는 각 데이터가 답변할 때 인용한 문서의 개수가 기록되었습니다. 이제 해당 두 개의 열을 참고하여 특정 type 값을 입력하면 해당하는 데이터 유형의 검색 결과와 인용 문서 개수에 대한 통계 정보와 차트를 시각화하는 함수 plot_lengths_by_type을 작성합니다.

```
def plot_lengths_by_type(df, plot_type):
    """
    특정 type의 데이터에 대해 extracted_ref_len과 search_result_len의 분포를 시각화하고
    값 출력.

    Parameters:
    df (pd.DataFrame): 데이터프레임
    plot_type (str): 시각화할 데이터의 type 값 (예: 'qa', 'summarize' 등)
    """
    # 유효한 type 값인지 검증
    if plot_type not in df['type'].unique():
        print(f"'{plot_type}'는 유효하지 않은 타입입니다. 데이터프레임에 존재하는 타입을
        확인하세요.")
        return

    # 해당 type의 데이터만 필터링하고 전체 개수 계산
    df_type = df[df['type'] == plot_type]
    total_count = len(df_type)

    # 길이별 값 계산
    # extracted_ref_len: 실제 인용된 문서의 개수
    # search_result_len: 검색으로 조회된 문서의 개수
    extracted_counts = df_type['extracted_ref_len'].value_counts().sort_index()
    search_counts = df_type['search_result_len'].value_counts().sort_index()
```

```
# 분석 결과 출력
# 전체 데이터 수와 각 길이별 분포를 출력
print(f"타입: {plot_type}")
print(f"전체 데이터 수: {total_count:,}개")
print("\n문서 인용 분포:")
for length, count in extracted_counts.items():
    print(f"{length}개의 문서를 인용한 샘플: {count}개")
print("\n검색된 문서 분포:")
for length, count in search_counts.items():
    print(f"검색 문서로 {length}개가 존재하는 경우: {count}개")

# 시각화를 위한 subplot 생성
# figsize(5, 2.5): 적당한 크기의 그래프를 위한 설정
fig, axes = plt.subplots(1, 2, figsize=(5, 2.5))

# 두 그래프 사이의 간격 설정 (타이틀이나 레이블이 겹치지 않도록)
plt.subplots_adjust(wspace=0.6)

# 왼쪽 그래프: 인용된 문서 수 분포
extracted_counts.plot(
    kind='bar',
    ax=axes[0],
    xlabel='extracted_ref_len',  # 인용된 문서의 개수
    ylabel='Count',              # 해당 개수의 출현 빈도
    grid=True                    # 격자 표시
)

# 오른쪽 그래프: 검색된 문서 수 분포
search_counts.plot(
    kind='bar',
    ax=axes[1],
    xlabel='search_result_len',  # 검색된 문서의 개수
    ylabel='Count',              # 해당 개수의 출현 빈도
    grid=True                    # 격자 표시
)

# 그래프의 레이아웃 자동 조정
plt.tight_layout()
plt.show()
```

이제 plot_lengths_by_type 함수에 데이터프레임 df와 통계를 확인할 데이터의 유형인 mrc_question을 입력하여 'search_result_len'과 'extracted_ref_len'의 통계 정보와 차트를 확인해 봅시다.

```
plot_lengths_by_type(df, 'mrc_question')
```

```
타입: mrc_question
전체 데이터 수: 491개

문서 인용 분포:
1개의 문서를 인용한 샘플: 439개
2개의 문서를 인용한 샘플: 44개
3개의 문서를 인용한 샘플: 7개
4개의 문서를 인용한 샘플: 1개

검색된 문서 분포:
검색 문서로 5개가 존재하는 경우: 491개
```

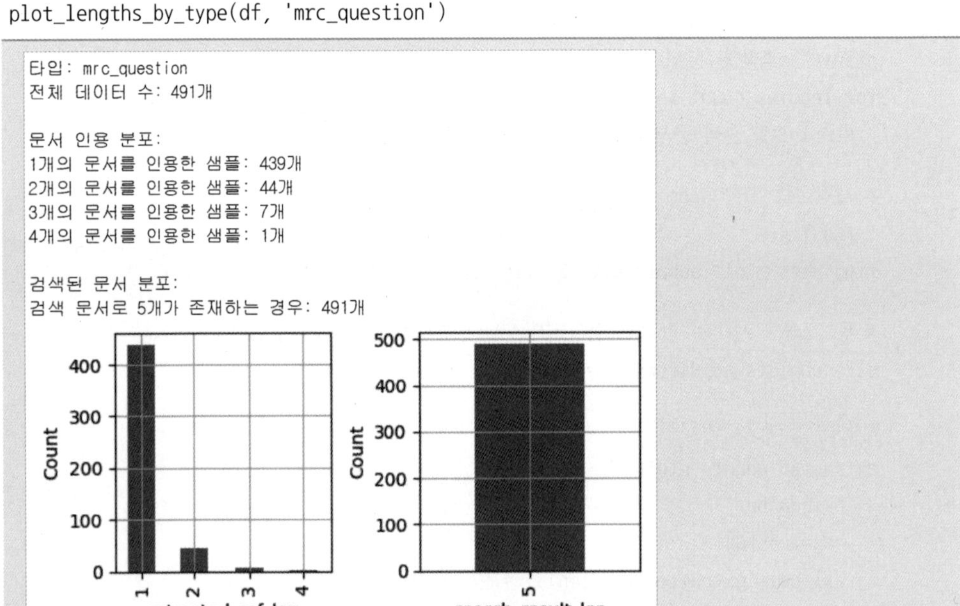

출력된 결과를 보면 mrc_question 데이터의 유형인 경우, 모든 데이터 491개의 검색 결과가 5개로 동일하며 이 중 439개는 답변 시 1개의 문서를 인용하는 데이터입니다. 그 외에 44개의 데이터가 답변 시 검색 결과 중 2개의 문서를 인용하고, 답변 시 검색 결과 중 3개나 4개의 문서를 인용하는 데이터는 극소수이며 5개의 문서를 인용하는 데이터는 없습니다. 이는 해당 유형의 데이터가 질문이 매우 지엽적이어서 답변 시 다수의 문서를 인용하는 경우가 극히 드물다는 것을 보여줍니다.

mrc_question_with_1_to_4_negative 유형

다음으로 살펴볼 데이터 유형은 type 값이 mrc_question_with_1_to_4_negative인 유형으로,

기본적으로 데이터의 질문 형태는 데이터 유형이 mrc_question인 경우와 동일합니다. 즉, 질문이 매우 지엽적인 편입니다. 차이점은 search_result 열에 있는 검색 결과의 개수가 1~4 사이의 값을 갖는다는 점입니다.

만약 학습 데이터 전체의 검색 결과가 5개로 동일하다면 학습 후의 모델이 검색 결과가 5개가 아닌 경우에 대해서는 제대로 동작하지 않는 경우가 발생할 수 있습니다. 따라서 이를 방지하기 위해 검색 결과가 5개가 아닌 경우를 가정하고 만든 데이터 유형입니다. 이러한 유형에 대해 함수 plot_lengths_by_type을 호출해 구성을 확인해 봅시다.

```
plot_lengths_by_type(df, 'mrc_question_with_1_to_4_negative')
```

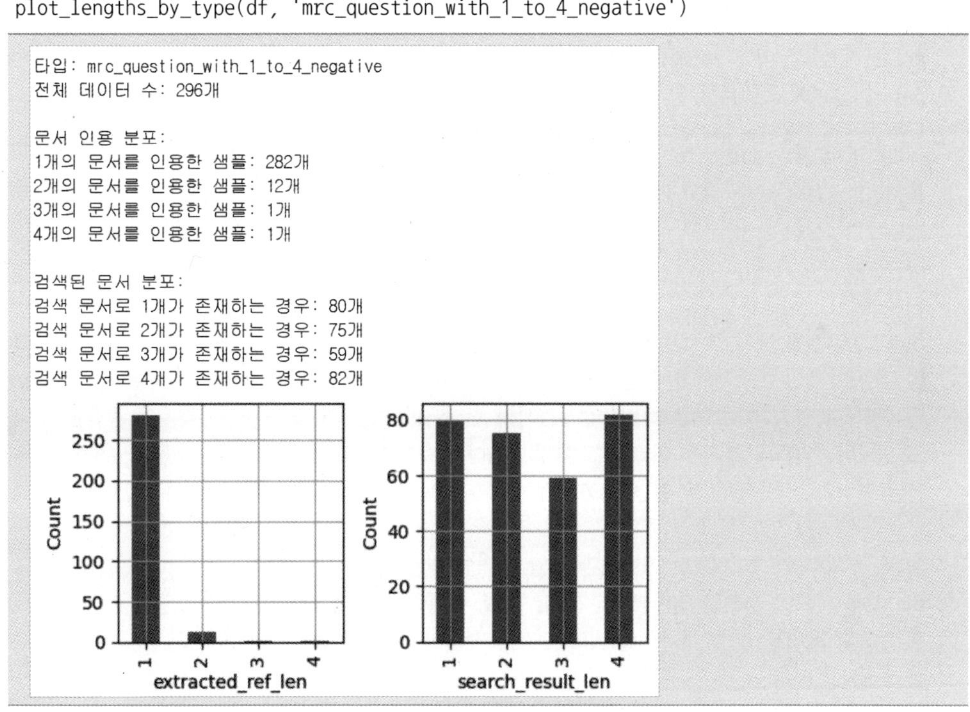

출력된 결과를 보면 mrc_question_with_1_to_4_negative 데이터의 유형인 경우, 대부분의 데이터에 해당하는 282개의 데이터가 답변 시 1개의 문서를 인용하는 데이터입니다. 이는 해당 유형의 데이터가 질문이 매우 지엽적이어서 답변 시 다수의 문서를 인용하는 경우가 극히 드물

다는 것을 보여줍니다. 또한 이전에 소개한 데이터 유형 mrc_question에서는 검색 문서의 수가 전부 5개로 동일했던 것과는 달리 mrc_question_with_1_to_4_negative에서는 검색 문서가 1개, 2개, 3개, 4개인 경우가 균일하게 분포된 것을 확인할 수 있습니다.

synthetic_question 유형

이번에는 지엽적인 질문과 반대로 포괄적인 질문 데이터에 해당하는 synthetic_question 유형에 해당하는 787번 샘플의 질문, 답변, 답변에서 인용한 문서의 개수를 확인해 봅시다.

```
print('데이터의 유형:', df['type'].loc[787])
print('질문:', df['question'].loc[787])
print('답변:', df['answer'].loc[787])
print('답변에서 인용한 문서:', df['extracted_ref_numbers'].loc[787])
```

```
데이터의 유형: synthetic_question
질문: 한국전력 본사 부지 매각이 서울 강남 지역에 미칠 영향은 무엇인가요?
답변: 한국전력 본사 부지 매각이 서울 강남 지역에 미칠 영향은 여러 가지로 분석될 수 있습니
다.

첫째, 한국전력 본사 부지는 서울 강남권의 마지막 대규모 개발 부지 중 하나로, 매각이 성사되
면 대규모 개발 프로젝트가 진행될 가능성이 큽니다. 이는 강남 지역의 부동산 시장에 큰 영향
을 미칠 수 있습니다. 예를 들어, 삼성전자와 현대자동차 등 대기업들이 이 부지에 관심을 보이
고 있으며, 이들이 부지를 매입해 고층 빌딩이나 연구개발(R&D) 센터, 본사 등을 건설할 경우
강남 지역의 상업 및 업무 환경이 크게 변화할 수 있습니다 [[ref1]], [[ref3]], [[ref4]].

둘째, 부지 매각 후 개발이 진행되면 강남 지역의 부동산 가치가 상승할 가능성이 있습니다. 특
히, 서울시가 이 부지를 일반상업지역으로 용도 변경할 계획이 있어, 용적률이 높아지면 더 많
은 건물이 들어설 수 있게 됩니다. 이는 강남 지역의 상업적 가치를 더욱 높일 수 있습니다
[[ref4]].

셋째, 한국전력 본사 부지에는 지하 변전소가 있어, 이를 처리하는 문제도 중요한 변수로 작용
할 것입니다. 변전소를 이전하거나 지하 더 깊은 곳으로 옮기는 등의 작업이 필요할 수 있으며,
이는 개발 비용에 반영될 것입니다. 이러한 기술적 문제들이 해결되면 개발 속도가 빨라질 수
있습니다 [[ref3]].
```

```
넷째, 부지 매각 방식이 공개 경쟁입찰로 결정됨에 따라, 매각 대금이 최대한 높아질 가능성이
있습니다. 이는 한국전력의 재무 상황 개선에도 긍정적인 영향을 미칠 수 있습니다 [[ref4]].

이와 같이 한국전력 본사 부지 매각은 강남 지역의 부동산 시장, 상업 환경, 그리고 한국전력의
재무 상황 등에 다양한 영향을 미칠 것으로 예상됩니다.
답변에서 인용한 문서: [1 3 4]
```

질문은 '한국전력 본사 부지 매각이 서울 강남 지역에 미칠 영향'으로 하나의 대상에 대한 질문이 아니라 여러 가지 사실 관계가 포함될 수 있는 질문입니다. 이러한 포괄적인 질문은 일반적으로 답변의 길이가 길 뿐만 아니라, 인용하는 문서도 하나가 아니라 여러 개일 수 있습니다. 실제로 답변을 보면 첫째, 둘째, 셋째, 넷째와 같이 네 개의 사실 관계를 나열하고 있을 뿐만 아니라, 1번 문서, 3번 문서, 4번 문서와 같이 검색 결과 중 다수의 문서를 인용하고 있습니다.

이러한 유형에 대해 함수 plot_lengths_by_type을 호출해 봅시다.

```
plot_lengths_by_type(df, 'synthetic_question')
```

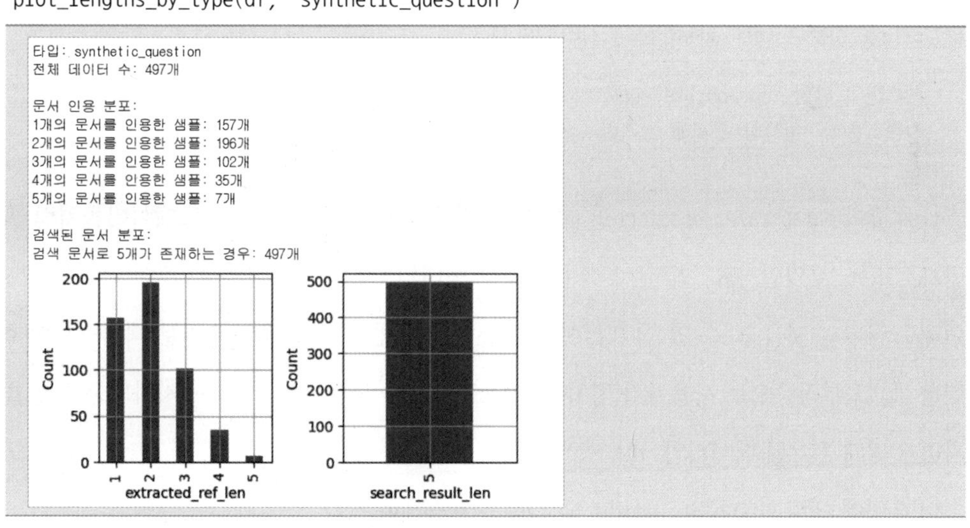

통계 결과를 보면 synthetic_question 데이터 유형에서 extracted_ref_numbers 열의 리스트 길이별 분포를 확인할 수 있습니다.

살펴보면 2개의 문서를 인용하는 데이터가 196개로 가장 많습니다. 이는 상당수의 synthetic_question 데이터가 2개의 문서를 참조하고 있음을 의미합니다. 1개의 문서를 인용하는 데이터가 157개로 그다음으로 많으며, 3개의 문서를 인용하는 데이터는 102개입니다. 4개 이상의 문서를 인용하는 데이터는 35개, 5개의 문서를 인용하는 데이터는 7개로, 4개 이상의 문서를 참조하는 경우는 상대적으로 적습니다. 결론적으로, synthetic_question 유형의 데이터는 2개 이상의 문서를 인용하는 데이터 비율이 앞서 살펴본 데이터들에 비해 많습니다.

paraphrased_question 유형

이번에는 지엽적인 질문이면서 명사구 형태의 질문에 해당하는 paraphrased_question 유형의 데이터를 확인해 보겠습니다. 이에 해당하는 데이터 중 인덱스가 1,285번인 샘플의 질문(question) 값을 출력해 봅시다.

```
print('데이터의 유형:', df['type'].loc[1285])
print('질문:', df['question'].loc[1285])
```

```
데이터의 유형: paraphrased_question
질문: 송파구청장이 사시에 합격한 연도
```

type 값이 paraphrased_question인 데이터의 질문을 보면, 앞서 확인했던 데이터들처럼 '누구인가?' 또는 '무엇인가요?'와 같이 질문이 문장 형태의 완성형으로 끝나는 것이 아니라 명사구 형태로 끝나는 것을 볼 수 있습니다. 이러한 유형은 완전한 문장 형태의 질문 데이터로만 학습했을 때, 그 부작용으로 사용자가 명사구 형태의 질문을 넣을 때는 성능이 저하되는 현상을 방지하기 위해 추가된 데이터입니다.

이 유형에 대해 함수 plot_lengths_by_type을 호출해 봅시다.

```
plot_lengths_by_type(df, 'paraphrased_question')
```

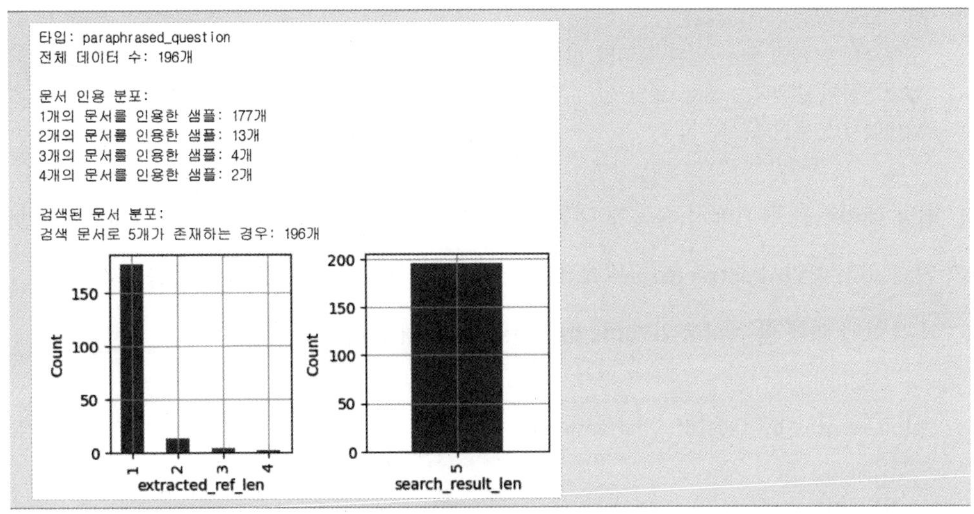

통계 결과를 보면 paraphrased_question 데이터 유형에서 extracted_ref_numbers 열의 리스트 길이별 분포를 확인할 수 있습니다.

살펴보면 모든 데이터 196개의 검색 결과가 5개로 동일하며 이 중 177개의 데이터에서 답변 시 1개의 문서를 인용합니다. 그 외에 답변 시 검색 결과 중 2개의 문서를 인용하는 데이터는 13개이고, 답변 시 검색 결과 중 3개나 4개의 문서를 인용하는 데이터는 극소수이며 5개의 문서를 인용하는 데이터는 없습니다. 이는 해당 유형의 데이터가 질문이 명사구 형태일 뿐, 지엽적인 질문으로 구성되어 답변 시 다수의 문서를 인용하는 경우가 극히 드물다는 것을 나타냅니다.

no_answer 유형

이번에는 검색 결과에서 질문에 대한 답을 찾을 수 없는 no_answer 유형의 데이터를 살펴봅시다. 이러한 유형에 해당하는 인덱스가 1,480번인 샘플 데이터를 출력해 보겠습니다.

```
print('데이터의 유형:', df['type'].loc[1480])
print('질문:', df['question'].loc[1480])
print('답변:', df['answer'].loc[1480])
print('답변에서 인용한 문서:', df['extracted_ref_numbers'].loc[1480])
```

```
데이터의 유형: no_answer
질문: 원종 설립 당시 일본 정부의 반응은 어떠했나요?
답변: 검색 결과에는 원종 설립 당시 일본 정부의 반응을 찾을 수 없습니다.
답변에서 인용한 문서: []
```

해당 데이터는 답변에서 질문에 대한 답을 찾을 수 없다고 답변하고, 어떠한 문서도 인용하지 않습니다. 따라서 extracted_ref_numbers 값을 출력해도 빈 리스트가 출력됩니다.

이 유형에 대해 함수 plot_lengths_by_type을 호출해 봅시다.

```
plot_lengths_by_type(df, 'no_answer')
```

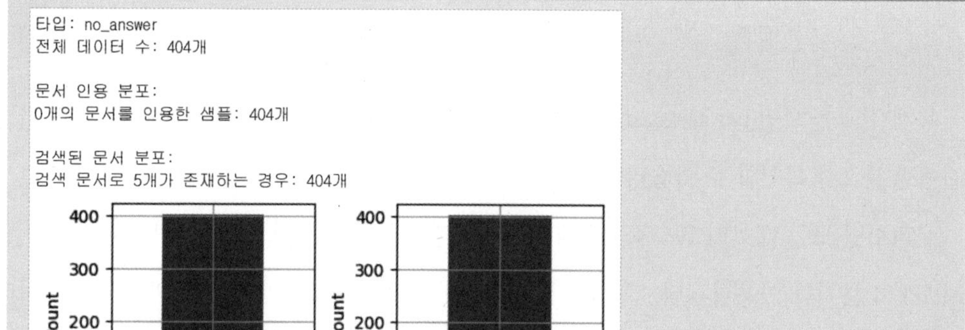

통계 결과를 보면 no_answer 데이터 유형에서 extracted_ref_numbers 열의 리스트 길이별 분포를 확인할 수 있습니다.

살펴보면 모든 데이터 404개의 검색 결과가 5개로 동일하며 모든 데이터가 답변 시 0개의 문서를 인용합니다. 이는 해당 유형의 모든 데이터가 검색된 문서들 중 어떠한 문서도 인용하지 않으며 질문에 대해 답을 할 수 없다고 답변하는 데이터임을 의미합니다.

4 로컬 LLM Qwen 파인튜닝하기

대규모 언어 모델을 학습하려면 고성능 GPU가 필요합니다. 이번 절에서는 실습할 때 런팟RunPod이라는 상대적으로 매우 저렴한 가격으로 고성능의 GPU를 빌릴 수 있는 유료 클라우드를 사용합니다.

4.1 런팟을 이용한 실습 환경 설정

런팟에서 GPU 서버를 대여하여 실습하는 방법에 대해 알아보겠습니다.

① 먼저 구글 검색창에 'runpod'을 검색하거나 다음 링크를 통해 RunPod 웹사이트에 접속합니다.

URL – https://www.runpod.io/

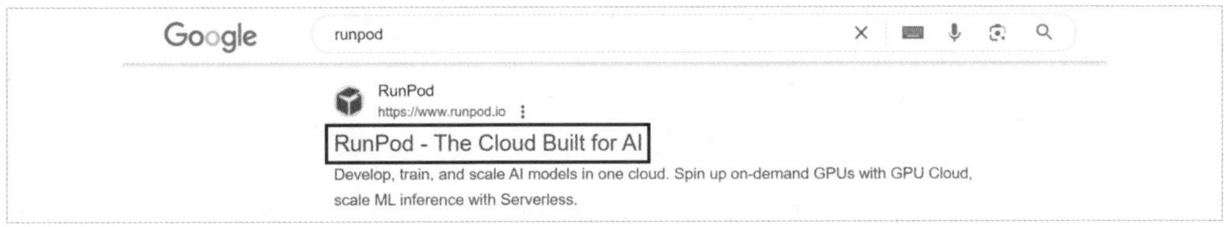

② 처음 사이트에 접속했다면 오른쪽 위 [Sign up] 버튼을 클릭하여 회원 가입을 진행합니다.

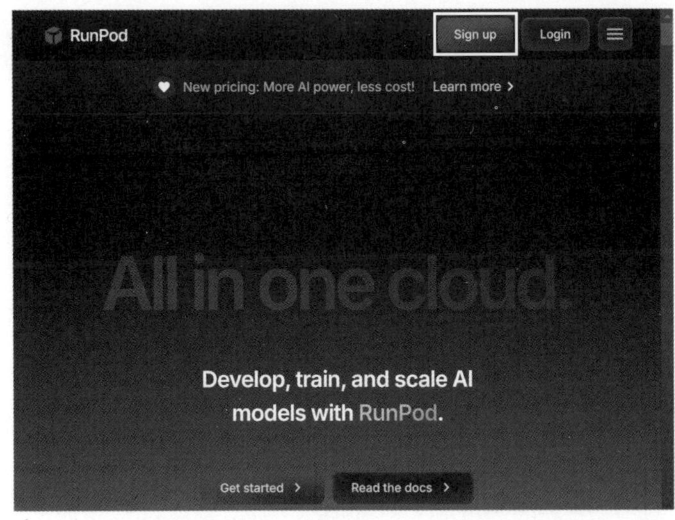

③ 회원 가입 후 왼쪽 메뉴의 **[Billing]**을 클릭합니다. 이후 **[Pay with Card]** 버튼을 클릭하여 결제를 진행합니다. 런팟의 경우 최소 결제 금액이 10 달러($10)이고, 사용 시간만큼 과금되는 만큼 실습을 얼마나 천천히 진행하느냐에 따라 다르지만, 이번 장 실습에는 일반적으로 10달러면 충분합니다. 하지만 약간의 시행착오를 고려하거나 코드를 천천히 진행해 보고자 하는 분들은 좀 더 넉넉하게 20달러 이상을 결제하거나, 실습 중간에 추가 결제도 가능하므로 이후 상황에 따라 결제하는 것을 권장합니다.

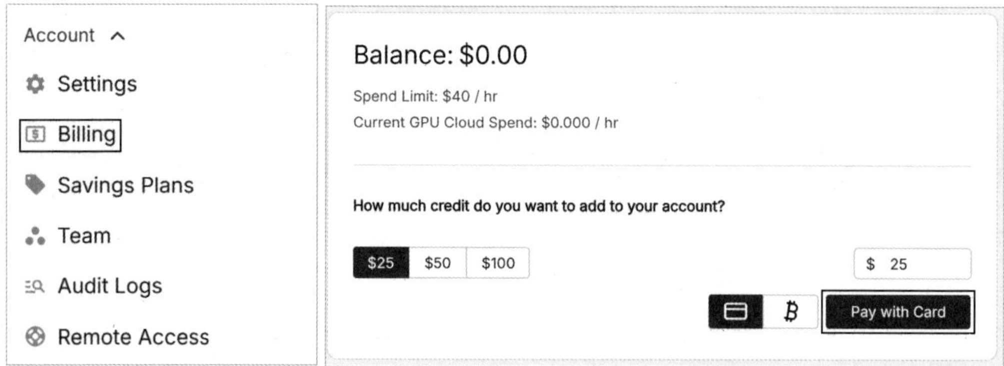

④ 회원 가입 후 결제를 마쳤다면 왼쪽 메뉴의 **[Pods]**를 클릭하고 화면 중앙의 **[+Deploy]**를 클릭합니다. 그러면 선택 가능한 GPU 서버 목록이 나옵니다.

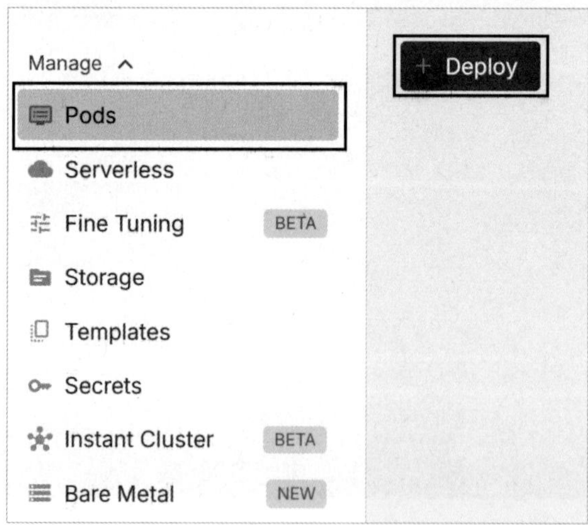

⑤ 여기서는 **[A100 SXM]**을 선택해 보겠습니다. 해당 서버를 클릭하면 GPU 개수, 디스크 용량 등을 선택할 수 있는 팝업창이 나옵니다.

⑥ GPU Count 아래쪽 숫자를 조절하여 사용할 GPU 개수를 선택할 수 있습니다. 예를 들어 그림에서는 GPU 개수를 2개로 선택했습니다. GPU 개수에 따라 과금되는 금액이 달라지며, 그림에서는 2개를 선택할 때 $3.78/hr, 즉 시간당 약 3.78달러(약 5,500원)가 과금될 수 있음을 나타냅니다. 이번 실습에서는 GPU 1개로도 충분합니다. 따라서 추가 과금이 되지 않도록 다시 1개로 변경하기 바랍니다.

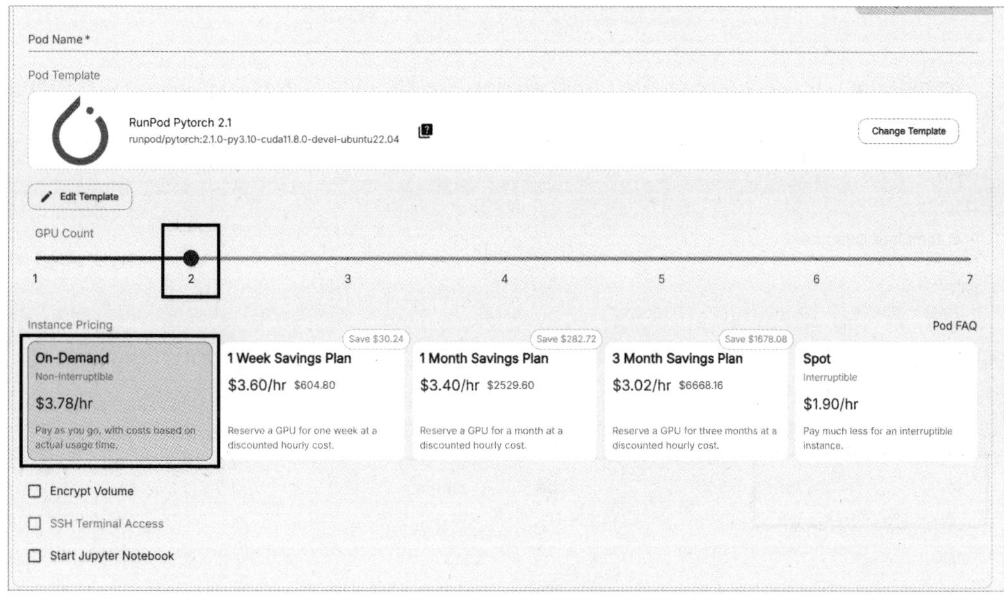

⑦ 이제 대규모 언어 모델과 데이터셋을 다운로드할 때 저장 용량이 부족하지 않도록 용량을 넉넉하게 설정해 봅시다. **[Edit Template]** 버튼을 클릭하여 디스크 용량을 수정할 수 있는 팝업창을 엽니다.

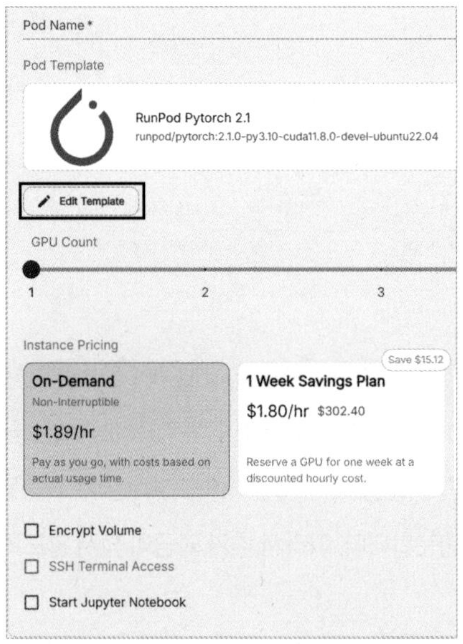

⑧ 팝업창에서 **[Container Disk]** 값을 넉넉하게 50GB로 수정합니다. 그 후 **[Set Overrieds]** 버튼을 클릭하여 설정값을 적용합니다.

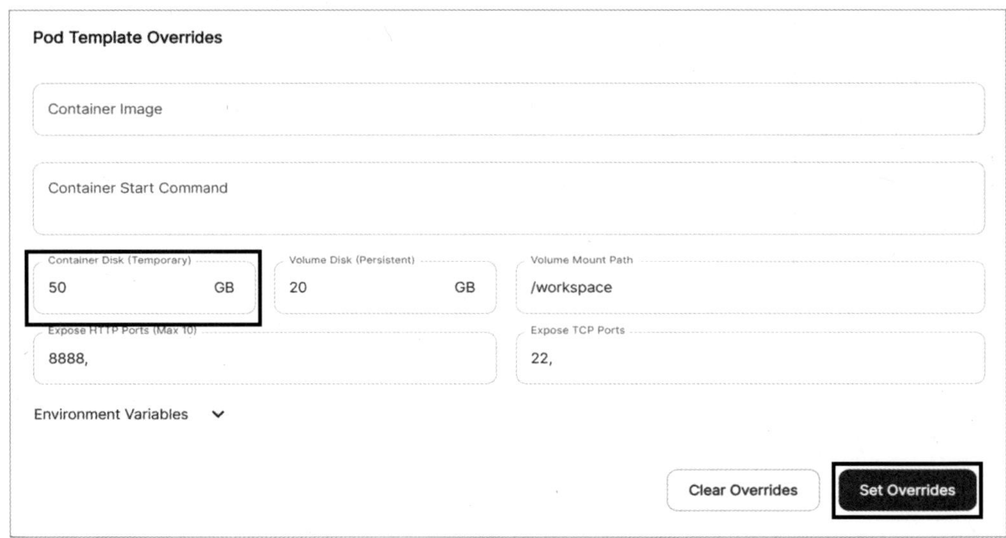

⑨ 다시 기존 화면으로 돌아와서 **[Start Jupyter Notebook]** 체크박스를 클릭하고 **[Deploy On-Demand]** 버튼을 클릭합니다. 해당 버튼을 누르면 실시간으로 과금이 시작됩니다. 실습 후에는 4.8절을 참고하여 반드시 GPU 서버를 종료하기 바랍니다.

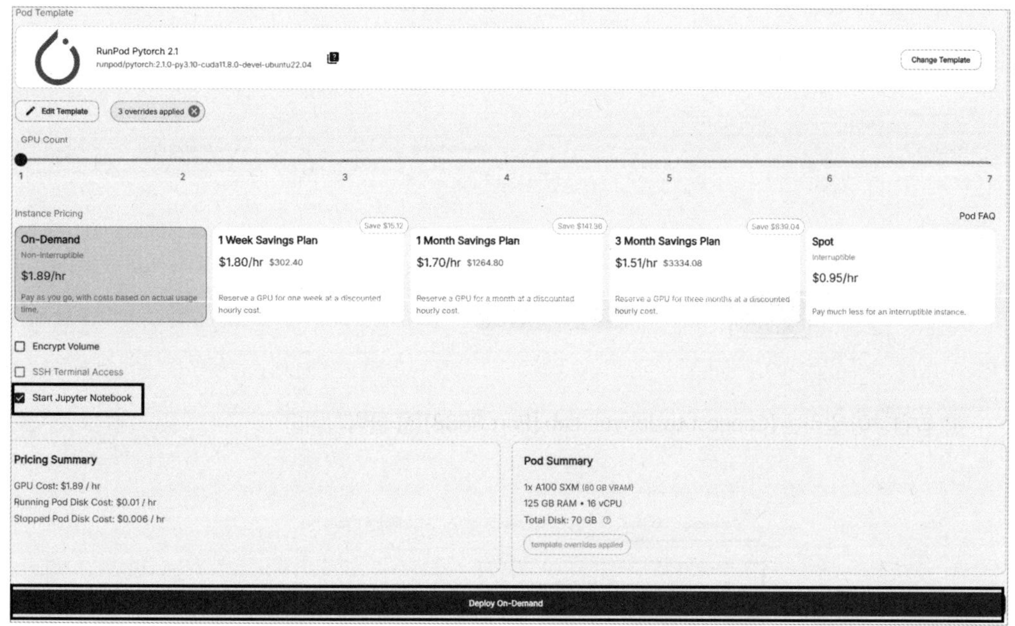

⑩ 이후 다음과 같은 화면으로 전환되면 오른쪽의 화살표 방향 버튼을 클릭하여 현재 사용하고 있는 GPU 서버의 정보를 상세하게 볼 수 있습니다. 이제 다른 페이지로 이동한 후에도 Runpod 사이트에서 왼쪽 메뉴의 **[Pods]**를 누르면 이처럼 현재 대여 중인 GPU 현황을 계속해서 모니터링할 수 있습니다.

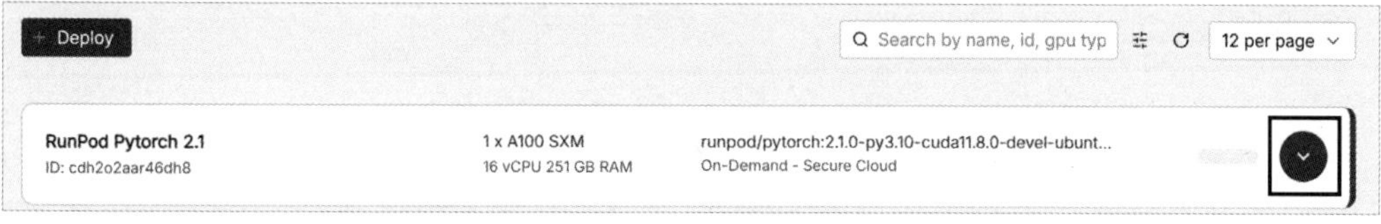

⑪ 다음과 같이 GPU 서버가 'Running' 상태가 되면 **[Connect]** 버튼을 클릭합니다.

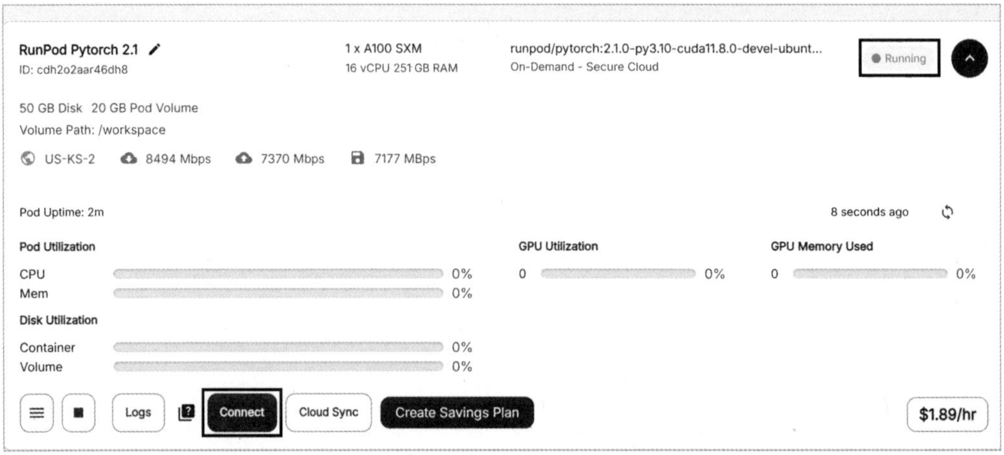

⑫ 팝업창이 열리면 **[Connect to Jupyter Lab [Port 8888]]**을 클릭합니다.

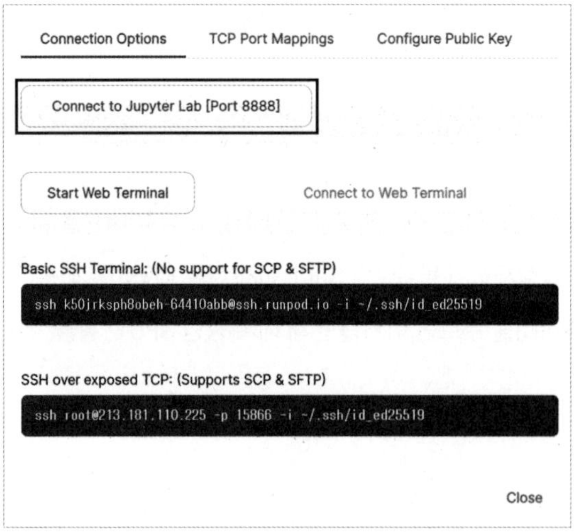

⑬ 실습할 수 있는 환경인 주피터 랩(Jupyter Lab)이 실행됩니다. 여기서 코랩이나 주피터 노트북과 같이 파이썬으로 실습할 수 있습니다. 가운데 위쪽의 Notebook이라는 글자 아래쪽에 파이썬 아이콘과 함께 있는 **[Python 3]** 버튼을 클릭합니다.

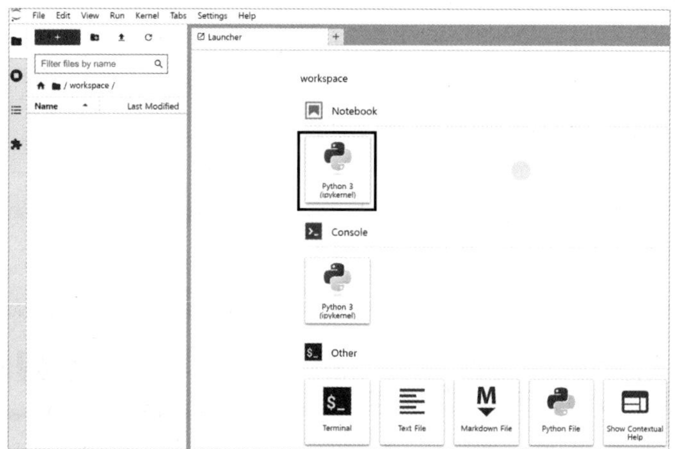

⑭ 그러면 코드를 실행할 수 있는 주피터 노트북 환경이 나옵니다. 코드를 실행하는 방법은 지금까지 실습했던 코랩과 같습니다. 코드를 작성한 후 위쪽 **[▶]** 버튼을 클릭하거나 **[Shift + Enter]** 키를 이용하여 코드를 실행할 수 있습니다.

⑮ 현재 실습 파일의 이름이 Untitled.ipynb이므로 먼저 파일 이름부터 수정해 봅시다. 왼쪽 위 메뉴의 **[File]** 버튼을 클릭하고 이어서 **[Save Notebook As...]**를 클릭합니다. 창이 열리면 파일 이름을 ch08_RAG_TUNING.ipynb로 변경하고 **[Save]** 버튼을 클릭합니다.

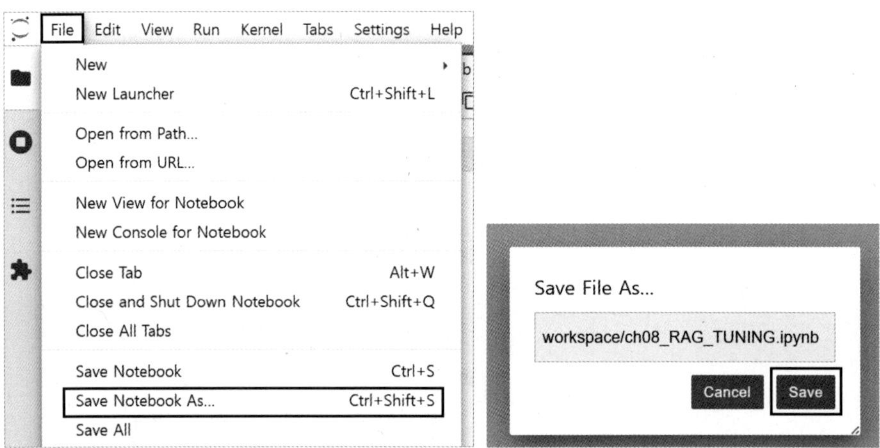

4.2 데이터 전처리

이제 필요한 라이브러리를 설치하고 데이터를 다운로드하겠습니다.

라이브러리 설치

필요한 라이브러리를 설치합니다.

```
!pip install torch==2.4.0 transformers==4.45.1 datasets==3.0.1 accelerate==0.34.2
trl==0.11.1 peft==0.13.0
```

필요한 도구 임포트

이제 실습에 사용할 각종 라이브러리의 도구들을 임포트합니다.

```
from datasets import load_dataset, Dataset
import torch
from transformers import AutoModelForCausalLM, AutoTokenizer
```

```
from peft import LoraConfig
from trl import SFTConfig, SFTTrainer
```

각 도구의 쓰임새는 다음과 같습니다.

데이터셋 로딩 및 변환

- **load_dataset, Dataset**: 다양한 데이터셋을 쉽게 로드하고 처리할 수 있습니다. load_dataset은 허깅페이스에 업로드된 데이터셋을 불러오거나 로컬 파일을 로드하는 데 사용하며, Dataset은 개별 데이터셋 객체를 다룰 때 사용합니다.

딥러닝 모델과 토크나이저

- **AutoModelForCausalLM**: 허깅페이스 Transformers 라이브러리에서 제공하는 모델 다운로드를 위한 도구입니다. 언어 모델을 로드하는 데 사용합니다.
- **AutoTokenizer**: 특정 모델에 맞는 토크나이저를 자동으로 불러오는 도구입니다. 토크나이저는 텍스트를 언어 모델이 처리할 수 있는 정수 시퀀스로 변환하거나 정수 시퀀스를 다시 텍스트 문자열로 복원하는 역할을 합니다.

파인튜닝 및 효율적인 학습 구성

- **LoraConfig**: 이번 실습에서 사용할 학습 방법인 LoRA(Low-Rank Adaptation) 학습 방식을 사용할 때 필요한 각종 설정값을 정의합니다. LoRA는 학습할 때 대규모 언어 모델 전체를 업데이트하는 것이 아니라, 대규모 언어 모델의 특정 부분만 업데이트하여 보다 효율적으로 학습하는 방식입니다.

SFT(지도 학습 방식의 파인튜닝) 설정 및 학습 도구

- **SFTConfig**: 모델을 학습할 때 필요한 다양한 설정값을 정의하는 도구입니다. 학습 과정에서 모델을 어떻게 업데이트할지 조정하며 여기에는 학습률과 배치 크기, 옵티마이저 등의 설정이 포함됩니다. 모델 전체를 학습할 때도 쓰일 수 있지만, 이번 실습에 사용하는 LoRA 학습에서처럼 모델의 특정 부분만 학습하는 방식에서도 사용합니다. SFTConfig에서 설정하는 설정값들은 모델의 학습 성능과 안정성에 큰 영향을 줍니다.

예를 들어, 학습률이 너무 크면 학습이 불안정하고, 너무 작으면 속도가 느려집니다. 배치 크기는 한 번에 처리하는 데이터 개수를 결정하며, 크기에 따라 학습 안정성과 메모리 사용량이 달라집니다. 옵티마이저는 모델을 업데이트하는 방식과 관련된 것으로, Adam, SGD 등 여러 종류가 있으며 학습 성능을 좌우합니다.

SFTConfig에는 이 외에도 가중치 감쇠, 학습 스케줄링, 혼합 정밀도 학습(fp16) 등 학습에 영향을 주는 다양한 설정을 포함할 수 있습니다. LoRA를 적용하면 모델 전체가 아닌 일부 가중치만 학습하므로 LoRA와 연관된 설정은 LoraConfig에서 관리하지만, LoRA 학습과는 별개인 학습 과정 전반의 설정은 여전히 SFTConfig에서 관리합니다. 따라서 SFTConfig는 LoRAConfig와 함께 사용하며 학습을 조정하는 역할을 합니다.

- **SFTTrainer:** 실제 학습을 수행하는 클래스입니다. 주어진 데이터셋을 이용해 파인튜닝 과정을 자동으로 수행하며, 특정 부분만 업데이트하는 LoRA와 같은 학습 기법도 적용할 수 있습니다. 모델, 데이터셋, 학습 설정을 한 번에 입력하여 효율적인 학습을 진행할 수 있도록 돕습니다.

실습 데이터 다운로드

인터넷을 통해 이번 실습에서 사용할 데이터를 다운로드하고 특정 형식으로 전처리를 진행해 보겠습니다. 먼저 전체 코드 흐름을 주석과 함께 살펴보고 각 코드 블록을 자세히 알아보겠습니다.

```
# 허깅페이스 허브에서 데이터셋 로드 ◀──────────────── ❶
dataset = load_dataset("iamjoon/klue-mrc-ko-rag-dataset", split="train")

# system_message 정의 ◀──────────────── ❷
system_message = """당신은 검색 결과를 바탕으로 질문에 답변해야 합니다.

다음의 지시사항을 따르십시오.
1. 질문과 검색 결과를 바탕으로 답변하십시오.
2. 검색 결과에 없는 내용을 답변하려고 하지 마십시오.
3. 질문에 대한 답이 검색 결과에 없다면 검색 결과에는 "해당 질문~에 대한 내용이 없습니다."라
고 답변하십시오.
```

```
4. 답변할 때 특정 문서를 참고하여 문장 또는 문단을 작성했다면 뒤에 출처는 이중 리스트로 해당
문서 번호를 남기십시오. 예를 들어 특정 문장이나 문단을 1번 문서에서 인용했다면 뒤에 [[ref1]]
이라고 기재하십시오.
5. 예를 들어 특정 문장이나 문단을 1번 문서와 5번 문서에서 동시에 인용했다면 뒤에 [[ref1]],
[[ref5]]라고 기재하십시오.
6. 최대한 다수의 문서를 인용하여 답변하십시오.

검색 결과:
-----
{search_result}"""

# 원본 데이터의 type별 분포 출력 ❸
print("원본 데이터의 type 분포:")
for type_name in set(dataset['type']):
    print(f"{type_name}: {dataset['type'].count(type_name)}")

# train/test 분할 비율 설정 (0.5면 5:5로 분할) ❹
test_ratio = 0.8

train_data = []
test_data = []

# type별로 순회하면서 train/test 데이터 분할 ❺
for type_name in set(dataset['type']):
    # 현재 type에 해당하는 데이터의 인덱스만 추출
    curr_type_data = [i for i in range(len(dataset)) if dataset[i]['type'] ==
    type_name]

    # test_ratio에 따라 test 데이터 개수 계산
    test_size = int(len(curr_type_data) * test_ratio)

    # 현재 type의 데이터를 test_ratio 비율로 분할하여 추가
    test_data.extend(curr_type_data[:test_size])
    train_data.extend(curr_type_data[test_size:])

# OpenAI format으로 데이터를 변환하기 위한 함수 ❻
def format_data(sample):
```

```
    # 검색 결과를 문서1, 문서2... 형태로 포매팅
    search_result = "\n-----\n".join([f"문서{idx + 1}: {result}" for idx, result in
    enumerate(sample["search_result"])])

    # OpenAI format으로 변환
    return {
        "messages": [
            {
                "role": "system",
                "content": system_message.format(search_result=search_result),
            },
            {
                "role": "user",
                "content": sample["question"],
            },
            {
                "role": "assistant",
                "content": sample["answer"]
            },
        ],
    }

# 분할된 데이터를 OpenAI format으로 변환 ←───────── ❼
train_dataset = [format_data(dataset[i]) for i in train_data]
test_dataset = [format_data(dataset[i]) for i in test_data]

# 최종 데이터셋 크기 출력 ←───────── ❽
print(f"\n전체 데이터 분할 결과: Train {len(train_dataset)}개,
      Test {len(test_dataset)}개")

# 분할된 데이터의 type별 분포 출력 ←───────── ❾
print("\n학습 데이터의 type 분포:")
for type_name in set(dataset['type']):
    count = sum(1 for i in train_data if dataset[i]['type'] == type_name)
    print(f"{type_name}: {count}")

print("\n테스트 데이터의 type 분포:")
```

```
for type_name in set(dataset['type']):
    count = sum(1 for i in test_data if dataset[i]['type'] == type_name)
    print(f"{type_name}: {count}")
```

```
원본 데이터의 type 분포:
synthetic_question: 497
mrc_question: 491
mrc_question_with_1_to_4_negative: 296
paraphrased_question: 196
no_answer: 404

전체 데이터 분할 결과: Train 380개, Test 1504개

학습 데이터의 type 분포:
synthetic_question: 100
mrc_question: 99
mrc_question_with_1_to_4_negative: 60
paraphrased_question: 40
no_answer: 81

테스트 데이터의 type 분포:
synthetic_question: 397
mrc_question: 392
mrc_question_with_1_to_4_negative: 236
paraphrased_question: 156
no_answer: 323
```

각 코드 블록이 어떤 역할을 하는지 구체적으로 살펴보겠습니다.

❶ 데이터셋 로드

허깅페이스 허브에서 앞서 설명한 RAG 데이터셋을 불러옵니다. `load_dataset()` 함수를 사용하여 `"iamjoon/klue-mrc-ko-rag-dataset"`이라는 데이터셋을 불러옵니다. 이 데이터셋은 실습에 사용할 전체 데이터를 담고 있습니다.

```
dataset = load_dataset("iamjoon/klue-mrc-ko-rag-dataset", split="train")
```

❷ 시스템 프롬프트 정의

학습에 사용할 시스템 프롬프트를 정의합니다. 이 프롬프트에는 RAG 성능을 높이기 위한 여러 가지 중요한 지침이 담겨 있습니다. 첫째, 검색 결과를 바탕으로 답변을 생성하도록 합니다. 둘째, 검색 결과에 없는 내용으로 답변하지 말라는 제약을 둡니다. 셋째, 특정 질문에 대한 내용이 검색 결과에 없을 경우 그 사실을 명시적으로 알리도록 합니다. 넷째, 답변 시 참고한 문서는 반드시 [[ref1]]과 같은 형식으로 표시하도록 요구합니다. 여러 문서를 참고한 경우 [[ref1]], [[ref5]]와 같이 모든 참고 문서를 표시하도록 합니다. 마지막으로 가능한 한 많은 문서를 참고하여 답변하도록 지시합니다.

```
system_message = """당신은 검색 결과를 바탕으로 질문에 답변해야 합니다.

다음의 지시사항을 따르십시오.
1. 질문과 검색 결과를 바탕으로 답변하십시오.
2. 검색 결과에 없는 내용을 답변하려고 하지 마십시오.
3. 질문에 대한 답이 검색 결과에 없다면 검색 결과에는 "해당 질문~에 대한 내용이 없습니다."라
고 답변하십시오.
4. 답변할 때 특정 문서를 참고하여 문장 또는 문단을 작성했다면 뒤에 출처는 이중 리스트로 해당
문서 번호를 남기십시오. 예를 들어 특정 문장이나 문단을 1번 문서에서 인용했다면 뒤에 [[ref1]]
이라고 기재하십시오.
5. 예를 들어 특정 문장이나 문단을 1번 문서와 5번 문서에서 동시에 인용했다면 뒤에 [[ref1]],
[[ref5]]라고 기재하십시오.
6. 최대한 다수의 문서를 인용하여 답변하십시오.

검색 결과:
-----
{search_result}"""
```

프롬프트 끝의 {search_result}는 추후 실제 검색 결과로 대체됩니다. 학습할 때도 우리가 원하는 방향으로 대규모 언어 모델이 답변하도록 상세한 시스템 프롬프트를 작성해야 합니다.

❸ 원본 데이터 타입 분포 확인

원본 데이터의 type별 분포를 확인합니다. set() 함수로 중복 없는 type 목록을 만들고, count() 메서드로 각 type이 몇 번 등장하는지 계산해 출력합니다. 데이터셋에는 앞에서 설명했듯이 synthetic_question, mrc_question, mrc_question_with_1_to_4_negative, paraphrased_question, no_answer라는 5가지 타입이 있습니다.

```
print("원본 데이터의 type 분포:")
for type_name in set(dataset['type']):
    print(f"{type_name}: {dataset['type'].count(type_name)}")
```

❹ 학습용/테스트용 데이터 분할 비율 설정

train/test 데이터 분할 비율을 설정합니다. test_ratio 변수에 0.8을 할당하여 전체 데이터의 80%를 테스트 데이터로, 나머지 20%를 학습 데이터로 사용하도록 지정합니다. 보통은 학습 데이터의 양이 더 많고, 성능을 평가하기 위한 테스트 데이터의 양이 더 적습니다. 하지만 이번 실습에서는 유료 클라우드인 런팟을 사용하므로 실습 시 과도한 학습 비용을 방지하기 위해서 학습 데이터를 적게 설정했습니다. 비용 문제에 부담이 없다면 더 많은 학습 데이터를 사용하기 바랍니다. 그리고 분할된 데이터의 인덱스를 저장할 train_data와 test_data라는 빈 리스트를 생성합니다.

```
test_ratio = 0.8

train_data = []
test_data = []
```

❺ 타입별 데이터 분할

데이터셋의 균형을 유지하면서 학습용과 테스트용 데이터를 분리하는 부분입니다. 각 타입별로 동일한 비율로 분할하는 이유는, 무작위로 전체 데이터를 나누면 특정 타입의 데이터가 한쪽으로 쏠릴 수 있기 때문입니다. 예를 들어 synthetic_question 타입이 학습 데이터에 너무 많이 들어가고 테스트 데이터에는 거의 없다면, 모델이 이 타입의 질문에 대해서만 잘 학습하게 될 위험이 있습니다. 이를 방지하고자 각 타입별로 80:20의 비율을 유지하면서 분할합니다.

```
for type_name in set(dataset['type']):
    # 현재 type에 해당하는 데이터의 인덱스만 추출
    curr_type_data = [i for i in range(len(dataset)) if dataset[i]['type'] ==
    type_name]

    # test_ratio에 따라 test 데이터 개수 계산
    test_size = int(len(curr_type_data) * test_ratio)

    # 현재 type의 데이터를 test_ratio 비율로 분할하여 추가
```

```
    test_data.extend(curr_type_data[:test_size])
    train_data.extend(curr_type_data[test_size:])
```

구현을 자세히 살펴보면, set(dataset['type'])으로 얻은 각 type에 대해 반복문을 실행합니다. 각 반복에서 현재 type에 해당하는 모든 데이터의 인덱스를 리스트 컴프리헨션으로 추출합니다. 코드 [i for i in range(len(dataset)) if dataset[i]['type'] == type_name]은 데이터셋을 순회하면서 현재 type과 일치하는 데이터의 인덱스만 수집합니다. 그다음 test_ratio를 사용해 테스트 데이터 개수를 계산하고, 슬라이싱으로 현재 type의 데이터를 test_data와 train_data 리스트에 분배하여 추가합니다. 이는 나중에 실제 학습과 테스트에 사용할 데이터의 인덱스를 보관하는 것입니다.

❻ OpenAI 형식으로 데이터 변환 함수 정의

OpenAI 형식으로 데이터를 변환하는 format_data() 함수를 정의합니다. OpenAI 형식이란 챗GPT를 개발한 OpenAI에서 만든 데이터의 표준 형식을 말하는데, messages라는 리스트 안에 각각의 대화를 역할(role)과 내용(content)으로 구분하여 담는 구조입니다. 이 구조에 대해서는 뒤에서 실제 출력을 살펴보며 확인해 보겠습니다. 여기서 system은 AI의 행동 지침을, user는 사용자의 질문을, assistant는 AI의 답변을 나타냅니다.

```
def format_data(sample):
    # 검색 결과를 문서1, 문서2... 형태로 포매팅
    search_result = "\n-----\n".join([f"문서{idx + 1}: {result}" for idx, result in
    enumerate(sample["search_result"])])

    # OpenAI format으로 변환
    return {
        "messages": [
            {
                "role": "system",
                "content": system_message.format(search_result=search_result),
            },
            {
                "role": "user",
                "content": sample["question"],
            },
            {
```

```
                "role": "assistant",
                "content": sample["answer"]
            },
        ],
    }
```

❼ 분할된 데이터를 OpenAI 형식으로 변환

앞서 분할한 train_data와 test_data의 각 샘플에 format_data() 함수를 적용하여 최종 데이터셋을 생성합니다. 각 인덱스에 해당하는 데이터를 format_data() 함수를 이용해 OpenAI 형식으로 변환하여 train_dataset과 test_dataset에 저장합니다.

```
train_dataset = [format_data(dataset[i]) for i in train_data]
test_dataset = [format_data(dataset[i]) for i in test_data]
```

❽ 최종 데이터셋 크기 출력

최종적으로 만들어진 train_dataset과 test_dataset의 크기를 출력합니다. 이를 통해 데이터 분할이 의도한 대로 이루어졌는지 확인할 수 있습니다.

```
print(f"\n전체 데이터 분할 결과: Train {len(train_dataset)}개,
      Test {len(test_dataset)}개")
```

❾ 분할된 데이터 타입별 분포 출력

분할된 데이터의 type별 분포를 출력합니다. 학습 데이터와 테스트 데이터 각각에 대해 type별 개수를 계산하고 출력합니다. 이를 통해 데이터 분할이 각 type에 대해 균형 있게 이루어졌는지 검증할 수 있습니다.

```
print("\n학습 데이터의 type 분포:")
for type_name in set(dataset['type']):
    count = sum(1 for i in train_data if dataset[i]['type'] == type_name)
    print(f"{type_name}: {count}")

print("\n테스트 데이터의 type 분포:")
```

```
for type_name in set(dataset['type']):
    count = sum(1 for i in test_data if dataset[i]['type'] == type_name)
    print(f"{type_name}: {count}")
```

OpenAI 형식 확인하기

이제 OpenAI 형식으로 전처리가 완료된 데이터를 하나 임의로 출력하여 형식을 살펴보겠습니다. 여기서는 학습 데이터 중 임의로 345번 샘플을 출력해 봅니다. messages라는 리스트 안에 데이터가 저장되어 있으므로 이를 출력합니다.

```
train_dataset[345]["messages"]
```

```
[{'role': 'system',
  'content': '당신은 검색 결과를 바탕으로 질문에 답변해야 합니다.\n\n다음의 지시사항
을 따르십시오.\n1. 질문과 검색 결과를 바탕으로 답변하십시오.\n2. 검색 결과에 없는 내용
을 답변하려고 하지 마십시오.\n3. 질문에 대한 답이 검색 결과에 없다면 검색 결과에는 "해당
질문~에 대한 내용이 없습니다."라고 답변하십시오.\n4. 답변할 때 특정 문서를 참고하여 문
장 또는 문단을 작성했다면 뒤에 출처는 이중 리스트로 해당 문서 번호를 남기십시오. 예를 들
어 특정 문장이나 문단을 1번 문서에서 인용했다면 뒤에 [[ref1]]이라고 기재하십시오.\n5. 예
를 들어 특정 문장이나 문단을 1번 문서와 5번 문서에서 동시에 인용했다면 뒤에 [[ref1]],
[[ref5]]라고 기재하십시오.\n6. 최대한 다수의 문서를 인용하여 답변하십시오.\n\n검색 결
과:\n-----\n문서1: "우버(UBER)는 사람들이 이동하는 수단을 발전시켰습니다.
... (중간 생략) ...'},
 {'role': 'user',
  'content': '캘리포니아주 외에 독립 계약자로 우버 운전자를 분류하는 다른 3개 주의 구체
적인 이유는 무엇인가요?'},
 {'role': 'assistant',
  'content': '검색 결과에서는 캘리포니아주 외에 우버 운전자를 독립 계약자로 분류하는 다
른 3개 주와 그 이유에 대한 구체적인 정보를 찾을 수 없습니다.'}]
```

role이 system인 경우, content에는 앞에서 작성한 시스템 프롬프트와 현재 샘플의 검색 결과가 저장되어 있습니다(내용은 길어서 중략). role이 user인 경우, content에는 현재 샘플 사용자 질문이 저장되어 있습니다. role이 assistant인 경우, content에는 검색 결과와 사용자 질문을

바탕으로 대규모 언어 모델이 답변해야 할 내용이 작성되어 있습니다.

이처럼 system, user, assistant와 같은 role과 각각에 해당하는 content로 구성된 형태를 OpenAI 형식이라고 합니다. OpenAI 형식은 학습하기 위한 최종 형식은 아니며 전처리를 위한 중간 단계 형태입니다. 학습에 사용하는 최종 형식은 뒤에서 다룰 대규모 언어 모델의 토크나이저를 통해 한 번 더 전처리를 진행하고 나서 결정됩니다.

데이터 타입 변경

현재 train_dataset과 test_dataset은 데이터 타입이 리스트입니다. 원활하게 학습을 진행하려면 데이터 타입을 Dataset으로 변경해야 합니다.

```
# 리스트 형태에서 다시 Dataset 객체로 변경
print(type(train_dataset))
print(type(test_dataset))

train_dataset = Dataset.from_list(train_dataset)
test_dataset = Dataset.from_list(test_dataset)

print(type(train_dataset))
print(type(test_dataset))
```

```
<class 'list'>
<class 'list'>
<class 'datasets.arrow_dataset.Dataset'>
<class 'datasets.arrow_dataset.Dataset'>
```

4.3 Qwen 템플릿 이해하기

이제 학습을 진행할 모델과 토크나이저를 로드합니다. 대규모 언어 모델을 학습할 때 반드시 로드해야 할 두 가지가 바로 학습할 모델과 해당 모델에 입력할 데이터를 전처리하는 도구인 토크나이저입니다. 대규모 언어 모델은 각각 고유한 토크나이저를 갖고 있으므로 반드시 학습할 모델의 토크나이저를 로드해야 합니다.

모델과 토크나이저 로드

모델을 로드할 때는 AutoModelForCausalLM.from_pretrained( ) 안에 모델 이름을 기재하고, 토크나이저를 로드할 때는 AutoTokenizer.from_pretrained( ) 안에 모델 이름을 기재합니다. 앞서 말했듯이 각 대규모 언어 모델은 고유한 토크나이저를 갖고 있으므로 두 개의 코드 안에 들어가는 모델 이름은 일반적으로 동일합니다.

```
# 허깅페이스 모델 이름
model_id = "Qwen/Qwen2-7B-Instruct"

# 모델과 토크나이저 로드
model = AutoModelForCausalLM.from_pretrained(
    model_id,
    device_map="auto",
    torch_dtype=torch.bfloat16,
)
tokenizer = AutoTokenizer.from_pretrained(model_id)
```

이번 실습에서는 "Qwen/Qwen2-7B-Instruct"라는 모델을 사용합니다. 따라서 모델과 토크나이저 모두 해당 모델의 이름을 인자로 사용했습니다. 이 모델은 중국의 IT 회사가 공개한 모델인 Qwen의 2 버전 모델로 한국어에도 성능이 뛰어납니다. 한국어 성능이 뛰어난 또 다른 모델로는 미국 기업 메타Meta가 공개한 LLaMA 3.1, 3.2, 3.3 버전(비록 한국어가 공식 지원 언어가 아님에도), 구글Google이 공개한 Gemma 2~3 버전 등이 있습니다.

템플릿 적용

토크나이저를 로드하고 나면 이제 Qwen의 챗 템플릿Chat Template을 적용해야 합니다. 챗 템플릿이란 대규모 언어 모델이 학습할 때 사용하는 특정한 대화 형식, 다시 말해 학습 데이터의 특정 형식을 의미합니다. 우리가 사용하는 대규모 언어 모델은 이미 학습된 모델이고, 우리는 이를 로드하여 우리의 데이터를 이용하여 추가로 파인튜닝하고는 합니다. 이러한 대규모 언어 모델은 만들어질 당시에 특정 형식에 맞춰 학습된 상태이므로 파인튜닝할 때도 같은 형식을 지켜야 합니다.

만약 대규모 언어 모델을 만들 당시, 첫 학습 때 사용한 템플릿과 다른 형식으로 데이터를 가공하여 파인튜닝을 진행하면, 모델이 제대로 된 성능을 내지 못하여 문맥을 제대로 인식하지 못하거나 예상한 답변을 제대로 생성하지 못할 가능성이 높아집니다.

챗 템플릿은 대규모 언어 모델에 따라 사용하는 형식이 다를 수 있습니다. 예를 들어, 이번 실습에 사용할 대규모 언어 모델인 Qwen은 다음과 같은 챗 템플릿에 따라 학습된 모델입니다. 따라서 파인튜닝할 데이터도 다음과 같은 챗 템플릿 형식에 맞춰 데이터를 가공하고 학습해야 합니다.

```
<|im_start|>system
시스템 프롬프트<|im_end|>
<|im_start|>user
사용자 프롬프트(사용자의 질문)<|im_end|>
<|im_start|>assistant
대규모 언어 모델이 해야 하는 답변<|im_end|>
```

Qwen의 챗 템플릿 형식으로 데이터를 가공하려면, 토크나이저의 apply_chat_template( )에 OpenAI 형식으로 가공된 데이터를 넣으면 됩니다. 학습 데이터 중 0번 샘플을 챗 템플릿으로 가공하고 나서 실제 출력해 보면 다음과 같습니다.

```
# 템플릿 적용
text = tokenizer.apply_chat_template(
    train_dataset[0]["messages"], tokenize=False, add_generation_prompt=False
)
print(text)
```

```
<|im_start|>system
당신은 검색 결과를 바탕으로 질문에 답변해야 합니다.

다음의 지시사항을 따르십시오.
```

```
1. 질문과 검색 결과를 바탕으로 답변하십시오.
2. 검색 결과에 없는 내용을 답변하려고 하지 마십시오.
3. 질문에 대한 답이 검색 결과에 없다면 검색 결과에는 "해당 질문~에 대한 내용이 없습니
다."라고 답변하십시오.
4. 답변할 때 특정 문서를 참고하여 문장 또는 문단을 작성했다면 뒤에 출처는 이중 리스트로
해당 문서 번호를 남기십시오. 예를 들어 특정 문장이나 문단을 1번 문서에서 인용했다면 뒤에
[[ref1]]이라고 기재하십시오.
5. 예를 들어 특정 문장이나 문단을 1번 문서와 5번 문서에서 동시에 인용했다면 뒤에
[[ref1]], [[ref5]]라고 기재하십시오.
6. 최대한 다수의 문서를 인용하여 답변하십시오.

검색 결과:
-----
문서1: 도시 농업의 경우,
... (중간 생략) ...
물 부족 국가 또는 강수량이 낮은 지역에게는 새로운 희망이자 기회를 얻게 되는 셈이다.
-----
문서2: 지속가능성과 안보 관점에서 봤을 때, 여러 장비나 기기에 사용되는 에너지원은 일원화
될수록 좋다.
... (중간 생략) ...
대출력이 필요한 운송수단에는 대안으로 전기로 생산한 바이오연료나 수소를 이용하는 방안이
연구 중이다.
-----
문서3: 미래 청정에너지 개발에 공동 협력하기 위한 '2014 월드그린에너지포럼'이 22~24일 경
북 경주시 힐튼호텔에서 열린다.
... (중간 생략) ...
포럼은 폐회식에서 지구촌의 에너지 빈곤 퇴치와 미래 청정에너지 개발 노력, 세계의 공동 번영
및 지속 가능한 개발을 추구하자는 내용을 담은 경주선언문을 채택한다.
-----
문서4: 국립종자원은 이달 초 제주도에 지원을 개설했다. 아열대 작물을 개량해 특허권을 확보
하는 게 설립 목적이다.
... (중간 생략) ...
반면 수온이 낮아야 잘 자라는 김 미역 다시마 등은 남해안에서 수확하기가 어려워졌다는 분석
이다.
-----
문서5: 서울 강서구 마곡지구에 여의도공원 2배 규모의 아시아 최대 생태공원(조감도)이 조성된
다.
```

```
... (중간 생략) ...
식물문화센터는 3개 건물(연면적 1만㎡)에 전시온실, 식물도서관, 가드닝센터 등이 갖춰진다. 
시는 다음달 중 관계기관 협의를 거쳐 기본계획안을 확정하고 설계에 들어갈 예정이다.<|im_
end|>
<|im_start|>user
기후 변화가 농업에 미치는 영향은 무엇인가요?<|im_end|>
<|im_start|>assistant
기후 변화는 농업에 다양한 영향을 미치고 있습니다. 기후 변화로 인해 농업 환경이 변화하면서 
작물 재배 지역과 방식이 달라지고 있습니다.

첫째, 기후 변화로 인해 한반도와 같은 지역에서는 아열대 작물의 재배가 가능해지고 있습니
다. 예를 들어, 한반도의 기후가 아열대성으로 변하면서 중남미에서 나는 아티초크나 남아프리
카의 오크라 등의 작물이 한국에서도 재배되고 있습니다. 이는 농산물 지도를 바꾸고 있으며, 
제주도와 전남 일대에서 아열대 작물 재배 면적이 늘어나고 있습니다. 또한, 제주도에서 재배
되던 한라봉과 감귤이 충북 청주에서도 생산되고 있으며, 사과의 주 산지도 북상하고 있습니다
[[ref4]].

둘째, 기후 변화는 수산물에도 영향을 미치고 있습니다. 바다 수온이 오르면서 찬물에 사는 낙
지의 수확량은 감소하고, 따뜻한 물을 좋아하는 꽃게의 어획량은 증가하고 있습니다. 또한, 제
주도 일부 지역에서만 서식하던 갯가재, 홍다리얼룩새우 등 아열대 생물이 남해안 전역에서 발
견되고 있습니다. 반면, 수온이 낮아야 잘 자라는 김, 미역, 다시마 등의 수확은 어려워지고 있
습니다[[ref4]].

이와 같이 기후 변화는 농업에 큰 영향을 미치며, 작물 재배 지역의 변화와 새로운 작물의 도
입, 수산물의 어획량 변화 등을 초래하고 있습니다. 이는 농업 생산성과 식량 안보에 중요한 영
향을 미칠 수 있습니다.<|im_end|>
```

Qwen의 챗 템플릿에 맞춰 데이터가 가공되었습니다. <|im_start|>system과 <|im_end|> 사이에는 시스템 프롬프트가 입력됩니다. 현재 실습하는 데이터 기준으로는 지시사항과 사용자 질문에 대한 검색 결과가 이에 해당합니다. 검색 결과가 너무 긴 관계로 여기 실행 결과에서는 일부 생략했습니다. <|im_start|>user와 <|im_end|> 사이에는 사용자 질문이 들어가며, <|im_start|>assistant와 <|im_end|> 사이에는 실제 챗봇의 답변이 들어갑니다.

4.4 로라 학습을 위한 설정값

이제 학습에 필요한 각종 설정값을 지정해야 합니다. 이번 실습에서는 LoRA^low-rank adaptation 학습 방식을 사용하여 파인튜닝을 진행합니다. LoRA는 거대한 언어 모델을 학습할 때 풀 파인튜닝^full finetuning보다 연산량과 GPU 메모리 사용량을 줄여 학습할 수 있는 방법입니다.

일반적으로 대규모 언어 모델을 풀 파인튜닝하려면 모델 내의 모든 변수(일반적으로 모델 내에 존재하며 학습 시 값이 업데이트되는 변수들을 '가중치'라고 부릅니다.)를 업데이트해야 하지만, 이렇게 하면 학습에 필요한 연산량이 급격히 증가하고 많은 GPU 메모리를 소비하게 됩니다. 따라서 개인 연구자나 자원이 제한된 환경에서는 풀 파인튜닝이 부담스러울 수 있습니다.

LoRA는 이러한 문제를 해결하기 위해 기존 모델의 가중치는 그대로 두고, 추가로 작은 변수를 가진 행렬을 덧붙여 이에 해당하는 추가적인 가중치 행렬만 학습하는 방식을 사용합니다. 즉, 모델 전체를 수정하는 풀 파인튜닝 방식과 달리, 필요한 가중치만 학습하는 방식입니다. LoRA의 장점은 다음과 같습니다.

- **빠른 학습 속도**: 학습해야 하는 변수의 개수가 줄어들어 학습 속도가 빨라집니다.
- **하드웨어 요구량 감소**: 기존 모델을 학습하는 것보다 훨씬 적은 연산량으로도 조정이 가능하여, 많은 양의 GPU 리소스가 없더라도 학습할 수 있습니다.

LoRA 학습에 필요한 각종 설정값은 다음과 같이 지정합니다.

```
peft_config = LoraConfig(
        lora_alpha=32,
        lora_dropout=0.1,
        r=8,
        bias="none",
        target_modules=["q_proj", "v_proj"],
        task_type="CAUSAL_LM",
)
```

각 설정값을 살펴보면 다음과 같습니다.

- **lora_alpha:** LoRA 학습이 기존 대규모 언어 모델의 예측 결과에 얼마나 영향을 미칠지를 결정하는 값입니다. lora_alpha 값이 클수록 학습한 정보가 더 강하게 반영되고, 값이 작으면 기존 모델의 원래 특성이 더 많이 유지됩니다. 예를 들어, lora_alpha = 1이면 기존 모델이 거의 그대로 유지되며 LoRA 학습 후의 효과가 미미합니다. lora_alpha = 100이면 기존 모델보다 LoRA 학습 정보가 더 강하게 적용됩니다.
- **lora_dropout:** 학습할 때 일부 정보를 의도적으로 제외하여, 모델이 특정 데이터에 과도하게 의존하지 않도록 만드는 값입니다. 예를 들어, lora_dropout = 0.1로 설정하면, 학습 과정에서 일부 정보(약 10%)가 의도적으로 제외된 상태로 학습이 진행됩니다. 이렇게 하면 특정 데이터에만 최적화되지 않고, 다양한 상황에서도 잘 작동할 수 있도록 학습할 수 있습니다. 즉, lora_dropout은 모델이 새로운 데이터에도 적응할 수 있도록 돕는 역할을 합니다.
- **r:** LoRA 학습에서 학습할 정보의 양을 결정하는 값입니다. LoRA 학습은 기존 모델 전체를 수정하는 것이 아니라, 특정 부분만 선택적으로 학습합니다. 이때 학습할 정보의 크기를 결정하는 값이 r입니다. r 값이 클수록 더 많은 정보를 학습하지만, 그만큼 메모리 사용량과 연산량이 증가합니다. 반대로 값이 작으면 메모리는 절약되지만, 학습 범위도 줄어듭니다. 예를 들어, r = 2이면 LoRA 학습이 모델을 매우 작은 범위에서만 조정하고, r = 64면 모델을 더 넓은 범위에서 조정할 수 있습니다.
- **bias:** LoRA가 학습하는 과정에서 대규모 언어 모델의 편향값을 조정할지를 결정하는 값입니다. 대규모 언어 모델은 입력을 처리하는 과정에서 출력값을 조정하는 요소 중 하나로 편향값(bias)을 포함하고 있습니다. LoRA는 기본적으로 이러한 편향값을 변경하지 않지만, 필요에 따라 LoRA가 편향값까지 학습하도록 설정할 수 있습니다. 여기서 선택한 "none"은 기존 모델의 편향값을 조정하지 않는 설정입니다. "all"을 사용하면 기존 모델의 편향값까지 LoRA 학습으로 조정하여 더 큰 변화를 줄 수 있습니다.
- **target_modules:** LoRA 학습을 적용할 특정 부분을 선택하는 값입니다. 모델은 여러 개의 단계(구성요소)로 이루어져 있으며, 모든 부분을 LoRA 방식으로 학습하는 것이 아니라, 필요한 부분만 선택적으로 학습할 수도 있습니다. "q_proj"와 "v_proj"는 모델이 입력을 처리하는 과정에서 중요한 역할을 하는 부분입니다. 이 부분을 LoRA 방식으로 학습하면 모델이 기존보다 더 유연하게 작동할 수 있도록 조정할 수 있습니다.
- **task_type:** LoRA 학습이 적용될 모델의 작업 유형을 지정하는 값입니다. 모델이 어떤 방식으로 동작하는지에 따라 LoRA 학습 방식도 달라지므로 정확하게 설정해야 합니다. "CAUSAL_LM"은 입력된 텍스트를 기반으로 다음 단어를 예측하는 모델에 사용됩니다. 이는 대규모 언어 모델(GPT-4, Qwen, LLaMA 등)과 같이 왼쪽에서 오른쪽으로 순차적으로 문장을 생성하는 모델에 적합합니다.

4.5 학습을 위한 설정값

LoRA 설정에 이어서 모델을 학습할 때 필요한 다양한 설정값을 정의하는 도구인 SFTConfig를 설정합니다. SFTConfig는 학습 과정에서 모델이 어떻게 업데이트될지를 조정하는 값입니다. LoRA와 연관된 설정들은 LoraConfig에서 관리하지만, 그 외에 학습 과정 전반에 걸친 설정은 SFTConfig에서 관리합니다. 따라서 SFTConfig는 LoRAConfig와 함께 사용되며 학습을 조정하는 역할을 합니다. 학습에 필요한 각종 설정값은 SFTConfig에서 다음과 같이 설정합니다.

```
args = SFTConfig(
    output_dir="qwen2-7b-rag-ko",           # 저장될 디렉터리와 저장소 ID
    num_train_epochs=3,                     # 학습할 총 에포크 수
    per_device_train_batch_size=2,          # GPU당 배치 크기
    gradient_accumulation_steps=2,          # 그래디언트 누적 스텝 수
    gradient_checkpointing=True,            # 메모리 절약을 위한 체크포인팅
    optim="adamw_torch_fused",              # 최적화기
    logging_steps=10,                       # 로그 기록 주기
    save_strategy="steps",                  # 저장 전략
    save_steps=50,                          # 저장 주기
    bf16=True,                              # bfloat16 사용
    learning_rate=1e-4,                     # 학습률
    max_grad_norm=0.3,                      # 그래디언트 클리핑
    warmup_ratio=0.03,                      # 워밍업 비율
    lr_scheduler_type="constant",           # 고정 학습률
    push_to_hub=False,                      # 허브 업로드 안 함
    remove_unused_columns=False,
    dataset_kwargs={"skip_prepare_dataset": True},
    report_to=None
)
```

각 설정값을 살펴보면 다음과 같습니다.

- **output_dir**: 학습된 모델을 저장할 위치를 지정합니다. "qwen2-7b-rag-ko"로 설정되어 있으므로, 학

습이 끝나면 이 폴더에 모델과 관련 파일이 저장됩니다.

- **num_train_epochs:** 학습할 총 횟수입니다. num_train_epochs = 3이면, 학습 데이터를 3번 반복해 학습합니다. 데이터를 여러 번 학습할수록 더 많이 배울 수 있지만, 너무 반복하면 기존 학습 데이터에 지나치게 맞춰져 새로운 데이터에서 성능이 떨어질 수 있습니다.
- **per_device_train_batch_size:** 한 번 학습할 때 처리하는 데이터 개수입니다. per_device_train_batch_size = 2이면, 한 번에 2개의 데이터를 사용해서 학습합니다. 학습할 때 데이터를 하나씩 처리하는 것이 아니라 여러 개를 묶어서 한 번에 학습하는데, 이를 '배치batch'라고 합니다. 배치 크기가 크면 학습 속도가 빨라질 수 있지만, 메모리를 많이 사용합니다.
- **gradient_accumulation_steps:** 여러 번 계산한 결과를 모아서 한 번에 적용하는 기능입니다. gradient_accumulation_steps = 2이면, 2번 계산한 결과를 모아서 한 번에 모델을 업데이트합니다. 메모리가 부족할 때 작은 배치를 여러 번 모아서 학습할 수 있도록 돕는 기능입니다.
- **gradient_checkpointing:** 메모리를 절약하는 기능입니다. gradient_checkpointing = True이면, 학습할 때 일부 정보를 저장하지 않고 필요할 때 다시 계산하여 메모리를 절약하는 기능이 활성화됩니다. 속도가 조금 느려질 수 있지만, 메모리를 적게 쓰는 장점이 있습니다.
- **optim:** 모델을 업데이트할 때 사용하는 최적화 방법입니다. "adamw_torch_fused"는 AdamW 최적화 기법을 사용하여 모델을 업데이트하는 방식입니다. AdamW는 안정적인 학습이 가능하도록 제안된 학습 방식입니다.
- **logging_steps:** 학습 중 진행 상황을 얼마나 자주 기록할지 결정하는 값입니다. logging_steps = 10이면, 10번의 학습 스텝마다 진행 상태를 기록합니다. 너무 자주 기록하면 속도가 느려질 수 있고, 너무 드물면 학습 상태를 파악하기 어려울 수 있습니다.
- **save_strategy 및 save_steps:** 모델을 저장하는 방식과 주기입니다. save_strategy = "steps"이면, 지정된 스텝마다 모델을 저장합니다. save_steps = 50이면, 50번의 학습 스텝마다 모델이 저장됩니다. 모델을 중간에 저장하지 않으면 학습 중 문제가 발생할 경우 처음부터 다시 학습해야 할 수도 있기 때문에, 적절한 주기로 저장하는 것이 중요합니다. 현 실습 기준으로는 output_dir 경로인 "qwen2-7b-rag-ko"에 학습이 진행됨에 따라서 50스텝마다 모델이 저장됩니다.
- **bf16:** bfloat16(16비트 부동소수점) 사용 여부를 지정합니다. bf16 = True이면, bfloat16 형식을 사용하여 모델을 학습합니다. bfloat16은 메모리를 절약하면서도 연산의 정확도를 유지할 수 있는 데이터 형식으로, NVIDIA A100과 같은 최신 GPU에서 성능을 최적화할 수 있습니다.
- **learning_rate:** 학습 속도를 조절하는 값입니다. learning_rate = 1e-4이면, 학습 속도를 0.0001(1×

10^{-4})로 설정합니다. 값이 너무 크면 모델이 불안정하게 학습될 수 있고, 값이 너무 작으면 학습이 느려질 수 있습니다.

- **max_grad_norm**: 그래디언트 클리핑 설정입니다. max_grad_norm = 0.3이면, 모델이 한 번 업데이트될 때 변화량을 제한하여 너무 급격한 변화가 일어나지 않도록 조정합니다. 변화량이 너무 커지는 경우 모델이 불안정해질 수 있기 때문에 이를 제한하는 기능입니다.
- **warmup_ratio**: 학습 초반에 천천히 시작하도록 조정하는 값입니다. warmup_ratio = 0.03이면, 초반 3% 구간 동안 학습률을 서서히 증가시키며 적응하는 방식으로 학습을 진행합니다. 처음부터 너무 빠르게 학습하면 모델이 불안정할 수 있기 때문에, 일정 구간 동안 천천히 학습 속도를 올려 안정적으로 학습할 수 있도록 합니다.
- **lr_scheduler_type**: 학습률을 어떻게 조정할지 결정합니다. lr_scheduler_type = "constant"이면, 학습률을 일정하게 유지하는 방식으로 학습합니다. 일반적으로 학습이 진행됨에 따라 학습 속도를 줄이는 방식도 있지만, 여기서는 처음부터 끝까지 같은 학습 속도를 유지하는 방식을 선택했습니다.
- **push_to_hub**: 학습된 모델을 허깅페이스 웹사이트에서 접근 가능한 모델 저장소에 업로드할지 여부입니다. push_to_hub = False이면, 학습된 모델을 업로드하지 않습니다. 허깅페이스 모델 저장소에 자동으로 업로드하려면 True로 설정해야 합니다.
- **remove_unused_columns**: 불필요한 칼럼 제거 여부입니다. remove_unused_columns = False이면, 데이터에서 사용하지 않는 칼럼을 자동으로 제거하지 않습니다. 이 값을 True로 설정하면, 모델이 사용하지 않는 데이터를 자동으로 정리하여 학습을 최적화할 수 있습니다.
- **dataset_kwargs**: 데이터셋 관련 추가 설정입니다. dataset_kwargs = {"skip_prepare_dataset" : True}이면, 데이터를 미리 준비하는 과정을 생략합니다. 데이터셋이 이미 준비되어 있는 경우, 불필요한 처리를 생략하여 속도를 높일 수 있습니다.
- **report_to**: 학습 과정 정보를 어디로 보고할지 지정하는 값입니다. report_to = None이면, 학습 과정을 별도로 로그를 저장하는 툴에 기록하지 않습니다.

SFTConfig는 LoRA 학습을 최적화하는 데 다양한 설정을 포함하고 있으며, 학습 방식과 저장 방법, 최적화 방식 등을 조정하는 역할을 합니다. 모델이 어떻게 학습하고, 얼마나 자주 저장되며, 어떤 방식으로 최적화되는지를 결정하는 중요한 요소입니다. 각각의 값을 조정함으로써 하드웨어 성능과 원하는 학습 방식에 맞게 최적화할 수 있습니다.

4.6 정수 인코딩

대규모 언어 모델에 학습 데이터를 전달하기 전에 수치화 작업을 거칩니다. 더 정확히는 텍스트 데이터를 전부 대규모 언어 모델이 이해할 수 있는 정수 데이터로 변환해야 합니다. 이 과정을 일반적으로 인코딩encoding이라 부르며 앞서 로드한 토크나이저를 통해 수행합니다.

참고 대규모 언어 모델 학습용 데이터 구성과 인코딩 방법

대규모 언어 모델을 학습할 때는 데이터의 입력과 출력, 두 부분이 필요합니다. 여기서는 입력과 출력의 각 변수명을 input_ids와 labels라고 하겠습니다. 또한 모델이 학습해야 하는 데이터는 다음과 같다고 가정합니다.

- **시스템 프롬프트:** "당신은 친절한 AI 어시스턴트입니다."
- **사용자 프롬프트:** "안녕하세요, 오늘 날씨는 어떤가요?"
- **모델의 응답:** "안녕하세요! 오늘 날씨는 맑고 화창합니다."

이 데이터를 학습하려면 먼저 앞서 진행한 바와 같이 챗 템플릿을 적용해야 합니다.

```
<|im_start|>system
당신은 친절한 AI 어시스턴트입니다.<|im_end|>
<|im_start|>user
안녕하세요, 오늘 날씨는 어떤가요?<|im_end|>
<|im_start|>assistant
안녕하세요! 오늘 날씨는 맑고 화창합니다.<|im_end|>
```

챗 템플릿을 적용하고 나서 이로부터 input_ids와 labels를 생성합니다. input_ids는 전체 텍스트를 토크나이저를 사용해 정수로 인코딩한 결과입니다. 각 토큰이 어떤 정수로 변환되는지와 같은 정보는 앞서 로드한 토크나이저를 통해 얻을 수 있습니다. 예를 들어, Qwen 모델의 토크나이저로 인코딩 작업을 통해 정수로 변환한 input_ids는 다음과 같습니다.

```
input_ids = [
    151644, 198,       # <|im_start|>system (줄바꿈)
    8948, 198, 64795, 82528, 33704, 90711, 250, 126550,  # 당신은 친절한 AI 어시스턴트
    입니다.
    198, 151645, 198,  # <|im_end|> (줄바꿈)
    151644, 198,       # <|im_start|>user (줄바꿈)
    126246, 144370, 91145, 133857, 37195, 254, 135562, 16560, 129273, 19969, 35711,
    30,  # 안녕하세요, 오늘 날씨는 어떤가요?
    198, 151645, 198,  # <|im_end|> (줄바꿈)
    151644, 198,       # <|im_start|>assistant (줄바꿈)
    77091, 198, 126246, 144370, 91145, 0, 133857, 37195, 254, 135562, 16560, 32985,
    239, 34395, 46832, 242, 130095, 60838, 13,  # 안녕하세요! 오늘 날씨는 맑고 화창합니다.
    198, 151645, 198   # <|im_end|> (줄바꿈)
]
```

각 토큰이 어떤 정수로 매핑되는지는 대규모 언어 모델마다 전부 다를 수 있습니다. 예를 들어, 여기서 사용하는 대규모 언어 모델 Qwen에서 <|im_start|>는 151644라는 정수입니다. 하지만 다른 대규모 언어 모델에서는 151644가 다른 의미를 가진 토큰일 수 있으므로 반드시 해당 모델의 토크나이저를 사용해야 합니다.

이제 labels를 만드는 방법을 알아봅시다. 앞선 input_ids에서 대규모 언어 모델의 답변에 해당하는 응답 부분을 살펴보겠습니다. 대규모 언어 모델의 응답에 해당하는 텍스트는 "안녕하세요! 오늘 날씨는 맑고 화창합니다."이며, 예에서 이에 해당하는 정수는 [77091, 198, 126246, 144370, 91145, 0, 133857, 37195, 254, 135562, 16560, 32985, 239, 34395, 46832, 242, 130095, 60838, 13]입니다.

input_ids에는 대규모 언어 모델의 응답뿐만 아니라, 시스템 프롬프트와 사용자 프롬프트까지 모두 포함되어 있습니다. 하지만 실제로 모델이 학습해야 하는 부분은 시스템 프롬프트와 사용자 프롬프트(사용자 질문)를 보고 적절한 응답을 생성하는 것입니다. 즉, 시스템 프롬프트나 사용자 프롬프트는 대규모 언어 모델의 입력에 해당할 뿐, 실제로 대규모 언어 모델이 생성해야 하는 부분이 아닙니다. 따라서 input_ids에서 모델이 직접 생성할 필요가 없는 부분을 -100으로 처리하여 labels를 만듭니다. 예를 들어, 앞서 인코딩한 텍스트에 대해 labels는 다음과 같이 구성할 수 있습니다.

```
labels = [
    -100, -100,          # <|im_start|>system (줄바꿈)
    -100, -100, -100, -100, -100, -100, -100, -100,  # 당신은 친절한 AI 어시스턴트
    입니다.
    -100, -100, -100,  # <|im_end|> (줄바꿈)
    -100, -100,          # <|im_start|>user (줄바꿈)
    -100, -100, -100, -100, -100, -100, -100, -100, -100, -100, -100, -100,  # 안녕하
    세요, 오늘 날씨는 어떤가요?
    -100, -100, -100,  # <|im_end|> (줄바꿈)
    -100, -100,          # <|im_start|>assistant (줄바꿈)
    77091, 198, 126246, 144370, 91145, 0, 133857, 37195, 254, 135562, 16560, 32985,
    239, 34395, 46832, 242, 130095, 60838, 13,  # 안녕하세요! 오늘 날씨는 맑고 화창합니다.
    -100, -100, -100   # <|im_end|> (줄바꿈)
]
```

이렇게 설정하면 모델이 labels에서 -100이 아닌 부분만 학습하여 대규모 언어 모델이 생성해야 하는 응답만 학습하도록 유도할 수 있습니다. 이 방식은 모델이 불필요한 부분을 학습하려고 하지 않고, 올바른 답변을 생성하는 데 집중할 수 있도록 하는 기본적인 학습 구조입니다.

이러한 전처리를 수행하는 함수로 collate_fn을 작성해 보겠습니다.

```
def collate_fn(batch):
    new_batch = {
        "input_ids": [],
        "attention_mask": [],
        "labels": []
    }

    for example in batch:
        # messages의 각 내용에서 개행문자 제거
        clean_messages = []
        for message in example["messages"]:
            clean_message = {
                "role": message["role"],
```

```
        "content": message["content"]
    }
    clean_messages.append(clean_message)

# 깨끗해진 메시지로 템플릿 적용
text = tokenizer.apply_chat_template(
    clean_messages,
    tokenize=False,
    add_generation_prompt=False
).strip()

# 텍스트를 토큰화
tokenized = tokenizer(
    text,
    truncation=True,
    max_length=max_seq_length,
    padding=False,
    return_tensors=None,
)

input_ids = tokenized["input_ids"]
attention_mask = tokenized["attention_mask"]

# 레이블 초기화
labels = [-100] * len(input_ids)

# assistant 응답 부분 찾기
im_start = "<|im_start|>"
im_end = "<|im_end|>"
assistant = "assistant"

# 토큰 ID 가져오기
im_start_tokens = tokenizer.encode(im_start, add_special_tokens=False)
im_end_tokens = tokenizer.encode(im_end, add_special_tokens=False)
assistant_tokens = tokenizer.encode(assistant, add_special_tokens=False)

i = 0
```

```
    while i < len(input_ids):
        # <|im_start|>assistant 찾기
        if (i + len(im_start_tokens) <= len(input_ids) and
            input_ids[i:i+len(im_start_tokens)] == im_start_tokens):

            # assistant 토큰 찾기
            assistant_pos = i + len(im_start_tokens)
            if (assistant_pos + len(assistant_tokens) <= len(input_ids) and
                input_ids[assistant_pos:assistant_pos+len(assistant_tokens)] ==
                assistant_tokens):

                # assistant 응답의 시작 위치로 이동
                current_pos = assistant_pos + len(assistant_tokens)

                # <|im_end|>를 찾을 때까지 레이블 설정
                while current_pos < len(input_ids):
                    if (current_pos + len(im_end_tokens) <= len(input_ids) and
                        input_ids[current_pos:current_pos+len(im_end_tokens)] ==
                        im_end_tokens):
                        # <|im_end|> 토큰도 레이블에 포함
                        for j in range(len(im_end_tokens)):
                            labels[current_pos + j] = input_ids[current_pos + j]
                        break
                    labels[current_pos] = input_ids[current_pos]
                    current_pos += 1

                i = current_pos

        i += 1

    new_batch["input_ids"].append(input_ids)
    new_batch["attention_mask"].append(attention_mask)
    new_batch["labels"].append(labels)

# 패딩 적용
max_length = max(len(ids) for ids in new_batch["input_ids"])

for i in range(len(new_batch["input_ids"])):
```

```
        padding_length = max_length - len(new_batch["input_ids"][i])

        new_batch["input_ids"][i].extend([tokenizer.pad_token_id] * padding_length)
        new_batch["attention_mask"][i].extend([0] * padding_length)
        new_batch["labels"][i].extend([-100] * padding_length)

    # 텐서로 변환
    for k, v in new_batch.items():
        new_batch[k] = torch.tensor(v)

    return new_batch
```

collate_fn(batch) 함수는 자연어 처리 모델 학습에 필요한 데이터를 전처리하는 역할을 수행합니다. 해당 함수 내에서 input_ids는 전체 대화를 숫자로 바꾼 결과물입니다. 토크나이저는 "<|im_start|>"와 "<|im_end|>" 같은 특수 토큰을 포함한 모든 텍스트를 숫자로 변환합니다. 이렇게 변환된 숫자들이 모델에 입력됩니다. 코드에서는 im_start_tokens와 assistant_tokens를 먼저 인코딩해서 이 토큰들의 숫자값을 미리 준비해 둡니다.

labels는 모델이 실제로 생성해내야 할 목표값입니다. 이 코드의 핵심은 assistant가 답변한 부분만 골라서 학습시키는 것입니다. assistant가 답변한 부분은 input_ids의 값을 그대로 labels에 복사하고, 나머지는 전부 -100으로 채웁니다. -100은 PyTorch에서 학습할 때 무시하게 되어 있는 특별한 값입니다.

코드를 보면 while 문을 사용해서 input_ids 안에서 "<|im_start|>assistant"로 시작하는 부분을 찾습니다. 이 부분부터 "<|im_end|>"가 나올 때까지가 assistant의 응답입니다. 이 구간의 토큰들만 labels에 복사하고 나머지에는 전부 -100을 넣습니다. 이렇게 하면 모델은 assistant의 응답만 학습하게 됩니다.

이제 임의의 샘플에 대해 실제로 전처리가 제대로 진행되는지 확인해 봅시다. 학습 데이터 중 0번 인덱스를 가진 첫 번째 샘플에 대해 collate_fn 함수를 적용하여 결과를 확인합니다.

```
# 데이터의 최대 길이 한도를 지정. 최대 8192개의 토큰까지만 사용
max_seq_length=8192

example = train_dataset[0]
batch = collate_fn([example])

print('입력에 대한 정수 인코딩 결과:')
print(batch["input_ids"][0].tolist())
print('레이블에 대한 정수 인코딩 결과:')
print(batch["labels"][0].tolist())
```

```
입력에 대한 정수 인코딩 결과:
[151644, 8948, 198, 64795, 82528, 33704, ... (이하 생략) ...]
레이블에 대한 정수 인코딩 결과:
[-100, -100, -100, -100, -100, -100, ... (이하 생략) ...]
```

출력 결과를 살펴보면 입력에 대한 정수 인코딩 결과와 레이블에 대한 정수 인코딩 결과의 길이가 같습니다. 하지만 레이블에 대한 정수 인코딩 결과에서는 대규모 언어 모델의 실제 답변 부분을 제외하고는 전부 -100으로 채워진 값이 출력됩니다.

이제 전처리가 끝났으므로 실제 학습을 진행해 봅시다.

```
trainer = SFTTrainer(
    model=model,
    args=args,
    max_seq_length=max_seq_length,  # 최대 시퀀스 길이 설정
    train_dataset=train_dataset,
    data_collator=collate_fn,
    peft_config=peft_config,
)

# 학습 시작
trainer.train()  # 모델이 자동으로 허브와 output_dir에 저장됨

# 모델 저장
trainer.save_model()   # 최종 모델을 저장
```

약 30분 정도의 시간이 지나 학습이 끝났습니다.

4.7 모델 테스트하기

학습이 끝났다면 왼쪽 메뉴에서 앞서 SFTConfig( ) 코드에서 output_dir 값으로 지정했던 "qwen2-7b-rag-ko" 경로를 클릭하여 해당 디렉터리 안으로 이동합니다.

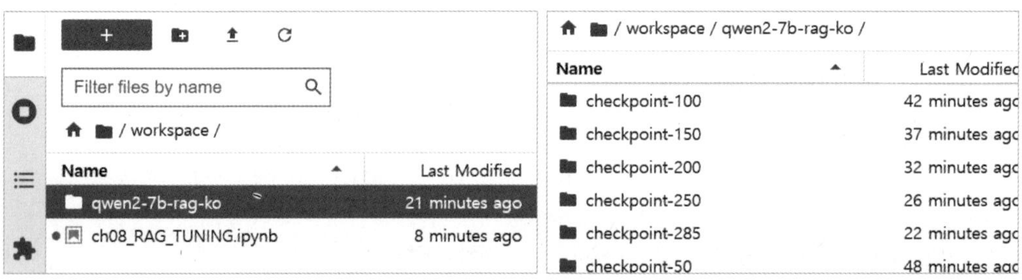

디렉터리 내에는 학습이 진행됨에 따라 저장된 모델들이 있습니다. checkpoint-50부터 checkpoint-250까지 50 단위로 증가하며 저장된 'checkpoint-숫자' 형태의 디렉터리를 확인할 수 있습니다. 이는 앞서 SFTConfig( ) 코드에서 "save_steps=50"으로 지정하여 모델이 업데이트되는 50번의 스텝 주기로 저장되었기 때문입니다.

그 후 모델 학습이 끝나는 맨 마지막 스텝에서는 50 스텝 단위가 아니더라도 저장되는데, 이 최종 모델이 저장된 디렉터리가 checkpoint-285입니다. 이 모델은 가장 많은 학습을 거친 버전으로, 이후 테스트에 사용할 예정입니다. (실제로는 가장 많이 학습되었다고 해서 성능이 가장 좋다는 보장이 있는 것은 아니며, 모든 checkpoint 디렉터리에 대해 테스트 데이터로 테스트와 평가를 해보는 것이 바람직합니다.)

테스트 데이터에 대해서 학습 전후 모델의 결과를 비교해 보겠습니다. 다음은 테스트 데이터에서 모델의 입력과 정답에 해당하는 레이블을 별도 분리하여 저장하는 코드입니다.

```
prompt_lst = []
label_lst = []

for prompt in test_dataset["messages"]:
```

```
    text = tokenizer.apply_chat_template(
        prompt, tokenize=False, add_generation_prompt=False
    )
    input = text.split('<|im_start|>assistant')[0] + '<|im_start|>assistant'
    label = text.split('<|im_start|>assistant')[1]
    prompt_lst.append(input)
    label_lst.append(label)
```

전처리가 끝났으니 임의로 42번 샘플의 입력과 레이블을 출력해 보겠습니다. 먼저 대규모 언어 모델의 입력으로 사용할 42번 샘플의 입력을 확인해 보면 다음과 같습니다.

```
print(prompt_lst[42])
```

```
<|im_start|>system
당신은 검색 결과를 바탕으로 질문에 답변해야 합니다.

다음의 지시사항을 따르십시오.
1. 질문과 검색 결과를 바탕으로 답변하십시오.
2. 검색 결과에 없는 내용을 답변하려고 하지 마십시오.
3. 질문에 대한 답이 검색 결과에 없다면 검색 결과에는 "해당 질문~에 대한 내용이 없습니
다."라고 답변하십시오.
4. 답변할 때 특정 문서를 참고하여 문장 또는 문단을 작성했다면 뒤에 출처는 이중 리스트로
해당 문서 번호를 남기십시오. 예를 들어 특정 문장이나 문단을 1번 문서에서 인용했다면 뒤에
[[ref1]]이라고 기재하십시오.
5. 예를 들어 특정 문장이나 문단을 1번 문서와 5번 문서에서 동시에 인용했다면 뒤에
[[ref1]], [[ref5]]라고 기재하십시오.
6. 최대한 다수의 문서를 인용하여 답변하십시오.

검색 결과:
-----
문서1: '관피아 논란'에도 불구하고 일찌감치 민간으로 옮겨 전문성과 능력을 인정받는 관료 출
신들도 적지 않다.
... (중간 생략) ... 박 전무와 행시 동기인 문홍성 두산 부사장은 기획재정부 출신으로 국제
금융 전문가로 손꼽힌다.
-----
```

```
문서2: 대구지역 섬유업체인 (주)이주의 이창석 사장은 건축학도의 길을 걷던 1996년 고심 끝
에 가업을 이어받기로 했다.
... (중간 생략) ... 안성익 영남대 경영학과 교수는 "(주)이주의 성공 사례는 경영자의 노력
에 따라 사양산업인 섬유업도 지식산업으로 탈바꿈할 수 있다는 점을 보여준다"고 말했다.
-----
문서3: "물건이 없어서 못 팔 정도로 인기가 많았다." 조창섭 영신물산 대표(사진)가 섬유염색
업에 뛰어든 1971년은 업황이 좋았다.
... (중간 생략) ... 이날 행사에는 정우영 제원화섬 대표와 안희정 한아인터내셔날 대표가 각
각 은탑산업훈장과 동탑산업훈장을 받았다.
-----
문서4: 삼성그룹이 26일 제일모직과 삼성물산의 합병으로 탄생할 통합 법인의 이름을 삼성물산
으로 정하면서 '제일모직'이라는 사명은 역사 속으로 사라지게 된다.
... (중간 생략) ... 1975년에는 한국 종합상사 1호로 지정됐다. 삼성물산은 1995년 삼성건설
을 합병한 이후 건설부문과 상사부문으로 나뉘어 세계 50여개국에서 사업을 전개하고 있다.
-----
문서5: 이병철 삼성그룹 창업주는 1983년 2월 반도체사업에 뛰어들기로 결정했다.
... (중간 생략) ... 김 회장은 "기업이란 주변의 모든 기업이 함께 발전해야 더 클 수 있다"
고 강조했다.<|im_end|>
<|im_start|>user
정부와 기업 간 협업의 사례와 그 결과는 무엇인가요?<|im_end|>
<|im_start|>assistant
```

이를 대규모 언어 모델의 입력으로 사용할 때, 실제로 우리가 얻기 원하는 정답 레이블은 다음과 같습니다.

```
print(label_lst[42])
```

```
정부와 기업 간 협업의 사례와 그 결과는 다음과 같습니다.

1. **(주)이주와 정부의 협업**:
   - **사례**: 대구지역 섬유업체인 (주)이주는 2006년 정부로부터 부품소재전문기업으로 인
정받고, 2008년에는 기술혁신형 중소기업으로 선정되었습니다. 이 회사는 정부 과제를 수주한
뒤 대구·경북 지역의 전문 연구소와 제휴를 맺어 연구 과제를 수행했습니다.
   - **결과**: 이러한 협업을 통해 (주)이주는 좋은 조건으로 자금을 사용할 수 있게 되었고,
대구시장 표창과 교육과학기술부 장관 표창을 받는 등 여러 성과를 거두었습니다. 이는 섬유업
이 지식산업으로 탈바꿈할 수 있다는 가능성을 보여주는 사례로 평가받고 있습니다[[ref2]].
```

```
2. **정주영 현대그룹 명예회장과 박정희 대통령의 협업**:
   - **사례**: 1960년대 초 현대건설이 시공하는 소양강댐 건설 방식을 두고 정주영 회장과 박정희 대통령이 협업했습니다. 정 회장은 일본의 댐 설계 전문가와의 설전에서 소양강 주변의 자원을 이용한 사력댐 건설을 주장했고, 박 대통령은 정 회장의 손을 들어주었습니다.
   - **결과**: 이 협업의 결과로 공사비를 30% 절감할 수 있었고, 더 안전한 댐을 건설할 수 있었습니다[[ref5]].

3. **코오롱 창업주 이원만 회장과 박정희 대통령의 협업**:
   - **사례**: 이원만 회장은 1963년 박정희 대통령을 설득해 서울 구로동 수출공업단지 건설을 이끌어냈습니다. 그는 한국 근로자들의 손재주를 활용해 스테인리스 제품을 수출할 수 있다는 점을 강조했습니다.
   - **결과**: 이 협업을 통해 구로동 수출공업단지가 건설되었고, 이는 한국의 수출 산업 발전에 기여했습니다[[ref5]].

이와 같은 사례들은 정부와 기업 간의 협업이 기업의 성장과 국가 경제 발전에 중요한 역할을 할 수 있음을 보여줍니다.<|im_end|>
```

지금까지 테스트 데이터의 전처리 결과를 확인해 봤습니다. 이제 파인튜닝 이전과 이후 모델을 호출하여 실제 출력 결과를 확인해 보겠습니다.

기본 모델 호출

```
import torch
from peft import AutoPeftModelForCausalLM
from transformers import AutoTokenizer, pipeline

base_model_id = "Qwen/Qwen2-7B-Instruct"
model = AutoModelForCausalLM.from_pretrained(base_model_id, device_map="auto", torch_
dtype=torch.float16)
pipe = pipeline("text-generation", model=model, tokenizer=tokenizer)
eos_token = tokenizer("<|im_end|>",add_special_tokens=False)["input_ids"][0]

def test_inference(pipe, prompt):
```

```
    outputs = pipe(prompt, max_new_tokens=1024, eos_token_id=eos_token,
    do_sample=False)
    return outputs[0]['generated_text'][len(prompt):].strip()

prompt=prompt_lst[42]
label=label_lst[42]
pred=test_inference(pipe, prompt)

print(f"모델의 예측:\n{test_inference(pipe, prompt)}")
print(f"정답:\n{label}")
```

base_model_id에는 Qwen2-7B-Instruct라는 파인튜닝 전 기본 모델의 이름을 저장합니다. 모델을 불러올 때는 AutoModelForCausalLM.from_pretrained( )를 사용합니다. pipeline은 텍스트 생성을 위한 허깅페이스의 유틸리티로, 이를 이용하면 앞서 로드한 모델과 토크나이저를 사용하여 빠르게 입력에 대한 출력 결과를 얻을 수 있습니다.

eos_token은 모델이 텍스트 생성을 멈추는 시점을 알려주는 특수 토큰입니다. "<|im_end|>"를 토크나이저로 변환해서 해당 ID를 저장합니다.

test_inference 함수는 실제로 모델이 텍스트를 생성하는 부분입니다. max_new_tokens=1024는 최대 1024개의 새로운 토큰을 생성하도록 제한합니다. 다시 말해 답변은 해당 길이를 넘어설 수 없습니다.

앞선 코드에서는 prompt_lst의 42번 샘플을 입력으로 넣어 모델의 예측 결과를 pred에 저장하고, 이를 실제 정답 결과와 비교합니다.

```
모델의 예측:
이병철 삼성그룹 창업주는 1983년 반도체 사업 진출을 국가적 관점에서 접근했습니다. "삼성의
이익만을 위해서가 아니라 국가적 견지에서 반도체사업을 한다"는 그의 철학은 사업보국 정신을
잘 보여줍니다.
정주영 현대그룹 명예회장은 소양강댐 건설에서 현지 지형을 고려한 혁신적인 접근으로 공사비
를 30% 절감했습니다. 박정희 대통령의 지지를 받아 이를 실현했습니다.
이원만 코오롱 창업주는 박정희 대통령을 설득해 구로동 수출공업단지 건설을 이끌었고, 한국
근로자들의 잠재력을 강조했습니다.
```

```
이러한 사례들은 기업인들이 국가 발전을 최우선으로 고려하며 정부와 긴밀하게 협력했음을 보
여줍니다.

정답:
정부와 기업 간 협업의 사례와 그 결과는 다음과 같습니다.

1. **(주)이주와 정부의 협업**:
   - **사례**: 대구지역 섬유업체인 (주)이주는 2006년 정부로부터 부품소재전문기업으로 인
정받고, 2008년에는 기술혁신형 중소기업으로 선정되었습니다. 이 회사는 정부 과제를 수주한
뒤 대구·경북 지역의 전문 연구소와 제휴를 맺어 연구 과제를 수행했습니다.
   - **결과**: 이러한 협업을 통해 (주)이주는 좋은 조건으로 자금을 사용할 수 있게 되었고,
대구시장 표창과 교육과학기술부 장관 표창을 받는 등 여러 성과를 거두었습니다. 이는 섬유업
이 지식산업으로 탈바꿈할 수 있다는 가능성을 보여주는 사례로 평가받고 있습니다[[ref2]].

2. **정주영 현대그룹 명예회장과 박정희 대통령의 협업**:
   - **사례**: 1960년대 초 현대건설이 시공하는 소양강댐 건설 방식을 두고 정주영 회장과
박정희 대통령이 협업했습니다. 정 회장은 일본의 댐 설계 전문가와의 설전에서 소양강 주변의
자원을 이용한 사력댐 건설을 주장했고, 박 대통령은 정 회장의 손을 들어주었습니다.
   - **결과**: 이 협업의 결과로 공사비를 30% 절감할 수 있었고, 더 안전한 댐을 건설할 수
있었습니다[[ref5]].

3. **코오롱 창업주 이원만 회장과 박정희 대통령의 협업**:
   - **사례**: 이원만 회장은 1963년 박정희 대통령을 설득해 서울 구로동 수출공업단지 건설
을 이끌어냈습니다. 그는 한국 근로자들의 손재주를 활용해 스테인리스 제품을 수출할 수 있다
는 점을 강조했습니다.
   - **결과**: 이 협업을 통해 구로동 수출공업단지가 건설되었고, 이는 한국의 수출 산업 발
전에 기여했습니다[[ref5]].

이와 같은 사례들은 정부와 기업 간의 협업이 기업의 성장과 국가 경제 발전에 중요한 역할을
할 수 있음을 보여줍니다.<|im_end|>
```

실행 결과를 보면 학습하지 않은 모델의 경우에는 정답과는 달리 [[ref 문서 번호]]와 같은 출처를 넣지 않을 뿐만 아니라, 전반적으로 답변의 길이도 다소 짧은 듯한 모습입니다. 이번에는 파인튜닝 후의 모델을 호출하여 예측과 정답을 비교해 봅시다.

파인튜닝 모델 호출

```
peft_model_id = "qwen2-7b-rag-ko/checkpoint-285"
fine_tuned_model = AutoPeftModelForCausalLM.from_pretrained(peft_model_id, device_
map="auto", torch_dtype=torch.float16)
pipe = pipeline("text-generation", model=fine_tuned_model, tokenizer=tokenizer)

prompt=prompt_lst[42]
label=label_lst[42]
pred=test_inference(pipe, prompt)

print(f"모델의 예측:\n{test_inference(pipe, prompt)}")
print(f"정답:\n{label}")
```

기본 모델 호출과 코드는 전반적으로 동일하지만 모델의 최종 학습 결과가 저장된 "qwen2-7b-rag-ko/checkpoint-285"에서 모델을 로드하여 학습된 모델을 기준으로 평가합니다.

```
모델의 예측:
정부와 기업 간의 협업 사례와 그 결과를 다음과 같이 정리할 수 있습니다:

소양강댐 건설에서의 정부-기업 협력이 대표적입니다. 1960년대 초 정주영 현대그룹 회장이 현
지 자원을 활용한 사력댐 건설을 제안했고, 박정희 대통령이 이를 채택했습니다. 이는 공사비
30% 절감과 더 높은 안전성이라는 성과로 이어졌습니다. [[ref5]]
구로동 수출공업단지 건설도 주목할 만한 사례입니다. 1963년 코오롱의 이원만 회장은 한국 근
로자들의 우수한 기술력을 바탕으로 한 수출산업 육성을 제안했고, 박정희 대통령과의 협력을
통해 이를 실현했습니다. [[ref5]]
(주)이주의 혁신적 산업 전환도 정부-기업 협력의 좋은 예시입니다. 이 회사는 2006년 정부의
부품소재전문기업 인증을 받고, 2008년 기술혁신형 중소기업으로 선정되었습니다. 정부 과제 수
주를 통해 지역 연구소들과 협력하며 전통 섬유산업을 지식산업으로 성공적으로 전환했고, 이후
대구시장 표창과 교육과학기술부 장관 표창을 받았습니다. [[ref2]]

이러한 협력은 "사업보국(事業報國)" 정신을 바탕으로 한 정부와 기업 간의 깊은 신뢰 관계에서
비롯되었습니다. [[ref5]]

정답:
정부와 기업 간 협업의 사례와 그 결과는 다음과 같습니다.
```

```
1. **(주)이주와 정부의 협업**:
   - **사례**: 대구지역 섬유업체인 (주)이주는 2006년 정부로부터 부품소재전문기업으로 인정받고, 2008년에는 기술혁신형 중소기업으로 선정되었습니다. 이 회사는 정부 과제를 수주한 뒤 대구·경북 지역의 전문 연구소와 제휴를 맺어 연구 과제를 수행했습니다.
   - **결과**: 이러한 협업을 통해 (주)이주는 좋은 조건으로 자금을 사용할 수 있게 되었고, 대구시장 표창과 교육과학기술부 장관 표창을 받는 등 여러 성과를 거두었습니다. 이는 섬유업이 지식산업으로 탈바꿈할 수 있다는 가능성을 보여주는 사례로 평가받고 있습니다[[ref2]].

2. **정주영 현대그룹 명예회장과 박정희 대통령의 협업**:
   - **사례**: 1960년대 초 현대건설이 시공하는 소양강댐 건설 방식을 두고 정주영 회장과 박정희 대통령이 협업했습니다. 정 회장은 일본의 댐 설계 전문가와의 설전에서 소양강 주변의 자원을 이용한 사력댐 건설을 주장했고, 박 대통령은 정 회장의 손을 들어주었습니다.
   - **결과**: 이 협업의 결과로 공사비를 30% 절감할 수 있었고, 더 안전한 댐을 건설할 수 있었습니다[[ref5]].

3. **코오롱 창업주 이원만 회장과 박정희 대통령의 협업**:
   - **사례**: 이원만 회장은 1963년 박정희 대통령을 설득해 서울 구로동 수출공업단지 건설을 이끌어냈습니다. 그는 한국 근로자들의 손재주를 활용해 스테인리스 제품을 수출할 수 있다는 점을 강조했습니다.
   - **결과**: 이 협업을 통해 구로동 수출공업단지가 건설되었고, 이는 한국의 수출 산업 발전에 기여했습니다[[ref5]].

이와 같은 사례들은 정부와 기업 간의 협업이 기업의 성장과 국가 경제 발전에 중요한 역할을 할 수 있음을 보여줍니다.<|im_end|>
```

파인튜닝 후의 모델은 기본 모델과는 달리 답변이 전반적으로 정돈되고, [[ref 문서 번호]]를 지키라는 지시사항도 충실히 이행하는 모습입니다. 이처럼 파인튜닝을 통해 RAG에 사용하는 대규모 언어 모델의 답변 성능을 높일 수 있습니다.

4.8 GPU 종료하기

실습을 모두 마쳤다면 이제는 GPU 서버를 반납해야 합니다. Runpod 웹사이트에서 왼쪽 메뉴의 **[Pods]**를 클릭하여 GPU 모니터링이 가능한 화면으로 이동합니다.

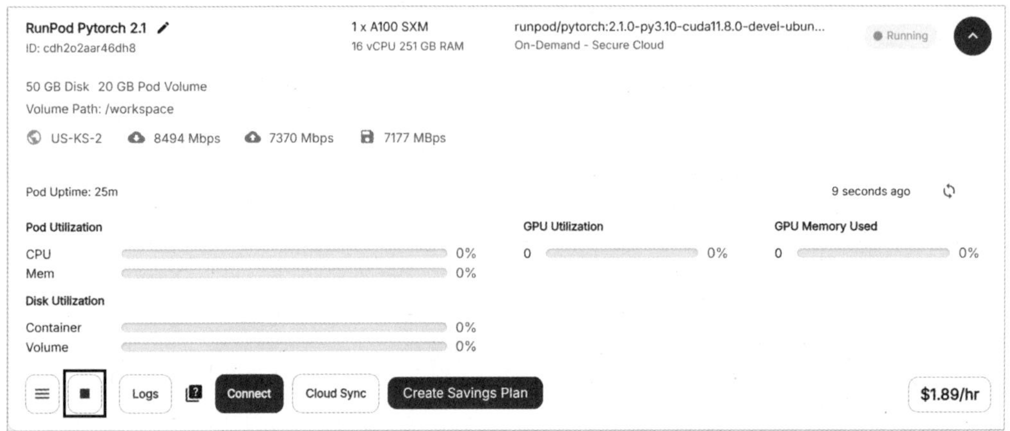

이 화면에서 정사각형 모양의 정지 버튼을 클릭하면 대여 중인 GPU 서버를 중단할 수 있습니다. 버튼을 누르면 확인 팝업창이 나타나며, 여기서 **[Stop Pod]**를 클릭하면 GPU 서버가 운영 중단 상태가 됩니다.

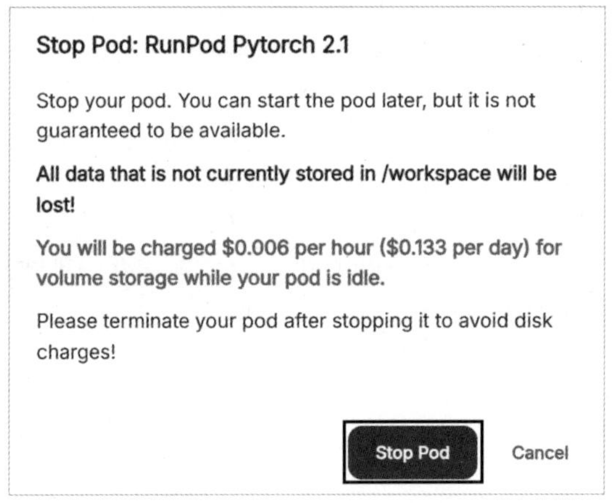

주의할 점은 운영 중단 상태는 GPU 사용만 일시 중지된 것으로, 과금 속도는 줄어들지만 여전히 과금은 계속되고 있다는 점입니다. 과금을 완전히 중단하려면, 화면에서 휴지통 모양의 버튼을 클릭하여 GPU 서버를 완전 삭제해야 합니다.

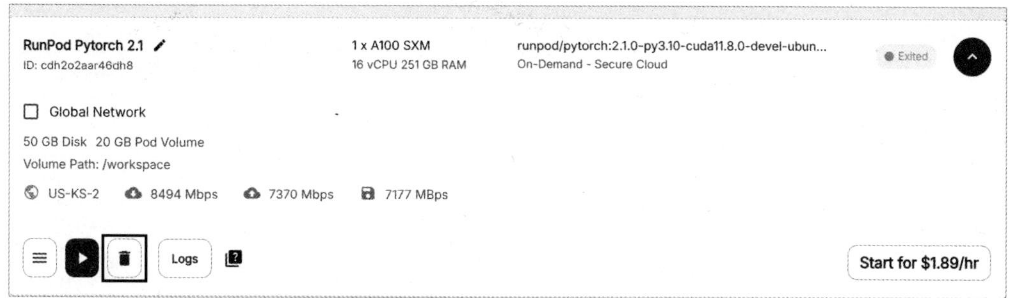

이후 나타나는 팝업창에서 **[Yes]**를 선택하면 GPU 서버가 완전히 반납되고 더 이상 비용이 발생하지 않습니다.

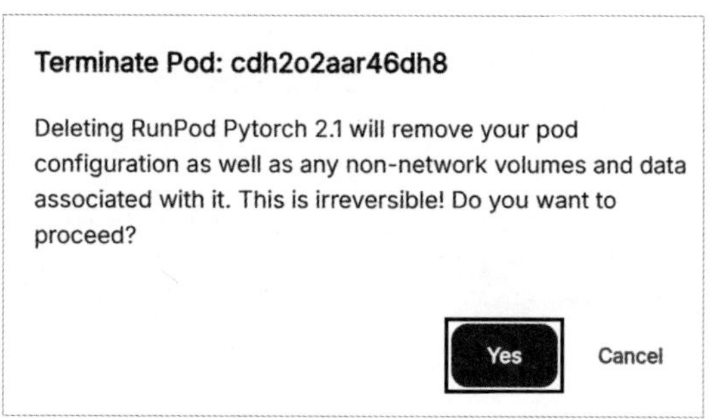

지금까지 유료 클라우드 런팟을 통해 GPU를 대여하고, 대규모 언어 모델 학습을 실습해 보았습니다. 이처럼 학습을 통해 RAG의 성능을 향상시킬 수 있으며, 실제로 이와 관련된 다양한 연구도 활발히 진행 중입니다. 여러분도 각자 자신의 도메인에 맞는 RAG 학습 데이터를 구축하여 RAG의 성능을 높여보기 바랍니다.

9 임베딩 모델 파인튜닝

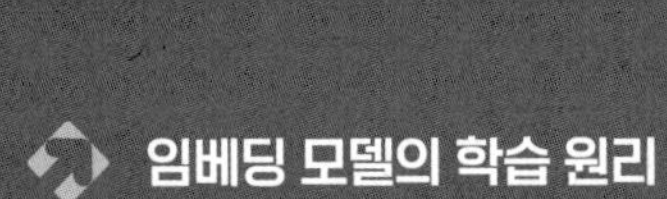

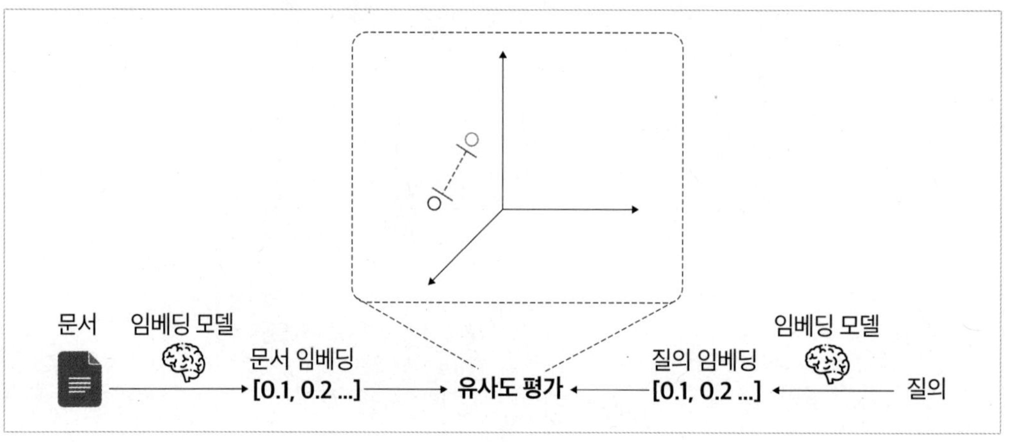

그림 9-1 임베딩 모델[1]

임베딩 모델 파인튜닝은 사전 학습된 임베딩 모델을 특정 도메인이나 작업에 맞게 최적화하는 과정입니다. 대규모 언어 모델이 정확한 답변을 제공하려면 효과적인 문서 검색이 필수입니다. 하지만 전문 분야의 문서나 복잡한 내용을 다룰 경우, 일반 임베딩 모델은 검색 성능이 떨어질 수 있습니다. 이러한 상황에서 임베딩 모델을 파인튜닝하면 검색 정확도를 향상시킬 수 있으며, 결과적으로 RAG 시스템의 전반적인 답변 품질을 개선할 수 있습니다.

1 출처: https://python.langchain.com/docs/concepts/embedding_models/

1 임베딩 모델의 학습 원리

임베딩 학습의 핵심 목표는 의미적으로 유사한 텍스트는 임베딩 공간에서 가깝게, 의미적으로 다른 텍스트는 멀리 위치하도록 만드는 것입니다. 즉, 임베딩 모델이 실제로 의미가 비슷한 문장 쌍에는 높은 임베딩 유사도를, 의미가 다른 문장 쌍에는 낮은 유사도를 반환하도록 임베딩 벡터를 업데이트하는 방식입니다.

임베딩 모델을 학습할 때는 의미가 유사한 문장 쌍과 유사하지 않은 문장 쌍을 대조하여 학습하는 방식, 즉 대조 학습contrastive learning을 활용합니다.

1.1 대조 학습

대조 학습을 이해하려면 학습 데이터를 만들 때 필수로 만들어야 하는 포지티브 샘플positive sample과 네거티브 샘플negative sample을 알아야 합니다.

포지티브 샘플은 의미적으로 관련이 있는 문장 쌍을 의미합니다.

- **예: (기준 문서: "서울의 인구는?", 비교 문서:** "서울의 인구는 약 970만 명입니다.")

네거티브 샘플은 포지티브 샘플과 대조되는 데이터로 기준 문서는 동일하지만, 비교 문서는 의미적으로 관련이 없거나 관련성이 낮은 문장을 준비하여 이들을 쌍으로 구성한 데이터입니다.

- **예: (기준 문서: "서울의 인구는?", 비교 문서:** "파리는 프랑스의 수도입니다.")

학습 데이터를 만들 때, 포지티브 샘플은 실제 RAG를 수행할 때 사용자가 입력할 만한 검색어를 기준 문서, 그리고 검색 결과로 유사도가 높게 나오기를 바라는 문서를 관련 있는 문서로 삼아 구성합니다. 반면, 네거티브 샘플은 실제 RAG 상황에서 같은 앵커에 대해 검색 결과에 포함되지 않기를 바라는 문서를 짝지어 구성합니다.

일반적인 임베딩 학습은 다음과 같은 과정을 따릅니다.

1. **포지티브 샘플과 네거티브 샘플 구성**: 기준 문서를 중심으로 유사도가 높은 쌍인 포지티브 샘플(관련 있는 쌍)과 유사도가 낮은 네거티브 샘플(관련 없는 쌍)을 모두 학습 데이터로 준비합니다.
2. **대조 학습**: 모델이 포지티브 샘플 쌍의 임베딩 간 거리는 가깝게, 네거티브 샘플 쌍의 임베딩 간 거리는 멀게 만들도록 학습합니다.
3. **손실 함수 최적화**: 임베딩 간 유사도(보통 코사인 유사도)를 계산하여, 포지티브 쌍의 임베딩 유사도는 높이고 네거티브 쌍의 임베딩 유사도는 낮추는 방향으로 손실 함수를 최적화합니다.

여기서 손실 함수는 모델이 예측한 결과와 실제 정답 간의 오차를 계산해 학습을 조정하는 기준이 됩니다. 이번 실습에서는 MultipleNegativesRankingLoss라는 손실 함수를 사용할 예정이며, 이에 대한 자세한 설명은 뒤에서 다룹니다.

1.2 데이터셋 구성

대조 학습에서는 일반적으로 하나의 기준 문서에 대해 하나의 포지티브 샘플과 하나 이상의 네거티브 샘플을 명시적으로 준비해야 합니다(일반적으로 기준 문서는 앵커anchor라고 부르며, 앞으로 앵커라고 부르겠습니다). 특히 네거티브 샘플은 포지티브 샘플보다 양이 많을수록 좋습니다. 대조 학습용 데이터셋은 보통 다음과 같은 방식으로 구성합니다.

1. 트리플렛 구성

전통적인 방식은 각 학습 데이터를 (앵커, 포지티브, 네거티브) 형태의 트리플렛triplet으로 구성하는 것입니다.

```
# 전통적인 트리플렛 구성 예
triplets = [
    # (앵커, 포지티브, 네거티브)
    ("강아지를 기르는 방법", "반려견 양육 가이드", "고양이 사료 추천"),
    ("파이썬 코딩 튜토리얼", "파이썬 프로그래밍 기초", "자바스크립트 입문 강의"),
    # ... 수천, 수만 개의 트리플렛 필요
]
```

이 구성은 하나의 앵커에 대해 의미적으로 유사한 문장 하나(포지티브), 관련 없는 문장 하나(네거티브)를 짝지어 학습합니다.

2. 다중 네거티브 구성

실제 모델 학습에서는 하나의 앵커에 여러 개의 네거티브 샘플을 포함하는 구성이 더 효과적인 경우가 많습니다.

```
# 다중 네거티브 샘플 구성 예
training_data = [
    {
        "anchor": "머신러닝이란?",
        "positive": "기계학습은 데이터로부터 패턴을 찾는 AI 기술입니다.",
        "negatives": [
            "오늘 날씨가 좋네요.",
            "내일 회의는 2시에 시작합니다.",
            "이 식당의 불고기가 맛있습니다.",
            # ... 여러 개의 네거티브 샘플
        ]
    },
    # ... 수천 개의 이러한 구조
]
```

다중 네거티브 구성은 학습 효과를 높일 수 있지만, 그만큼 데이터 준비의 난이도도 높아집니다.

임베딩 모델을 효과적으로 파인튜닝하기 위해서는, 특히 네거티브 샘플 선정이 가장 까다로운 작업 중 하나입니다. 그 이유는 다음과 같습니다.

- 네거티브 샘플의 문서는 각 앵커와 관련 없는 텍스트여야만 합니다.
- 적절한 난이도의 네거티브 샘플을 선택해야 합니다. 두 개의 쌍이 너무 관련이 없다면 임베딩 모델이 판단하기 너무 쉬워서 학습 효과가 거의 없게 되고, 사람이 보아도 관련이 있는 것인지 관련이 없는 것인지 헷갈릴 정도의 문서 쌍이라면 데이터의 난이도가 너무 높아져 학습에 오히려 방해가 됩니다.

- 다중 네거티브 샘플 구성할 경우, 네거티브 샘플을 포지티브 샘플 대비 몇 배로 구성하느냐에 따라 데이터셋 크기가 기하급수적으로 증가하고, 따라서 만들어야 하는 데이터의 양이 많아지게 됩니다(앵커 × 네거티브 수).

이러한 이유로 임베딩 파인튜닝에서 양질의 네거티브 샘플을 구성하는 것은 종종 전체 학습 과정에서 가장 어려운 부분 중 하나입니다. 따라서 이번 실습에서는 이러한 부담을 덜기 위해, 네거티브 샘플을 자동으로 생성하는 방법을 소개합니다.

1.3 배치 내 네거티브 샘플링

이번 실습에서는 배치 내에서 네거티브 샘플을 선정하는 학습 방법을 사용합니다. 이 방법은 기존에 네거티브 샘플을 직접 준비하는 방식과 달리, 명시적인 네거티브 샘플을 별도로 준비할 필요가 없다는 큰 장점이 있습니다. 대신, 학습 데이터에서 다른 앵커에서 사용하고 있는 샘플(현재 배치 내의 다른 샘플)을 참고하여 자동으로 네거티브로 활용합니다.

먼저 이 원리를 이해하려면 배치batch라는 개념을 알아야 합니다. AI 모델은 학습할 때 일반적으로 데이터를 1개씩 학습하거나 전체 데이터를 한 번에 학습하지 않습니다. 데이터를 적당한 개수의 묶음으로 나누어 학습합니다. 예를 들어 학습 데이터가 5,000개이고, 배치 크기를 40으로 설정했다면, 모델은 이 데이터를 40개씩 묶어 총 125회(5,000 ÷ 40)에 걸쳐 학습하게 됩니다. 다시 말해 배치란 모델이 한 번에 학습하는 데이터의 단위를 뜻하며, 병렬적으로 데이터를 몇 개씩 학습할 것이냐를 의미합니다.

다시 본론으로 돌아가서, 이번 실습에서 사용할 배치 내 네거티브 데이터 생성 방법은 포지티브 샘플만으로 데이터를 구성하더라도 배치batch 내에서 네거티브 샘플들을 자동으로 만드는 학습 방법입니다. 이는 데이터 준비 과정을 크게 단순화하고, 학습 효율성을 높이는 핵심 요소입니다. 사용자는 학습을 위해 포지티브 샘플만 제공하면 되며, 네거티브 샘플은 학습 시 배치 내에서 자동으로 생성됩니다.

예를 들어 배치 크기가 4인 경우, 한 번의 학습에 네 개의 서로 다른 앵커 문서와 그에 대응하는 포지티브 샘플이 사용되며, 이들 간 교차로 네거티브 샘플 역할도 동시에 수행됩니다.

```
배치 = [
    (앵커 문서1, 문서1), # 포지티브 쌍 1
    (앵커 문서2, 문서2), # 포지티브 쌍 2
    (앵커 문서3, 문서3), # 포지티브 쌍 3
    (앵커 문서4, 문서4)  # 포지티브 쌍 4
]
```

이때 대조 학습은 다음과 같이 진행됩니다.

- 앵커 문서1의 포지티브는 문서1, 나머지 문서2, 문서3, 문서4는 네거티브로 간주됩니다.
- 앵커 문서2의 포지티브는 문서2, 나머지 문서1, 문서3, 문서4는 네거티브로 간주됩니다.
- 앵커 문서3과 4도 같은 방식으로 처리됩니다.

이처럼 하나의 배치 안에서 다른 쌍의 문서를 네거티브로 자동 활용하면서 대조 학습을 수행하게 됩니다.

조금 더 구체적인 예를 살펴보겠습니다. 다음과 같은 4개의 문장 쌍이 있다고 가정해 보겠습니다. 다음은 배치 크기가 4인 경우의 포지티브 샘플을 가정합니다.

```
[
    ("AI란 무엇인가?", "AI는 인간의 지능을 모방한 기술입니다."),
    ("딥러닝이란?", "신경망을 여러 층 쌓아 데이터로부터 학습하는 기계학습 방법입니다."),
    ("Python은 어디에 쓰이나요?", "Python은 데이터 분석, 웹 개발, AI 등에 널리 사용됩니
    다."),
    ("자연어 처리란?", "컴퓨터가 인간의 언어를 이해하고 처리하는 AI의 한 분야입니다.")
]
```

배치 크기가 4일 때, "AI란 무엇인가?"라는 앵커(실제 RAG에서 검색어에 해당)를 기준으로 보면 다음과 같은 방식으로 학습이 이루어집니다.

- **포지티브 샘플:** "AI는 인간의 지능을 모방한 기술입니다."
- **네거티브 샘플:**
  - "신경망을 여러 층 쌓아 데이터로부터 학습하는 기계학습 방법입니다."

- "Python은 데이터 분석, 웹 개발, AI 등에 널리 사용됩니다."
- "컴퓨터가 인간의 언어를 이해하고 처리하는 AI의 한 분야입니다."

이와 같이, 이번 실습에서 사용할 배치 내 네거티브 샘플링 방법을 사용하면, 하나의 배치 안에서 다른 샘플들이 자동으로 네거티브로 활용되므로 사용자는 포지티브 샘플만 구성하면 됩니다.

1.4 MultipleNegativesRankingLoss

손실 함수란 AI 모델이 학습 중에 오차를 계산하고 그 오차를 줄이도록 모델을 업데이트하는 기준이 되는 수식을 의미합니다. 이번 실습에서는 학습 시 MultipleNegativesRankingLoss라는 손실 함수를 사용합니다. 모델은 이 함수의 값을 줄이는 방향으로 학습이 진행됩니다. 이제 이 함수가 수학적으로 어떤 의미를 갖는지 살펴보겠습니다.

손실 함수 MultipleNegativesRankingLoss는 다음과 같이 계산됩니다.

$$L = -\log(\exp(sim(q, p+)) / (\exp(sim(q, p+)) + \Sigma \exp(sim(q, p-))))$$

여기서 각각의 변수가 의미하는 바는 다음과 같습니다.

- q: 앵커 임베딩(검색어 임베딩)
- p+: 포지티브 샘플에서 앵커와 연관 있는 문서의 임베딩
- p-: 네거티브 샘플에서 앵커와 연관 없는 문서의 임베딩
- sim(): 유사도 함수(일반적으로 코사인 유사도 사용)

이 식은 포지티브 샘플과의 유사도는 높이고, 네거티브 샘플과의 유사도는 낮추도록 설계되어 있습니다. 학습 과정에서 모델은 이 손실값을 최소화하는 방향으로 학습되며, 결과적으로 학습이 완료된 후에는 포지티브 쌍의 유사도는 높아지고, 네거티브 쌍의 유사도는 낮아진 형태로 모델이 업데이트됩니다.

1.5 학습 코드의 이해

다음은 실제로 학습에 사용할 구현 코드를 간단하게 작성해본 예입니다.

```
from sentence_transformers import SentenceTransformer, losses, InputExample
from torch.utils.data import DataLoader
import torch

# 모델 로드
model = SentenceTransformer('BAAI/bge-m3')

# 훈련 데이터 준비
train_examples = [
    InputExample(texts=["AI란 무엇인가?", "AI는 인간의 지능을 모방한 기술입니다."]),
    InputExample(texts=["딥러닝이란?", "신경망을 여러 층 쌓아 데이터로부터 학습하는
    기계학습 방법입니다."]),
    InputExample(texts=["Python은 어디에 쓰이나요?", "Python은 데이터 분석, 웹 개발, AI
    등에 널리 사용됩니다."]),
    InputExample(texts=["자연어 처리란?", "컴퓨터가 인간의 언어를 이해하고 처리하는
    AI의 한 분야입니다."])
]

# 배치 크기가 클수록 성능이 향상될 수 있지만 GPU에 따라서 최대 배치 크기가 제한됨
batch_size = 32
train_dataloader = DataLoader(train_examples, shuffle=True, batch_size=batch_size)

# MultipleNegativesRankingLoss 설정
# 온도(temperature) 파라미터를 조정하여 손실 함수의 강도 조절 가능
loss = losses.MultipleNegativesRankingLoss(model, scale=20.0)  # scale은
temperature의 역수

# 학습 설정
train_loss = losses.MultipleNegativesRankingLoss(model)
warmup_steps = int(len(train_dataloader) * 0.1)  # 전체 훈련 데이터의 10%

# 모델 학습
model.fit(
```

```
    train_objectives=[(train_dataloader, train_loss)],
    epochs=3,
    warmup_steps=warmup_steps,
    optimizer_params={'lr': 2e-5},
    output_path='./korean-sentence-embedding-model'
)
```

먼저 sentence_transformers 라이브러리를 통해 'BAAI/bge-m3' 모델을 기본 모델로 로드합니다. 이번 실습에서 실제로 사용할 이 모델은 한국어, 영어, 중국어에 뛰어난 임베딩 모델입니다.

이어서 훈련 데이터는 InputExample 객체의 리스트로 준비하는데, 각 예제는 의미적으로 유사한 두 문장 쌍으로 구성됩니다. 예를 들어 "AI란 무엇인가?"와 "AI는 인간의 지능을 모방한 기술입니다."와 같은 쌍입니다. 따라서 모델은 이러한 문장 쌍들을 통해 유사한 문장들이 임베딩 공간에서 가깝게 위치하도록 학습합니다.

그다음으로는 DataLoader를 활용하여 배치 크기 32로 데이터를 효율적으로 처리하도록 설정합니다(앞의 예제 코드에서는 데이터가 4개밖에 없지만, 실제 상황에서는 데이터가 32개보다 많다고 가정합니다).

손실 함수로는 MultipleNegativesRankingLoss를 채택했으며, 이 함수는 의미적으로 유사한 문장들(긍정적 쌍)은 가깝게, 그렇지 않은 문장들(부정적 쌍)은 멀리 위치시키도록 모델을 유도합니다. 또한 scale=20.0 파라미터는 온도temperature의 역수로서, 손실 함수의 강도를 적절히 조절하는 역할을 합니다.

학습 과정에서는 안정적인 학습을 위해 워밍업 단계를 전체 훈련 데이터의 10%로 설정하고, 임베딩 모델을 학습할 때 업데이트하는 정도를 조절하는 학습률learning rate은 2e-5로 지정합니다. 이러한 워밍업 단계는 모델이 초기에 안정적으로 학습할 수 있도록 학습률을 점진적으로 증가시키는 효과적인 기법입니다.

마지막으로, model.fit( ) 함수를 호출하여 모델을 학습합니다. 이때 주어진 데이터에 대한 학습 횟수를 의미하는 에포크의 경우, 총 3 에포크epoch 동안 모델을 학습시키고, 완성된 모델은

korean-sentence-embedding-model 디렉터리에 저장합니다. 이와 같이 파인튜닝된 임베딩 모델은 한국어 문장의 의미적 특성을 더욱 정확하게 포착할 수 있으므로, 궁극적으로 RAG에서 더욱 향상된 성능을 발휘할 수 있게 됩니다.

2 학습 시 성능을 높이는 방법

임베딩 모델을 학습할 때 성능을 높일 수 있는 몇 가지 요소에 대해 정리해 보겠습니다.

2.1 배치 크기 키우기

임베딩 모델을 효과적으로 학습시키려면 배치 크기를 크게 설정하는 것이 중요한 전략 중 하나입니다. 일반적으로 대조 학습은 동일 앵커 기준으로 네거티브 샘플이 포지티브 샘플보다 많을수록 학습 성능이 올라간다는 특징이 있습니다. 그런데 이번 실습에서는 배치 내 네거티브 샘플을 구성하는 방식을 사용하므로 배치 크기가 클수록 더 많은 네거티브 샘플이 생성되어 모델 성능이 향상될 가능성이 있습니다.

- **배치 크기가 4인 경우**: 각 질문에 대해 3개의 네거티브 샘플
- **배치 크기가 32인 경우**: 각 질문에 대해 31개의 네거티브 샘플
- **배치 크기가 128인 경우**: 각 질문에 대해 127개의 네거티브 샘플

하지만 배치 크기는 GPU 메모리 용량에 따라 제한되므로 무한정 키울 수는 없습니다. 사용 중인 GPU의 자원이 넉넉할수록 더 큰 배치 크기를 설정할 수 있지만, 메모리 한도를 초과하면 학습이 실패하거나 오류가 발생할 수 있습니다.

예를 들어, 구글 코랩에서 제공되는 무료 GPU를 사용할 경우 일반적으로 설정 가능한 배치 크기는 3~4 수준에 그치는 경우가 많습니다. 따라서 학습 환경에 맞게 적절한 배치 크기를 설정하는 것이 중요합니다.

2.2 하드 네거티브 선정

기본적인 배치 내 네거티브 샘플링만으로도 만족할 만한 성능을 낼 수 있지만, 더 어려운 네거티브 샘플, 즉 하드 네거티브hard negative를 추가하면 성능을 더욱 향상시킬 수 있습니다. 하드 네거티브는 명시적으로 사용자가 직접 선택하여 학습 데이터에 포함시키는 네거티브 샘플을 의미합니다. 일반적인 MultipleNegativesRankingLoss의 배치 내 네거티브 샘플링이 자동으로 선택되는 이지 네거티브easy negative인 반면, 하드 네거티브는 사용자가 의도적으로 선별하는 샘플입니다.

코드 내 하드 네거티브 구현 방법

앞서 살펴본 실습 코드에서 하드 네거티브는 다음과 같은 형태로 데이터를 수정하여 사용할 수 있습니다. 이는 1.2절 '데이터셋 구성'에서 살펴봤던 트리플렛 데이터 구성 방식에 해당합니다.

```
# 하드 네거티브 예제
train_examples = [
    # (앵커, 포지티브, 하드 네거티브) 형태로 제공
    InputExample(texts=["AI란 무엇인가?", "AI는 인간의 지능을 모방한 기술입니다.", "AI는 
    로봇과 같은 물리적 형태를 가진 기계입니다."]),
    InputExample(texts=["딥러닝이란?", "신경망을 여러 층 쌓아 데이터로부터 학습하는 기계학
    습 방법입니다.", "컴퓨터가 스스로 생각하는 방법입니다."])
]
```

이때 트리플렛의 구성은 다음과 같습니다.

- 각 InputExample의 첫 번째 항목은 앵커(질문)입니다.
- 두 번째 항목은 포지티브 샘플(관련 있는 응답)입니다.
- 세 번째 이후 항목들은 하드 네거티브(관련 없지만 구분하기 어려운 응답)입니다.

손실 함수는 각 쌍 (앵커, 포지티브)에 대해 다른 모든 앵커의 포지티브 샘플들과 모든 하드

네거티브 샘들들을 네거티브로 사용합니다. 즉, 각 앵커는 자신의 포지티브와 유사도가 높아지도록 학습되고, 다른 앵커의 포지티브나 모든 하드 네거티브와는 유사도가 낮아지도록 학습됩니다. 하드 네거티브와 일반 네거티브의 차이점을 정리하면 다음과 같습니다.

일반 네거티브(배치 내 무작위 네거티브)

- 자동으로 배치 내에서 생성됨
- 대부분 주제가 완전히 다른 무관한 문장들
- 모델이 구분하기 상대적으로 쉬움

하드 네거티브(명시적 네거티브)

- 사용자가 직접, 의도적으로 선택함
- 포지티브와 주제는 유사하나 정확한 답변이 아님
- 미묘한 의미 차이를 포함하여 모델에게 더 큰 도전이 됨

예시

- **질문**: "당뇨병의 증상은 무엇인가요?"
- **포지티브**: "당뇨병의 주요 증상으로는 갈증 증가, 빈뇨, 체중 감소 등이 있습니다."
- **하드 네거티브(명시적)**: "저혈당의 증상으로는 현기증, 발한, 불안감 등이 있습니다." (의료 관련 주제이지만 당뇨병이 아닌 저혈당에 관한 내용)
- **일반 네거티브(배치 내 자동 선택)**: "파이썬은 객체지향 프로그래밍 언어입니다." (완전히 다른 주제)

하드 네거티브 샘플을 사용하면 모델이 더 미묘한 의미 차이를 학습하게 되어 정확도가 크게 향상될 수 있습니다. 이러한 하드 네거티브를 구성하려면 해당 분야에 대한 도메인 지식과 추가 작업이 필요하지만, 가능하다면 일반 네거티브와 하드 네거티브를 병행해 사용하는 것이 이상적입니다.

2.3 그 외 학습 성능 향상을 위한 팁

임베딩 모델의 학습 성능을 높이기 위해 다음과 같은 방법들도 고려해볼 수 있습니다.

- **학습 데이터와 실전과의 괴리 최소화**: 학습에 사용할 데이터의 앵커는 실제 RAG에서 사용자가 입력할 만한 질문으로 구성해야 합니다. 학습 데이터와 실제 RAG에서 입력될 질문의 차이가 클수록 학습 후의 효용은 떨어지기 마련입니다.
- **데이터 증강**: 난이도가 높은 하드 네거티브 샘플을 충분히 확보하면 모델이 더 섬세한 의미 차이를 학습할 수 있어 성능 향상에 도움이 됩니다.
- **학습률 조정**: 학습률을 바꿔가면서 여러 번 학습하여 모델의 성능을 평가하고, 최적의 학습률을 찾아보는 것이 좋습니다.
- **온도(temperature) 파라미터 조정**: 손실 함수의 scale 파라미터를 조절하면 학습 강도를 세밀하게 조정할 수 있습니다.

3 실전 파인튜닝

이번 실습은 GPU 사용 환경을 전제로 진행됩니다. 구글 코랩을 사용하고 있다면 코랩 상단 메뉴의 **[런타임]** → **[런타임 유형 변경]** 버튼을 클릭하고 **[T4 GPU]**를 선택하여 실습하기 바랍니다. 실습 코드는 9장 폴더의 ch09_EMBEDDING_FINE-TUNING.ipynb 파일입니다.

3.1 데이터 로드하기

라이브러리 설치

필요한 라이브러리를 설치합니다.

```
!pip install PyPDF2 datasets sentence-transformers==3.4.1
```

필요한 도구 임포트

이제 실습에 사용할 각종 라이브러리의 도구들을 임포트합니다.

```
import os
import requests
import json
import pandas as pd
import numpy as np
from tqdm.notebook import tqdm
from openai import OpenAI
from torch.utils.data import DataLoader
from sentence_transformers import SentenceTransformer, losses, InputExample
from sentence_transformers.evaluation import InformationRetrievalEvaluator
import torch
from sklearn.metrics.pairwise import cosine_similarity
import PyPDF2
```

각 라이브러리의 주요 역할과 용도는 다음과 같습니다.

- **os**: 환경 변수 설정에 사용되며, 임베딩 모델 파인튜닝 과정에서 오픈AI API 키를 설정합니다.
- **requests**: PDF 파일과 같은 학습 데이터를 인터넷에서 다운로드할 때 사용합니다.
- **json**: API 응답을 처리하거나 구성 설정을 저장/로드할 때 활용합니다.
- **pandas**: 임베딩 모델 성능 평가 결과를 데이터프레임으로 구성하고 분석하는 데 사용합니다.
- **numpy**: 벡터 연산을 수행하며 특히 임베딩 벡터 간 코사인 유사도 계산에 사용합니다.
- **tqdm**: 대용량 데이터셋을 처리할 때 진행 상황을 시각적으로 표시하여 학습 과정을 모니터링합니다.
- **OpenAI**: GPT 모델을 사용해 문서로부터 질문을 생성하는 등의 작업에 활용합니다.
- **DataLoader**: 임베딩 모델 학습 시 배치 단위로 데이터를 효율적으로 로드합니다. 이때, 배치 크기는 성능에 큰 영향을 미칩니다.
- **SentenceTransformer**: 문장 임베딩 모델의 핵심 라이브러리로, 다양한 사전 학습 모델을 로드하고 파인튜닝합니다.
- **losses**: MultipleNegativesRankingLoss와 같은 손실 함수를 제공하여 임베딩 모델이 관련 문서 쌍은 가

깝게, 관련 없는 문서 쌍은 멀게 학습하도록 합니다.

- **InputExample:** 파인튜닝용 학습 데이터 포맷으로, 질문과 관련 문서 쌍을 모델이 이해할 수 있는 형태로 구성합니다.
- **InformationRetrievalEvaluator:** 파인튜닝된 모델의 검색 성능을 정확도, MRR, NDCG 등 다양한 지표로 평가합니다.
- **torch:** 임베딩 모델의 기본 프레임워크로, 텐서 연산과 GPU 가속을 지원합니다.
- **cosine_similarity:** 임베딩 벡터 간 유사도를 계산하여 질문에 가장 관련성 높은 문서를 찾는 데 사용합니다.
- **PyPDF2:** PDF 파일을 읽는 데 사용합니다.

오픈AI 키 설정

학습 데이터를 생성하는 데 LLM을 사용합니다. 이번 실습에서는 ChatGPT API를 사용하므로 오픈AI API 키를 .env 파일에서 로드합니다.

```
# .env 파일에서 환경 변수 로드
load_dotenv("/content/.env")
# 환경 변수에서 API 키 가져오기
api_key = os.getenv("OPENAI_API_KEY")
```

3.2 하드 네거티브 선정

깃허브 저장소에서 '일본 ICT 동향 문서'와 '미국 ICT 동향 문서' 두 가지를 다운로드합니다. 여기서는 '미국 ICT 동향 문서'를 기준으로 임베딩 모델을 학습시키고, 동일한 도메인의 문서인 '일본 ICT 동향 문서'에 대해 검색 성능을 평가해 보겠습니다. 실제 현업에서 임베딩 모델을 파인튜닝할 때도 여러분이 실제 RAG에서 사용할 동일한 도메인의 데이터로 파인튜닝하면 더 좋은 효과를 얻을 수 있습니다.

```
# PDF 파일 다운로드
urls = [
    "https://raw.githubusercontent.com/langchain-kr/langchain-tutorial/main/Ch09.%20
    Embedding%20Fine-tuning/ict_japan_2024.pdf",
    "https://raw.githubusercontent.com/langchain-kr/langchain-tutorial/main/Ch09.%20
    Embedding%20Fine-tuning/ict_usa_2024.pdf"
]

for url in urls:
    filename = url.split("/")[-1]
    response = requests.get(url)
    with open(filename, "wb") as f:
        f.write(response.content)
    print(f"{filename} 다운로드 완료")
```

```
ict_japan_2024.pdf 다운로드 완료
ict_usa_2024.pdf 다운로드 완료
```

앞의 코드를 실행하면 이 책의 깃허브 저장소에서 'ict_japan_2024.pdf'와 'ict_usa_2024.pdf'라는 두 개의 파일이 다운로드됩니다. 이제 내려받은 두 개 파일을 PDF 로더를 이용하여 각각 파이썬 문자열 리스트로 읽습니다.

```
def extract_text_from_pdf(pdf_path):
    """PDF 파일에서 텍스트를 추출하는 함수"""
    text_chunks = []
    with open(pdf_path, 'rb') as file:
        pdf_reader = PyPDF2.PdfReader(file)
        for page_num in range(len(pdf_reader.pages)):
            page = pdf_reader.pages[page_num]
            text = page.extract_text()
            # 페이지 단위로 청크 생성
            if text.strip():
                text = text.strip()
                # 문서 길이가 10자 초과인 경우만 추가
                if len(text) > 10:
```

```
                text_chunks.append(text)
    return text_chunks

# 미국 ICT 동향(학습 데이터)
train_corpus = extract_text_from_pdf('ict_usa_2024.pdf')
print(f'학습 데이터 문서 개수: {len(train_corpus)}')

# 일본 ICT 동향(검증 데이터)
val_corpus = extract_text_from_pdf('ict_japan_2024.pdf')
print(f'검증 데이터 문서 개수: {len(val_corpus)}')
```

```
학습 데이터 문서 개수: 26
검증 데이터 문서 개수: 27
```

extract_text_from_pdf 함수는 PDF 파일 경로를 입력받아 해당 PDF의 텍스트 내용을 페이지 단위로 추출합니다. 먼저 바이너리 모드로 PDF 파일을 열고, PyPDF2 라이브러리의 PdfReader를 사용하여 파일을 읽어들입니다. 그 후 페이지 수만큼 반복하며 각 페이지의 텍스트를 추출합니다. 추출된 텍스트는 앞뒤 공백을 제거하고, 의미 있는 내용을 보장하기 위해 길이가 10자를 초과하는 텍스트만 text_chunks 리스트에 추가합니다. 이렇게 수집된 모든 청크가 함수의 반환값이 됩니다.

함수 정의 이후에는 이 함수를 실제로 활용하여 두 개의 PDF 파일('ict_usa_2024.pdf'와 'ict_jpan_2024.pdf')에서 텍스트를 추출합니다. 'ict_usa_2024.pdf'에서 추출한 텍스트는 학습 데이터로 사용할 train_corpus에 저장하고, 'ict_japan_2024.pdf'에서 추출한 텍스트는 검증 데이터로 사용할 val_corpus에 저장합니다.

마지막으로 각 코퍼스의 문서 개수(청크 수)를 출력하여 데이터 준비 상태를 확인합니다. 결과적으로 train_corpus에는 '미국 ICT 동향 문서'가 청킹되어 26개의 문서가 저장되며, val_corpus에는 '일본 ICT 동향 문서'가 청킹되어 27개의 문서가 저장됩니다. 임의로 10번 문서를 출력하여 확인해 봅시다.

```
print('10번 문서:', train_corpus[10])
```

```
10번 문서: 13 Ⅰ. ICT 국가 산업 현황
 4.ICT 주요 법령 및 규제
  ② 반도체 과학법 (CHIPS and Science Act)
 반도체 ·전자 기업, $1,660 억 규모 투자 유치
• 조 바이든 (Joe Biden) 미국 대통령은 2022년 7월 '반도체 과학법 (CHIPS and Science
Act)'을 승인함
... (이하 생략) ...
```

PDF 파일이 적절히 분할되어 텍스트 청크로 저장된 것을 확인할 수 있습니다.

3.3 합성 데이터 생성

이번 실습에서는 배치 인 네거티브 샘플 선정 방법을 사용하므로 네거티브 샘플을 따로 준비할 필요는 없습니다. 하지만 학습에 필요한 포지티브 샘플은 반드시 존재해야 합니다. 따라서 GPT-4o API를 이용하여 자동으로 포지티브 샘플을 만들어 보겠습니다. 이때 GPT-4o를 이용하여 각 문서에 대해 떠오를 수 있는 질문을 작성하라고 지시를 내리는 방식으로 만듭니다.

```
# OpenAI 클라이언트 초기화
client = OpenAI()

# 각 문서에 대한 질문 생성(OpenAI API 사용)
def generate_queries(corpus, num_questions_per_chunk=2):
    all_queries = []
    all_positive_docs = []

    # 기본 프롬프트 템플릿 설정
    prompt_template = """\
    다음은 참고할 내용입니다.

    ---------------------
    {context_str}
    ---------------------
```

```
위 내용을 바탕으로 낼 수 있는 질문을 {num_questions_per_chunk}개 만들어 주세요.
질문만 작성하고 실제 정답이나 보기 등은 작성하지 않습니다.

해당 질문은 본문을 볼 수 없다고 가정합니다.
따라서 '위 본문을 바탕으로~' 라는 식의 질문은 할 수 없습니다.

질문은 아래와 같은 형식으로 번호를 나열하여 생성하십시오.

1. (질문)
2. (질문)
"""

# corpus의 각 문서에 대해 반복 실행
for text in tqdm(corpus):
    # 현재 문서에 대한 프롬프트 생성
    messages = [
        {"role": "system", "content": "You are a helpful assistant that generates
        questions based on provided content."},
        {"role": "user", "content": prompt_template.format(
            context_str=text,
            num_questions_per_chunk=num_questions_per_chunk
        )}
    ]

    # GPT 모델을 사용해 질문 생성
    response = client.chat.completions.create(
        model="gpt-4o",
        messages=messages,
        temperature=0.7,
    )

    # 응답을 줄바꿈을 기준으로 분리하여 개별 질문으로 만듦
    result = response.choices[0].message.content.strip().split("\n")

    # 질문 형식 정리
    questions = []
    for line in result:
```

```python
            if line.strip():
                parts = line.strip().split('. ', 1)
                if len(parts) > 1:
                    questions.append(parts[1])
                else:
                    questions.append(parts[0])

        # 빈 질문 제거
        questions = [q for q in questions if len(q) > 0]

        # 각 질문에 대해 문서 매칭 및 저장
        for question in questions:
            all_queries.append(question)
            all_positive_docs.append(text)

    return all_queries, all_positive_docs
```

generate_queries 함수는 PDF에서 추출한 텍스트 데이터 train_corpus와 val_corpus를 입력받아 처리합니다. 각 텍스트 문서마다 오픈AI API를 통해 GPT-4o 모델에게 질문 생성을 요청합니다. num_questions_per_chunk=2 파라미터는 각 문서당 2개의 질문을 생성하도록 지정합니다.

예를 들어 주어진 문서 내용이 다음과 같다고 가정해 봅시다.

> "2024년 일본의 반도체 산업은 전년 대비 15% 성장했으며, 정부는 300억 엔의 추가 투자를 발표했다."

GPT-4o는 이 내용을 바탕으로 다음과 같은 두 개의 질문을 생성할 수 있습니다.

- "2024년 일본 반도체 산업의 성장률은 얼마인가?"
- "일본 정부가 반도체 산업에 발표한 추가 투자 금액은?"

그렇다면 이제 GPT-4o API를 이용하여 두 개의 포지티브 샘플을 만들어낸 셈입니다. 각 질문과 그에 대응하는 연관된 문서 쌍이 생겼기 때문입니다. 앞의 함수는 이와 같이 각 문서별로 질문을 만들면서 두 개의 리스트 all_queries와 all_positive_docs를 생성합니다.

- **all_queries:** 생성된 모든 질문이 들어 있습니다.
- **all_positive_docs:** 각 질문의 출처가 된 문서들이 순서대로 들어 있습니다.

이 두 리스트는 인덱스를 기준으로 서로 매칭됩니다. 예를 들어, all_queries[0]에 있는 질문은 all_positive_docs[0]에 있는 문서를 기반으로 만들어졌으며, 이 둘은 포지티브 샘플 쌍입니다.

참고로 이렇게 합성 데이터를 생성하는 작업을 독자 여러분이 실제 실무에 적용할 때는 이 책에서 제시한 프롬프트를 그대로 사용하기보다는, 2.3절에서 언급한 바와 같이 현재 구현하는 RAG 시스템의 실제 상황에서 사용자가 입력할 만한 질문들이 생성되도록 프롬프트를 조정하는 것이 바람직합니다.

이제 앞서 정의한 generate_queries 함수를 사용하여 학습 데이터와 테스트 데이터를 만들고 개수를 출력해 봅시다.

```
# 학습 데이터 질문 생성
train_queries, train_positive_docs = generate_queries(train_corpus)
print(f'생성된 학습용 질문 개수: {len(train_queries)}')

# 검증 데이터 질문 생성
val_queries, val_positive_docs = generate_queries(val_corpus)
print(f'생성된 검증용 질문 개수: {len(val_queries)}')
```

```
생성된 학습용 질문 개수: 52
생성된 검증용 질문 개수: 54
```

train_queries에는 '미국 ICT 동향 문서'로부터 만들어낸 26개의 문서에 해당하는 train_corpus를 입력하여 만든 질문들이 저장되어 있습니다. 출력 결과를 보면 각 문서당 질문을 2개씩 생성하도록 지정했기 때문에, 총 52개의 질문이 만들어졌습니다. 따라서 학습 데이터는 총 52개의 포지티브 샘플입니다.

이와 같은 원리로 val_queries에는 '일본 ICT 동향 문서'로부터 만들어낸 27개의 문서에 해당하는 val_corpus를 입력하여 만든 질문들이 저장되어 있으며, 테스트 데이터는 총 54개의 포지티브 샘플입니다.

이제 이 데이터를 학습에 사용할 수 있도록 InputExample 객체의 리스트 형태로 변환합니다 (1.5절 '학습 코드의 이해' 참고).

```
# 학습 데이터 준비
train_examples = []
for query, doc in zip(train_queries, train_positive_docs):
    example = InputExample(texts=[query, doc])
    train_examples.append(example)
```

InputExample 객체의 리스트로 변환한 후 54개의 학습 데이터 train_examples에서 첫 번째 데이터를 출력해 봅시다. .texts를 붙이면 실제 데이터를 출력할 수 있습니다.

```
# 첫 번째 데이터 출력
train_examples[0].texts
```

```
['미국과 일본은 어떤 분야에서 협력을 통해 기술 개발을 추진하고 있나요?',
 'Ⅰ ICT국가산업현황  4\n(*) SUMMARY\n1. 국가 개황\n2. ICT 정부기구\n3. ICT 주요정책\n4. ICT 주요법령및규제\n5. ICT 주요기업\n6. 한국 협력 및 국내기업 진출사례\nⅡ ICT이슈Top 10  16\n(*) SUMMARY\n① 미국 빅테크 기업, 인공지능 챗봇 개발에 주력\n② 미국, 일본과 양자컴퓨팅 개발 협력\n③ 미국, 우주 클라우드 컴퓨팅 시장 주도\n④ 미국, 드론 배송 도입 활발\n⑤ 미국, 긍정적인 의료 AI 인식 바탕으로 연구 활발\n⑥ 미국, 반도체 산업 활성화에 박차\n⑦ 미국, 기술 교류를 위한 국가 간 협력 활발\n⑧ 미국, 사이버 보안 대응 강화\n⑨ 미국, 6G 주도권 확보 위한 연구 추진\n⑩ 미 국방부 , 디지털 트윈 기술 도입 확대\n※ 참고문헌']
```

출력 결과를 보면 두 개의 원소를 지닌 리스트가 출력되는데, 각각 GPT-4o가 생성한 질문과 GPT-4o가 질문을 생성하기 위해 참고한 문서입니다. 이 둘은 서로 연관이 있는 질문과 문서이므로 포지티브 샘플 관계입니다. 마찬가지로 두 번째 데이터를 출력해 봅시다.

```
# 두 번째 데이터 출력
train_examples[1].texts
```

```
['미국에서 긍정적인 인식을 바탕으로 연구가 활발히 진행되고 있는 AI 분야는 무엇인가요?',
 'Ⅰ ICT국가산업현황  4\n(*) SUMMARY\n1. 국가 개황\n2. ICT 정부기구\n3. ICT 주요정책\n4. ICT 주요법령및규제\n5. ICT 주요기업\n6. 한국 협력 및 국내기업 진출사례\nⅡ ICT이슈Top 10  16\n(*) SUMMARY\n① 미국 빅테크 기업, 인공지능 챗봇 개발에 주력\n② 미국, 일본과 양자컴퓨팅 개발 협력\n③ 미국, 우주 클라우드 컴퓨팅 시장 주도\n④ 미국, 드론 배송 도입 활발\n⑤ 미국, 긍정적인 의료 AI 인식 바탕으로 연구 활발\n⑥ 미국, 반도체 산업 활성화에 박차\n⑦ 미국, 기술 교류를 위한 국가 간 협력 활발\n⑧ 미국, 사이버 보안 대응 강화\n⑨ 미국, 6G 주도권 확보 위한 연구 추진\n⑩ 미 국방부 , 디지털 트윈 기술 도입 확대\n※ 참고문헌']
```

출력 결과를 보면 역시 각각 GPT-4o가 생성한 질문과 GPT-4o가 질문을 생성하기 위해 참고한 문서를 두 개의 원소로 지닌 리스트가 출력됩니다. 다만, 질문은 다르지만 문서 자체는 첫 번째 데이터와 동일한데 이는 앞서 GPT-4o API가 동일한 문서에 대해 질문을 2개씩 생성했기 때문입니다. 결과적으로 하나의 문서에 대해 2개의 질문-문서 쌍이 포지티브 샘플로 생성됩니다.

3.4 모델 로드하기

이제 배치 크기, 학습할 모델, 사용할 손실 함수를 설정합니다. 먼저 배치 크기를 4로 설정하겠습니다. DataLoader( )에 train_examples를 전달하고 batch_size 값을 4로 설정합니다. 이 설정에 따라, 총 54개의 학습 데이터는 4개씩 묶여 배치 단위로 처리됩니다. 여기서는 코랩 GPU의 한계로 매우 작은 배치 크기인 4를 선택하지만, 일반적으로 배치 크기가 클수록 더 많은 네거티브 샘플이 생성되므로 성능이 더 좋아질 수 있습니다.

```
BATCH_SIZE = 4  # 배치 크기 조정
loader = DataLoader(train_examples, batch_size=BATCH_SIZE, shuffle=True)
```

이제 학습에 사용할 모델을 선택합니다. 학습에 사용할 모델은 한국어에서 다른 모델 대비 상대적으로 뛰어난 성능을 보이는 모델 "BAAI/bge-m3"입니다. SentenceTransformer 모듈을 사용하여 허깅페이스 저장소로부터 모델을 다운로드합니다.

```
# 모델 설정
model_id = "BAAI/bge-m3"
model = SentenceTransformer(model_id)
```

손실 함수로는 MultipleNegativesRankingLoss를 사용합니다. 손실 함수는 모델이 얼마나 잘 작동하는지를 측정하는 기준입니다. 이 손실 함수는 다음과 같은 방식으로 작동합니다.

- 포지티브 샘플과의 유사도는 높일수록 좋습니다. 즉, 검색어(앵커)와 관련 있는 문서가 가까이 있도록 학습합니다.
- 네거티브 샘플과의 유사도는 낮을수록 좋습니다. 즉, 관련 없는 문서는 멀어지도록 학습합니다.

MultipleNegativesRankingLoss는 이 두 가지 목표를 달성하기 위해 설계된 특별한 손실 함수입니다. 이 손실 함수의 값, 즉 오차가 작아진다는 것은 모델이 검색어와 문서 간의 관계를 더 정확히 이해하고 있다는 뜻입니다. 이를 통해 검색어와 관련 없는 문서를 검색 결과에서 멀리하고, 관련성이 높은 문서를 강조할 수 있습니다.

```
# 손실 함수 설정
loss = losses.MultipleNegativesRankingLoss(model)
```

3.5 평가 데이터 전처리

이번 실습에서는 검색 성능을 평가하는 데 InformationRetrievalEvaluator를 사용합니다. 그런데 이 도구를 사용하려면 평가 데이터를 특정 형식으로 전처리해야 합니다. InformationRetrievalEvaluator는 정보 검색 모델을 평가하는 도구로, 다음 세 가지 필수 데이터 구조를 입력받습니다.

1. queries

질문 ID를 키(key)로, 질문 텍스트를 값(value)으로 갖는 파이썬 딕셔너리입니다. 예를 들어 다음과 같은 구조입니다.

```
{
    "q1": "인공지능의 정의는 무엇인가?",
    "q2": "머신러닝과 딥러닝의 차이점은?",
    "q3": "자연어 처리란 무엇인가?"
}
```

2. corpus

문서 ID를 키로, 문서 텍스트를 값으로 갖는 파이썬 딕셔너리입니다. 예를 들어 다음과 같은 구조입니다.

```
{
    "d1": "인공지능(AI)은 인간의 학습, 추론, 결정 능력 등을 컴퓨터 시스템으로 구현한 기술이
    다. 인공지능은 머신러닝, 딥러닝 등 다양한 하위 분야를 포함한다.",
    "d2": "머신러닝은 컴퓨터가 데이터로부터 패턴을 학습하여 예측이나 의사결정을 수행하는 기
    술이다. 반면 딥러닝은 인공 신경망을 활용하여 더 복잡한 패턴을 학습하는 머신러닝의 한 분
    야이다.",
    "d3": "자연어 처리(NLP)는 컴퓨터가 인간의 언어를 이해, 해석, 생성할 수 있도록 하는 인공
    지능의 한 분야이다. 기계번역, 감성분석, 텍스트 요약 등의 응용이 있다."
}
```

3. relevant_docs

질문 ID를 키로, 해당 질문에 관련된 문서 ID들의 집합(set)을 값으로 갖는 파이썬 딕셔너리입니다. 예를 들어 다음과 같은 구조입니다.

```
{
    "q1": set(["d1"]),        # 인공지능 질문은 d1 문서와 관련
    "q2": set(["d2"]),        # 머신러닝/딥러닝 질문은 d2 문서와 관련
```

```
    "q3": set(["d3"])        # 자연어 처리 질문은 d3 문서와 관련
}
```

실제 코드를 가정하여 조금 더 구체적인 예를 들어 살펴보겠습니다. 앵커 질문들이 저장된 val_queries와 이와 연관되는 문서들이 저장된 val_positive_docs가 다음과 같다고 합시다.

```
# 기존에 전처리한 형태
val_queries = ["인공지능의 정의는 무엇인가?", "머신러닝과 딥러닝의 차이점은?", "자연어 처리
              란 무엇인가?"]
val_positive_docs = ["인공지능(AI)은 인간의...", "머신러닝은 컴퓨터가...", "자연어 처리
                    (NLP)는..."]
```

이 데이터를 InformationRetrievalEvaluator에서 사용하려면 다음과 같은 형식으로 변환해야 합니다.

```
# InformationRetrievalEvaluator를 위한 변환
val_dataset = {
    'queries': {
        "q0": "인공지능의 정의는 무엇인가?",
        "q1": "머신러닝과 딥러닝의 차이점은?",
        "q2": "자연어 처리란 무엇인가?"
    },
    'corpus': {
        "d0": "인공지능(AI)은 인간의...",
        "d1": "머신러닝은 컴퓨터가...",
        "d2": "자연어 처리(NLP)는..."
    },
    'relevant_docs': {
        "q0": set(["d0"]),  # 첫 번째 질문은 첫 번째 문서와 관련, 즉 포지티브 샘플 관계
        "q1": set(["d1"]),  # 두 번째 질문은 두 번째 문서와 관련, 즉 포지티브 샘플 관계
        "q2": set(["d2"])   # 세 번째 질문은 세 번째 문서와 관련, 즉 포지티브 샘플 관계
    }
}
```

이제 이러한 형식을 참고하여 기존의 val_queries, val_positive_docs를 이와 같은 형태로 전

처리하는 코드를 작성합니다.

```
# 평가 데이터셋 구성
val_dataset = {
    'queries': {},
    'corpus': {},
    'relevant_docs': {}
}

# 문서 ID를 먼저 생성
doc_ids = {}
for i, doc in enumerate(val_corpus):
    doc_id = f"d{i}"
    val_dataset['corpus'][doc_id] = doc
    doc_ids[doc] = doc_id

# 질문에 ID를 부여하고 관련 문서 설정
for i, (query, doc) in enumerate(zip(val_queries, val_positive_docs)):
    query_id = f"q{i}"
    val_dataset['queries'][query_id] = query

    # 해당 질문이 어떤 문서에서 왔는지 찾기
    doc_id = doc_ids[doc]

    # 관련 문서 설정
    if query_id not in val_dataset['relevant_docs']:
        val_dataset['relevant_docs'][query_id] = set()
    val_dataset['relevant_docs'][query_id].add(doc_id)

# 검증 데이터셋 설정: 평가를 위한 쿼리, 문서, 정답 문서 목록
dataset = val_dataset
```

이제 dataset에는 InformationRetrievalEvaluator를 사용하는 데 필요한 데이터인 queries, corpus, relevant_docs가 저장되어 있습니다. 먼저 dataset['corpus']를 통해 corpus를 출력해 봅시다.

```
dataset['corpus']
```

```
{'d0': 'Ⅰ ICT국가산업현황  4\n(*) SUMMARY\n1. 국가 개황\n2. ICT 정부기구\n3. ICT 주요정책\n4. ICT 주요법령및규제\n5. ICT 주요기업\n6. 한국 협력 및 국내기업 진출사례\nⅡ ICT이슈Top 10  16\n(*) SUMMARY\n① 일본, 아시아에서 두 번째로 큰 데이터센터 허브\n② 일본, 자체 개발 소프트웨어로 사이버보안 강화\n③ 일본, Web3 산업 성장 촉진 도모\n④ 일본, 정부 행정 업무에 생성형 AI 도입\n⑤ 일본, 첫 자체 제작 양자컴퓨터 공개\n⑥ 일본, 6G 기술 강화 위해 협력 및 규제 완화\n⑦ 일본, 레벨 4 자율주행 허용\n⑧ 일본, 생체인식 결제 도입 증가\n⑨ 일본, 행정 서비스 디지털화 노력\n⑩ 일본, 인재 부족으로 디지털 인력 강화에 힘써\n※ 참고문헌',
 'd1': 'Ⅰ ICT 국가 산업 현황                    4\n   (*) SUMMARY\n   1. 국가 개황\n   2. ICT 정부기구\n   3. ICT 주요 정책\n   4. ICT 주요 법령 및 규제\n   5. ICT 주요기업\n   6. 한국 협력 및 국내기업 진출사례',
... (이하 생략) ...
```

출력 결과를 보면 평가 데이터로 사용할 일본 ICT 문서에 'd+숫자' 형태로 문서 ID가 부여되어 문서 ID를 키로, 문서 텍스트를 값으로 갖는 파이썬 딕셔너리입니다. 이제 queries를 출력해 봅시다.

```
dataset['queries']
```

```
{'q0': '일본은 아시아에서 두 번째로 큰 데이터센터 허브로 자리 잡기 위해 어떤 노력을 하고 있나요?',
 'q1': '일본 정부는 디지털 인력 강화를 위해 어떠한 노력을 기울이고 있나요?',
 'q2': 'ICT 분야에서 정부가 어떤 주요 정책을 추진하고 있나요?',
 'q3': '한국과의 협력 사례나 국내기업의 진출 사례에 대해 설명해 주세요.',
 'q4': '2023년 일본의 경제 성장률은 얼마였나요?',
... (이하 생략) ...
```

출력 결과를 보면 평가 데이터로 사용할 일본 ICT 문서로부터 GPT-4o가 생성한 앵커에 해당하는 질문들이 저장되어 있습니다. 역시 해당 질문에 키 값이 부여된 파이썬 딕셔너리입니다. 이제 relevant_docs를 출력해 봅시다.

```
dataset['relevant_docs']
```

```
{'q0': {'d0'},
 'q1': {'d0'},
 'q2': {'d1'},
 'q3': {'d1'},
 'q4': {'d2'},
... (이하 생략) ...
```

출력 결과를 보면 질문 ID를 키로, 해당 질문에 관련된 문서 ID들의 집합(set)을 값으로 갖는 파이썬 딕셔너리입니다. 즉, 포지티브 샘플 관계를 각 키 값을 통해 표현한 상태입니다. 이제 dataset['queries'], dataset['corpus'], dataset['relevant_docs']를 각각 corpus, queries, relevant_docs에 저장하고 이를 InformationRetrievalEvaluator에 전달합니다.

```
# 검증 데이터셋에서 코퍼스(전체 문서), 쿼리, 그리고 각 쿼리와 관련된 문서 가져오기
corpus = dataset['corpus']     # 검색 대상 문서
queries = dataset['queries']  # 검색어(쿼리)
relevant_docs = dataset['relevant_docs']  # 각 쿼리와 관련된 문서(포지티브)

# Information Retrieval 평가 도구 설정: 쿼리-문서 검색 성능 평가
evaluator = InformationRetrievalEvaluator(queries, corpus, relevant_docs)
```

이로써 테스트 데이터를 이용하여 평가하기 위한 준비가 끝났습니다. 이제 파인튜닝을 진행하고 지금 구현한 InformationRetrievalEvaluator를 통해 학습 전과 후 모델에 대해 평가를 진행해 보겠습니다.

3.6 모델 학습하기

이제 실제로 모델을 학습시켜 봅시다. 데이터의 양이 적기 때문에 많은 학습이 필요하지는 않습니다. 학습 횟수를 의미하는 EPOCHS 값을 2로 설정합니다. 이렇게 설정하면 학습 데이터 52개에 대해 총 2회 반복하여 학습합니다.

```
EPOCHS = 2

# W&B(WandB, Weights and Biases) 로깅 비활성화
# W&B는 학습 과정을 실시간으로 추적하고 시각화할 수 있는 도구
os.environ["WANDB_DISABLED"] = "true"

# 학습 초기에 학습률을 점진적으로 증가시키는 단계 수 설정
# 전체 학습 단계의 10%를 워밍업으로 사용
warmup_steps = int(len(loader) * EPOCHS * 0.1)

# 모델 학습
model.fit(
    train_objectives=[(loader, loss)], # 학습 데이터 로더와 손실 함수 설정
    epochs=EPOCHS,                     # 총 에포크 수
    warmup_steps=warmup_steps,         # 워밍업 단계
    output_path='exp_finetune',        # 학습된 모델 저장 경로
    show_progress_bar=True,            # 학습 진행률 표시 여부
)
```

코드에서 os.environ["WANDB_DISABLED"] = "true"는 학습 시 로그를 기록하는 모듈을 여기서는 사용하지 않는다는 의미입니다. 학습 과정을 시각화하지 않고 간단히 진행할 때 유용합니다. warmup_steps는 학습 초기에 학습률을 점진적으로 증가시키는 단계 수입니다. 여기서는 데이터 로더(loader)의 길이와 에포크 수를 곱한 값의 10%를 사용하므로, 전체 학습의 초반 10%는 학습률이 서서히 증가하게 됩니다.

실제 학습은 model.fit( ) 함수를 통해 이루어집니다. train_objectives=[(loader, loss)]를 통해 준비한 데이터 로더(질문-문서 쌍이 담긴 train_examples를 배치 크기 4로 로드)와 손실 함수(MultipleNegativesRankingLoss)를 연결합니다. output_path='exp_finetune'은 파인튜닝된 모델을 exp_finetune 디렉터리에 저장한다는 의미입니다.

GPU를 사용하고 있다면 데이터가 매우 소량이므로 수 분 이내에 학습이 끝나게 됩니다. 다음 단계에서는 학습 전, 후 모델에 대해서 성능 평가를 진행해 보겠습니다.

3.7 검색 성능 평가 지표

RAG에서 검색 성능을 평가할 때는 몇 가지 대표적인 평가 지표metric를 사용합니다. 앞서 사용한 InformationRetrievalEvaluator 역시 이러한 지표들을 기반으로 평가를 수행합니다.

이제 학습 전후 모델의 성능 변화를 올바르게 해석하기 위해, InformationRetrievalEvaluator에서 사용하는 총 6개의 주요 평가 지표를 간단히 정리해 보겠습니다.

1. Accuracy

Accuracy는 정답이 상위 몇 개의 검색 결과 안에 포함되었는지를 평가하는 지표입니다. 중요한 점은 정답이 포함되기만 하면 성공으로 간주한다는 것입니다. 예를 들어, Accuracy@5가 0.92라는 값은 전체 질문 중 약 92%에서 상위 5개의 결과 안에 정답이 하나라도 포함되었다는 뜻입니다. Accuracy는 검색 시스템이 얼마나 자주 정답을 포함하는지를 측정하며, 정답의 개수나 위치는 고려하지 않습니다.

예를 들어, 질문에 대해 상위 5개의 검색 결과가 다음과 같다고 가정합시다.

질문 1: [정답, 오답, 오답, 오답, 오답] → 포함 (성공)

질문 2: [오답, 오답, 정답, 오답, 오답] → 포함 (성공)

질문 3: [오답, 오답, 오답, 오답, 오답] → 미포함 (실패)

이때 Accuracy@5 = 2/3 ≈ 0.667, 즉 약 66.7%입니다.

2. Precision

Precision은 상위 검색 결과가 '얼마나 정확히 정답으로 이루어져 있는가?'를 평가합니다. Precision@k는 상위 *k*개의 검색 결과 중 정답이 차지하는 비율입니다. 예를 들어, Precision@5가 0.20이라는 값은 상위 5개의 결과 중 평균적으로 20%가 정답이라는 뜻입니다. Precision은 검색 결과가 불필요한 정보를 얼마나 적게 포함하고 있는지를 보여줍니다.

예를 들어, 질문에 대해 상위 5개의 검색 결과가 다음과 같다고 가정합시다.

질문 1: [정답, 오답, 오답, 오답, 오답] → Precision@5 = 1/5 = 0.2

질문 2: [오답, 정답, 오답, 오답, 오답] → Precision@5 = 1/5 = 0.2

질문 3: [오답, 오답, 오답, 오답, 오답] → Precision@5 = 0/5 = 0.0

이때, 평균 Precision@5 = (0.2+0.2+0.0)/3 ≈ 0.133, 즉 약 13.3%입니다.

3. Recall

Recall은 검색 결과가 얼마나 '포괄적으로' 정답을 포함하고 있는지를 평가합니다. Recall@k는 전체 정답 중 검색 결과 상위 *k*개 안에 포함된 정답의 비율을 나타냅니다. Recall은 정답을 놓치지 않고 얼마나 잘 찾아내는지를 보여줍니다. 참고로 실습 데이터에서는 각 질문당 정답이 하나씩만 있기 때문에 Recall과 Accuracy의 값이 동일합니다.
예를 들어, 질문 하나에 정답이 두 개 있다고 가정합시다.

질문 1: [정답, 정답, 오답, 오답, 오답] → Recall@5 = 2/2 = 1.0

질문 2: [정답, 오답, 오답, 오답, 오답] → Recall@5 = 1/2 = 0.5

질문 3: [오답, 오답, 오답, 오답, 오답] → Recall@5 = 0/2 = 0.0

이때, 평균 Recall@5 = (1.0+0.5+0.0)/3 = 0.5, 즉 50%입니다.

4. NDCG(Normalized Discounted Cumulative Gain)

NDCG는 검색 결과에서 정답이 높은 순위에 배치될수록 높은 점수를 부여합니다. 이는 단순히 정답이 포함되었는지를 넘어, 정답의 순위가 사용자에게 얼마나 유용한지를 평가하는 지표입니다. NDCG@10이 0.85라는 값은 정답이 대체로 높은 순위에 배치되었음을 의미합니다.

예를 들어, 질문에 대해 상위 3개의 검색 결과가 다음과 같다고 가정합시다.

질문 1: [정답, 정답, 오답] → NDCG = 1.0 (정답이 모두 상위에 있음)

질문 2: [오답, 정답, 오답] → NDCG는 약 0.63 (정답이 두 번째 위치에 있음)

질문 3: [오답, 오답, 정답] → NDCG는 약 0.39 (정답이 세 번째 위치에 있음)

이때, 평균 NDCG@3 = (1.0+0.63+0.39)/3 ≈ 0.673입니다.

5. MRR(Mean Reciprocal Rank)

MRR은 정답이 처음 등장한 순위의 역수를 평균한 값입니다. 즉, 각 질문에 대해 정답이 검색 결과에서 처음 등장한 순위의 역수를 계산한 후, 모든 질문에 대해 그 값을 평균냅니다. MRR@10에서 @10은 상위 10개의 검색 결과까지만 고려한다는 의미입니다. 즉, 정답이 11위 이후에 등장하면 해당 질문은 계산에서 제외되거나 Reciprocal Rank는 0으로 간주됩니다. 이 지표는 사용자가 정답을 얼마나 '빠르게' 찾을 수 있는지를 평가합니다. MRR 값이 높을수록, 정답이 더 상위 순위에 배치되어 있다는 의미입니다.
예를 들어, 질문에 대해 상위 10개의 검색 결과가 다음과 같다고 가정합시다.

질문 1: [정답, 오답, 오답, 오답, ...] Reciprocal Rank = 1/1 = 1.0 (정답이 1위에 있음)

질문 2: [오답, 정답, 오답, 오답, ...] Reciprocal Rank = 1/2 = 0.5 (정답이 2위에 있음)

질문 3: [오답, 오답, 정답, 오답, ...] Reciprocal Rank = 1/3 = 0.33 (정답이 3위에 있음)

질문 4: [오답, 오답, 오답, ...] Reciprocal Rank = 0 (정답이 상위 10위 안에 없음)

이때, 평균 MRR@10 = (1.0+0.5+0.33+0)/4 ≈ 0.458입니다.

6. MAP(Mean Average Precision)

MAP는 각 정답을 찾을 때마다의 Precision 값을 계산하여 평균을 낸 값으로, 검색 결과의 전반적인 정확도와 일관성을 평가합니다. MAP@100에서 @100은 검색 결과의 상위 100

개 항목까지만 Precision 값을 계산한다는 의미입니다. 정답이 101위 이후에 있다면 해당 정답은 계산에서 제외됩니다. 이는 평가 범위를 제한함으로써 특정 상위 결과 내에서의 성능을 측정합니다.

예를 들어, 어떤 질문에 대해 상위 5개의 검색 결과가 다음과 같다고 가정합시다.

[정답, 정답, 오답, 오답, 정답]

첫 번째 정답을 찾았을 때: Precision@1 = 1/1 = 1.0

두 번째 정답을 찾았을 때: Precision@2 = 2/2 = 1.0

세 번째 정답을 찾았을 때: Precision@5 = 3/5 = 0.6

이때, MAP@5 = (1.0+1.0+0.6)/3 ≈ 0.867입니다(이때 분모인 3은 정답의 개수를 의미).

다시 한번 MAP@100을 예로 들어 살펴보면, MAP@100 = 0.818이라는 값은 상위 100개의 검색 결과 내에서 정답을 찾을 때마다 계산된 Precision 값의 평균이 0.818이라는 뜻입니다. 이는 시스템이 상위 100개의 결과에서 정답을 얼마나 정확하고 일관되게 제공하는지를 평가하는 지표입니다.

3.8 파인튜닝 모델 평가하기

앞서 평가를 위해 구현한 `InformationRetrievalEvaluator`의 동작 방식은 다음과 같습니다.

1. 모델은 queries 딕셔너리의 각 질문과 corpus 딕셔너리의 모든 문서를 임베딩 벡터로 변환합니다.
2. 각 질문 벡터와 모든 문서 벡터 간의 코사인 유사도 점수를 계산합니다.
3. 각 질문마다 문서들을 유사도 점수가 높은 순서로 정렬합니다.
4. relevant_docs 딕셔너리에 명시된 정답 문서들이 이 정렬된 리스트에서 어떤 순위에 있는지 확인합니다.
5. MRR(Mean Reciprocal Rank), NDCG(Normalized Discounted Cumulative Gain), Precision@k, Recall@k 등의 검색 성능 평가 지표를 계산합니다.

예를 들어, “인공지능이란?” 질문("q0")에 대해 모델이 문서들을 다음과 같이 순위을 매겼다고 가정해 봅시다.

1. **“d0” (인공지능 문서)**: 0.95점
2. **“d2” (자연어 처리 문서)**: 0.70점
3. **“d1” (머신러닝 문서)**: 0.60점

만약 relevant_docs 딕셔너리에 "q0": {"d0"}이 있다면, 이는 질문 "q0"의 정답 문서가 "d0"임을 의미합니다. 모델이 "d0"을 1위로 정확히 찾았으므로 이 질문에 대해서는 좋은 성능을 보인 것입니다. 따라서 현재의 임베딩 모델은 앞서 설명한 검색 성능 평가 지표에 따라 높은 점수를 얻게 됩니다.

이제 InformationRetrievalEvaluator를 사용하여 모델을 평가하는 함수인 evaluate_st( )를 구현해 봅시다.

```
def evaluate_st(dataset, model_id, name, evaluator):
    """
    SentenceTransformer 모델의 검색 성능을 평가하는 함수
    """
    # 평가 결과를 저장할 디렉터리 생성
    os.makedirs('results', exist_ok=True)

    # 평가할 SentenceTransformer 모델 로드
    model = SentenceTransformer(model_id)

    # 모델 평가 수행
    result = evaluator(model)

    # 결과를 DataFrame으로 변환하고 CSV로 저장
    result_df = pd.DataFrame([result]) if isinstance(result, dict) else result
    output_path = f'results/Information-Retrieval_evaluation_{name}_results.csv'
    result_df.to_csv(output_path, index=False)

    return result
```

evaluate_st( ) 함수는 학습하고자 하는 모델과 앞서 구현한 evaluator를 전달하면 해당 모델에 대한 평가 결과를 기록하고 results 디렉터리 안에 CSV 파일로 저장합니다. 이 CSV 파일에는 상세한 평가 결과가 기록됩니다. 다음은 원본 모델과 파인튜닝 모델에 대해 각각 evaluate_st( ) 함수를 호출하여 평가를 진행하는 코드입니다.

```
# 원본 모델 평가
original_model_path = "BAAI/bge-m3"  # 원본 모델
evaluate_st(dataset=val_dataset, model_id=original_model_path, name='original',
evaluator=evaluator)

# 파인튜닝된 모델 평가
finetuned_model_path = "exp_finetune"  # 파인튜닝된 모델 경로
evaluate_st(dataset=val_dataset, model_id=finetuned_model_path, name='finetuned',
evaluator=evaluator)
```

이제 results 디렉터리에 저장된 결과를 출력하면 다음과 같습니다.

```
# 결과 비교
df_st_original = pd.read_csv('results/Information-Retrieval_evaluation_original_re
sults.csv')
df_st_finetuned = pd.read_csv('results/Information-Retrieval_evaluation_finetuned_re
sults.csv')

df_st_original['model'] = 'bge-m3'
df_st_finetuned['model'] = 'fine_tuned'
df_st_all = pd.concat([df_st_original, df_st_finetuned])
df_st_all = df_st_all.set_index('model')

print("\n모델 성능 비교:")
df_st_all
```

모델 성능 비교:

model	epoch	steps	cosine-Accuracy@1	cosine-Accuracy@3	cosine-Accuracy@5	cosine-Accuracy@10	cosine-Precision@1	cosine-Recall@1	cosine-Precision@3	cosine-Recall@3	cosine-Precision@5	cosine-Recall@5
bge-m3	-1	-1	0.814815	0.944444	0.981481	1.0	0.814815	0.814815	0.314815	0.944444	0.196296	0.981481
fine_tuned	-1	-1	0.870370	0.981481	1.000000	1.0	0.870370	0.870370	0.327160	0.981481	0.200000	1.000000

파인튜닝 전 모델이 1.0으로 이미 최고 점수를 받은 경우에서는 동점을 기록했고, 나머지 모든 평가 지표에서는 파인튜닝 후 모델이 더 높은 성능을 나타냅니다. 이는 특정 도메인에 맞게 임베딩 모델을 파인튜닝하면 기존 모델보다 더 우수한 성능을 얻을 수 있음을 증명합니다.

다만, 실제 환경에 적용할 때는 이번 실습에서 사용한 간단한 코드 외에도 다양한 요소를 고려해야 합니다. 자세한 내용은 2.3절을 참고하기 바랍니다. 이번 실습을 토대로 여러분이 다루는 특정 도메인에 적합한 임베딩 모델을 직접 학습하여 RAG 시스템의 성능을 향상시켜 보길 바랍니다.

마치며

지금까지 RAG 기술을 중심으로 다양한 개념과 실습을 함께 다뤄보았습니다. RAG는 단순히 인공지능의 최신 흐름 중 하나가 아니라, 이미 많은 분야에서 구체적인 성과를 내고 있는 실용적인 기술로 자리 잡았습니다. 하지만 완성된 기술이란 없기에 여전히 해결해야 할 문제들이 존재하고, 더 높은 성능과 정확성을 위한 여러 시도가 끊임없이 이루어지고 있습니다.

이 책에서 다룬 내용들이 여러분이 이러한 흐름 속에서 자신만의 방법으로 RAG를 응용하고 발전시켜 나가는 데 작은 디딤돌이 되기를 바랍니다. 빠르게 변화하는 인공지능 분야에서 새로운 지식을 꾸준히 탐구하고, 이를 통해 여러분의 실무 현장에서 의미 있는 성과를 거두길 응원합니다.

지금까지 긴 여정을 함께해 주셔서 진심으로 감사드립니다.

찾아보기

기호

ㄱ

ㄴ

ㄷ

ㄹ

ㅁ

ㅂ

Q

R

S

T

U

V

W

Z